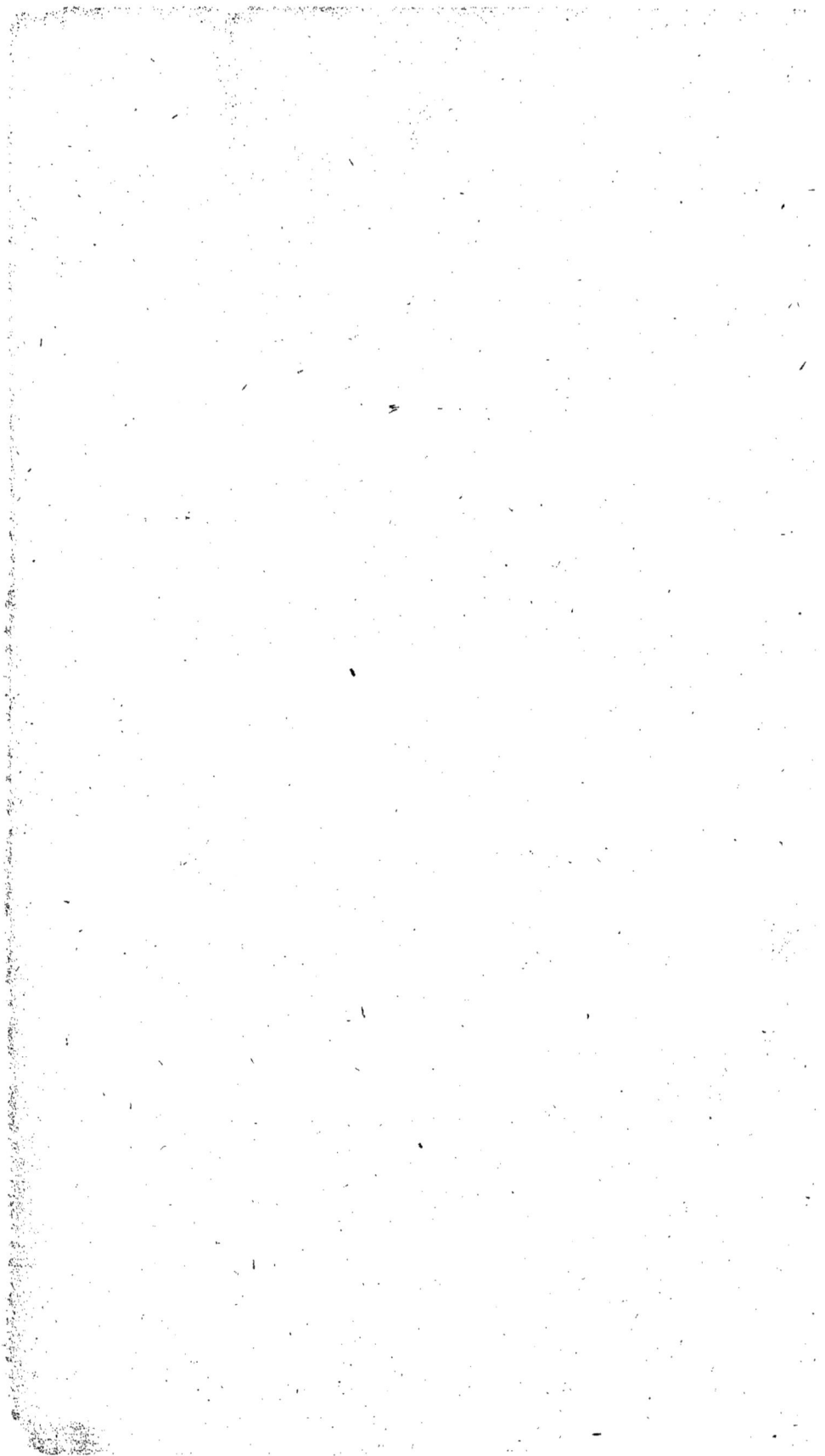

OEUVRES COMPLÈTES

DU CHANCELIER

D'AGUESSEAU.

SE TROUVENT AUSSI

CHEZ L'ÉDITEUR, RUE CHRISTINE, N.º 3, A PARIS;
ET CHEZ LES PRINCIPAUX LIBRAIRES DE FRANCE ET DE L'ÉTRANGER.

~~~~~~~

DE L'IMPRIMERIE DE I. JACOB, A VERSAILLES.

OEUVRES COMPLÈTES

DU CHANCELIER

D'AGUESSEAU.

NOUVELLE ÉDITION,

AUGMENTÉE DE PIÈCES ÉCHAPPÉES AUX PREMIERS ÉDITEURS,
ET D'UN DISCOURS PRÉLIMINAIRE

PAR M. PARDESSUS,

PROFESSEUR A LA FACULTÉ DE DROIT DE PARIS.

TOME SEPTIÈME,

CONTENANT LES SEIZE DERNIÈRES REQUÊTES, ET UNE DISSERTATION
SUR LES BATARDS.

PARIS,

FANTIN ET COMPAGNIE, LIBRAIRES,
QUAI MALAQUAI, N.º 3.

H. NICOLLE, A LA LIBRAIRIE STÉRÉOTYPE,
RUE DE SEINE, N.º 12.

DE PELAFOL, RUE DES GRANDS-AUGUSTINS, N.º 21.

M. DCCC. XIX.

TITRES

DES DIFFÉRENS OUVRAGES

CONTENUS DANS LE TOME SEPTIÈME.

REQUÊTES.

DISSSERTATION SUR LES BATARDS.

FIN DES TITRES DU TOME SEPTIÈME.

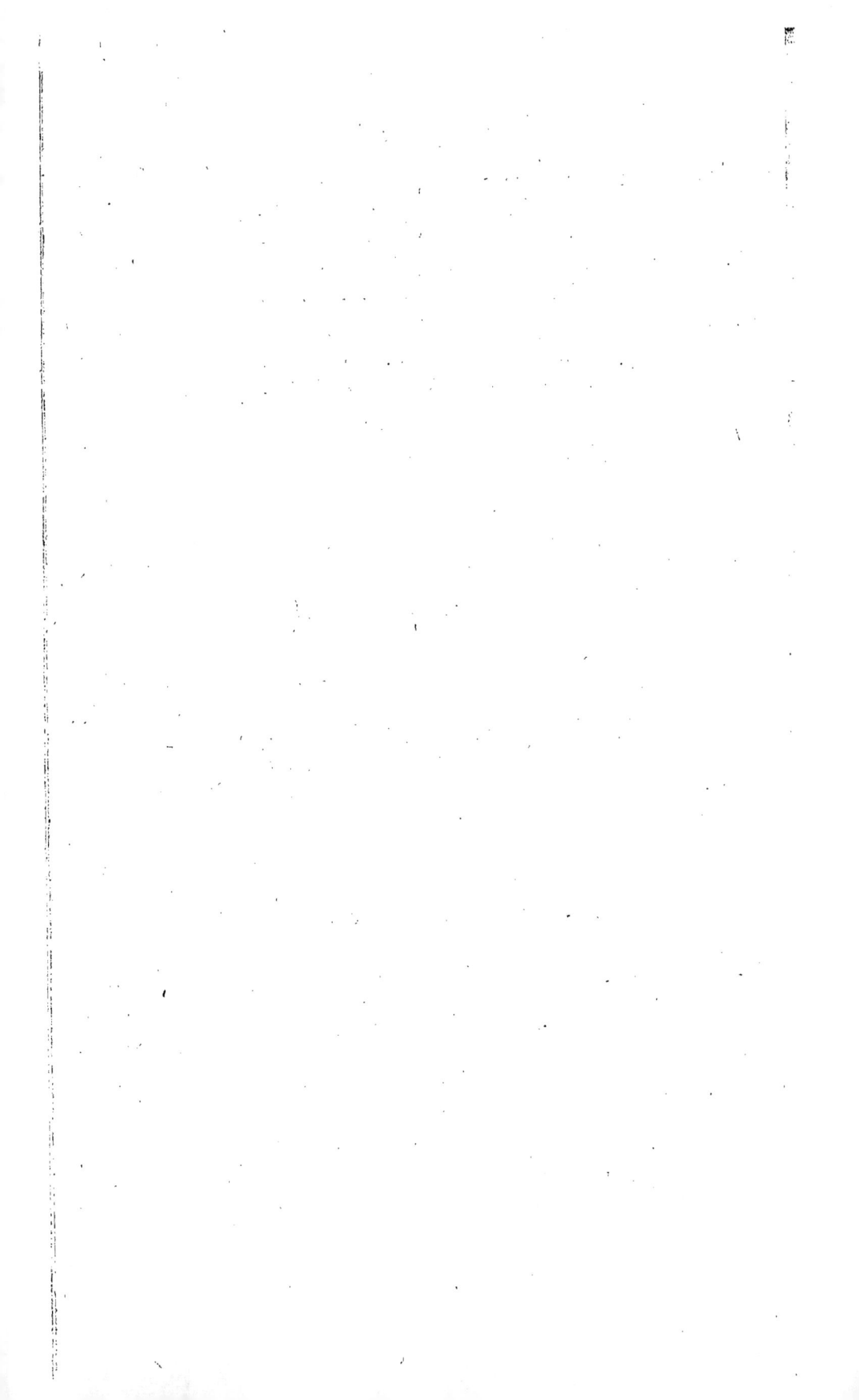

OEUVRES
DE D'AGUESSEAU.

~~~~~~

CINQUIÈME REQUÊTE.

———

SECONDE REQUÊTE

Sur la mouvance de la seigneurie de Bourdeilles.

A MESSIEURS DU PARLEMENT.

Supplie le procureur-général du roi, disant que, quoique pour répondre aux écritures qui lui ont été signifiées, de la part du sieur abbé de Brantôme, touchant la mouvance de la seigneurie de Bourdeilles, il eût pu se contenter d'employer la requête par laquelle il croit avoir satisfait pleinement à ce que son ministère exige de lui dans cette affaire, pour la défense des droits du roi, il a cru néanmoins que, pour ne rien négliger dans une contestation de cette importance, il étoit de son devoir de ne pas laisser sans réplique celles des objections de l'abbé de Brantôme qui ont un dehors spécieux, et qui, par le tour nouveau qu'on leur a donné, semblent mériter aussi une nouvelle réfutation.

Le procureur-général y suivra le même ordre que dans sa première requête.

La mouvance du comté de Bourdeilles en est le premier objet ; la mouvance de la baronnie est le second ; il y en a joint un troisième, qui consiste à examiner quelle est l'étendue de ce qui peut relever de l'abbé de Brantôme dans la baronnie, supposé qu'il y ait en effet quelque portion de cette baronnie qui en soit mouvante : c'est à ce même ordre que le procureur-général rapportera toutes les nouvelles objections du sieur abbé de Brantôme.

PREMIÈRE PARTIE.

Si le comté de Bourdeilles est mouvant du roi, ou de l'abbé de Brantôme.

La première proposition que le procureur-général a avancée sur cette question, est que le droit de l'abbé de Brantôme n'est fondé sur aucun titre légitime ;

La seconde, que ce droit, tel qu'il pût être dans son origine, est éteint il y a plus de 400 ans.

Pour établir la première proposition, le procureur-général a fait voir que l'abbé de Brantôme ne produisoit que trois titres ou nuls ou inutiles :

Un arrêt de 1279, qui ne comprend pas la moitié de la seigneurie de Bourdeilles, à laquelle on a donné le nom de comté, parce que cette moitié étoit séparée avant l'année 1279, de celle qui étoit possédée par Bernard de Bourdeilles, avec lequel l'arrêt a été rendu ;

Une sentence arbitrale, nulle par l'incompétence du siége, suspecte par la qualité des parties, inutile par le défaut des formalités que cette sentence même avoit jugées nécessaires ;

Une énonciation encore plus inutile, dans un acte d'opposition, qui n'a eu aucun effet.

Tel est le précis des preuves dont le procureur-général du roi s'est servi, pour établir sa première proposition.

Objections de l'abbé de Brantôme, par rapport à l'arrêt de 1279.

Première objection. Si la sentence arbitrale de

1294 porte que la moitié de la seigneurie de Bourdeilles avoit été autrefois, *quondàm*, à la dame
Tharie et à ses héritiers, on n'en doit pas conclure,
comme le procureur-général l'a fait, que la dame
Tharie ou ses héritiers possédassent cette moitié dès
l'année 1279, et qu'ainsi l'arrêt qui a été rendu
cette année, contre Bernard de Bourdeilles seul,
ne tombe point sur cette portion. *Quondàm* est
une expression qui signifie bien un temps passé,
mais qui ne signifie pas nécessairement un temps
éloigné.

Plusieurs lois, citées dans les écritures de l'abbé
de Brantôme, prouvent la vérité de cette observation;
un petit nombre d'années suffit pour remplir toute
l'étendue du terme *quondàm*; ainsi, rien n'empêche
qu'on ne suppose, que, lorsque la question de la
mouvance a été jugée en faveur des religieux de
Brantôme, par l'arrêt de 1279, la totalité de la
seigneurie de Bourdeilles étoit possédée par Bernard
de Bourdeilles, qui l'a aliénée ensuite au profit de
la dame Tharie; et, par conséquent, le préjugé de
l'arrêt de 1279 ne s'applique pas moins à la portion
de Bourdeilles qui porte le nom de comté, qu'à
celle qu'on nomme baronnie.

Réponse. Personne n'ignore que le terme *quondàm*, pris dans sa propre et naturelle signification,
porte dans l'esprit l'image d'un temps éloigné : il
n'est pas vrai, même à la rigueur, comme on l'a
avancé de la part de l'abbé de Brantôme, que cette
expression signifie un temps passé; elle n'est point
déterminée par elle-même au passé, plutôt qu'à
l'avenir, on la trouve dans les meilleurs auteurs,
comme celle d'*olim*, tantôt pour marquer le passé,
tantôt pour exprimer le futur; son véritable sens,
son sens primitif est de signifier un temps éloigné,
soit que ce temps précède ou qu'il doive suivre ;
et s'il se trouve quelques lois où l'on ait employé
cette expression pour marquer un temps passé,
mais récent, c'est une expression du nombre de
celles que les grammairiens nomment abusives, et

sur la quelle on ne peut pas établir légitimement
le principe d'une interprétation commune et ordinaire.

Pour juger, après cela, si dans la sentence arbitrale de 1294, ce terme *quondàm* doit être entendu
suivant sa signification naturelle et primitive, ou
s'il faut l'expliquer dans le sens abusif qu'on a
quelquefois donné à cette expression, il suffit d'examiner, en un mot, la suite des faits et l'ordre des
dates.

L'arrêt de 1279 est daté de la pentecôte de la
même année.

On ne voit point précisément dans quel temps
commença la contestation qui fut terminée par la
sentence arbitrale de 1294 ; mais il est toujours certain qu'elle étoit née dès l'année 1290, puisque la
bulle de Nicolas I, qui délègue le cardinal, évêque
d'Angoulême, pour juger cette contestation, est du
6 ou 7 septembre 1290 ; ainsi, dès ce temps-là, et
sans doute même plusieurs mois auparavant, la
contestation étoit formée, l'inféodation qui y donnoit
lieu étoit faite, et par conséquent la dame Tharie et
ses héritiers étoient morts, puisque c'étoit à titre de
déshérence que l'abbé de Brantôme avoit cru être en
droit de réinféoder la partie de Bourdeilles qui lui
avoit appartenu.

Or, peut-on présumer que tant de choses se fussent
passées en un aussi petit nombre d'années, c'est-à-
dire, depuis la pentecôte de l'année 1279, jusque
vers la fin de l'année 1289, ou, tout au plus, le
commencement de l'année 1290.

Il faudroit feindre pour cela, qu'après l'arrêt
de 1279, qui, dans la supposition de l'abbé de
Brantôme, avoit jugé que toute la seigneurie de
Bourdeilles étoit dans la mouvance de cette abbaye,
le seigneur de Bourdeilles auroit aliéné la moitié de
sa seigneurie en faveur de la dame Tharie ; que la
dame Tharie en auroit joui, qu'elle l'auroit transmise
à ses héritiers, que ses héritiers l'auroient possédée,

qu'il y en auroit eu même plusieurs (car c'est ce que le pluriel *hæredum* fait entendre naturellement), qu'ils seroient tous morts l'un après l'autre, sans laisser aucuns héritiers, ensorte que cette moitié de Bourdeilles seroit alors tombée en déshérence ; et que tout cela se seroit passé dans moins de dix ans. La chose, à la vérité, n'est pas absolument impossible, mais elle est si peu vraisemblable, que la cour ne jugera pas, sans doute, qu'il faille faire violence à la signification naturelle des mots, et donner au terme *quondàm* un sens contraire à son origine, pour faire convenir ce terme à une supposition si forcée et si extraordinaire.

Combien est-il plus simple et plus naturel d'entendre ce terme dans sa signification ordinaire, de penser que tous ces faits n'ont pu vraisemblablement se placer dans un cercle aussi étroit que celui de dix ans, et que par conséquent on doit supposer que lorsque la sentence arbitrale de 1294 a été rendue, il y avoit long-temps que la moitié de la dame Tharie étoit séparée de celle que Bernard de Bourdeilles possédoit, et qui avoit fait le sujet de l'arrêt de 1279; que les héritiers de la dame Tharie avoient joui successivement après elle de cette moitié ; et qu'enfin, le cas de la déshérence étant arrivé, l'abbé de Brantôme, qui prétendoit que la seigneurie de Bourdeilles étoit dans sa mouvance, avoit cru être en droit d'inféoder de nouveau la portion de cette seigneurie qui étoit vacante, pour ainsi dire, par l'extinction de la postérité de la dame Tharie.

Telles sont les raisons qui ont porté le procureur-général à donner cette interprétation au terme *quondàm*, employé dans la sentence de 1294; et après en avoir rendu compte à la cour, il croit pouvoir dire que l'interprétation nouvelle et singulière de l'abbé de Brantôme n'est pas moins contraire au sens qui résulte de toutes les circonstances de l'acte dans lequel ce terme se trouve, qu'à la signification naturelle et ordinaire de cette expression.

Seconde objection. Si dans le temps de l'arrêt de

1279, il n'eût été question que de la mouvance de la moitié de Bourdeilles, on l'auroit exprimé dans l'arrêt, comme on l'a marqué dans la sentence arbitrale de 1294, où il ne s'agissoit en effet que de la moitié de cette terre.

Réponse. Le procureur-général croit avoir prouvé, dans la seconde partie de sa requête, qu'il ne s'agissoit que de la mouvance du seul château de la baronnie de Bourdeilles dans le temps de l'arrêt de 1279; et si cela est, il auroit été non-seulement inutile, mais absurde, d'exprimer dans cet arrêt qu'il n'étoit question que de la moitié de la seigneurie, puisqu'il s'agissoit dans cette affaire, non de la moitié de la seigneurie de Bourdeilles qu'on appelle baronnie, mais du seul château qui étoit dans cette moitié, et qui appartenoit tout entier à Bernard de Bourdeilles; car il est certain, dans le procès, que chacune des portions de la seigneurie de Bourdeilles avoit son château particulier.

Quand même on pourroit supposer qu'il fût question dans cet arrêt de la moitié entière de la seigneurie de Bourdeilles, l'objection seroit toujours détruite par un grand nombre de titres produits dans l'instance, qui prouvent évidemment que, quoique les deux parties de la terre de Bourdeilles aient été unies dans leur origine, leur division en avoit fait deux corps de fief et de seigneurie tellement distincts et séparés, qu'on les a considérés beaucoup moins comme les deux parties d'un même tout, que comme faisant chacune une espèce de tout qui étoit également appelé *la seigneurie de Bourdeilles.*

Ainsi, dans l'échange de 1307, qui n'est postérieur que de 28 ans à l'arrêt de 1279, et de 13 ans à la sentence de 1294; ainsi, dans le délaissement que le roi fit au comte de Périgord, en 1341 et en 1342, de cette même portion de Bourdeilles; ainsi, dans les lettres du don du comté de Périgord et de ses dépendances, que le roi Charles VI fit à Louis d'Orléans, son frère, en 1399; ainsi, dans la vente du comté de Périgord et du comté de Bourdeilles, faite, en 1437, par Charles d'Orléans à Jean de Bretagne, vicomte de Limoges ; ainsi, dans celle du comté de Bourdeilles seul, en 1480, par Alain d'Albret à François de Bourdeilles ; ainsi, dans l'hommage de 1493, et dans plusieurs autres titres qu'il est inutile d'expliquer ici avec plus d'étendue, on voit qu'une des portions de la seigneurie a été perpétuellement désignée sous le nom de château et châtellenie, ou sous le nom de comté de Bourdeilles, comme un corps entier de seigneurie, sans aucune limitation qui puisse même faire soupçonner qu'il ne s'agissoit en effet que d'une moitié de cette terre considérée par rapport à son premier état.

L'effet de cette séparation a été si loin, que la dénomination de l'une des deux parties de la même terre ne convenoit nullement à l'autre, et que, pendant que l'une portoit le nom de comté, l'autre étoit qualifiée seulement du titre de baronnie.

Il ne seroit donc pas surprenant qu'on n'eût pas exprimé dans l'arrêt de 1279, qu'il ne s'agissoit que de la moitié de la terre de Bourdeilles qui étoit possédée par un seigneur de ce nom ; et il n'y auroit rien en cela qui ne s'accordât parfaitement avec les autres titres qui ont été produits dans l'instance, quand même il seroit vrai que l'arrêt de 1279 comprît la seigneurie ou la châtellenie de Bourdeilles, non pas seulement le château ; ce que l'on examinera plus à fond dans la suite de cette requête.

Troisième objection. Si les directeurs des créanciers de la maison de Bourdeilles représentoient les titres de cette maison qu'ils ont entre les mains, et entr'autres un aveu de 1261, qui a été vu dans le temps de l'aveu de 1624, on prouveroit par ces pièces que la totalité de la seigneurie de Bourdeilles étoit possédée par les auteurs de Bernard de Bourdeilles, même avant l'arrêt de 1279, et dans le temps de cet arrêt.

Réponse. Il est inutile de s'arrêter à raisonner par

conjectures sur des pièces qui ne paroissent point. Le
procureur-général du roi ignore si les directeurs des
créanciers de Bourdeilles ont ces pièces, ou s'ils ne
les ont pas; il sait seulement qu'ils lui ont dit qu'elles
leur étoient absolument inconnues, et il peut assurer
la cour, qu'avant que d'intervenir dans cette affaire,
pour y défendre les droits du roi, il a fait toutes les
recherches imaginables pour retrouver ces titres,
quand même ils auroient dû être contre le roi, dont
les intérêts, quelque sacrés qu'ils soient, ne doivent
jamais être mis en balance avec la justice et la vérité.

Objections qui ont rapport à la sentence arbitrale de 1294.

Première objection. On relève inutilement, après
400 ans, les défauts d'une sentence respectable par son
antiquité : elle n'est point nulle par l'incompétence
du juge qui l'a rendue ; il s'agissoit d'une aliénation
de biens ecclésiastiques ; et tel étoit alors l'usage également approuvé dans l'église et dans l'état, que les
juges ecclésiastiques décidoient de la validité de ces
sortes d'aliénations. Les parties ont d'ailleurs reconnu
le juge délégué; elles ont procédé par-devant lui volontairement. Enfin, quand cette sentence seroit nulle,
elle ne prouveroit pas moins que toutes les parties ont
reconnu dès l'année 1294, que le comté de Bourdeilles étoit un fief de l'abbaye de Brantôme.

Réponse. Il est vrai que si cette sentence avoit été
exécutée, si l'on voyoit que l'inféodation qu'elle confirme eût eu quelque effet, et que l'abbé de Brantôme
eût été reconnu dans la suite seigneur suzerain du
comté de Bourdeilles ; on pourroit employer avec
succès l'argument que l'on tire de l'antiquité de ce
titre : le consentement des parties, la procédure volontaire qu'elles ont faite devant le juge délégué par
le saint siége, les erreurs mêmes du siècle dans lequel
ce jugement a été rendu, pourroient couvrir les défauts qu'on y remarque ; mais dès le moment qu'il

s'agit d'une pièce inconnue, oubliée, ou méprisée pendant quatre siècles, la question change de face : l'antiquité d'un titre non exécuté ne sert qu'à faire ouvrir les yeux sur les défauts qu'il contient. Ces défauts, considérables en eux-mêmes, le deviennent encore plus lorsqu'on y joint l'inexécution du titre, qu'on présume facilement avoir été l'effet des nullités qui s'y trouvent ; et au lieu que si l'acte avoit été exécuté, quatre cents ans de possession l'auroient rendu inviolable, et auroient consacré jusqu'à ses défauts, quatre cents ans d'inexécution ajoutent un nouveau degré, et mettent, pour ainsi dire, le comble aux nullités qu'on y découvre.

Seconde objection. La proximité des parties, c'est-à-dire, de l'abbé de Brantôme, et de Gérard de Malomont, son frère, ne suffit pas seule pour faire présumer qu'il y ait eu de la fraude et de la collusion dans la sentence arbitrale.

Réponse. Le procureur - général n'a relevé cette circonstance que pour faire voir que l'acte étoit suspect ; et qui peut douter, en effet, que tout ne soit suspect dans un titre si décisif en apparence pour le droit des abbés de Brantôme, et néanmoins si négligé, si abandonné par eux, et si justement condamné par le jugement secret que depuis quatre cents ans ils en ont porté tous, sans en excepter même le sieur abbé de Vauban, qui a d'abord reconnu pleinement le droit du roi pour la mouvance du comté de Bourdeilles ?

Troisième objection. On ne peut pas dire que le défaut de confirmation de la part du pape et de la part du roi, rende la sentence de 1374 inutile. Cette confirmation n'avoit été désirée que pour la sûreté de Gérard de Malomont, afin que l'inféodation qui lui avoit été faite par son frère, fût solennellement confirmée par le concours de la puissance royale et de l'autorité ecclésiastique.

On peut dire même, que l'acquisition que le roi a

faite du comté de Bourdeilles, par l'échange de 1307; a été une confirmation suffisante de la sentence arbitrale de 1294.

Réponse. Il seroit difficile, après tant de siècles, de pénétrer dans l'intention des parties intéressées, et de savoir quelles sont les raisons qui les ont portées à demander cette confirmation. Il est toujours certain, d'un côté, qu'elles l'ont jugée nécessaire, et de l'autre, qu'elles ne l'ont pas obtenue ; mais d'ailleurs il en résulte toujours que cet acte n'a pas eu sa perfection, et que le roi, dont l'approbation devoit y mettre le dernier sceau, n'y ayant jamais donné son consentement, on ne peut pas s'en servir contre lui pour établir une mouvance qu'il n'a point reconnue, et qu'on a craint peut-être de faire paroître à ses yeux.

Soutenir que le roi a confirmé la sentence de 1294, parce qu'il a acquis le comté de Bourdeilles des héritiers de Gérard de Malomont, c'est avancer une proposition nouvelle, et qui n'a pas même besoin d'être réfutée : il auroit fallu, pour cela, que l'on eût fait mention de la sentence arbitrale dans l'échange que les héritiers de Gérard de Malomont ont fait avec le roi.

Le roi ne fait rien comme particulier ; il agit en tout comme souverain, surtout en matière d'acquisition de fonds, suivant la maxime qu'il n'a point de domaine privé distinct de celui de l'état : il y a seulement cette différence entre ses acquisitions, que celles à titre d'échoite, ou qui représentent des fruits disponibles, peuvent être par lui mises hors de ses mains ; mais tant qu'il en jouit, elles doivent être administrées comme domaine, et elles en ont tous les privilèges, excepté l'inaliénabilité qu'elles n'acquièrent que par une union expresse, ou une union tacite, résultant d'une jouissance confuse pendant dix ans avec ses autres domaines, ou de ce que le souverain décède en possession, ce qui transmet l'effet acquis au successeur à la couronne d'une manière irrévocable. Les acquisitions volontaires forment également des do-

maines, et sont censées faites pour l'état, et irrévocablement, s'il n'y a une déclaration contraire au
moment que le roi acquiert : cette déclaration conserve au souverain la faculté de disposer des fonds
pendant sa vie, comme il auroit pu faire des deniers
publics qu'ils représentent; mais en attendant, ces
fonds sont administrés comme domaniaux, et si le roi
décède avant d'en avoir disposé, ils demeurent unis
de plein droit à la couronne. Quant aux acquisitions
ex causâ antiquâ, la domanialité ancienne, qui est
le principe de leur retour, ne laisse aucun doute sur
leur inaliénabililité.

D'après ces principes, n'y auroit-il pas de l'inconvénient à admettre une supposition dont on pourroit abuser pour rendre ces principes douteux?

Mais, d'ailleurs, c'étoit en qualité de souverain
que le roi devoit confirmer la sentence arbitrale, et
c'est comme particulier qu'il a acquis le comté de
Bourdeilles; comment peut-on donc prétendre que
ce que le roi a fait comme particulier, puisse préjudicier à la liberté qu'il avoit, comme roi, d'accorder
ou de refuser la confirmation de la sentence arbitrale
de 1294? Mais, encore une fois, c'est trop s'arrêter
à détruire une objection de cette qualité.

Quatrième objection. On ne doit pas dire que la
sentence arbitrale de 1294 n'a pas été exécutée, sous
prétexte que treize ans après cette sentence le comté
de Bourdeilles a été cédé au roi par les successeurs
de Gérard de Malomont, contre la défense expressément portée par la sentence arbitrale, de faire passer
cette terre dans des mains plus puissantes, *in manum
potentiorum.* L'échange de 1307 étoit fondé sur des
raisons d'état, et l'abbé de Brantôme ne pouvoit ni
ne devoit en empêcher l'exécution.

Réponse. Mais il pouvoit et il devoit demander au
roi un homme capable de lui rendre l'hommage, ou
une récompense pour l'extinction de la féodalité;
il pouvoit et il devoit exiger l'hommage des comtes
de Périgord, lorsqu'ils acquirent du roi le comté

de Bourdeilles ; il pouvoit et il devoit le demander aux ducs d'Orléans, lorsque ce comté leur
fut donné par le roi Charles VI ; il pouvoit et il devoit le demander à Jean de Bretagne, à Françoise de
Bretagne, sa fille, à François de Bourdeilles et à ses
successeurs, lorsque cette seigneurie a passé successivement entre leurs mains. Combien de fois son droit
prétendu a-t-il été ouvert pendant l'espace de quatre
siècles ; et toutes les fois que cela est arrivé, il a confirmé par son silence toutes les inductions que le procureur-général du roi a tirées de l'inexécution de la
sentence de 1294.

Cinquième objection. A quoi sert-il, pour défendre
la cause du roi, de relever avec tant de soin les défauts
de la sentence arbitrale de 1294 ? On ne travaille
par là, sans y penser, que pour l'abbé de Brantôme.
Le roi tire tout le droit qu'il a eu sur Bourdeilles
de la maison de Malomont, qui lui a cédé cette terre
par échange, en l'année 1307. Si cette maison perd
son droit sur le comté de Bourdeilles, le droit du
roi s'évanouit en même temps ; car, si la sentence
arbitrale est détruite, l'inféodation de cette partie
de Bourdeilles que la sentence confirme, tombe
absolument, l'abbé rentre dans le fief qu'il avoit
inféodé : en voulant lui enlever la mouvance de ce
fief, on lui rend la propriété ; mais si cela est, que
deviendroit le droit du roi, uniquement appuyé sur
celui de Gérard de Malomont ; et ne sera-t-il pas
vrai de dire, que ce sera l'abbé de Brantôme seul,
qui profitera de tous les efforts qu'on aura faits pour
donner atteinte à la sentence de 1494 ?

Réponse. On confond ici, comme en plusieurs
autres endroits de la réponse de l'abbé de Brantôme,
la propriété avec la mouvance du comté de Bourdeilles ; et comme si le roi prétendoit être propriétaire de ce comté, ou comme s'il avoit à se défendre
contre une demande en garantie formée contre lui
par les descendans de ceux auxquels il a cédé le
comté de Bourdeilles, on veut rétorquer contre le

roi les défauts qui peuvent se trouver dans le prétendu titre de ses auteurs, c'est-à-dire, les héritiers de Gérard de Malomont.

Il est vrai que le roi a eu deux qualités différentes à l'égard du comté de Bourdeilles.

Il en a été, et il en est encore le seigneur suzerain, comme roi, à cause de sa couronne, ou des grands fiefs qui y sont réunis.

Mais outre cela, il en a été le propriétaire pendant trente-quatre ou trente-cinq ans, et il a cessé de l'être il y a plus de trois cents ans.

Si le roi procédoit ici en qualité de propriétaire ; si, en cette qualité, il vouloit combattre la sentence de 1294, l'abbé de Brantôme pourroit lui dire, avec quelque apparence : vous attaquez votre propre titre ; je consens qu'il soit détruit, et je rentre dans le fief dont l'inféodation avoit été confirmée par ce titre en faveur de vos auteurs. Il faudroit en ce cas, que le roi établît sa propriété par un autre titre, ou qu'il se défendît par une prescription de plus de quatre cents ans, et qu'il se réduisît à dire, suivant le langage des jurisconsultes, *Possideo, quia possideo.*

Mais le roi agit dans cette affaire, non comme propriétaire du comté de Bourdeilles, non comme étant aux droits de Gérard de Malomont, mais en qualité de seigneur dominant; et comme roi, non pour s'assurer la propriété de cette seigneurie, mais pour en conserver la mouvance.

Un autre seigneur qui prétend lui enlever cette mouvance, rapporte un titre nul, suspect, inutile, réprouvé par un silence de quatre cents ans : le roi fait voir le vice de ce titre, pour montrer qu'on ne peut en tirer aucun argument solide, en faveur de la mouvance prétendue par l'abbé de Brantôme, lequel laissant là l'état de la question, et la véritable qualité des parties, veut faire dégénérer un combat de fief en une question de propriété, et opposer au roi, qui n'agit que comme seigneur direct, ce qui ne seroit d'aucune conséquence contre lui, quand même il agiroit comme propriétaire, puisqu'il ne risqueroit rien en abandonnant le titre de 1294, pour se renfermer uniquement dans une possession continuée sans interruption pendant, plus de quatre siècles.

Ainsi, cette objection de l'abbé de Brantôme n'a qu'une foible lueur qui disparoît d'elle-même, par la seule distinction des qualités de seigneur dominant et de propriétaire, qu'on a confondues, sans y penser, en cet endroit.

Objection qui a rapport à l'opposition formée en 1306, par Guillaume de Malomont, à la prise de possession de Guillaume de Chanac.

Quoiqu'il n'y ait dans cet acte qu'une énonciation de la mouvance de l'abbé de Brantôme, une énonciation qui se trouve dans un acte de quatre cents ans d'antiquité, ne doit pas être considérée comme un léger argument ; et d'ailleurs, si l'acte qui doit être au trésor des chartes étoit rapporté par le procureur-général du roi, l'abbé de Brantôme en tireroit de plus grandes lumières pour la défense de sa cause.

Réponse. La condition du roi n'est pas moins favorable que celle de ses sujets, et il doit avoir au moins le libre exercice du droit commun, suivant lequel on n'a jamais obligé une partie à produire les titres dont on se sert contre elle ; mais plus le roi a de priviléges, au-delà même des règles communes, plus il convient à sa justice, non-seulement de s'y assujettir, mais d'aller encore plus loin que ses sujets, et de produire jusqu'aux titres dont on se sert contre lui, pour faire voir qu'il ne cherche que la lumière et qu'il ne craint point la vérité : ainsi le procureur-général produira l'opposition dont il s'agit à la fin de cette requête ; et il espère que la cour n'y trouvera que l'énonciation dont l'abbé de Brantôme se sert, et dont le procureur-général croit avoir fait voir pleinement l'inutilité dans sa requête, qu'il lui suffit d'employer pour toute réponse à cet égard.

Il y ajoutera néanmoins que cet acte est au moins aussi fort pour le roi que pour l'abbé de Brantôme ; si d'un côté Guillaume de Malomont y énonce qu'il a rendu l'hommage à cet abbé, on y voit que, d'un autre côté, le roi y fait déclarer qu'il avoit mis dans sa main tous les revenus de la seigneurie de Bour-deilles, ce qui conduit naturellement à croire que c'étoit en qualité de seigneur suzerain que le roi avoit fait faire cette saisie. Le procureur-général avoit crû la cause du roi si solidement et si invinciblement établie, qu'il avoit négligé cette espèce de preuve ; mais, puisque l'abbé de Brantôme veut absolument voir l'acte dont il s'agit, il est juste, en le satis-faisant à cet égard, de remarquer aussi ce qu'il y a d'avantageux dans cet acte pour l'établissement des droits du roi : on en tirera au moins cette con-séquence, qu'on ne peut rien conclure d'un acte où l'on ne voit qu'une simple énonciation de deux pré-tentions respectives, sans aucune autre circonstance qui puisse les décider.

Il y a cependant cette observation à faire sur ce titre, que l'énonciation qu'on y a faite de la prétention de l'abbé de Brantôme n'a pas été portée plus loin, et que, lorsque le roi a acquis par échange le comté de Bourdeilles des héritiers de Guillaume de Ma-lomont, il ne s'engagea ni à rendre l'hommage par un procureur, ni à donner une récompense à l'abbé de Brantôme pour la seigneurie de Bourdeilles. Il est vrai que dans les conditions qui sont exprimées dans le préambule du contrat d'échange que Guil-laume de Chanac, comme exécuteur du testament d'Elie de Malomont, faisoit avec le roi, il avoit demandé, par une clause générale, et sans parler de la terre de Bourdeilles en particulier, que le roi fût tenu de donner une récompense suffisante aux églises dont les terres qui devoient être cédées au roi, étoient tenues en fief ; mais le roi ne s'y engagea point; et cette condition, marquée dans le préambule qui contient le récit des propositions qui avoient été faites entre les gens du roi et Guillaume de Chanac, ne se trouve point dans le dispositif par lequel Guillaume de Chanac s'engage à livrer au roi toutes les terres qu'il lui cédoit par cet échange, sans aucune réserve ni condition, si ce n'est que le roi n'entreroit en possession des terres qu'on lui cédoit, qu'après qu'il auroit fait de sa part tout ce qu'il étoit obligé de faire, pour mettre Guillaume de Chanac en possession des seigneuries qu'il lui donnoit en échange : ainsi, en comparant le préambule de cet acte avec le dispositif, on y reconnoît que cette condition vague et générale, qui ne prouveroit rien, quand même elle se trouveroit dans le dispositif, et que les gens du roi qui traitoient cette affaire avec Guillaume de Chanac avoient peut-être écoutée trop facilement, a été entièrement rejetée lorsqu'il a fallu consommer l'affaire, et qu'il n'en a plus été question dans le dispositif, c'est-à-dire dans l'endroit où se forme véritablement le lien de l'engagement des parties qui contractent. La cour jugera par là, combien les droits prétendus de l'abbé de Brantôme ont fait peu d'impression dès l'année 1307; sans qu'on puisse faire voir que depuis ce temps-là, jusqu'en l'année 1704, on ait jamais osé faire la moindre démarche pour les soutenir.

Il n'est donc pas inutile d'observer ici, avant que de passer à des objections d'un autre genre, que l'abbé de Brantôme n'a rien répondu, comme en effet il ne peut rien répondre de solide au grand argument que l'on a tiré contre lui de ce silence de quatre cents ans.

Il ne faut pas confondre cet argument avec celui de la prescription : la prescription est utile et décisive, quand même les titres seroient valables et légitimes en eux-mêmes ; mais la conjecture qui résulte du long silence des abbés de Brantôme, dans le temps qu'ils avoient entre leurs mains les mêmes titres qu'ils produisent, va encore plus loin ; elle fait présumer qu'ils ont reconnu le défaut et l'inutilité de ces titres, qu'ils ont senti ce que l'on pouvoit y opposer, et qu'ils les ont condamnés les premiers, long-temps avant que l'on eût mis la justice en état de confirmer le jugement qu'ils en ont porté eux-mêmes par avance.

La première proposition que le procureur-général a avancée dans sa première requête, lorsqu'il y a soutenu que l'abbé de Brantôme n'avoit aucuns titres légitimes sur la mouvance du comté de Bourdeilles, subsiste donc en son entier.

Il faut maintenant examiner les nouvelles objections que l'abbé de Brantôme a faites contre la seconde proposition que le procureur-général a établie sur la mouvance du comté de Bourdeilles : elle consiste à prouver que le droit de l'abbé de Brantôme, tel qu'il ait pu être dans son origine, est éteint depuis plus de quatre cents ans.

Pour développer cette proposition, le procureur-général a distingué deux degrés, ou, si l'on veut, deux genres différens d'extinction :

Le premier, par l'acquisition que le roi a faite du comté de Bourdeilles ;

Le second, par la prescription.

Objections sur le premier genre d'extinction.

Première objection. Il n'est pas vrai que les tempéramens qu'on a trouvés pour concilier les intérêts du seigneur immédiat avec les droits de la majesté royale, à l'égard de l'hommage dû pour les fiefs acquis par le roi dans la mouvance de ses sujets ; il n'est pas vrai (dit l'abbé de Brantôme) que ces tempéramens se soient réduits d'abord à commettre par le roi un sujet capable de rendre hommage au lieu de lui, et ensuite à donner une indemnité au seigneur ; que celui-ci n'étoit pas en droit de refuser ; beaucoup moins que ce second tempérament fût déjà établi dès l'année 1213. Choppin, Pithou, Brodeau, auteurs cités par le procureur-général du roi, auxquels il faut joindre

M.e Charles Dumoulin, attestent également que l'usage de donner un homme au seigneur suzerain pour remplir les devoirs de vassal au nom du roi, a duré long-temps après l'année 1213, et jusqu'en l'année 1492 : ils le prouvent par un arrêt rendu contre l'évêque d'Auxerre en 1314, par des lettres-patentes du roi Jean de l'an 1350 ; par des ordonnances du roi d'Angleterre, usurpateur du royaume de France, des années 1423 et 1430 ; par une commission tirée d'un registre de la chambre des comptes, et qu'on dit être de l'an 1492. Toutes ces autorités font voir que le tempérament d'obliger le seigneur suzerain, de recevoir une récompense pour la mouvance de son fief acquis par le roi, n'a pas commencé dès l'année 1213 ; et si cela est, l'abbé de Brantôme avoit la faculté d'obliger le roi, ou à mettre le comté de Bourdeilles hors de ses mains, après l'échange de 1307, ou à lui présenter un sujet qui rendît hommage à cet abbé, au lieu du roi.

Réponse. Si l'on avoit bien lu la requête du procureur-général du roi, et si l'on avoit bien pris la suite de ses principes, l'abbé de Brantôme se seroit épargné à lui-même la peine de faire de telles objections, et au procureur-général celle d'y répondre.

On vient de rapporter les termes mêmes de la réponse de cet abbé, parce qu'on avoue qu'on ne sait pas d'abord ce qu'il veut accorder ou nier par des expressions aussi générales que celles dont il s'est servi en cet endroit.

Il n'est pas vrai, dit l'abbé de Brantôme, que les tempéramens que la jurisprudence féodale a introduits en cette matière, *se soient réduits d'abord à l'expédient de commettre un sujet capable de rendre l'hommage au lieu du roi, et ensuite à donner une indemnité au seigneur, que celui-ci n'est pas en droit de refuser.*

Veut-il nier que l'on ait pris d'abord le tempérament de faire rendre l'hommage au nom du roi, par un sujet commis pour remplir le devoir du vassal ?

Mais il s'attache à prouver cet usage par beaucoup de citations très-inutiles, puisque le procureur-général en convenoit.

Veut-il nier qu'à ce premier tempérament, on ait joint celui d'indemniser le seigneur dans la mouvance duquel le roi acquéroit un fief? Mais il reconnoît lui-même que ce tempérament a été en usage au moins depuis l'ordonnance de Philippe le bel, de 1302.

Comme on ne peut pas croire que ce soit là l'intention de l'abbé de Brantôme, il y a lieu de présumer que la seule chose qu'il veuille nier, est que le second tempérament fût déjà établi dès l'année 1213 : à quoi il ajoute, dans la suite, que le premier tempérament, suivant lequel le roi s'acquittoit par un autre des devoirs de fief, n'avoit pas cessé non plus en cette année.

Ainsi, il semble que l'on peut tirer ces deux conséquences de tout ce que l'abbé de Brantôme a voulu établir en cet endroit : l'une, que le second tempérament n'étoit pas encore introduit en l'année 1213; l'autre, que le premier tempérament n'a point cessé en la même année.

De ces deux propositions, il pouvoit retrancher entièrement la dernière.

Le procureur-général du roi n'a dit en aucun endroit de sa requête, que le tempérament de commettre une personne capable de rendre l'hommage au lieu du roi, eût cessé en l'année 1213; il a bien dit que ce premier tempérament étoit l'ouvrage de la plus ancienne jurisprudence en cette matière; que la dernière jurisprudence en avoit établi un second encore plus régulier, qui étoit celui de la récompense, et que ce tempérament étoit déjà en usage en l'année 1213 : mais, si l'abbé de Brantôme veut bien relire la requête du procureur-général du roi, il n'y trouvera rien qui puisse faire conclure, même par la plus légère conjecture, que ce second tempérament ait fait cesser le premier dès l'année 1213; et il y trouvera encore moins ce qu'il a dit, sans y avoir fait assez de réflexion, dans son avertissement, que le procureur-général du roi a cité, pour garans de cette proposition, Choppin, Pithou et Brodeau.

Le procureur-général n'a cité ces auteurs, que pour prouver l'usage du premier tempérament, et nullement pour prouver l'usage du second, dont il n'avoit pas encore commencé de parler lorsqu'il a fait cette citation.

C'est donc inutilement, encore une fois, que l'abbé de Brantôme a inséré dans ses écritures les passages entiers de ces mêmes auteurs que le procureur-général avoit cités, et cela, pour prouver un fait dont le procureur-général est très-persuadé, et dont il n'est jamais disconvenu, c'est-à-dire, que l'usage de faire rendre hommage au nom du roi par un vassal choisi à cet effet, a duré long-temps après l'année 1213.

Le procureur-général avoit lui-même prouvé cette vérité, bien loin de la combattre en aucune manière, lorsqu'il avoit indiqué les principaux auteurs qui en ont recueilli les preuves.

Il l'avoit encore prouvée en employant l'autorité des ordonnances de Philippe le bel, de 1302, de Louis le hutin, et de ses successeurs ; ordonnances postérieures, sans difficulté, à l'année 1213, et par lesquelles il paroît que le tempérament de faire rendre l'hommage par procureur au nom du roi, étoit encore en usage en ce temps-là, d'où il étoit aisé de conclure que le procureur-général n'avoit jamais prétendu que ce tempérament eût cessé dès l'année 1213.

Enfin, il l'avoit prouvé d'une manière encore plus sensible et plus convaincante, s'il est possible, par toute la suite du raisonnement qu'il a fait contre l'abbé de Brantôme ; on en peut juger par cet endroit tiré de la requête du procureur-général : *Tout ce que l'abbaye de Brantôme auroit pu faire dans le temps de l'échange de 1307, suivant la jurisprudence de ce siècle, se seroit réduit, ou à supplier le roi de substituer en sa place un vassal capable de s'acquitter des devoirs de fief, ou à demander une indemnité.*

Pouvoit-il jamais mieux faire voir qu'il croyoit que le tempérament de faire rendre l'hommage par un procureur, n'avoit pas été aboli en l'année 1213, qu'en disant si formellement, que l'abbé de Brantôme pouvoit encore demander au roi en 1307, qu'il lui plût de substituer en sa place un vassal capable de s'acquitter des devoirs de fief; et comment l'abbé de Brantôme a-t-il pu dire après cela, que le procureur-général avoit soutenu que ce tempérament avoit cessé dès l'année 1213?

Il n'a pas répété plus exactement les expressions du procureur-général, lorsqu'il lui a fait dire, dans son avertissement, que l'ordonnance de Philippe le bel porte *la seule obligation de donner récompense.*

Pour mettre la cour en état de juger de la fidélité de cette citation des écritures du procureur-général, il suffit de la supplier de jeter les yeux sur l'endroit de sa requête, où elle verra que le procureur-général dit expressément que Philippe le bel et les rois ses successeurs, se sont réservé la faculté de donner à leur choix, ou un homme, ou une récompense au seigneur de la mouvance duquel ils acquéreroient un fief : est-ce donc là avancer que l'ordonnance de Philippe le bel porte la seule obligation de donner une récompense ?

Il est vrai que le tempérament de la récompense étant une fois établi, le roi ne pouvoit pas être obligé purement et simplement à donner un homme au seigneur immédiat, pour remplir à l'égard de ce seigneur les devoirs de vassal ; mais il étoit au choix du roi de prendre ce tempérament, ou de préférer celui de la récompense : et c'est ce qui a donné lieu au procureur-général du roi d'ajouter, en expliquant la disposition des ordonnances de Philippe le bel et des princes ses successeurs, que ces rois s'étant réservé la faculté de donner à leur choix, ou un homme, ou une récompense, ils ont été en droit de forcer les seigneurs dans la mouvance desquels ils

acquéroient, à se contenter d'une récompense ; conséquence si certaine de la disposition de ces ordonnances, qu'on ne croit pas que l'abbé de Brantôme
veuille la révoquer en doute, au moins ne l'a-t-il pas
fait jusqu'à présent.

Le procureur-général du roi se reproche à lui-
même la digression qu'il vient de faire pour établir
la vérité de ce qu'il a dit dans sa requête, et qui
avoit été fort mal entendu par l'abbé de Brantôme;
mais il a cru devoir épargner à la cour la peine de
faire par elle-même une comparaison ennuyeuse de
ce qu'il a dit véritablement, avec ce qu'on a voulu
lui faire dire, et cela sans fruit et sans vérité, comme
la cour le verra dans un moment.

Il faudroit donc revenir maintenant à la première
vérité que le procureur-général a établie, et que
l'abbé de Brantôme nie, sans fondement, comme
sans intérêt ; c'est-à-dire que, dès l'année 1213, le
tempérament de donner une indemnité au seigneur
dans la mouvance duquel le roi acquéroit un fief,
étoit déjà introduit.

Le procureur-général dit d'abord que l'abbé de
Brantôme nie sans aucun fondement cette vérité;
elle a été prouvée par des titres si authentiques et si
éclatans, dans la requête du procureur-général du
roi, qu'on ne comprend pas comment l'abbé de
Brantôme en veut faire encore la matière d'un
doute apparent.

Dira-t-il que les chartes de Philippe-Auguste, de
saint Louis et de Philippe le bel, que le procureur-
général a employées pour prouver ce fait, ne sont
que citées sans être produites ? Mais le procureur-
général du roi fera cesser cette objection en les produisant à la fin de cette requête.

Dira-t-il que ce sont des faits singuliers, qui
prouvent seulement que dans quelques occasions
particulières le seigneur immédiat a bien voulu se
contenter d'une récompense, au lieu de se servir de
la rigueur du droit, et d'obliger le roi à lui donner
un vassal capable de remplir les devoirs de fief?

Mais, en faisant cette objection, on oublie que les chartes qui ont été citées par le procureur-général du roi ne règlent pas seulement le fait particulier dont il s'y agissoit : elles établissent encore la règle générale, puisqu'il est dit expressément dans celle de 1213, « que *par coutume* les rois de France ne » sont tenus faire foi et hommage pour les fiefs qui » leur adviennent, mais font récompense; » et dans celle de 1293, « que le roi *n'est tenu* faire aucunes » foi et hommage à personne, et ce, par la coutume » de son royaume; et à cause que le roi ne fait hom- » mage à personne, il récompense le seigneur du » fief de son droit qu'il perd. »

Le procureur-général du roi laisse juger à la cour si c'est là régler seulement un fait particulier du consentement du seigneur immédiat, ou attester une règle générale et une coutume du royaume, qui por- toit déjà ce nom dès l'année 1213, et dont l'origine par conséquent remontoit beaucoup plus haut.

Quelles autorités oppose-t-on à des titres si res- pectables et si décisifs? Des commentateurs de cou- tumes, qui ne disent rien de contraire à ces titres; ils montrent à la vérité que le tempérament de re- mettre le fief sur la tête d'un sujet qui puisse en remplir les devoirs, a été observé dans des siècles postérieurs à ces chartes; le procureur-général en convient, il l'a déjà dit, et peut-être avec trop d'é- tendue : mais parce que ce tempérament étoit encore en usage dans le treizième et même dans le quator- zième siècle, a-t-on raison d'en conclure qu'il n'y en eût aucun autre qui fût reçu dans les mœurs de la France? Comme si l'un de ces deux tempéramens avoit dû abolir l'autre, et cela dans le temps qu'on voit qu'ils sont tous deux compris dans le même ar- ticle d'ordonnance, comme pouvant tous deux être mis en usage selon la volonté du roi, et la con- venance des temps, des lieux, des affaires.

Les titres que ces auteurs rapportent ne sont pas plus contraires que leur raisonnement, à la vérité de l'ancien usage attesté par les chartes que le procureur-général a citées.

A quoi se réduisent tous ces titres ? On cite d'abord un arrêt de 1314, qui a condamné l'évêque d'Auxerre à recevoir la foi et hommage par le ministère d'un gentilhomme que le roi avoit chargé de lui rendre hommage pour un fief acquis dans la mouvance de cet évêque.

Mais on ne prend pas garde, en citant cet arrêt, que le roi avoit choisi en cette occasion le tempérament de rendre l'hommage par un vassal substitué en sa place, ou, comme le disent d'anciennes ordonnances, par *un desservant*, et que c'étoit l'évêque qui refusoit de recevoir l'hommage du gentilhomme commis par le roi ; or, comment peut-on conclure de là que le roi n'auroit pas pu prendre au contraire le tempérament de la récompense ? Il avoit le choix de l'un ou de l'autre tempérament, selon l'ordonnance de Philippe le bel et l'*ancienne coutume* du royaume ; il a choisi l'un, et l'arrêt oblige l'évêque à s'y soumettre : donc le roi ne pouvoit pas choisir l'autre. C'est une conséquence si éloignée de l'arrêt, et si contraire à toutes sortes de principes, qu'elle ne mérite pas une plus longue discussion.

Mais, dit-on, le roi Jean, par des lettres-patentes de 1350 ; mais le roi d'Angleterre, qui, quoique usurpateur, se conformoit apparemment en cela aux usages du royaume ; mais le roi Charles VI, en 1392, ont commis, l'un, le grand chambellan et le prévôt de Paris ; l'autre, le substitut du procureur-général au châtelet, et le dernier, Jean de Mégrigny, pour rendre hommage à différens seigneurs immédiats, dans la mouvance desquels le roi avoit acquis des fiefs.

Que résulte-t-il de tous ces actes, comparés avec ceux que le procureur-général a allégués, et qu'il produira par cette requête ? sinon que le roi, qui avoit le choix de deux voies différentes pour concilier son intérêt avec ceux des seigneurs immédiats, a préféré tantôt l'une et tantôt l'autre, selon que la situation, l'importance du .fief, et plusieurs autres raisons de convenance publique ou particulière le lui ont fait juger plus à propos. Si le procureur-général concluoit des exemples qu'il cite, qu'il n'y a point d'autre tempérament en cette matière, que celui de la récompense, il se tromperoit visiblement : l'erreur de l'abbé de Brantôme est-elle moins sensible, lorsqu'il veut tout réduire au seul tempérament du vassal *substitué* pour le service du fief à la place du roi ? La vérité, également éloignée des deux extrémités, admet les deux tempéramens, comme étant également bien établis; et elle ne conclut point de ce qu'on a suivi le second dans certaines occasions, que le premier n'a pas été mis en usage dans d'autres rencontres.

Le procureur-général a ajouté, en second lieu, que l'abbé de Brantôme agitoit toutes ces questions, non-seulement sans fondement, mais même sans intérêt.

En effet, quand on oublieroit et la vérité des titres et la solidité des principes que l'on vient d'établir; quand on lui accorderoit que jusqu'à l'ordonnance de Philippe le bel, le roi étoit obligé de mettre hors de ses mains tous les fiefs mouvans d'un autre seigneur qui y étoient tombés, ou de donner un vassal capable d'en remplir les devoirs, sans pouvoir préférer le tempérament de la récompense; quel fruit tireroit-il d'une recherche si peu nécessaire ? Il est constant que l'échange de 1307 est postérieur à l'ordonnance de Philippe le bel, soit qu'on la place, avec Brodeau et presque tous nos auteurs, en l'année 1302, soit qu'on la date, comme Dumoulin, en l'année 1304. Cette ordonnance devoit être alors dans sa plus grande vigueur, il n'y avoit que cinq ans, selon l'un, et trois ans, selon l'autre, qu'elle étoit faite; elle attribuoit certainement au roi le choix de donner un homme ou de donner une récompense au seigneur dans la mouvance duquel étoient situés les fiefs échus au roi.

Prétendre que cette loi n'étoit pas encore observée en 1314, parce qu'en cette année le parlement obligea l'évêque d'Auxerre à recevoir un homme qui lui fut

présenté par le roi, c'est une objection qui a déjà
été pleinement réfutée et qui ne méritoit guère de
l'être. A quoi sert donc après cela à l'abbé de Brantôme de disputer sur l'usage qui s'observoit en 1213?
Tel qu'ait été cet usage, la loi qui a précédé l'échange
de 1307 n'est pas douteuse, et le procureur-général
n'a besoin que de cette loi pour soutenir tous les
argumens qu'il a faits contre l'abbaye de Brantôme,
et, pour prouver que, puisque cette abbaye n'a jamais
demandé au roi, depuis 1307, ni un homme, ni
une récompense, pour la mouvance du comté de
Bourdeilles, il falloit qu'elle n'eût jamais eu aucun
droit solide sur cette mouvance, ou qu'elle en eût
été indemnisée, ou qu'elle eût laissé prescrire l'indemnité.

Le procureur-général peut même aller plus loin;
et, pour montrer encore plus évidemment combien
l'abbé de Brantôme a peu d'intérêt dans toutes ces
questions, qu'il traite, s'il est permis de le dire, très-
gratuitement, c'est que, quand même on effaceroit
la disposition de l'ordonnance de 1302, quand on
exclueroit totalement le tempérament de la récompense, la cause de l'abbé de Brantôme n'en seroit
pas meilleure. Qu'il suppose, s'il veut, que le roi
n'avoit, en 1307, d'autre parti à prendre que de
mettre le fief de Bourdeilles hors de ses mains, ou
de donner un homme à l'abbaye de Brantôme, prou-
vera-t-il que le roi l'ait jamais fait, ou que les abbés
de Brantôme le lui aient jamais demandé? Or, s'il ne
le peut prouver, les mêmes argumens que l'on tire
du silence de ces abbés par rapport au tempérament
de la récompense, auront encore lieu par rapport au
tempérament de donner un homme au seigneur immédiat; comme ils n'ont pas plus fait de démarches
par rapport à l'un de ces tempéramens que par rapport à l'autre, il sera toujours vrai de dire qu'on doit
présumer, ou qu'ils n'ont point eu de droit, ou que
ce droit, tel qu'il ait pu être autrefois, est entièrement éteint.

Plus l'abbé de Brantôme fait d'efforts pour réduire

le procureur-général à la seule ordonnance de 1302,
en rejetant tout ce qui a précédé cette loi, plus il
lui ouvre les yeux sur le véritable sens de cette ordonnance, que le procureur-général a citée dans sa
requête comme une chose claire et évidente, sans la
développer autant qu'il doit le faire à présent, pour
ne laisser aucun prétexte aux prétentions de l'abbé
de Brantôme.

Pour bien entrer dans l'esprit de cette ordonnance, il faut distinguer deux genres d'acquisitions
que le roi peut faire dans la mouvance de ses sujets :
les unes sont des acquisitions volontaires, comme
lorsque le roi acquiert par vente ou par échange
un fief qui relève d'un seigneur particulier;

Les autres sont des acquisitions nécessaires, pour
ainsi dire, et qui se font sans le concours de la volonté du roi; tels sont les fiefs qui tombent entre
ses mains par forfaiture et confiscation.

C'étoit sur cette seconde espèce d'acquisition que
rouloient principalement les plaintes des nobles du
royaume, et nos rois voulurent bien les faire cesser,
en leur promettant, par la seconde disposition de
l'article 4 de l'ordonnance générale de Philippe le
bel, de mettre les fiefs que le roi acquéreroit de
cette manière, entre les mains d'un sujet propre à
en remplir les devoirs, *ou de donner aux seigneurs
immédiats une récompense suffisante et raisonnable.*

Mais à l'égard des acquisitions volontaires, le roi
Philippe le bel avoit déjà déclaré dans le commencement du même article, qu'il n'en feroit point dans
les fiefs ou arrière-fiefs nobles de son royaume sans
leur consentement.

Telle est donc la distinction que ce prince fait dans
la loi qu'il s'impose à lui-même :

Si l'acquisition est volontaire, le roi ne la pourra
faire sans le consentement du seigneur dont le fief
que le roi veut acquérir est mouvant : *Item in eorum
feodis et retrofeodis nihil de cætero acquiremus;*

Si l'acquisition n'est pas volontaire, et si le roi la
fait de plein droit par le crime de son sujet, il peut

ou mettre le fief hors de sa main, ou donner une récompense au seigneur duquel ce fief relève : *Si vero contingat quòd in terris ipsorum, aut aliorum subditorum nostrorum, aliquæ forefacturæ nobis eveniant, JURE NOSTRO REGIO, intra annum et diem extra manum nostram ponemus, et ponemus in manum sufficientis hominis ad desserviendum feodis; AUT domini feodorum recompensationes sufficientes et rationabiles faciemus.*

L'échéance de Bourdeilles est certainement dans le cas d'une acquisition volontaire ; ainsi, c'est par la première disposition de l'ordonnance de Philippe le bel qu'on doit juger ; et, puisque ce prince s'étoit engagé, par cette disposition, à ne point faire d'acquisitions volontaires dans la mouvance de ses sujets sans leur consentement, on ne pourroit pas douter que dans l'acquisition de Bourdeilles, postérieure de cinq ans seulement à son ordonnance, il n'eût obtenu le consentement de l'abbé de Brantôme, s'il étoit vrai que le comté de Bourdeilles fût alors dans la mouvance de cet abbé. Le silence de cet abbé, depuis 1307, le défaut entier de tous titres, de toute possession, de toute énonciation même depuis ce temps-là, portent cette présomption jusqu'au dernier degré d'évidence, et ne permettent pas de douter de l'extinction de tous les droits de l'abbé, s'il en a jamais eu aucuns, dans le temps de l'acquisition que le roi a faite, il y a quatre cents ans, du comté de Bourdeilles. Les titres mêmes de l'abbé de Brantôme fortifient cette preuve, bien loin de l'affoiblir : si l'on en croit la sentence arbitrale qu'il a produite, Gérard de Malomont ne pouvoit, sans le consentement de l'abbé, transporter la terre de Bourdeilles dans des mains plus puissantes ; treize ans seulement après cet engagement, ses héritiers font passer cette terre entre les mains du roi, sans que l'abbé s'en soit jamais plaint ; ainsi, ou la sentence de 1294 est un titre vain et inutile, ou, s'il mérite quelque attention, il est naturel de présumer que l'abbé de Brantôme a consenti à l'aliénation faite au profit du roi, et que c'est par cette raison qu'il n'a jamais réclamé la mouvance de Bourdeilles depuis l'année 1327.

Ainsi, soit que l'on s'attache à l'une ou à l'autre des dispositions de l'ordonnance de Philippe le bel, c'est-à-dire, soit qu'on suive le principe établi par cette ordonnance pour les acquisitions involontaires, soit qu'on applique ici la règle prescrite par la même ordonnance pour les acquisitions volontaires, la cause de l'abbé paroît également insoutenable.

Deuxième objection. Si le roi avoit donné une récompense à l'abbé de Brantôme, pour l'indemniser de la mouvance de Bourdeilles, on en trouveroit quelque preuve, comme le procureur-général l'a trouvée, dans le trésor des chartes, à l'égard des évêques de Noyon et de Béziers et de l'archevêque de Narbonne.

Réponse. Si cet argument étoit reçu, on pourroit en conclure qu'il n'y a jamais eu aucuns titres perdus, parce qu'il y en a quelques-uns qui ne le sont pas ; ou l'on pourroit conclure, au contraire, que tous les titres sont perdus, parce qu'il y en a beaucoup qui le sont. Qui ne sait que, suivant les premières règles du raisonnement, on ne peut pas tirer d'un fait particulier une conséquence générale ?

Mais d'ailleurs un silence de quatre cents ans vaut bien une quittance d'indemnité, quand même on prouveroit que l'abbé de Brantôme ait eu autrefois un titre légitime sur la mouvance du comté de Bourdeilles ; et l'argument qui résulte de la longueur du temps, et surtout de la durée de plusieurs siècles, n'a été reçu favorablement par les lois, que parce qu'elles ont cru qu'on y trouveroit non-seulement une prescription invincible, mais une présomption suffisante d'un juste titre.

Troisième objection. Si le roi avoit continué de posséder le comté de Bourdeilles, l'argument qu'on

tireroit de sa possession seroit beaucoup plus considérable; mais le roi l'a à peine possédé trente-quatre ans
la première fois, et deux ans la seconde; ainsi l'action
que l'abbé de Brantôme avoit pour l'obliger de mettre
ce fief hors de ses mains, n'a pu être prescrite. Il y a
plus, on peut dire que le roi a prévenu cette action,
puisque de lui-même il a fait passer le comté de Bourdeilles en d'autres mains; la première fois dans celles
du comte de Périgord, et la seconde dans celles du
duc d'Orléans.

Réponse. Bien loin que l'aliénation que le roi a faite
du comté de Bourdeilles en 1341 et 1399, ait diminué
la force des argumens qui se tirent de cette acquisition,
elle y ajoute au contraire un nouveau degré de lumière
et de conviction.

Si le roi avoit mis simplement la seigneurie de
Bourdeilles hors de ses mains, et que l'abbé de Brantôme eût été reconnu ensuite par ceux qui l'ont possédée, il seroit vrai, en ce cas, que, quoique le roi n'eût
pas mis hors sa main dans l'an et jour, suivant l'ordonnance de Philippe le bel, la mouvance de l'abbé auroit été suspendue et non pas éteinte par une possession
qui n'auroit duré qu'environ trente-quatre ans la première fois et deux ans la seconde.

Mais il s'en faut bien que les choses se soient passées de cette manière.

En aliénant le comté de Bourdeilles, le roi a si peu
prétendu le mettre hors de ses mains, pour en rendre
la mouvance à l'abbé de Brantôme, qu'il s'en est réservé
expressément l'hommage et la féodalité, soit en 1340,
à l'égard des comtes de Périgord, soit en 1399, à
l'égard du duc d'Orléans. Cette réserve a eu perpétuellement son effet, il n'y a point de siècle où le droit
du roi n'ait été reconnu plusieurs fois; il n'y a eu aucune des quatre maisons dans lesquelles le comté de
Bourdeilles a passé successivement, depuis 1341 jusqu'en 1700, qui n'ait ajouté quelques preuves nouvelles à la justice de la cause du roi. Ce n'est donc

point ici une aliénation faite pour satisfaire à l'ordonnance de Philippe le bel, et pour donner un homme à l'abbé de Brantôme; c'est une aliénation que le roi a faite comme propriétaire incommutable et comme maître absolu, dans laquelle il a retenu le domaine direct par la réserve de la foi et hommage. Il n'a donc pas cessé de posséder le comté de Bourdeilles, au contraire, il l'a possédé depuis 1341 d'une manière encore plus propre à éteindre le droit prétendu de l'abbé de Brantôme, que celle dont il l'avoit possédé depuis l'échange de 1307; il n'avoit, jusqu'en 1341, qu'une espèce d'exemption passive, si l'on peut parler ainsi, qui consistoit à ne point reconnoître l'abbé de Brantôme pour seigneur direct, s'il est vrai que cet abbé l'ait jamais été du comté de Bourdeilles. Ce comté étoit devenu entre les mains du roi un franc-aleu noble, qui, semblable au domaine de la couronne, avec lequel il étoit confondu, ne dépendoit que de Dieu seul; mais, depuis l'aliénation de 1341, le roi est devenu le seigneur dominant et immédiat de ce fief; et comme il s'agit ici, non d'une question de propriété, mais d'un combat de mouvance, on peut dire que cette seconde possession du roi est encore plus contraire aux prétentions de l'abbé de Brantôme que la première, puisque c'est une véritable possession de seigneurie directe et de féodalité.

Il n'est donc pas vrai que le roi ait cessé de posséder le comté de Bourdeilles, afin de ne point reconnoître la prétendue seigneurie de l'abbé de Brantôme; il a continué de le posséder par les comtes de Périgord, par les ducs d'Orléans, et par tous ceux qui, après eux, ont reconnu le roi pour leur seigneur immédiat; et il l'a possédé par là beaucoup plus efficacement et plus décisivement contre les prétentions de l'abbé de Brantôme, que s'il en avoit toujours retenu la propriété; parce que, non-seulement il n'a pas servi l'abbé de Brantôme pour le fief de Bourdeilles, non-seulement il a joui de l'exemption passive de tous devoirs de fief, mais il a exercé lui-même tous les droits actifs qui dépendent de la féodalité.

Quatrième objection. Le silence de l'abbé de Brantôme ne peut être le fondement d'une présomption légitime pour prouver l'extinction de la mouvance, parce que, d'un côté, les longues guerres dont ce royaume, et surtout la Guyenne et les provinces voisines ont été agitées, et, de l'autre, la confidence presque aussi longue, par laquelle la maison de Bourdeilles s'étoit emparée de l'abbaye de Brantôme, ont mis les abbés hors d'état de poursuivre leurs droits, outre que les poursuites qu'ils ont peut-être faites, ont pu périr par l'injure des temps.

Réponse. Ainsi, si l'on en croit l'abbé de Brantôme, pendant le long espace de quatre cents ans, il n'y a pas eu un seul moment dans lequel ses prédécesseurs aient pu faire la moindre démarche pour prouver qu'ils ne regardoient pas la mouvance du comté de Bourdeilles comme absolument anéantie par l'échange de 1307 ; mais quelle raison les empêchoit d'agir contre les comtes de Périgord? Combien voiton, dans les siècles mêmes dont il s'agit, de contestations formées entre des abbayes et d'aussi grands seigneurs que les comtes de Périgord? Pourquoi d'ailleurs ces comtes auroient-ils refusé de rendre hommage à l'abbé de Brantôme, si cet hommage lui avoit été dû? Quelle raison l'empêchoit d'agir contre les ducs d'Orléans? Pourquoi, après que les Anglais eurent été chassés du royaume, est-il demeuré dans le silence à l'égard des maisons de Bretagne, d'Albret et de Bourdeilles?

Ces guerres, auxquelles on a recours pour donner quelque couleur à un silence de quatre cents ans, ontelles empêché l'abbé de Brantôme d'avoir des actes de possession à l'égard de l'autre portion de Bourdeilles, qu'on appelle baronnie? Ne rapporte-t-il pas des hommages de 1364, de 1464, de 1479? Une saisie féodale de 1448, une transaction de 1479? Pourquoi ne rapporteroit-il pas des actes semblables pour le comté de Bourdeilles, et par quel caprice bizarre du sort, la guerre auroit-elle plus épargné les titres de la mouvance de la baronnie, que ceux de la mouvance du comté ?

Second genre d'extinction de la mouvance prétendue par l'abbé de Brantôme, par la prescription.

Le sieur abbé de Brantôme n'ayant opposé que des raisonnemens vagues et inutiles, à ce que le procureur-général a observé dans sa requête sur la faveur de la prescription, qui rétablit le droit commun à l'égard du roi en matière de mouvance, le procureur-général se contentera d'employer pour toute réponse ce qu'il a dit à ce sujet dans sa requête.

Il a distingué ensuite, dans la même requête, le droit et le fait de la prescription.

Dans le droit, il a fait voir,

1.º Que la coutume de Paris n'étoit point, à la rigueur, une loi qui pût servir de règle pour la prescription d'une mouvance en Périgord ;

2.º Que la coutume de Paris n'avoit aucune disposition contraire à la prescription que le roi peut alléguer en sa faveur.

Dans le fait, il a montré que la possession du roi avoit tous les caractères nécessaires pour produire la prescription la plus légitime et la plus solidement établie qui ait jamais paru aux yeux de la justice ; c'est ce qu'il a établi par la discussion exacte de tous les titres du roi, depuis l'année 1341 jusqu'en l'année 1680.

Objections sur ce que le procureur-général a appelé le droit de la prescription.

Première objection. Quoique le Périgord soit régi par la disposition du droit écrit, ce n'est point par les lois romaines que l'on peut juger si la prescription doit y avoir lieu en matière de mouvance, puisqu'il est certain que ces lois n'ont aucune disposition sur les

fiefs ; ainsi, on ne sauroit mieux faire que d'avoir recours aux décisions de la coutume de Paris, dont on
sait quelle est l'autorité, lorsqu'il s'agit de suppléer au
défaut des coutumes des autres pays, et surtout dans
les articles qui, comme le 123.ᵉ, ont été ajoutés lors
de la réformation de cette coutume.

Réponse. Le procureur-général ne croit pas avoir
ignoré que les lois romaines ne contiennent aucune
décision sur les fiefs, dont l'établissement est postérieur à ces lois ; mais, comme il s'agit de prescription,
il a dit seulement, et il l'a dit avec raison, que la
prescription, même en matière de droits seigneuriaux,
étoit reçue plus favorablement dans les provinces de
droit écrit que dans les pays de droit coutumier. Au
surplus, quand on voudra faire valoir l'autorité de la
coutume de Paris, et l'appliquer à des provinces dont
les usages sont fort éloignés de son esprit, il faudra
choisir un autre article que le 123.ᵉ de cette coutume ;
article si obscur, si mal digéré, si diversement inter-
prété par les commentateurs, qui l'ont obscurci souvent
en voulant l'expliquer, qu'à peine peut-il faire loi dans
le ressort de la coutume de Paris, bien loin qu'on
puisse obliger les autres provinces du royaume à se
soumettre à une décision si incertaine et si équivoque :
ainsi, tout ce que le procureur-général a prétendu
conclure de l'observation qu'il a faite sur le défaut
d'autorité de la coutume de Paris pour la décision de
la question dont il s'agit, est que, sans s'attacher à la
disposition douteuse de cette coutume dans l'art. 123,
il falloit juger de la prescription que le roi oppose à
l'abbé de Brantôme par les seuls principes généraux
du droit commun, suivant lesquels il est certain qu'un
seigneur peut prescrire la mouvance d'un fief contre
un autre seigneur, par une possession certaine, publique, non interrompue de trente années. Dumoulin
suppose partout, dans son commentaire sur l'art. 7 de
la même coutume de Paris, que c'est là le droit commun du royaume ; c'est ce qu'il atteste surtout dans le
n.º 13, où, en expliquant le sens de l'art. 11 de l'ancienne coutume d'Orléans, qui est à présent confondu

dans l'article 86 de la nouvelle, il s'explique en cette manière : *Undè verus sensus dicti art.* 11 *est quòd duo patroni, sive duo domini directi ejusdem feudi, possunt alter contra alterum, solidum feudum, sive solidum directum jus et dominium feudale præscribendo acquirere.* Il établit ensuite le principe général de toute cette matière, qui est que, toutes les fois que l'on trouve dans deux personnes les qualités relatives de seigneur et de vassal, il ne peut point y avoir de prescription ; et qu'au contraire, lorsque cette relation ne se rencontre point entre celui qui prescrit et celui contre lequel il prescrit, la prescription s'accomplit librement : *Undè ubicumque hujusmodi correlativa oppositio reperitur....... nunquàm habebit locum præscriptio; alioquin liberè præscribitur;* et pour marquer enfin que c'est là le droit commun de la France, il ajoute : *Et ità debet intelligi nostra consuetudo, similiter et Aurelianensis, et cæteræ consuetudines hujus regni, quæ in hoc conformantur.*

Voilà quel est le véritable droit commun du royaume, beaucoup mieux exprimé que dans le style obscur de l'art. 123 de la nouvelle coutume de Paris, qu'on voit bien néanmoins, comme on le dira tout à l'heure, que les réformateurs ont voulu dresser suivant les principes de M.ᵉ Charles Dumoulin : c'est par ce droit commun, qui n'a rien de contraire aux principes établis par le droit écrit dans la matière des prescriptions, que l'on doit juger de la prescription des mouvances dans le Périgord et dans les autres provinces qui se gouvernent par le droit romain.

Seconde objection. M.ᵉ Duplessis a beaucoup mieux entendu le véritable sens de l'art. 123 de la coutume de Paris, que Joly et Brodeau ; ces deux derniers auteurs ont prétendu que le véritable cas de l'exception ajoutée à la fin de cet article, par ces mots, *s'il n'y a titre ou reconnoissance dudit cens,* étoit lorsque le seigneur auquel on oppose la prescription a été reconnu par le détenteur de l'héritage, pendant que la prescription sembloit courir au profit d'un autre seigneur ;

mais ce sens ne peut convenir à l'article, parce que la coutume s'est servi du terme de *titre,* ce qui s'entend d'un titre constitutif. Or, il seroit impossible qu'il y eût un titre de cette nature depuis la possession commencée au profit d'un autre seigneur; ainsi, suivant l'interprétation de ces auteurs, on ne trouveroit point le cas où ce terme de *titre,* dont la coutume s'est servie, pût avoir son application : ce terme néanmoins ne doit pas être oisif dans cet article; ainsi, pour lui donner quelque effet, il faut supposer, avec Duplessis, que l'esprit des réformateurs de la coutume a été que la prescription ne pourroit avoir lieu, même entre deux seigneurs, lorsque le titre constitutif du cens seroit rapporté par celui de ces seigneurs auquel on oppose la prescription; d'où l'on conclut toujours que l'abbé de Brantôme rapportant la sentence de 1294, qu'il veut faire passer pour un titre constitutif de la mouvance qu'il réclame, on ne peut lui opposer aucune prescription.

Troisième objection. L'interprétation de Duplessis est si conforme aux véritables principes, que M.ᵉ Eusèbe de Laurières, dans le nouveau commentaire qu'il a donné depuis quelques années sur la coutume de Paris, dit que le vrai sens de l'article 123 est : *Que quand un tiers détenteur a passé reconnoissance au profit d'un seigneur, ou quand il a acquis l'héritage à la charge de payer le cens à ce seigneur; si ce détenteur paie ensuite le cens à un autre seigneur, ce seigneur, même par l'espace de trente ans, ne prescrira point la censive contre celui qui a été le premier reconnu;* et il en seroit de même, suivant ce commentateur, *de l'héritier de ce détenteur.*

Réponse. On a réuni ces deux objections, parce qu'elles ont tant de rapport l'une à l'autre, qu'il seroit difficile d'y répondre séparément, sans tomber dans une répétition ennuyeuse.

Pour les détruire pleinement, le procureur-général tâchera d'établir en très-peu de paroles,

1.º Que l'interprétation que Duplessis donne à

l'article 123 de la coutume de Paris n'est pas la meilleure ;

2.º Que cette interprétation, suivant la doctrine de Duplessis même, n'auroit aucune application à l'espèce de cette contestation ;

3.º Que le sens dont M.ᵉ Eusèbe de Laurières est l'auteur, est beaucoup plus spécieux que celui de M.ᵉ Duplessis ; mais qu'il n'est nullement contraire à la prescription opposée par le roi à l'abbé de Brantôme.

Le procureur-général dit premièrement que l'interprétation de Duplessis est beaucoup moins conforme aux principes de la prescription que celle de Brodeau et de Joly.

Le principe général de la prescription est, comme le procureur-général l'a dit dans sa requête, que bien loin que de droit commun la prescription cesse parce qu'on lui oppose un titre, c'est au contraire parce qu'il y a un titre à combattre que la prescription est nécessaire ; sans cela, ce ne seroit qu'un simple combat de possession, et celui qui l'emporteroit dans ce combat ne gagneroit pas sa cause par la force de la prescription, dont il n'auroit pas besoin, mais par la présomption d'un juste titre qui résulteroit de sa possession. C'est ce qu'on ne sauroit mieux expliquer que par ces termes dont M.ᵉ Charles Dumoulin se sert sur l'article 7, de l'ancienne coutume de Paris n.º 17 ; cet article, selon lui, a lieu quand la vérité du droit qu'on attaque par prescription est constante : *Secùs*, dit-il, *quando non constat clarè et certè de contrariâ veritate*. La raison qu'il en rend est prise de la nature même de la prescription, et elle a une entière application à la recherche du véritable sens de l'article 123 de la coutume de Paris.

« La prescription, dit M.ᵉ Charles Dumoulin, est
» proprement l'acquisition du domaine d'autrui, ou
» d'un droit sur le bien d'autrui ; ainsi, où il n'y a
» point d'usurpation d'un bien étranger, il n'y a
» point de prescription » : *Undè non potest dic*

alter contra alterum præscribere, nisi ubi constat usurpari alienum vel indebitum. C'est donc dans ce cas que cet article a lieu proprement, *et tunc est locus huic textui qui strictè et propriè debet accipi;* autrement sa disposition est sans application; *alioquin cessat dispositio hujus articuli; et sufficiet ad victoriam, etiam in petitorio, possessio, vel quasi, per tempus ad præscriptionem de jure communi sufficiens continuata; non tam vi præscriptionis, quàm vi præsumptionis; eo ipso quòd non probatur veritas opposita.*

C'est donc avec raison que le procureur-général, qui n'avoit pas cru devoir prouver les principes mêmes dans sa requête, s'était contenté de dire, « Que bien » loin que le *titre* fît cesser la prescription, *c'étoit,* au » *contraire,* pour vaincre le *titre,* que la prescription » *étoit nécessaire* ».

Ce premier principe étant une fois établi, il est visible que M.ᵉ Duplessis attribue un sens absurde aux réformateurs de la coutume, lorsqu'il leur fait dire, dans l'article 123, que la prescription du cens, entre deux seigneurs, cesse *lorsqu'il y a un titre au contraire;* la nature de la prescription, l'autorité de M.ᵉ Charles Dumoulin, la lumière même de la raison, réclament contre une telle proposition, qui tend à anéantir le secours de la prescription, précisément dans le cas dans lequel ce secours est nécessaire.

Rien ne prouve mieux combien cette interprétation est violente, que l'extrémité à laquelle l'abbé de Brantôme se réduit en voulant répondre à cet argument.

Pressé de répondre à la question que le procureur-général lui avoit faite, pour savoir en quel cas donc la prescription sera utile, si ce n'est lorsqu'il s'agit de vaincre le titre; il répond que ce sera lorsque le seigneur auquel on oppose la prescription, n'aura ni titre, ni reconnoissance, mais qu'il aura seulement de simples énonciations de sa qualité de seigneur féodal, des saisies censuelles, des droits payés.

C'est peut-être la première fois qu'on a dit que

la prescription étoit nécessaire pour détruire de pareils titres. Qui ne voit que ce ne sont tout au plus que des actes de possession, qui ne forment que dès présomptions, qu'une possession contraire, soutenue de quelques reconnoissances, anéantit pleinement, *non tàm* (comme dit si solidement M.ᵉ Charles Dumoulin, dans l'endroit qu'on vient de citer) *non tàm vi præscriptionis, quàm vi præsumptionis, et eò ipso quòd non probatur veritas opposita.*

Tels sont les inconvéniens dans lesquels on tombe quand on s'écarte des premiers principes, pour soutenir une interprétation que Duplessis n'a embrassée que parce qu'il s'est laissé éblouir par le terme de *titre* dont la coutume s'est servie ; car, comme s'il n'y avoit point d'autres titres que ceux qui sont vraiment constitutifs, il a cru voir clairement qu'il étoit question dans cet article d'un titre constitutif ; et de là il a conclu, contre les principes solides de M.ᵉ Charles Dumoulin, contre la nature même de la prescription, que toutes les fois qu'il y avoit un titre constitutif, la prescription du cens entre deux seigneurs, ou plutôt l'acquisition du cens par prescription ne pouvoit avoir lieu.

Mais ce qui est encore surprenant, c'est qu'il a lui-même appris à ses lecteurs à ne pas tomber dans le piége dans lequel il étoit tombé ; car il a grand soin de les avertir que le titre dont la coutume parle dans cet article, est *ou le titre primitif de cens ou des déclarations et reconnoissances dudit cens, passées entre les parties ou leurs auteurs respectifs.*

Or, si la coutume peut s'entendre d'une simple déclaration ou reconnoissance, il s'en suivra que la prescription de trente ans, entre deux seigneurs, ne peut pas même l'emporter sur une simple reconnoissance donnée à l'un de ces seigneurs avant que la prescription ait commencé à courir à l'égard de l'autre ; ce qui est si absurde, que rien n'est plus propre à faire sentir tout le vice de cette interprétation, de laquelle il s'ensuivroit que si deux seigneurs avoient de part et d'autre des reconnoissances du cens données avant trente ans, mais que l'un ait cessé d'en avoir depuis trente ans, pendant que l'autre auroit toujours continué d'être reconnu, ce dernier cependant ne pourroit jamais se servir du secours de la prescription.

Si l'on tombe nécessairement d'absurdité en absurdité, lorsqu'on suit cette interprétation vicieuse, il faut donc revenir à celle de Brodeau et de Joly, qui seule s'accorde avec les principes généraux de la prescription, et dire, comme ces auteurs, que quand la coutume a décidé que la prescription de trente ans auroit lieu pour le cens entre deux seigneurs, *s'il n'y avoit un titre ou reconnoissance contraire*, elle a entendu par ce terme de *titre*, une déclaration donnée à un des seigneurs, depuis que la prescription semble avoir commencé de courir en faveur de l'autre; et si l'on dit que le terme de *titre* porte une autre idée dans l'esprit, il faudra répondre à cette objection par Duplessis même, que l'abbé de Brantôme a pris pour guide, en disant que *ce terme s'entend d'une simple reconnoissance ou déclaration donnée par le censitaire;* et il est surprenant qu'après avoir donné lui-même cette explication au terme de *titre*, il n'ait pas senti que par cela seul, toute la force de son raisonnement tomboit d'elle-même.

Le procureur-général a dit en second lieu, que quand on admettroit l'interprétation de cet auteur, elle n'auroit, selon cet auteur même, aucune application à l'espèce de la contestation présente.

Il ne faut, pour en être persuadé, que lire les termes dans lesquels M.° Duplessis a recueilli toute son opinion: *Je tiens donc* (dit-il) *que ces mots doivent être pris dans leur propre signification, et que quand il y a titre ou reconnoissance de cens, alors il est absolument imprescriptible, non-seulement de la part du sujet contre son seigneur, pour sa libération, mais aussi de la part d'un seigneur contre un autre seigneur, pour l'acquisition; si ce n'étoit qu'il y eût titre et reconnoissance de part et d'autre, comme il arrive souvent, auquel cas la possession a grand effet.*

Tout ce que l'on peut supposer de plus avantageux pour l'abbé de Brantôme, est que telle est l'espèce de cette contestation.

Il croit avoir un titre dans la sentence arbitrale de 1294, titre unique qui n'a été suivi d'aucune possession depuis plus de quatre cents ans.

Le roi de son côté a certainement des titres ; mais des titres incontestables, des titres en grand nombre, des titres suivis de siècle en siècle, et presque de génération en génération. Il est inutile d'en répéter ici le dénombrement, le procureur-général l'a fait dans sa première requête, et il sera bientôt obligé de les retoucher encore en répondant aux objections de l'abbé de Brantôme. C'est donc ici le cas où, selon Duplessis même, *la possession a grand effet;* ou plutôt c'est ici un de ces cas où la possession est absolument décisive, puisqu'elle est toute entière d'un côté, et qu'il n'y en a pas le moindre vestige de l'autre.

Ainsi, le seul auteur que l'abbé de Brantôme ait pu alléguer en sa faveur, se tourne enfin contre lui, et fournit une nouvelle preuve de la justice de la cause du roi.

Car à l'égard de M.ᵉ Eusèbe de Laurières, qu'il a cru pouvoir joindre à M.ᵉ Duplessis, sans examiner ici à fond le sens spécieux que ce nouveau commentateur a donné à l'article 123 de la coutume de Paris, il est certain que ce sens n'est nullement contraire aux maximes que le procureur-général a établies dans cette affaire; c'est la troisième réponse qu'il doit faire à la seconde et à la troisième objection de l'abbé de Brantôme.

Cet auteur dit que, « lorsque le détenteur d'un » héritage a une fois reconnu un seigneur, ou qu'il » a acheté l'héritage à la charge de cens, la pres- » cription ne peut pas avoir lieu au profit d'un autre » seigneur, même par des reconnoissances réitérées » pendant près de trente années » : quelle est la raison qu'il en rend ? « C'est, dit cet auteur, parce

» qu'en ce cas, on présume qu'il y a de la mauvaise
» foi ou de la collusion entre le tiers détenteur et
» ce dernier seigneur. »

Sans examiner si cette raison est décisive, il ne
faut employer que cette raison même, et l'espèce à
laquelle Me Eusèbe de Laurières l'applique, pour
être convaincu qu'elle est entièrement étrangère à la
question présente.

Il faudroit pour pouvoir y appliquer cette opinion,
que le détenteur par lequel l'abbé de Brantôme
prétend que sa mouvance a été autrefois reconnue,
fût encore en possession du comté de Bourdeilles, ou
du moins que ce fief fût encore entre les mains de ses
héritiers ; alors on pourroit dire, suivant l'opinion de
Me Eusèbe de Laurières, que la mauvaise foi toujours
présumée de ce détenteur ou de ses héritiers, met-
troit un obstacle invincible à la prescription prétendue
par le nouveau seigneur qu'ils auroient reconnu, au
préjudice de l'ancien qui avoit pour lui le premier
titre. Il resteroit encore après cela à examiner, comme
on le dira dans un moment, si la coutume ne parlant
que de la prescription de trente années, on pourroit
appliquer le même principe à une prescription de
quatre siècles.

Mais quel rapport toute cette supposition a-t-elle
avec la question de prescription qui se forme entre
le roi et l'abbé de Brantôme ? Gérard de Malomont,
par lequel cet abbé prétend avoir été reconnu, est
mort avant l'année 1306, ses héritiers ont cessé de
posséder le comté de Bourdeilles dès l'année 1307. On
ne dira pas sans doute, ou on le dira contre tous les
principes (comme le procureur-général le fera voir
en répondant à une autre objection), que le roi, ou
que ceux qui ont possédé après lui le comté de Bourdeilles depuis 1341 jusques à présent, soient les
successeurs personnels de Gérard de Malomont, ni
qu'on puisse regarder le fait de ce seigneur comme
leur propre fait, ni les accuser de mauvaise foi pour
avoir reconnu un autre seigneur que celui que
Gérard de Malomont avoit reconnu : ils sont tous des

tiers détenteurs, qui peuvent exercer les droits réels
de la terre, comme Gérard de Malomont les exerçoit,
mais qui ne représentent nullement sa personne, et
qui, par conséquent, n'ayant jamais reconnu, ni par
eux-mêmes, ni par d'autres possesseurs dont ils soient
les héritiers et les successeurs personnels, la directe
de l'abbé de Brantôme, n'ont mis aucun obstacle à
la prescription que le roi a pu acquérir librement,
suivant le second auteur que l'abbé de Brantôme a
voulu encore, sans aucun fondement, faire entrer
dans son parti.

Rien n'ébranle donc la solidité des principes que
le procureur-général a tâché d'établir dans sa première requête, sur ce qu'il a appelé le droit de la
prescription. Des deux auteurs que l'abbé de Brantôme
appelle à son secours, l'un se trompe manifestement
dans la thèse générale où il paroît contraire au roi,
et il lui est favorable dans l'hypothèse, c'est-à-dire,
dans l'espèce particulière de cette contestation ; l'autre
ne favorise la doctrine de l'abbé de Brantôme, que
dans une espèce toute différente de celle dont il s'agit,
à laquelle seule il réduit l'effet de l'exception portée
par l'article 123 de la coutume de Paris : il est donc
contraire à l'abbé de Brantôme dans tous les autres
cas, et par conséquent dans celui dont il s'agit.

Enfin, pour confirmer tout ce que le procureur-
général a observé sur le véritable sens de l'art. 123
de la coutume de Paris, il ne peut se dispenser d'y
joindre l'autorité vénérable de M.e Barthélemi Auzanet, dont le grand sens a fait honneur non-seulement à sa profession, mais à son siècle, qui, dans
la vue qu'il s'étoit proposée, sous les auspices et
sous les yeux d'un grand magistrat, d'éclaircir l'obscurité qui se trouve dans beaucoup d'articles de la
coutume de Paris, et d'en fixer par là le véritable
esprit, a cru qu'il falloit ôter ces termes ambigus,
s'il n'y a titre ou reconnoissance du cens, de l'art.
123 de la coutume de Paris, et y substituer ceux qui
suivent, et qui renferment le précis des maximes

que le procureur-général a établies : « Mais la dé-
» claration et reconnoissance du cens faite par le
» détenteur à l'un des seigneurs, et la déclaration
» insérée dans le contrat d'acquisition du seigneur
» duquel l'héritage est tenu en censive, interrompt
» la possession de lever les arrérages du cens. »

Ensorte que, suivant ce sage jurisconsulte, l'unique
effet de la reconnoissance donnée à un des seigneurs,
est d'interrompre la possession de l'autre, mais non
pas de mettre un obstacle éternel et insurmontable
à la prescription, en cas que la possession eût été
continuée pendant plus de trente ans après l'interruption. C'est ainsi que M.ᵉ Barthélemi Auzanet a
cru que cet article devoit être expliqué, et c'est là
précisément le même sens que le procureur-général
lui a donné.

Quatrième objection. Mais, dit-on, il faut au moins
convenir que les héritiers ou les successeurs de
celui même qui a une fois reconnu la mouvance ou
la censive d'un seigneur, ne peuvent se servir contre
lui de la prescription : or, telle est la qualité du
roi dans cette affaire; il est aux droits de Gérard
de Malomont dont les héritiers lui ont cédé par
échange le comté de Bourdeilles : or, Gérard de
Malomont a reconnu le droit de l'abbé, puisque
c'est de lui qu'il a pris l'investiture de ce comté;
ainsi, quand la prescription pourroit avoir lieu dans
d'autres espèces, elle doit entièrement cesser dans
celle-ci.

Réponse. On a déjà prévenu cette objection; et le
procureur-général souhaiteroit que le devoir de son
ministère lui permît de dissimuler l'équivoque qu'elle
renferme et dans le droit et dans le fait.

On confond, dans le fait, comme on l'a déjà fait
une autre fois, la question de mouvance avec la question de propriété, ou la qualité *de propriétaire du
comté de Bourdeilles*, avec celle de seigneur dominant
de cette terre.

En quelle qualité le roi peut-il représenter, par rapport aux droits réels, Gérard de Malomont ? Ce seroit comme ayant été autrefois propriétaire du comté de Bourdeilles.

Mais en quelle qualité prétend-il la mouvance de cette terre ? Est-ce comme propriétaire de cette même terre ? Cela seroit absurde ; c'est donc comme roi qu'il l'a prétend ; soit en vertu de la prescription générale qui est toujours pour lui en matière de mouvance, soit comme ayant aliéné ce comté du domaine de sa couronne à titre d'inféodation, soit en conséquence d'une possession de quatre siècles.

Si, par une supposition impossible, le roi agissoit ici comme propriétaire du comté de Bourdeilles, ce seroit dans cette hypothèse absurde et inconcevable qu'on pourroit examiner si la reconnoissance de Gérard de Malomont peut lui nuire.

Mais quand le roi agit comme seigneur dominant, pour conserver la mouvance du comté de Bourdeilles, peut-on seulement penser qu'il agisse comme étant aux droits de Gérard de Malomont, qui n'a jamais eu que la propriété de cette terre, et qui n'en a jamais prétendu la mouvance ? C'est donc pour n'avoir pas distingué assez exactement les différentes qualités du roi, que l'abbé de Brantôme est tombé dans une équivoque qu'il condamnera sans doute, lorsqu'il aura fait cette distinction.

Mais on ne se trompe pas moins dans le droit, quand on veut faire passer le roi pour héritier, ou pour successeur de Gérard de Malomont, et même pour le vassal qui oppose la présomption à son seigneur ; c'est cette seconde partie de l'objection qu'on a déjà prévenue en répondant à l'objection précédente.

Le roi n'a point succédé à Gérard de Malomont ; il n'est ni son héritier ni son successeur universel ; il a été seulement acquéreur à titre particulier et à titre onéreux d'une terre qui avoit été possédée par Gérard de Malomont. Il a pu exercer les droits réels de cette terre comme tiers détenteur, mais jamais il n'a pu représenter la personne de Gérard de

Malomont, comme on l'a déjà dit; ainsi la prétendue reconnoissance de ce seigneur n'obligeoit point le roi personnellement, comme elle auroit obligé son héritier; le roi auroit pu même attaquer cette reconnoissance, s'il avoit eu des titres plus puissans à y opposer. Il arrive tous les jours que l'acquéreur d'une terre, mieux instruit que le vendeur, reconnoît un autre seigneur que celui qui avoit reçu l'hommage de son auteur. À la vérité, le seigneur qu'il abandonne pour en reconnoître un autre, peut se servir de la reconnoissance qu'il a reçue du vendeur, et la mettre au nombre des preuves de sa mouvance; mais jamais il n'a été dit que l'acquéreur soit engagé personnellement par cette reconnoissance, comme le seroit l'héritier du vendeur; et au lieu que l'héritier ne seroit pas recevable à désavouer le seigneur que celui qu'il représente auroit une fois reconnu, l'acquéreur peut le faire, et il ne résulte de la reconnoissance du vendeur, aucune fin de non-recevoir personnelle contre lui.

Telles sont toutes les objections que l'abbé de Brantôme a faites sur ce que le procureur-général a appelé le droit de la prescription; mais quand ces objections seroient aussi solides qu'elles le paroissent peu, le procureur-général supplie la cour d'observer qu'elles ne pourroient pas encore donner la moindre atteinte à la prescription opposée par le roi.

Cette prescription a deux caractères qui la distinguent de toutes les autres, et qui la mettent à couvert des critiques peu heureuses de quelques commentateurs de la coutume de Paris.

Le premier, est qu'elle est appuyée sur une présomption ou de défaut de titre et de droit dans la personne des abbés de Brantôme, ou d'extinction de leur droit et de dédommagement de la mouvance qu'ils veulent faire revivre; présomption qui rend la prescription dont le roi peut se servir dans cette affaire, aussi favorable que les autres prescriptions paroissent souvent odieuses : c'est ce que le procureur-général a fait voir avec plus d'étendue, et qu'il ne touche encore en cet endroit, que pour faire sentir que la prescription dont il s'agit, est différente de celle qui fait la matière des questions agitées par les commentateurs des coutumes.

Le second, est qu'il ne s'agit point ici, ni d'une prescription de trente ou de quarante ans, ni même d'une prescription centenaire : il s'agit d'une prescription de quatre siècles, pendant lesquels tout est pour le roi, et rien pour l'abbé de Brantôme; ensorte qu'indépendamment même de toute autre présomption, une si longue possession, infiniment plus favorable que les prescriptions ordinaires, feroit toujours présumer un juste titre; ce qui répond pleinement à toutes les objections de l'abbé de Brantôme.

Toutes les fois que la possession est assez longue pour faire présumer un juste titre, ce n'est plus, à proprement parler, en vertu de la prescription que le possesseur peut se promettre une victoire assurée, c'est en vertu du titre que sa possession fait présumer; et dès le moment que la présomption du titre est une fois reçue, toutes les difficultés qu'on peut agiter sur la prescription, tombent et s'évanouissent d'elles-mêmes, pour céder à un titre justement présumé.

Après avoir rétabli les maximes sur le droit, il reste à répondre aux objections de l'abbé de Brantôme sur le fait de la prescription, c'est-à-dire, sur une possession de quatre siècles prouvée par dix titres consécutifs.

Objections sur le premier titre, qui est la donation des comtés de Bourdeilles et de Périgord, faite par Charles VI à Louis, duc d'Orléans, son frère.

Première objection. Le roi ne s'est réservé dans cet acte, que l'hommage qui lui étoit dû; or, celui de Bourdeilles ne lui étoit pas dû : donc on ne peut pas dire que cet hommage soit compris dans la réserve faite par cette donation.

Seconde objection. En effet, on ne voit point dans cet acte une réserve expresse à l'égard de Bourdeilles.

Réponse. Pour détruire de si foibles objections, il ne faut que remettre devant les yeux de la cour les termes mêmes de la donation, où, après que le roi Charles VI a déclaré qu'il donne à son frère le comté de Périgord, le château d'Auberoche *et le comté de Bourdeilles*, il ajoute ces mots, *sauf et réservé toutes fois la foi et hommage dûs à nous et à nos successeurs; . . . . . et autres droits et devoirs qui nous compètent et appartiennent*, etc. *lesquels avons inséparablement acquis et incorporés à notre domaine et couronne royale.*

En quel endroit de cette cause l'abbé de Brantôme peut-il trouver que le roi ne se soit réservé l'hommage de Bourdeilles que conditionnellement, et supposé que cet hommage lui fût dû? Il faudroit pour cela que le roi se fût expliqué en ces termes, *sauf l'hommage, en cas qu'il nous soit dû;* ou, *si aucun nous en est dû;* ou, *qui peut nous en être dû;* il y auroit dans ces expressions une espèce de doute du droit du roi, qu'il seroit encore aisé en ce cas de lever par les autres titres.

Mais rien n'est moins douteux, rien n'est plus formel, plus affirmatif que les termes dont le roi se sert pour exprimer son droit; il se réserve l'hommage *à lui dû*, il affirme donc précisément, sans condition, sans incertitude, que cet hommage lui est *dû;* et par là (comme le procureur-général l'a remarqué dans sa première requête) il déclare son droit pour le passé, et il l'établit pour l'avenir, par une nouvelle inféodation; ensorte que ce titre, qui ne doit pas être regardé comme un simple acte de possession, est en même temps un titre déclaratif et un titre constitutif; déclaratif pour le passé, et constitutif pour l'avenir.

Si les termes dont le roi s'est servi dans cette donation, ne marquoient pas son droit d'une manière capable d'exclure toute sorte de doute à l'égard du comté de Bourdeilles, il s'ensuivroit de là que ces termes renfermeroient aussi une espèce de doute et d'hésitation à l'égard du comté de Périgord; car le roi ne se réserve pas autrement l'hommage du comté de Périgord, que celui du comté de Bourdeilles, l'un et l'autre étant également renfermés dans la même clause : ainsi, ou il faut dire que ces termes marquent un doute du droit du roi, même à l'égard du comté de Périgord, ce qui est absurde; ou il faut convenir qu'ils sont décisifs à l'égard du comté de Bourdeilles, ce qui est évident.

Prétendra-t-on encore après cela, comme on le fait dans la seconde objection, qu'il n'y a pas de réserve expresse de l'hommage de Bourdeilles dans cet acte; il n'y en a donc pas non plus de l'hommage du comté de Périgord, ni du château d'Auberoche, qui sont enveloppés, comme le comté de Bourdeilles, dans la même réserve générale; ensorte que, suivant la critique trop subtile qu'on fait de cette pièce, on parviendroit insensiblement à prouver qu'elle ne s'applique à rien, parce qu'elle comprend tout.

Enfin, que devient ce doute imaginaire qu'on veut trouver dans la réserve de l'hommage du comté de Bourdeilles, lorsqu'on joint à la donation de 1399, tous les titres postérieurs qui font voir clairement qu'on n'a jamais douté que ce comté ne fût dans la mouvance du roi?

Objections sur la reconnoissance du droit du roi qui résulte de la vente du comté de Périgord, par laquelle on voit que le comté de Bourdeilles en étoit regardé comme une dépendance et comme un fief mouvant de la couronne.

Première objection. Cette reconnoissance n'ajoute rien au premier titre.

Réponse. Elle n'y ajoute rien, quant au droit acquis au roi par l'inféodation faite en faveur de Louis d'Orléans; mais elle y ajoute quant au fait,

c'est-à-dire qu'elle joint au titre une possession qui
le confirme, et qui le rend inébranlable.

Seconde objection. C'est une erreur qui ne peut
nuire aux droits d'un tiers, tel qu'est l'abbé de
Brantôme.

Réponse. Une erreur fondée sur un véritable titre
d'inféodation, une erreur soutenue par huit titres
subséquens, une erreur précédée par un silence de
cent trente ans de la part de l'abbé de Brantôme,
suivie d'un second silence de deux cent soixante-sept
années; en un mot, une erreur consacrée par quatre
cents ans de possession antérieure ou postérieure à
cette erreur prétendue, doit changer de nom aux
yeux de la justice, et prendre justement celui de la
vérité.

Troisième objection. Si le comté de Bourdeilles a
a été regardé en 1437 comme une dépendance du
comté de Périgord, la prière qui est faite au roi par
le contrat de vente de 1437 d'investir l'acquéreur,
ne regardoit pas le comté de Bourdeilles, puisque
si le comté de Bourdeilles étoit une dépendance de
celui de Périgord, il en étoit tenu en fief : donc cette
prière n'a aucun rapport à un fief dont le comte de
Périgord était seigneur suzerain, et qui n'étoit qu'un
arrière-fief à l'égard du roi; et de là, l'abbé de
Brantôme croit pouvoir conclure que les titres du
roi se contredisent, puisque selon les uns, le comté
de Bourdeilles est un plein fief, et selon les autres,
un arrière-fief de la couronne.

Réponse. On suppose premièrement dans cette
objection, que tout ce qui est dépendance d'une seigneurie telle que le comté de Périgord en est tenu
en fief, ensorte que, suivant l'abbé de Brantôme,
dépendance et arrière - fief sont des termes synonymes. Qui ne sait au contraire que les acquisitions
que l'on joint à un corps de seigneurie déjà formé,
en sont souvent appelées les dépendances? Qui peut
douter que ce ne soit en ce sens que le comté de

Bourdeilles est appelé une dépendance du comté de Périgord ? Faut-il prouver une vérité si claire ? N'est-il pas évident par toute la suite des titres, que le comte de Périgord possédoit la seigneurie de Bourdeilles en propriété ? Ne l'avoit-il pas acquise du roi en 1341 ? Ne l'avoit-il pas confisquée par son crime en 1396 et en 1399 ? Cette propriété n'avoit-elle pas passé avec le comté de Périgord entre les mains de Louis d'Orléans, par la donation de 1399 ? N'est-ce pas cette même propriété que Charles d'Orléans cède en 1437 à Jean de Bretagne ? Comment, en cet état, l'abbé de Brantôme prétend-il, contre la foi de tous les titres, faire passer tout d'un coup le comté de Bourdeilles pour un arrière-fief mouvant du comté de Périgord, et cela, sous le le foible prétexte que ce comté est regardé dans la vente de 1437, comme une dépendance du comté de Périgord ? Cependant, c'est sur le seul fondement de cette supposition, si contraire à tous les titres, qu'il prétend trouver de la contradiction entre des actes qui se soutiennent mutuellement par l'accord parfait qui règne entre toutes leurs dispositions.

Objection sur la preuve qui résulte en faveur du roi du contrat de vente de 1480.

Alain d'Albret, en vendant le comté de Bourdeilles, n'a pu s'en réserver la mouvance au préjudice de l'abbé de Brantôme ; autrement il auroit fait ce que quelques coutumes appellent *un depié de fief,* ou plutôt il auroit fait un fief en l'air, contre les droits de son seigneur, c'est-à-dire de l'abbé de Brantôme.

Réponse. Ce raisonnement auroit quelque apparence, si l'on avoit prouvé auparavant que la mouvance du comté de Bourdeilles appartenoit à cet abbé dans le temps du contrat de vente de 1480 ; mais comme il y avoit alors près de deux cents ans qu'il avoit perdu jusqu'au souvenir de cette prétendue mouvance, et que le roi en étoit en possession depuis beaucoup plus de temps qu'il n'en eût fallu pour la prescrire, quand même il auroit eu besoin du secours de la prescription, le procureur-général a eu raison de dire dans sa requête, que si quelqu'un avoit eu sujet de se plaindre du démembrement ou de la sous-inféodation faite par Alain d'Albret, le roi seul auroit été en droit de le faire ; sur quoi le procureur général a fait ce dilemme, auquel il paroissoit assez difficile de bien répondre : ou Alain d'Albret n'a pu faire ce qu'il a fait ; ce qui est vrai, si l'on suppose que le comté de Bourdeilles étoit un fief séparé du comté de Périgord, parce qu'en ce cas Alain d'Albret auroit constitué par là un véritable fief en l'air ; ou il a pu se réserver légitimement la mouvance du comté de Bourdeilles, qui n'étoit plus considéré que comme un accessoire du comté de Périgord, auquel cas ne démembrant qu'une légère portion de son fief, il pouvoit, suivant le droit commun du royaume, s'en réserver la foi.

Dans la première supposition, le roi seul, comme seigneur suzerain en possession de la mouvance du comté de Bourdeilles, profite de la nullité de la réserve qu'Alain d'Albret avoit faite de l'hommage de ce comté ; et cette seigneurie est toujours demeurée dans la mouvance immédiate du roi, comme avant l'aliénation de 1480.

Dans la seconde supposition, la réserve de l'hommage est valable à la vérité, mais le roi en profite à un autre titre, comme étant à présent aux droits d'Alain d'Albret, comte de Périgord ; ainsi, et en qualité de roi, et en qualité de comte de Périgord, le roi trouve toujours une preuve solide de son droit sur la mouvance du comté de Bourdeilles dans le contrat de vente de l'année 1480.

L'abbé de Brantôme croit néanmoins avoir trouvé une solution à cet argument, en disant que c'est une pétition de principe, parce que cet argument suppose que le roi fût le seigneur dominant du eomté de Bourdeilles dans le temps du contrat de 1480.

Cette réflexion seroit solide, si en effet le droit du roi sur cette mouvance pouvoit être contesté; mais comme le procureur-général croit avoir établi pleinement la justice de ce droit, par les titres qui ont précédé et qui ont suivi l'aliénation de 1480, il a eu raison d'en conclure que la réserve qu'Alain d'Albret avoit faite dans cette aliénation, de l'hommage du comté de Bourdeilles, ne pouvoit nuire aux droits du roi, soit qu'elle fût nulle ou qu'elle fût légitime, et qu'elle étoit certainement contraire à la prétention de l'abbé de Brantôme, de quelque manière qu'on l'envisageât.

Objection sur l'hommage rendu par le comte d'Angoulême en 1493.

C'est, dit-on, un hommage rendu par un prince qui n'avoit que des prétentions sur le comté de Bourdeilles, et qui n'en étoit pas encore en possession.

Réponse. Sa propriété pouvoit encore être incertaine, mais la mouvance du comté de Bourdeilles ne l'étoit pas, puisque, dès le moment qu'il a prétendu en être propriétaire, il n'a pas hésité à reconnoître le roi Louis XII pour son seigneur dominant; et il importe peu après cela d'examiner s'il étoit paisible propriétaire, ou s'il ne l'étoit pas encore. Lorsqu'il a rendu cet hommage, a-t-il fait par là quelque innovation, s'est-il écarté de la vérité que les anciens propriétaires de ce même fief avoient suivie? S'il l'avoit fait, ce seroit alors qu'on pourroit dire, qu'il ne faut pas se servir d'un acte qu'il a fait par ignorance, dans un temps où n'étant pas encore propriétaire paisible, il pouvoit ne pas connoître exactement les droits de sa terre; mais quand il a reconnu le roi pour son seigneur dominant, il a suivi le dernier état de la mouvance; il

a marché sur les traces de ses prédécesseurs; il n'a
fait que se conformer à une longue et ancienne possession; et qu'on ne dise pas non plus que c'est un
hommage rendu au hazard par un propriétaire incertain, qui n'avoit que des prétentions vagues et
douteuses sur la terre dont il a rendu l'hommage, et
qui par conséquent ne risquoit pas beaucoup à le
rendre au roi. Les prétentions du comte d'Angoulême étoient si solides, qu'il a gagné sa cause par
deux arrêts contradictoires du parlement, l'un du 28
mai de l'année 1490, l'autre du 7 septembre 1496;
ainsi, l'hommage de 1493, rendu par un propriétaire sérieux, légitime, confirmé dans sa propriété
par deux arrêts de la cour, est un titre qui est au-
dessus de tous les efforts que l'on fait pour l'attaquer.

Le procureur-général peut donc se dispenser
après cela, de répondre à ce que l'abbé de Brantôme a encore dit sur ce même titre, que c'étoit
une erreur grossière d'avoir employé dans cet acte le
comté de Bourdeilles comme une dépendance du
comté de Périgord, ce qu'on ne sauroit vérifier par
aucun titre.

C'est donc une erreur grossière d'avoir suivi l'impression que fait sur tous les esprits l'abandonnement
de 1341, par lequel on conçoit naturellement, surtout quand on le compare avec ce qui l'a suivi, que
le comté de Bourdeilles a été cédé au comte de Périgord en augmentation de fief et de domaine.

C'est une erreur grossière d'avoir parlé comme le
roi Charles VI dans la donation de 1399, où l'on
voit clairement que le comté de Bourdeilles est
donné au duc d'Orléans comme un accessoire et une
dépendance du comté de Périgord.

C'est une erreur grossière d'avoir emprunté dans
l'hommage de 1493 les expressions d'un contrat de
vente de 1437, où le comté de Bourdeilles est mis
expressément au nombre des appartenances du comté
de Périgord : *Comitatum Petragoricensem cum ejus
titulo et pertinentiis universis, videlicet castellum*

et castellaniam, *castrum de Albarochâ*, *comitatum Bordeliæ*, etc.

La cour jugera après cela si l'abbé de Brantôme a pu avancer que cette qualité de dépendance du comté de Périgord qu'on a donnée dans l'hommage de 1493 au comté de Bourdeilles, ne pouvoit être vérifiée par aucun titre.

Objections sur le rôle des vassaux du roi de Navarre, à cause du comté de Périgord.

Première objection. C'est une pièce informe qui n'a aucun caractère d'authenticité.

Réponse. Le procureur-général n'a pas prétendu l'employer comme une pièce dont la forme fût parfaite, mais comme une ancienne copie qui a plus de cent soixante ans d'antiquité; c'est une copie qui se trouve dans les archives de Navarre; c'est enfin une pièce soutenue par les titres antérieurs et postérieurs, qui, s'accordant parfaitement avec les uns et avec les autres, peut, dans toutes ces circonstances, tenir sa place entre les preuves de la possession du roi.

Seconde objection. C'est un titre fondé sur la réserve nulle qu'Alain d'Albret avoit faite de l'hommage du comté de Bourdeilles en 1480; et d'ailleurs cette pièce prouveroit bien que le comté de Bourdeilles étoit mouvant des comtes de Périgord, mais non pas que ce comté fût mouvant du roi; ainsi elle seroit contraire aux titres précédens.

Réponse. On ne peut employer, pour répondre à cette objection, que ce que le procureur-général a répondu à celle qui avoit été faite sur le contrat de 1480; et supplier toujours la cour de se souvenir que le roi n'est pas moins comte de Périgord que roi de France, et qu'il lui est indifférent à quel titre la mouvance du comté de Bourdeilles lui soit adjugée.

Objection sur la procuration du 21 *septembre* 1543.

C'est une simple préparation à rendre un hommage; mais préparation devenue inutile, puisqu'elle n'a été suivie d'aucun effet.

Réponse. Le procureur-général a prévenu cette difficulté dans sa première requête, et il ne peut qu'employer pour y répondre, ce qu'il y dit à ce sujet.

Objections sur l'aveu de 1624.

Première objection. La confidence par laquelle la maison de Bourdeilles jouissoit depuis long-temps de l'abbaye de Brantôme, a fait que cette abbaye s'est trouvée sans défenseur et sans défense en l'année 1624.

Réponse. Le procureur-général croit avoir dissipé si parfaitement cette vaine couleur dans sa première requête, qu'il ne peut qu'employer ici ce qu'il y a dit sur cet objet.

Seconde objection. Le procureur-général du roi a dit d'abord que rien n'étoit plus authentique que l'aveu de 1624; et il a dit, deux pages plus bas, que cet aveu étoit une pièce peu nécessaire; c'est une contradiction qui marque combien cette pièce mérite peu d'attention.

Réponse. Une pièce peut être authentique sans être fort nécessaire; il n'y a en cela aucune contradiction; et le procureur-général, pour toute réponse, supplie la cour de relire ce qu'il a dit sur l'aveu de 1624, dans les endroits de sa requête où il en a parlé.

Objection sur les hommages de 1666 *et de* 1680.

La demande de l'abbé de Brantôme, pour la mouvance du comté de Bourdeilles, est de 1704; ainsi, depuis le plus ancien hommage, il n'y a pas eu un temps suffisant pour la prescription.

Réponse. Il n'y a rien de plus singulier que cette objection ; il semble, à l'entendre, que la possession du roi n'ait commencé qu'en 1666 ; et ce seroit abuser de la patience de la cour, que de répéter ici que ce n'est pas à trente-huit ans, mais à quatre cents ans de possession que l'abbé de Brantôme doit répondre, s'il veut faire valoir sa prétention.

On ne relevera pas non plus ce que cet abbé dit ici de la confidence qu'il reproche à la maison de Bourdeilles, parce qu'on y a répondu par avance dans la première requête.

Ainsi, après avoir montré que toutes les objections de l'abbé de Brantôme sur cette première partie de la terre de Bourdeilles, sont ou inutiles ou contraires aux prétentions mêmes de celui qui les propose, le procureur-général croit pouvoir en conclure, sans craindre de se laisser éblouir par son zèle pour la défense des droits du roi, que la question de la mouvance du comté ne méritoit pas l'honneur qu'on lui a fait de la traiter si longuement, et qu'elle n'a été proposée par l'abbé de Brantôme, contre sa propre reconnoissance, que dans la vue de faire, s'il étoit possible, une espèce de compensation de cette question avec celle de la mouvance de la baronnie.

Il faut maintenant examiner cette question, qui a toujours formé et qui forme encore à présent la véritable difficulté de cette affaire.

SECONDE PARTIE.

Mouvance de la baronnie de Bourdeilles.

Quoique le sieur abbé de Brantôme ait plus d'avantage dans cette seconde partie que dans la première, puisqu'au moins il a des titres jusqu'en 1479 pour le château et la moitié du bourg de la baronnie de Bourdeilles, au lieu qu'il y a plus de quatre cents ans qu'il n'en a aucun pour ce qui regarde le comté, il n'y a rien néanmoins de plus foible que les réponses

qu'il a faites aux moyens que le procureur-général a
proposés sur la mouvance de la baronnie. Il s'est contenté de rebattre presqu'à chaque page l'autorité de
l'arrêt de 1279, comme si un arrêt dont la lettre
porte seulement que le château de Bourdeilles est
dans la mouvance de l'abbaye de Brantôme, étoit plus
propre à faire juger de la qualité d'un fief, et de
l'étendue de ce qui y est compris, que des actes
de foi et hommage, et une transaction où les parties
ont discuté exactement toutes leurs prétentions réciproques.

On verra néanmoins que c'est à cette proposition
singulière que se réduisent presque toutes les réponses
de l'abbé de Brantôme. Mais il faut les examiner en
détail, et ne choisir que ce qui est essentiel, sans
s'arrêter à relever plusieurs observations peu dignes
d'occuper l'attention de la cour.

Pourquoi se plaindre, par exemple, de ce que le
procureur-général a expliqué les titres du roi avant
que de parler de ceux de l'abbé de Brantôme? Comme
s'il n'étoit pas de l'ordre naturel d'établir ses titres
avant que de réfuter ceux de son adversaire; et comme
si cet ordre, si simple et si peu mystérieux, n'étoit
pas justifié par l'inconvénient des répétitions dans lesquelles on est tombé en voulant le renverser. Quoiqu'il en soit, on n'enviera point à l'abbé de Brantôme le plaisir de suivre l'ordre qui lui paroît le plus
convenable; mais le procureur-général se renfermera
toujours dans celui qu'il a d'abord choisi, parce qu'il
croit que la cour suivra plus aisément par cette méthode uniforme; et les moyens du procureur-général
du roi, et les réponses de l'abbé de Brantôme, et
les répliques que le procureur-général croit y devoir
faire.

Pourquoi parler encore de la prétendue mauvaise
foi des directeurs des créanciers de la maison de
Bourdeilles, que le procureur-général condamneroit
le premier si elle lui étoit connue, et l'obliger à
répéter que s'il y a d'autres titres que ceux qui pa-

roissent, il est trompé en ce point comme l'abbé de Brantôme lui-même.

Pourquoi enfin redire continuellement que le procureur-général veut détacher les titres de l'abbé de Brantôme, et en écarter le préjugé de l'arrêt de 1279, pour réduire cet abbé, s'il étoit possible, aux hommages de 1364, 1464, 1479?

Le procureur-général a si peu regardé l'arrêt de 1279 comme un titre qu'il falloit compter pour rien, que c'est par cet arrêt qu'il a commencé la discussion, peut-être trop exacte, des titres de l'abbé de Brantôme; et il a si peu prétendu le détacher des autres titres pour les affoiblir par cette division, qu'au contraire il les a réunis, en expliquant l'un par l'autre, c'est-à-dire l'arrêt par les titres, et en faisant voir, par le détail des hommages particuliers, quel étoit le véritable sens du terme *castrum* employé dans la décision générale de l'arrêt.

Après avoir écarté ces réflexions, aussi inutiles que souvent répandues dans les écritures de l'abbé de Brantôme, le procureur-général reprendra l'ordre de sa requête pour examiner d'abord ce que l'abbé de de Brantôme oppose aux titres du roi, et ensuite ce qu'il ajoute de nouveau pour la défense des siens contre les moyens du roi.

TITRES DU ROI.

Objections de l'abbé de Brantôme contre l'hommage de 1456.

Première objection. Le procureur-général semble convenir lui-même que cet hommage ne regardoit que les *communs,* ainsi on n'en peut tirer aucune conséquence pour le corps de la baronnie.

Réponse. Le procureur-général, devant toujours se renfermer dans la plus exacte vérité, quand même elle seroit contraire aux droits du roi, n'a pas voulu dissimuler à la cour le doute qu'on peut former sur quelques expressions équivoques qui se trouvent dans cet hommage, pour savoir s'il comprend la seigneurie entière de Bourdeilles, ou s'il n'est rendu que pour les *communs;* on a expliqué dans la première requête ce que ce terme signifie.

Mais ce qui est fort singulier, c'est que l'abbé de Brantôme, qui saisit ici ce doute, et qui en fait une décision contre le titre dont il s'agit, change de langage à la fin de sa requête. Ne sachant comment répondre à l'argument qui se tire de cet acte, pour montrer que les *communs* sont certainement dans la mouvance du roi, il soutient affirmativement que l'hommage de 1456 comprend toute la baronnie de Bourdeilles aussi bien que les *communs*, et que, comme cet hommage est vicieux par rapport au corps de la baronnie, on ne peut pas non plus y avoir aucun égard par rapport aux *communs*.

Que résulte-t-il d'une contrariété si évidente? si ce n'est qu'en effet il y a quelque ambiguité dans les expressions de cet hommage, puisque non-seulement deux personnes différentes, mais la même personne l'a entendu d'une manière au commencement de son ouvrage, et d'une autre manière à la fin du même ouvrage; cependant le dernier sens auquel elle s'est déterminée par une seconde réflexion, est le plus vraisemblable; ainsi le procureur-général, peut-être trop timide et trop circonspect dans sa première requête, peut dire aujourd'hui plus affirmativement, sur le témoignage de l'abbé de Brantôme même, que l'hommage de 1456 comprend non-seulement les *communs*, mais toute la seigneurie de Bourdeilles qui porte aujourd'hui le nom de baronnie, et qu'en effet les termes de l'acte par lesquels Arnaud de Bourdeilles déclare qu'il rend hommage au duc de Guyenne, à cause *de ses seigneuries et droits des communs des lieux et paroisses de Bourdeilles,* etc., portent naturellement cette impression dans l'esprit : c'est ainsi que la cause du roi trouve souvent ses défenseurs dans ses plus grands ennemis.

Deuxième objection. Si l'hommage de 1456 tombe sur les *communs*, comment pourroit-il se faire que les *communs*, qui ne seroient que l'accessoire de la baronnie, fussent mouvans d'un autre seigneur que la baronnie même, c'est-à-dire d'un autre seigneur que l'abbé de Brantôme; en faut-il davantage pour rejeter ce titre, même pour les *communs* ?

Réponse. 1.º Cette objection suppose pour principe ce qui est en question, c'est-à-dire que le corps de la baronnie étoit mouvant de l'abbaye de Brantôme : c'est un de ces argumens communs qui naissent de la persuasion que chacune des parties a de la justice de sa cause, mais qui ne sont bons qu'après que l'on a gagné son procès, et qui, par conséquent, ne servent de rien pour le gagner.

2.º Il y a de l'équivoque dans le terme d'accessoire; il est certain que c'est à l'occasion de la seigneurie de Bourdeilles que les seigneurs de ce lieu ont levé les droits qu'on appelle les *communs;* mais il ne s'ensuit pas de là que ces droits aient toujours fait partie de la terre, et qu'ils aient été compris dans la première inféodation comme une dépendance de cette seigneurie. Ces droits peuvent avoir été établis postérieurement à l'inféodation, par une suite de cette espèce de police et de discipline générale qui fut introduite pour la conservation de la *trève de Dieu;* ainsi, comme ces droits ont une origine différente de l'inféodation de la terre, rien n'empêche qu'ils n'aient aussi une mouvance différente ; mais cependant, comme c'est apparemment sur le fondement de la qualité de seigneur que celui de Bourdeilles a commencé à lever ces droits, le procureur-général a eu raison de dire qu'à raisonner par conjecture, on pouvoit présumer qu'il avoit reconnu pour les *communs* le même seigneur qu'il reconnoissoit pour le corps de la seigneurie; et que, puisqu'on ne pouvoit douter qu'il n'eût rendu hommage au duc de Guyenne, au moins pour ce qui regardoit *les communs,* il étoit naturel de croire qu'il l'avoit aussi reconnu pour tout le reste de la baronnie de Bourdeilles, comme en effet l'acte suivant de 1469 le prouve manifestement.

Troisième objection. L'hommage de 1456 n'a été rendu par Arnaud de Bourdeilles que pour se mettre à couvert de la saisie féodale faite en 1448 à la requête de l'abbé de Brantôme.

Réponse. 1.º Cette objection est encore une preuve que l'abbé de Brantôme croit que l'hommage de 1456 comprend toute la baronnie de Bourdeilles ; en effet, qu'auroit-il servi à Arnaud de Bourdeilles de réclamer la protection du duc de Guyenne seulement pour les *communs* ; et s'il a eu recours à cet artifice, n'est-il pas évident qu'il a dû l'employer pour la totalité, et non pas seulement pour une très-foible et très-légère portion des droits de sa seigneurie ?

2.º Il auroit attendu bien tard à se servir de ce moyen, puisqu'il s'est passé huit ans d'intervalle entre la saisie féodale et l'hommage de 1456 ; ainsi, bien loin que les dates seules établissent cette présomption, les dates seules la dissipent.

3.º Si Arnaud de Bourdeilles n'avoit usé de ce détour que pour éluder la saisie féodale de l'abbé de Brantôme, pourquoi après avoir reconnu cet abbé en 1464 pour le château et la moitié du bourg seulement, auroit-il rendu encore un autre hommage en 1469 au duc de Guyenne, qui comprend bien certainement tout le corps de la seigneurie de Bourdeilles ? Il n'avoit plus alors de saisie féodale à combattre ; ainsi rien n'est plus illusoire que le prétexte qu'on tire de cette saisie pour jeter des soupçons sur l'hommage de 1456.

Quatrième objection. On ne voit point d'aveu qui ait suivi cet hommage.

Réponse. Mais où sont les aveux qui ont suivi les hommages dont l'abbé de Brantôme se sert ; et que deviendroit sa prétention, si on lui appliquoit les règles qu'il veut établir contre le roi ?

Cinquième objection. Cet hommage est un acte

clandestin, dont l'abbé de Brantôme n'a eu aucune connoissance, et qu'il doit regarder comme un acte étranger qui ne peut jamais lui nuire.

Réponse. Il seroit bien facile de rétorquer encore cette objection. Quel titre l'abbé de Brantôme peut-il alléguer qui ait été ou approuvé ou même connu du roi ? Et on lui fera voir bientôt qu'il établit contre lui-même une règle bien dangereuse ; puisque cet argument est bien plus fort dans la bouche du roi que dans celle d'un seigneur particulier.

Sixième objection. L'hommage de 1456, quel qu'il soit, a été révoqué par celui que le même Arnaud de Bourdeilles a rendu à l'abbé de Brantôme en 1464.

Réponse. 1.° L'abbé de Brantôme a-t-il oublié si promptement ce qu'il vient de dire, qu'un hommage ne peut nuire à un tiers qui n'en a point eu de connoissance ? Et pourquoi, si cela est, l'hommage de 1464 nuira-t-il plus au roi que celui de 1456 à l'abbé de Brantôme ?

2.° On pourroit dire, si on vouloit toujours suivre la méthode de cet abbé, et rétorquer tous ses argumens contre lui, que l'hommage rendu à l'abbé en 1464, a été révoqué par celui qu'Arnaud de Bourdeilles a rendu au duc de Guyenne en 1469 ; mais comme il répliqueroit peut-être que celui de 1469 a été couvert à son tour par l'hommage rendu à l'abbé en 1479, il vaut mieux s'attacher tout d'un coup à une réponse encore plus solide qu'on peut faire à cette objection, en disant que ces hommages, contraires en apparence, peuvent néanmoins se concilier, soit en regardant ceux qui ont été rendus à l'abbé comme de simples hommages *de dévotion*, suivant la première vue que le procureur-général a donnée par sa requête, soit en suivant la seconde vue donnée par la même requête, c'est-à-dire en réduisant la mouvance de l'abbé au *château et à la moitié du bourg* ; et alors on ne sera plus surpris de voir que le même Arnaud de Bourdeilles qui avoit rendu hommage à l'abbé de Brantôme en 1464, l'ait aussi rendu au roi en 1469, parce que la nature de ces deux hommages étoit différente, et que l'un ne tomboit que sur le château et sur la moitié du bourg, au lieu que l'autre tomboit sur la seigneurie en général et sur les *communs*.

Ce dénoûment est d'autant plus naturel et plus heureux, que par là on est dispensé de faire un choix entre deux actes qui semblent se contredire, ni de détruire l'un pour conserver l'autre ; quoique l'un et l'autre paroissent également authentiques, on les laisse subsister tous deux ; ils ont chacun leur effet, mais dans les bornes dans lesquelles ils doivent être renfermés.

Septième objection. Quand on supposeroit que ces hommages contraires se détruiroient mutuellement, dans le concours ou plutôt dans le combat de ces preuves, il faudroit remonter aux titres les plus anciens, et par conséquent l'arrêt de 1279 seroit toujours décisif en faveur de l'abbé de Brantôme.

Réponse. 1.° Ce raisonnement pourroit être solide, si ces titres étoient effectivement contraires l'un à l'autre ; mais on vient de voir qu'il est fort aisé de les concilier.

2.° Quand le combat de ces titres seroit plus réel qu'il ne le paroît, il faudroit, pour le faire cesser, avoir recours, non-seulement à un titre ancien, mais à un titre clair et exempt de toute ambiguité ; or, l'arrêt de 1279 n'a point ce caractère, puisqu'on y trouve une expression équivoque, c'est-à-dire le terme de *castrum*, qui peut avoir deux sens, et que le procureur-général a déterminé à la signification la plus étroite, par les hommages mêmes que l'abbé de Brantôme rapporte.

Objections sur l'hommage de 1469.

Comme ces objections sont presque les mêmes

que celles qu'on vient d'expliquer et de résoudre, excepté qu'il n'y a aucune équivoque dans ce second titre, et qu'il renferme clairement le corps de la seigneurie de Bourdeilles qui porte le nom de baronnie, il est inutile de répéter ici et ces objections et les réponses, puisque, à cela près, tout ce que l'on a dit de part et d'autre sur l'acte de 1456 peut être appliqué à celui de 1469.

Objection sur le Mémoire des différends de François de Bourdeilles, contre la comtesse de Périgord.

C'est un mémoire informe qui n'est ni écrit ni signé par une personne publique, et qui n'a aucun caractère d'authenticité; paperasse inutile, qui ne méritoit pas l'honneur qu'on lui a fait de la produire, et qui n'a aucun des caractères requis par M.e Charles Dumoulin, pour suppléer au défaut d'une forme authentique.

Réponse. L'abbé de Brantôme ne dit rien sur cette pièce que le procureur-général n'ait dit le premier : il a été bien éloigné d'en dissimuler les défauts; il a commencé l'explication qu'il en a faite par déclarer qu'elle étoit informe; mais il a prétendu, et il prétend encore : 1.° Qu'il règne dans ce mémoire un si grand air de naïveté et de sincérité, qu'il n'y a personne qui puisse douter en le lisant qu'il ne soit aussi ancien que véritable; et si l'on produit tous les jours des factums ou des mémoires informes qui ont été faits sur d'anciennes contestations, pour faire voir quelles étoient alors les prétentions, les moyens, le langage des parties, on ne voit pas pourquoi le roi ne pourroit pas aussi tirer avantage de ce qui est énoncé dans ce mémoire des différends de la comtesse de Périgord avec le sieur de Bourdeilles, qui porte, comme on vient de le dire, en lui-même le témoignage de sa sincérité et de son ancienneté.

2.° Que, par conséquent, ce n'est point ici le cas d'appliquer, ni les dispositions des lois que l'abbé de

Brantôme a citées, ni les principes de M.ᶜ Charles
Dumoulin sur la forme des aveux et dénombremens
ou des papiers censiers d'une seigneurie; parce qu'il
s'agit ici d'une pièce d'un ordre tout différent, qui
n'a point de forme certaine et déterminée, qui n'est
point, à proprement parler, *une pièce probante*,
comme un aveu et dénombrement, mais qui ne se
soutient que par le concours de plusieurs circonstances, et qu'on n'a employée que comme une présomption, de la même manière, encore une fois,
que l'on produit un ancien *factum*, dont la vérité
est soutenue par la pièce même et par d'autres circonstances, quoiqu'un factum n'ait souvent aucune
forme authentique.

3.° Que l'ancien mémoire dont il s'agit a l'avantage
d'être depuis long-temps dans les archives publiques,
et par conséquent dans un lieu exempt de suspicion;
circonstance que Dumoulin et les autres docteurs ne
manquent pas de relever, lorsqu'il s'agit de suppléer
aux défauts de forme qui peuvent se trouver dans
une pièce; on veut croire que l'abbé de Brantôme
n'y a pas fait assez de réflexion, lorsqu'il a parlé d'un
tel dépôt comme d'un lieu suspect, et c'est une expression qui lui est échappée, sans doute, pour ne pas
bien savoir la force des termes. Il est encore assez
extraordinaire que le trésor des chartes du roi à Pau
ne lui paroisse pas un dépôt public, sous prétexte que,
ce trésor a été établi dans un temps où le comté de
Périgord n'étoit pas encore réuni à la couronne; mais
on n'a pas pris garde non-seulement qu'il y a plus
de 120 ans que cette réunion est faite, mais que,
comme les comtes de Périgord étoient aussi rois de
Navarre long-temps avant que Henri IV parvint à la
couronne, le dépôt dont il s'agit, où les titres de Navarre étoient conservés avec ceux de Périgord, étoit
déjà un dépôt royal il y a près de 200 ans : on laisse
à juger après cela si un mémoire qu'on a pris soin de
conserver depuis un si long-temps dans un tel dépôt,
est une pièce aussi méprisable que l'abbé de Brantôme
a voulu le persuader à la cour.

4.° Qu'enfin, suivant les lois mêmes que l'abbé de Brantôme cite, et suivant la doctrine de M.ᵉ Charles Dumoulin, la règle générale par laquelle on rejette toutes les pièces informes souffre une exception aussi générale, lorsque ces pièces sont soutenues par d'autres adminicules, *si aliis quoque adminiculis adjuventur*. C'est la disposition de la loi 3 au code *de probationibus*, suivant laquelle Dumoulin n'exclut absolument la preuve qui résulte d'une pièce informe, que lorsqu'elle est *omni alio adminiculo destituta*; et il conclut de cette exception, que ces sortes de pièces ne sont pas tout à fait inutiles, parce qu'on peut en assurer d'ailleurs la vérité en plusieurs manières et par plusieurs adminicules : *non tamen sunt omninò inutiles, quoniam multis modis et adminiculis verificari possunt.*

Le mémoire dont il s'agit est précisément dans le cas de cette exception; ce seroit assurément une foible preuve que ce mémoire s'il étoit seul, et qu'on ne pût prouver par aucun autre titre qu'il y avoit une grande partie de la châtellenie de Bourdeilles qui ne relevoit pas de l'abbaye de Brantôme.

Mais lorsqu'on voit d'un côté, par les titres du roi, que la paroisse de Bourdeilles et les autres paroisses qui composent la baronnie de Bourdeilles y ont été comprises, et que de l'autre, il paroît par les titres mêmes de l'abbé de Brantôme, comme on l'a prouvé et comme on le prouvera encore, que sa mouvance ne peut s'étendre au-delà du château et de la moitié du bourg de Bourdeilles, alors le mémoire dont il s'agit, soutenu par de si puissans adminicules, reprend sa force, tout informe qu'il est, et fait naître au moins une présomption très-puissante en faveur du roi.

Objection contre l'hommage de 1666.

C'est un hommage dont l'abbé de Brantôme n'a eu aucune connoissance, et qui est à son égard *res inter alios acta.*

Réponse. On a déjà répondu à une semblable objection, et on aura bientôt une autre occasion d'établir le principe général par lequel on peut y répondre, et la rétorquer avantageusement contre celui qui s'en sert.

Objection générale contre tous les titres du roi.

Ces titres ne s'accordent pas avec eux-mêmes : selon les hommages de 1456 et 1469, c'est du duc de Guyenne que relève la baronnie de Bourdeilles ; selon le mémoire dont on vient de parler, c'est du comte de Périgord ; selon l'hommage de 1666, c'est du roi, comme roi. Qui peut concilier des titres si contraires ? La contradiction est d'autant plus considérable entre les deux premières espèces de titres, que, suivant les conjectures du procureur-général, le mémoire non daté de la comtesse de Périgord doit avoir été fait à peu près dans le même-temps que les hommages de 1456 et 1469.

Réponse. Il n'y a aucune contradiction entre ces différens titres ; il est fort possible que, quoique le corps de la baronnie de Bourdeilles relevât du duché de Guyenne, il y eût néanmoins de nouvelles acquisitions du seigneur de Bourdeilles qui fussent dans la mouvance des comtes de Périgord. Rien n'est plus commun, surtout dans les grandes terres qui ont été augmentées de temps en temps par une longue suite de possesseurs de la même maison, que ces sortes de mélanges de mouvances ; et à l'égard de l'aveu de 1666, le roi étant également aux droits du duc de Guyenne et du comte de Périgord, il étoit inutile de marquer en quelle qualité il recevoit l'hommage de la baronnie de Bourdeilles.

Mais d'ailleurs à quoi sert toute cette discussion à l'abbé de Brantôme ? Quand il y auroit eu du doute sur la mouvance entière de Bourdeilles ; quand le duc de Guyenne et le comte de Périgord l'auroient prétendue également ; quand l'un et l'autre se seroient fait reconnoître, la contrariété de ces hommages ne nuiroit point au roi, qui réunit en sa personne les droits des ducs de Guyenne et ceux des comtes de Périgord; et ces hommages, quoique contraires entr'eux, seroient toujours des titres également solides contre l'abbé de Brantôme, auquel il doit être indifférent que la baronnie de Bourdeilles relève du duché de Guyenne ou du comté de Périgord, dès le moment qu'elle ne relève pas de son abbaye.

Rien ne peut donc donner atteinte aux titres que le procureur-général a produits.

Il faut voir maintenant si l'abbé de Brantôme a mieux réussi à défendre ses titres qu'à attaquer ceux du roi.

TITRES DE L'ABBÉ DE BRANTÔME.

Arrêt de 1279.

Pour combattre le préjugé de cet arrêt de 1279, dans lequel l'abbé de Brantôme met toute sa confiance, le procureur-général a dit trois choses : 1.º Que les qualités des parties suffisoient seules pour rendre le préjugé de cet arrêt inutile, puisque le roi ni aucuns des seigneurs directs que le roi peut représenter dans cette affaire n'y avoient été parties, et que l'abbé de Brantôme y avoit remporté une victoire facile contre un vassal qui n'étoit alors réclamé par aucun autre seigneur.

2.º Que c'étoit un jugement rendu seulement sur le possessoire, et qui par conséquent n'excluoit pas le jugement au pétitoire sur l'examen des titres.

3.º Que le terme de *castrum* employé dans cet arrêt y devoit être pris dans sa plus étroite signification, parce que ce terme, équivoque en lui-même, et qui peut signifier ou la seigneurie entière ou simplement le château, devoit être déterminé par les

actes de foi et hommage rapportés par l'abbé de Brantôme, où l'on voit que le mot de *castrum* est pris
littéralement et ne s'entend que du château.

Objections de l'abbé de Brantôme sur la première difficulté.

Première objection. On ne voit par aucun acte
antérieur à l'arrêt de 1279, que le roi, ou le duc
de Guyenne, ou le comte de Périgord, eussent des
prétentions sur la mouvance de la seigneurie de
Bourdeilles; comment donc l'abbé de Brantôme les
auroit-il appelés pour faire rendre avec eux l'arrêt qui
lui adjuge cette mouvance ?

Réponse. Il est vrai que l'on ne rapporte point
aujourd'hui, pour défendre la cause du roi, de titre
qui soit antérieur à l'arrêt de 1279; mais il ne s'en
suit pas de là qu'il n'y en eût point alors : l'abbé
de Brantôme, qui dans la première partie de sa
réponse fait valoir si hautement le lieu commun de
la perte des titres par le malheur des guerres civiles
ou étrangères dont la Guyenne a été si souvent le
théâtre, croit-il qu'il n'y ait que les titres de son
abbaye qui aient pu sentir les effets de cette calamité
commune ? Qui ne sait au contraire que les titres
du roi ont été presque toujours plus mal conservés
que ceux des autres seigneurs ? Mais sans tomber ici
dans le même inconvénient que l'abbé de Brantôme,
et sans vouloir chercher un titre général pour le
roi dans les désordres de la guerre ou dans la longueur
du temps qui dévore les plus anciens monumens, il
suffit que le roi ait un titre apparent sur la mouvance
de Bourdeilles, pour être en droit de dire à l'abbé
de Brantôme, qu'un arrêt rendu sans que le roi y
ait été partie n'est point un titre décisif contre lui.
Il ne s'agit point de savoir si celui qui étoit abbé
de Brantôme en 1279, est excusable, ou s'il ne l'est
pas, d'avoir ignoré la prétention du roi, ou du duc

de Guyenne, ou du comte de Périgord; il faut revenir à ce principe simple et connu de tout le monde, que quand un seigneur pourroit légitimement ignorer les droits d'un autre seigneur, il ne pourroit pas se servir contre lui d'un arrêt rendu contre le vassal qu'ils réclameroient réciproquement, comme d'un préjugé décisif; un tel arrêt ne peut être regardé que comme un acte de possession, et n'a pas plus de force contre un tiers qu'un hommage rendu volontairement par le vassal qui donne lieu à un combat de fief, parce qu'en un mot, ce qui se passe entre un seigneur prétendu et son prétendu vassal, soit volontairement, soit par l'autorité de la justice, ne peut jamais nuire au véritable seigneur, toutes les fois qu'il est en état de prouver la justice de son droit.

Seconde objection. Mais, dit l'abbé de Brantôme, la loi doit être égale; et si ce qui s'est fait en l'absence du roi ou de ceux qu'il représente ne peut lui être opposé, il ne faut pas non plus qu'il se serve contre l'abbé de Brantôme des titres que le procureur-général a produits, puisqu'aucun de ces titres n'a été passé en présence, ou du moins avec la connoissance de l'abbé de Brantôme.

Réponse. 1.º Cette égalité que l'abbé de Brantôme semble demander ici lui seroit fatale; car si l'on retranchoit également tous les titres de part et d'autre, parce que ni le roi n'a connu ceux de l'abbé, ni l'abbé n'a eu connoissance de ceux du roi, en quel état cette affaire se trouveroit-elle réduite? D'un côté, l'abbé n'auroit plus de titres, et de l'autre, le roi qui n'en auroit pas non plus de particuliers, auroit toujours le titre général de *seigneur dominantissime, de souverain fieffeux,* comme certaines coutumes l'appellent, en vertu duquel la présomption générale que tous les fiefs relèvent du roi, jusqu'à ce que l'on prouve le contraire, lui suffiroit pour gagner sa cause contre l'abbé de Brantôme.

2.º Cette égalité même, quoique contraire à l'abbé de Brantôme et avantageuse au roi, ne seroit pas juste; car, pour tout dire en un mot, et ne plus retoucher cette difficulté, deux caractères sensibles distinguent en ce point la cause du roi de celle des seigneurs particuliers.

Le premier est que, comme on vient de le dire, la règle générale est pour le roi; ainsi, il n'a pas besoin de prendre aucunes précautions pour faire reconnoître son droit par les seigneurs particuliers; c'est au contraire à ces seigneurs, qui n'ont pour eux que l'exception, à établir cette exception avec le roi; ainsi les avantages ne sont pas égaux en cette matière; et, pour se servir de cette comparaison que le procureur-général a déjà employée dans sa première requête, les seigneurs particuliers qui prétendent avoir une mouvance, sont à l'égard du roi comme les exempts qui veulent établir leur juridiction contre l'évêque; il faut qu'ils prouvent l'exercice de leur privilége par des actes contradictoires avec lui; mais il n'est point nécessaire que l'évêque, qui a pour lui le droit commun, y joigne la preuve d'un exercice de juridiction contradictoire avec ceux qui prétendent être exempts de son autorité.

Le second est que, puisque la règle générale est pour le roi, et que par là on peut dire que le roi est le contradicteur né de tous les seigneurs, ensorte qu'il profite du défaut de leurs titres, et qu'il a tout ce qu'ils ne prouvent point être à eux, ils ne peuvent jamais ignorer leur véritable partie en cette matière : le droit public le leur montre, et leur ouvre en même temps la voie par laquelle ils peuvent assurer avec le roi la validité de leurs titres, en lui présentant des aveux qui contiennent l'énumération de leurs mouvances; ainsi, c'est toujours par leur faute que leur droit ne se trouve pas confirmé par la reconnoissance du souverain.

Il n'en est pas de même à l'égard du roi; il n'a

point, comme les seigneurs particuliers, un contradicteur connu, certain et unique. Faudra-t-il qu'il aille en chercher un dans chaque seigneur particulier de son royaume, et ne pourra-t-il recevoir un hommage, et acquérir par là un titre de possession, sans appeler tous les seigneurs de son royaume, parce que peut-être il s'en trouvera un jour quelqu'un qui prétendra que le fief dont on rend l'hommage au roi est mouvant de lui? Ainsi la règle qui iroit à rejeter en matière de mouvance toutes les preuves qui ne sont pas contradictoires, réduiroit le roi à l'impossible; au lieu qu'au contraire, rien n'est plus facile ni plus possible aux seigneurs particuliers que de faire reconnoître leur mouvance par le roi.

La loi seroit donc inutile si elle étoit égale; et c'est pour n'avoir pas fait attention à des raisons si sensibles de différence, que l'abbé de Brantôme a voulu rétorquer contre le roi ce que le procureur-général avoit justement opposé à cet abbé par rapport à l'arrêt de 1279, rendu sans que le roi y ait été partie.

C'est par cette raison même que le procureur-général n'a pas cru devoir former opposition à l'exécution de cet arrêt, quoiqu'il ait été et qu'il soit encore en droit de le faire; mais il a cru qu'il étoit plus simple de s'en tenir à la règle générale, et de regarder cet arrêt comme une pièce étrangère par rapport au roi, que de charger encore cette affaire de l'incident d'une opposition superflue.

Objection de l'abbé de Brantôme, sur la seconde difficulté proposée contre l'arrêt de 1279, par rapport à la qualité de ce jugement, rendu seulement sur le possessoire.

Selon l'abbé de Brantôme, les termes mêmes de l'arrêt prouvent qu'il s'agissoit du pétitoire, parce

qu'il y est dit que les religieux prétendoient *que
le château de Bourdeilles étoit de leur fief* : il étoit
donc question, non-seulement de la possession, mais
du fond même du droit.

Réponse. 1.º Il ne s'agit pas de savoir quel étoit
l'objet de la prétention des religieux et de l'abbé de
Brantôme ; il s'agit d'examiner quelle étoit la route
qu'ils avoient prise pour y parvenir ; et si c'étoit
par la représentation des titres, ou simplement par
la preuve testimoniale qu'ils avoient voulu établir
leur mouvance.

Le procureur-général a cru trouver dans le style
de l'arrêt des caractères qui marquoient suffisamment que c'étoit la dernière voie qu'on avoit choisie ;
soit parce que l'arrêt porte qu'il a été rendu sur les
preuves de l'abbé et du couvent de Brantôme, *visis
probationibus dictorum abbatis et conventûs* ; soit
parce qu'il y est dit que les religieux avoient suffisamment prouvé leur intention, *intentionem suam* ;
ce qui signifie ordinairement, dans le style de ce
temps-là, le fait par eux proposé ou articulé ; soit
enfin parce que l'arrêt se trouve entre les jugemens rendus sur enquêtes, *inter inquæstas parlamenti*.

C'est à la cour de juger à présent si ces conjectures
sont détruites parce que l'abbé de Brantôme a dit
sur ce sujet.

2.º Rien ne paroît d'ailleurs plus inutile que cette
discussion, quand on considère qu'il ne s'agit ici que
d'un arrêt rendu entre un seigneur prétendu et son
prétendu vassal, sans la présence d'aucun autre seigneur. Or, il est visible qu'un arrêt de cette qualité,
quand il seroit rendu sur le vu des titres, ne peut
jamais être tout au plus qu'un arrêt provisoire, et
d'un très-foible préjugé contre un autre seigneur qui
réclame dans la suite le même vassal, et avec lequel
se forme véritablement le combat de fief qui n'a pas
lieu entre le vassal et le seigneur.

Objections sur ce que le procureur-général a dit en troisième lieu contre l'arrêt de 1279 ; que le terme équivoque de castrum, *employé dans cet arrêt, devoit être expliqué par les titres suivans de l'abbé de Brantôme, qui en déterminent le sens à la signification la plus étroite de ce terme, c'est-à-dire à celle du château.*

Première objection. Ce n'est point par des titres postérieurs de plusieurs siècles qu'on peut juger du véritable sens de cette expression de l'arrêt de 1279. Quand il seroit vrai que les abbés de Brantôme se seroient relâchés dans la suite d'une partie de leurs droits, on ne pourroit pas en conclure que dans le temps de l'arrêt ils n'en eussent pas d'avantage.

Réponse. Mais par quels titres peut-on donc expliquer ce terme équivoque ? Ce n'est pas au roi qu'on doit imputer si l'abbé de Brantôme n'a point de titres plus proches de l'arrêt de 1279 que ceux que cet abbé produit : le roi ne peut se servir que de ceux qui sont rapportés.

Il n'est pas même exactement vrai qu'il y ait un si grand intervalle de temps entre l'arrêt et ces titres ; l'arrêt est de 1279, et le titre suivant est de 1364 ; ainsi il ne s'est passé que quatre-vingt-cinq ans entre les deux.

Mais d'ailleurs, ni des hommages, ni des aveux, dès le moment qu'ils sont reçus, ne doivent point passer pour des titres nouveaux, ou s'ils le sont en effet, ce n'est que par rapport à la date ; car, par rapport à la substance de ce qu'ils contiennent, on peut toujours les regarder comme d'anciens titres ; l'on sait quel est le soin qu'on a de les conformer aux anciens : le vassal est en ce point l'inspecteur du seigneur, comme le seigneur l'est réciproquement du vassal. On ne peut donc regarder un hommage ou un aveu, lorsque le seigneur et le vassal en sont

convenus, que comme une copie parfaite et une expression fidèle des anciens titres, un renouvellement et
une ratification de la première investiture, à laquelle
la nouvelle se rapporte entièrement.

Ainsi, pour appliquer cette notion générale à
l'espèce présente, on ne peut pas douter que l'hommage de 1364, que l'abbé de Brantôme a reçu, n'ait
été tracé sur le modèle des hommages plus proches
de l'arrêt de 1279, peut-être même sur des hommages plus anciens que cet arrêt; et par conséquent,
il est inutile de dire qu'on ne rapporte pas ces anciens
hommages : ces hommages contemporains à l'arrêt,
si l'on peut parler ainsi, on les trouve dans ceux
qui les ont suivis. L'abbé de Brantôme ne sauroit
faire voir qu'il y ait jamais eu le moindre changement
dans l'hommage qu'il a reçu de Bourdeilles : et puisque les nouveaux hommages contiennent les anciens
qu'ils renouvellent, le procureur-général a eu raison
de dire qu'on ne pouvoit interpréter plus naturellement l'arrêt de 1279, que par les hommages que
l'abbé de Brantôme a produits lui-même.

Seconde objection. S'il faut interpréter l'arrêt
de 1279, il est bien plus naturel d'en chercher
l'explication dans la sentence arbitrale de 1294, qui
n'est postérieure que de quinze ans à cet arrêt,
plutôt que d'avoir recours à des titres dont le plus
ancien est postérieur de plus de quatre-vingts ans
au même arrêt. Or, dans la sentence arbitrale, il
est visible que ce n'étoit pas seulement le château,
et que c'étoit aussi la châtellenie qui étoit mouvante
de l'abbaye de Brantôme, puisqu'on y lit ces mots,
qui lèvent toute équivoque, *medietatem castri et
castellaniœ;* et par conséquent, quoique l'on n'ait
employé dans l'arrêt de 1279 que le terme de
castrum, il faut entendre ce terme de toute la châtellenie.

Réponse. 1.º Si la sentence arbitrale étoit un titre
reconnu par le roi, ou confirmé par une longue
exécution, on pourroit examiner ce raisonnement;

mais, après les défauts qu'on a observés dans cette pièce, on peut dire que vouloir l'employer pour interpréter l'arrêt de 1279, c'est entreprendre d'expliquer un titre équivoque par un titre nul.

2.° Cette sentence ne tombe pas sur la même portion de Bourdeilles sur laquelle tombe l'arrêt : la sentence regarde le comté, et l'arrêt a pour objet le château de la baronnie ; ainsi, quelle conséquence peut-on tirer de l'un à l'autre ?

3.° L'argument que l'abbé de Brantôme tire de cette sentence, pour interpréter l'arrêt de 1279, est un de ces raisonnemens équivoques qui ne servent d'aucun côté, parce qu'ils peuvent servir également des deux, et que le roi peut même rétorquer avec avantage celui dont il s'agit, contre l'abbé de Brantôme.

Car, s'il faut juger par la sentence arbitrale de 1294, du style du temps dans lequel et l'arrêt et la sentence paroissent avoir été rendus, n'a-t-on pas droit d'en conclure que le terme de *castrum* ne suffisoit pas seul pour exprimer la châtellenie, aussi bien que le château, puisque l'on ne s'est pas contenté d'employer, dans cette sentence, le mot de *castrum*, et qu'on y a ajouté expressément celui de *châtellenie*; donc, selon le style de cette sentence, le terme de *castrum* se prend dans sa signification littérale ; et par conséquent, si le style de la sentence doit être l'interprète du style de l'arrêt, l'arrêt ne s'applique qu'au château, et non pas à la châtellenie. Toutes ces conséquences sont bien aussi directes, pour le moins, et aussi vraisemblables que celles que l'abbé de Brantôme a tirées d'une sentence qui, dans la question présente, est beaucoup plus contre lui que pour lui.

4.° Qui sait, enfin, quelle étoit l'étendue de cette châtellenie, dont il est fait mention dans la sentence de 1294, et qui n'a point d'application à la baronnie dont il s'agit en cet endroit ? Qui sait si elle comprenoit alors plus que la moitié de ce qui est à présent le bourg de Bourdeilles ? C'est peut-être le dénoûment de toutes les difficultés que l'on forme dans cette affaire ; mais on aura occasion d'examiner cette vue plus exactement dans la suite.

Après toutes les réponses qu'on vient de faire à l'argument que l'abbé de Brantôme tire de la sentence de 1294, pour expliquer l'arrêt de 1279, il est aisé de juger si le procureur-général du roi n'a pas eu raison de dire, que c'étoit uniquement dans les hommages produits par l'abbé de Brantôme qu'il falloit chercher le véritable sens du terme de *castrum*, employé dans cet arrêt.

Troisième objection. Enfin, un second titre par lequel on peut encore expliquer le même terme en faveur de l'abbaye de Brantôme, est la saisie féodale de 1448, où l'on voit que l'abbé fit saisir non-seulement le château, mais la châtellenie, qui, par conséquent, étoit comprise sous le nom de *castrum* dans l'arrêt de 1279.

Réponse. 1.° Le procureur-général l'a déjà dit dans sa première requête : une saisie féodale ne prouve que la prétention du seigneur, mais elle n'établit pas son droit ; c'est une demande et non pas un titre, surtout contre un autre seigneur qui forme un combat de fief.

2.° Non-seulement cette saisie féodale ne peut passer que pour une prétention, mais c'est une prétention condamnée par l'hommage de 1464, et par la transaction de 1479, où tout le droit de l'abbé de Brantôme, qui avoit fait faire cette saisie féodale, est réduit au château et à la moitié du bourg. C'est par de tels actes contradictoires entre le seigneur et le vassal, qu'on doit juger de l'étendue d'une mouvance, et non par des saisies féodales où le seigneur, agissant seul, dit ce qu'il lui plaît à la vérité, mais aussi le dit sans conséquence.

Hommages de 1364 et de 1464. Transaction et hommage de 1479.

Le procureur-général a dit dans sa première requête, que ces quatre titres, dont le second est à présent rapporté dans une meilleure forme qu'il ne l'étoit alors, faisoient naître deux questions :

La première, de savoir si l'hommage que le seigneur de Bourdeilles a rendu, par ces actes, à l'abbé de Brantôme, étoit un véritable devoir de fief, ou si c'étoit un simple hommage de *dévotion*, par lequel ce seigneur avoit peut-être voulu s'affranchir de la foi plus onéreuse qu'il devoit au duc de Guyenne ou au comte de Périgord ;

La seconde, si ces hommages comprenoient toute la châtellenie de Bourdeilles, ou seulement le château et la moitié du bourg qui porte ce nom.

Première question. Si l'hommage dont il s'agit est un simple hommage de *dévotion*.

On a prouvé que cela étoit plus que vraisemblable, par trois circonstances importantes qui se trouvent dans ces hommages.

1.º La qualité de celui qui le recevoit : ce n'est pas, à proprement parler, l'abbé de Brantôme, c'est saint Sicaire ; et l'abbé n'y paroît que comme lieutenant de ce saint.

2.º La forme de l'hommage rendu dans l'église auprès de l'autel du saint, sans que celui qui le rend se mette à genoux en posture de vassal, et reçu autrefois par l'abbé, revêtu des ornemens sacerdotaux.

3.º La nature singulière de cet hommage, qui n'est point accompagné de serment de fidélité, et dans lequel il semble que le vassal donne la loi plutôt qu'il ne la reçoit ; ce qui fait présumer qu'il s'agit ici non d'un fief donné par le seigneur au vassal, mais d'un fief offert par le vassal au seigneur.

C'est le précis de ce que le procureur-général a observé sur cette première question, et que l'abbé de Brantôme n'a attaqué que par des objections si foibles, qu'elles affermissent ce qu'il a voulu détruire.

Objections de l'abbé de Brantôme.

Objection générale. Il oppose d'abord à toutes ces conjectures, qu'il faudroit pour les admettre qu'il fût prouvé, d'un côté, que le roi, le duc de Guyenne ou le comte de Périgord, ont été effectivement seigneurs directs de la baronnie de Bourdeilles, ce que l'on ne sauroit montrer; et de l'autre, que l'abbé de Brantôme fût réduit à n'avoir point d'autres titres que les trois hommages dont il s'agit, ce qui n'est pas, puisqu'il a outre cela un titre supérieur dans l'arrêt de 1279.

Réponse. On ne peut répondre à la première partie de cette objection, qu'en employant non-seulement les actes de foi et hommage de 1456 et de 1469, mais encore tout ce qui a été écrit dans le procès, pour faire voir que ce n'est pas sans fondement que le roi prétend la mouvance de la baronnie de Bourdeilles.

Mais à l'égard de la seconde partie, on peut dire que l'abbé de Brantôme répond à la difficulté par la difficulté même.

Il s'agit de connoître et la nature et l'étendue de l'hommage que l'arrêt de 1279 a jugé être dû à l'abbaye de Brantôme : cet arrêt ne détermine rien sur la nature; il est au moins très-équivoque sur l'étendue de cet hommage; et cependant c'est par cet arrêt même qu'il s'agit d'interpréter que l'abbé de Brantôme prétend répondre à tout ce que l'on tire pour l'expliquer de trois hommages beaucoup plus clairs et plus étendus. On n'en dit pas davantage en cet endroit, parce qu'il faudra retoucher plus d'une fois ce raisonnement pour répondre aux objections particulières de l'abbé de Brantôme.

Objections particulières sur la première conjecture, tirée de la qualité de celui qui reçoit l'hommage du château de Bourdeilles.

Première objection. Ni l'arrêt de 1279, ni la

sentence de 1294, ne contiennent rien qui puisse faire présumer que l'hommage du seigneur de Bourdeilles à l'abbaye de Brantôme, fût un hommage de *dévotion* qui fût rendu à saint Sicaire, ou à l'abbé comme lieutenant de ce saint. Cette circonstance, si elle étoit véritable, auroit-elle échappé au parlement composé des premières personnes de l'état, ou à un évêque délégué du saint siége ?

Réponse. Quelle peut être la force d'un argument négatif de cette nature, contre des titres positifs et produits par l'abbé de Brantôme même, qui marquent si précisément que c'est à saint Sicaire seul que l'hommage est rendu en la personne de l'abbé ? S'agissoit-il, ou dans l'arrêt de 1279, ou dans la sentence de 1294, de régler la qualité de l'hommage ; et n'étoit - il pas uniquement question dans l'arrêt de juger si le château de Bourdeilles étoit dans la mouvance des religieux et du couvent de Brantôme, et dans la sentence, de décider si l'abbé avoit pu inféoder valablement la portion de Bourdeilles qui avoit appartenu à la dame Tharie et à ses héritiers ?

Deuxième objection. Non-seulement l'arrêt et la sentence ne font aucune mention de ce prétendu hommage de dévotion rendu à saint Sicaire, mais l'un et l'autre marquent expressément le contraire, lorqu'ils jugent que la seigneurie de Bourdeilles est du fief, *de feodo*, des religieux et de l'abbé de Brantôme : donc, suivant ces deux titres, ce n'est point de saint Sicaire que cette seigneurie est mouvante.

Réponse. Rien n'est plus équivoque, ni en même-temps plus foible que cette objection ; il est vrai que le château de Bourdeilles est jugé mouvant de l'abbé de Brantôme, et il est vrai aussi que ce château est tenu de saint Sicaire. Est-il bien difficile de concilier ces deux vérités, et de faire cesser une contradiction chimérique ? L'abbé de Brantôme en trouve le dénoûment dans ses propres titres ; il n'y a qu'à ajouter que le seigneur de Bourdeilles est vassal de l'abbé, mais de l'abbé comme lieutenant de saint Sicaire, et cette grande difficulté sera levée; ni l'arrêt, ni la sentence de 1294 n'auront plus rien de contraire aux trois hommages, et les trois hommages s'accorderont parfaitement avec la sentence et l'arrêt. Que si l'on demande après cela pourquoi donc on n'a pas dit expressément, ni dans l'un ni dans l'autre de ces titres, que l'abbé étoit seigneur suzerain du château de Bourdeilles comme lieutenant de saint Sicaire, il n'y a personne qui ne réponde d'abord à cette question, que c'est qu'il ne s'agissoit pas alors de cette difficulté. Le seigneur de Bourdeilles vouloit se soustraire entièrement de la mouvance de l'abbé de Brantôme dans le temps de l'arrêt de 1279, et le procès ne rouloit nullement sur la distinction des deux qualités dans lesquelles l'abbé pouvoit recevoir l'hommage. On peut dire la même chose sur la sentence de 1294. Il n'étoit pas question de savoir si c'étoit en son nom ou comme représentant saint Sicaire, que l'abbé de Brantôme pouvoit réinféoder une partie de la terre de Bourdeilles; il s'agissoit uniquement d'examiner si la réinféodation qu'il avoit faite étoit valable. Encore une fois, la distinction de ces deux qualités étoit absolument étrangère à cette question; ainsi il n'est pas surprenant qu'on n'en trouve aucun vestige dans la sentence. La suite de cette requête développera encore davantage ce raisonnement.

Troisième objection. C'est sur le titre constitutif, ou du moins sur le plus ancien titre, que l'on doit réformer les titres postérieurs; ainsi il faut corriger les trois hommages par l'arrêt de 1279, bien loin de faire céder cet arrêt à ces trois hommages.

Réponse. 1.° Toute cette objection roule encore sur la confusion que l'on fait des différentes espèces de titres. Un arrêt est un titre à la vérité, mais un titre déclaratif qui marque le droit, et qui ne le donne point; qui déclare ce qui est, et qui ne le fait pas. C'est un titre qui en suppose un autre, et qui par

conséquent y est relatif ; ensorte que , pour en bien
entendre l'esprit , il faut toujours revenir au *titre* qui
lui a servi de fondement.

En matière féodale , les hommages et les aveux sont
des titres d'un autre genre : ils ne déclarent pas seulement le droit, mais ils l'établissent, soit qu'ils soient
les premiers titres du fief , soit qu'ils rappellent et
qu'ils renouvellent les premiers : ce sont là les titres
essentiels et fondamentaux (si l'on peut parler ainsi)
de toute mouvance ; les jugemens qui confirment ces
titres n'y ajoutent rien, ils ne font que les mettre hors
d'atteinte ; et c'est aux parties à chercher après cela ,
dans ces titres , la loi qui détermine la nature de leur
engagement.

Si cette maxime est certaine en général , elle est
encore plus indubitable lorsqu'il s'agit d'un arrêt qui
ne juge aucune question particulière sur la qualité de
la mouvance qu'il confirme , et qui la confirme en
général , sans qu'il soit question de régler ni la qualité ni l'étendue de cette mouvance.

Tel est l'arrêt de 1279, que l'abbé de Brantôme
oppose continuellement , non-seulement au roi , avec
lequel cet arrêt n'est point rendu , mais à ses propres
titres.

C'est un arrêt qui déclare simplement le droit, mais
qui ne l'explique pas ; il juge que le château de Bourdeilles est du *fief* de l'abbé de Brantôme , mais il ne
détermine point la qualité de ce fief. Est-ce un fief
ordinaire ou un fief de *dévotion ;* faut-il en rendre
l'hommage à l'abbé en son nom , ou au nom de saint
Sicaire ? c'est ce que l'arrêt ne décide point , parce
qu'il ne s'en agissoit pas entre les parties : c'étoit à
elles , après avoir fait une fois juger la question de la
mouvance en général , à discuter le reste plus particulièrement, dans le temps de l'hommage ou de l'aveu
qui devoit être rendu en conséquence de cet arrêt :
c'étoit là le lieu naturel d'agiter ces questions ; mais
les juges n'ont ni pu ni dû les prévenir. Or, s'ils ne les
ont pas jugées, elles sont donc encore entières ; ou
plutôt elles sont décidées par des titres auxquels les

6*

juges mêmes sont obligés de se conformer, c'est-à-
dire, par des hommages semblables sans doute à ceux
qu'on rendoit dans le temps de l'arrêt, puisqu'en
cette matière, comme on l'a observé ailleurs, on présume toujours, jusqu'à ce qu'on prouve le contraire,
que les derniers hommages sont tracés fidèlement sur
le modèle des premiers.

C'est donc en vain que l'abbé de Brantôme veut
toujours commettre son arrêt avec ses autres titres;
ce sont des titres d'un ordre différent, mais qui n'ont
rien de contraire. L'arrêt a décidé la question de la
mouvance en général, et n'a décidé ni pu décider que
cette question, la seule qui fût alors formée entre les
parties; les trois hommages postérieurs expliquent la
nature, la qualité, l'étendue de la mouvance; ainsi
y a-t-il une mouvance, ou n'y en a-t-il pas? C'est là
ce que l'arrêt a jugé; quelle est cette mouvance; à
quoi oblige-t-elle le vassal, et en quoi consiste-t-elle?
C'est ce que les hommages expliquent.

Mais il faut achever d'entendre par quels soupçons
l'abbé de Brantôme entreprend de répandre des
nuages sur une vérité si claire et si évidente.

Quatrième objection. On doit présumer, dit-il,
que les abbés de Brantôme n'avoient point l'arrêt de
1279 lorsqu'ils ont reçu ces trois hommages : s'ils
l'avoient eu alors, ils n'auroient jamais consenti à
tout ce qui y est porté par rapport à saint Sicaire, et ils
auroient bien fait voir que c'étoit à eux personnellement, et non pas à ce saint que l'hommage du seigneur
de Bourdeilles étoit dû.

Ainsi, puisqu'ils ont une fois recouvré cet arrêt, il
faut à présent réformer ces hommages par ce titre, et
supposer que ce n'est que par ignorance ou par foiblesse que les abbés de Brantôme n'ont pu refuser aux
seigneurs de Bourdeilles, de leur laisser dire tout ce
qu'il leur a plu dans ces hommages.

Réponse. On auroit de la peine à croire, si l'abbé
de Brantôme n'eût répété plus d'une fois ce que l'on
vient de rapporter de sa requête, qu'il eût voulu

rendre ainsi la foi de ses hommages douteuse et chancelante, en disant lui-même qu'il faut *les réformer*.

Mais sur quoi les réformer? sur un arrêt vague et général? Cet arrêt, comme on l'a dit en répondant à l'objection précédente, ne détermine en aucune manière la nature de la mouvance et la qualité de l'hommage; ensorte que pour savoir à qui, en quel lieu, en quelle forme cet hommage doit être rendu, l'abbé de Brantôme veut que l'on efface trois hommages qui l'expliquent très-clairement, pour avoir recours à un arrêt qui n'en dit rien.

Mais, d'ailleurs, sur quel fondement avance-t-il cette conjecture, que les abbés de Brantôme qui ont reçu les hommages de 1364, de 1464 et de 1479, ignoroient tous la disposition de l'arrêt de 1279? Quelles preuves, quelles présomptions allègue-t-il pour donner à cette supposition une espèce de vraisemblance? On n'en trouve pas le moindre commencement dans ses écritures; c'est un fait avancé au hasard contre les maximes les plus communes, suivant lesquelles un seigneur féodal est toujours présumé avoir eu connoissance de son droit et de ses titres lorsqu'il a reçu un hommage, ou qu'il a fait une transaction avec son vassal sur la nature et sur l'étendue de son fief: c'est à celui qui allègue le contraire à le prouver; et c'est ce qu'on est bien assuré que l'abbé de Brantôme ne fera jamais.

Enfin, l'idée qu'il veut donner de la prétendue foiblesse de ces abbés, n'est pas plus solide; elle est démentie par les titres mêmes qu'il rapporte, où l'on voit que bien loin que les abbés aient souffert que les seigneurs de Bourdeilles aient entrepris sur les droits de l'abbaye, il les ont obligés au contraire à abandonner un ancien usage suivant lequel l'abbé devoit être revêtu de ses ornemens sacerdotaux pour recevoir leur hommage. Que deviennent donc après cela ces vains prétextes de force et de violence qu'on veut faire entendre que les abbés de Brantôme ont soufferts de la part des seigneurs de Bourdeilles? Qui pourroit même présumer cette violence dans la transaction de 1479, qui confirme les deux hommages précédens, et qui en ajoute un troisième semblable aux deux premiers, lorsque l'on voit que cette transaction a été dressée par l'avis et par l'entremise de l'archevêque de Tours et de l'évêque de Périgueux, choisis par les parties pour arbitres et pour amiables compositeurs? Vouloir répandre des soupçons contre un acte de cette nature, n'est-ce pas montrer en même temps, et qu'on en sent toute la force, et qu'on est dans l'impuissance de le combattre par des argumens solides?

Il n'est guère plus prudent à l'abbé de Brantôme d'ajouter, comme il le fait dans sa réponse, qu'il y a manifestement une erreur grossière dans les trois hommages qu'il produit lui-même. Comment n'a-t-il pas senti la conséquence naturelle de ces expressions qui lui sont échappées; et comment n'a-t-il pas craint qu'on ne lui dît qu'il ne pouvoit tirer aucun avantage de trois titres dans lesquels il est réduit à soutenir lui-même que l'on trouve une erreur grossière? Si l'on s'y est trompé grossièrement au préjudice de l'abbé dans ce qui lui est contraire, n'a-t-on pas pu se tromper aussi grossièrement contre le roi dans ce qui est favorable à l'abbé, et n'est-il pas visible qu'un acte dans lequel celui qui le produit prétend lui-même qu'il y a des erreurs grossières, ne peut pas plus prouver pour lui que contre lui?

Objections particulières sur les seconde et troisième conjectures que le procureur-général a tirées de la forme de l'hommage et de la nature singulière du fief, pour faire voir que l'hommage qui se rendoit à l'abbé de Brantôme pour le château et moitié du bourg de Bourdeilles, étoit un véritable hommage de dévotion.

Comme l'abbé de Brantôme n'a fait presque que répéter sur ces deux dernières conjectures, tout ce qu'il avoit dit sur la première, le procureur-général ne croit pas avoir besoin d'y faire aucune réponse particulière.

Il n'y a sur ces deux points que deux choses nouvelles dans la requête de l'abbé de Brantôme, qui puissent mériter d'être relevées.

La première est l'effort qu'il fait pour prouver que, quoique la fidélité soit un devoir essentiel du vassal, il n'est pas nécessaire néanmoins que le serment de fidélité se trouve renfermé expressément dans l'hommage, d'où il conclut qu'on ne peut tirer aucune conséquence de ce que le seigneur de Bourdeilles étoit en possession de ne point prêter le serment de fidélité en rendant hommage, pour prouver que l'hommage qu'il rendoit n'étoit qu'un hommage de dévotion; outre que l'abbé de Brantôme s'est toujours réservé la liberté de rapporter d'autres actes, pour faire voir que le serment de fidélité lui étoit dû; et c'est ce qu'il prétend faire en rapportant l'arrêt de 1279.

La seconde, c'est qu'il n'est pas vrai que le seigneur de Bourdeilles soit exempt de tout autre devoir que la prestation de l'hommage en la forme prescrite par la transaction de 1479, et qu'ainsi cette circonstance a été encore relevée mal à propos pour prouver la nature singulière du fief dont il s'agit.

Réponse. 1.º L'abbé de Brantôme pouvoit s'épargner la peine de prouver qu'il n'est pas absolument essentiel que le vassal prête expressément le serment de fidélité à son seigneur. Le procureur-général avoit reconnu précisément, dans sa première requête, *que quoique l'essence du fief consiste dans la fidélité, les feudistes avoient cru néanmoins qu'il pouvoit y avoir des fiefs exempts de la prestation du serment de fidélité.*

Mais en reconnoissant cette vérité, le procureur-général a cru pouvoir toujours tirer un grand avantage de l'exemption du serment de fidélité dont jouit le sieur de Bourdeilles, pour faire voir, en joignant cette exemption à toutes les autres circonstances qu'il a relevées dans sa même requête, que la nature de l'hommage de ce vassal étoit singulière, qu'elle avoit les caractères d'un hommage de dévotion, et qu'en un mot, tout concouroit à faire présumer qu'il s'agissoit ici d'un fief impropre, d'un fief *offert par le vassal*, et non pas donné par le seigneur, suivant l'expression des feudistes. Voilà à quoi il semble que l'abbé de Brantôme auroit dû répondre, au lieu de s'attacher inutilement à prouver une proposition que le procureur-général a établie le premier.

Quant à ce qu'il ajoute, que les abbés de Brantôme se sont toujours réservé la liberté de prouver que le serment de fidélité leur étoit dû, c'est un fait que le procureur - général a aussi expliqué ; mais tant qu'ils n'en rapporteront point d'autres preuves qu'un arrêt rendu avant la transaction de 1479, qu'ils avoient sans doute dans ce temps, et qui d'ailleurs décide seulement la question de la mouvance en général, sans déterminer le nature et la qualité de cette mouvance, le procureur-général leur fera toujours la même réponse, et sera toujours en droit de leur dire que c'est par des hommages qui entrent dans les moindres détails, et par une transaction qui les confirme, qu'on doit expliquer un arrêt vague et général, au lieu de vouloir, contre toutes les règles de la jurisprudence, expliquer les hommages par l'arrêt.

2.º Il est **vrai** que le procureur-général a cru que le fief du château et de la moitié du bourg de Bourdeilles, dont il paroît que l'abbé de Brantôme a reçu trois hommages, devoit, suivant ces titres mêmes, être réputé exempt de tous autres droits et devoirs, que l'hommage singulier que les sieurs de Bourdeilles en rendoient à saint Sicaire de Brantôme. Et, puisque le sieur abbé de Brantôme révoque en doute cette opinion, le procureur-général est obligé de rendre compte à la cour, avec plus d'étendue qu'il ne l'a fait dans sa première requête, des raisons qui l'ont porté à entrer dans ce sentiment. Et c'est ici un des principaux endroits où la cour connoîtra combien les objections de l'abbé de Brantôme se tournent en preuves pour le roi.

1.° Il n'est nullement vraisemblable qu'un vassal qui ne vouloit pas même prêter le serment de fidélité, et qui en effet s'est toujours maintenu dans la possession reconnue et avouée par l'abbé, se fût assujetti à la prestation des droits seigneuriaux, plus onéreuse sans comparaison que le serment de fidélité, puisqu'on ne voit rien dans les titres de l'abbé qui puisse lui en imposer la nécessité, aucun de ces titres ne faisant mention de droits seigneuriaux par rapport au fief de Bourdeilles.

2.° Non-seulement il n'y a aucune disposition dans ces titres qui prouve que le sieur de Bourdeilles ait jamais été tenu de payer aucuns droits seigneuriaux à l'abbé de Brantôme, mais on y trouve même une clause qui paroît supposer nécessairement que ce vassal étoit exempt de tout autre devoir que celui de l'hommage ; ce qui exclut par conséquent toute idée de droits seigneuriaux.

Cette clause est conçue en ces termes :

Hoc acto et promisso per dictum nobilem quòd quotiescumque appareret, seu præfatus dominus abbas posset docere per legitima documenta, quòd idem nobilis deberet seu teneretur facere aliquod aliud deverium ipsi domino abbati, ratione præmisso-rum, paratus erat, et facere offerebat.

Ainsi, suivant cette clause qui se trouve à la fin des trois hommages produits par l'abbé de Brantôme, il est évident que par provision au moins on est convenu que le sieur de Bourdeilles n'étoit tenu que du simple hommage, et non d'aucun autre devoir envers l'abbé de Brantôme.

Le procureur-général ne doute pas que, pour répondre à une induction si précise, le sieur abbé de Vauban ne fasse de grands efforts sur le terme de *deverium* ou de *devoir*, qu'il voudra restreindre aux actes personnels, comme au serment de fidélité et aux autres services que le vassal peut être obligé de rendre de sa personne à son seigneur : il prétendra que c'est là la véritable et propre signification du terme de *devoir*, qu'il opposera à celui de *droits* pour mettre cette explication dans un jour plus apparent, et il soutiendra que, quelque étendue qu'on donne à cette clause, elle ne peut procurer au sieur de Bour-deilles qu'une exemption de *devoir*, et non pas une décharge de *droits seigneuriaux*.

Mais pour prévenir cette objection, le procureur-général supplie la cour d'observer que le terme de *devoir* en matière féodale, est un terme général qui ne signifie pas seulement les actes et les services personnels du vassal, mais qui comprend même la prestation des droits utiles auxquels le vassal peut être sujet.

Il ne faut que parcourir les titres de fiefs dans les coutumes de ce royaume, pour y reconnoître d'abord qu'à la réserve d'un très-petit nombre de coutumes qui semblent avoir employé le terme de *devoir* dans une signification plus étroite, en le restreignant aux actes et aux services personnels, toutes les autres l'ont regardé comme une expression qui ne convenoit pas moins aux charges utiles imposées sur le fief, qu'aux services honorables qui sont dûs par la personne du vassal. C'est ce qui paroîtra clairement par les ob-servations suivantes.

Il y a des coutumes qui appliquent aux devoirs de fief les termes *de faire et de payer*, qu'elles joignent ensemble, comme pour montrer que cette expression ne convient pas moins à ce que le vassal *donne*, qu'à ce qu'il fait pour son seigneur. C'est ainsi que s'explique la coutume de Château-Neuf en Thimerais, art. 33 : « Par défaut d'homme et de devoirs de fief non faits et non payés. » Et l'on trouve la même ex-pression dans l'art. 32 de la coutume de Chartres.

Il y en a d'autres qui ne se servent que du terme de payer, qu'elles appliquent également aux droits et aux devoirs; ce qui suppose nécessairement que par le terme de devoirs elles entendent les prestations réelles et utiles qui sont dûes aux seigneurs.

C'est ainsi que s'expliquent les coutumes de Senlis, article 248; de Valois, article 46; de Troyes, tit. 2, art. 19; de Chaumont en Bassigny, titre 1, art. 31; de Reims, art. 64; de Ribemont, art. 16; de Nivernois, chap. 4, art. 12; d'Anjou, art. 105; du Grand-Perche, art. 54; de Berry, tit. 5, art. 42; de Dunois, art. 24; et enfin de Paris même, art. 3 et 55. *Payer les droits et devoirs; consigner les droits et devoirs; droits et devoirs non payés*: ce sont les expressions employées par toutes ces coutumes, qui ne laissent par conséquent aucun lieu de douter de l'étendue qu'elles donnent au terme de *devoir*.

Une troisième espèce de coutume encore plus expresse, s'il est possible, est celle des coutumes qui se servent de *payer les devoirs*, sans y ajouter même celui des *droits*.

Telles sont les coutumes de Montargis, chap. 1. art. 6 et 8; d'Orléans, art. 88; de Poitou, art. 145 et 165; du Grand-Perche, art. 46; d'Anjou, art. 137; du Maine, art. 149; où ces deux coutumes ont employé ces termes dans la formule même de l'hommage plein, *bien et loyaument ses devoirs lui payerés*: et enfin la coutume de Saintonge, titre 4, art. 18, qui marque que le seigneur peut faire saisir féodalement *par défaut d'hommage non fait, devoir non payé, et dénombrement non rendu*. L'expression de cette coutume est d'autant plus remarquable, qu'il n'y en a pas de plus voisine du Périgord, et dont par conséquent le style puisse être plus naturellement employé pour expliquer les titres qui regardent un fief situé en Périgord.

Il seroit aisé d'ajouter ici plusieurs dispositions soit d'autres coutumes, soit de celles qui ont déjà été citées, où l'on voit que les termes de rente, redevance, pension, droits et devoirs, sont employés comme termes souvent synonymes, ainsi qu'on peut le remarquer dans l'article 52 de la coutume de Poitou; dans l'article 82 de la coutume de Bordeaux, dans les articles 94, 145 et 299 de la coutume de

Tours; dans l'article 128 de la coutume d'Anjou;
dans l'article 138 de celle du Maine; et dans la
coutume de Laudunois, chapitre 14, art. 21, et
chap. 29, art. 3.

Mais il est inutile de faire une plus longue dissertation sur ce sujet; et si les coutumes ne paroissent
pas des interprètes suffisans à l'abbé de Brantôme
pour expliquer le terme de *deverium* qui se trouve
dans ses titres, il peut consulter le glossaire du sieur
Ducange, où il trouvera que ce savant homme a
expliqué le terme de *deverium* par ceux de *debitum*
et de *pensitatio, gallicè* devoir.

Ce n'est donc pas sans fondement que le procureur-
général a cru que, suivant les titres mêmes de l'abbé
de Brantôme, le fief de Bourdeilles étoit exempt de
toute sorte de droits, puisque non-seulement on n'en
fait aucune mention dans ces titres, mais que l'abbé
n'y exige autre chose du seigneur de Bourdeilles
qu'une promesse de payer *les autres devoirs, si l'abbé
prouve dans la suite qu'il lui en soit dû d'autres que
l'hommage.*

On répondra peut-être que cette réserve doit être
appliquée au serment de fidélité que l'abbé étoit
convenu par provision de ne point exiger jusqu'à ce
qu'il eût pu montrer, par des titres authentiques,
que ce serment lui étoit dû; mais les termes généraux dans lesquels cette réserve a été conçue, ne
permettent pas d'y mettre cette restriction; il seroit
même contre l'intérêt de l'abbé de l'y mettre, puisque
s'il découvroit dans la suite qu'il lui fût dû quelqu'autre droit sur le fief du château de Bourdeilles,
il seroit exclu de le prétendre, dès le moment que
la réserve portée par ses titres seroit limitée à la
seule prétention du serment de fidélité. Ainsi il est
visible qu'à l'occasion de cette prétention, ses prédécesseurs ont eu l'habileté de faire concevoir la réserve dont il s'agit, dans les termes les plus généraux
qu'il a été possible; mais si cette réserve peut leur
être avantageuse en un sens par sa généralité, c'est

aussi par sa généralité même qu'elle leur nuit en
un autre sens, puisqu'elle fait voir qu'ils n'avoient
alors aucun droit utile sur le fief du château de
Bourdeilles.

Que si, malgré toutes ces raisons, l'abbé de Brantôme insiste encore à soutenir que le terme de *deverium* ne doit s'entendre que du serment de fidélité
et des autres devoirs personnels de même nature,
le procureur-général sera en droit de le renvoyer
encore à ses propres titres, toujours plus favorables
au roi qu'à celui qui les produit; et il verra que
dans la quittance générale que les parties se donnent
mutuellement à la fin de la transaction de 1479,
elles s'expliquent en ces termes : *Una pars alteri....
hinc et inde omnia et singula arreragia quorum-
cumque redituum censuum et aliorum deveriorum et
emolumentorum .... ad invicèm .... et vicissìm
quittavit.*

Il est bien certain que dans cette clause le terme
de *deverium* s'entend des droits utiles qui tombent
en arrérages, et qui sont compris sous le nom général de *devoirs* et d'*émolumens*; ainsi, suivant l'interprétation que les titres mêmes de l'abbé de Brantôme
donnent à ce terme, il est évident que l'exemption
dont le sieur Bourdeilles étoit en possession, tomboit
sur toute sorte de devoirs indistinctement, à la réserve du seul hommage; et il ne faut pas que l'abbé
de Brantôme prétende tirer avantage à son tour de
cette décharge réciproque que les parties se donnent
dans la transaction de 1479, de tous arrérages de
cens, rentes et autres droits, pour en conclure que
le fief du château de Bourdeilles n'étoit pas exempt
de droits seigneuriaux. Cette conséquence auroit
quelque couleur, s'il n'eût été question que du fief
de Bourdeilles dans cette transaction; mais comme
elle regarde plusieurs autres fiefs, et entr'autres la
coseigneurie de Brantôme et le repaire de Ramefort;
comme elle règle aussi le paiement de quelques fondations qui étoient dûes à l'abbaye de Brantôme par
la maison de Bourdeilles, il est évident qu'on ne

peut conclure des termes de cette quittance générale, que le fief de Bourdeilles en particulier fût
chargé de quelques devoirs utiles au profit de l'abbaye
de Brantôme; il suffit, pour vérifier les termes de
cette décharge, qu'il y eût d'autres fiefs ou d'autres
biens compris dans la transaction, pour lesquels il
fût dû des droits seigneuriaux ou des rentes; et comme
le seul fief de Bourdeilles est déclaré par la transaction exempt de tous devoirs autres que l'hommage,
c'est dans les autres fiefs qui y sont compris, qu'il
faut chercher l'application de ces rentes ou devoirs
utiles qui pouvoient être dûs à l'abbaye de Brantôme, et dont la transaction contient une décharge
générale; ainsi cette décharge générale est un fort
bon titre pour la cause du roi, par le sens qu'elle
donne au terme de *deverium*; mais elle est inutile
à l'abbé de Brantôme par l'énonciation qu'elle fait
de cens, rentes et devoirs, puisque cette énonciation
ne pouvant tomber sur le fief de Bourdeilles, qui
en est dit exempt par la même transaction, ne sauroit
s'appliquer qu'aux autres fiefs qui y sont compris.

Après avoir établi solidement que le fief de Bourdeilles, tel qu'il a été reconnu mouvant de l'abbaye
de Brantôme dans les titres produits par le sieur
de Vauban, étoit exempt de tous droits utiles, il
reste maintenant, pour achever de confirmer pleinement ce que le procureur-général a dit dans sa
première requête sur la nature de ce fief, à faire
voir que le droit commun des fiefs qui ont été consacrés à Dieu ou à un saint, sous la protection duquel
on les a mis, est de n'être assujettis qu'à la condition
de l'hommage, sans aucune autre servitude: d'où
il sera aisé de conclure que le fief de Bourdeilles
ne peut-être regardé que comme un véritable fief
de *dévotion*.

Cette exemption de tous droits utiles est tellement
essentielle à ce genre de fief, qu'il semble que M.ᵉ
Julien Brodeau l'ait regardée comme la marque la
plus éclatante qui le distingue des autres fiefs, lorsque
dans ses commentaires sur l'article 63 de la coutume

de Paris, n.º 23, il les décrit en ces termes : *Nous avons plusieurs exemples de rois, princes et seigneurs, qui se sont dévoués et donnés aux églises sous la simple charge de l'hommage et de quelques redevances d'honneur, comme de cire, de cierges, et autres semblables, sans aucuns devoirs pécuniaires, et sont appelés fiefs de piété et de dévotion.*

Tel est le droit commun de cette sorte de fief, où le vassal n'a point d'autres charges que celles qu'il s'est imposées à lui-même, parce que, comme le procureur-général l'a dit dans sa première requête, au lieu que dans les autres concessions féodales, c'est le seigneur qui donne et le vassal qui reçoit, au contraire, dans les fiefs de dévotion, c'est le vassal qui donne, et le seigneur qui reçoit.

Ce droit commun est attesté, non-seulement par les docteurs, mais encore par une disposition singulière d'une de nos coutumes ; c'est celle de Poitou, qui, après avoir établi pour principe dans l'art. 108, que quiconque a hommage pour raison d'aucune chose, est fondé d'avoir sur icelle juridiction, y ajoute cette exception, *si ce n'étoit hommage de dévotion, comme celui qui est donné en franche-aumône à l'église, lequel hommage de dévotion n'emporte pas fief, ne juridiction, ne autre devoir.*

Il ne faut pas confondre l'espèce de cet article avec la teneur par franche-aumône, dont la coutume de Normandie fait mention ; cette teneur a lieu lorsque celui qui donne son domaine à l'église, ne retient aucun devoir sur ce domaine ; mais la disposition de la coutume de Poitou s'applique à l'espèce d'un bien dont l'hommage est donné à l'église par franche-aumône, c'est-à-dire gratuitement, et sans que l'église donne rien en récompense de cet hommage.

Pour mieux développer le sens de l'article 108 de cette coutume, il faut remarquer d'abord que la règle ordinaire que *fief et justice n'ont rien de commun*, n'a pas lieu dans la coutume de Poitou, dans laquelle, comme dans quelques autres coutumes de ce royaume, tout fief emporte juridiction; ensorte que, comme cette coutume le dit en termes formels au commencement de l'article 108, *quiconque a hommage pour raison d'aucune chose, est fondé d'avoir sur icelle juridiction.*

Mais *cette règle cesse dans l'hommage de dévotion,* ajoute la coutume, *comme celui qui est donné en franche-aumône à l'église.*

Quel est donc le cas de cette exception? Il faut, premièrement, qu'il s'agisse d'un hommage donné à l'église; et, par conséquent, il n'est point question ici d'un fonds ou d'un domaine donné à l'église, mais d'un hommage qui lui est inféodé : donc il ne s'agit point dans cet article de la coutume de Poitou, d'une décharge de rendre l'hommage, qui est ce que la coutume de Normandie appelle *tenure par franche-aumône;* il s'agit, au contraire, d'un hommage que l'église acquiert, et d'examiner les effets de cette acquisition. 2.º Cet hommage dont la coutume de Poitou parle, est *un hommage de dévotion;* c'est ainsi qu'elle le qualifie. Or, jamais ce nom n'a été donné qu'aux hommages que l'église reçoit, et, par conséquent, tout conspire à faire voir qu'il s'agit ici, comme on vient de le dire, non d'une décharge purement passive de rendre l'hommage, mais d'un droit actif de l'exiger, et que c'est dans la personne de l'église à qui cet hommage est dû, que la coutume de Poitou examine si un tel hommage emporte juridiction ou quelqu'autre devoir.

3.º Il faut enfin que cet hommage soit donné en franche-aumône; car si l'église l'avoit acheté, elle seroit dans le droit commun des autres seigneurs de fief, qui, par cette seule qualité, ont droit de justice sur tout ce qui est dans leur mouvance, et qui peuvent, outre cela, exiger de leurs vassaux les droits et les devoirs qui sont etablis par la coutume.

Par ces trois caractères, il est évident que l'espèce d'hommage de dévotion marqué par l'article 108 de la coutume de Poitou, est celle d'un seigneur qui,

possédant un franc-aleu noble, en rend hommage à
l'église par le mouvement libre et volontaire d'une
dévotion toute gratuite, ou même d'un seigneur de
fief qui, avec le consentement des seigneurs supérieurs, met son fief sous la protection et sous l'hommage de l'église : cette espèce singulière de fief que
l'église acquiert par l'oblation religieuse de ce seigneur, n'emporte aucun droit de fief ni de juridiction, ni aucun autre devoir, et la raison en est
évidente ; comme c'est l'église qui reçoit tout en ce
cas, et qu'elle ne donne rien, on ne peut pas présumer, comme on le fait à l'égard des autres seigneurs de fief, qu'elle se soit réservé la juridiction
ou quelqu'autre devoir dans l'inféodation de ce fief
de dévotion, puisqu'elle ne l'a jamais inféodé, et
qu'elle n'y a point d'autre droit que celui que la piété
du seigneur lui donne. Ainsi, rien n'est plus juste que
cette décision générale de la coutume de Poitou ; que
l'hommage de dévotion *n'emporte fief, ne juridiction, ne autre devoir;* d'où l'on peut conclure que
lorsqu'il s'agit d'un hommage dû à l'église, c'est
une grande présomption que cet hommage n'est
qu'un simple hommage de dévotion, lorsque l'on
voit qu'il n'est chargé d'aucun devoir, non pas même
de la prestation du serment de fidélité.

Telle est la nature du fief de Bourdeilles. Et
quoique le procureur-général croie avoir pleinement
montré, soit par cette circonstance, soit par toutes
celles qu'il a relevées dans sa première requête, et
qui demeurent sans aucune réplique vraisemblable,
qu'on ne pouvoit pas douter que l'hommage du château de Bourdeilles ne fût un véritable hommage
de dévotion, il ne peut néanmoins se dispenser, en
finissant ce qui regarde cette question, d'ajouter ici
un exemple célèbre d'un hommage de cette nature,
qui répandra une nouvelle lumière et un plus grand
jour sur cette matière, que sa singularité rend digne
d'être approfondie le plus exactement qu'il est possible dans le petit nombre d'exemples qui en restent.

Celui que le procureur-général croit devoir ajouter

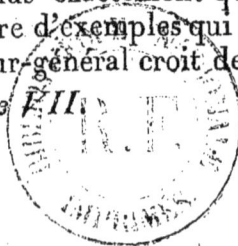

D'Aguesseau. Tome VIII. 7

aux premiers qu'il a déjà proposés, est l'exemple de l'hommage du comté de Bigorre, prétendu par l'église de Notre-Dame du Puy.

Sans répéter ici la narration fabuleuse qui se trouve dans un vieux parchemin du trésor de Pau, intitulé *Les fors de Bigorre*, sur l'origine de cet hommage, origine que le sieur de Marca a suffisamment réfutée dans son Histoire de Béarn, liv. 9, chap. 4, pag. 808 et suivantes, il est certain que l'on trouve dans le cartulaire de Bigorre une charte que cet auteur rapporte toute entière à la fin du même chapitre, où l'on voit qu'en l'année 1062, Bernard, comte de Bigorre, étant venu dans l'église du Puy, et ayant fait assembler les chanoines de cette église, déclara qu'il dévouoit sa personne et son comté de Bigorre à l'église du Puy, consacrée à l'honneur de la sainte vierge, afin que, comme reine du ciel et maîtresse du monde, consolatrice des malheureux et asile des pécheurs, elle le protégeât, le défendît et le fortifiât, aussi bien que tout ce qui lui étoit soumis, à condition que lui et toute sa postérité paieroient tous les ans à l'église du Puy, une rente de soixante sous comme un cens perpétuel. *Dominicæ ergò incarnationis MLXII anno, Petro episcopo Anicensi ecclesiæ præsidente, ego Bernardus, Bigorrensis comes egregius, adveni prædictam ecclesiam..... convocatis canonicis, commisi me eorum orationibus assiduis, ac devovi me et omnem comitatum Anicensi ecclesiæ, sub honore sanctæ et intemeratæ virginis Mariæ consecratæ, quatenùs regina cœli et mundi domina, solamen miserorum et peccatorum venia, protegat, defendat et muniat me famulum suum, nec non et omnia mihi subdita, eâ scilicet lege ac perpetuo tenore, ut quandiù mihi vitam concesserit omnipotens Deus, LX solidos pro salute ac tuitione meâ offeram Anicensi ecclesiæ; nec solùm ego, sed et omnis posteritas mea hunc servet tenorem, et quasi debitum censum præscriptos LX solidos offerat, in perpetuam meî commemorationem.*

Le sieur de Marca observe avec raison sur ce titre, *que cette sujétion* du comte de Bigorre *n'étoit point de vasselage, mais une fondation de religion et de dévotion, afin d'obtenir, par cette offrande, les suffrages et l'assistance de la vierge,* comme parle le comte Bernard, « d'autant plus que ce comte ne » pouvoit frustrer son seigneur de fief du devoir » auquel il lui étoit obligé : de fait, son successeur » immédiat, le comte Centule, et les autres comtes » de Bigorre, ont fait l'hommage de ce comté au » roi d'Aragon, sans préjudicier à la souveraineté de » France. » Ce sont les paroles du sieur de Marca, qui parle encore plus au long dans le chapitre 5 du même livre, de l'hommage rendu au roi d'Aragon par Centule I.er, et dans le chapitre 7 de l'hommage rendu par Centule II au même roi, qui conserva paisiblement la possession de cet hommage jusqu'en l'année 1192.

Cependant, à la faveur de l'acte de 1062, l'église du Puy prétendit dans la suite que la seigneurie directe du comté de Bigorre lui appartenoit; et à l'occasion des différends qui s'allumèrent entre Esquinat de Chabannes et Gaston de Béarn sur la propriété du comté de Bigorre, Esquinat ayant voulu acheter la protection du roi d'Angleterre, chercha à colorer son droit par la cession de celui de l'église du Puy; et ce prince fit expédier des lettres-patentes le 15 juin de l'année 1254, par lesquelles il déclara, qu'*Esquinat de Chabannes avoit reçu de lui le comté de Bigorre, pour le tenir de lui et de ses successeurs à perpétuité, et que, du consentement exprès de l'évêque et du chapitre du Puy, ci-devant seigneurs directs dudit Esquinat et des prédécesseurs comtes de Bigorre, qui ont cédé au roi d'Angleterre la seigneurie qu'ils avoient sur ledit comté, ledit Esquinat lui avoit fait l'hommage lige d'icelui pour soi et ses hoirs; après quoi il promit de n'exiger d'Esquinat et de ses successeurs, autres coutumes ni services que ceux que ses prédécesseurs avoient accoutumé de rendre à l'église du Puy, sauf toutefois*

7 *

à nous et nos héritiers l'hommage dudit Esquinat et desdits hoirs dudit comté.

Ces lettres-patentes sont le premier titre par lequel on voit que l'église du Puy avoit voulu convertir une soumission de piété et de religion, et une rente de fondation annuelle, en une véritable seigneurie et supériorité directe. Mais, comme le sieur de Marca l'a très-judicieusement remarqué, cette église ne portoit pas encore apparemment sa prétention jusqu'à exiger l'hommage des comtes de Bigorre, puisque le roi d'Angleterre promet, d'un côté, de ne point exiger de ces comtes de plus grands devoirs que l'église du Puy n'en exigeoit auparavant, et que, de l'autre, il excepte de cette promesse l'hommage qu'il exigera du comte de Bigorre; ce qui suppose que cet hommage n'étoit pas compris au nombre des devoirs que le comte de Bigorre rendoit à l'église du Puy.

Mais, comme il est rare que l'usurpation s'arrête où elle a commencé, l'église du Puy prétendit bientôt après, non-seulement la seigneurie directe, mais l'hommage du comté de Bigorre; et cette entreprise fut favorisée par Thibault, roi de Navarre, comme le remarque le sieur de Marca au chap. 14. du même livre, n.° 3.

Ce prince, qui s'étoit fait céder par Simon de Montfort tout le droit que ce seigneur avoit sur le comté de Bigorre, aima mieux, suivant toutes les apparences, avoir l'évêque du Puy pour seigneur, que de reconnoître le roi d'Angleterre : il offrit de rendre hommage à l'église du Puy. L'évêque et son chapitre déclarèrent par un acte de 1267, « qu'ils » recevroient cet hommage, quand il seroit dit que » le château de Lourde et le comté de Bigorre re- » levoient et étoient tenus en fief de leur église. »

On ne sait si le roi de Navarre fit insérer cette clause dans son hommage. Mais, quoiqu'il en soit, l'évêque et le chapitre de l'église du Puy, se plaignirent quelque temps après, « de ce que le roi » d'Angleterre les avoit spoliés injustement de la » possession de l'hommage du comté de Bigorre,

» recevant à hommage dudit comté Esquinat de
» Chabannes, qui avoit occupé par violence la pos-
» session dudit comté après le décès de Simon de
» Montfort, comte de Bigorre. »

C'est ainsi que les plaintes de l'église du Puy sont
expliquées dans un ancien arrêt qui fut rendu entre le
roi d'Angleterre et cette église en l'année 1290.

Le roi d'Angleterre répondoit de son côté, « qu'il
» n'avoit point spolié ni dessaisi les demandeurs ;
» qu'il avoit acquis la possession de l'hommage du
» comté de Bigorre et du château de Lourde, de
» Bernard, évêque, du doyen et du chapitre du
» Puy, de sorte que c'étoit de leur gré et consen-
» tement, qu'il possédoit tous les droits qu'il avoit sur
» le comté de Bigorre. »

L'arrêt que le parlement rendit sur cette contestation, porte, « que le roi d'Angleterre avoit injus-
» tement spolié l'évêque, doyen et chapitre du Puy,
» de la possession de l'hommage du comté de Bigorre,
» et qu'il étoit obligé à la restitution de la possession
» de l'hommage dudit comté, réservant au roi la
» question de la propriété. »

Le sieur de Marca relève avec raison les erreurs de
fait et les surprises sur lesquels cet arrêt fut obtenu
par l'église du Puy.

Deux ans après, le parlement en rendit un second,
qui ordonna le séquestre du comté de Bigorre entre
les mains du roi ; séquestre qui a duré plus de six-
vingts ans.

Le comte de Foix, comme procureur de Cons-
tance, vicomtesse de Marsan, qui prétendoit que la
propriété de ce comté lui appartenoit, se présenta
devant le chapitre de l'église du Puy, le 10 juin 1295,
pour exécuter l'arrêt de provision que cette église du
Puy avoit obtenu en 1290, et demander la possession
du comté de Bigorre, offrant de lui prêter serment
de fidélité, et de faire tous les services qui en pouvoient être dûs.

Mais la reine Jeanne de Navarre, femme du roi
Philippe le bel, alors régnant, qui soutenoit, comme

héritière de Thibault, roi de Navarre, qu'elle étoit seule propriétaire du comté de Bigorre, s'y opposa par ses procureurs.

Le chapitre incertain et embarrassé sur la décision d'une affaire de cette conséquence, remit le comte de Foix au lendemain de l'octave de la Toussaint

Mais dans la même année, il reçut l'hommage de la reine, et ce furent Gilles, archevêque de Narbonne, et Pierre Flotte, chevalier, qui rendirent cet hommage pour elle, par un acte qui est au trésor des chartes, et dont le procureur-général a eu occasion de parler dans la première partie de sa première requête.

Enfin, en l'année 1307, l'évêque du Puy et son chapitre, transportèrent au roi *tout le droit, tant féodal qu'autre, qu'ils avoient sur le comté de Bigorre, comme ne leur étant d'aucun profit, mais seulement honorable.* Le roi leur donna *trois cents livres de rente en récompense de ce droit :* et le sieur de Marca, qui rapporte aussi ce fait, chap. 15 du même livre, n.º 5, observe avec raison, dans le nombre suivant, que le roi avoit un titre meilleur et plus simple pour réunir cet hommage à son domaine, puisque le roi d'Aragon, auquel l'hommage du comté de Bigorre appartenoit véritablement, avoit cédé au roi saint-Louis, par un traité de l'an 1258, *tous les hommages qui lui étoient dûs en Provence, Languedoc, et généralement en toutes les provinces assises deçà les monts.*

Ainsi, cet exemple fait voir, comme plusieurs autres, que les intérêts du roi ont été souvent très-mal défendus, et que par conséquent on ne peut pas tirer beaucoup d'avantage de ce qui s'est passé contre les droits de la couronne dans des siècles d'ignorance, où souvent l'on ne connoissoit pas même les principes les plus communs aujourd'hui, et où l'on savoit encore moins en faire usage.

Mais, sans pousser plus loin cette disposition, il faut à présent revenir sur ses pas, pour examiner toutes les conséquences que l'on peut tirer de l'exemple du comté de Bigorre, par rapport à l'hommage de dévotion du château de Bourdeilles, dont il s'agit dans cette affaire.

On voit dans cet exemple quatre choses également remarquables.

La première est que ces sortes d'hommages n'ont été dans leur principe que des actes de piété et de religion, par lesquels des seigneurs se sont *dévoués* avec leurs fiefs au service d'une église, ou plutôt du saint sous l'invocation duquel l'église étoit consacrée, et qu'ainsi ce n'a été qu'abusivement, et par une expression très-impropre, qu'on a appliqué l'idée d'une concession féodale à une oblation de fief qui n'en avoit nullement le caractère.

2.° Que cette oblation ne pouvoit faire aucun préjudice aux droits du véritable seigneur de fief, suivant la solide réflexion du sieur de Marca ; et qu'en effet, la consécration que le comte de Bigorre fit de son fief à l'église de Notre-Dame du Puy, n'empêcha pas que ses successeurs ne continuassent de rendre hommage du comté de Bigorre au roi d'Aragon, de qui ce comté relevoit avant l'acte de 1062 : qu'ainsi, quand même Bernard de Bigorre se seroit engagé à rendre un véritable hommage à Notre-Dame du Puy, il n'auroit pas été dispensé par là de la fidélité qu'il devoit au roi d'Aragon ; il auroit eu seulement deux seigneurs au lieu d'un ; un seigneur nécessaire dans la personne du roi d'Aragon ; un seigneur volontaire dans l'église du Puy : un seigneur par voie de concession, qui étoit celui dont il avoit reçu son fief ; un seigneur à titre de dévotion, qui étoit celui à qui il avoit offert ce même fief.

3.° Qu'à mesure que l'on s'est éloigné de l'origine, les églises auxquelles les fiefs avoient été offerts par un effet de la piété des seigneurs, ont voulu convertir en une véritable et parfaite sujétion féodale, ce qui n'étoit qu'une soumission de religion, et tout au plus un hommage de dévotion : que comme ces sortes d'hommages étoient moins onéreux aux vassaux que les autres, et qu'en reconnoissant un saint pour seigneur; ils avoient l'avantage de ne relever en effet de personne, ils ont souvent connivé à l'entreprise des églises, comme on a vu que la reine Jeanne le fit dans l'exemple du comté de Bigorre; et qu'enfin, dans un temps où toutes les affaires se jugeoient presque par la possession, deux ou trois hommages, rendus de concert, couvroient le vice de l'origine, et devenoient un titre que la faveur de la religion consacroit. C'est ainsi que l'église du Puy obtint apparemment l'arrêt provisoire qui fut rendu en sa faveur, pour l'hommage du comté de Bigorre, et que, par une suite de la même surprise, elle céda au roi Philippe le bel son droit sur cet hommage, comme si ç'eût été un droit bien réel et bien légitime.

4.° Que cet hommage n'étoit accompagné d'aucune utilité, comme la cession dont on vient de parler le porte expressément; et par conséquent, qu'il n'étoit dû aucuns droits seigneuriaux à l'église du Puy, qui ne regardoit cet hommage que comme un droit purement honorable : car, on ne regardera pas, sans doute, la redevance de soixante sous, sur un fief aussi considérable que le comté de Bigorre, comme une redevance qui puisse passer pour une prestation véritablement utile; et il est visible que ce n'étoit qu'une espèce de *cens*, établi seulement comme un signe de supériorité de l'église du Puy sur ce comté.

Ces quatre observations ont une application naturelle à l'hommage du château de Bourdeilles, dès le moment qu'on le regarde comme un simple hommage de dévotion, dont il porte en effet tous les caractères.

Car, premièrement, il suit de la première observation, que cet hommage n'a été dans son origine qu'un acte de piété et de religion, qui a consisté dans l'oblation volontaire qu'un seigneur de Bourdeilles a faite de son château et de son bourg à saint

Sicaire, qu'on honoroit avec une dévotion singulière dans l'église de Brantôme.

Secondement, il résulte de la seconde observation, que cette oblation n'a pu faire aucun préjudice aux droits du véritable seigneur féodal, et que, suivant l'exemple des comtes de Bigorre, les sieurs de Bourdeilles étoient tenus, malgré l'engagement qu'ils avoient contracté avec l'abbé de Brantôme, comme représentant saint Sicaire, de reconnoître toujours leur ancien seigneur ; que c'est par là qu'il faut concilier les différens hommages qui se trouvent dans cette affaire, les uns rendus au duc de Guyenne ou au roi, les autres à l'abbé de Brantôme : que ces hommages, contraires en apparence, ne le sont point en effet, puisque les derniers ne sont que de simples actes d'une soumission pieuse, ou, si l'on peut parler ainsi, d'une dévotion féodale, qui ne consiste que dans une cérémonie presque ecclésiastique, sans serment de fidélité, sans obligation de payer aucuns droits utiles ; au lieu que les premiers sont de véritables titres de vassalité, des hommages revêtus de toutes les formalités qui caractérisent ces sortes d'actes, accompagnés du serment de fidélité, et sujets à tous les devoirs et droits ordinaires des fiefs.

Suivant ce dénoûment, tiré de la différence entière de ces hommages, et pleinement éclairci par l'exemple du comté de Bigorre, le roi peut gagner sa cause, sans que l'abbé perde la sienne, puisque, pourvu que la véritable dépendance féodale soit conservée au roi, il n'enviera point à l'abbé de Brantôme la satisfaction de recevoir, au nom de saint Sicaire, un hommage plus religieux que féodal.

Une troisième conséquence qui résulte de la troisième observation, est que, quand on est une fois bien convaincu qu'il ne s'agit que d'un hommage de dévotion rendu par un seigneur particulier à une église, on ne doit plus être effrayé de toutes les expressions générales qui, séparées des véritables titres, pourroient faire croire qu'il s'agit d'un hommage ordinaire, et d'un fief réglé par le droit commun. Il n'est pas nécessaire de répéter dans chaque acte la nature singulière d'un fief, et ces sortes d'énonciations générales doivent toujours être expliquées et déterminées par les hommages ou par les aveux, dans lesquels on est attentif à caractériser exactement la véritable nature du fief : ainsi, ou ces énonciations générales sont faites de bonne foi, et alors on les expliquera toujours de part et d'autre par les hommages ou par les aveux; ou au contraire, elles ont été employées dans un dessein d'entreprise et d'usurpation, et alors elles trouvent toujours leur réponse dans la nature de l'hommage que l'on veut étendre au-delà de ses véritables bornes. Il suffit qu'il paroisse que ce soit un hommage de dévotion rendu par un seigneur particulier, pour en conclure qu'il n'a pu faire tort à son premier seigneur par l'oblation religieuse de son fief à une église ou à un saint; ce seul titre réclame toujours contre toutes les suites de cette entreprise, et la rend impuissante contre les droits du véritable seigneur.

Qui n'auroit cru, par exemple, à entendre l'église du Puy se plaindre de la violence du roi d'Angleterre, qui l'avoit, disoit-elle, injustement dépouillée de la possession de l'hommage du comté de Bigorre, que ce fief étoit un fief ordinaire qui dépendoit de l'église du Puy ? Mais si le roi d'Angleterre, au lieu de se défendre par une cession nulle et irrégulière, qu'il avoit surprise de l'évêque de cette église, avoit fait voir que la dépendance dans laquelle le comte de Bigorre s'étoit mis par rapport à l'église du Puy, n'étoit qu'une sujétion de piété et de religion, qui ne pouvoit produire qu'un hommage de dévotion; ou plutôt, si le roi d'Aragon, qui étoit le véritable seigneur dominant du comté de Bigorre, ou le roi qui exerçoit les droits de ce prince, eût fait voir clairement la qualité de l'engagement qui s'étoit formé entre le comte de Bigorre et l'église du Puy, y auroit-il eu aucun juge qui eût pu faire prévaloir cet engagement aux droits du véritable seigneur.

Il est donc aisé d'appliquer cet exemple à l'abbaye de Brantôme.

Cette abbaye, sur des preuves apparemment testi-moniales, a obtenu, non comme l'église du Puy avec un mauvais contradicteur, mais sans aucun contra-dicteur légitime, un arrêt qui juge que le château de Bourdeilles est *de son fief,* mais qui n'explique point de quelle nature est ce fief. Si l'on s'arrêtoit à cette expression générale, on pourroit juger que le château de Bourdeilles étoit un fief ordinaire qui étoit dans la mouvance de l'abbaye de Brantôme, comme il n'y a personne qui n'eût porté d'abord un pareil jugement sur le comté de Bigorre, en faveur de l'église du Puy, à la première lecture de l'arrêt de 1290, détaché de tous les autres titres.

Mais, lorsque l'on examine les hommages rapportés par l'abbé de Brantôme, et que l'on découvre clai-rement par ces hommages, que le fief dont il s'agit n'est qu'un véritable *fief de dévotion ,* on restreint aisément l'expression générale qui se trouve dans l'arrêt de 1279; on limite naturellement cette expres-sion par les titres qui expriment en détail la nature du fief : et comme la constitution singulière de ce fief ne peut nuire aux droits du véritable seigneur, on conclut nécessairement que l'arrêt de 1279 n'a pu lui faire aucun préjudice; de la même manière que ceux qui auroient examiné les titres qui prou-voient que le comté de Bigorre ne s'étoit jamais sou-mis, et n'avoit pu se soumettre à l'église du Puy que par un acte de piété et de dévotion, auroient jugé infailliblement que l'expression générale d'un hommage dû à l'église du Puy, insérée dans l'arrêt de 1290, ne pouvoit nuire aux droits du véritable seigneur dominant du comté de Bigorre.

Enfin, la quatrième conséquence que l'on doit tirer de cet exemple, est la confirmation de cette maxime que le procureur-général a cru devoir établir avec beaucoup de soin, c'est-à-dire qu'un des principaux caractères des fiefs de dévotion, est d'être exempts de tous droits utiles, et de ne consister que dans le mouvement libre et volontaire d'une dévotion gratuite de la part du vassal, et qui est reçue aussi gratuitement de la part du seigneur : comme ce caractère se trouve aussi dans le fief du château de Bourdeilles, on ne peut douter qu'on n'en doive tirer les mêmes conséquences dans cette affaire, qu'on en auroit tirées à l'égard du comté de Bigorre, si la cause du roi avoit été bien défendue contre l'église du Puy.

Le procureur-général croyoit n'avoir plus rien à dire sur cette matière, qui sembloit épuisée par les observations anciennes et nouvelles qu'il a faites sur les hommages de dévotion ; mais comme il étoit sur le point de mettre la dernière main à cette requête, un procès sur lequel il a été obligé de prendre des conclusions, lui a fait découvrir un nouvel exemple d'un hommage de dévotion qui confirme entièrement une partie des principes qu'il a tâché d'établir.

Cet exemple est tiré de la nature singulière d'une dîme inféodée qui est dans le duché d'Albret, et qui s'appelle la dîme de saint Martin de Seignaux.

Dans un procès pendant en la cour, entre le propriétaire de ce fief et le sieur duc de Bouillon, comme duc d'Albret, le vassal qui vouloit se soustraire, s'il étoit possible, à la mouvance du duc d'Albret, pour ne rendre qu'un hommage de dévotion à l'évêque d'Acqs, a rapporté plusieurs titres par lesquels il paroît que les propriétaires de cette dîme sont en possession d'en rendre hommage aux évêques d'Acqs, dans le temps du joyeux avénement de ces prélats, et de leur offrir un taureau, pour reconnoître l'obéissance qu'ils leur doivent.

D'un autre côté, le duc d'Albret établit aussi sa mouvance d'une manière inconstestable ; et ce qu'il est très-important de remarquer, par rapport à l'induction que le procureur-général doit tirer ici de cet exemple, est que dans un aveu produit par le sieur duc de Boullon, on trouve deux hommages exprimés, et qu'en même temps que le propriétaire du fief y déclare qu'il tient cette dîme en foi et hommage du duc d'Albret, il marque aussi qu'il en rend hommage à l'évêque d'Acqs.

Il n'y a point d'autre moyen de concilier cette contrariété d'hommages, qu'en regardant l'un comme un simple hommage de dévotion, et l'autre comme un hommage ordinaire ; et ce dénoûment est si certain, que l'évêque d'Acqs, dont le propriétaire de ce fief a réclamé vainement le secours, a été obligé de déclarer qu'il ne prétendoit point contester la mouvance du duc d'Albret, et qu'il se contentoit de l'oblation en forme d'hommage, qui doit être faite aux évêques d'Acqs, suivant leurs titres et leur possession.

Ainsi, il résulte de cet exemple : 1.º Qu'il est fort possible qu'il soit dû deux hommages à deux seigneurs différens pour le même fief ; un hommage ordinaire au seigneur qui a fait la concession du fief par libéralité ; un hommage de dévotion à l'église à laquelle le propriétaire du fief l'a offert par piété : et c'est ainsi, que le seigneur de la dîme de saint Martin de Seignaux doit un hommage ordinaire au duc d'Albret, et un hommage de dévotion à l'évêque d'Acqs.

2.º Qu'il faut peu s'arrêter en pareille matière aux expressions communes d'hommage, de devoirs, d'obéissance ; que toutes ces expressions doivent être rectifiées par la nature du fief, et réduites par là à leur juste valeur : en effet, si l'on ne croyoit que les titres qui ont été produits pour prouver que cette dîme relevoit de l'évêché d'Acqs, qui pourroit s'empêcher de croire que ce fief étoit chargé d'un hommage ordinaire envers cet évêché ? On y lit en plusieurs endroits les mots d'*homagium*, de *deverium*, d'*obedientia*. Il est clair cependant que tous ces termes ne s'entendent que d'un simple hommage de dévotion, qui ne préjudicie point aux droits du véritable seigneur féodal ; ainsi, on peut conclure de cet exemple, que toutes les fois qu'on trouve deux hommages rendus à des seigneurs différens pour un

même fief, dont l'un a toutes les marques d'un hommage de dévotion, et l'autre tous les caractères d'un
hommage ordinaire, bien loin de vouloir détruire un
de ces hommages par l'autre, la règle est de les
faire subsister tous deux, en les renfermant chacun
dans leurs véritables bornes, et en rendant par là
à Dieu ce qui est dû à Dieu, et à César ce qui appartient à César.

L'application de cet exemple et des conséquences
qu'on doit en tirer, est si facile et si convenable à
la mouvance de la baronnie de Bourdeilles, que le
procureur-général croit pouvoir se dispenser de la
faire.

Au reste, il ne faut pas que ce qui est dit dans
cet exemple de la prestation d'un taureau, dont la
dîme inféodée de saint Martin de Seignaux est
chargée, paroisse contraire à ce que le procureur-
général a établi, qu'un des caractères qui distinguent
les fiefs de dévotion des fiefs ordinaires, est que ces
sortes de fiefs sont plus d'honneur que de profit,
et ne sont point chargés pour l'ordinaire de droits
utiles.

La redevance d'un taureau n'a rien de commun
avec les profits ordinaires de fief; ce n'est qu'une
simple reconnoissance, un don peu considérable,
une offrande plutôt qu'un relief, qui n'a rien, ni
de contraire à la gratuité de ces sortes d'hommages,
ni de conforme à l'utilité des autres fiefs.

Les principes établis par le procureur-général
subsistent donc en leur entier, chaque exemple y
ajoute un nouveau degré d'évidence et de certitude;
ainsi, soit que l'on considère la foiblesse des objections de l'abbé de Brantôme sur ce point, soit que
l'on envisage les nouvelles observations que le procureur-général vient de faire, il ne reste plus aucun
lieu de douter que l'hommage prétendu par cet abbé,
n'est qu'un simple hommage de dévotion, qui, par
conséquent, n'est ni incompatible avec celui qui est
dû au roi, ni capable de l'emporter sur ses droits.

Il reste maintenant à examiner les objections que l'abbé de Brantôme a faites de nouveau sur l'étendue du fief de Bourdeilles, objections qui ne paroissent pas plus solides que celles qu'il a faites sur la nature de ce fief.

SECONDE QUESTION.

Quelle est l'étendue du fief dont la mouvance est prétendue par l'abbé de Brantôme, et s'il comprend toute la châtellenie de Bourdeilles, ou seulement le château et la moitié du bourg qui porte ce nom ?

Quoique le procureur-général croie avoir pleinement prouvé dans sa première requête, que, suivant les titres mêmes de l'abbé de Brantôme, il n'y a que le château et la moitié du bourg de Bourdeilles que cet abbé puisse prétendre être dans sa mouvance ; cependant, avant que de répondre aux objections par lesquelles on a voulu combattre cette vérité, le procureur-général du roi, à qui ces objections ont donné lieu de faire des réflexions encore plus profondes sur cette affaire, croit devoir joindre à tout ce qu'il a dit dans sa première requête sur cette seconde question, quatre nouvelles observations qui y donneront une plus grande force, et qui rendront les réponses qu'il fera ensuite aux objections de l'abbé de Brantôme, plus sensibles et plus lumineuses.

Première observation. Quoique le terme de *castrum* ait été pris souvent dans plusieurs actes pour toute la châtellenie, cependant il faut convenir que cette signification est impropre et abusive en quelque manière, et que le sens propre et littéral de ce terme ne renferme que le château.

Le procureur-général n'avoit pas cru qu'il fût besoin de confirmer cette vérité dans sa première requête; mais comme il semble que l'abbé de Brantôme veuille supposer perpétuellement que les termes de *castrum* et de *castellania* sont synonymes, il ne sera pas inutile de le renvoyer sur ce sujet, aux glossaires, et autres auteurs qui ont expliqué la véritable signification de ce mot.

S'il consulte le savant glossaire du sieur Ducange, il y verra que le mot de *castrum* ou de *castellum*, n'a point d'autre signification naturelle que celle de maison ou de ville forte, en un mot, de forteresse.

Castrum, dit Ugutio, cité dans cet endroit par le sieur Ducange, *est quod in loco altè sito situm est, quasi casa alta, undè castellum*.

Par un autre passage tiré d'Ordericus Vitalis, le sieur Ducange fait voir que le terme de fortification et celui de *castellum* étoient synonymes en France, *munitiones quas castella Galli nuncupant*.

La glose de l'ancienne coutume de Normandie, sur le chap. 33 de cette coutume, confond ces mots, comme ne signifiant tous qu'une même chose, *tour, chastel ou forte maison bataillère*.

Et c'est de là que Ragueau, a pris la définition qu'il donne du terme de *castellum*, *castellum significat vicum, pagum, sed et propugnaculum, præsidii causâ, ad propulsandos hostium incursiones et impetus, et appellatur* fort, forteresse.

Telle est la véritable et propre signification de ce terme, comme il seroit facile de le faire voir par beaucoup d'autres autorités, si l'abbé de Brantôme vouloit insister à soutenir que le mot de *castrum* renferme toujours dans sa signification toute l'étendue de la châtellenie; mais on espère qu'il ne réduira pas la contestation à une question dont le dénoûment lui seroit si peu avantageux, et qu'il conviendra de bonne foi que le terme de *castrum* a deux significations:

L'une ancienne, primitive et propre, dans laquelle il ne signifie que fort, forteresse, maison, ou place forte;

L'autre nouvelle, ajoutée, impropre, dans laquelle on prend le mot de *castrum* pour toute la châtellenie, comme dénommée par sa plus noble partie, suivant la remarque de M.ᵉ Charles Dumoulin.

Or, comme tout terme qui a deux significations est équivoque, et que par conséquent on ne peut en déterminer le sens par le terme même, on doit tirer deux conséquences également solides de cette première observation .

L'une, que toutes les fois qu'on ne trouve dans un acte qu'une expression équivoque, sans aucune circonstance qui puisse en déterminer le sens, il faut nécessairement avoir recours aux autres actes, si l'on peut en trouver de passés entre les mêmes parties, pour savoir dans quel sens elles ont entendu cette expression;

La seconde, que si ces actes mêmes étoient aussi obscurs que le premier, ensorte qu'on n'y trouvât rien qui pût fixer le sens incertain du terme équivoque dont on cherche l'explication, il faudroit en ce cas s'arrêter à la signification propre, naturelle et primitive de ce terme, surtout lorsqu'il s'agit de s'expliquer contre une partie qui a l'avantage d'être fondée en droit commun et présomption générale.

Ainsi, pour appliquer ces principes à la question présente, il n'y a qu'à considérer les propositions suivantes, dont on ne croit pas qu'il y en ait aucune qui puisse être raisonnablement contestée.

Le terme de *castrum*, considéré en lui-même, est certainement une expression équivoque.

On ne trouve rien dans l'arrêt de 1279, où cette expression est employée, qui puisse en fixer le sens véritable; elle y est seule, sans addition et sans aucune autre circonstance qui puisse déterminer si elle ne signifie que le château, ou si elle comprend même la châtellenie.

Il faut donc avoir recours aux autres titres que les parties produisent, pour y trouver le sens incertain et douteux qui est caché sous cette expression.

Et si ces titres ne répandent aucune nouvelle
lumière sur l'obscurité de ce terme, il faudra préférer la signification ancienne et naturelle à la signification nouvelle et ajoutée; ce qui sera d'autant
plus juste, que le roi, auquel on oppose cette objection, est fondé en droit commun, et que la présomption étant toujours pour lui en matière de mouvance,
c'est au seigneur particulier qui combat cette présomption, à prouver clairement que les termes de
ses titres doivent être entendus dans une signification plus étendue que celle qu'ils ont naturellement.

Seconde observation. Notre langue, ennemie de
l'équivoque, et peu accoutumée à ces expressions figu-
rées de la langue latine, dans lesquelles la partie se
prend souvent pour le tout, vient ici heureusement
au secours de l'interprétation que le procureur-général a donnée aux titres de l'abbé de Brantôme.

Si le terme de *castrum* est équivoque en latin, et
s'il peut quelquefois se prendre pour l'universalité
du territoire, on ne dira pas qu'il en soit de même
en français, et que le mot château, employé seul et
sans aucune addition qui en étende le sens, signifie
la même chose que celui de *châtellenie.*

Ainsi, si l'on trouve que dans un des titres de
l'abbé de Brantôme, le terme de château ait été employé pour rendre en français le terme de *castrum*
employé en latin dans les autres, c'est une grande
preuve que dans ces titres le terme de *castrum* n'a
pas plus de force ni d'étendue en latin, que celui de
château en français; car, comment pourroit-on soutenir que, lorsque les parties se sont exprimées en
latin, elles ont voulu dire que toute la châtellenie
étoit mouvante de l'abbé de Brantôme, et que, quand
elles ont parlé en français, elles ont réduit la mouvance prétendue par cet abbé, au château, en se
servant d'un terme qui n'a point d'autre signification
en français? Et n'est-il pas visible, au contraire,
que si, par le terme *castrum,* dont elles se sont servies

en latin, elles avoient entendu la châtellenie entière, elles n'auroient pas manqué, lorsqu'elles ont parlé français, d'ajouter le terme de *châtellenie* à celui de *châtel*, afin que l'expression française eût autant de force que le terme latin.

Cela supposé, il ne reste plus que d'examiner comment l'abbé de Brantôme et le sieur de Bourdeilles se sont expliqués, lorsqu'ils ont parlé dans leur langue naturelle.

La transaction de 1479 contient l'avis des arbitres qui en ont été les médiateurs. Cet avis, qui est comme l'ame et la substance de cet accommodement, a été rédigé en français, et inséré tout entier, en cette langue dans la transaction. Le chef de contestation qui regardoit l'hommage de Bourdeilles y commence par ces mots :

Item et touchant l'hommage des chastel et bourg dudit Bourdeilles.

C'est ainsi qu'on a expliqué en français ce que les hommages de l'abbé de Brantôme expriment par ces mots latins : *castrum de Burdeliâ et burgum dicti loci.*

Il n'y a personne qui, en lisant ces termes en français, tels qu'ils sont dans la transaction de 1479, sans aucune addition qui puisse y donner une plus grande étendue, ne soit d'abord persuadé qu'il n'y avoit que le *château* proprement dit, ou la maison forte, et le *bourg* de Bourdeilles, qui fussent mouvans de l'abbaye de Brantôme.

Cependant c'est certainement le même fief qu'on a voulu désigner par les expressions latines, et par les expressions françaises ; ainsi l'expression latine ne peut plus paroître équivoque ; et ce n'est pas ici la première fois que la clarté du langage français a levé les équivoques, et fixé les sens incertains qui se trouvoient dans le latin.

Troisième observation. Quoique l'abbé de Brantôme puisse citer des exemples d'anciens titres, où le terme de *castrum* a été employé pour signifier toute la seigneurie, on croit néanmoins que lorsque les parties ont eu cette intention, elles l'ont marquée ordinairement en ajoutant ces mots : *cum omnibus pertinentiis suis*, avec ses appartenances et dépendances, ou d'autres équivalens, qui font toujours entendre que le terme de *castrum* n'y est employé que comme le chef-lieu, ou comme la tête de laquelle tout le reste du corps dépend.

C'est ainsi que Philippe-Auguste s'expliqua, lorsqu'il donna le château de Gaillon à celui qui en avoit été jusque-là le gouverneur, ou le châtelain.

Le titre de cette donation, qui est dans le trésor des chartes, et qui se trouve imprimé dans le Glossaire du droit français de M.e Eusèbe de Laurières, page 229, contient ces mots : *damus et concedimus castrum Gallionense cum omnibus pertinentiis, infeodis et domaniis*, etc.

On sait d'ailleurs combien les praticiens et les notaires des siècles dans lesquels les actes produits par l'abbé de Brantôme ont été passés, multiplioient sans nécessité les clauses et les expressions ; il n'en faut point d'autre preuve que la transaction même de 1479, où l'on voit des pages entières qui ne sont remplies que de clauses de style ; et il seroit bien difficile de comprendre comment des notaires, si attentifs à accumuler tant de clauses inutiles, auroient omis d'ajouter les expressions les plus importantes, pour marquer l'étendue que le terme de *castrum* avoit dans les titres de l'abbé de Brantôme.

Le procureur-général ne peut, après cela, que laisser à cet abbé le soin de chercher des titres ou d'inféodation ou de renouvellement de foi et hommage, dans lesquels on n'ait employé que le terme de *castrum*, sans y ajouter *cum omnibus pertinentiis suis*, ou autres termes équivalens, quoiqu'il y fût question de toute la seigneurie, et non pas seulement du château ; mais en attendant que l'abbé de Brantôme ait fait cette découverte, le procureur-général croit pouvoir tirer un grand avantage de ce

que ces termes si ordinaires, et d'un usage si universel dans les titres de cette qualité, ne se trouvent pas
ajoutés au terme de *castrum*, dans aucun des actes
sur lesquels l'abbé de Brantôme fonde sa prétention.

La conséquence de cet argument négatif paroît ici
d'autant plus importante, que ces termes se trouvent
employés à l'égard d'un autre fief possédé par le sieur
de Bourdeilles, et qui étoit aussi dans la mouvance
de l'abbé de Brantôme.

Si l'on parcourt tous les hommages qui sont à la
fin de la transaction de 1479, et qui ont été rendus
en exécution de cet acte, on y trouvera celui du *repaire, hôtel ou manoir noble de Ramefort*, que
François de Bourdeilles avoue tenir de l'abbaye de
Brantôme.

S'il se fût contenté de se servir des termes de *re-
payrium* ou d'*hospitium nobile*, qui y sont d'abord
employés, on auroit pu former sur ces termes la
même question que l'on est obligé d'agiter aujour-
d'hui sur le sens du mot de *castrum*, et soutenir que
les termes de *repaire*, ou de *manoir*, ou d'*hôtel
noble*, n'étant suivis d'aucune addition qui en étende
la signification, doivent être pris dans leur sens
propre et littéral, ensorte que la mouvance prétendue par l'abbé ne s'étende pas au-delà du château.

Mais, parce que non-seulement l'hôtel noble de
Ramefort, mais tout ce qui en dépendoit, étoit mouvant de l'abbaye de Brantôme, on ne s'est pas contenté d'exprimer le manoir ou l'hôtel noble de ce
lieu dans l'hommage que François de Bourdeilles en
a rendu, et on y a ajouté ces mots essentiels : *cum
omnibus et singulis suis juribus, appenditiis et pertinentiis universis, ubicùmque sint et consistant, de qui-
buscumque nominibus nuncupentur seu censeantur.*

Rien ne fait mieux sentir la force de tous les argumens dont le procureur-général s'est servi pour renfermer les prétentions de l'abbé de Brantôme dans
leurs véritables bornes, que l'opposition de ces deux
hommages, c'est-à-dire de l'hommage de Bourdeilles
et de l'hommage de Ramefort.

Ces deux hommages sont rendus par le même vassal, reçus par le même seigneur, passés le même jour, rédigés par les mêmes notaires. Dans l'un et dans l'autre, on place également à la tête de l'acte le château ou le manoir seigneurial, mais avec cette extrême différence, que dans l'hommage de Bourdeilles on n'y ajoute rien de plus, et qu'on y dit simplement que le château et le bourg de Bourdeilles sont mouvans de l'abbaye de Brantôme, sans y faire aucune mention ou des appartenances ou des dépendances de ce château, au lieu que dans l'hommage de Ramefort, après avoir dit que le repaire ou l'hôtel noble de Ramefort est tenu en fief de l'abbé de Brantôme, on y ajoute ces mots : *avec tous ses droits et toutes ses appartenances et dépendances, en quelque lieu qu'elles soient, et sous quelque nom qu'on les connoisse.*

Pourquoi cette addition se trouve-t-elle dans un de ces deux hommages faits le même jour par le même vassal au même seigneur, et ne se trouve-t-elle pas dans l'autre?

Pourquoi le même notaire qui a dressé ces deux actes ne suit-il pas le même style à l'égard de Bourdeilles, qu'à l'égard de Ramefort? si ce n'est parce qu'en effet il n'y avoit dans Bourdeilles que le château et le bourg qui fussent mouvans de l'abbé de Brantôme, au lieu que toute la seigneurie de Ramefort, avec toutes ses appartenances et dépendances, étoit tenue en fief de cet abbé.

Quatrième observation. Une dernière preuve de la vérité de ce fait est qu'on ne rapporte aucun aveu ni dénombrement qui ait jamais été rendu à l'abbé de Brantôme pour le fief de Bourdeilles.

Le procureur-général n'ignore pas que l'on peut répondre à cette observation par le lieu commun de l'injure du temps, du ravage des guerres, de la perte des titres; mais, malgré ces réponses générales, qu'on peut toujours hasarder sans aucun danger, il paroîtra fort extraordinaire à tous ceux qui examineront la chose sans prévention, que, pendant que l'abbé de Brantôme rapporte une sentence de 1294, trois hommages et une transaction, il ne puisse pas trouver le moindre vestige d'un aveu ou d'un dénombrement rendu à quelqu'un de ses prédécesseurs pour la seigneurie de Bourdeilles.

Cependant, si on l'en croit, cette seigneurie étoit fort étendue ; elle comprenoit plusieurs paroisses ; c'étoit, selon quelques-uns de ceux qui en ont parlé, la première baronnie du Périgord.

Comment pourra-t-on concevoir qu'il n'y ait jamais eu de dénombrement rendu pour une terre si considérable, que l'abbé de Brantôme prétend être toute entière dans sa mouvance, et qu'on ne voie pas même, dans aucun des hommages produits par cet abbé, la moindre promesse de fournir un aveu au seigneur suzerain ?

Quel sera donc le véritable dénoûment de cette difficulté ? Il n'est pas difficile de le trouver, après tout ce que le procureur-général a remarqué, dans cette requête et dans la requête précédente, sur la nature et sur l'étendue du fief de Bourdeilles.

C'est que pour un fief qui ne comprenoit qu'un château et la moitié du bourg, il n'étoit pas nécessaire de donner un dénombrement, ou plutôt il auroit été impossible d'en donner de plus étendu que l'hommage même, qui étoit en même temps hommage et dénombrement ; hommage par la soumission que le vassal y rendoit à son seigneur, dénombrement par l'énumération distincte et suffisante des deux seules parties de la terre de Bourdeilles, qui fussent mouvantes de l'abbaye de Brantôme, c'est-à-dire du château et de la moitié du bourg.

Voilà pourquoi jamais les seigneurs de Bourdeilles n'ont pensé à présenter un aveu et dénombrement séparés aux abbés de Brantôme ; jamais les abbés de Brantôme n'ont pressé les seigneurs de Bourdeilles de satisfaire à ce devoir, qui auroit dégénéré en une vaine et inutile formalité, parce que le dénombrement d'un fief de cette qualité auroit été en effet la même chose que l'hommage.

L'abbé de Brantôme dira peut-être, pour répondre à cette observation, que le roi ne rapporte pas non plus d'aveu et de dénombrement de la baronnie de Bourdeilles.

Mais s'il propose cette objection, il ne fera que donner de nouvelles forces à l'argument du procureur-général du roi contre lui.

Si les hommages produits par le sieur abbé de Vauban étoient conçus dans les mêmes termes que ceux qui ont été rendus au roi; s'ils portoient, comme ces derniers hommages, que l'abbé de Brantôme a été reconnu pour les lieux et paroisses de Bourdeilles, de Saint-Julien, de Cressac, de Boulonnois, de Saint-Crespin, de Valeuil et de Paussac, assis en la châtellenie de Bourdeilles, on conviendroit volontiers avec le sieur abbé de Vauban, qu'on ne pourroit tirer aucun avantage contre lui par rapport à l'étendue de sa mouvance, de ce qu'il ne rapporte point de dénombrement; si l'on pouvoit encore, après cela, contester sa mouvance dans le détail de quelques dépendances particulières, elle seroit au moins certaine en général, en ce qu'elle auroit un caractère d'universalité qui feroit présumer que tout ce qui seroit compris dans l'étendue des paroisses énoncées dans de tels hommages, seroit effectivement tenu en fief de l'abbaye de Brantôme. Mais il s'en faut bien que sa cause, à cet égard, soit dans le même état que celle du roi ; on ne trouve aucune idée d'étendue ni d'universalité de territoire dans les titres de l'abbé ; on n'y voit rien que de singulier, de borné, de limité.

Ce n'est point d'un territoire entier, d'une paroisse, d'une châtellenie, qu'on lui rend hommage, c'est d'un château et de la moitié d'un bourg ; ainsi, lorsque, d'un côté, on voit un droit renfermé dans des bornes si étroites par les termes dont on s'est servi pour l'exprimer, et qu'on remarque, de l'autre, que jamais on n'a rendu d'aveu ni de dénombrement

de ce fief, on comprend aisément que ce défaut vient
de l'inutilité d'un tel acte, qui n'auroit rien ajouté
à l'hommage; au lieu que, quand on lit dans les titres
du roi qu'il a été reconnu pour des corps entiers de
paroisses, pour une universalité de territoire et de
seigneurie, l'argument qu'on peut tirer du défaut
d'aveu et de dénombrement, n'est d'aucune considération, parce que les hommages suffisent pour
prouver le droit universel, et que, par conséquent,
on ne peut plus regretter le défaut de dénombrement
que par rapport au détail de ce qui étoit compris
dans ce droit.

Il y a donc, en un mot, cette extrême différence
entre les titres de l'abbé de Brantôme et ceux du
roi, que, par ceux de l'abbé, il ne peut avoir qu'un
droit singulier, restreint et circonscrit, pendant que
le roi, par ses titres, a un droit universel, général
et indéfini; ainsi le défaut de dénombrement, qui
achève de prouver combien le droit de l'abbé étoit
limité, ne peut nuire au droit du roi, dont l'universalité est suffisamment prouvée par les titres qu'il
rapporte.

Telles sont les nouvelles observations que le procureur-général a cru devoir joindre aux anciennes,
avant que de répondre aux objections de l'abbé de
Brantôme : il est temps maintenant d'entrer dans
l'examen de ces objections, et les observations que
l'on vient de faire en rendront la réfutation beaucoup
plus facile.

On ne répondra point à une objection générale
que le sieur abbé de Vauban a faite en plusieurs
endroits de ses écritures, soit par rapport à la nature, soit par rapport à l'étendue du fief dont les
sieurs de Bourdeilles ont rendu hommage à l'abbaye
de Brantôme; il tire toujours cette objection de l'arrêt
de 1279, qui juge que le château de Bourdeilles,
castrum de Burdeliâ, est mouvant de cette abbaye,
d'où il conclut que l'universalité de la seigneurie de
Bourdeilles est comprise dans sa mouvance, c'est-à-

dire que, contre les premiers principes de jurisprudence, il veut toujours qu'un terme obscur et
équivoque l'emporte sur des expressions claires et
déterminées; que les premiers actes dérogent aux
derniers; qu'un titre déclaratif prévaille sur des titres
qui sont constitutifs, ou qui renouvellent l'ancienne
constitution du fief, et qu'on préfère un arrêt qui
ne s'explique qu'en termes généraux, à des hommages et à une transaction dans laquelle les droits
des parties ont été discutés et détaillés avec la dernière exactitude.

Il faut donc retrancher, pour la dernière fois, une
objection qui n'a d'autre mérite que d'être répétée
une infinité de fois, et toujours aussi inutilement,
dans les écritures de l'abbé de Brantôme.

Les objections particulières ne paroîtront guère
plus fortes, après les nouvelles réflexions que le procureur-général vient de faire.

Ces objections ont pour objet de détruire les cinq observations que le procureur-général avoit tirées, dans
sa première requête, des titres mêmes de l'abbé de
Brantôme, pour faire voir qu'ils ne comprennent que
le château et la moitié du bourg de Bourdeilles.

De ces cinq observations, il y en a deux qu'il seroit
inutile de retracer ici; ce sont la première et la
deuxième : la première, parce qu'elle tomboit sur le
mot de *castrum*, sur lequel on vient de faire de nouvelles réflexions qui détruisent suffisamment toutes
les objections de l'abbé de Brantôme à cet égard; la
seconde, parce que, outre qu'un des faits sur lesquels
elle étoit fondée en partie a été assez bien réfuté par
l'abbé de Brantôme, elle est si peu décisive, et en
même temps si susceptible de raisonnemens subtils
de part et d'autre, qu'il vaut mieux n'y rien ajouter
que de grossir des écritures déjà trop longues par
une discussion peu nécessaire.

La troisième observation subsiste en son entier,
malgré les efforts qu'on a faits pour la combattre.

Le procureur-général a dit, dans cette troisième

observation, que si le terme de *castrum* avoit compris toute l'étendue et tout le territoire de la châtellenie, on n'y auroit pas ajouté que la moitié du bourg étoit aussi mouvante de l'abbaye de Brantôme; cette addition étoit inutile, s'il étoit vrai que l'on eût eu intention d'exprimer par le terme de *castrum*, non-seulement le château, mais la châtellenie de Bourdeilles. Le bourg étoit compris dans la châtellenie. Pourquoi donc, après avoir rendu hommage de tout le château, auroit-on ajouté qu'on rendoit hommage du bourg qui y étoit compris ? Cette addition, encore une fois, étoit très-inutile; mais il y a plus, elle étoit même très-dangereuse, puisqu'elle donnoit lieu de penser que, s'il étoit vrai qu'il fût question dans cet hommage de la châtellenie entière, exprimée par le seul mot de *castrum*, cette châtellenie ne s'étendoit pas au-delà du bourg.

L'abbé de Brantôme n'oppose à ce raisonnement que des réponses vagues et générales : il dit que si l'on a ajouté l'expression de la moitié du bourg à celle de *castrum*, c'est une addition surabondante, un vice de style, une superfluité de langage trop ordinaire aux praticiens.

Mais, bien loin que l'on puisse accuser le notaire qui a dressé les hommages rapportés par l'abbé de Brantôme, d'avoir été trop prolixe, cet abbé auroit bien plus sujet de se plaindre de la sécheresse du style de ce notaire. En effet, qui a jamais entendu dire qu'un notaire, trop diffus et trop étendu dans son style, oublie de parler de châtellenie dans un acte qu'on suppose avoir été fait pour en rendre hommage; qu'au lieu d'employer un terme si connu et si ordinaire, il ne se serve que de l'expression équivoque de *castrum;* et que, sans faire la plus légère mention d'aucune des paroisses dont on prétend que la châtellenie de Bourdeilles étoit composée, il ne parle uniquement que de la moitié du bourg de Bourdeilles; ensorte qu'il ne vient pas le moindre soupçon dans l'esprit de ceux qui lisent ces actes, que le fief dont on y rend hommage s'étende dans d'autres paroisses que dans la moitié du bourg de celle de Bourdeilles ?

Il faut avouer que les notaires qui ont rédigé les hommages reçus par les ducs de Guyenne dans le même temps, étoient bien plus diffus dans leur style; ils n'ont pas oublié le nom d'une seule des paroisses qui sont de la dépendance de Bourdeilles ; ils ne se sont pas réduits à ne parler que d'un château et de la moitié d'un bourg, comme le notaire qui a travaillé pour l'abbé de Brantôme; ils ont compris dans les actes les paroisses et les seigneuries entières.

D'où vient donc cette différence de style ? Ne l'imputera-t-on qu'aux différens caractères des praticiens qui ont été employés à la rédaction de ces actes, ou plutôt, en voyant des actes si différens, quoique faits à cinq ans l'un de l'autre (il n'y a pas plus d'intervalle de temps entre l'hommage de 1464, produit par l'abbé de Brantôme, et l'hommage de 1469, produit par le roi), ne dira-t-on pas, au contraire, que la différence des expressions vient de la différence des choses; que, comme les paroisses et les seigneuries entières qui sont exprimées dans les hommages rapportés par le roi étoient mouvantes du duc de Guyenne, on les a comprises exactement et expressément dans ces actes; et que, comme il n'y avoit que le château seul et la moitié du bourg de Bourdeilles qui dépendissent de l'abbé de Brantôme, on a employé d'abord dans les hommages qui lui ont été rendus, le château, pris dans sa signification propre et naturelle, mais que le terme de *castrum*, pris dans ce sens, ne pouvant pas renfermer le bourg, il a fallu y ajouter une mention expresse de la moitié de ce bourg qui étoit dans la mouvance de l'abbé; et qu'ainsi cette addition doit être regardée non comme une énonciation superflue, mais comme une expression absolument nécessaire.

C'est donc sans aucun fondement que l'on veut accuser le notaire d'avoir été trop long dans un acte où l'abbé de Brantôme souhaiteroit sans doute intérieurement que ce notaire n'eût pas été si court. Et en effet, par quelle bizarrerie seroit-il arrivé que ce notaire eût employé inutilement, et par surabondance seulement, l'expression de la moitié du bourg dans cet acte, pendant qu'il auroit omis celle de la châtellenie, infiniment plus ordinaire dans ces sortes d'actes et plus importante?

Enfin, par quel effet du hasard encore plus surprenant, seroit-il arrivé que le même notaire, qui, en parlant du fief de Ramefort, n'a pas manqué d'ajouter que ce fief étoit mouvant de l'abbé de Brantôme, avec toutes ses appartenances et dépendances, en quelque lieu qu'elles fussent situées et sous quelque nom qu'elles fussent connues, ait entièrement oublié ce style si commun et si ordinaire, lorsqu'il a été question de dresser l'hommage du château et du bourg de Bourdeilles.

Le roi a donc intérêt qu'on lui fasse beaucoup d'objections semblables, puisqu'elles ne font que mettre dans un plus grand jour les argumens que le procureur-général a employés dans la défense de ses droits.

La quatrième observation, tirée de la nature singulière de ce fief de dévotion que les seigneurs de Bourdeilles avoient établi, et qu'il est à présumer qu'ils ont voulu renfermer dans leur château et dans leur bourg, est demeurée sans réponse de la part de l'abbé de Brantôme; ou plutôt il a cru l'avoir détruite en tâchant d'effacer le caractère de fief de *dévotion*, que le procureur-général a trouvé dans les hommages des seigneurs de Bourdeilles à l'abbaye de Brantôme; mais, comme on a rétabli ce caractère dans cette seconde requête, et qu'on croit en avoir encore mieux fait sentir tous les traits que dans la première, on a donné en même temps un nouveau poids à cette quatrième observation, qui, par conséquent, n'a pas besoin d'être retouchée en cet endroit.

Enfin, la cinquième, et la plus décisive de toutes, est celle qui se tire de la clause importante que l'on trouve à la fin de tous les hommages produits par l'abbé de Brantôme : *et si aliquid esset, seu erat, seu reperiretur in dictâ castellaniâ suâ de Burdeliâ quod moveret à præfato domino abbate, totum illud posuit, et comprehendi voluit tenere sub homagio prædicto.*

Le procureur-général a remarqué, dans sa première requête, qu'il n'y a rien de plus clair ni de plus décisif que cette clause ; et, pour la mettre encore dans un plus grand jour, il observera que la preuve qui en résulte a trois degrés différens :

1.° Si on la considère en elle-même, il n'y a personne qui n'en tire cette conséquence, que l'universalité de la châtellenie ne relevoit pas de l'abbé de Brantôme ; car, si elle en eût été mouvante, qu'y auroit-il eu de plus absurde que de convenir que si l'on trouvoit dans la suite qu'il y eût quelque chose dans cette châtellenie qui fût mouvant de l'abbé, on regarderoit cette mouvance, nouvellement découverte, comme comprise dans l'hommage que le sieur de Bourdeilles lui rendoit ?

2.° Si, après avoir considéré cette clause en elle-même, on la joint au reste de ce qui est contenu dans les hommages où elle se trouve, il en résulte une espèce de démonstration contre l'abbé de Brantôme.

En effet, d'un côté, si les sieurs de Bourdeilles reconnoissent dans ces hommages, qu'ils tiennent en fief de l'abbaye de Brantôme, le château et la moitié du bourg de Bourdeilles, sans aucune mention de châtellenie, ni de domaine, ni de droits, ni même en général d'appartenances et de dépendances, rien de plus restreint ni de plus limité que cette expression.

D'un autre côté, on ajoute que si dans la châtellenie il se trouve quelque chose qui relève de cet abbé, on entend le comprendre sous cet hommage.

Qui peut douter, en comparant ces deux dispositions relatives l'une à l'autre, et qui s'expliquent

mutuellement, que l'intention des parties n'ait été
de ne reconnoître la mouvance de l'abbé de Brantôme que pour le château et la moitié du bourg,
parce qu'il n'y avoit que cela de certain, et de lui
laisser néanmoins la liberté de prouver que sa mouvance s'étendoit plus loin, en prenant la précaution
de stipuler qu'en cas qu'il pût le prouver en effet,
l'hommage rendu par le sieur de Bourdeilles s'appli-
queroit même aux domaines dont la mouvance seroit
justement réclamée dans la suite par l'abbé de Brantôme.

3.º Enfin, si après avoir considéré cette clause en
elle-même, après l'avoir comparée avec le reste
des hommages où elle se trouve, on la compare
avec les hommages des autres fiefs, pour lesquels
les sieurs de Bourdeilles ont reconnu la seigneurie
directe de l'abbaye de Brantôme, la preuve qui en
résulte paroîtra portée jusqu'au dernier degré de
conviction.

Cette clause, toujours répétée avec soin dans tous
les hommages qui paroissent avoir été rendus aux
abbés de Brantôme pour le château de Bourdeilles,
ne se trouve point dans les hommages qui ont été
rendus par les mêmes vassaux aux mêmes abbés,
soit pour la seigneurie de Brantôme, soit pour le fief
de Ramefort.

Le sieur abbé de Vauban qui prétend, comme on
le dira bientôt, que cette clause est une clause de
style, ne sauroit alléguer aucune raison apparente de
cette différence.

Il n'en est pas de même dans le système du procureur-général du roi. Suivant le principe sur lequel
il se fonde, rien n'est plus aisé à expliquer que cette
diversité de style; elle vient, comme on l'a dit sur
une différence à peu près semblable, de la diversité
des choses.

On avoit reconnu un droit universel dans la personne de l'abbé de Brantôme, soit par rapport à la
coseigneurie de Brantôme, soit par rapport au fief

de Ramefort ; les hommages rendus pour ces deux fiefs marquent que la totalité de ces deux seigneuries dépendoit de l'abbaye de Brantôme ; ainsi, il auroit été absurde, après cela, d'y ajouter que, si dans une seigneurie qui relevoit en entier de cette abbaye, on trouvoit dans la suite quelque chose qui en fût mouvant ; on entendoit le comprendre sous cet hommage : une telle clause auroit renfermé une contradiction évidente dans les termes ; et voilà pourquoi on n'a eu garde de l'employer dans les hommages de la coseigneurie de Brantôme et du fief de Ramefort.

Mais, parce qu'au contraire les seigneurs de Bourdeilles n'ont jamais reconnu de droit universel dans les abbés de Brantôme, par rapport à la seigneurie de Bourdeilles, parce qu'ils ne leur ont jamais rendu qu'un hommage restreint et limité au château et à la moitié du bourg, qui ne suppose, dans ces abbés, qu'un droit singulier sur une partie de la châtellenie, et non sur toute la châtellenie, il étoit naturel et nécessaire d'ajouter à cette reconnoissance bornée et déterminée, une clause qui pût, d'un côté, conserver à l'abbé de Brantôme la liberté de faire de nouvelles découvertes dans l'étendue de cette châtellenie, et de l'autre, dispenser, en ce cas, le seigneur de Bourdeilles de l'obligation de rendre un nouvel hommage.

Telle est la raison naturelle et sensible pour laquelle cette clause, qui ne se trouve ni dans les hommages de la seigneurie de Brantôme, ni dans l'hommage de la seigneurie de Ramefort, se trouve au contraire dans l'hommage du château de Bourdeilles ; et quiconque en pénétrera bien l'esprit, suivant les trois degrés de preuves que l'on vient d'expliquer, n'aura pas de peine à répondre aux objections nouvelles par lesquelles le sieur abbé de Vauban voudroit écarter, s'il étoit possible, une clause si importante pour le roi, et si embarrassante pour l'abbaye de Brantôme.

Il n'insiste plus dans ce qu'on avoit insinué pour

lui, dans les premières écritures, que c'étoit par rapport à l'autre partie de Bourdeilles, qui porte le nom de comté, qu'on avoit inséré cette réserve dans les hommages qu'il produit ; il a bien senti toute l'impossibilité (pour ne rien dire de plus) d'une telle supposition.

Mais la réponse à laquelle il se réduit, quoique moins inconcevable, n'est pas plus solide : il prétend que cette clause n'est qu'une clause de style telle qu'on en trouve dans plusieurs aveux, qui sont conçus en ces termes, *et si surplus y a, plus en avoue ;* et que Dumoulin rend ainsi en latin, en l'article 7 de l'ancienne coutume de Paris, *et si plus sit, plus recognoscit, si minùs, minùs ;* clause que les praticiens ont inventée pour suppléer aux omissions, ou pour prévenir l'effet des erreurs qui peuvent se trouver dans un dénombrement.

Une objection si foible, et qui est cependant l'unique ressource de l'abbé de Brantôme, peut être détruite en plusieurs manières différentes.

Le procureur-général, qui n'a à craindre que de les trop multiplier, les réduira à deux propositions aussi solides que faciles à établir :

La première, que cette clause de style qu'on a accoutumé d'ajouter à la fin des aveux et dénombremens, n'a rien de commun avec celle qui se trouve dans les hommages produits par l'abbé de Brantôme, et que ces deux clauses ont un objet et des effets très-différens ;

La deuxième, que quand même on voudroit les confondre, cette confusion même ne serviroit qu'à rendre l'argument du procureur-général du roi plus concluant et plus décisif.

Pour montrer d'abord que c'est mal à propos que l'abbé de Brantôme applique à la clause dont il s'agit, cette clause de style dont parle Dumoulin, *si plus sit, plus recognoscit, si minùs, minùs,* il suffit de faire deux observations courtes et précises sur la différence de ces clauses.

Première observation. La clause de style dont
parle Dumoulin, ne se trouve que dans les dénombremens, et il s'agit ici d'un hommage, c'est-à-dire,
d'un acte où une semblable clause seroit pour ainsi
dire étrangère; la raison en est sensible, l'hommage
ne se rend que pour reconnoître le seigneur en général, et l'aveu se présente pour expliquer en particulier, par un détail exact, tout ce qui relève de
lui. On ne court point le danger du faux aveu par
un hommage où on n'exprime souvent que le nom
du fief; ainsi il seroit fort inutile de prendre la
précaution d'y ajouter la clause, *si plus sit, plus
recognoscit,* etc. Il n'en est pas de même d'un dénombrement où le vassal s'expose à la peine du faux
aveu, s'il dissimule une partie des droits et des dépendances de son fief, et où par conséquent les praticiens ont cru avec raison qu'il étoit plus sûr d'insérer
une clause qui pût toujours suppléer à l'imperfection
du dénombrement. On n'est donc point ici dans le cas
ordinaire de cette clause; ainsi, quand le seigneur de
Bourdeilles, après avoir reconnu seulement qu'il tient
son château et la moitié du bourg qui en dépend, de
l'abbaye de Brantôme, ajoute que, s'il se trouve quelque chose dans la châtellenie de Bourdeilles qui relève de cette abbaye, il entend le comprendre sous
l'hommage qu'il rend, ce n'est point, et ne peut
être même pour prévenir le danger d'un faux aveu;
il n'y étoit nullement exposé, puisqu'il s'agissoit de
rendre un hommage et non pas de rendre un aveu;
c'est uniquement parce que s'il avoit rendu hommage
en général pour la baronnie de Bourdeilles, son hommage auroit été trop étendu, puisqu'il ne devoit le
rendre que pour une très-petite portion de ce fief:
c'est pour cela qu'il a fallu s'expliquer plus exactement qu'on n'a accoutumé de le faire dans un hommage ordinaire, en limitant le fief au château et à
la moitié du bourg; et c'est cette étendue si bornée
et si limitée du fief compris dans l'hommage du sieur
de Bourdeilles, qui a engagé nécessairement les parties à ajouter cette clause singulière dans un hom-

mage : « Que si dans la suite on trouvoit quelqu'autre
» chose dans la châtellenie de Bourdeilles qui fût
» mouvant de l'abbaye de Brantôme, le seigneur de
» Bourdeilles ne seroit plus tenu d'en rendre un
» nouvel hommage, et que son intention, approuvée
» par l'abbé, étoit que le même hommage s'appliquât
» à ce que l'abbé pourroit prouver dans la suite être
» tenu de lui au-delà du château et du bourg. » Tel
est évidemment l'esprit de cette clause, qui, par conséquent, est toute différente de la clause de style dont
parle Dumoulin.

Deuxième observation. Veut-on en voir une
preuve convaincante ? On la trouve cette preuve
dans les titres mêmes de l'abbé de Brantôme. Il ne
faut que rappeler ici ce que l'on a remarqué un peu
plus haut, que la clause, *si aliquid esset, seu erat,
aut reperiretur,* etc. n'est insérée ni dans les hommages de la coseigneurie de Brantôme, ni dans
ceux du fief de Ramefort: S'il étoit vrai, comme
le prétend l'abbé de Brantôme, que cette clause ne
fût en effet que la clause de style, *si plus sit, plus
recognoscit,* etc., pourquoi cette clause ne se trouve-
roit-t-elle pas dans ces hommages ? pourquoi ne la
liroit-on pas dans celui de Bourdeilles ? On l'a déjà
dit, et on ne sauroit trop le redire, c'est le même
notaire qui dresse ces actes, c'est entre les mêmes
seigneurs, c'est par l'avis des mêmes arbitres (au
moins à l'égard de ce qui s'est fait en 1479); c'est
dans le même temps, c'est le même jour ; pourquoi
donc cette clause se trouve-t-elle dans un seul de
ces hommages, et non pas dans les deux autres ?
Si elle est de style, comme le prétend l'abbé de
Brantôme, elle doit se trouver dans tous, et si elle
n'en est pas, comme le procureur-général le soutient
avec tant de raison, elle doit donc opérer quelque
chose dans l'acte où elle se trouve. Or, quel autre
effet peut-elle y avoir que celui que le procureur-
général lui attribue? La comparaison des hommages
de la coseigneurie de Brantôme et du fief de Ramefort, rend cet effet si sensible, qu'on ne sauroit

9*

prévoir ce que l'abbé de Brantôme pourra opposer
à un argument si convaincant.

Qu'on oublie néanmoins, si l'on veut, les différences essentielles qui distinguent la clause dont il
s'agit, de celle dont parle Dumoulin, et que l'on confonde ces deux clauses pour un moment. Le roi seul
profitera de cette confusion ; et l'abbé de Brantôme
n'aura fait par là qu'ajouter un nouveau degré de
force et de lumière aux inductions que le procureur-
général a tirées de cette clause. C'est la seconde
réponse générale qu'on a faite à cette objection, et
qui n'est pas plus difficile à établir que la première.

En effet, supposons que l'esprit de cette clause
ait été de convenir que, si au-delà de ce qui étoit
reconnu expressément par le seigneur de Bourdeilles,
il se trouvoit quelqu'autre domaine qui fût dans la
mouvance de l'abbaye de Brantôme, l'hommage
rendu par ce seigneur seroit censé le comprendre,
si plus sit, plus recognoscit. Que résultera-t-il de cette
clause entendue en ce sens, suivant l'abbé de Brantôme, si ce n'est que, comme on n'avoit reconnu la
mouvance de l'abbé que pour le château et pour la moitié du bourg, ces termes, *si plus sit, plus recognoscit,*
signifieroient uniquement que, s'il y a quelque chose
de plus que le château et la moitié du bourg qui se
trouve dans la suite faire partie du fief de l'abbé, le
seigneur de Bourdeilles reconnoît dès à présent (c'est-
à-dire dès le temps de l'hommage) le tenir de cet
abbé ? Mais en quoi cette explication, lorsqu'on la
suit attentivement, diffère-t-elle, quant à la substance,
de celle que le procureur-général donne à la clause,
et si aliquid esset, seu erat, aut reperiretur, etc. ?
N'est-il pas toujours évident, en s'attachant même à
cette interprétation, que, jusqu'au jour de l'hommage, le seigneur de Bourdeilles n'a reconnu tenir
de l'abbaye de Brantôme que son château et la moitié
de son bourg de Bourdeilles ; que tout ce qui peut
être au-delà de ces anciennes bornes, marquées si
expressément par trois hommages et par une transaction solennelle, n'est qu'une réserve, une prétention,

une espérance pour l'abbé de Brantôme ; mais réserve sans effet, prétention sans fondement, espérance sans fruit, au moins jusqu'à présent, puisque depuis ces hommages il n'a pu prouver, ce qu'apparemment il ne prouvera jamais, qu'il y ait autre chose qui dépende de lui dans la baronnie de Bourdeilles, que le château et la moitié du bourg.

Qu'il compare donc tant qu'il voudra cette clause avec celle qui s'ajoute ordinairement à la fin des aveux et des dénombremens ; c'est cette comparaison même qui le condamne.

Que diroit-on d'un seigneur qui voudroit, à la faveur de cette clause de style, s'attribuer la mouvance de tout ce qu'il trouveroit à sa bienséance dans le voisinage de sa seigneurie, comme s'il pouvoit appliquer indifféremment cette clause à tout ce qu'il voudroit pouvoir ajouter au fief dont il est le seigneur dominant ? Ne lui répondroit-on pas que cette clause n'est qu'une simple réserve, qui n'opère rien jusqu'à ce que le seigneur qui veut s'en servir, prouve par d'autres titres que le nouveau domaine dont il réclame la mouvance, est effectivement compris dans les dépendances du fief dont il a reçu le dénombrement ? Ne lui diroit-on pas que, jusqu'à ce qu'il rapporte des titres de cette qualité, il n'a par provision que ce qui est expressément énoncé dans l'aveu qui lui a été rendu ? Et n'est-ce pas là précisément ce que le procureur-général du roi doit dire aujourd'hui à l'abbé de Brantôme ? Que cet abbé confonde, s'il veut, un hommage avec un dénombrement ; qu'il appelle la clause dont il s'agit, une clause de style ; qu'il la prenne, quoiqu'abusivement, pour la clause, *si plus sit, plus recognoscit;* tant qu'il n'aura que cette clause pour lui, il n'aura qu'une simple réserve en sa faveur, qui sera toujours impuissante et inefficace, pendant qu'aucun autre titre ne viendra à son secours ; tant qu'il demeurera dans cet état, le roi sera toujours en droit de lui dire, qu'il ne peut prétendre que ce qui est expressément compris dans des hommages qu'il veut faire passer pour des dénombremens, et que, comme ces actes ne renferment que le château et le bourg, c'est au château et au bourg seulement que sa mouvance se réduit, jusqu'à ce qu'il prouve le contraire par d'autres titres.

Ainsi, de quelque manière qu'on envisage la clause, *si aliquid esset, seu erat, aut reperiretur*, etc.; soit qu'on la considère, comme le procureur-général l'a fait, et comme il croit avoir prouvé solidement qu'on doit le faire, comme une clause singulière qui, ne ne se trouvant que dans l'hommage de Bourdeilles, y a été employée comme une suite des bornes étroites de ce fief renfermé dans le château et dans la moitié du bourg; soit qu'on l'examine avec les yeux de l'abbé de Brantôme, et qu'on ne la regarde que comme la clause de style, *si plus sit, plus recognoscit*; il est également évident que cette clause achève de démontrer que depuis près de trois cents ans, le droit de l'abbé de Brantôme est réduit au château et à la moitié du bourg; et que s'il peut prétendre quelque chose de plus, ce ne sera qu'en vertu d'un autre titre, que, suivant toutes les apparences, il ne rapportera jamais.

Il croit néanmoins l'avoir trouvé, cet autre titre, dans un seul mot de la clause même, *et si aliquid esset, seu erat, seu reperiretur*, etc.; et c'est la dernière objection qu'il ait faite sur cette clause. Il prétend donc que, parce que l'on a ajouté à ces mots *in dictâ castellaniâ*, ce terme de *dictâ* est pour lui une parole de salut, qui soutient toutes ses prétentions déjà prêtes à succomber sous le poids de cette clause. Et voici comme il raisonne sur le fondement de cette expression : il remarque d'abord que le terme de *castellania* ne se trouve employé dans aucun endroit de ces hommages avant la clause dont il s'agit; cependant, dit-il, puisque ce terme est précédé dans cette clause de celui de *dicta*, il faut bien supposer nécessairement qu'il a déjà été fait mention de la châtellenie dans cet acte : sans cela on ne s'y seroit pas servi de cette expression, dans ladite châtellenie, *in dictâ castellaniâ;* expression qui marque que le terme de *châtellenie* est répété en cet endroit, et par conséquent qu'il a déjà été employé au moins une première fois. Or, on ne peut point supposer qu'il y ait été employé, à moins qu'on n'entende la *châtellenie* entière par le mot de *castrum* : donc ce terme renferme toute la châtellenie ; et c'est, dit-il, par cette raison, que, quoique le mot de *castellania* ne se trouve point dans les hommages dont il s'agit, on s'y sert pourtant de l'expression *in dictâ castellaniâ,* parce que *castrum* veut dire ici la même chose que *castellania.*

Le procureur-général croit n'avoir rien diminué de la force de cette objection en la rapportant ; mais il ne sait si en même temps il n'en a pas fait sentir aussi toute la subtilité.

On ne peut que prier ici l'abbé de Brantôme de se souvenir de tout ce qu'il a dit sur les vices du style des notaires ; s'il y a un cas où l'on puisse appliquer ce lieu commun, c'est sans doute à un argument qui ne porte que sur un *dictâ* ajouté par un notaire au terme de *castellaniâ.*

Après toutes les preuves que le procureur-général a recueillies, et dans sa première requête et dans celle-ci, pour faire voir le véritable esprit et la juste mesure des hommages rapportés par l'abbé de Brantôme, il a de la peine à croire que la cour s'arrête sérieusement à une objection qui n'est appuyée que sur un si foible fondement.

Quoi ! parce qu'un notaire qui aura cru avoir déjà employé le mot *castellania* dans un acte, aura ajouté, en écrivant ce mot, celui de *dicta,* qu'on sait que les anciens praticiens répétoient à tous momens dans leurs écrits ; cette erreur ou cette méprise d'un notaire changera la nature des actes ; et malgré l'intention des parties, malgré le texte et la lettre du titre, malgré toutes les autres circonstances qui en déterminent le sens, la seule vertu du terme *dicta* fera signifier au mot de *castrum* une châtellenie entière? Et que résultera-t-il de ce terme si puissant et si efficace? Une parfaite contradiction et une véritable absurdité. Car, comme on l'a déjà dit, qu'y auroit-il de plus contradictoire et de plus absurde, que de supposer qu'après avoir reconnu d'abord (selon l'abbé de Brantôme) que toute la châtellenie de Bourdeilles est dans la mouvance de cet abbé, on ait pu ajouter ensuite dans le même acte, que s'il y avoit quelque chose dans cette châtellenie qui fût mouvant du même abbé, on entendoit le comprendre dans cet hommage? Plus on voudra que le terme de *castrum* comprenne toute la châtellenie, plus on augmentera cette contradiction inexplicable. Et telle est la nature de cette affaire, que l'abbé de Brantôme ne peut concilier les différentes clauses de ses titres, ni être lui-même d'accord avec lui-même, s'il ne s'accorde avec le roi, et s'il ne se réduit à donner à ses titres le même sens que le procureur-général du roi leur a donné.

Qu'il ne relève donc plus le terme de *dicta*, dans lequel il a prétendu trouver tant de mystères renfermés? Ce terme peut être l'effet de l'inadvertance du notaire; ou, si cette réponse n'y satisfait pas encore suffisamment, il est aisé de voir que ce terme se rapporte non pas à *castrum* (ce qui seroit fort dur et difficile à concevoir dans la supposition même de l'abbé de Brantôme), mais à *Burdelia* en général, qui est nommé dans l'acte dès le commencement: c'est à la seigneurie entière et non au château seul et à la moitié du bourg, que le mot *dicta* est relatif; et par cette explication si simple, si naturelle de ce mot, le mystère s'évanouit, la contradiction cesse, et la vérité demeure telle que le procureur-général l'a établie.

Pour confirmer tout ce qu'il a dit sur les bornes du fief de *dévotion* que l'abbé de Brantôme avoit à Bourdeilles, le procureur-général avoit encore employé l'autorité du mémoire de la comtesse de Périgord; le sieur abbé de Vauban répond toujours que ce n'est qu'une paperasse; et comme le procureur-

général a déjà détruit cette objection, il ne la retouchera pas en cet endroit : il se contentera de remarquer
que cette objection étant une fois levée, la pièce
subsiste dans le degré de force qu'elle peut avoir, et
fortifie encore les autres moyens que le procureur-
général a employés pour réduire le fief de l'abbé de
Brantôme à ses véritables bornes.

Enfin, le procureur-général avoit cru devoir prévenir l'objection que cet abbé pouvoit tirer de l'aveu
de 1624, et de celui de 1680, dans lesquels on trouve
quelques énonciations, fausses à la vérité, mais favorables en quelque manière à l'abbaye de Brantôme.

Le sieur abbé de Vauban tranche absolument cette
difficulté, en déclarant qu'il renonce volontiers à ces
titres qu'il n'avoit employés contre le fermier du
domaine, que comme un de ces argumens *ad hominem.*

Ainsi, il ne reste plus au procureur-général que
d'accepter cette déclaration, de laquelle il suit nécessairement que l'abbé de Brantôme n'a plus aucun
titre pour tout ce qui excède la mouvance du château
et de la moitié du bourg.

RÉCAPITULATION.

Après avoir ainsi détruit toutes les objections du
sieur abbé de Vauban, il est important, avant que
de finir, de remettre en abrégé, devant les yeux de
la cour, certains points fixes, auxquels on peut
réduire cette contestation, et de remédier par là à
l'inconvénient de la longueur dans laquelle la multitude des objections de l'abbé de Brantôme a jeté
naturellement cette réponse.

Il s'agit de savoir à qui appartient la mouvance de
la baronnie de Bourdeilles ; est-ce au roi, est-ce à
l'abbé de Brantôme ? Une telle question ne peut se
décider que par la présomption de droit, ou par les
titres que l'on rapporte de part et d'autre dans le
fait.

La présomption de droit est certainement pour le roi ; personne ne doute qu'en matière de mouvance, soit lorsqu'il n'y a point de titres, soit lorsque les titres se contredisent et se combattent mutuellement, la cause du roi ne soit toujours victorieuse ; parce que, comme on l'a déjà dit, toute mouvance que les seigneurs particuliers ne prouvent point leur appartenir, est présumée par cela seul appartenir au roi.

A l'égard des titres qu'il faut examiner dans le fait particulier de cette affaire, on n'est pas, à la vérité, dans le cas où il n'y a point de titres ni d'un côté ni d'un autre ; mais, suivant la prétention même de l'abbé de Brantôme, on est dans le cas où les titres sont contraires.

En effet, d'un côté, selon lui, il a plusieurs titres authentiques, et principalement un arrêt, trois hommages, une transaction.

D'un autre côté, il ne peut s'empêcher de reconnoître que le roi a pour lui des titres non moins authentiques, l'hommage de 1456, l'hommage de 1469, celui de 1666, sans parler même des aveux de 1624 et de 1680, pour retrancher tout ce qui peut faire quelque difficulté.

Dans ce combat de titres contraires, dont les uns donnent au roi la mouvance de la baronnie de Bourdeilles, et les autres donnent cette mouvance à l'abbaye de Brantôme (si l'on en croit le sieur abbé de Vauban), de quel côté doit pencher la balance de la justice ?

Si quelqu'un des titres de l'abbé de Brantôme avoit été reconnu par le roi, ou si quelqu'un des titres du roi avoit été fait en présence de l'abbé de Brantôme, il seroit sans difficulté que ce titre pourroit faire cesser le combat de fief, et décider en faveur de l'abbé ou en faveur du roi.

Mais cet avantage manque ici également aux deux parties ; ainsi, en expliquant les titres de l'abbé, suivant sa prétention, et en supposant avec lui qu'ils comprennent toute la baronnie, on ne fait autre chose qu'établir une parfaite contrariété entre les titres du roi et ceux de l'abbé de Brantôme, puisque selon lui il n'est pas douteux que toute la baronnie ne soit comprise dans les titres du roi, et que selon lui il est certain que toute la baronnie est aussi comprise dans les titres de l'abbaye de Brantôme.

Que résulte-t-il donc de cette contrariété parfaite, si ce n'est que les titres produits de part et d'autre se détruisent mutuellement par leur concours ; et les moyens de fait manquant absolument pour décider cette contestation, il faut avoir recours à la présomption de droit, qui est toujours décisive en faveur du roi, soit lorsqu'il n'y a point de titres, soit lorsque les titres étant contraires, la contestation doit être jugée comme s'il n'y en avoit point.

On ne peut donc rendre un plus mauvais office à l'abbaye de Brantôme, que de soutenir, avec autant de fermeté qu'on l'a fait jusqu'à présent, que les titres de cette abbaye comprennent la totalité de la baronnie de Bourdeilles ; on ne fait naître par là qu'un doute, et on ne forme qu'un combat ; mais on ne pense pas que le doute même devient un principe de décision en faveur du roi, et que le combat, lorsqu'il est parfait, lui assure toujours la victoire. C'est la première conséquence générale qu'il faut tirer de l'état présent de cette contestation, si l'on suppose que les titres du roi et ceux de l'abbé sont contraires les uns aux autres.

Mais est-il vrai qu'ils le soient absolument ? et est-il impossible de les concilier ? Il paroît, par ce qu'on vient de dire, que l'abbé de Brantôme a plus d'intérêt que le roi dans cette seconde question. Cependant, comme le procureur-général ne doit chercher que la vérité, il a cru, au lieu de s'arrêter uniquement à la conséquence rigoureuse qui se tire en faveur du roi de la contrariété des titres, devoir entrer plus profondément dans l'examen de ces titres pour voir s'il étoit possible de les concilier, et de rendre par là à César, ce qui est dû à César, et à Dieu, ce qui est dû à Dieu.

C'est dans cette vue qu'il a proposé à la cour les deux voies par lesquelles seules on peut parvenir à cette conciliation; l'une, par la considération de la nature singulière du fief dont les seigneurs de Bourdeilles ont rendu hommage à l'abbaye de Brantôme; l'autre, par l'examen de l'étendue de ce fief.

Il a prouvé la nature de ce fief, qui n'est qu'un véritable fief de *dévotion*, par tous les caractères qui peuvent concourir à former un fief de cette qualité : par la qualité de celui qui en reçoit l'hommage (c'est un saint et non pas un homme, ou, si l'homme y agit, ce n'est que comme représentant le saint), par la forme de cet hommage, par le lieu où il se rend, par la posture du vassal, par l'état de celui qui représente le seigneur, par l'exemption de prêter le serment de fidélité, par l'affranchissement de tous droits et devoirs seigneuriaux; enfin, par la parfaite conformité de ce fief avec tous les fiefs de dévotion dont nous trouvons des exemples dans les histoires ou dans les livres des feudistes.

La nature du fief étant une fois connue, rien n'est plus facile que de concilier les titres du roi avec ceux de l'abbé; il ne faut que reprendre, pour cela, ce grand principe établi par le sieur de Marca, que les hommages de dévotion sont plutôt des effets d'une soumission religieuse, que des actes d'une sujétion féodale; et par conséquent le droit que l'église acquiert par ces actes n'est point incompatible avec celui qui appartient au véritable seigneur féodal; ce sont deux droits différens, mais non pas contraires, qui, bien loin de se détruire l'un l'autre, se concilient parfaitement : le vassal a deux maîtres, à la vérité, mais d'un ordre différent; et comme les devoirs de la religion n'ont rien de contraire à ceux de la société, et que le même homme peut être en même temps fidèle à Dieu et fidèle à son prince, rien n'empêche aussi que la même personne ne soit engagée à l'église par un serment de dévotion, et à un seigneur temporel par une investiture féodale. On peut se servir d'un exemple tiré de la matière même. Comme les comtes de Bigorre n'ont pas laissé de reconnoître pendant long-temps le roi d'Aragon pour leur seigneur suzerain, malgré l'oblation qu'ils avoient faite de leur comté à l'église du Puy ; comme les propriétaires de la dîme de saint Martin de Seignaux ont rendu hommage en même temps pour la même dîme et au duc d'Albret et à l'évêque d'Acqs ; ainsi il n'y a aucun inconvénient que le seigneur de Bourdeilles s'avoue toujours vassal du roi, quoiqu'il ait consacré une partie de son fief à l'église de Brantôme, sous un nom qui n'a que l'apparence d'un fief, et qui, dans le fond, n'est qu'une soumission religieuse et de pure dévotion.

Tel est le premier dénoûment et le plus naturel que l'on puisse trouver dans cette affaire, dès le moment que l'on voudra chercher à concilier les titres contraires du roi et de l'abbé de Brantôme.

Le deuxième, que le procureur-général n'a proposé que subsidiairement, est celui qui se tire de l'étendue du fief. Si le zèle dont le procureur-général doit être animé pour la défense des droits du roi ne le séduit point, il croit avoir pleinement prouvé que, suivant les titres mêmes de l'abbé de Brantôme, le fief dont on lui a rendu hommage n'a jamais été étendu au-delà du château et de la moitié du bourg de Bourdeilles. Ainsi, quand il seroit possible de ne pas regarder ce fief comme un véritable fief de dévotion, il faudroit toujours convenir que l'universalité du territoire de la châtellenie de Bourdeilles est mouvante du roi, et que si le château et la moitié du bourg en sont exceptés par des titres particuliers, c'est une exception qui confirme la règle dans tout le reste.

Tout ce qui regarde la baronnie de Bourdeilles se renferme donc dans cette proposition aussi simple que solide :

Ou l'on regardera les titres produits de part et d'autre comme absolument contraires, et en ce cas, ces titres contraires se détruisant mutuellement, la présomption générale et le droit commun décident la question en faveur du roi ;

Ou l'on croira pouvoir les concilier par la nature du fief que l'abbé de Brantôme réclame, et alors la véritable seigneurie féodale demeurera toujours au roi, sauf à l'abbé de conserver ce droit honorifique que l'oblation d'un seigneur de Bourdeilles a donné à l'église de Brantôme, et que la piété du roi ne lui enviera point ;

Ou l'on voudra concilier les titres par l'examen de l'étendue du fief, et alors le château seul et la moitié du bourg étant dépendans de l'abbé, le reste de la châtellenie sera toujours dans la mouvance du roi.

Mais comme cette dernière solution n'est nullement nécessaire, le procureur-général s'attache à la conséquence qui se tire de la contrariété des titres, et à la première manière de les concilier; et s'il a parlé de la seconde, ce n'est que subsidiairement, comme il l'a déjà dit, et parce que, ne lui étant pas permis de pénétrer dans le mystère des jugemens, il est de son devoir de défendre la cause du roi par rapport à toutes les vues que la cour peut se former dans cette affaire.

TROISIÈME PARTIE.

Par quels principes on peut distinguer ce qui relève du roi, et ce qui relève de l'abbé de Brantôme dans la seigneurie de Bourdeilles, supposé que toute cette seigneurie ne soit pas mouvante du roi.

Comme l'abbé de Brantôme n'a fait que répéter ici tout ce qu'il a dit sur les deux premières parties, dont la troisième n'est en effet que la suite et la conclusion, il seroit inutile de répéter aussi les réponses qui ont déjà été faites aux mêmes objections; et le procureur-général, après avoir employé pour toute réponse et la troisième partie de sa première requête, et ce qu'il a ajouté de nouveau dans celle-ci, se contentera d'éclaircir en cet endroit la qualité et l'origine des droits qu'on appelle *communs*, sur lesquels l'abbé de Brantôme a fait naître quelques difficultés à la fin de sa

dernière requête, qui sont les seules qu'il reste maintenant à lever pour mettre la dernière main à cette
affaire.

L'abbé de Brantôme a prétendu qu'on ne prouvoit
pas suffisamment l'origine de ce droit que le procureur-général a indiquée dans sa première requête, en
disant que les *communs* étoient une espèce de taille ou
de capitation que les ducs de Guyenne, les comtes
de Rouergue, et plusieurs autres seigneurs, levoient
autrefois sur leurs sujets pour maintenir la défense des
guerres privées, et la continuation de la fameuse
trève de Dieu.

Il est aisé de satisfaire sur cela le sieur abbé de
Vauban. Le procureur-général n'aura qu'à le renvoyer au même auteur qu'il a déjà cité par rapport aux
hommages de dévotion : c'est le sieur de Marca, dans
ses notes sur le premier canon du concile de Clermont, page 281 ; il y trouvera une décrétale du pape
Alexandre III, qui confirme (suivant l'usage de ce
temps-là) une espèce de traité ou de convention faite
dans l'assemblée des ecclésiastiques et des barons du
pays de Rouergue, pour empêcher le port d'armes,
bannir le désordre des guerres privées, et faire jouir
les personnes et les biens des habitans de Rouergue
d'une paix et d'une sûreté parfaites : *ita quòd omnes
res mobiles et immobiles, et omnes homines tàm cle-
rici quàm laïci in omni tempore sint sub eâ pace
securi.*

Pour assurer la conservation et la durée de cette
paix, il fut réglé dans cette assemblée, où l'évêque
de Rhodès et le comte de Rouergue, son frère, pré-
sidoient, que tous les clercs, les barons, les nobles,
les marchands et les laboureurs, paieroient tous les
ans une certaine somme en deniers de Rouergue,
chacun à proportion de son bien ou de sa dignité ; et
dans la décrétale d'Alexandre III, qui approuve
cette capitation, elle est appelée *commun : commune
autem istud per singulas parrochias debet* : ce sont
les termes de la bulle, où le nom de *commun* est
répété plusieurs fois.

C'est sur le fondement de cette décrétale que le sieur Ducange explique ainsi le terme de *commune* dans son Glossaire : *Pensitationis species tàm à clericis, quàm à laïcis, pro substentatione et defensione securitatis, et pacis publicœ, quam* treugam Dei *vocant, in comitatu Ruthenensi fieri solita.*

Les seigneurs s'approprièrent ce droit en beaucoup d'endroits, et continuèrent de le lever à leur profit, quoique la cause en eût cessé.

L'exemple du comté de Rouergue prouve encore la vérité de ce fait, puisque le droit de *communs* y subsiste encore, et qu'il se paie au roi comme comte de Rouergue.

On en trouve la preuve dans le chapitre 9 du livre 2 des Arrêts de M. d'Olive, qui n'a pas connu la véritable origine de ce droit, mais qui montre pleinement qu'il est encore en usage dans la province de Rouergue.

On ne peut pas douter raisonnablement que ce droit de *communs*, qui avoit lieu dans la Guyenne et dans le Périgord, ne fût de la même espèce et n'eût la même source que celui qui étoit établi en Rouergue.

On voit, par les titres que le procureur-général a rapportés, que les seigneurs de Bourdeilles s'y étoient approprié ce droit, comme le comte de Rouergue avoit fait dans son pays ; et c'est encore une fois une grande preuve de la mouvance réclamée aujourd'hui par le roi, qu'on lui ait toujours rendu hommage des *communs* réunis à la terre de Bourdeilles. L'accessoire, comme on l'a déjà dit, a suivi le principal ; autrement, si l'on supposoit que le principal, ou le corps de la seigneurie de Bourdeilles eût été véritablement mouvant de l'abbaye de Brantôme, il seroit difficile de concevoir qu'on ne lui eût jamais rendu hommage des *communs* annexés à cette seigneurie, pendant qu'on l'auroit reconnu pour tout le reste, et qu'au contraire on eût toujours relevé les *communs* du roi, qui, si l'on en croit l'abbé de

Brantôme, n'étoit point le seigneur suzerain immédiat de la baronnie de Bourdeilles.

Mais il est inutile de retoucher ce moyen déjà suffisamment traité ailleurs; et, après avoir fait voir que plus on approfondit cette affaire, plus on y trouve de nouvelles preuves de la solidité des droits du roi, il ne reste plus que d'en attendre la dernière confirmation de l'autorité de la cour.

CE CONSIDÉRÉ, il vous plaise donner acte au procureur-général, de ce que pour toutes réponses, contredits et productions contre la dernière requête de l'abbé de Brantôme, il emploie le contenu en la présente requête, ensemble, ce qu'il a déjà écrit et produit au procès, et de ce qu'il y joint les pièces suivantes.

Pour faire voir que l'opposition formée en l'année 1306, par Guillaume de Malomont, à la prise de possession de Guillaume de Chanac, ne contient qu'une simple énonciation de la prétendue mouvance de l'abbé de Brantôme, sans aucune approbation de la part du roi,

Produit copie collationnée dudit acte, tirée sur l'original étant au trésor des chartes de la couronne; ladite pièce cotée A.

Pour montrer qu'on ne trouve que dans le préambule du contrat d'échange de l'année 1307, la condition vague et générale de donner une récompense aux églises pour les fiefs cédés au roi qui en étoient tenus, et que cette condition n'a point été insérée dans le dispositif du même contrat d'échange,

Produit pareillement une copie collationnée dudit contrat, tirée sur l'orignal étant au trésor des chartes de la couronne; ladite pièce cotée B.

Pour prouver que dès l'année 1213, et dans tout le cours du même siècle, le tempérament de donner une indemnité au seigneur dans la mouvance duquel le roi acquéroit un fief, étoit déjà introduit, et regardé comme une ancienne coutume,

Produit quatre copies collationnées pareillement

sur les originaux étant au trésor des chartes, de quatre chartes; l'une de l'an 1213, par rapport à l'évêque de Noyon; l'autre de 1226 par rapport à l'archevêque de Narbonne; la troisième de 1229, par rapport à l'évêque de Béziers, et la quatrième de 1293, par rapport à l'évêque du Puy; lesdites pièces cotées C.

Pour montrer qu'il est fort possible qu'il soit dû deux hommages différens, et à deux seigneurs différens, pour le même fief; un hommage ordinaire au seigneur qui a fait la concession du fief, et un hommage de dévotion à l'église à laquelle le fief a été offert par le vassal; et que les termes d'*hommage*, de *devoir* ou d'*obéissance*, employés dans les actes de foi et hommage et dans les aveux, doivent y être interprétés par la nature du fief auquel ils s'appliquent, ensorte qu'ils ne s'entendent que d'un acte de *dévotion* dans les fiefs qui sont de ce caractère, quoiqu'ils soient employés dans les actes de foi et hommage, ou dans les aveux aussi indéfiniment et aussi absolument qu'ils pourroient l'être dans les actes qui regardent les véritables fiefs, ces sortes d'expressions générales s'expliquant toujours par la nature et la qualité du fief,

Produit les pièces collationnées de deux actes, l'un du 30 mai 1420, l'autre du 15 mars 1515, par lesquels le seigneur de Saint-Martin de Seignaux reconnoît qu'il est tenu de rendre hommage à l'évêque d'Acqs pour la dîme de saint Martin, et de lui donner un taureau dans son joyeux avénement, comme à son seigneur; ladite pièce cotée D.

Produit encore un extrait d'un aveu et dénombrement rendu au roi en l'année 1613, comme duc d'Albret, par le seigneur de Saint-Martin de Seignaux, dans lequel on voit qu'en même temps qu'il comprend dans ledit aveu la dîme inféodée de saint Martin et le patronage de la Cure, comme dépendans de sa seigneurie, et tenus en fief du duc d'Albret, il déclare que pour raison de cette dîme et du patronage, il fait hommage d'un taureau à l'évêque d'Acqs; à muance d'évêque et de seigneur; ensorte que l'on trouve dans cet acte le concours de deux différens hommages pour le même fief à deux seigneurs dif-férens, l'un qui est un hommage ordinaire dû au duc d'Albret, l'autre qui est un hommage de dévotion dû à l'évêque d'Acqs, sans que cependant on trouve aucune différence d'expression dans la manière de parler de ces deux hommages; ensorte que si le dé-nombrement donné au duc d'Albret n'en faisoit pas le discernement, en marquant la distinction entre ces deux genres d'hommage, on auroit pu croire que l'hommage qui se rend à l'évêque d'Acqs étoit un hommage ordinaire et formoit un véritable fief; ladite pièce cotée E.

SIXIÈME REQUÊTE.

Au sujet du démembrement de fief opéré par l'aliénation de plusieurs portions de la terre et seigneurie de la Planque-l'Estrem ; située dans la coutume d'Artois.

A MESSIEURS DU PARLEMENT.

Supplie le procureur-général du roi, disant qu'ayant pris communication du procès qui est pendant en la cour, entre Michel Courtier, ci-devant sous-fermier des domaines de Béthune, appelant, et François de Lelez, receveur-général des domaines d'Artois, Flandre, Hainaut, et Cambresis, intimé, et plusieurs autres parties, il a reconnu que le roi y avoit un double intérêt. Le premier, et le moins considérable, est de réprimer la fraude que l'on y a voulu faire à ses droits ; le second, beaucoup plus important, est de prévenir les conséquences dangereuses que l'exemple de ce qui s'est passé dans cette affaire pourroit avoir contre tous les seigneurs dominans, et contre le roi même, si cet exemple paroissoit avoir été autorisé par un arrêt de la cour.

Pour donner une juste idée de ce double intérêt que le roi a dans cette affaire, il est nécessaire d'en retracer ici quelques circonstances, en s'attachant uniquement à celles qui peuvent servir à la défense des droits du roi.

En l'année 1699, le sieur comte de Hornes père forme le dessein de vendre la terre et seigneurie de la Planque-l'Estrem. Dans cette vue, il passe une procuration par-devant notaires, le 12 octobre 1699, par laquelle il donne pouvoir à Martin Rivage de vendre la terre et seigneurie de la Planque-l'Estrem, ses appendances et dépendances, avec toute justice vicomtière, comme aussi les petits fiefs y joints, et qui sont exprimés dans la procuration, en tout ou en partie, ensemble ou séparément à telle personne, et pour tel prix que Rivage le jugera à propos.

En vertu de cette procuration, Rivage vend, par différens contrats, les dîmes dépendantes de cette seigneurie à plusieurs particuliers, qui en achètent chacun une portion distincte et séparée ; ensorte que, par un démembrement réel et effectif, il se forme d'un seul corps de fief, huit ou neuf fiefs différens qui devoient exister chacun en particulier, divisés les uns des autres, et du reste de la terre de l'Estrem, qui avoit déjà été vendu séparément.

Tous ces contrats sont passés dans le court intervalle qui est entre le 3 décembre et le 24 du même mois.

Le premier effet de ce démembrement en a découvert la fraude par rapport aux droits du roi ; car, au lieu que si ce dimage avoit été vendu par un seul contrat, le sous-fermier du domaine n'auroit eu que le tiers de la somme de onze mille et tant de livres, à laquelle seroient montés les droits seigneuriaux du total de la vente ; il se trouve, au contraire, que, comme par la division de cette dîme en huit ou neuf portions différentes, qui ont chacune été vendues séparément, il n'y a qu'une seule portion dont les droits seigneuriaux excèdent la somme de deux mille livres, le sous-fermier qui, suivant les réglemens faits par le roi pour la régie de son domaine, doit avoir les droits en entier lorsqu'ils n'excèdent pas cette somme, profiteroit, par cet artifice, de presque tous les droits seigneuriaux de la terre de l'Estrem ; au lieu que, sans cela, il n'auroit eu que le tiers de la somme à laquelle ces droits se montent, eu égard au prix total des différentes ventes.

Le receveur-général des domaines d'Artois, excité par son intérêt particulier à prendre soin de celui du roi, découvrit tout ce mystère, et fit assigner successivement, au conseil d'Artois, les acquéreurs des portions de la terre de l'Estrem, ainsi démembrée, et leur demanda le paiement des droits seigneuriaux dûs au roi pour leur acquisition.

. Deux sortes de défenses lui furent opposées par ces acquéreurs.

Les uns alléguèrent qu'ils avoient payé à Courtier, sous-fermier des domaines de Béthune, les mêmes droits que le receveur-général demandoit.

D'autres ajoutèrent qu'ils n'étoient plus propriétaires des portions de fief qu'ils avoient acquises, parce que messire Philippe-Emmanuel de Hornes, et dame Antoinette de Ligne, son épouse, les avoient retirées sur eux par retrait lignager.

Sur cette dernière défense, le conseil d'Artois ordonna que le retrayant seroit mis en cause.

Le sieur comte de Hornes, assigné en exécution de ce jugement, soutint que Courtier avoit pu valablement recevoir les droits seigneuriaux du fief de l'Estrem, et que le receveur-général ne pouvoit demander ces mêmes droits une seconde fois.

Toutes ces procédures furent dénoncées à Courtier, qui prétendit aussi que les droits lui appartenoient, et qu'il avoit pu les recevoir légitimement.

Enfin, une dernière partie survint dans le cours de la contestation, et ce fut le sieur d'Aigremont, donataire du roi de ces mêmes droits.

Entre toutes ces parties, il se forma plusieurs questions.

Les acquéreurs et les retrayans, tous liés d'intérêt avec Courtier, et réunis contre le receveur-général, qu'ils regardoient comme leur ennemi commun, soutinrent que les différentes aliénations des portions de la terre de l'Estrem étoient régulières, et que les droits dûs pour ces aliénations, n'excédant pas la somme de deux mille livres, à la réserve d'une seule, Courtier avoit été en droit de les recevoir en entier.

Le receveur-général et le donataire du roi prétendirent, au contraire, que toutes ces aliénations particulières étoient frauduleuses, qu'on ne les pouvoit regarder que comme un démembrement de fief, prohibé en général par le droit commun du royaume, et en particulier par la disposition de la coutume d'Artois; que l'événement avoit fait voir à découvert la mauvaise foi du sous-fermier, et l'intelligence qui étoit entre lui et le sieur comte de Hornes, puisque ce fief, qui n'avoit été divisé en plusieurs portions que pour frustrer le roi des droits qui lui étoient dûs, s'étoit réuni aussitôt après par le retrait lignager que le sieur comte de Hornes avoit exercé.

A cette première question, on en joignit une autre qui ne regardoit que l'intérêt particulier du receveur-général et du sous-fermier, et qui consistoit à savoir si le sous-fermier ne pouvoit recevoir ce qui lui appartenoit dans les droits seigneuriaux dûs au roi que par les mains du receveur-général, ou si, au contraire, il pouvoit recevoir directement ce qui lui appartenoit, à la charge de remettre l'excédent dans le dépôt de la recette générale.

Enfin, entre le sieur comte de Hornes, retrayant, et le sous-fermier du domaine de Béthune, il se forma une troisième question, qui consistoit à savoir si le retrayant pouvoit profiter d'une remise du tiers, que le sous-fermier avoit promis de faire aux acquéreurs du fief de l'Estrem.

Tels étoient les principaux chefs de contestation qui furent portés au conseil d'Artois; et la cause y ayant été appointée entre toutes les parties, ce tribunal rendit une sentence contradictoire le 12 janvier 1701, par laquelle,

A l'égard du premier chef de contestation, le receveur-général et le donataire du roi perdirent leur cause, puisqu'on jugea que le sous-fermier étoit bien fondé à prétendre les droits seigneuriaux en entier de chaque portion du fief de l'Estrem qui avoit été vendue séparément, à la réserve de celle dont les droits excédoient la somme de deux mille livres.

A l'égard du second chef, qui consistoit à savoir, si tous les droits seigneuriaux devoient d'abord être remis entre les mains du receveur-général, avant que le sous-fermier pût recevoir ce qui devoit lui revenir de ces droits, le receveur-général gagna son procès, et il fut ordonné que les sommes entières auxquelles se montoient les droits dûs pour les différentes ventes du fief de l'Estrem, seroient remises entre les mains du receveur-général, qui rendroit ensuite au sous-fermier ce qui lui appartenoit dans ces droits, c'est-à-dire les droits en entier à l'égard des ventes dont le droit n'excédoit pas la somme de deux mille livres, et deux mille livres seulement à l'égard de la seule portion dont les droits étoient plus forts.

Enfin, à l'égard du troisième chef qui regardoit uniquement le sieur comte de Hornes, il fut ordonné que les parties contesteroient plus amplement sur l'effet de la remise que Courtier avoit promis de faire aux acquéreurs de la terre de l'Estrem.

Et la contestation plus ample ayant été instruite, le conseil d'Artois a jugé depuis, par une sentence du 23 juillet 1701, que le retrayant étoit en droit de profiter de la remise qui n'avoit été promise qu'aux acquéreurs.

Il sembloit qu'après la décision prononcée par la sentence du 12 janvier 1701, dont le receveur-général n'étoit pas appelant, rien ne dût l'empêcher de payer à Courtier la somme que cette sentence lui avoit adjugée dans les droits seigneuriaux; cependant un nouvel incident survenu de la part du receveur-général en l'année 1703, a suspendu jusqu'à présent l'exécution de cette sentence.

Ce receveur prétendit que sur les plaintes qu'il avoit faites du préjudice que ce jugement faisoit aux droits du domaine de la couronne, l'affaire ayant été une fois portée par-devers le roi, il ne pouvoit plus exécuter la sentence du conseil d'Artois.

Et en effet, sur cette remontrance, le substitut du

procureur-général du roi en ce conseil ayant adhéré
à la prétention du receveur général, et déclaré
qu'il avoit été averti par une lettre du commissaire
départi dans les provinces de Picardie et d'Artois,
que le roi avoit pris connoissance de cette affaire, et
devoit la décider, le conseil d'Artois rendit une
dernière sentence le 10 février 1703, par laquelle il
ordonna *que les parties se retireroient pardevers le*
roi aux fins de ladite décision, pour icelles faire
poursuivre le procès sur leurs demandes et défenses,
ainsi qu'elles trouveroient convenir.

Courtier a interjeté appel successivement de ces
trois sentences; d'abord de la seconde, qui ne regarde que le sieur comte de Hornes; ensuite de la
première, par rapport au chef qui porte que les
droits seigneuriaux seront remis entre les mains du
receveur-général; et enfin de la troisième, qui suppose, sans aucun fondement solide, que le roi même
a voulu prendre connoissance de la question du démembrement de fief.

Le procès par écrit auquel les deux premières
appellations ont donné lieu ayant été communiqué
au procureur-général avec tous les incidens qui y ont
été joints, entre lesquels on ne doit pas oublier
l'intervention d'un nouveau donataire du roi, le
procureur-général a observé d'abord que si le receveur-général du domaine d'Artois n'a pas interjeté
appel de la sentence du 12 janvier 1701, en ce
qu'elle autorise indirectement le démembrement du
fief de l'Estrem; c'est (comme cette officier le dit
lui-même dans ses écritures) parce qu'il a cru avec
raison qu'il n'étoit pas partie capable de défendre la
cause du roi, dans une question de cette nature;
il s'est contenté d'expliquer les principes généraux
qui suffisent pour détruire cette sentence, et d'exercer par là la vigilance de l'office public, à entreprendre la défense d'une cause qui ne peut être
soutenue que par celui qui a l'honneur de l'exercer.

Et comme la justice de cette cause a paru entièrement évidente au procureur-général du roi, il a cru

qu'il étoit de son devoir d'y intervenir, et pour le
pouvoir faire suivant les règles ordinaires, d'en demander le renvoi en la grand'chambre, suivant le
privilége des causes du domaine dans lesquelles le
procureur-général est partie; c'est ce que la cour a
ordonné.

Après avoir ainsi expliqué et le fond de la contestation et l'ordre, de la procédure, il ne sera pas
difficile au procureur-général du roi de faire connoître sensiblement le double préjudice que les droits
du roi souffriroient, si la sentence du conseil d'Artois, rendue le 12 janvier 1701, pouvoit jamais être
confirmée.

Trois propositions également simples et faciles à
établir, comprennent tout ce qui est nécessaire dans
cette cause pour la défense des intérêts du roi:

La première est, que la division et le démembrement des fiefs sont défendus par le droit commun
du royaume;

La seconde, que la coutume d'Artois n'a rien de
contraire au droit commun, et que ses dispositions bien
entendues ne tendent qu'à le confirmer;

La troisième enfin, que dans le fait particulier, il
n'y a aucune des dispositions de la coutume d'Artois
sur cette matière, que l'on puisse appliquer à l'espèce
présente avec la moindre vraisemblance.

La première proposition est si certaine, que le procureur-général du roi ne croit pas qu'il soit nécessaire
de s'attacher à l'établir.

Elle est écrite dans plus de quarante coutumes du
royaume, on l'a suppléée dans celles qui n'ont pas jugé
à propos d'en faire une mention expresse; la maxime
contraire est regardée comme singulière et comme
odieuse par les commentateurs mêmes du très-petit
nombre de coutumes qui l'autorisent; en un mot,
cette proposition est un de ces premiers principes
qu'on affoibliroit peut-être, si l'on s'arrêtoit inutilement à vouloir les prouver.

On ne voit pas d'ailleurs, que le sous-fermier des
domaines de Béthune, que son intérêt oblige à soutenir

la validité du démembrement du fief de l'Estrem, ait osé avancer que le droit commun ne soit pas contraire à sa prétention.

Ainsi, sans vouloir traiter ici des questions super-flues, il suffit d'avoir posé d'abord, pour fondement de la justice des droits du roi, que la division ou le démembrement des fiefs, est entièrement contraire au droit commun; et toute la question se réduit à exami-ner s'il est vrai, comme on vient de l'avancer dans la seconde proposition, que la coutume d'Artois n'ait rien de contraire à ce droit commun.

Pour établir cette proposition, le procureur-général du roi se renfermera dans ce seul raisonnement :

Une coutume n'a rien de contraire au droit commun, qui défend le démembrement des fiefs, lorsque 1.° on n'y trouve aucune disposition qui admette et qui autorise en général la liberté de diviser et de dé-membrer les fiefs;

2.° Lorsqu'au contraire, elle n'accorde cette liberté que dans certains cas singuliers auxquels elle restreint sa disposition, et que, par ces exceptions mêmes, elle confirme la règle dans tout le reste;

3.° Lorsqu'en effet, il paroît par l'usage de la pro-vince, que dans tous les autres cas, on observe exacte-ment la disposition du droit commun.

Or, ces trois caractères conviennent également à la coutume d'Artois; et par conséquent cette coutume n'a rien de contraire au droit commun, au moins dans les cas qu'elle n'a pas nommément exceptés de la règle générale.

C'est ce qu'il faut prouver en entrant dans l'examen de chacun de ces trois caractères.

Le premier est déjà certain, puisque le sous-fermier du domaine de Béthune n'a allégué jusqu'à présent, et ne sauroit alléguer dans la suite aucun article de la coutume d'Artois, qui décide en général que le dé-membrement des fiefs soit permis dans cette province, et qu'il est libre à chaque seigneur de vendre sa terre par portions, en telle sorte que chaque partie devienne un corps de fief distinct et séparé.

Mais, quoique cette preuve négative fût suffisante, on a néanmoins quelque chose de plus fort, pour montrer que l'esprit général de la coutume d'Artois n'a rien qui ne s'accorde parfaitement avec les principes généraux du droit français sur le démembrement.

Entre plusieurs preuves de cette vérité, on en choisira une seule qui ne laisse aucun doute sur ce sujet.

Elle est tirée de l'article 84 de la coutume d'Artois, où l'on voit que, conformément au droit commun du royaume, cette coutume permet le partage d'un fief entre plusieurs cohéritiers; mais, quoique cette division soit nécessaire, l'esprit de la coutume d'Artois est si opposé au démembrement qui tend à faire plusieurs fiefs d'un seul, que le même article contient cette réserve importante, *sans toutes fois iceux fiefs diviser ou démembrer*, d'où un savant jurisconsulte (1) qui a fait des notes sur cette coutume, conclut, *qu'en faisant ledit partage, n'est loisible départir et diviser les terres féodales, demeurant toujours la même tenure et antique titre de fief, et anchiène fidélité en son entier, et partant faut-il diviser les choses féodales sans diviser le fief.*

Or, si la coutume d'Artois est si opposée au démembrement dans le cas même le plus favorable, qui est celui du partage, peut-on douter qu'elle ne le condamne encore plus, lorsque, bien loin d'être fondé sur une espèce de nécessité, il n'a pour principe que la volonté arbitraire du vassal?

Le second caractère que l'on a remarqué dans cette coutume, n'est pas moins constant; et pour en être convaincu, il ne faut que parcourir les articles dans lesquels elle marque les cas où elle autorise une espèce de démembrement.

On en peut compter jusqu'à quatre :

Le premier est l'aliénation d'une portion du fief, pour l'augmentation et le maintien de la justice, et

_____

(1) Baudouin.

pour avoir un plus grand nombre d'hommes féodaux;

Le second est l'arrentement, ou le bail à rente des héritages tenus en fief;

Le troisième, est le partage dans lequel il échet aux puînés un quint, que l'on nomme *hérédital;*

Le quatrième est le don d'aumône, ou le quint datif, que la coutume autorise par l'article 91, et par lequel il arrive une division dans le fief entre l'héritier patrimonial et ceux auxquels le quint datif est laissé.

Tels sont tous les cas dans lesquels cette coutume admet une espèce de section ou de diminution du fief.

Mais dans toutes ces exceptions mêmes, elle marque, comme on l'a déja dit, son attachement à la règle générale; c'est ce qu'il est aisé d'établir par une induction aussi courte qu'évidente.

Dans le premier cas, qui est celui de l'aliénation d'une partie du fief, pour l'augmentation de la cour féodale, la coutume permet, à la vérité, par l'article 32, *au seigneur viscomtier, ayant un ou plusieurs hommes féodaux, pour servir sa cour et justice, pour icelle sa justice maintenir et exercer, bailler en fief partie de son fief et héritages; sans que, pour ce, il soit tenu requerre le consentement du seigneur dont il tient icelui fief.*

Mais il n'y a aucune des expressions dont la coutume se sert en cet endroit, qui ne marque qu'elle fait ici une dérogation à la règle, et qu'elle restreint et limite cette dérogation autant qu'il lui est possible, pour empêcher qu'elle ne tire à conséquence, contre les maximes générales qui défendent le démembrement des fiefs.

1.º Elle la réduit au seigneur viscomtier, ensorte que tout propriétaire de fief, qui n'a pas au moins la justice viscomtière, n'étant point compris dans l'exception, demeure entièrement soumis à la règle générale.

2.º Ce n'est pas assez d'être seigneur viscomtier,

pour pouvoir faire cette espèce de démembrement, il faut encore avoir un ou plusieurs hommes féodaux; sans cela, le seigneur viscomtier ne peut pas espérer de jouir de la grâce que la coutume accorde par cet article.

3.° La coutume va encore plus loin; non-seulement il faut être seigneur viscomtier pour être compris dans sa disposition; non-seulement il faut avoir des hommes féodaux, mais il faut encore qu'il soit nécessaire d'en augmenter le nombre, pour le bien de la justice : c'est ce que la coutume marque par ces mots, qui expriment l'unique raison pour laquelle il soit permis de faire cette espèce de démembrement, *pour icelle sa justice maintenir et exercer ;* termes qui prouvent clairement, que la seule nécessité d'avoir des hommes de fief, par lesquels seuls la justice féodale peut être desservie dans la province d'Artois, a arraché, pour parler ainsi, à cette coutume, une telle dérogation au droit commun.

4.° Enfin, la coutume ajoute à toutes ces conditions, que la portion démembrée doit être tenue en fief, afin que la foi qui en sera reçue par celui qui fait le démembrement, et portée par lui à son seigneur suzerain, conserve toujours l'image et le souvenir de l'ancienne intégrité du fief.

C'est ainsi que l'esprit de cette coutume, toujours opposé au démembrement, se découvre jusque dans les articles par lesquels elle le permet dans le premier cas, qui est celui de l'augmentation de la cour féodale.

Il en est de même dans le second cas, c'est-à-dire, dans celui de l'arrentement d'une portion du fief.

La coutume d'Artois a traité cette matière dans les articles 41, 42, 43, 44, 45 et 53.

Elle établit pour principe dans ces articles, et particulièrement dans le 41, le 42, le 45 et le 53, qu'il n'y a que les vassaux ayant *justice et seigneurie, qui puissent bailler leurs fiefs en arrentement, sans le congé de leur seigneur.*

Il est encore certain, suivant la note de Baudouin sur l'article 41, que nonobstant tel arrentement, le vassal doit pleine foi et hommage à son
seigneur, avec autres droits coutumiers, comme
devant.

Ainsi, cette seconde espèce de diminution des
héritages tenus à foi et hommage, que la coutume
d'Artois approuve en faveur de ceux qui ont justice
et seigneurie, a au moins cet avantage, qu'elle n'altère
point l'intégrité de la foi qui est due au seigneur,
et qu'elle tombe plutôt sur les choses féodales,
comme parlent les interprètes de cette coutume,
que sur le fief même, qui se conserve toujours
entier par l'unité de la foi, et par la prestation de
tous les droits et devoirs seigneuriaux qui étoient
avant l'arrentement.

Enfin, les dispositions de la coutume d'Artois,
par rapport au démembrement qui arrive dans le
troisième et quatrième cas, c'est-à-dire, par rapport
au quint héréditaire et au quint datif, montrent
encore évidemment combien cette coutume est éloignée d'approuver la division des fiefs dans tous les
cas où elle n'a pas cru que cette division fût nécessaire.

C'est ce que l'on reconnoît aisément en lisant les
articles 94, 95 et 99, qui regardent le quint héréditaire des puînés.

On y voit que ce n'est que dans la ligne directe
descendante, et dans le premier degré seulement,
que ce quint a lieu en faveur des puînés; l'article 99
l'exclut absolument en ligne collatérale; et l'article 95,
établissant une règle encore plus générale dans cette
matière, décide que *les fiefs ne se quintient,
sinon en succession de père et de mère, et non en
succession de grand-père ni autrement.*

Tel est donc l'éloignement que cette coutume a
pour le démembrement des fiefs; elle en conserve
l'unité avec tant de soin, et, si l'on ose le dire, tant
de sévérité, que pour éviter de les partager, elle
porte sa rigueur jusqu'à exclure les puînés d'y prendre

aucune part, non-seulement en succession collatérale,
mais même en succession directe, lorsqu'il ne s'agit
pas du premier degré.

Il n'y a presque point de coutumes dans le royaume,
qui aient imité cette grande rigueur ; et par conséquent, l'on peut dire qu'il n'y en a presque point
aussi où le démembrement des fiefs soit plus odieux,
et l'indivisibilité plus favorable.

Le quint datif porte aussi des marques évidentes
de cet esprit généralement répandu dans toutes les
dispositions de la coutume d'Artois.

L'article 91 qui en fait mention, ne le permet que
sous le nom de *don d'aumône ;* c'est sous cette idée
que la coutume l'a envisagé d'abord ; et quoique le
style des derniers siècles, abusant du terme d'*aumône*, l'ait appliqué à toute sorte de libéralités indistinctement, quand même elles n'auroient ni l'église
ni les pauvres pour objet, cette expression néanmoins
marque encore aujourd'hui, que dans la première
origine, ce n'étoit qu'en faveur de la religion, et pour
parler comme nos docteurs, en faveur de *la cause
pie*, que ce démembrement de fief a été permis.

Il résulte donc de toutes les observations qui
viennent d'être faites sur les quatre cas dans lesquels
la coutume d'Artois semble approuver le démembrement des fiefs,

1.º Que de ces quatre cas, il y en a trois dans lesquels la division du fief est permise comme nécessaire, ou pour l'exercice de la justice, ou pour le
partage entre les enfans du premier degré, ou pour
une libéralité qui avoit autrefois l'église ou les pauvres
pour objet ; il reste un seul cas, qui est celui de
l'arrentement, dans lequel la coutume paroît n'avoir
envisagé que la commodité du vassal ; mais elle a
pourvu d'ailleurs à l'intérêt du seigneur, parce que
le fief ne souffre aucun changement à son égard, ni
par rapport à la foi qui ne se divise point, ni par rapport aux droits qui se conservent en leur entier ;

2.º Que par conséquent on a eu raison de dire, que
les exceptions mêmes que cette coutume a jugé à propos

de faire en cette matière confirment la règle, et prouvent évidemment que l'esprit de cette coutume a été de n'admettre le démembrement et la division actuelle des fiefs, que lorsqu'elle l'a jugé nécessaire, suivant les mœurs et les usages de cette province; et c'est ce qui forme le second caractère de la coutume d'Artois sur ce point.

Enfin, il y en a un dernier qu'il n'est presque pas nécessaire d'établir, après toutes les réflexions précédentes; c'est la conformité parfaite qui se trouve entre l'usage du pays d'Artois et des provinces voisines, et les maximes que l'on vient d'expliquer.

Cet usage a été prouvé au procès par quatre pièces importantes que le receveur-général des domaines d'Artois a produites par sa requête du 14 août 1706.

La première est une sentence rendue au conseil d'Artois, le 7 avril 1685, par laquelle on voit que les créanciers, opposans à la vente de la châtellenie de Lens, ayant demandé de la vendre par parties, il fut ordonné qu'il seroit passé outre à la vente de cette châtellenie tenue et mouvante en un seul fief du château de Lens, *sans la pouvoir diviser ni démembrer.*

La seconde, sont des lettres-patentes du roi, qui regardent la même châtellenie de Lens, et qui confirment le démembrement de cette terre, que dame Charlotte de Melun, vicomtesse douairière de la Tieuloy, et le sieur Eugène du Bois de Seble avoient divisée entr'eux; ces lettres portent expressément, que, *suivant la coutume d'Artois, pareil démembrement ne se peut faire sans le consentement exprès du seigneur dominant.*

Courtier a cherché inutilement à combattre l'induction qui se tire de ces deux pièces, en disant qu'à la vérité le démembrement d'une terre de dignité, telle que la châtellenie de Lens, ne pouvoit se faire sans la permission du seigneur dominant; mais qu'il n'en étoit pas de même d'une simple seigneurie viscomtière, telle qu'étoit le fief de l'Estrem.

D'Aguesseau. Tome VII. 11

Une telle distinction devroit être appuyée sur la disposition de la coutume, mais on ne sauroit alléguer aucun article qui l'autorise ; et on a vu, au contraire, que l'esprit de cette coutume est d'admettre plus facilement le démembrement, dans le cas où elle le souffre, à l'égard des seigneuries les plus considérables, qu'à l'égard de celles qui le sont moins, puisqu'elle ne permet l'arrentement des fiefs qu'à ceux qui ont justice et seigneurie.

Courtier a encore objecté que les lettres - patentes par lesquelles le roi a autorisé la division de la châtellenie de Lens entre deux propriétaires, n'étoient nullement nécessaires, parce que cette division avoit déjà été approuvée par un arrêt de la cinquième chambre des enquêtes.

Mais, sans examiner si cette réponse est véritable dans le fait, il est certain dans le droit que, quand même ce fait seroit tel que Courtier le prétend, il ne serviroit qu'à confirmer la vérité de l'usage allégué par le receveur-général du domaine : en effet, rien ne fait mieux comprendre combien cet usage est certain, que de voir que, quoique le démembrement d'un fief situé en Artois eût été approuvé par un arrêt de la cour, comme Courtier le suppose, les parties néanmoins n'ont pas cru pouvoir être en sûreté contre ceux qui sont chargés de la défense des droits du roi, si elles n'obtenoient du roi même la confirmation du traité par lequel elles avoient partagé entr'elles une terre mouvante de lui.

A ces deux premières pièces, qui ne peuvent souffrir aucune bonne réponse, le receveur-général du domaine en a encore joint deux autres qui prouvent que le même usage s'observe dans la coutume de Lille, voisine de celle d'Artois ; et quoique cette preuve ne soit pas aussi directe que la première, comme Courtier l'a remarqué, elle ne laisse pas néanmoins d'être de quelque importance pour marquer quel est l'esprit général des pays dans lesquels on a fait naître la question présente.

Que si ce sous-fermier oppose encore à tout cela,

que la sentence dont est appel à néanmoins approuvé
le démembrement du fief de l'Estrem, et que cette
sentence ayant été rendue par les juges du conseil
d'Artois, qui doivent être instruits de l'usage de leur
province, elle peut servir elle-même de preuve pour
faire voir que cet usage n'est pas contraire au démembrement des fiefs, il sera aisé de lui répondre, qu'il
ne fait qu'établir par là les moyens d'appel que l'on
a droit d'opposer à une sentence qui blesse également
et la disposition de la coutume d'Artois, et l'usage
qui en est le plus sûr interprète.

Mais d'ailleurs, ce qui a pu induire les juges du
conseil d'Artois en erreur, c'est qu'ils ont vu que
par l'événement les portions du fief de l'Estrem,
qui avoient été divisées par des ventes frauduleuses,
se réunissoient en la personne du sieur comte de
Hornes fils, qui les avoit retirées par retrait lignager;
ils ont cru apparemment que le préjudice que le roi
et la règle générale souffroient par ce démembrement,
étant réparé en quelque manière par ce retrait, on
pouvoit fermer les yeux sur ce qui s'étoit passé en cette
occasion; mais ils n'ont point fait assez de réflexions
sur les conséquences que l'on pouvoit tirer un jour de
cet exemple; et c'est ce que l'on fera voir bientôt, en
répondant à l'objection que le sous-fermier du domaine de Béthune tire encore aujourd'hui de la réunion des différentes portions du fief de l'Estrem.

Il n'y a donc rien qui puisse obscurcir ces trois
caractères qui se découvrent sensiblement dans la coutume d'Artois:

Le premier, qu'elle ne renferme aucune disposition
qui favorise, même indirectement, la liberté de diviser et de démembrer les fiefs;

Le second, qu'au contraire, les exceptions qu'elle
fait en ce point à la règle générale, montrent évidemment quel est son esprit dans tous les cas non exceptés;

La troisième enfin, que l'usage de la province est
absolument conforme, et à l'esprit de la loi municipale,
et aux principes de droit commun en cette matière.

11 *

Or, comme on l'a dit d'abord , toute coutume qui a ces trois caractères, doit être mise au nombre de celles qui suivent les règles communes de la jurisprudence féodale, suivant lesquelles le démembrement des fiefs est défendu.

Ainsi, la seconde proposition qui a été avancée par le procureur-général du roi, ne paroît susceptible d'aucune difficulté ; et il est constant que la coutume d'Artois s'accorde parfaitement avec le droit commun dans ce qui regarde la prohibition du démembrement des fiefs.

La troisième proposition qui reste maintenant à établir , est que dans le fait particulier, il n'y a aucune des dispositions de la coutume d'Artois qui semblent favoriser en certains cas le démembrement, que l'on puisse appliquer à l'espèce présente avec la moindre vraisemblance.

En effet, si la coutume d'Artois tolère quelquefois le démembrement, ce ne peut être certainement que dans les quatre cas que l'on vient d'expliquer ; car on a fait voir qu'à la réserve de ces quatre cas, l'esprit général de cette coutume résiste entièrement à la division des fiefs.

Or, l'espèce qui a fait naître la contestation présente, n'est comprise dans aucune des quatre exceptions marquées par la coutume.

1.° Quand il seroit vrai que le fief de l'Estrem seroit du nombre de ceux auxquels la justice viscomtière est attachée, ce qui n'a point encore été prouvé dans le procès, cette circonstance ne seroit d'aucune importance pour la décision du procès, parce que ce n'est point certainement pour l'augmentation de la justice de l'Estrem que le sieur comte de Hornes a vendu les différentes portions de ce fief; ce n'est point dans la vue d'acquérir un plus grand nombre d'hommes féodaux pour le maintien de sa cour féodale ; on n'a stipulé dans aucun de ces contrats, que la portion aliénée seroit tenue en fief du reste de la terre de l'Estrem, ni que l'acquéreur deviendroit par là homme de fief du vendeur.

Les ventes sont pures et simples, sans réserve, sans condition ; elles n'ont pour motif que la nécessité des affaires du vendeur, nécessité qu'il a fait attester et jurer par des témoins, suivant l'usage de de la province d'Artois ; telle est la seule cause de toutes ces ventes, et par conséquent le sieur comte de Hornes n'étoit point dans le premier des quatre cas où la coutume d'Artois favorise une espèce de démembrement.

2.° Il n'étoit pas non plus dans le second ; il ne s'agissoit point de faire un arrentement ou un bail à rente d'aucune portion du fief de l'Estrem ; ni le sieur comte de Hornes, ni les acquéreurs, n'ont eu cette pensée ; la procuration en vertu de laquelle toutes ces ventes ont été faites, porte expressément que le comte de Hornes donne pouvoir à Martin-Philippe Rivage, de *vendre la terre et seigneurie de l'Estrem ;* les acquéreurs ont traité avec Rivage sur ce pied-là ; ils ont voulu acquérir la propriété entière des portions qu'ils ont achetées, et non pas en prendre le bail à rente : enfin, on ne remarque point dans ce qui s'est passé entre le vendeur et les acquéreurs, cette condition essentielle au bail à rente, que celui qui le fait, conservant toujours le domaine direct de ce qu'il aliène, demeure dans la foi de son seigneur suzerain, à l'égard duquel il est toujours censé propriétaire nonobstant le bail à rente. Ici, tout au contraire, la propriété entière, et directe et utile, est transférée de la personne du sieur comte de Hornes dans celles des acquéreurs ; le premier ne retient rien, les derniers acquièrent tout ; le premier cesse entièrement d'être vassal de son seigneur dominant, les derniers le deviennent absolument ; et par là, il est aisé de juger combien il y a de différence entre le cas de l'arrentement, et celui de l'espèce présente.

3.° Un intervalle encore plus grand, s'il est possible, sépare cette espèce du troisième cas dans lequel la coutume d'Artois admet une espèce de démembrement ; ce troisième cas est celui du partage entre

les enfans du premier dégré, dans lequel la coutume
attribue aux puînés un quint, que l'on nomme *hé-*
rédital: il n'est pas nécessaire de s'arrêter en cet
endroit, pour montrer que ce troisième cas a encore
moins d'application que les autres à la prétention de
Courtier.

Mais cependant il ne sera peut-être pas inutile de
rappeler ici le souvenir de la sévérité de la coutume
d'Artois sur ce point; on a vu qu'elle exclut les puînés,
non-seulement en succession collatérale, mais même
au second degré de la ligne directe descendante, du
droit de demander cette espèce de démembrement;
auroit-elle donc pu approuver que des étrangers,
qui ne sont unis entr'eux par aucun lien de parenté,
pussent acquérir et posséder séparément, non pas
le quint d'un fief d'un côté, et les quatre autres
portions de l'autre, mais huit ou dix portions différentes dans lesquelles on a divisé et comme mor-
celé un seul fief? C'est cependant ce que l'on a
prétendu faire dans l'espèce de cette cause, ce qui
est si évidemment contraire à l'esprit de la coutume
d'Artois, qu'il est surprenant qu'on ait osé le soutenir.

4.° Enfin, il n'est pas moins certain que le cas du
quint datif n'a encore aucune application à ce qui
s'est passé dans cette affaire.

1.° Dans ce cas, on ne sépare du corps du fief
que la cinquième partie; ici, tout au contraire, ce
corps de fief a été, pour ainsi dire, mis en poussière,
par la dissolution des parties dont il étoit composé.

2.° Ce n'est que pour un don purement gratuit,
et qui originairement étoit fondé sur la faveur de
la cause pie, que la coutume a permis ce démembrement du quint; ici, il s'agit d'un contrat ordinaire, dans lequel ni le vendeur, ni l'acquéreur n'ont
agi que par des vues d'intérêt.

3.° Ce don ne se peut faire que par testament ou
par une donation à cause de sa mort; au contraire,
le démembrement qu'on a voulu faire dans cette espèce, est fondé sur des actes entre vifs, sur des

contrats de vente, qui n'ont aucune relation à la mort et aux dernières volontés de celui qui les a faits.

Il est donc de la dernière évidence, que l'on ne peut jamais tirer aucune conséquence des dispositions de la coutume d'Artois, pour excuser le démembrement dont il s'agit; et si cela est, ce démembrement est également nul, et parce que l'esprit général de cette coutume le condamne, et parce qu'il n'y a aucune des exceptions particulières qu'elle a établies, par laquelle on puisse le justifier.

Le sous-fermier du domaine de Béthune n'ayant proposé sur ce sujet que des raisonnemens vagues et mal digérés, qui sont plus que détruits par les principes qui ont été expliqués dans cette requête, le procureur-général du roi ne croit pas devoir s'arrêter à y répondre plus amplement; il se contentera de relever seulement ce que ce sous-fermier a allégué en dernier lieu par sa requête du 2 décembre 1706, par rapport à la réunion que le sieur comte de Hornes fils a faite depuis le commencement du procès, des différentes portions du fief de l'Estrem; et le procureur-général du roi est d'autant plus obligé de s'expliquer sur ce moyen, qui est la dernière ressource de Courtier, que par là il achevera de faire connoître à la cour quel est le véritable intérêt du roi dans cette affaire.

Courtier prétend donc que le sieur comte de Hornes fils ayant obtenu des lettres-patentes, pour réunir toutes les parties du fief de l'Estrem, ces lettres ont fait cesser absolument l'intérêt du roi dans ce procès, parce que les choses étant rétablies par là dans leur premier état, la réunion a réparé le mal que la désunion avoit pu faire.

Pour montrer en un mot combien cette réponse est captieuse, il faut observer, qu'avant les lettres de réunion, le roi avoit trois différens intérêts dans cette affaire :

Le premier étoit de n'être pas frustré des deux tiers des droits seigneuriaux qui lui auroient été payés

pour la vente du fief de l'Estrem, si l'on n'avoit pas
affecté de le vendre frauduleusement par parties,
afin de donner au sous-fermier, sur la vente de chaque partie, beaucoup plus qu'il n'auroit eu sur la
vente du total;

Le second, d'empêcher que ce fief ne demeure
ainsi perpétuellement divisé en plusieurs petites portions, ce qui auroit presque anéanti pour toujours
les droits utiles du roi sur cette terre, et qui d'ailleurs
auroit réduit presque à rien un fief considérable contre
l'intérêt du roi, et contre les maximes certaines des
fiefs;

Le troisième enfin, de prévenir les conséquences
que cet exemple auroit sans doute à l'égard de tous
les autres fiefs mouvans du roi en Artois, si une
fraude de cette qualité avoit été une fois tolérée.

Telles étoient, avant la réunion faite par les lettres-
patentes dont il s'agit, les trois principales raisons
qui engageoient le procureur-général du roi à inter-
poser son ministère dans cette affaire : or, il est visible
que ces lettres-patentes ne font cesser que le second
de ces trois différens intérêts, puisqu'elles ne remé-
dient qu'au fait particulier de la séparation et du
démembrement du fief de l'Estrem; mais au surplus,
après ces lettres, comme avant qu'elles eussent été
obtenues, le roi seroit toujours exposé à perdre les
deux tiers des droits seigneuriaux qui lui sont dûs,
si la prétention du sous-fermier réussissoit; et, ce qui
est infiniment plus considérable, l'exemple du démembrement des fiefs mouvans du roi, seroit toujours
reçu et autorisé; c'est en vain que l'on voudroit dire
un jour, pour empêcher de pareils démembremens,
que dans l'événement celui du fief de l'Estrem n'a
pas subsisté, parce que toutes les portions de ce fief
ont été réunies dans la suite en un seul corps de
seigneurie; ceux qui soutiendroient que le démembrement est permis dans la coutume d'Artois, ne
manqueroient pas de répondre, que ce n'est que par
le fait et par la volonté libre du vassal que cette
réunion a été faite, qu'elle n'a point été ordonnée

par l'autorité de la cour ; et qu'au contraire, la cour a supposé que le démembrement étoit valable, et la division permise, puisqu'elle a confirmé une sentence par laquelle on a adjugé au sous-fermier des droits qui ne pouvoient lui être dûs, qu'en supposant que l'on ait pu vendre le fief de l'Estrem par parties.

Il n'en faut pas davantage, pour faire voir combien l'argument que l'on tire des lettres-patentes obtenues par le sieur comte de Hornes fils est faux et captieux, et de quelle importance il est de ne pas laisser subsister une sentence dont on pourroit tirer des conséquences si contraires au droit commun du royaume, à la loi municipale de la province d'Artois, aux intérêts du roi, et à ceux de tous les seigneurs de fiefs.

Telles sont toutes les réflexions par lesquelles le procureur général du roi a cru qu'il étoit de son devoir de combattre la première sentence rendue au conseil d'Artois le 12 janvier 1701, en ce qu'elle autorise le démembrement frauduleux que l'on a voulu faire du fief de l'Estrem.

La seconde sentence, qui fait la matière du second procès par écrit, ne regardant que l'intérêt du sieur comte de Hornes, par rapport à la remise des droits seigneuriaux, le procureur-général du roi ne doit prendre aucune part à l'appel qui en a été interjeté.

Enfin, la troisième sentence, qui suppose que le roi a jugé à propos de prendre lui-même connoissance de cette affaire, et qui renvoie les parties en son conseil pour y être réglées, n'a aucun fondement solide ; le receveur-général du domaine d'Artois, qui avoit avancé ce fait fort légèrement, en a depuis tellement reconnu la fausseté, qu'il s'est adressé uniquement à la cour pour y obtenir la justice qu'il demande ; et d'ailleurs, le procureur-général a été si certainement instruit des intentions du roi sur cette affaire, qu'il ne lui est pas permis d'avoir le moindre doute sur le tribunal dans lequel elle doit être décidée.

CE CONSIDÉRÉ, il vous plaise recevoir le procureur-général du roi partie intervenante dans ledit procès évoqué en la grand'chambre, appelant de ladite sentence rendue au conseil d'Artois le 12 janvier 1701, en ce qu'il y est porté que ledit Courtier sera payé en entier des droits seigneuriaux de chacune des portions de dîmes vendues par ledit de Hornes à différens particuliers, à la réserve de celle qui a été vendue audessus de deux mille livres; ensemble de ladite sentence du 10 février 1703, mettre l'appellation, et ce dont a été appelé au néant; et à l'égard de la sentence du 12 janvier 1701, mettre pareillement l'appellation au néant, en ce que, etc. *ut supra:* émendant, quant à ce, ordonner que ledit Courtier ne pourra être payé de la portion qui lui est dûe dans les droits seigneuriaux desdites portions de la dîme de l'Estrem, que sur le pied du tiers de la somme à laquelle se montent les droits seigneuriaux, eu égard au prix total des ventes qui ont été faites, si mieux n'aime ledit Courtier se contenter de la somme de deux mille livres pour tous ses droits; et sur le surplus des demandes et contestations desdits de Hornes, Lelez et Courtier, donner acte audit procureur-général de ce qu'il se rapporte à la cour d'y statuer, ainsi qu'elle le jugera à propos par sa prudence. Et vous ferez bien.

SEPTIÈME REQUÊTE.

PREMIÈRE REQUÊTE

Sur la mouvance appartenant au roi, à cause de son château d'Amiens, sur les droits de justice, de cens et de champart, possédés par le sieur de Vargemont, dans le territoire de Longvilliers, réclamée par madame la maréchale de Créqui, à cause de la seigneurie de Dommart.

A MESSIEURS DU PARLEMENT.

Supplie le procureur-général du roi, disant qu'ayant pris communication de l'instance qui est pendante en la cour entre François-Bernard le Fournier, sieur de Vargemont, et François le Fournier, sieur de Vargemont, son fils, d'une part; et Claude Tillette, sieur Doffinicourt, dame Catherine de Rougé, veuve de messire François de Créqui, maréchal de France, messire Alphonse, sire de Créqui, duc de Lesdiguières, d'autre; il a reconnu qu'entre plusieurs questions de fait et de procédure que l'on y a fait entrer, il y en a une qui intéresse le domaine du roi, et dont la décision emporte celle de toutes les autres questions que les parties ont traitées assez inutilement dans cette instance.

Cette question consiste à savoir si les droits de justice, de censive et de champart que le sieur de Vargemont possède par indivis dans le village de Longvilliers avec le prieur de Dommart, sont mouvans du roi comme le reste de la terre de Beaumets, à cause du bailliage d'Amiens, ou s'ils sont tenus en fief de la terre de Dommart qui appartenoit au feu sieur marquis de Créqui, dont la dame maréchale de Créqui et le sieur duc de Lesdiguières sont héritiers, la première quant aux meubles et acquêts, et le second quant aux propres.

Si l'on ajoute que le sieur Tillette Doffinicourt est cessionnaire des droits seigneuriaux que la dame maréchale de Créqui a prétendu lui être dûs pour la vente des droits dont la mouvance est contestée, on aura en peu de mots une juste idée et de la qualité et de l'intérêt des parties, et de la véritable, ou pour mieux dire, de la seule question du procès.

Car, que d'un côté la cession de ces droits soit valable, ou qu'elle ne le soit pas, qu'elle ait été signifiée dans un temps convenable suivant l'ordre de la procédure, ou qu'elle ne l'ait pas été; et que de l'autre le sieur de Vargemont soit recevable, ou qu'il ne le soit pas à s'opposer à un arrêt par lequel on a fait juger la question, non-seulement sans que le roi y fût partie, mais même sans conclusions de son procureur-général, toutes ces questions deviennent très indifférentes, ou, pour mieux dire, très-inutiles, s'il est vrai, comme on croit pouvoir le démontrer, que le droit du roi est aussi certain et aussi évident dans cette affaire, que celui du seigneur de Dommart est douteux et obscur.

C'est donc à cette unique question que le procureur-général du roi doit s'attacher aujourd'hui; et au lieu de faire ici une répétition aussi ennuyeuse que superflue des procédures qui ont été faites jusqu'à présent entre les parties, sans y appeler celle qui y avoit le principal intérêt, c'est-à-dire le roi, le procureur-général se contentera d'établir trois propositions :

La première, que le roi, qui n'a pas besoin de titres quand il s'agit d'une mouvance, en a néanmoins de certains et d'indubitables en sa faveur;

La seconde, que le sieur duc de Lesdiguières, à présent seigneur de Dommart, qui auroit besoin d'avoir des titres et surtout contre le roi, n'en a aucuns de quelque nature qu'ils puissent être;

La troisième, que les titres indirects qu'il appelle à son secours pour suppléer à ce défaut, ou ne prouvent rien, ou prouvent contre lui.

PREMIÈRE PROPOSITION.

Le roi, qui n'a pas besoin de titres, en a néanmoins de certains et d'indubitables.

Cette proposition a deux parties :

La première, que le roi n'a pas besoin de titres ;

La seconde, qu'il en rapporte néanmoins par surabondance de droit.

De ces deux parties, la première est une maxime constante, qu'on affoibliroit si l'on entreprenoit de la prouver. Le roi a le droit commun pour lui, c'est aux seigneurs particuliers à prouver leur exception ; et le défaut de titres de leur part, est toujours un titre certain et suffisant pour le roi.

La seconde partie demande plus de preuves que la première ; mais elle ne souffre pas plus de difficulté.

Pour donner quelque ordre à ces preuves il faut observer ici que pour établir que les droits possédés à Longvilliers par le sieur de Vargemont, sont tenus en fief du roi à cause de son domaine d'Amiens, on peut se servir de deux sortes de preuves.

Les unes consistent à faire voir que ces droits ne sont qu'une dépendance de la seigneurie de Beaumets et Goyaval, possédée par le sieur de Vargemont, et qui est constamment dans la mouvance du roi ; d'où l'on conclura, par une conséquence infaillible, que les droits dûs au seigneur de Beaumets et Goyaval dans le lieu de Longvilliers, sont aussi dans la même mouvance.

Le autres preuves tombent directement sur ces droits mêmes ; et l'objet de ces preuves est de montrer qu'indépendamment de la relation qui est entre la seigneurie de Beaumets et les droits dont il s'agit,

il y a encore assez de titres dans le procès pour faire
voir que ces droits sont mouvans immédiatement
du roi.

Première espèce de preuves.

Les droits dûs au sieur de Vargemont dans le territoire de Longvilliers ne sont qu'une dépendance
de Beaumets et Goyaval, qui sont dans la mouvance
du roi.

Ce n'est pas une proposition douteuse entre les
parties, que celle qui sert de fondement à cette première espèce de preuves, c'est-à-dire que les seigneuries de Beaumets et Goyaval sont immédiatement
mouvantes du roi.

La dame maréchale de Créqui et le sieur duc de
Lesdiguières en conviennent dans toutes leurs écritures ; et peu contens de reconnoître cette vérité, ils
ont jugé à propos de la prouver eux-mêmes en produisant l'hommage que le sieur duc de Nevers a
rendu au roi en l'année 1607 à cause de ces deux
seigneuries.

Ainsi, si l'on peut prouver que les droits qui appartiennent au sieur de Vargemont dans le lieu de
Longvilliers, et qui appartenoient aux ducs de Nevers
dans le temps de l'hommage de 1607, sont une dépendance et un accessoire des seigneuries de Beaumets
et de Goyaval, on aura prouvé en même temps que
ces droits, comme le reste de ces seigneuries dont
ils dépendent, sont dans la mouvance immédiate
du roi.

Or, c'est ce qu'il est facile d'établir, soit par les
titres produits au procès, soit par la reconnoissance
même du sieur d'Offinicourt.

On dit, en premier lieu, que cette vérité paroît
par tous les titres produits au procès ; il ne faut que
les parcourir pour en être convaincu.

Le premier qui se présente dans l'ordre des temps,
est « la coutume locale de la châtellenie et seigneurie
» de Saint-Valery sur la mer, Beaumets, Goyaval,

» Berneuil, Arondel et autres lieux à l'environ,
» étant des appartenances de la seigneurie dudit
» Saint-Valery. » C'est le titre que porte cette pièce.

Deux cents ans d'antiquité la rendent considérable dans cette affaire; ce fut en l'année 1507 que
cette coutume locale fut remise au greffe du bailliage
d'Amiens, en exécution des ordres donnés par le
roi, pour la rédaction des coutumes générales et
particulières de ce bailliage.

Pour rédiger ces coutumes locales de Saint-Valery avec plus de solennité, on assembla les principaux habitans des seigneuries particulières qui
étoient regardées comme des dépendances de celle
de Saint-Valery. On trouve dans l'acte d'assemblée
le curé et les habitans de Beaumets; et, ce qui est
fort remarquable, on y emploie le nom de quelques
habitans du lieu de Longvilliers.

L'article 16 de ces coutumes ainsi rédigées, contient ces mots : *Par ladite coutume l'on peut arrêter
corps et biens par la justice dudit seigneur, pour
les dettes de lui et de ses marchands desdites forêts
et desdits lieux de Beaumets, Arondel, et sur les
forcs et flegards* (c'est-à-dire sur les chemins) *de
Longvilliers.*

L'article 21 porte que « ledit seigneur a droit
» de rente, terrage et champart sur plusieurs pièces
» de terres vilaines, séant au terroir de Frausières,
» Longvilliers et ses environs. »

Enfin, dans le procès-verbal de rédaction de ces
coutumes locales, sur l'article *huitième* ou *septième
bis*, qui parle d'un droit dû au seigneur sur certains
héritages dépendans de la seigneurie de Beaumets,
il est dit que « les assistans ont déclaré qu'ils n'en
» savent rien, sauf que lesdits Enguerrant Bonar et
» Jean Thoulouse » (qui étoient tous deux de Longvilliers) « ont dit qu'en la ville et terroir de Long-
» villiers, chacune mesure grande ou petite doit 12
» deniers parisis de relief, etc. »

De toutes ces observations il résulte que, soit que

l'on considère la forme extérieure de la rédaction de
ces coutumes locales, soit qu'on envisage le fond de
leurs dispositions, il est également évident que les
droits que le seigneur de Beaumets avoit à Longvilliers, n'étoient regardés que comme une dépendance de cette seigneurie.

En effet, pour s'attacher d'abord à la forme,
pourquoi auroit-on appelé à la rédaction de ces coutumes les habitans de Longvilliers, sur lesquels s'é-
tendoit la seigneurie du comte de Nevers, comme
seigneur de Saint-Valery et de Beaumets, si les droits
qu'il avoit à Longvilliers n'avoient point été considérés comme un accessoire de sa terre ? Comment
ces habitans auroient-ils comparu devant le juge de
Saint-Valery et de Beaumets pour la rédaction de
ces coutumes, s'ils n'avoient pas été ses justiciables?
Ce juge ne prend point dans le procès-verbal d'autre
qualité que celle *de lieutenant de M. le bailli de
Saint-Valery à Beaumets, Goyaval, et autres lieux
à l'environ étant des appartenances de Saint-Valery.*
On ne nomme pas seulement ce lieu de Longvilliers
en cet endroit, on le confond, on l'enveloppe dans
cette expression générale, *et autres lieux à l'environ
étant des appartenances de Saint-Valery ;* pouvoit-
on mieux marquer que ce lieu de Longvilliers, en
ce qui appartenoit au comte de Nevers, étoit une
dépendance de sa seigneurie de Saint-Valery et de
Beaumets ?

Si l'on envisage ensuite le fond des dispositions de
ces coutumes, on y voit d'abord, dans l'article 16,
que les chemins, ou si l'on veut *les forcs ou flegards*
de Longvilliers, y sont marqués comme un lieu où
l'on peut arrêter *corps et biens par la justice du
seigneur;* donc Longvilliers est regardé comme une
dépendance de cette justice.

Ce n'est pas tout encore, on ne parle en cet article
de Longvilliers qu'après avoir parlé de Beaumets;
car l'article marque d'abord que « l'on peut arrêter
» corps et biens par la justice du seigneur, pour
» les dettes de lui et de ses *marchands desdites forêts,*

» c'est-à-dire *de Goyaval;* » on ajoute ensuite, « *et* » *desdits lieux de Beaumets, Arondel, et sur les* » *forcs et flegards de Longvilliers.* » On joint donc Longvilliers à Beaumets, et l'on marque par cette union que Longvilliers ou les droits qui y sont dûs, dépendent à la vérité du seigneur de Saint-Valery, mais par rapport à la seigneurie de Beaumets.

L'article 21 laisse encore moins lieu de douter de cette vérité, puisqu'il y est dit « que ledit seigneur » a droit de rente, terrage ou champart sur plusieurs » pièces de terre au terroir de Frausières, Longvil- » liers, etc. »

Donc, si le comte de Nevers avoit alors des droits à Longvilliers, c'étoit comme seigneur de Saint-Valery et de Beaumets, et des appartenances de cette seigneurie; donc ces droits ne sont regardés que comme un accessoire de ces terres, et cela dans un acte solennel fait en présence de tous les principaux habitans de ces seigneuries, et déposé il y a 200 ans au greffe du bailliage d'Amiens.

Enfin, quand il s'agit d'expliquer l'article 8 de ces coutumes locales, qui porte « que en aucun » autre lieu de ladite seigneurie étant l'environ dudit » Beaumets, est dû audit seigneur pour chacun » journel de terre douze deniers parisis, etc., » les habitans de Longvilliers rendent témoignage, que *cet autre lieu,* que le reste des habitans dit ne pas savoir, *est le lieu de Longvilliers où ce droit se paye.*

Mais en rendant ce témoignage, ne prouvent-ils pas également que le lieu de Longvilliers, où ces droits se paient, est une dépendance de la seigneurie de Beaumets? Et les termes mêmes de cet article 8, que ces habitans appliquent à Longvilliers, ne le prouvent-ils pas évidemment, puisque cet autre lieu, qui, selon eux, est celui de *Longvilliers,* est dit expressément être *de ladite seigneurie étant l'environ dudit Beaumets?*

Par quels termes plus énergiques auroit-on pu

marquer, que cette partie de Longvilliers est en-
fermée et enclavée dans la seigneurie de Beaumets?

Qu'on ne dise point ici que ces coutumes n'ont
pas été autorisées par le roi, et qu'elles ont été
simplement déposées au greffe du bailliage d'Amiens,
sans qu'il paroisse que les commissaires nommés pour
la rédaction des coutumes générales et particulières
du bailliage d'Amiens aient approuvé ces coutumes
locales de Saint-Valery, Beaumets, etc.

Il ne s'agit point dans cette affaire de décider si ces
coutumes locales ont la force et le caractère d'une
véritable loi, qui oblige les sujets de ces seigneuries;
ce n'est point par rapport au droit qu'on les allègue,
c'est uniquement par rapport au fait, et pour montrer
quels sont ceux qui ont concouru à les rédiger, dans
quelles seigneuries ils ont cru que ces coutumes devoient avoir lieu, et comment ils y ont parlé du lieu
de Longvilliers.

En effet, il importe peu que ces coutumes soient
suffisamment autorisées, ou qu'elles ne le soient pas,
pourvu qu'il en résulte toujours que dès l'année 1507,
tous ceux qui composoient les trois états des seigneuries de Saint-Valery, Beaumets, etc. ont également reconnu que le lieu de Longvilliers, ou du moins
les droits qui appartenoient au seigneur de Beaumets
dans ce lieu, étoient une dépendance et un accessoire
de la seigneurie de Beaumets.

Voilà ce qui résulte certainement de ce titre, et il
n'en faut pas davantage pour faire voir combien il
est important et décisif pour la cause du roi.

Qu'on ne dise pas non plus que, quand ces coutumes marquent que l'on peut arrêter corps et biens
*sur les forcs et flegards de Longvilliers par la justice
du seigneur,* on doit entendre ces termes de la justice
de Saint-Valery; que par conséquent on en devroit
conclure que Longvilliers seroit une dépendance de
Saint-Valery, et non pas de Beaumets, contre ce que
le sieur de Vargemont a soutenu dans l'instance; et
qu'enfin l'argument qu'on tire de ces coutumes iroit
trop loin, parce qu'il prouveroit que non-seulement

le fief de Longvilliers, mais encore les seigneuries de Beaumets, d'Arondel, de Goyaval, et les autres seigneuries énoncées dans ces coutumes locales, ne composeroient qu'un corps de seigneurie avec Saint-Valery, quoiqu'il soit constant qu'elles en sont distinctes et séparées.

Quand on admettroit toutes ces conséquences, et quand on conviendroit que toutes ces seigneuries étoient regardées en 1507 comme des dépendances de la terre de Saint-Valery, on ne voit pas quel avantage le sieur duc de Lesdiguières et la dame maréchale de Créqui en pourroient tirer.

Car la terre de Saint-Valery n'étant pas moins mouvante du roi que celle de Beaumets, soit qu'on regarde les cens de Longvilliers comme une dépendance de Saint-Valery, soit qu'on les regarde comme une dépendance de Beaumets, il est également certain que ces cens seroient toujours dans la mouvance du roi; et quand il seroit vrai qu'on auroit eu tort de diviser l'intégrité de la terre de Saint-Valery, par des aliénations particulières des membres qui la composoient autrefois, et de vendre les cens de Longvilliers avec le fief de Beaumets, au lieu de les laisser attachés à la seigneurie de Saint-Valery, il n'y auroit que le roi qui fût intéressé à se plaindre de la division de cette seigneurie; mais les seigneurs voisins n'y devroient prendre aucune part, puisque les droits dûs à Longvilliers au sieur de Vargemont, ne peuvent jamais tomber dans leur mouvance, soit qu'ils demeurent attachés à la terre de Saint-Valery, soit qu'ils soient unis à celle de Beaumets.

En second lieu, il n'est pas vrai qu'il n'y ait rien dans ces coutumes locales de 1507 qui prouve suffisamment que les cens de Longvilliers étoient une dépendance de Beaumets, plutôt que de Saint-Valery.

On a déjà remarqué sur l'article 16 de ces coutumes, qu'après avoir dit que l'on peut arrêter corps et biens *par la justice du seigneur, pour les dettes de lui et des marchands desdites forêts*, on ajoute

12 *

ces mots, qui tombent sur Beaumets et ses dépendances, *et desdits lieux de Beaumets, Arondel,
et sur les forcs et flegards de Longvilliers ;* ainsi on
a distingué dans cet article les forêts dépendantes
de Saint-Valery, des lieux qui dépendent de Beaumets ; on a exprimé séparément les uns et les autres ;
on a mis les forcs et flegards de Longvilliers au rang
des derniers, et par conséquent ce lieu, ou du moins
la portion de ce lieu qui appartenoit au seigneur
de Saint-Valery, a été regardée dans cet article
comme une dépendance particulière de Beaumets.

Mais ce qui ne laisse aucun lieu de douter de
cette vérité, c'est que les seigneurs de la maison de
Mantoue, qui avoient succédé aux comtes de Nevers
et qui ont vendu la terre de Beaumets, ont tellement cru que les cens de Longvilliers faisoient
partie de ceux qui dépendoient de la seigneurie de
Beaumets, qu'ils ont vendu ces droits à Longvilliers avec la terre de Beaumets, comme ne composant
qu'une seule et même terre ; ainsi la conduite de
ces seigneurs s'accorde parfaitement avec le style et
les expressions de leur coutume locale, et elle prouve
clairement que les possesseurs des terres de Saint-Valery, Beaumets, et des droits dûs à Longvilliers, n'ont
jamais entendu ces coutumes autrement que l'on vient
de les expliquer.

Le second titre qui prouve encore le même fait,
c'est-à-dire que les cens de Longvilliers n'ont jamais
été regardés que comme une dépendance de la terre
de Beaumets, est un registre des saisines données par
les officiers de la justice de Beaumets.

Trois faits importans résultent de ce registre qui
commence en 1604, et finit en 1626.

Le premier, que ce sont les officiers de Beaumets
qui seuls ont donné des saisines pour les héritages
tenus du seigneur de Beaumets au lieu de Longvilliers, et qu'ils n'ont point pris d'autre qualité,
en donnant ces saisines, que celle qui se trouve
au commencement du registre en ces mots, *fait*

*par nous lieutenans des terres et seigneuries de
Beaumets, foréts de Goyaval, Arondel, et appendances.*

Il résulte de ce premier fait une preuve invincible
de la vérité qu'il s'agit d'établir ; car que peut-on
opposer à ce raisonnement ?

Les cens de Longvilliers sont certainement compris
dans l'étendue de la seigneurie de laquelle ceux
qui ont donné ces saisines étoient officiers ; or cette
seigneurie n'est autre chose que celle de Beaumets :
donc ces cens sont renfermés dans la seigneurie de
Beaumets. Or ils ne sont désignés dans cet acte que
sous le nom général *d'appendances* : donc il est vrai
de dire que ces cens ne sont en effet qu'une dépendance de cette terre.

Le deuxième fait est que ce n'est point pour
des censives différentes de celles dont il s'agit, qu'on
accorde les saisines contenues dans ce registre ; il
y est dit en plusieurs endroits, et entr'autres au
fol. 20 verso, 30 recto et 82 recto, que les héritages ensaisinés étoient tenus du duc de Nevers et du
prieuré de Dommart par indivis, et c'est précisément sur ces héritages que tombe la question qui
fait le sujet de cette contestation.

Enfin le troisième fait est, qu'il y a même un de
ces actes d'ensaisinement, fol. 109 verso, qui tranche
nettement la question, et qui, parlant des terres
tenues du duc de Nevers et du prieur de Dommard,
porte expressément que ces terres sont tenues du
duc de Nevers *à cause de sa seigneurie de Beaumets.*

Ainsi, ce que les autres saisines font assez entendre par la qualité du juge qui donne ces ensaisinemens pour le duc de Nevers, comme seigneur
de Beaumets et de ses *appendances*, cette dernière
saisine le déclare formellement, et démontre que
ces droits communs entre le duc de Nevers et le
prieur de Dommart, appartenoient au premier à
cause de sa seigneurie de Beaumets.

Contre des inductions si précises et si convaincantes, on oppose deux choses également démenties
par les saisines mêmes dont on vient de parler.

On dit d'abord qu'il n'est pas impossible que le
seigneur de Beaumets n'ait quelques censives dans le
lieu de Longvilliers, mais qu'il ne s'ensuit pas de là
que celles qui lui sont communes avec le prieur de
Dommart, ne constituent pas un fief séparé de la
terre de Beaumets.

Mais on a prévu cette première objection, lorsqu'on
a remarqué que ce n'est pas seulement pour quelques
censives en général que le seigneur de Beaumets a
été reconnu dans ces actes de saisine, mais précisément et singulièrement pour celles qu'il possède par
indivis avec le prieur de Dommart; il est donc vrai
que ce sont ces censives-là mêmes qui dépendent de
Beaumets, et par rapport auxquelles l'ensaisinement
a été donné par les officiers du duc de Nevers,
comme seigneur de Beaumets.

On a dit ensuite que si les officiers de Beaumets
ont donné des saisines, même pour les héritages
dépendans du prieur de Dommart, ce n'est point
en qualité de juges de Longvilliers.

Mais comment pourra-t-on soutenir cette proposition, pendant qu'il sera certain que le juge qui a
accordé ces ensaisinemens, n'y prend point d'autre
qualité que celle de *juge de Beaumets, Goyaval et
Arondel, et leurs appendances;* c'est dans cette
seule qualité qu'il ensaisine les contrats, et par
conséquent, ou Longvilliers n'est point compris dans
ce registre, ce qu'on ne peut pas dire, puisqu'on
y lit un grand nombre d'ensaisinemens qui regardent
ce lieu, ou il n'y peut être compris que sous l'expression générale *d'appendances* à la terre de Beaumets.

Malgré l'évidence de ce raisonnement on a voulu
prouver, à quelque prix que ce fût, que le fief de
Longvilliers, qui fait le sujet de la contestation,
avoit une justice séparée et des officiers différens de
ceux de Beaumets.

Pour établir ce fait on a rapporté des commissions pour saisir féodalement, des saisines, et autres actes de juridiction féodale, délivrés depuis 1690 jusqu'en 1697 par les officiers du sieur de Vargemont, dans lesquels ils ont pris la qualité de baillis de la terre et seigneurie de Longvilliers ; d'où l'on conclut que le sieur de Vargemont a reconnu lui-même que le fief qu'il possède à Longvilliers, a une juridiction séparée et indépendante de celle de Beaumets.

Il est vrai que les officiers du sieur de Vargemont ont pris, fort mal à propos, depuis un très-petit nombre d'années, la qualité de juges de Longvilliers, comme si la justice de Longvilliers étoit une juridiction distincte de celle de Beaumets.

Mais il ne faut pas confondre ici le fait du roi avec celui du sieur de Vargemont ; on ne doit pas imputer au seigneur la faute de son vassal ; et si le sieur de Vargemont a donné, pendant quelques années, une fausse qualité à ses officiers, le roi, qui n'a point approuvé encore cette qualité, n'en doit souffrir aucun préjudice.

Ce changement, d'ailleurs, est trop récent pour pouvoir faire aucune impression ; ce n'est que depuis l'année 1690, que les officiers du sieur de Vargemont ont commencé à se dire juges de la justice de Longvilliers ; c'est en cette année seulement qu'ils ont changé l'ancien style de leurs prédécesseurs ; et au lieu que pendant deux siècles on n'avoit pas seulement nommé la justice de Longvilliers, lorsqu'il avoit été question de parler des officiers du seigneur de Beaumets, ensorte que cette justice n'avoit été comprise dans les actes passés par les officiers de Beaumets, que sous l'expression générale *d'appendances* de la terre de Beaumets, le sieur de Vargemont a voulu le premier séparer ce qu'il possède à Longvilliers de la terre de Beaumets, et en faire un corps de seigneurie et de justice subsistant par lui-même.

Mais pourquoi a-t-il fait cette innovation, si contraire à ses intérêts dans la présente contestation ?

C'est ce qu'il faut expliquer en peu de mots, afin de faire voir combien est frivole la conséquence que l'on veut tirer de cette innovation contre le roi.

Avant que la question qui fait le sujet de ce différend eût été agitée, le sieur de Vargemont et le sieur d'Offinicourt avoient entr'eux un autre procès pour des droits honorifiques dans l'église de Longvilliers, dans lequel le sieur de Vargemont avoit cru pouvoir prendre la qualité de seigneur en partie de Longvilliers.

Pour établir cette qualité, il lui étoit important de faire voir qu'il avoit une justice dans le lieu de Longvilliers, qui subsistoit par elle-même, et qui pouvoit être dénommée *justice de Longvilliers*.

C'est dans cette vue que, divisant de sa seule autorité ce qui avoit toujours été uni, il a fait prendre à son juge la qualité de bailli de Longvilliers, au lieu que ses prédécesseurs n'avoient pris que celle de bailli de Beaumets, Arondel et Goyaval. Voilà tout le mystère de ce changement, qui n'a eu jusqu'à présent aucun effet, puisque par une sentence qui est intervenue en 1694 sur cette première contestation, il a été fait défense au sieur de Vargemont de prendre la qualité de seigneur en partie de Longvilliers, sous prétexte des droits de justice et de censive dont il jouissoit dans une partie de ce lieu.

On laisse à juger, après cela, de quel poids est contre le roi une qualité aussi légèrement que nouvellement attribuée par le sieur de Vargemont à ses officiers, et comment le sieur d'Offinicourt, qui a lui-même combattu cette innovation dans le cours du procès qu'il a eu et qu'il a encore sur ce sujet avec le sieur de Vargemont, peut se faire, de cette fausse qualité qu'il attaque, un titre apparent pour prouver, contre le roi, qu'il y a une justice et une seigneurie à Longvilliers différente de celle de Beaumets, quoique possédée par le même seigneur.

Mais c'est trop s'arrêter à des objections si peu solides; il faut passer à présent au troisième titre, qui prouve, comme les deux premiers, que les droits dûs au seigneur de Beaumets dans le lieu de Longvilliers, ne sont qu'une dépendance de sa seigneurie de Beaumets.

Ce titre, qui a été produit par ceux mêmes qui combattent les droits du roi, est un hommage de l'année 1607, par lequel le duc de Nevers avoue tenir du roi, à cause du domaine d'Amiens, les terres de Saint-Valery, Cayeux, Boullencourt, Bethencourt, Beaumets et Goyaval, en Picardie.

La dame maréchale de Créqui a produit cet acte pour faire voir que les ducs de Nevers ne possédoient que six terres dans la Picardie qui fussent mouvantes du roi, et comme elle ne trouve pas dans ce nombre les droits dont ces seigneurs jouissoient dans le lieu de Longvilliers, elle croit en pouvoir conclure que ces droits formoient un fief séparé qui n'étoit pas tenu du roi.

Mais le procureur-général croit pouvoir en tirer une conséquence toute contraire ; car, bien loin que ce titre soit avantageux à la dame maréchale de Créqui, parce qu'il n'y est point fait de mention expresse des droits dûs au lieu de Longvilliers, c'est au contraire par cette raison-là même que ce titre lui est absolument contraire.

Pour faire sentir toute la force de cette induction, il faut remarquer qu'il y a trois faits certains dans cette affaire, par tout ce qui a déjà été dit, et par tout ce que l'on y ajoutera dans la suite de cette requête.

Le premier est que les ducs de Nevers possédoient constamment en l'année 1607, les droits qu'on appellera, pour abréger, droits de Longvilliers, dans toute la suite de cette requête ; ils ne les ont vendus qu'en 1634, comme on le verra dans un moment.

Le second, qu'ils ne regardoient ces droits que comme une dépendance de Beaumets ; c'est ce qui a déjà été prouvé, et par les coutumes locales de Saint-Valery, et par le registre des saisines commencé en 1604, et fini en 1626 ; c'est ce que l'on prouvera encore par le contrat de vente de 1634, où l'on fera voir que les droits de Longvilliers ont été vendus comme une suite et un accessoire de la terre de Beaumets.

Le troisième, que jamais les ducs de Nevers, ni leurs auteurs, n'ont rendu hommage a aucun seigneur particulier, pour les droits qu'ils possédoient à Longvilliers.

Ces trois faits étant ainsi supposés, on ne peut pas douter que l'hommage de 1607 ne comprenne ces droits comme une dépendance de Beaumets et de Goyaval.

Car dès le moment qu'il est certain, d'un côté, que les ducs de Nevers possédoient ces droits en 1607, et de l'autre, qu'ils les possédoient comme une dépendance de la seigneurie de Beaumets et de Goyaval, on ne sauroit douter que leur intention n'ait été de les comprendre dans l'hommage de Beaumets et de Goyaval; et ce fait devient encore plus certain, quand on voit qu'ils n'ont jamais rendu hommage de ces droits à aucun seigneur, et qu'on ne les a jamais poursuivis pour les obliger à le faire; tant il est vrai que les ducs de Nevers et les seigneurs de Dommart, représentés par la dame maréchale de Créqui et par le sieur duc de Lesdiguières, étoient tous également persuadés que ces droits de Longvilliers, faisoient partie de la terre de Beaumets; c'est ce qui a fait que les uns ont cru les avoir suffisamment portés au roi, en lui rendant hommage de Beaumets, et que les autres, sachant que l'hommage de Beaumets comprenoit aussi celui de ces droits qui en dépendoient, sont demeurés dans un profond silence, et n'ont jamais osé former de contestation sur ce sujet.

Le quatrième titre qui confirme encore la même vérité, est le contrat de vente de 1634, par lequel les sieurs Fleureton et Guisain acquirent la forêt de Goyaval et la seigneurie de Beaumets, de la maison de Mantoue.

Il n'est pas douteux entre les parties qui plaident

en la cour, que l'intention du vendeur et de l'acheteur ne fût certainement de comprendre dans cette vente les droits de Longvilliers, et qu'en effet, ces cens n'aient été vendus avec la terre de Beaumets : il est d'ailleurs constant que ces droits ont été spécifiés dans le décret volontaire qui a été fait en exécution de ce contrat ; et enfin, il est si vrai que ces droits faisoient partie de la chose vendue, que le sieur de Vargemont et ses auteurs, n'ont point d'autre titre que ce contrat, en vertu duquel ils puissent s'en dire les propriétaires.

Cependant, ces droits de Longvilliers qui ont été certainement vendus par ce contrat, n'y ont pas même été nommés.

On y vend, au nom de la maison de Mantoue, la forêt de Goyaval, et la terre et seigneurie de Beaumets, consistant en trois moulins, dont deux à vent, l'un appelé Courtainvilliers et l'autre de Beaumets, et l'autre à eau, appelé le moulin d'Arondel, droits de champart, censives en grains, argent et volailles, et tous autres droits, appartenances et dépendances de ladite terre et seigneurie de Beaumets ; les prés assis et prairies de Bardon, prés et terres dépendantes dudit moulin d'Arondel, et généralement tout ce qui appartenoit et pouvoit appartenir à sadite altesse, en ladite forêt de Goyaval, terre de Beaumets, *le tout appartenant à sadite altesse de son propre*, etc.

Voilà ce qui est vendu par ce contrat ; et dans tout cela, où trouve-t-on les droits de Longvilliers, dont on veut composer aujourd'hui une seigneurie distincte et séparée ? Il faut bien néanmoins que ces droits s'y trouvent, puisque l'on convient qu'ils ont été vendus par ce même contrat.

Or, on ne peut les trouver dans cet acte, que dans l'expression générale d'*appartenances et dépendances de Beaumets ;* et par conséquent, voilà le quatrième titre qui prouve invinciblement que les droits de Longvilliers n'ont jamais été regardés par les seigneurs de Beaumets, que comme une dépendance de cette seigneurie, ensorte qu'il suffisoit de posséder Beaumets, pour être seigneur des droits de Longvilliers; de vendre Beaumets, pour vendre les droits de Longvilliers; d'acquérir Beaumets, pour acquérir les droits de Longvilliers.

En vain oppose-t-on ici que l'on n'a pas marqué précisément dans ce contrat de quelle seigneurie relevoient les terres qui y sont comprises, et qu'on s'est contenté de cette expression générale, *lesdites terres mouvantes des seigneurs de qui elles sont tenues* : car, 1.° ce raisonnement prouveroit trop, parce qu'on pourroit l'appliquer à la terre même de Beaumets, qui cependant a toujours été dans la mouvance du roi, comme la dame maréchale de Créqui l'a elle-même prouvé.

2.° Qui ne voit que cette clause est un effet de la sagesse du magistrat qui traitoit au nom de la maison de Mantoue, et qui a voulu prévenir par là toute idée de recours de garantie contre les vendeurs au sujet de la mouvance?

3.° Enfin, ce qui n'est pas assez développé dans ce contrat, l'a été pleinement dans le décret volontaire qui l'a suivi, et qui constate ces deux vérités, l'une que les droits de Longvilliers font partie de la terre de Beaumets, l'autre que ces droits, comme le reste de la terre, sont mouvans immédiatement du bailliage d'Amiens.

Ce décret, qui est le cinquième titre du roi, est si précis, qu'on n'a besoin que du témoignage de ses yeux, pour en tirer cette conséquence, que les droits de Longvilliers ne composent avec Beaumets qu'une seule et même seigneurie mouvante du roi.

Car c'est ainsi que l'adjudication de cette terre a été conçue :

NOTREDITE COUR, par son décret et arrêt, a vendu et adjugé la terre et *seigneurie de Beaumets, ses circonstances et dépendances*, ensemble *la forêt de Goyaval, assise en la paroisse et terroir dudit Beaumets*, ensemble *les moulins*, etc... *se consistant*

aussi lesdites terres et seigneuries en censives, cham-
parts, et autres droits féodaux et seigneuriaux,
tant audit bailliage de Beaumets, qu'à Dommart,
Fraussu, Ribaucourt, Longvilliers, etc., le tout
tenu en un seul fief de nous, à cause de notre bail-
liage d'Amiens.

Telle est l'explication du contrat de vente de 1634
par le décret de 1637 : les droits de Longvilliers étoient
compris tacitement dans le premier sous le terme général d'*appartenances de la terre de Beaumets;* les
mêmes droits sont compris expressément dans le décret, qui explique en quoi consistoit le détail des
appartenances et dépendances de la terre de Beaumets; et le tout est dit *tenu en un seul fief du roi*
à cause de son bailliage d'Amiens.

Qu'oppose-t-on à un titre si décisif, et qui depuis
l'année 1637 jusqu'en 1703, n'avoit jamais été combattu ?

On dit que ce n'est pas par des décrets qu'on
juge une question de mouvance.

Mais, 1.° on ne prend pas garde qu'ici la question
de la mouvance dépend de la propriété; car, s'il est
vrai que les droits de Longvilliers sont tellement
réunis au corps de la seigneurie de Beaumets, qu'ils
ne forment qu'un seul tout avec cette terre, il est
indubitable que le seigneur direct de la terre est aussi
le seigneur direct de ces droits qui y sont unis.

2.° Quoiqu'un décret ne soit pas un acte de juridiction féodale, si l'on peut s'exprimer ainsi, on
sait que les énonciations qui s'y trouvent par rapport
à la mouvance sont toujours d'un très-grand poids,
et surtout quand elles marquent que la mouvance de
la terre adjugée appartient au roi.

Personne n'ignore à quelle garantie une telle énonciation expose ceux qui la font dans un décret; ainsi
on ne la met point au hasard; et d'ailleurs, les pu-
blications qui précèdent le décret, avertissent tous
les seigneurs intéressés, d'une telle énonciation. On ne
sauroit disconvenir que leur silence dans une telle

conjoncture ne soit un très-grand préjugé contre leurs
prétentions, surtout quand ils ne rompent ce silence
que plus de soixante ans après un décret, et lorsqu'une seconde adjudication a mis le sceau à la première, comme on le dira dans un moment.

Mais enfin, si ceux qui attaquent ici les droits du
roi, veulent absolument un acte féodal, qui ait
confirmé ce qui s'est passé dans la vente de 1634,
dont le décret de 1637 est une suite, ils le trouveront
dans leurs propres pièces, puisque la dame maréchale de Créqui a produit elle-même la sentence
d'ensaisinement obtenue sur cette vente par les
sieurs Fleureton et Guisain, et qui est le sixième
titre du roi dans cette première question.

Par cette sentence du bailliage d'Amiens, les
sieurs Fleureton et Guisain ont été mis en possession de la terre et seigneurie de Beaumets, avec
tous les droits, appartenances et dépendances de
cette terre, ainsi qu'ils l'avoient acquise de la maison
de Mantoue ; et cette sentence porte expressément
que « les acquéreurs ont payé les droits seigneuriaux
» dûs au roi à cause de ladite acquisition, comme
» lesdites choses vendues étant tenues de Sa Majesté
» à cause de son bailliage d'Amiens. »

Or, l'on a fait voir et par le décret et par la reconnoissance de toutes les parties, que les droits de
Longvilliers étoient du nombre des choses vendues.

Ainsi, les actes qui regardent les devoirs de fief,
et ceux qui concernent les droits de propriété, concourent tous à la même fin ; et il en résulte également que soit par rapport aux propriétaires, soit
par rapport au seigneur suzerain, les droits de Longvilliers ont toujours fait partie de la terre et seigneurie
de Beaumets.

On ne répond point ici à une objection peu mé-
ditée que l'on a faite contre cette sentence.

On a prétendu qu'elle étoit nulle, parce qu'il
falloit s'adresser aux trésoriers de France, et non
pas au bailliage d'Amiens, pour obtenir cet ensaisinement.

Mais on n'a pas fait réflexion que cette sentence n'est pas tant à considérer par ce qui est émané de l'office du juge, que par la déclaration que les parties y ont faite, et elles y assurent positivement qu'elles ont payé au roi les droits seigneuriaux de tout ce qu'elles ont acquis par le contrat de 1634. D'ailleurs, la juridiction qu'il a plu au roi d'attribuer en ces matières aux trésoriers de France, à l'exclusion des baillis et sénéchaux, n'étoit pas encore aussi pleinement établie par l'usage en 1635, qu'elle l'est aujourd'hui. Enfin, depuis plus de soixante-dix ans, personne n'a réclamé contre ce jugement; et il est inouï que, pour détruire une reconnoissance aussi précise que celle qui se trouve dans cette sentence en faveur des droits du roi, on veuille relever un moyen imaginaire d'incompétence, et exciper du droit des trésoriers de France, qui ne se sont jamais plaints de cette sentence, et qui auroient eu peut-être tort de s'en plaindre.

Le septième titre qui prouve encore que les droits de Longvilliers ne sont qu'une dépendance de la terre de Beaumets, est le décret de 1686, par lequel cette terre a été adjugée au sieur de Vargemont.

Ce décret est d'autant plus fort, qu'en n'adjugeant que la seigneurie de Beaumets, sans faire aucune mention expresse des droits de Longvilliers, il adjuge manifestement ces droits comme une dépendance de Beaumets; en effet, on ne disconvient pas que le sieur de Vargemont ne les possède en vertu de ce décret qui est son unique titre; cependant on ne trouve point ces droits énoncés dans cette adjudication, ou, si on les y trouve, ce ne peut être, comme dans quelques autres titres, que sous le nom *d'appartenances et dépendances*, après quoi on ajoute que *le tout est tenu du roi à cause de son bailliage d'Amiens*.

Or, ce *tout* comprend certainement les droits de Longvilliers; les parties mêmes qui plaident ici contre le roi, n'en sauroient disconvenir : donc, suivant ce décret, les droits de Longvilliers, comme étant une dépendance et un accessoire de Beaumets, sont tenus du roi à cause du bailliage d'Amiens.

En effet, et c'est ici le huitième titre qui prouve encore la même vérité, le roi seul en a reçu les droits seigneuriaux, comme il paroît par deux quittances, l'une du receveur des domaines du roi au bailliage d'Amiens, et l'autre de la dame marquise de Sénectère, engagiste du même domaine.

Enfin, le neuvième et dernier titre du roi à cet égard, est la sentence de saisine donnée le 2 octobre 1686 au sieur de Vargemont par les trésoriers de France d'Amiens, où l'on voit qu'il a déclaré qu'ayant acquis avant ce décret le quart de la forêt de Goyaval et le moulin de Courtainvilliers, anciennes dépendances de la terre de Beaumets, il *entendoit les réunir pour ne faire qu'un seul et même fief relevant de Sa Majesté en plein hommage ;* et les trésoriers de France lui donnent acte de sa déclaration, pour quoi il se retirera par-devers Sa Majesté pour obtenir l'arrêt d'union.

Comment pouvoit-on mieux marquer que toutes les appartenances de Beaumets étoient mouvantes du roi ?

Que l'on ne dise point ici qu'il y avoit donc plusieurs fiefs dans cette terre distincts et séparés les uns des autres, puisqu'il a fallu une déclaration du sieur de Vargemont pour les réunir, et que les trésoriers de France lui ont même imposé la nécessité d'obtenir des lettres d'union.

Premièrement, l'union ou la division de ces fiefs est ici très-indifférente par rapport à la mouvance, puisque l'on reconnoît dans cette sentence que ces fiefs, quoique séparés de fait de la seigneurie de Beaumets, étoient tous également tenus du roi.

Secondement, il est visible par les termes mêmes que l'on vient de rapporter, que cette distinction de différens fiefs ne tombe point sur les droits dûs à Longvilliers, qui ont été enveloppés et confondus dans l'adjudication de Beaumets, sous les termes de *circonstances et dépendances*, et qu'elle tombe uniquement sur le quart de Goyaval et sur le moulin de Courtainvilliers, que le sieur de Vargemont avoit acquis séparément. Il importe donc peu, après cela, d'examiner comment le démembrement de ce quart de la forêt de Goyaval et du moulin de Courtainvilliers étoit arrivé; si ce démembrement étoit juste, ou s'il ne l'étoit pas; si la réunion avoit lieu de plein droit, ou si elle ne se pouvoit faire qu'avec la permission du roi. Toutes ces questions, encore une fois, sont absolument étrangères aux cens de Longvilliers, dont il ne s'agit nullement dans cet endroit de la sentence du 2 octobre 1686.

Telle est donc la première espèce de preuve qui établit que les droits dont la mouvance est contestée, font certainement partie de la terre de Beaumets; et que, comme on ne doute point que cette terre ne soit mouvante du roi, on ne doit pas douter non plus que ces droits, qui en font partie, ne relèvent du même seigneur.

Mais à cette première preuve, tirée des titres produits au procès, il faut en joindre une seconde qui achève de mettre ce point de fait dans tout son jour, c'est la reconnoissance publique et formelle du sieur d'Offinicourt dans plusieurs actes réitérés.

On a déja observé qu'il y a eu un premier procès entre lui et le sieur de Vargemont par rapport au lieu de Longvilliers, dont le sieur de Vargemont prétendoit pouvoir se dire seigneur haut-justicier.

Dans le cours de ce procès, le sieur d'Offinicourt, tenant un langage bien différent de celui qu'il tient aujourd'hui, sembloit avoir entrepris de défendre la cause du roi, qu'il combat à présent, et de prouver que le sieur de Vargemont n'avoit point de seigneurie à Longvilliers distincte et séparée de Beaumets.

Entre plusieurs endroits de ses écritures, le procureur-général du roi en choisira seulement quatre, qui contiennent une reconnoissance si précise et si naïve de cette vérité, qu'on ne sauroit concevoir, après cela, que celui qui a fait cette reconnoissance en 1690, 1691 et 1693, soit le même que celui qui a entrepris de prouver le contraire en l'année 1700.

Le premier se trouve dans une requête du 20 octobre 1690, où le sieur d'Offinicourt déclare formellement, que « les droits dûs au sieur de Varge-
» mont dans le lieu de Longvilliers, ne constituent
» pas un fief séparé, et ne sont autre chose que le
» fief même de Beaumets-Goyaval. »

C'est ainsi qu'il s'explique dans ses conclusions mêmes, et non pas seulement dans l'énoncé de cette requête :

« Comme aussi que défenses fussent faites au sieur
» de Vargemont de prendre la qualité de seigneur de
» Longvilliers ; ordonné qu'elle seroit rayée des actes
» et écritures où il l'avoit prise, sauf à lui à prendre
» celle de Beaumets-Goyaval, qui est le nom de son
» fief situé au terroir et village de Longvilliers. »

Le deuxième est dans un dire du 20 décembre 1691, où le sieur d'Offinicourt, peu content d'attester la même vérité, entreprend de prouver lui-même que tout ce que le sieur de Vargemont possède à Longvilliers ne peut être qu'une dépendance de la terre de Beaumets ; et il le prouve si démonstrativement, que le procureur-général ne croit pas pouvoir employer un argument plus fort pour l'établissement des droits du roi, que celui dont le sieur d'Offinicourt s'est servi en cet endroit.

Car voici comment il raisonne contre le sieur de Vargemont :

« Mais, pour convaincre plus fortement le sieur de
» Vargemont, il ne peut disconvenir qu'il a acheté
» la terre et la seigneurie de Beaumets par décret, et
» qu'il ne peut jouir que des fiefs qui lui ont été ad-
» jugés ; or, par toutes les affiches de criées qui ont
» été faites, il est constant qu'on a publié la vente
» de la terre et seigneurie de Beaumets, *circons-*
» *tances et dépendances* ; pour que ledit sieur de
» Vargemont jouisse des mouvances situées au terroir

» de Longvilliers, *il faut nécessairement que ce*
» *qu'il a au terroir de Longvilliers soit une dépen-*
» *dance de la terre et seigneurie de Beaumets ou*
» *de la forêt de Goyaval.* »

C'est ainsi que le sieur d'Offinicourt prouvoit
alors très-solidement, que le sieur de Vargemont n'é-
toit adjudicataire que de la terre de Beaumets et
Goyaval, *circonstances et dépendances*; que cependant il jouissoit des mouvances de Longvilliers, en
vertu de cette adjudication, et qu'il falloit nécessairement que ces mouvances fussent une *dépendance*
de la terre de Beaumets et Goyaval.

C'est ce même raisonnement que le procureur-
général a employé déjà plusieurs fois, et qu'il emploie encore en cet endroit contre le sieur d'Offinicourt, c'est-à-dire, contre celui même qui en est le
premier auteur.

Il a répété la même chose une troisième fois, dans
une requête du 30 octobre 1693, où il dit encore en
termes formels, que « les droits de fiefs qui appar-
» tiennent au sieur de Longvilliers ne sont pas *un*
» *fief particulier, mais une dépendance de celui de*
» *Beaumets.* »

Enfin, il a reconnu non-seulement que les droits
de Longvilliers, possédés par le sieur de Vargemont,
étoient une dépendance de la terre de Beaumets,
mais que ces droits, ou plutôt le fief dont ils dépendent, sont tenus immédiatement du roi; et il l'a si
bien reconnu, qu'il en a tiré un argument pour prouver qu'il étoit impossible que le sieur de Vargemont
possédât le véritable fief de Longvilliers.

C'est dans le même dire du 20 décembre 1691
dont on a déjà parlé, qu'il a fait cette reconnoissance;
c'est là que, pour montrer que le fief de Longvilliers
qui lui appartient, et les droits dûs au sieur de Vargemont dans le terroir de Longvilliers, sont deux
fiefs différens, il se sert de ce raisonnement:

« Il est, dit-il, absolument nécessaire que ce soient
» deux fiefs différens, puisque celui du sieur de Var-
» gemont est mouvant du roi........ et celui dudit

13*

» sieur d'Offinicourt mouvant de la dame de Cade-
» rousse, etc. »

En vain voudroit-on répondre pour le sieur d'Offinicourt, que, si dans le cours d'un autre procès il
est convenu de ce fait qui lui est contraire dans celui-
ci, il a aussi l'avantage que le sieur de Vargemont
a prétendu réciproquement que son fief de Longvilliers étoit un fief absolument distinct et séparé de celui
de Beaumets, et qu'ainsi le sieur de Vargemont n'a
pas plus de droit pour opposer le sieur d'Offinicourt
à lui-même, que le sieur d'Offinicourt n'en a pour
combattre le sieur de Vargemont par ses propres reconnoissances.

Il est vrai que la chaleur de la contestation a engagé
le sieur de Vargemont, dans son premier procès, à
sortir des bornes de l'exacte vérité, et qu'il a soutenu mal à propos, sans aucun titre, ou plutôt contre
ses titres mêmes, que ce qu'il possédoit à Longvilliers
étoit un fief et une seigneurie différente de celle de
Beaumets.

Mais, parce que le sieur de Vargemont s'est trompé
en ce point, peut-on conclure de là que le roi, auquel
on ne peut pas reprocher une pareille méprise, ne
soit pas en droit de profiter des reconnoissances précises et géminées du sieur d'Offinicourt? Et faudra-
t-il que, parce que le sieur de Vargemont est tombé
dans cette méprise, on fasse pour ainsi dire compensation de l'erreur qu'il a avancée, avec la vérité que
le sieur d'Offinicourt a reconnue? Ensorte qu'un fait
soutenu mal à propos par une partie, efface la conséquence que l'on tire d'un fait très-justement avoué
par son adversaire. C'est ce qui ne peut pas seulement
être proposé.

Il y a d'ailleurs une différence infinie entre les deux
faits qui ont été avancés par les parties, contre ce
qu'elles soutiennent aujourd'hui; en effet, il est visible que l'intérêt seul, et l'envie d'augmenter ses
qualités du titre de seigneur haut-justicier de Longvilliers, avoient porté le sieur de Vargemont à avancer

le fait nouvellement inventé, de la distinction du fief de Beaumets et des droits qu'il possède à Long-villiers,

Il n'en est pas de même du sieur d'Offinicourt; il a tenu, dans ce procès, le même langage que ses auteurs avoient toujours tenu dans un temps non suspect, et plus de vingt ans avant que la contestation fût formée.

C'est ce qui est prouvé par un aveu du fief de Long-villiers, rendu par Jean Tillette, auteur du sieur d'Offinicourt, le 15 octobre 1669, fol. 22 v.° art. 5; et rien n'est plus décisif que cette pièce, pour montrer comment les prédécesseurs du sieur d'Offinicourt ont parlé des droits que les seigneurs de Beaumets et Goyaval avoient à prendre dans le lieu de Longvil-liers.

C'est ainsi qu'il s'en explique :

« De plus, j'avoue encore avoir le même droit de
» champart *sur les terres tenues de la seigneurie de*
» *Goyaval au terroir de Longvilliers, sauf environ*
» *quinze journaux où ledit seigneur de Goyaval et*
» *le prieur de Dommart ont le droit seuls.* »

Il est donc vrai que, non-seulement le sieur d'Of-finicourt, dans la chaleur d'un procès, mais Jean Tillette, son auteur, dont il porte le nom, a reconnu, dans un temps libre de toute prévention, que les terres mouvantes du sieur de Vargemont, *dans le lieu de Longvilliers, étoient tenues de la seigneurie de Goyaval*, et, par conséquent, que ces terres n'é-toient point mouvantes de ce fief imaginaire que l'on veut former aujourd'hui et que l'on détache sans aucun fondement de la seigneurie de Beaumets et Goyaval,

Il est bien difficile de concevoir, après tout cela, comment le sieur d'Offinicourt peut disputer au roi une mouvance que lui et ses auteurs ont si formelle-ment reconnu lui appartenir.

Mais comme il a appelé à son secours, pour excuser sa variation, la dame maréchale de Créqui et le sieur duc de Lesdiguières, il est nécessaire, avant que de finir ce qui regarde cette première proposition, d'examiner ce qui a été proposé de leur part contre les titres que l'on vient d'expliquer.

Ils réduisent avec raison toute la question à savoir, s'il est vrai que les droits de Longvilliers soient une dépendance de la terre de Beaumets ; ils prétendent prouver le contraire par quatre argumens principaux.

Le premier est tiré des comptes de la seigneurie de Saint-Valery, des années 1497, 1498, 1504, 1507, 1512, 1523, 1524 et 1525.

Bien loin de combattre ces pièces comme opposées aux droits du roi, le procureur - général les emploie au contraire pour confirmer encore la vérité de l'union des droits de Longvilliers à la terre de Beaumets.

Mais, avant que de faire voir combien ces titres sont favorables à la cause du roi, il faut expliquer l'induction qu'on en tire pour la combattre.

« On a compté des droits de Longvilliers par un » article, et sous un titre différent de celui de Beau- » mets : donc ces droits ne font point partie de la » seigneurie de Beaumets.

« On trouve d'ailleurs, dans quelques-uns de ces » titres, le terme de *la terre et seigneurie de Long-* » *villiers :* donc il y a une seigneurie de Longvilliers, » indépendante de celle de Beaumets. »

Mais il est aisé de faire voir, premièrement, que ces inductions ne sont d'aucune conséquence ; et secondement, que bien loin que les comptes dont on se sert pour les appuyer, fassent voir que les droits de Longvilliers soient indépendans de Beaumets, ils prouvent au contraire que ces droits sont une dépendance de cette seigneurie, ou, si l'on veut, de celle de Saint-Valery, dont la terre même de Beaumets étoit une partie dans le temps que ces comptes ont été rendus.

On dit, premièrement, que les inductions qu'on en tire ne prouvent rien.

Car comment a-t-on pu conclure de ce que les

droits dûs dans le village de Longvilliers sont employés par un compté de recette, dans un chapitre
différent de celui des droits dûs dans le village de
Beaumets, comment, disons-nous, en a-t-on pu conclure que les droits de Longvilliers formoient, dans le
temps de ces comptes, un corps de fief et de seigneurie distinct et séparé de celle de Beaumets ?
Comme si l'ordre qu'un receveur se propose de suivre
dans un compte, pour le rendre plus clair et plus
intelligible, décidoit de la différence et de la distinction des seigneuries ; comme s'il étoit impossible, ou
même extraordinaire, qu'une seule et même seigneurie s'étendît en différens villages ; comme s'il ne
falloit pas distinguer les lieux où les droits sont dûs
et où les héritages sont situés, du chef-lieu auquel
ils sont dûs ; et comme si, pour les avoir distingués,
on avoit séparé les membres de leur chef, et mor-
celé une seigneurie en autant de fiefs qu'il y a de
cantons différens employés dans un compte de recette ; en vérité, il y a tant de réponses décisives et
péremptoires à faire contre une telle objection, qu'il
est surprenant qu'on ait voulu la proposer.

Il en est de même de l'induction que l'on tire des
termes de *terre et seigneurie de Longvilliers*, qu'on
trouve dans quelques-uns de ces comptes ; termes
que le sieur d'Offinicourt prétend lui-même être im-
propres, puisqu'il soutient avoir seul la seigneurie
de Longvilliers, et dont, par conséquent, ni lui, ni
ceux qui ont le même intérêt que lui, ne peuvent se
servir contre le roi ; mais d'ailleurs, quand ces termes
seroient justes et convenables, que s'ensuivroit-il de
là ? Si ce n'est que la terre de Beaumets, et celle de
Saint-Valery, dont elle a fait partie, étoient, comme
toutes les seigneuries considérables du royaume, com-
posées de plusieurs fiefs et seigneuries particuliers,
qui ne formoient qu'un tout et qu'un corps de seigneurie ; qu'y a-t-il en cela de difficile à concevoir,
et qui puisse empêcher que les droits dûs à Longvilliers, ou, si l'on veut, la seigneurie de Longvilliers ne soit confondue avec la seigneurie principale

de Beaumets, ou avec celle de Saint-Valery, car cela paroît assez incertain dans les comptes dont il s'agit.

Mais il faut ajouter, en second lieu, que ces comptes, dont on a tiré des inductions si frivoles contre la cause du roi, prouvent au contraire que les droits de Longvilliers dont il s'agit, étoient considérés, dès l'année 1497, comme une dépendance de Beaumets ou de Saint-Valery, dont Beaumets faisoit partie en ce temps-là.

Il ne faut pour en être convaincu, que lire l'intitulé du compte de cette année.

On y remarque d'abord que celui qui le rend n'y prend point d'autre titre que celui de *receveur de la terre, seigneurie et baronnie de Saint-Valery*, ce qui marque déjà qu'il croyoit que tous les droits dont il alloit compter étoient des dépendances de cette terre.

On y lit encore ces mots, qui prouvent encore plus évidemment la même chose :

« Compte déclaratif de Jean de Ponthieu, rece-
» veur de la terre et seigneurie de Saint-Valery,
» sur la mer, et des appartenances et dépendances
» d'icelle. » Il explique ensuite ce que c'est que ces appartenances par ces mots :

« Ensemble des bouts et côtés des terres, bois,
» maisons, etc., avec les cens et redevances d'iceux,
» séant tant ès villes de Saint-Valery, Salleval à
» *Beaumé, Longviller, Dommart, etc., et plusieurs*
» *autres villages y appendans.* »

Il est donc visible que tous ces villages ou territoires, dans lesquels le seigneur de Saint-Valery avoit des cens et des redevances à prendre, étoient regardés comme *appendans* de la seigneurie de Saint-Valery.

Qu'on ne dise point encore ici, que cet argument prouveroit que les droits dûs dans le lieu de Longvilliers seroient une dépendance de Saint-Valery plutôt que de Beaumets.

Ce fait, quand il seroit véritable, ne prouveroit rien contre le roi, qui n'est pas moins le seigneur

direct de Saint - Valery que le seigneur direct de
Beaumets, et auquel par conséquent il doit être indifférent, comme on l'a déjà dit dans un autre endroit
de cette requête, que les droits soient regardés
comme une dépendance de Saint-Valery, ou comme
une dépendance de Beaumets.

Le compte de 1498 est encore plus formel que celui
de 1497 ; l'intitulé de ce compte ne fait aucune mention expresse des censives de Longvilliers ; Jean de
Ponthieu qui le rend n'y nomme que Saint-Valery,
Cambron et *Beaumé, et les appartenances déclarées
en ce présent compte;* or, il y fait recette ensuite des
cens de Longvilliers : donc ces cens, suivant ce
compte, sont une des *appartenances* des terres de
Saint-Valery, Cambron et Beaumets.

On trouve la même expression, et par conséquent
la même induction, dans le compte de 1507, dans
celui de 1513, et dans ceux de 1523 et de 1525.
Tous ces comptes ne faisant mention dans leur titre
que de la terre de Saint-Valery, et comprenant ensuite les cens de Longvilliers au nombre des droits
dont le receveur de Saint-Valery a fait recette, ne
prouvent pas moins évidemment, que si des comptes
d'un receveur peuvent être de quelque poids pour
décider la question présente, ils la décident tous en
faveur du roi, puisqu'ils font voir que les cens de
Longvilliers ont toujours été regardés comme une dépendance de la seigneurie de Saint-Valery, considérée dans son état, c'est-à-dire, lorsqu'elle comprenoit même la seigneurie de Beaumets, Goyaval, etc.

Le deuxième argument dont la dame maréchale
de Créqui se sert pour prouver la distinction réelle
et absolue de la terre de Beaumets et des droits de
Longvilliers, est fondé sur un autre endroit des
mêmes comptes, et surtout de celui de 1497, par
lequel il paroît que les droits seigneuriaux se règlent
différemment en cas de vente, et en cas de succession
à Beaumets et à Longvilliers.

Mais, quand on conviendroit de la vérité de ce fait,
on ne voit pas quelle conséquence on en pourroit

tirer ; il en résulteroit tout au plus que les concessions d'héritages qui ont été faites aux tenanciers de
Longvilliers, ont été faites sur un pied différent de
celles qui ont été faites aux habitans de Beaumets ;
mais s'ensuit-il de là que ces cens n'appartiennent pas
au seigneur de Beaumets, comme une dépendance
de sa seigneurie ? C'est une conséquence qui ne paroît nullement nécessaire. La différence des droits
seigneuriaux ne vient que de la différence des conventions qui ont été faites autrefois entre le seigneur
et ses sujets, dans le temps de la première aliénation
du fonds à titre de cens ; or ces conventions ont pu
être différentes, non-seulement dans chaque seigneurie, mais encore dans les différens cantons dont une
seule seigneurie est composée. On sait d'ailleurs que,
quoique ces droits aient pu être uniformes dans l'origine, ils ont pu être changés depuis ce temps-là dans
leur quotité, soit par prescription, soit par convenance, en une infinité de manières différentes ; et,
quand on supposeroit même que le fief dont dépendent les cens de Longvilliers auroit été originairement un fief séparé qui avoit ses usages différens,
rien n'empêche qu'on ne suppose aussi que le seigneur de Saint-Valery et de Beaumets l'a réuni à sa
seigneurie, sans que la condition de censitaire ait été
changée par cette réunion.

Voilà cependant quelles sont les plus fortes objections de la dame maréchale de Créqui, car la troisième et la quatrième ne méritent presque aucune
réponse.

La troisième est tirée de l'hommage de 1607,
rendu au roi par les ducs de Nevers pour les six
terres qu'ils possédoient en Picardie ; et, parce que
la dame maréchale de Créqui n'y trouve pas les
droits de Longvilliers exprimés nommément, elle
en conclut que ces droits composoient un fief séparé
qui n'étoit pas tenu du roi.

On a déjà prévenu l'argument qu'on tire de ce
titre par une conséquence si forcée, lorsqu'on a fait

voir par tant de moyens, que les droits de Longvilliers n'étoient qu'une légère dépendance des terres
que les ducs de Nevers possédoient en Picardie; il
n'est donc pas surprenant, après cela, qu'on ne l'ait
pas employé expressément dans un hommage dans
lequel cette dépendance est censée comprise comme
un accessoire des terres qui y sont énoncées; et d'ailleurs, cet argument est évidemment faux, parce qu'il
prouve trop, et que si l'on s'y arrêtoit, il faudroit en
conclure que tous les cens et toutes les redevances
que les seigneurs de Saint-Valery et de Beaumets
avoient à prendre sur cinq ou six villages des environs, de même que sur celui de Longvilliers, n'étoient
pas non plus dans la mouvance du roi, parce qu'on
n'en a pas fait une mention plus expresse dans cet
hommage, que des cens de Longvilliers; or, c'est
ce que jusqu'à présent on n'a pas osé avancer.

Enfin, la dernière objection de la dame maréchale de Créqui, est que le sieur de Fleureton, un
des propriétaires de la terre de Beaumets avant le
sieur de Vargemont, a rendu hommage au roi, le
12 novembre 1681, pour la terre de Beaumets, la
forêt de Goyaval et le moulin de Beaumets, et qu'en
rendant cet hommage, il a déclaré que ces trois
lieux étoient trois fiefs tenus directement du roi,
d'où l'on conclut qu'il n'est pas vrai, comme les décrets de 1637 et de 1686 et d'autres actes produits
par le sieur de Vargemont le portent expressément,
que les biens adjugés par ces décrets soient tenus en
un seul fief du roi; et, comme les droits de Longvilliers ne sont point compris dans cet acte, on en tire
aussi cette conséquence, que ces droits composent un
fief séparé qui n'est pas mouvant du roi.

Mais on pourroit dire d'abord que ni la conduite
ni le langage du sieur de Fleureton n'ont pu faire
aucun préjudice aux droits du roi; il ne dépend pas
d'un vassal de diviser ainsi sa seigneurie, et de faire
trois fiefs d'un seul sans le consentement de son seigneur.

On pourroit ajouter ensuite que cet acte est couvert par tout ce qui le précède et qui le suit, où l'on voit que tout ce qui a été compris dans les décrets de 1337 et de 1686, n'a jamais été regardé que comme une seule seigneurie, dont les cens de Longvilliers faisoient partie.

Mais pour démêler entièrement l'équivoque de cet acte, et détruire pleinement l'induction qu'on en tire, il faut le joindre à celui du 2 octobre 1686, qui a déjà été expliqué, et où il paroît que le sieur de Vargemont a déclaré que son intention étoit de réunir les trois fiefs dont il est fait mention dans l'acte du 12 novembre 1681 ; mais on ne doit pas conclure de là, que ce qui avoit été adjugé aux sieurs Fleureton et Guisain en 1637, et au sieur de Vargemont en 1686, fût composé de trois fiefs distincts ou séparés, outre les droits de Longvilliers : l'acte de 1686 explique notamment la chose ; il paroît par cet acte, qu'outre les lieux que le sieur de Vargemont avoit acquis par le décret de 1686, il possédoit encore à un autre titre le quart de la forêt de Goyaval, et le moulin de Courtainvilliers ; voilà donc quels étoient les trois fiefs que l'on prétendoit *être distincts et séparés les uns des autres.*

Le premier étoit tout ce qui étoit compris dans l'adjudication de 1686, c'est-à-dire Beaumets, la plus grande partie de la forêt de Goyaval, et les cens qui étoient à prendre sur le lieu de Longvilliers et sur plusieurs autres villages voisins.

Le deuxième étoit le quart de la forêt de Goyaval.

Le troisième étoit le moulin de Courtainvilliers ou de Beaumets ; cela supposé, il est facile de faire cesser la confusion qu'on a faite, peut-être involontairement, en cet endroit.

Il est donc vrai qu'en comprenant deux autres fiefs prétendus que le sieur de Vargemont avoit acquis indépendamment de l'adjudication de 1686, il avoit, aussi bien que le sieur de Fleureton, son prédécesseur, ou du moins il prétendoit avoir trois fiefs distincts et séparés, mouvans tous également du roi; mais il n'est pas vrai que ce qu'il avoit acquis par le décret de 1686, et que ce que le sieur de Fleureton possédoit en vertu de l'adjudication de 1637, fût divisé en trois fiefs; au contraire, tous les biens et droits compris dans ce décret, et nommément ceux qui se perçoivent sur le terroir de Longvilliers ne composoient, suivant le décret et tous les actes suivans, qu'un seul corps de seigneurie compris sous le nom de Beaumets, c'est-à-dire l'un des trois fiefs dont le sieur de Fleureton a rendu hommage au roi le 12 novembre 1681.

Ainsi, cet hommage est encore un nouveau titre pour le roi, puisque, par ce que l'on vient d'expliquer, on ne peut pas douter que les droits de Longvilliers n'y soient renfermés comme faisant partie d'un des fiefs que le sieur de Fleureton reporte au roi.

C'est ainsi que toutes les objections qui sont faites par la dame maréchale de Créqui et par le sieur duc de Lesdiguières, se tournent en preuves pour le roi, et que tous les actes du procès concourent également a établir la vérité qu'on a entrepris de prouver dans cette première partie; c'est-à-dire que les cens de Longvilliers font partie de la seigneurie de Beaumets mouvante du roi. Par conséquent, on a eu raison d'avancer que le roi, qui n'a pas besoin de titres, en avoit de certains et d'indubitables dans cette affaire; c'est la première proposition.

Il faut maintenant passer à la seconde, qui sera beaucoup plus courte, et faire voir que la dame maréchale de Créqui et le sieur duc de Lesdiguières, qui auroient besoin de titres contre le roi, n'en ont néanmoins aucuns.

SECONDE PROPOSITION.

Défaut entier de titres de la part des seigneurs qui plaident contre le roi.

Quoiqu'une proposition négative ne demande à la rigueur ni explication ni preuve, il ne sera pas inu-

tile néanmoins, pour faire voir combien cette proposition est importante dans cette affaire, de l'envisager sous trois faces différentes : car,

1.° Il est constant que les seigneurs qui plaident
contre le roi ne rapportent aucun titre ;

2.° Non-seulement ils ne rapportent aucun titre,
mais ils produisent eux-mêmes un titre important,
dont il résulte un argument négatif qui suffit pour
prouver qu'ils n'en peuvent avoir ;

3.° Enfin, on ne sauroit alléguer aucune autre
cause de ce défaut absolu de titres, que le fait qui a
été démontré dans la première partie, c'est-à-dire
que les droits de Longvilliers font partie de la seigneurie de Beaumets ; il faut développer en peu de
paroles ces trois réflexions.

La première n'a besoin d'aucune explication; le
fait est certain, que ni la dame maréchale de Créqui,
ni le sieur duc de Lesdiguières, ni le sieur d'Offinicourt ne rapportent aucun titre pour établir que les
droits qui appartiennent au sieur de Vargemont dans
le lieu de Longvilliers sont tenus en fief de Dommart;
on ne voit ni acte de foi et hommage, ni aveu et dénombrement qui aient pu conserver les vestiges et le
souvenir de cette prétendue mouvance ; on ne voit
pas même qu'elle soit énoncée dans aucun titre ancien ou nouveau directement ou indirectement ; et en
faudroit-il davantage, à la rigueur, pour établir la
justice des droits du roi, qui, ayant le droit commun
pour lui, n'a besoin que du défaut de titres de la part
de ceux qui lui disputent une mouvance pour se la
faire adjuger.

La seconde réflexion n'est pas moins certaine. Il
ne faut employer que les titres mêmes de la seigneurie
de Dommart et de Berneville, pour prouver que le
sieur duc de Lesdiguières n'a point de titres et n'en
sauroit avoir pour prétendre la mouvance des droits
de Longvilliers.

Le sieur de Vargemont a produit dans l'instance
un aveu rendu au roi par Jean de Craon, sieur de
Dommart et de Berneville, en 1407, où l'on voit que

quoiqu'il y ait un grand nombre de vassaux employés dans cet aveu comme mouvans de la seigneurie de Dommart et de Berneville, on n'y fait néanmoins aucune mention du prétendu fief composé des droits de Longvilliers que l'on veut créer aujourd'hui, et qu'on soutient faire partie des mouvances de Dommart; et ce qu'il y a de plus remarquable, c'est que l'on emploie dans cet aveu au nombre des fiefs dépendans de cette terre, le temporel du prieur de Dommart qui possède les droits de Longvilliers par *indivis* avec le seigneur de Beaumets.

Or, s'il étoit vrai que la totalité de ces droits, et non pas seulement la part du prieur de Dommart, fût tenue en fief de la seigneurie de Dommart et de Berneville, comment auroit-on oublié d'en faire une mention expresse dans l'aveu de 1407? Par quelle fatalité cette mouvance seroit-elle échappée à ceux qui ont rédigé cet aveu? Qui ne voit au contraire qu'il résulte nécessairement de cet argument négatif, que les droits dûs au sieur de Beaumets dans le lieu de Longvilliers, n'ont jamais fait partie des mouvances de la terre de Dommart? Et que, si cela est, comme on n'en peut douter, après cet aveu, on a eu raison d'avancer, que non-seulement les seigneurs qui plaident ici contre le roi ne rapportent aucun titre, mais qu'ils ne peuvent même en rapporter aucuns.

Enfin, et c'est la troisième réflexion que l'on a cru devoir faire dans cette seconde partie, pourquoi ces seigneurs n'ont-ils aucun titre en leur faveur, pour ce fief qui a des censives dans le terroir de Longvilliers, pendant que, d'un autre côté, les titres du roi ne tombent qu'indirectement sur ce fief, comme faisant partie de la seigneurie de Beaumets que ces titres regardent directement? Il est évident qu'on ne sauroit en alléguer aucune autre cause vraisemblable que le fait qui a été prouvé dans la première partie, c'est-à-dire que les droits de Longvilliers sont une dépendance de la seigneurie de Beaumets.

Voilà ce qui a fait, d'un côté, que les seigneurs de Dommart n'ont aucun titre qui leur attribue même indirectement la mouvance de ce fief; et de l'autre, que le roi n'a pas d'hommages ni d'aveux qui énoncent ce même fief comme un fief particulier et différent de la terre de Beaumets.

Si l'on ne suppose ce fait, tout est inexplicable dans cette affaire ; on ne comprend plus pourquoi les seigneurs de Dommart, qui veulent que ce prétendu fief dépende de leur seigneurie, n'ont aucun titre pour eux; on ne conçoit pas non plus, pourquoi ce même fief n'a pas été relevé du roi expressément, s'il est vrai que ce soit un fief séparé qui dépende de son domaine.

Au contraire, toutes les difficultés s'aplanissent dès le moment qu'on suppose, ce qui a été prouvé dans la première partie, que le fief d'où dépendent les censives de Longvilliers relève du roi, comme faisant partie de la terre de Beaumets; par cette seule supposition, on explique naturellement, et pourquoi le seigneur de Dommart n'a point de titres, et pourquoi le roi n'en a point d'autres pour Longvilliers que ceux qui lui assurent la mouvance de Beaumets : c'est ainsi que le défaut de titres de la part du seigneur de Dommart achève de confirmer les titres du roi.

Il ne reste plus, après cela, que de répondre en peu de paroles aux actes par lesquels ce seigneur et le sieur d'Offinicourt, ont voulu suppléer à ce défaut de titres qu'on leur oppose continuellement.

TROISIÈME PROPOSITION.

Les actes produits par les seigneurs de Dommart, au défaut de titres véritables, n'ont aucune solidité.

Au défaut de véritables titres, les seigneurs de Dommart ont eu recours à trois actes étrangers, par lesquels ils ont cru pouvoir établir, au moins indirectement, leur prétendue mouvance; mais ils ont été si peu heureux dans le choix de ces actes, que l'on ne craint point d'avancer que les titres qu'ils produisent ou ne prouvent rien, ou prouvent contre ceux mêmes qui les produisent.

Le premier de ces actes est l'aveu de 1407, que le procureur-général vient d'employer pour la défense des droits du roi.

Le second est une déclaration du temporel du prieuré de Dommart, qu'on prétend avoir été donnée à des commissaires du roi en l'année 1481.

Enfin, le troisième est une espèce de dénombrement que François de Hodeneg, prieur de Dommart, paroît avoir rendu en 1687 au sieur marquis de Créqui.

De ces trois titres, dont on va expliquer exactement la disposition, la dame maréchale de Créqui tire deux conséquences :

L'une, que le fief dont les censives s'étendent dans le territoire de Longvilliers, a toujours appartenu par indivis au prieur de Dommart et aux auteurs du sieur de Vargemont ;

L'autre, que la portion indivise du prieur étant tenue en fief de la seigneurie de Dommart, suivant la déclaration de 1481 et l'aveu de 1687, il faut nécessairement que l'autre portion indivise du même fief qui appartient au sieur de Vargemont, soit aussi tenue immédiatement de la seigneurie de Dommart.

De ces deux conséquences, la première n'est pas révoquée en doute ; mais la seconde, qui n'est fondée que sur une pure subtilité, peut être également détruite et dans le fait et dans le droit.

Dans le fait, il n'est point prouvé que la portion indivise du prieur de Dommart dans les droits de Longvilliers, soit tenue en fief de la seigneurie de Dommart.

Dans le droit, quand ce fait seroit bien prouvé, on ne doit pas en conclure que l'autre portion indivise des mêmes droits qui est possédée par le sieur de Vargemont, soit mouvante nécessairement de la seigneurie de Dommart ; et, par conséquent, cette unique ressource des seigneurs de Dommart étant retranchée, il ne leur reste plus aucun prétexte pour soutenir leur mouvance prétendue.

On dit, en premier lieu, que dans le fait les actes qui sont produits par la dame maréchale de Créqui, ne prouvent point que la portion indivise qui appartient au prieur de Dommart soit mouvante de la seigneurie de Dommart et de Berneville.

Le premier de ces actes est l'aveu rendu au roi par le seigneur de Dommart en 1407.

Il est bien dit dans cet aveu, que le temporel du prieur de Dommart est tenu en fief de la seigneurie de Dommart et de Berneville; mais on n'explique point en quoi consiste ce temporel, on n'ajoute pas que la partie indivise des droits de Longvilliers en fait partie; ainsi, cet acte ne prouve rien pour la dame maréchale de Créqui qui le produit, et il prouve au contraire pour le roi, puisque, comme on l'a déjà remarqué, la portion des droits de Longvilliers possédée par le sieur de Vargemont n'y est pas employée au nombre des mouvances de la terre de Dommart, dont le détail est expliqué fort exactement par cet aveu.

Le second et le plus considérable des titres produits par les seigneurs de Dommart, est la déclaration du temporel du prieuré de Dommart donnée à des commissaires du roi en l'année 1481.

Il est vrai qu'après une longue énumération des droits dépendans de ce prieuré, et entr'autres de la portion indivise des droits de Longvilliers, dont l'autre partie étoit alors possédée par les comtes d'Eu, seigneurs de Saint-Valery et de Beaumets, celui qui a fait cette déclaration, ajoute ces mots :

Toutes lesquelles choses ci-dessus escriptes, ledit prieur tient noblement en pairie et demie, sous très-noble et très-puissant seigneur monsieur Jehan de Soissons, seigneur de Dommart et de Berneville, par les redevances susdites, et avoue ledit prieur, avoir justice et seigneurie en la ville de Longvilliers, haute, moyenne et basse, en tout ce qui lui compète et appartient avec le comté d'Eu par indivis.

· Ainsi, suivant cette déclaration, il sembleroit que la moitié indivise des droits de justice et de censive que le prieur de Dommart possédoit dans le territoire de Longvilliers, étoit tenue en fief de Jean de Soissons, seigneur de Dommart et de Berneville.

Mais,

1.º Ce titre n'est point rapporté en original, et il n'y a que les originaux qui puissent faire foi, quand il s'agit de combattre les droits du roi.

2.º Cette pièce n'est ni un aveu ni un hommage rendu au seigneur de Dommart par le prieur du même lieu, pour les droits que ce prieur possède en commun avec le seigneur de Beaumets dans le territoire de Longvilliers ; c'est une déclaration du temporel de ce prieuré, où il ne s'agissoit point d'examiner ni de vérifier la mouvance de son domaine ; il n'étoit question que d'en fixer la consistance devant des commissaires du roi, qui avoient été nommés apparemment pour faire une recherche des droits d'amortissement et de nouvel acquêt ; ainsi, il importoit peu alors de savoir de quel seigneur relevoit ce domaine ; c'étoit, pour ainsi dire, un fait étranger par rapport à l'objet principal de la commission ; on laisse à juger, après cela, de la force que peut avoir une telle énonciation dans un acte de cette nature ; énonciation combattue, comme on le verra tout à l'heure, par le troisième acte que la dame maréchale de Créqui a produit, mais énonciation très-inutile dans un acte où il ne s'agissoit nullement de décider de quel seigneur étoient tenus les domaines possédés par le prieur de Dommart.

3.º Il n'est pas même dit dans cette énonciation, que le temporel de ce prieur fût mouvant de la seigneurie de Dommart et de Berneville ; elle porte seulement que les choses qui sont énoncées dans cette déclaration sont tenues en pairie, sous Jean de Soissons, seigneur de Dommart et de Berneville ; mais il n'y est pas marqué expressément, si c'étoit à cause de ces seigneuries que le temporel du prieur étoit dans sa mouvance.

14*

4.° Enfin, l'énonciation qui se trouve dans cette déclaration, est un titre unique pour établir le droit des seigneurs de Dommart, par rapport à la mouvance du fief qui a des cens et des rentes dans le territoire de Longvilliers ; il n'y a rien qui appuie cette énonciation dans tout ce qui la précède, ni dans tout ce qui la suit ; ainsi, quand même il s'agiroit à présent de la moitié des droits de Longvilliers qui est possédée par le prieur de Dommart, il n'y auroit rien de plus foible et de plus imparfait que les preuves dont la dame maréchale de Créqui voudroit se servir pour en prétendre la mouvance ; c'est ce qui paroît encore plus par le troisième acte qu'il reste à présent d'examiner.

Ce troisième acte est une espèce de dénombrement ou de déclaration donnée au sieur marquis de Créqui par le prieur de Dommart en l'année 1687.

On dit que c'est une espèce de dénombrement ou de déclaration ; car, en effet, il est très-difficile de définir exactement la nature de cet acte.

Celui qui le donne y déclare expressément, qu'il ne le fait que *parce qu'il y est contraint.* Il y marque, « que le cardinal de Créqui, seigneur de Dommart, » a long-temps possédé le prieuré du même lieu ; » et il y ajoute, « qu'il n'a pu reconnoître par aucun » renseignement, que les prieurs de Dommart qui » ont précédé ledit seigneur cardinal, et qui l'ont » suivi jusqu'en 1600, fussent sujets à bailler dé- » nombrement, ni relever le temporel dudit prieuré, » ni de monseigneur le baron de Dommart, ni d'au- » cune seigneurie temporelle ; au contraire, il se » reconnoît par une charte d'Ingelrannus, évêque » d'Amiens, datée de mil cent dix-huit au mois de » Mars, qui est au cartulaire de la susdite abbaye de » saint Gernier, dont ledit prieuré, comme dit est, » est membre, que les évêques Gevin et Godefroy, » qui vivoient en mil quatre-vingt-quinze et mil cent » neuf, ont, à la prière du seigneur de Dommart » nommé Gautier, et de Bernard son fils, confirmé » toutes les donations par eux faites audit prieuré

» avec toute justice, en ce qui est sujet et appartient
» audit prieuré, comme le seigneur de Dommart l'a
» sur ses vassaux et sujets de sa chastellenie; lesquelles
» donations ledit Ingelrannus évêque confirme d'a-
» bondant par ses lettres en ces termes : *Ità ut nihil*
» *prorsùs unquàm servitii impedant alicui viven-*
» *tium, nisi Ambinesi ecclesiæ.* »

Pourquoi il déclare « *ne vouloir faire aucun*
» *préjudice à ses successeurs en baillant le présent*
» *dénombrement.........y étant contraint à pré-*
» *sent.* »

La seule chose qu'il reconnoisse librement et sans
contrainte est que « *le baron de Dommart a droit*
» *de prendre annuellement sur le temporel du*
» *prieuré deux septiers de seigle, un septier de*
» *froment,* etc. »

Enfin il ajoute « *qu'il n'est pas tenu non plus de*
» *faire le dénombrement de la terre et seigneurie*
» *de Longvilliers, qui appartient audit prieuré par*
» *indivis avec le sieur Henry Fleureton, et dont les*
» *prieurs ont toujours joui paisiblement sans être*
» *obligés à aucun relief, ni encore des droits de*
» *champart sur quatorze journaux de terre sis au*
» *terroir de Ploüy, lesdits champarts tenus par*
» *lesdits prieurs en fief et souveraineté de la chas-*
» *tellenie de la Ferté-lès-Saint-Riquier.* »

Il est difficile de concevoir quel avantage les seigneurs de Dommart veulent tirer d'un tel titre.

1.° Si c'est un aveu, c'est un aveu forcé et fait
avec tant de protestations, que ce titre paroît plus
propre à faire naître un nouveau procès, qu'à décider celui qui est pendant en la cour.

2.° On y reconnoît que les prieurs de Dommart
prétendoient que leur temporel étoit tellement amorti,
qu'il ne relevoit plus du seigneur de Dommart ni
d'aucun autre seigneur; et cette prétention pourroit
être juste contre les seigneurs de Dommart, si les
titres énoncés dans cet aveu sont véritables, et s'il
est d'ailleurs certain, comme le même aveu le porte,

expressément, qu'on ne trouvoit ni avant le cardinal de Créqui, ni depuis, aucun acte par lequel on pût prouver que les prieurs de Dommart eussent jamais relevé leur temporel des seigneurs du même lieu.

Or, si les seigneurs de Dommart ne peuvent pas même prouver que le domaine du prieur soit tenu en fief de leur seigneurie, comment pourront-ils, à la faveur de cette mouvance, qui leur est justement contestée sur la portion des droits de Longvilliers possédée par le prieur, usurper celle qui a toujours appartenu au roi sur la portion possédée par le seigneur de Saint-Valery et de Beaumets ?

Il y a tant d'incertitude et de confusion dans cet aveu, qu'on n'en peut tirer aucune conséquence.

On voit par exemple, qu'après que celui qui l'a donné y a parlé de ce qu'il possédoit à Longvilliers avec le sieur Fleureton, et pour raison de quoi il a dit qu'il n'est obligé à aucun relief, il ajoute qu'il n'y est pas obligé non plus pour des champarts de Plouy, qu'il tient en fief de *la Ferté-lès-Saint-Riquier*.

Il a donc mêlé, il a confondu dans cette déclaration, non-seulement ce que le seigneur de Dommart prétend être mouvant de sa seigneurie, mais même ce qui certainement n'en relève pas ; et par conséquent on ne peut tirer aucune induction d'une pièce si mal digérée.

Ce sont là cependant les trois actes sur lesquels seuls roule tout le système des seigneurs de Dommart; actes qui, comme on vient de le voir, ne prouvent nullement que la portion indivise des droits de Longvilliers soit tenue en fief de la seigneurie de Dommart.

Mais on a dit, en second lieu, que quand même ce fait seroit véritable, il ne seroit nullement impossible que l'autre moitié indivise de ces mêmes droits ne relevât d'un autre seigneur; c'est ce qu'il faut maintenant établir dans le droit.

Il est impossible, selon les seigneurs de Dommart,

que les deux portions indivises d'un même fief possédées par deux différens propriétaires, relèvent de
deux seigneurs différens.

Or, la portion indivise des droits de Longvilliers
qui appartient au prieur de Dommart, est mouvante
du seigneur de Dommart,

Donc il est impossible que l'autre portion indivise
des mêmes droits qui appartient au sieur de Vargemont, ne soit pas mouvante du même seigneur de
Dommart.

C'est à quoi se terminent. tous les raisonnemens
que l'on oppose aux titres du roi.

On a déjà réfuté la mineure de cet argument,
lorsqu'on a fait voir qu'il n'étoit nullement prouvé
que la portion indivise du prieur fût mouvante de
la seigneurie de Dommart.

Il reste donc maintenant d'en détruire la majeure,
et de faire voir qu'il n'est nullement impossible que
les deux portions indivises d'un même fief relèvent
de deux seigneurs différens.

Pour mettre cette vérité dans tout son jour, on en
renfermera la preuve dans deux propositions, dont
une seule suffiroit pour détruire pleinement l'opinion
contraire.

On expliquera d'abord comment il se peut faire
que par convention, et par un effet de la constitution
même du fief, il arrive que les portions indivises
d'un seul fief relèvent de deux seigneurs différens.

On fera voir ensuite que, de quelque manière
qu'on suppose que les choses aient été dans leur
principe et dans la première origine du fief, il est
fort possible que par un effet de la prescription, la
mouvance d'une des portions indivises d'un fief ait
été acquise à un seigneur, pendant que la mouvance
de l'autre portion indivise du même fief est demeurée
entre les mains d'un autre seigneur.

Est-il donc vrai d'abord qu'il puisse arriver par la
constitution même du fief, ou par une convention
séparée, que deux portions indivises d'un même fief

relèvent de deux seigneurs différens ? C'est la première question que l'on s'est proposé d'examiner.

Or, l'on croit pouvoir dire que cela est très-possible
en plusieurs manières différentes ; il ne faut pour le
prouver que poser seulement deux espèces, choisies
entre plusieurs autres, dans lesquelles on verra que
la chose arrivera très-naturellement.

Première espèce. Deux seigneurs voisins dont les
fiefs relèvent de différens seigneurs, sont en procès
pour le partage d'un héritage qui est sur les limites
de leurs fiefs ; ils conviennent de le posséder par indivis : il est indubitable que, suivant ce tempérament,
chaque portion indivise de cet héritage suivra la
mouvance du fief auquel on l'a joint par cet accommodement, et qu'ainsi ces deux portions indivises
d'un même héritage seront tenues de différens seigneurs, comme les fiefs mêmes dont chacune d'elles
fait partie ; si l'on suppose que chacun des propriétaires de ces deux portions indivises aliène sa portion
à titre d'inféodation, ces deux portions, devenues un
nouveau fief, appartiendront par indivis à deux propriétaires qui tiendront chacun leur portion indivise
d'un seigneur différent.

Appliquons cette espèce à la question présente, en
supposant pour un moment que la portion indivise
du prieur de Dommart soit véritablement mouvante
de la seigneurie de Dommart.

Qui empêche que l'on ne suppose que le roi et le
seigneur de Dommart ont autrefois possédé en commun les droits de Longvilliers, dont la mouvance
est aujourd'hui contestée pour la moitié indivise du
sieur de Vargemont ? Il n'y a rien que de très-naturel
dans cette supposition ; mais n'est-il pas aussi facile
de concevoir ensuite que le roi a inféodé au seigneur
de Beaumets la moitié indivise qu'il possédoit dans
ce domaine, et que, d'un autre côté, le seigneur
de Dommart a aussi inféodé au prieur de Dommart
l'autre moitié indivise qu'il possédoit dans le même
domaine ? Or, si cela est, comme il est très-aisé de le
supposer, ne s'ensuivra-t-il pas de là que la mouvance

d'une des portions indivises des droits de Longvilliers appartiendra au roi, pendant que l'autre moitié indivise sera mouvante du seigneur de Dommart?

Deuxième espèce. Deux seigneurs possèdent en commun et par indivis un fief qui borne leurs seigneuries; ils tiennent ce fief du même seigneur, et si l'on veut du roi; un de ces seigneurs aliène sa portion indivise dans ce fief, et s'en réserve la foi, ce qu'il peut faire parce que cette portion indivise n'étoit qu'une légère partie de la seigneurie entière à laquelle la moitié indivise de ce fief commun étoit unie; l'autre seigneur conserve sa portion indivise dans ce fief commun, laquelle par conséquent demeure toujours dans la mouvance directe du roi: cela supposé, il est certain que celui qui a acquis à titre d'inféodation la portion indivise du premier seigneur dans le fief commun, tiendra cette portion en fief de ce seigneur, pendant que l'autre seigneur tiendra toujours du roi sa portion indivise dans le même fief; et par conséquent, dans cette espèce, encore plus simple que la précédente, il sera vrai de dire que deux portions indivises du même fief sont tenues et mouvantes de deux seigneurs différens.

Or, sans vouloir trop donner à ces conjectures, on peut dire ici que non seulement cet exemple s'applique naturellement à la question présente, mais que c'est la véritable espèce de ce qui s'est passé à l'égard des droits de Longvilliers, dépendans en partie de Beaumets et en partie du prieuré de Dommart.

Car qu'y a-t-il de plus naturel que de supposer que le seigneur de Beaumets et le seigneur de Dommart, tous deux vassaux immédiats du roi, possédoient autrefois un fief commun dans le lieu de Longvilliers, dont la moitié indivise étoit unie à la seigneurie de Beaumets, et dont réciproquement l'autre moitié indivise faisoit partie de la seigneurie de Dommart; que les seigneurs de Dommart ayant fondé un prieuré dans leur terre, ont donné à ce prieuré par voie d'inféodation leur moitié indivise dans ce fief , qui n'est composé que de ce qu'on appelle les droits de Longvilliers, et que c'est ce qui fait que cette moitié a cessé d'être tenue immédiatement du roi, pendant que l'autre moitié, possédée par les seigneurs de Beaumets, s'est toujours conservée dans son ancienne mouvance ; ensorte qu'il est arrivé par là , que les deux portions indivises du même fief ont été mouvantes de différens seigneurs, celle du prieur étant tombée dans la mouvance de Dommart, et celle du sieur de Beaumets ayant continué de relever du roi avec le reste de la terre de Beaumets.

Ce système a je ne sais quoi de si simple, de si naturel, et de si convenable à tous les faits et à tous les titres du procès, qu'il n'a pas même besoin du secours d'aucune preuve pour convaincre l'esprit de tous ceux qui l'examineront avec attention.

Mais d'ailleurs, on peut dire qu'il est prouvé par les pièces mêmes qui ont été produites par la dame maréchale de Créqui.

Il est incertain par ces pièces, et encore plus par l'interprétation qu'elle leur donne, que les seigneurs de Dommart ont été les véritables fondateurs du prieuré de ce nom ; c'est ce qui paroît par l'aveu de 1687, où l'on fait une mention honorable à ces seigneurs des donations qu'ils avoient faites à ce prieuré. Or, si cela est, on ne peut s'empêcher de croire que c'est de la liberalité de ces seigneurs que le prieur de Dommart tient les droits qu'il possède à Longvilliers; et la dame maréchale de Créqui doit en convenir d'autant plus aisément , qu'elle soutient que ces droits sont tenus en fief des seigneurs de Dommart par le prieur du même lieu, ce qui suppose que ces droits ont appartenu à ces seigneurs avant la concession qu'ils en ont faite à ce prieur à titre d'inféodation.

D'un autre côté, il n'est pas moins certain que la portion indivise du fief de Longvilliers qui appartient au sieur de Vargemont comme seigneur de Beaumets, est toujours demeurée dans la mouvance du roi; c'est ce que l'on a pleinement établi dans la première partie de cette requête : par conséquent toutes les parties de ce système sont parfaitement démontrées; et il paroît évident que toute la difficulté de cette affaire vient de ce que de deux portions indivises d'un même fief qui étoient originairement tenues immédiatement du roi, l'une a été sous-inféodée et est tombée par là dans la mouvance du seigneur de Dommart, au lieu que l'autre, demeurant toujours dans son premier état, n'est point sortie de la mouvance du roi.

Qu'on ne dise donc plus que la foi est indivisible, que c'est un droit incorporel, qui affecte toutes les parties du fief, qui réside dans le tout et dans chaque partie du tout, et qu'enfin, dès le moment que la moitié du fief est dans la mouvance d'un seigneur, il est impossible que le droit de ce seigneur ne s'étende pas sur chaque partie indivise du même fief, quelque petite qu'elle soit; que par conséquent le seigneur de Dommart est en droit de dire, qu'il n'y a rien dans la totalité des droits de Longvilliers qui ne soit sujet à sa mouvance, même dans la partie du sieur de Vargemont; et qu'en effet le prieur de Dommart énonce les droits dûs à Longvilliers en entier dans la déclaration de 1481, en ajoutant à la vérité qu'il les possède par indivis avec le comte d'Eu, autant l'un que l'autre.

Premièrement, cette objection se peut rétorquer contre ceux qui la proposent; car si la raison de l'indivisibilité devoit faire juger que le droit du seigneur de Dommart s'étend même sur la portion du sieur de Vargemont pour laquelle ce seigneur n'a jamais été reconnu, il faudroit juger réciproquement que par la même raison le droit du roi s'étend au moins sur la part du prieur de Dommart, quoique jusqu'à présent il ne paroisse pas qu'on ait rendu hommage au roi pour cette portion en particulier; ainsi le roi gagneroit d'un côté ce qu'il perdroit de l'autre; et comme il admettroit le seigneur de Dommart au partage de la suzeraineté, le seigneur de

Dommart seroit aussi obligé de partager la sienne avec le roi ; voilà toute la conséquence que le seigneur de Dommart pourroit tirer de l'indivisibilité dont il se fait un dernier retranchement.

Mais il faudroit pour cela qu'il fût véritablement en possession de la mouvance de la portion du prieur de Dommart, ce qui ne paroît en aucune manière ; autrement tout son système est renversé ; car s'il n'a pas même conservé son prétendu droit sur le prieur de Dommart, comment auroit-il pu le conserver sur le seigneur de Beaumets, par lequel il est obligé d'avouer qu'il n'a jamais été reconnu ?

Mais, sans s'arrêter plus long-temps à cette première réponse, qui est peut-être trop générale, il faut entrer dans le fait particulier de cette affaire, pour bien comprendre combien le prétexte de l'indivisibilité est mal appliqué à l'espèce présente.

On vient de faire voir quelle étoit l'origine du droit de mouvance que le seigneur de Dommart prétend avoir eu sur la portion indivise du prieur de Dommart ; ce seigneur possédoit autrefois cette portion, il l'a donnée au prieur de Dommart, et la question entr'eux est de savoir s'il l'a donnée affranchie du devoir de la foi, ou s'il l'a donnée à titre d'inféodation ; c'est ce qui résulte de l'aveu de 1687. Sans entrer dans l'examen de cette question, on veut bien accorder ici pour un moment au seigneur de Dommart, que c'est lui qui a donné la moitié des droits de Longvilliers au prieur, et qu'il s'est réservé la mouvance de ce qu'il lui a donné ; mais quand cela seroit, s'ensuivroit-il de là que, sous le prétexte mal appliqué de l'indivisibilité de la foi, il pût avoir quelque droit sur la portion indivise qui est demeurée entre les mains du seigneur de Beaumets, qui en a toujours rendu hommage au roi ? Rien n'est plus facile à détruire qu'une telle conséquence.

Pour cela il faut considérer la portion indivise du prieur de Dommart en deux temps différens.

Le premier est celui qui a précédé le don qui en

a été fait par le seigneur de Dommart pour la fondation du prieuré.

Le deuxième est celui qui a suivi cette donation.

Dans le premier temps, il est certain que le seigneur de Dommart, possédant sa moitié indivise des droits de Longvilliers conjointement avec le seigneur de Beaumets, sous la foi qu'ils en devoient l'un et l'autre au roi, ne pouvoit avoir aucun droit sur la mouvance de la portion indivise du seigneur de Beaumets dans ces mêmes droits ; ils étoient co-vassaux du roi, et par conséquent il y avoit entre eux une parfaite égalité.

Dans le second temps, le seigneur de Dommart a fait de son domaine son fief ; s'il est vrai qu'il se soit réservé la foi de ce qu'il a donné au prieur de Dommart, il a acquis, si l'on veut, la mouvance de ce qu'il a aliéné ; mais a-t-il pu par là se donner un droit de supériorité sur son covassal, c'est-à-dire sur le seigneur de Beaumets ; et la condition de ce seigneur a-t-elle été tellement changée par l'inféodation que le seigneur de Dommart a faite de sa moitié indivise d'un bien qu'ils possédoient tous deux en commun, qu'au lieu que le seigneur de Beaumets étoit avant cette inféodation copropriétaire du seigneur de Dommart, il ait commencé après cette inféodation à en devenir le vassal et le tenancier ?

Toutes ces conséquence sont si absurdes et si paradoxales, qu'il n'en faut pas davantage pour montrer combien on abuseroit ici du principe mal entendu de l'indivisibilité de la foi, si on l'appliquoit à l'espèce de la cause.

Que si, après tout cela, pour achever de dissiper l'illusion de ce sophisme, on veut examiner la maxime en elle-même, on reconnoîtra aisément que cette maxime est entièrement étrangère à cette contestation.

Quand on dit que la foi est indivisible, et que lorsqu'elle affecte une portion indivise d'un fief il faut nécessairement qu'elle se répande sur tout ce fief, cette maxime peut être véritable en elle-même

dans les cas où la foi qui est due par le possesseur
de cette portion indivise procède du même principe et dérive de la même source que celle qui est
due par le possesseur de l'autre moitié, ensorte que
l'une et l'autre foi soient dues au même seigneur,
et ne composent, à proprement parler, qu'un même
fief.

Mais, lorsque le principe de la foi qui est due pour
l'une des portions indivises est absolument distinct
et séparé du principe de la foi qui est due pour l'autre
portion; lorsque ces deux portions ne relèvent point
du même seigneur, et que, bien loin de ne composer
qu'un seul et même fief, elles forment deux fiefs si
différens, que l'un est tenu en plein fief du roi, et
que l'autre n'en est tenu qu'en arrière-fief, alors le
prétexte spécieux de l'indivisibilité n'est qu'une pure
subtilité, parce qu'en un mot le principe de l'indivisibilité ne peut avoir lieu que lorsqu'il s'agit d'une
seule foi et d'un seul fief, et non pas lorsqu'il s'agit
de deux hommages et de deux fiefs différens.

Ce qui trompe ici et ce qui induit en erreur ceux
qui n'y font pas assez d'attention, c'est qu'on a de la
peine à concevoir d'abord que les portions indivises
de ce qui n'étoit autrefois qu'un même fief, soient
tenues inégalement, et que l'une soit tenue en plein
fief, et l'autre en arrière-fief du roi.

Mais, lorsque l'on examine plus attentivement les
faits de cette affaire, lorsque l'on voit que c'est de
la libéralité du seigneur de Dommart que le prieur
du même lieu a reçu la moitié indivise du fief dont
il s'agit, et par conséquent qu'il ne la peut tenir
en fief de ce seigneur que par une véritable sous-
inféodation qui a fait un arrière-fief de ce qui étoit
autrefois un plein fief du roi, alors toutes les difficultés s'évanouissent; ce fantôme de l'indivisibilité,
qui pouvoit d'abord éblouir les yeux, se dissipe
de lui-même; et l'on ne trouve plus dans cette affaire,
quand on l'envisage dans son véritable point de vue,
que l'idée simple et naturelle de deux fiefs formés du
débris d'un seul, un plein fief mouvant du roi,

comme tout le fief en relevoit autrefois, un arrière-
fief mouvant immédiatement du seigneur de Dommart et médiatement du roi; ensorte que la véritable
question de cette affaire, lorsqu'elle est ainsi approfondie, n'est pas tant de savoir si le seigneur de
Dommart a quelque droit sur la portion tenue immédiatement du roi, ce qui est absurde et impossible,
que d'examiner si le roi n'a pas conservé son ancien
droit sur la portion qui étoit autrefois possédée par le
seigneur de Dommart, et qui l'est à présent par le
prieur; portion qu'on pourroit soutenir à la rigueur
que le seigneur de Dommart n'a pu soustraire à la
mouvance du roi, pour s'en attribuer la mouvance
directe, et se mettre par là à la place de son seigneur
suzerain.

Voilà quelle seroit la véritable difficulté de cette
cause, si l'on s'étoit attaché aussi exactement aux titres,
que le procureur-général du roi a tâché de le faire en
l'examinant; mais comme cette difficulté n'est pas
encore née, et qu'il n'y a aucune demande formée
sur ce qui regarde la mouvance de la portion du prieur
de Dommart, le procureur-général se contentera, pour
ne point retarder le jugement de l'instance, de déclarer
qu'il entend se réserver la faculté de se pourvoir sur ce
point ainsi qu'il le jugera à propos, sans que l'arrêt
qui interviendra sur la présente instance puisse nuire
ni préjudicier à cet égard aux droits du roi.

Ainsi, pour reprendre la suite du raisonnement que
cette digression a interrompu, le dénoûment qui se
tire du fait particulier de cette affaire, répond à toutes
les objections que le seigneur de Dommart a tirées
d'une prétendue indivisibilité.

C'est donc inutilement qu'il se sert de l'autorité de
la coutume d'Amiens qui décide, dans les articles 23
et 24, que « lorsque le fief dominant est possédé par
» plusieurs seigneurs, il suffit que le vassal rende
» hommage et s'acquitte des autres devoirs de fief à
» l'égard d'un des coseigneurs : » d'où la dame maréchale de Créqui a conclu que réciproquement, lorsque le fief est possédé par plusieurs propriétaires qui

en jouissent par indivis, il suffit qu'un de ces proprié-taires s'acquitte du devoir de la foi pour conserver par là le droit du seigneur dominant, même sur les portions que les autres propriétaires ont dans le même fief.

Sans examiner ici quelle est la justesse de cette con-séquence, ce qui pourroit faire la matière d'une longue dissertation, on se contentera de dire en un mot, que ni le principe établi par la coutume d'Amiens, ni l'ar-gument que l'on en tire, n'ont aucune application à l'espèce de cette affaire, où il ne s'agit point, comme on l'a déjà dit, d'un seul fief ni d'une seule foi, mais de deux fiefs et de deux hommages distincts et sé-parés, dont l'un se rend au roi et l'autre au vassal du roi, et auxquels par conséquent il est impossible d'ap-pliquer la disposition de la coutume d'Amiens, qui, n'ayant point d'autre motif que l'unité et l'indivisibilité d'un seul et même fief, ne peut jamais convenir à une espèce où il s'agit de deux fiefs réellement distingués l'un de l'autre.

Il est inutile, après tout cela, d'entrer dans l'explica-tion du second moyen que l'on a proposé d'abord sur cette question, et de faire voir que, quand même les deux portions des droits dûs à Longvilliers n'auroient été dans leur origine et ne seroient encore à présent que les deux parties d'un même fief, il ne seroit pas impossible que *la prescription* eût attribué la mouvance d'une de ces portions à un seigneur, et la mouvance de l'autre portion à un autre sei-gneur.

Tout ce qui peut s'établir par convention, peut aussi être l'ouvrage ou l'effet de la prescription : c'est un premier principe qui n'a pas besoin d'être prouvé.

Or, on ne peut douter qu'il ne fût permis à des seigneurs de convenir entr'eux, qu'une moitié indivise d'un fief seroit tenue de l'un de ces seigneurs, et l'autre moitié indivise de l'autre seigneur, sans qu'ils eussent aucun droit respectivement sur la portion l'un de l'autre ; il n'y a rien dans une telle convention qui résiste ni à la nature, ni à la loi.

Et par conséquent la même chose peut arriver par la voie de la prescription, qui renferme, suivant l'idée des jurisconsultes, une espèce de convention tacite, *alienare videtur qui patitur usucapi.*

C'est sur ce principe qu'il a été jugé par des arrêts rapportés dans le recueil de M.e Louet, L. 6, somm. 3, qu'un même fief pouvoit être tenu solidairement de deux seigneurs différens, quand ils étoient l'un et l'autre depuis long-temps en possession de leur mouvance; ce savant et judicieux magistrat en rend témoignage en ces termes :

En la cause d'entre Postard Gaultier et le procureur-général *a été jugé, que, combien qu'un fief fût une chose indivise, néanmoins il pouvoit tenir de deux divers seigneurs et avoir des arrière-fiefs relevans desdits seigneurs, fondé sur un autre ancien arrêt donné en la troisième des enquêtes, et se justifioit au procès que depuis cent cinquante ans les seigneurs de ce fief avoient été servis dudit fief, sans pouvoir justifier pour quelques portions.*

Or, si la cour a jugé par la force de la prescription, qu'un fief entier pouvoit être tenu *in solidum* de deux différens seigneurs, ce qui semble renfermer une grande répugnance, pour ne pas dire une véritable incompatibilité, il est beaucoup plus aisé de décider que la prescription a pu faire qu'une moitié indivise d'un fief relevât d'un seigneur, et qu'une autre moitié indivise du même fief fût mouvante d'un autre seigneur.

Si cela est ainsi dans le droit, la prescription ne seroit pas moins certaine dans le fait particulier de cette affaire; puisque par tout ce qui a été dit dans la première partie de cette requête, il est constant, d'un côté, que jamais les seigneurs de Dommart n'ont été reconnus pour la moitié indivise qui appartient au sieur de Vargemont, et de l'autre, que cette moitié a été relevée du roi depuis plus de deux cents ans comme une dépendance de la terre de Beaumets. Mais encore une fois, le secours de la prescription est inutile dès le moment que l'on peut prouver, comme on vient de le faire, qu'il n'est arrivé aucun changement de la part du roi dans la mouvance de la portion possédée par le sieur de Vargemont; que le roi n'a fait que conserver ce qui lui a toujours appartenu; et que s'il y a eu du changement, ce n'a été que de la part des seigneurs de Dommart, qui, en donnant l'autre portion au prieur de Dommart, ont voulu faire un nouveau fief de ce qui étoit auparavant leur domaine, et domaine mouvant du roi.

Voilà le dénoûment simple et naturel des difficultés que l'on forme sur cette affaire, plus subtile qu'importante; on espère même que la subtilité de la question qu'on y traite n'apportera plus aucun obstacle à sa décision, si l'on veut bien réfléchir sur les trois propositions qu'on a établies dans cette requête, et dont une seule seroit suffisante pour établir la justice des droits du roi.

Première proposition. Le roi, qui n'a pas besoin de titres, en a néanmoins un grand nombre en sa faveur.

C'est ce que l'on a prouvé,

Soit par l'explication de neuf ou dix titres qui démontrent que depuis deux cents ans, sans remonter plus haut, les droits de Longvilliers ont été toujours regardés comme une dépendance des seigneuries de Saint-Valery et de Beaumets;

Soit par les reconnoissances réitérées du sieur d'Offinicourt, qui, peu content d'avoir avoué cette vérité, a entrepris de la démontrer dans un autre procès contre le sieur de Vargemont, et y a réussi.

Seconde proposition. Les seigneurs de Dommart, qui auroient besoin de titres contre le roi, n'en ont cependant aucun.

C'est ce qu'on a développé en faisant voir, 1.° qu'en effet on n'avoit produit pour ces seigneurs aucun titre qui pût prouver directement leur prétendue mouvance; 2.° qu'ils avoient même produit un aveu qui faisoit voir que non-seulement ils n'avoient aucun titre, mais même qu'ils n'en pouvoient avoir; 3.° qu'ils ne pouvoient alléguer aucune autre raison de ce défaut absolu de titres, que l'union des droits de Longvil-liers à la seigneurie de Beaumets mouvante en plein fief du roi.

Dernière proposition. Les actes produits par les seigneurs de Dommart, au défaut de véritables titres, ou ne prouvent rien, ou prouvent contr'eux.

C'est dans cette dernière partie qu'on a achevé de dissiper les subtilités par lesquelles on veut combattre les droits du roi.

C'est là qu'on a fait voir,

1.° Qu'il n'étoit pas vrai que les seigneurs de Dommart eussent suffisamment prouvé que la portion des droits dont il s'agit, qui est entre les mains du prieur de Dommart, fût mouvante de la seigneurie de Dommart;

2.° Que quand il seroit vrai que cette portion en fût mouvante, il ne seroit nullement impossible que l'autre portion fût mouvante du roi; que cela pouvoit être arrivé en deux manières, ou parce que ces deux moitiés avoient formé deux fiefs différens, dont l'un étoit demeuré dans la mouvance du roi, pendant que la mouvance de l'autre avoit été acquise, et peut-être usurpée par les seigneurs de Dommart, ou parce que la prescription avoit ainsi réglé les droits des deux seigneurs de qui le tout avoit dépendu autrefois; mais ce dernier moyen n'a été proposé que par surabondance, et sans aucune nécessité pour la défense des droits du roi.

On ne croit pas, après cela, qu'il puisse rester aucune obscurité dans cette affaire, malgré toute la subtilité qu'on y a voulu opposer aux droits du roi, et qui est le seul et unique titre de ceux qui plaident contre lui dans cette contestation.

CE CONSIDÉRÉ, il vous plaise recevoir le pro-cureur-général du roi partie intervenante en l'instance, et opposant, en tant que de besoin est ou seroit, à l'arrêt du. . . . . 1700, faisant droit sur son

15 *

intervention et opposition, maintenir et garder ledit seigneur roi dans la possession et propriété de la mouvance de la moitié par indivis des droits de cens, de champart, et de justice, appartenant au sieur de Vargemont, dans le lieu de Longvilliers, comme lesdits droits faisant partie de la terre et seigneurie de Beaumets, mouvante en plein fief dudit seigneur, à cause de son château d'Amiens; le tout sans préjudice au procureur-général du roi de former telles demandes qu'il avisera bon être pour la réunion au domaine du roi de la mouvance de l'autre moitié desdits droits, appartenant au prieur de Dommart, et donner acte au procureur-général de ce que, pour moyens d'intervention et opposition, même pour toutes écritures et productions et contredits, il emploie le contenu en la présente requête, ensemble ce qui a été écrit et produit de la part du sieur de Vargemont. Et vous ferez justice.

HUITIÈME REQUÊTE.

SECONDE REQUÊTE

Sur la mouvance appartenant au roi, à cause de son château d'Amiens, sur les droits de justice, de cens et de champart, possédés par le sieur de Vargemont dans le territoire de Longvilliers, réclamée par madame la maréchale de Créqui, à cause de la seigneurie de Dommart.

A MESSIEURS DU PARLEMENT.

Supplie le procureur-général du roi, disant que depuis la requête d'intervention qu'il a donnée le 1.er septembre de l'année dernière, dans l'instance pendante en la cour entre la dame maréchale de Créqui, le sieur duc de Lesdiguières, et le sieur d'Offinicourt, d'une part, et le sieur de Vargemont, d'autre; la dame maréchale de Créqui a présenté une requête le 30 avril, et a fait une production nouvelle le 31 mai, dans lesquelles elle a renfermé sa défense contre tout ce qui a été proposé pour l'établissement des droits du roi.

A l'égard de la requête, le procureur-général du roi est obligé d'avouer qu'il lui a été difficile d'en démêler la suite et le raisonnement, au travers d'une suite de propositions aussi obscures qu'extraordinaires, et d'une multitude d'expressions assez mal digérées dont cet ouvrage immense a été rempli.

La production nouvelle de la requête par laquelle on a tiré les inductions, est plus aisée à comprendre; mais il semble qu'elle n'ait servi qu'à ajouter de nouveaux titres à ceux qui avoient déjà été employés pour la cause du roi.

Ainsi, le procureur-général espère qu'il ne lui sera pas difficile de satisfaire au devoir de son ministère, par rapport à ce qui est survenu dans cette affaire depuis la requête qu'il a été obligé d'y donner.

Pour commencer d'abord par ce qui regarde la requête du 30 avril, le procureur-général pourroit se contenter d'employer, pour toute réponse, ce qu'il a expliqué dans sa requête du 1.er septembre 1707, à laquelle la dame maréchale de Créqui n'a opposé que des raisonnemens si vagues, qu'ils ne méritent presqu'aucune réponse particulière.

Mais comme tous ces raisonnemens roulent sur quelques propositions équivoques que l'on a eu soin de répandre dans toutes les parties de cette requête, le procureur-général a cru devoir les éclaircir en peu de paroles, pour ne laisser, s'il se peut, aucune ambiguïté dans cette affaire, dans laquelle l'obscurité est la seule qui puisse être à craindre pour la cause du roi.

Toutes ces propositions se réduisent, autant qu'on l'a pu concevoir, à quatre points, dans lesquels consiste la défense de la dame maréchale de Créqui.

Le premier est que le roi n'a point d'intérêt dans cette affaire.

Le second, qu'il faut distinguer deux sortes d'unions entre deux terres, l'une qui ne regarde que la propriété et la manière de posséder, l'autre qui regarde la mouvance et la féodalité; qu'à la vérité il se peut faire que les droits de Longvilliers, qui font le sujet du procès, soient unis de la première manière à la seigneurie de Beaumets, c'est-à-dire que depuis long-temps le même propriétaire ait possédé conjointement les droits de la terre de Beaumets, et qu'en vendant la terre on ait vendu aussi ces mêmes droits comme une dépendance de cette terre, quant à la propriété; mais qu'il ne s'ensuit pas de là que ces droits soient aussi unis à la terre de Beaumets dans l'ordre des mouvances et de la féodalité, ensorte qu'elles soient comprises sous la même foi, comme ne composant plus qu'un même corps de seigneurie ; que c'est par cette distinction qu'il faut répondre à tous les actes par lesquels le procureur-général du roi a prouvé que les droits de Longvilliers et la terre de Beaumets ont été regardés comme un seul corps de terre : tous ces actes, dit-on, prouvent bien que les droits de Longvilliers sont une partie accessoire de Beaumets, mais ils ne suffisent pas pour montrer que ces mêmes droits soient une partie intégrante, ou, pour se servir des termes de l'auteur de la requête, une partie substantielle de la terre de Beaumets, ni par conséquent que ces droits soient censés compris dans les hommages rendus au roi pour Beaumets.

Le troisième est que les droits de Longvilliers, dont le sieur de Vargemont jouit, ont autrefois appartenu au prieur de Dommart : d'où l'on conclut que, comme la portion indivise de ces droits qu'il a retenue est dans la mouvance de la dame maréchale de Créqui, à cause de sa terre de Dommart, on doit présumer aussi que l'autre portion qu'il a aliénée au profit des auteurs du sieur de Vargemont, est aussi tenue en fief de la seigneurie de Dommart.

Le quatrième et le dernier est qu'il y a une distinction réelle et absolue en genre de fief entre la seigneurie de Beaumets et les droits de Longvilliers, d'où l'on tire cette conséquence, que ces deux fiefs n'étant aucunement unis quant à la féodalité, on ne peut appliquer aux droits de Longvilliers les titres qui prouvent que Beaumets est dans la mouvance du roi.

Telles sont les principales objections que la dame maréchale de Créqui a faites dans sa requête, et qu'elle a voulu justifier par les pièces dont elle a composé sa production nouvelle.

La première ne mérite aucune réponse ; car à qui pourra-t-on persuader que le roi n'a point d'intérêt dans une affaire où l'on prétend retrancher un fief de la seigneurie de Beaumets, qui est certainement mouvante du roi, pour composer de ce fief ainsi retranché, une espèce de seigneurie distincte et

séparée, mouvante d'une autre seigneurie ? Mais,
dit-on, le roi aura en arrière-fief ce qu'il prétend
avoir en plein fief ; c'est précisément ce qui prouve
l'intérêt que le roi a dans cette affaire ; personne n'a
douté jusqu'à présent, qu'il est plus avantageux au
roi, comme à tout autre seigneur, d'avoir un plein
fief, que d'être réduit à un arrière-fief ; autrement,
il s'ensuivroit du nouveau principe que l'on a avancé
dans la requête présentée sous le nom de la dame
maréchale de Créqui, que jamais le roi n'a intérêt
dans aucune question de mouvance, puisque, comme
il n'y a aucun fief dans son royaume qui ne soit
mouvant de lui, ou médiatement ou immédiatement,
il ne plaide jamais que pour faire juger qu'une terre
est mouvante de son domaine en plein fief et non
pas en arrière-fief.

Ce premier moyen ne méritoit pas seulement
d'être relevé.

Le second a plus d'apparence, mais n'a pas plus
de solidité. Il est vrai qu'il se peut faire que, soit par
la destination du père de famille, soit par l'ancien
usage des possesseurs ou par d'autres raisons, une
terre soit considérée comme ne faisant qu'un tout
dans la manière de la posséder, quoiqu'elle soit
composée de plusieurs fiefs distincts et séparés qui
relèvent de différens seigneurs ; et en ce cas on
peut dire, suivant l'idée de l'auteur de la requête
de la dame maréchale de Créqui, qu'une telle terre
est une, quant à la propriété, et qu'elle n'est pas
une, quant à la féodalité.

Mais cette distinction n'a aucune application aux
droits de Longvilliers et à la terre de Beaumets,
puisque le procureur-général a fait voir clairement
dans sa requête du premier septembre 1707, que
les droits de Longvilliers étoient unis à la seigneurie
de Beaumets, non-seulement en genre de propriété,
mais en genre de fief ; ensorte qu'ils étoient compris
sous une seule et même foi, ce qui compose l'unité
féodale, si l'on peut s'exprimer ainsi.

Après tout ce qui a été dit sur ce sujet dans

cette requête, il est peut-être assez inutile de s'étendre davantage sur un tel moyen ; mais, puisqu'on engage le procureur-général à le retoucher encore, et qu'il semble que l'on en fasse la principale ressource de la dame maréchale de Créqui, le procureur-général l'éclaircira par quelques réflexions qui feront voir combien cette objection est frivole dans l'espèce singulière de cette affaire.

Première réflexion. Quoiqu'il puisse y avoir quelquefois des terres qui soient unies quant à la manière de les posséder, et qui ne le soient pas quant au fief et à la mouvance, il faut avouer néanmoins que ces deux sortes d'unions ont une si grande affinité, qu'il est naturel d'argumenter de l'une à l'autre, et que la présomption est que deux terres qui depuis long-temps n'ont été considérées que comme un seul et même corps de seigneurie dans toutes les aliénations qu'on en a faites, sont aussi toutes deux dans la mouvance du même seigneur, tant que l'on ne prouve pas le contraire.

· *Deuxième réflexion.* Cette présomption est encore plus forte et plus puissante lorsque les deux terres qui sont unies ne sont pas d'une égale étendue et d'une égale dignité, ensorte que l'une ne puisse être naturellement considérée que comme une dépendance et un accessoire de l'autre.

Troisième réflexion. Cette présomption devient presque décisive, lorsqu'on ne prouve pas qu'on ait jamais rendu deux hommages différens pour ces deux terres, et que celui qui prétend que la moins considérable relève de lui, ne sauroit rapporter aucun acte par lequel il en ait été reconnu seigneur immédiat.

· *Quatrième réflexion.* Enfin cette présomption est portée jusqu'au dernier degré de conviction, quand le seigneur direct de la terre principale ne peut rapporter le moindre acte, par lequel il paroisse que celle qui n'en est que l'accessoire dans l'ordre de la propriété, a été comprise dans les hommages qu'on lui a rendus, comme n'étant aussi qu'une *dépendance* de la terre principale dans l'ordre de la féodalité.

Or, tous ces différens degrés de présomption et de conviction se réunissent dans cette cause en faveur du roi.

La dame maréchale de Créqui n'ose plus nier aujourd'hui que les droits de Longvilliers et la terre de Beaumets ne composent qu'un seul et même corps de terre, quant à la manière de les posséder; et tous les titres que le procureur-général du roi a expliqués dans sa première requête, établissent ce fait par des preuves si directes et si démonstratives, qu'il ne peut plus rester aucun doute sur ce sujet; ainsi le premier degré de présomption est certainement pour le roi; et il est déjà fort naturel de présumer que les droits de Longvilliers étant unis à la terre de Beaumets quant à la propriété, le sont aussi quant à la féodalité.

Il n'est pas moins constant qu'il n'y a aucune proportion entre ces droits et le reste de la seigneurie de Beaumets, et que l'un n'est qu'une dépendance et un accessoire très-léger de l'autre; ainsi il est encore plus vraisemblable qu'ils ne forment qu'un tout, même par rapport au fief et à la mouvance; c'est le second degré de présomption.

Il faut encore que la dame maréchale de Créqui reconnoisse de bonne foi, que ni elle ni ses auteurs n'ont jamais été saisis du fief qu'elle forme des droits de Longvilliers; on ne voit ni hommages ni aveux, ni aucune autre espèce de reconnoissance féodale qui puissent donner lieu de conclure que les droits de Longvilliers soient un fief séparé de la seigneurie de Beaumets, et qu'il soit mouvant d'un autre seigneur que le reste de cette terre; ainsi rien ne s'oppose à l'argument qui se tire naturellement de la propriété à la mouvance; on ne voit ici nulle distinction, nulle différence entre les droits de Longvilliers et la terre de Beaumets quant à la féodalité ; le seigneur qui allègue cette différence ne produit aucun acte qui l'établisse par une preuve directe et nécessaire ; ainsi la présomption naturelle demeure ici dans toute son étendue ; c'est le troisième degré de présomption.

Enfin, le dernier et le plus fort de tous, qui produit même une véritable et parfaite conviction, est dans cette cause du côté du roi, puisqu'il rapporte plusieurs actes qui prouvent que les droits de Longvilliers ne sont pas moins unis à la terre de Beaumets en genre de fief qu'en genre de propriété.

Cette unité féodale a été démontrée dans la première requête du procureur-général du roi , par le décret de l'année 1637 précédé de criées et d'affiches, auxquel la dame maréchale de Créqui n'a jamais formé d'opposition, et qui porte expressément que les droits de Longvilliers, et autres qui y sont énoncés comme des dépendances de Beaumets, *sont tenus du roi en un seul fief à cause de son bailliage d'Amiens* ;

Par la sentence d'ensaisinement accordée aux sieurs Fleureton et Guisain après ce décret, et où il est dit « qu'ils ont payé les droits seigneuriaux dûs au » roi à cause de leur acquisition, comme les choses » vendues étant tenues de sa majesté à cause de » son bailliage d'Amiens ;

Par le décret de 1686 qui comprend, de l'aveu de toutes les parties , les droits de Longvilliers, et qui porte comme celui de 1637 , « que la terre » est tenue du roi à cause de son bailliage d'Amiens;

Par la saisine que les trésoriers de France d'Amiens ont accordée sur ce décret au sieur de Vargemont.

C'est cette même unité féodale qui a été établie par le sieur d'Offinicourt même, qui poursuit cette affaire sous le nom de la dame maréchale de Créqui, lorsqu'il a dit et répété plusieurs fois dans ses écritures , qui ont été citées dans la requête du procureur-général du roi, « que les droits de fief qui » appartiennent au sieur de Vargemont , *ne sont* » *pas un fief particulier,* mais une dépendance de

» celui de Beaumets ; et qu'il étoit absolument né-
» cessaire que le fief de Longvilliers appartenant au
» sieur d'Offinicourt, et les droits de Longvilliers
» appartenant au sieur de Vargemont, fussent deux
» fiefs différens, puisque celui du sieur de Var-
» gemont est mouvant du roi, et celui du sieur
» d'Offinicourt mouvant de la dame de Caderousse. »
Pouvoit-il mieux marquer qu'il ne s'agit pas ici
seulement d'une unité de propriété, mais d'une unité
de fief et de mouvance ?

Enfin, c'est cette même unité féodale que le sieur
de Vargemont vient encore d'établir par la production nouvelle qu'il a faite depuis la requête du
procureur-général, et principalement par la saisine
que les trésoriers de France d'Amiens ont donnée
le 5 mai 1635, aux sieurs Fleureton et Guisain,
pour tout ce qui étoit compris dans l'acquisition
de 1634, dans laquelle toutes les parties convinrent
que les droits de Longvilliers étoient compris.

Il n'y a donc point ici de distinction à faire entre
l'unité de propriété et l'unité féodale; ces deux espèces d'unités se trouvent également dans cette affaire
en faveur du roi; et soit que le fief de Longvilliers
ait toujours fait partie de la seigneurie de Beaumets,
soit qu'il y ait été autrefois incorporé expressément
par une union authentique, soit qu'il y ait été seulement uni par une réunion tacite, il est toujours certain
que, dans l'ordre des fiefs comme dans celui de la
propriété, les droits de Longvilliers ont été également considérés comme un accessoire et une *dépendance* de la terre de Beaumets ; et que, comme ces
droits ont toujours été compris dans la vente de
cette terre, ils ont aussi été renfermés dans le même
hommage.

La troisième objection nouvelle de la dame maréchale de Créqui seroit fort considérable dans le
droit, si elle étoit bien établie dans le fait ; elle
prétend que le prieur de Dommart possédoit seul
autrefois les droits qu'il partage à présent avec le
seigneur de Beaumets dans le lieu de Longvilliers,

et qu'il tenoit tous ces droits de la libéralité des seigneurs de Dommart, ce qui fait présumer avec beaucoup de vraisemblance, si le fait est véritable, que tous ces droits auroient été autrefois tenus en fief du même seigneur.

Toutes les preuves que la dame maréchale de Créqui rapporte pour établir un fait si important, se réduisent à une bulle du pape Alexandre III, qui contient une longue énumération des biens qui appartenoient au prieuré de Dommart en l'année 1177.

Jamais pièce ne mérita moins d'être produite que cette bulle, et dans la forme et dans le fond.

Dans la forme, on n'en rapporte qu'une simple copie collationnée par un notaire de Saint-Germer, sans l'avoir fait compulser ni avec le procureur-général du roi, ni même avec le sieur de Vargemont.

Quand on pourroit produire le titre même sur lequel cette copie a été faite, la foi de l'acte se tireroit toujours d'un cartulaire, dans lequel on prétend que cette bulle a été transcrite; et l'autorité de ces sortes de cartulaires est trop peu certaine pour en pouvoir tirer un moyen contre le roi.

Au fond, on ne trouve rien dans cette bulle qui puisse prouver les deux faits avancés par la dame maréchale de Créqui :

L'un, que le prieur de Dommart jouissoit en 1177 des mêmes droits de Longvilliers, dont il ne possède à présent que la moitié;

L'autre, que tous ces droits lui eussent été donnés par le seigneur de Dommart.

Pour commencer par ce second fait, il n'y en a pas le moindre vestige dans toute la bulle; et en effet, la dame maréchale de Créqui n'a pu indiquer aucun endroit de cette bulle qui pût faire naître la moindre conjecture de cette libéralité des seigneurs de Dommart.

Le premier fait n'est pas mieux établi. L'endroit qu'on a souligné dans la copie de cette bulle qui est produite, parle d'un bourg auprès de *Longvi-maler;* on ne sait si ce nom a dégénéré depuis en celui de Longviller ou Longvilliers, c'est ce que la dame de Créqui ne prouve pas : ainsi, il n'y a rien de plus incertain que l'application qu'elle fait à Longvilliers des possessions et des droits que le prieur de Dommart a pu avoir à *Longvimaler;* cette incertitude est d'autant plus grande, que la même bulle fait mention d'un autre lieu qu'elle appelle de *Longâ Villâ*, et dont le nom auroit beaucoup plus de rapport avec celui de Longvilliers, que celui de *Longvimaler*.

Mais quoi qu'il en soit, on ne voit rien dans l'endroit que la dame maréchale de Créqui veut rapporter à Longvilliers, qui prouve que le prieur de Dommart jouissoit alors de tous les droits qu'il partage à présent avec le seigneur de Beaumets; il n'y a aucun rapport ni entre la qualité des terres, ni entre la quantité des droits qui sont énoncés dans cet endroit de la bulle, et ceux qui sont exprimés dans la déclaration de 1481, qui est l'unique fondement de toutes les prétentions de la dame maréchale de Créqui; et au lieu que, suivant la bulle, les droits qui étoient dûs au prieur de Dommart, dans le lieu de *Longvimaler*, ne montoient qu'à quatre sous quatre deniers, ceux qui sont exprimés dans la déclaration de 1481, montent à plus de vingt sous, ce qui est entièrement différent; enfin, quand il auroit quelque rapport entre ce qui est contenu dans cette bulle et les droits de Longvilliers, quelle conséquence en pourroit-on tirer contre le roi? Il ne s'agit pas ici de savoir si le seigneur de Beaumets possède légitimement la part dont il jouit dans les droits de Longvilliers; le prieur de Dommart ne demande pas à rentrer dans cette partie; il n'y a jamais eu, et, suivant les apparences, il n'y aura jamais de contestation sur ce sujet; de quoi s'agit-il donc uniquement dans cette instance? De savoir si la partie du seigneur de Beaumets n'est pas tenue en fief du roi comme le reste de la terre de Beaumets.

Or, quand il serait vrai que ce qui est à présent possédé par le seigneur de Beaumets et le prieur de Dommart conjointement, a été autrefois possédé par le prieur seul, pourroit-on conclure de ce fait que la partie qui a passé dans les mains du Seigneur de Beaumets, n'est pas tenue en fief du roi ? Comme s'il étoit certain que le prieur même ne l'eût pas tenue de cette manière avant l'aliénation qu'on suppose qu'il en a faite ; comme si ce n'étoit pas d'ailleurs une maxime commune, que les fiefs qui sortent des mains des ecclésiastiques pour rentrer dans le commerce, retombent de plein droit dans la mouvance du roi, surtout lorsque ces fiefs ont été autrefois pleinement amortis, comme le temporel du prieur de Dommart pourroit l'avoir été par les actes mêmes que la dame maréchale de Créqui a produits.

Il est inutile ici de faire une longue dissertation pour prouver cette maxime; il ne faut qu'employer l'édit du mois de janvier 1563, touchant l'aliénation du temporel des ecclésiastiques, qui porte expressément « que les terres amorties, qui seroient *aliénées* » *par les gens d'église, seroient tenues mouvantes* » *du roi à cause de sa plus prochaine justice.* » Et c'est ce que la cour a jugé, il n'y a pas long-temps, en faveur du roi, contre le prieur d'Argenteuil, pour la mouvance d'un fief que ce prieur avoit aliéné il y a environ cent ans, et dans la mouvance duquel le roi a été maintenu.

Mais ce qu'on ne peut se dispenser d'observer ici, c'est que cette maxime, que la dame maréchale de Créqui a donné lieu au procureur-général de rappeler en cet endroit, fournit encore une nouvelle vue pour expliquer ce qui fait la seule difficulté de cette affaire; c'est-à-dire, pour faire voir que quand même la portion des droits de Longvilliers qui appartient au prieur de Dommart auroit été autrefois tenue en fief de la dame maréchale de Créqui, il ne seroit nullement impossible que l'autre portion fût mouvante du roi.

Car si l'on suppose, comme elle veut l'insinuer en

produisant la bulle d'Alexandre III, que la portion
du seigneur de Beaumets, dans les droits de Longvilliers, a appartenu autrefois au prieur qui l'a aliénée
au profit des seigneurs laïcs qui la possèdent aujourd'hui, rien n'est plus aisé que de concevoir
comment cette portion peut être aujourd'hui dans
la mouvance du roi, quoique l'autre portion, possédée par le prieur, ait relevé autrefois de la dame
maréchale de Créqui; la raison de cette différence
viendroit en ce cas de l'aliénation faite par le prieur
de Dommart, laquelle étant faite d'un bien amorti,
a eu, suivant la maxime que l'on vient de proposer, l'effet de faire retomber ce bien dans la
mouvance du roi, quand même il n'y auroit pas
été originairement; ainsi il ne faudroit plus demander
pourquoi la moitié indivise d'un fief relève d'un seigneur différent de celui dont l'autre moitié relevoit
originairement; ce changement est une suite naturelle de l'amortissement du total et de l'aliénation
d'une partie de ce fief amorti; par cette aliénation
le roi auroit acquis un nouveau droit, et voilà pourquoi, dans la supposition même de la dame maréchale de Créqui, la moitié aliénée par le prieur
seroit tombée dans la mouvance du roi, quoique la
portion retenue par le prieur, ait pu être autrefois
dans la mouvance de Dommart.

Il est donc vrai, comme on l'a déjà observé plusieurs fois dans cette affaire, que toutes les objections qu'on y fait se tournent en preuves pour le
roi, et ne sont utiles que contre ceux qui les proposent.

Ce seroit abuser, après cela, de la patience de
la cour, que de répondre à l'argument que l'on tire
de l'aveu de 1407, rendu au roi par le seigneur
de Dommart, pour prouver que le prieur de Dommart possédoit en ce temps-là les droits de Longvilliers en entier, parce que, dit-on, si le seigneur
de Beaumets en avoit possédé la moitié, on l'auroit
employé au nombre des arrière-vassaux, comme
on y a employé le prieur de Dommart.

. Rien n'est plus foible que cet argument négatif, et le procureur-général en a tiré, dans sa première requête, une conséquence toute contraire, pour faire voir que la portion des droits de Longvilliers qui est jointe à la terre de Beaumets, n'étoit pas mouvante du sieur de Dommart, puisqu'il ne l'a pas mise dans cet aveu au nombre de ses arrière-fiefs ; et le procureur-général du roi ne peut qu'employer, à cet égard, ce qu'il a déjà dit sur le même sujet.

. Mais ce qu'il vient d'ajouter, touchant la maxime qui donne au roi la mouvance des fiefs amortis que les gens d'église mettent hors de leurs mains, fournit encore une réponse décisive à cette objection, puisque, comme on l'a déjà dit, quand même il seroit vrai qu'en l'année 1407 la totalité des droits de Longvilliers appartenoit au prieur de Dommart, cela ne serviroit qu'à confirmer les droits du roi sur la portion qu'il auroit aliénée dans la suite, suivant cette supposition, en faveur du sieur de Beaumets.

Il ne reste donc plus maintenant que de détruire la dernière objection que la dame maréchale de Créqui appuie sur ce seul raisonnement :

« Il y a, dit-elle, une distinction réelle et absolue » en genre de fief entre la seigneurie de Beaumets » et les droits de Longvilliers : donc il est impossible » d'appliquer à ces droits les titres qui prouvent » que Beaumets est dans la mouvance du roi. »

Cette objection est, à proprement parler, la question même du procès, qu'elle comprend tout entier ; ainsi on pourroit se contenter d'employer, pour la détruire, tout ce qui a été écrit et produit pour l'établissement des droits du roi.

Mais, comme la dame maréchale de Créqui l'a appuyée sur quelques nouvelles pièces, la seule chose qui reste à faire ici de la part du procureur-général du roi, est de répondre à ces pièces, et de contredire par là la production nouvelle de la dame maréchale de Créqui.

La première est une saisine d'un arpent de terre situé à Longvilliers, donnée par Achille de Pisseleu, qui se qualifie *lieutenant de M. le bailli de Saint-Valery à Beaumets, Longvilliers et environs.*

On infère de ce titre que Longvilliers est une terre différente de Beaumets, puisque l'une et l'autre sont énoncées séparément dans les qualités du lieutenant qui a signé cet acte.

Il étoit assez inutile de grossir de cette pièce les productions des parties ; le procureur-général du roi n'est jamais disconvenu que les droits de Longvilliers n'eussent une existence et une dénomination différente de celles de Beaumets ; mais il a soutenu que ces droits n'étoient qu'un accessoire de cette terre, soit dans l'ordre de la propriété, soit dans l'ordre de la féodalité, et qu'ainsi le seigneur direct de Beaumets étoit aussi le seigneur direct des droits de Longvilliers dépendans de cette terre.

La deuxième pièce, qui est une autre saisine du 18 mai 1563, à peu près semblable à la première, seroit suffisamment détruite par le même contredit.

Mais il y a plus, et telle est toujours la nature des actes dont on se sert contre le roi dans cette cause, qu'ils se rétorquent perpétuellement contre ceux qui les produisent ; on l'a déjà vu dans plusieurs titres de la dame maréchale de Créqui, on le va voir encore dans celui-ci.

Quelles sont les qualités qu'y prend le juge qui donne cette saisine, et sur lesquelles seules roule l'induction qu'on a tirée de cette pièce.

Il se qualifie *lieutenant de M. le bailli de Saint-Valery à Beaumets, Longvilliers, et autres membres circonvoisins.*

Par quelle expression pouvoit-il mieux faire connoître que Longvilliers n'étoit qu'un accessoire et une dépendance de la terre de Beaumets ; il l'appelle lui-même un *membre* de cette seigneurie ; car c'est ce qui résulte clairement de ces mots, *Longvilliers et autres membres circonvoisins ;* ainsi le procureur-général du roi est en droit d'employer cette pièce pour confirmer ce qu'il a établi dans cette requête et dans la précédente, c'est-à-dire que Longvilliers n'est qu'une des appartenances et dépendances, ou, pour se servir des termes mêmes de cet acte, qu'*un des membres circonvoisins* de Beaumets et de Saint-Valery.

Ces deux pièces sont suivies d'un emploi qui ne mérite aucun contredit particulier.

La quatrième pièce, qui est un acte du 31 mai 1540, par lequel Jeanne Sercourt consent au retrait lignager de quelques héritages situés au terroir de Longvilliers, pour lesquels il paroît qu'elle avoit payé des droits seigneuriaux au duc de Nevers, est une pièce inutile et étrangère à la contestation, à laquelle elle n'a aucun rapport, non plus que l'emploi qui la suit.

La sixième, qui n'est qu'une saisine d'héritages situés à Longvilliers, accordée, le 11 février 1563, par le *lieutenant du bailliage de Saint-Valery et Beaumets, Longvilliers, et des appendances,* reçoit les mêmes contredits que les deux premières.

La septième, qui est un contrat de vente du 15 juin 1609, de quelques héritages situés au terroir de Longvilliers, qu'on dit être mouvans du duc de Nevers et du prieur de Dommart par indivis, ne méritoit pas d'être produite. Qui doute qu'il n'y ait des héritages de cette qualité à Longvilliers? Est-ce là ce qui fait la matière du procès.

Les 8, 9, 10, 11, 12, 13, 14, 15, 16, 17 et 18.e pièces, qui ne sont que des contrats de vente d'héritages situés à Longvilliers, passés depuis l'année 1694 jusqu'en l'année 1702, sont ou absolument inutiles, ou contraires à la prétention de la dame maréchale de Créqui.

Les uns portent simplement que les héritages qui y sont compris, sont mouvans du prieur de Dommart et du seigneur de Vargemont, sans marquer à cause de quel fief ils sont mouvans de lui; et par conséquent on ne peut en tirer aucune induction.

Les autres portent que les héritages vendus par ces contrats sont mouvans de la seigneurie de Nevers

16*

appartenant au seigneur de Vargemont ; ce qui
fournit encore une preuve au roi contre la dame
maréchale de Créqui, puisque cette expression fait
voir que les droits de Longvilliers n'ont été regardés
que comme une dépendance des terres que le duc
de Nevers possédoit en Picardie, et qu'on y a
comprises sous la dénomination de *la seigneurie de
Nevers.*

Enfin, pour prouver encore la distinction réelle
et entière que la dame maréchale de Créqui prétend
se trouver entre la terre de Beaumets et les droits
de Longvilliers, elle produit, non pas des titres,
mais des énonciations de titres qu'on dit que le
sieur de Vargemont a produits dans un autre procès,
pour montrer que ses auteurs, depuis l'année 1644,
ont pris la qualité de seigneurs de Longvilliers.

Mais, 1.º il faudroit voir ces pièces pour pouvoir
les contredire ; il seroit donc dangereux de le faire
sur de simples énonciations.

2.º Tout ce que le sieur de Vargemont a pu dire,
peut-être par une prétention ambitieuse, ne sauroit
nuire aux droits du roi, et la dame maréchale de
Créqui ne sauroit se plaindre de cette règle, puisqu'elle l'établit elle-même en sa faveur contre des
déclarations bien plus fortes et plus opposées à ses
prétentions, qui, selon elle, sont échappées par
erreur au sieur d'Offinicourt, et qui ne peuvent
préjudicier au seigneur dont il relève.

3.º Quand il seroit vrai que 40 ans plutôt que le
procureur-général ne l'avoit cru sur la foi des titres
qui étoient produits au procès dans le temps de sa
première requête, les auteurs du sieur de Vargemont
auroient eu la pensée de se qualifier, *seigneurs de
Longvilliers,* s'ensuivroit-il de là qu'ils eussent en
effet la seigneurie de ce lieu ? Et comment le sieur
d'Offinicourt, qui plaide ici sous le nom de la dame
maréchale de Créqui, entreprend-il à présent de
relever et de faire valoir cette prétention du sieur
de Vargemont, contre laquelle il s'est lui-même

élevé avec tant de force, et qu'il a fait condamner par une sentence contradictoire du bailliage d'Amiens ?

4.° Enfin, quand on iroit encore plus loin, et quand il seroit constant que la qualité de seigneur de Longvilliers en partie avoit été prise légitimement par le sieur de Vargemont et par ses auteurs, pourroit-on conclure de ce fait que la seigneurie de Longvilliers n'est pas un membre dépendant de la seigneurie de Beaumets ? C'est une conséquence qui ne seroit ni juste ni nécessaire ; et cependant c'est de quoi il s'agit uniquement dans le procès. Or, il n'est pas ici question de savoir si le sieur de Vargemont a un fief, s'il a des censives, s'il a une justice à Longvilliers qui lui donne le droit de s'en dire seigneur en partie ; mais il est question de savoir si ce fief, ces droits, cette justice ne sont pas une dépendance et un accessoire de la terre de Beaumets ; or c'est ce que des qualités bien ou mal employées dans les titres du sieur de Vargemont, ne peuvent décider ; et c'est ce qui est pleinement éclairci par tout ce que le procureur-général du roi a expliqué dans ses deux requêtes.

Après cela, il seroit inutile de réfuter les inductions vagues et étrangères que la dame maréchale de Créqui a tirées d'un partage fait en 1638 entre les sieurs Fleureton et Guisain, ni de répondre aux observations qu'elle a faites sur le texte des coutumes locales de Saint-Valery, dans lequel elle prétend qu'il faut lire *esdites forêts et esdits lieux*, au lieu d'y lire *desdites forêts et desdits lieux* ; la chose est si peu importante, que le procureur-général n'a pas jugé à propos de faire apporter l'original de ces coutumes pour y vérifier cette observation grammaticale, qui n'est d'aucune conséquence, puisque, de quelque manière qu'on lise ces coutumes, les inductions que le procureur-général en a tirées demeurent toujours les mêmes, comme la cour le reconnoîtra aisément, si elle veut bien jeter les yeux sur ce que le procureur-général a dit à ce sujet dans sa première requête.

Ainsi, après avoir répondu, peut-être avec trop d'étendue, aux nouvelles raisons et aux nouveaux titres de la dame maréchale de Créqui, le procureur-général du roi finira cette requête par une réflexion générale, qui suffira seule pour décider cette contestation.

De quoi s'agit-il dans ce différend ? De la mouvance d'un fief réclamé d'un côté par le roi, comme une dépendance d'une terre qui relève certainement de lui, et de l'autre, par la dame maréchale de Créqui, qui en veut faire une seigneurie séparée, mouvante de sa terre de Dommart.

Le roi prouve son droit, soit par des titres de propriété, qui justifient invinciblement que ce fief est certainement accessoire de Beaumets, soit par des titres de féodalité, qui font voir qu'il a été reconnu seigneur immédiat du même fief comme joint à Beaumets.

La dame maréchale de Créqui, au contraire, est obligée d'avouer que le fief dont il s'agit a été regardé comme un accessoire de Beaumets dans l'ordre de la propriété, pour se servir de ses termes; et quant à la féodalité, elle ne sauroit ni rapporter, ni même alléguer un seul acte de foi et hommage, ni un seul aveu et dénombrement par lequel les auteurs du sieur de Vargemont l'aient reconnue.

Or, sur quoi peut être fondée cette cessation entière, ce défaut absolu de titres de la part de la dame maréchale de Créqui, si ce n'est sur ce qui a été prouvé en tant de manières dans ces deux requêtes, c'est-à-dire, sur ce que les droits de Longvilliers ont toujours été regardés comme unis à la terre de Beaumets, et compris avec cette terre dans les hommages qui en ont été rendus au roi ?

Donc tout concourt ici en faveur du souverain : la présomption générale est pour lui, cette maxime n'est pas douteuse; les titres de propriété sont pour lui, la dame maréchale de Créqui est obligée d'en convenir; les titres de féodalité s'expliquent aussi en sa faveur; enfin, il est impossible de concevoir que la dame maréchale de Créqui n'ait pas le moindre titre, pour montrer qu'elle a été reconnue par les auteurs du sieur de Vargemont, si l'on ne suppose que les droits de Longvilliers sont un accessoire de la terre de Beaumets. C'est par ces réflexions si simples, si naturelles, si sensibles, que cette contestation doit être décidée, et c'est à quoi elle se réduit, quand on en écarte toute la subtilité dont elle n'est que trop remplie.

CE CONSIDÉRÉ, etc.

NEUVIÈME REQUÊTE.

PREMIÈRE REQUÊTE

Sur la mouvance de la terre d'Argenton.

A MESSIEURS DU PARLEMENT.

Supplie le procureur-général du roi, disant qu'en l'instance pendante en la cour sur l'appel interjeté par messire Henri-Jules de Bourbon, prince de Condé, prince du sang, duc de Châteauroux, d'une saisie féodale faite de la terre et baronnie d'Argenton en Berri, toute la contestation se réduit à savoir si cette terre est mouvante du roi à cause du duché de Bérri, ou si elle relève de Châteauroux, auquel cas elle ne seroit qu'un arrière-fief du roi.

Pour faire voir à la cour qu'il y a lieu de confirmer cette saisie féodale, parce que constamment Argenton est mouvant en plein fief du roi, il est à propos d'établir, en premier lieu, que pendant cinq cents ans les terres d'Argenton et de Châteauroux ont été dans la même main, et possédées par les mêmes seigneurs.

Pour cela, il convient d'observer que la châtellenie d'Argenton a été possédée anciennement par différens seigneurs.

Eudes l'ancien, de la famille des Raouls, baron de Châteauroux, fut celui qui mit le premier Argenton dans cette famille, par la conquête qu'il en fit sur le vicomte Guy en 1018, sous le règne de Robert, roi de France. Ce fait est rapporté par Aimar ou Ademar dans sa Chronique, page 176 : *Per hos annos Odo princeps Dolensis vi et ingenio cepit castrum Argentonum, et ex eo vicecomitem Vidonem extrusit.*

Par tous les historiens de Berri, il paroît que les descendans de Raoul ont toujours possédé Châteauroux et Argenton jusqu'à André de Chauvigni, dernier du nom, décédé en 1502.

En 1519, la terre d'Argenton fut abandonnée à Louise de Bourbon, veuve dudit Chauvigni, ainsi qu'il sera montré ci-après, et c'est le temps que les deux terres ont été séparées; il est donc vrai de dire qu'elles ont été possédées conjointement pendant cinq cents ans par les mêmes seigneurs.

Mais, indépendamment de ces autorités, il y a plusieurs pièces authentiques qui confirment cette vérité.

La première, du mois de septembre 1209, est un acte par lequel Guillaume de Chauvigni promet au roi Philippe-Auguste *de lui servir de tout son domaine, et de lui livrer à grande et petite force, quand il lui plaira, ses forteresses d'Argenton, du Châtelet, et la tour de la Chastre.*

2.° L'aveu du dernier juillet 1466, rendu au roi par Guy de Chauvigni, et produit par messire Henri-Jules de Bourbon, prince de Condé, sans l'approuver au surplus, prouve pareillement le fait qu'en ce temps-là Argenton et Châteauroux étoient possédés par les mêmes seigneurs : ainsi ils étoient en même temps possesseurs du fief dominant et des fiefs servans, c'est-à-dire, seigneurs et vassaux.

Il y a encore un arrêt de la cour, du 16 septembre 1514, rendu entre messire Louis de Bourbon, prince de la Roche-sur-Yon, et dame Louise de Bourbon, sa femme, d'une part; et messire Hardouin, seigneur de la Tour, Jean, seigneur d'Aumont, et dame Françoise de Maillé, sa femme, de l'autre; au sujet du partage des biens de la succession d'André de Chauvigni, par lequel il est jugé que les baronnies, terres et seigneuries de Châteauroux, la Chastre et autres, appartiendront auxdits de la Tour, d'Aumont, sa femme et consorts, héritiers dudit de Chauvigni.

Et par le même arrêt, on adjuge à défunt messire

Louis de Bourbon, à cause de dame Louise de Bourbon, sa femme, les châtellenies, terres et seigneuries
d'Argenton, Cluys, Dessous, Saint-Chartier, Agurande, le Châtelet, Neufvi, Saint-Sépulchre, et autres;
et c'est en exécution de cet arrêt et d'une transaction
dont il fut suivi, qu'en 1519 ils sont entrés en possession de ladite terre d'Argenton et autres, lesquelles
par ce moyen ont été désunies de Châteauroux.

Cela supposé, il faudroit justifier qu'Argenton eût
été dans la mouvance de Châteauroux avant l'année 1018; mais quand on le justifieroit, ou qu'on
voudroit bien l'accorder, il faudroit toujours convenir que cette ancienne mouvance seroit éteinte et
anéantie par la confusion qui s'est faite des qualités
de seigneur et de vassal pendant plus de cinq cents
ans, pendant lesquels ces deux terres ont été tenues
conjointement par le même seigneur. Or, on ne peut
pas douter que l'extinction de la féodalité et la
réunion de l'arrière-fief au plein fief, quand elles se
trouvent dans la même main, ne soit le droit commun de la France.

En effet, suivant l'ancien usage de la France, il
étoit impossible que les seigneurs de Chauvigni
eussent voulu être à l'égard d'eux-mêmes en même-
temps et seigneurs et vassaux; c'est ce que nous
apprenons du chapitre 28 de l'ancienne déclaration
des fiefs suivant la coutume de France publiée par
M.ᵉ de la Thaumassière, entre les anciennes coutumes de Bourges, page 349.

Le roi demande au coutumier: « Si un gentilhomme,
nommé Robert, tient un fief de son seigneur, et en
ce fief il y a un fief qui en meut qui est arrière-fief
au seigneur de qui ce premier fief est tenu; or advient que Robert a acheté ce premier fief, qui est
tenu en fief de lui nu à nu; à savoir comment Robert
tiendra de lui-même? »

Le coutumier répond: « Certes, sire, il conviendra
que ledit Robert le mette hors de ses mains, pour
qu'il en ait homme comme devant, et qu'il soit tenu
du seigneur en arrière-fief de qui le plein fief est

tenu, et que ledit Robert en ait son hommage
comme devant; ou sinon, il conviendra que ledit
Robert le tienne en plein fief de son seigneur de qui
le maître fief est tenu, et qu'il en fasse hommage
aussi bien comme du maître fief, et qu'il baille en son
aveu comme propre fief; et par ainsi le pourra tenir
ledit Robert et non autrement. »

Comment donc pourroit-on supposer que l'ancienne mouvance auroit subsisté pendant cette longue
possession, et que les seigneurs de Châteauroux et
Argenton eussent été pendant cinq cents ans seigneurs
et vassaux pour les mêmes terres, seigneurs pour
Châteauroux, et vassaux à l'égard d'Argenton?

Il y a une réflexion à faire en cet endroit, qui est
que, dès le moment qu'Argenton a été réuni à Châteauroux, comme on ne peut pas en disconvenir, il
faut avouer qu'on n'a pu en faire un arrière-fief au
préjudice du roi, parce qu'en ce cas Argenton doit
être considéré comme un membre réuni à son tout,
et faisant partie de la baronnie de Châteauroux.

Or, si l'on considère Argenton comme ayant été
partie de la baronnie de Châteauroux, l'article premier de la coutume de Berri, au titre des fiefs (1),
ne fait rien au sujet, parce qu'il n'est que pour les
simples fiefs, et non pour les principautés et baronnies, qui sont, suivant le droit commun de la France,
indivisibles et impartables; ce qui est si véritable,
que, par cette raison, les vicomtés et voiries de la
coutume de Bourges ne peuvent point être divisés
suivant l'ancienne coutume, ainsi que le remarque la
Thaumassière sur l'article cité; et de là vient que les
seigneurs de la maison de Chauvigni n'ont jamais
donné que des apanages à leurs puînés sur la baronnie de Châteauroux (2), et à la charge de les
garantir sous leur hommage envers le roi, afin que,

---

(1) Anciennes Coutumes de Bourges, ch. 60, pag. 269, 270;
la Thaum., cap. 36, pag. 48.

(2) La Thaum., cap. 36 de ses Anciennes Coutumes, p. 48.

par rapport au roi, la baronnie ne fût point censée divisée.

Il y a bien de la différence entre les frérages, ou partages entre frères, et un accord fait entre les héritiers d'un mari avec sa veuve. Dans le premier cas, l'aîné, qui donne quelque part de la baronnie en apanage à ses puînés, les peut garantir sous son hommage envers le seigneur dominant.

Mais dans le second cas, les héritiers collatéraux du mari, qui traitent avec sa veuve, et qui lui cèdent une partie de la baronnie, ne la peuvent pas garantir envers le roi sous leur hommage, quelque stipulation qu'ils fassent; et s'ils ne la peuvent garantir, il est évident qu'ils peuvent encore moins l'aliéner avec rétention de foi envers eux sans garantie envers le roi.

Ainsi, les héritiers d'André de Chauvigni n'ayant pu, de quelque manière que ce soit, faire de la châtellenie d'Argenton un arrière-fief, il doit demeurer pour constant qu'Argenton doit toujours relever de Sa Majesté, comme il en relevoit anciennement, étant impossible qu'Argenton soit devenu arrière-fief; et dans le fait, quand même cela seroit arrivé, ce changement, étant opposé aux droits du roi et aux maximes les plus certaines, ne peut être d'aucune considération.

On rapportera en cet endroit une ordonnance de Philippe-Auguste, du premier mai 1209, pour empêcher les changemens de mouvances et établissemens des arrière-fiefs à l'occasion des partages, et qui établit que les démembremens ne peuvent se faire au préjudice du roi, même dans les partages.

Mais, pour faire voir qu'indépendamment de la question de savoir si Argenton est dans la mouvance du roi, comme uni à Châteauroux, il y a des titres et actes qui suffisent sans doute pour montrer qu'Argenton par lui-même, considéré indépendamment de Châteauroux, est dans la pleine mouvance du roi,

On rapportera un traité de paix fait au mois de

mai 1200., entre Philippe-Auguste et Jean sans Terre, roi d'Angleterre, par lequel les fiefs de Berri qui avoient été laissés au roi d'Angleterre par un traité précédent de 1195, dont il sera parlé ci-après, sont donnés en mariage à Louis, fils de Philippe-Auguste, avec cette expression : *Feoda Bituresii, sicut Andreas de Calviniaco ea tenebat de rege Angliæ.*

La seconde pièce qui sera produite, est du 23 mai 1200; c'est une charte adressée par Jean, roi d'Angleterre, à André de Chauvigni, par laquelle il lui mande de rendre l'hommage au roi de France pour les fiefs de Berri, que ledit de Chauvigni tenoit auparavant du roi d'Angleterre, lesdits hommages ayant été cédés au roi de France par le susdit traité du mois de mai 1200.

La mouvance directe d'Argenton se prouve encore par un acte du mois de septembre 1209, par lequel Guillaume de Chauvigni promet au roi Philippe-Auguste de le servir de tout son domaine, *de toto dominio meo.* Argenton est nommément compris comme faisant partie de ce domaine; il promet de livrer à Philippe-Auguste, *à grande et petite force,* quand il lui plaira, ses forteresses d'Argenton, du Châtelet, et la tour de la Chastre. .

L'aveu même de 1466 (sans l'approuver), bien entendu, fait voir que la mouvance d'Argenton appartenoit au roi : pour cela il faut le diviser en trois parties.

Dans la première, Guy de Chauvigni avoue tenir du roi, son souverain seigneur, le châtel et baronnie de Châteauroux, appelé Déols, la châtellenie de Châteauroux, haute, moyenne et basse, et tous les droits de baronnie.

Dans la seconde, il avoue tenir du roi, « tant ses fondations et gardes de plusieurs abbayes et colléges fondés par ses prédécesseurs, étant en la terre Déoloise, que ses autres droits, prééminences et prérogatives à lui dûs et appartenans tant en et à cause de sa baronnie de Châteauroux, qu'ès ville, château, justice, châtellenies, terres et seigneuries du Châtelet, de la Chastre, Argenton, la Mothe, Ordantes-Jen, Neufvi, Saint-Sépulchre, Fougerolles et Agurande, leurs appartenances et dépendances, et ès ressorts de ces mêmes terres, dépendans, mouvans et tenus en foi et hommage de sa baronnie de Châteauroux, comme étant le tout de la terre Déoloise. »

Il y a dans le titre, « excepté quant à la châtellenie d'Agurande, aucunes choses d'icelle châtellenie, qu'il tenoit du comté de la Marche, » ce qui marque qu'il possédoit toutes ces terres avec Châteauroux.

Dans les mots de l'aveu, « *et ès ressorts* d'icelles *qui* » dépendent, meuvent et sont tenus en foi et » hommage de notre baronnie de Châteauroux, etc., » le *qui* n'est pas relatif à *icelles*, c'est-à-dire, aux terres d'Argenton, du Châtelet et autres, parce qu'il étoit impossible que les terres qui faisoient partie de la baronnie de Châteauroux, et qui étoient possédées avec cette baronnie par les mêmes seigneurs, relevassent de Châteauroux, et qu'elles fussent en même temps arrière-fief et partie du fief dont elles étoient tenues ; mais ce *qui* est certainement relatif au mot *ressorts*, parce que dans le ressort de ces terres, il y avoit des fiefs qui n'en relevoient pas quant à l'hommage, et qui étoient tenus immédiatement en foi de la baronnie de Châteauroux : ce qui fait comprendre sans peine que cela se doit entendre ainsi, c'est qu'il est dit, *tenus*, qui se rapporte à ressorts, et non pas *tenues* qui auroit pu en ce cas s'adapter aux terres.

Et dans la troisième partie, Guy de Chauvigni avoue tenir du roi, « à cause des baronnies et seigneuries dessus dites, tous les autres fiefs, arrière-fiefs et ressorts qui de lui, à cause d'icelles ses baronnies et seigneuries, dépendoient et étoient tenus de lui, hors la terre Déoloise. »

La différence est manifeste entre les ressorts de ces terres, et leurs dépendances dans les ressorts ; il y avoit des fiefs qui étoient de la terre Déoloise, et qui relevoient directement de Châteauroux.

La lecture de l'aveu de 1466 rendra ce qui vient d'être dit plus sensible, et fera voir que tout au plus les termes en sont équivoques ; or cela étant, la présomption est pour le roi, auquel il suffit de pouvoir donner une explication naturell 1 qui lui convienne, et qui s'accorde avec tous les titres qui sont au procès, qui concourent tous à prouver la mouvance directe du roi sur Argenton, et à faire voir que l'induction qui est tirée de cet aveu pour montrer qu'Argenton est tenu de Châteauroux, est fausse ; car si elle étoit véritable, elle établiroit également que la Chastre et le Châtelet sont mouvans de Châteauroux.

Or, il est certain que la Chastre et le Châtelet sont dans la pleine mouvance du roi, cela est justifié par un traité de paix fait à Paris au mois de janvier 1193, entre Philippe-Auguste et Jean, comte de Morton, frère de Richard, roi d'Angleterre, et depuis roi d'Angleterre, connu sous le nom de Jean sans Terre, par lequel il est expressement convenu que le comte Louis, neveu du roi d'Angleterre, tiendra à foi et hommage du roi le château de la Chastre.

Ce traité de paix a été suivi d'un autre, fait entre Philippe-Auguste et Richard, roi d'Angleterre, la veille de Noël, l'an 1195, leurs armées étant campées entre Issoudun et Charots, par lequel le roi cède au roi d'Angleterre la mouvance d'Issoudun et tous les fiefs qui en dépendent, et les fiefs de la Chastre, de Saint-Chartier et du Châtelet, *sicut Andreas de Calviniaco tenebat ea de rege Franciæ.* Ces termes prouvent évidemment que les fiefs de la Chastre, Saint-Chartier et du Châtelet étoient alors tenus du roi nûment et sans moyen.

Cela est encore justifié par l'acte du mois de septembre 1209, par lequel Guillaume de Chauvigni promet de servir le roi Philippe-Auguste de tout son domaine, au nombre duquel sont nommément exprimées la terre du Châtelet et la tour de la Chastre, de même qu'Argenton.

Il faut présentement revenir à la preuve qui a été commencée à faire de la mouvance directe du roi sur Argenton. Cinq pièces qui seront jointes à la présente requête, acheveront de la rendre complète.

La première est un extrait et description tirés d'un gros registre intitulé, *Table et pancarte des fiefs mouvans sans moyen du roi et de la reine de Navarre, duchesse de Berri, à cause de son duché de Berri, du mois de septembre* 1541, par lequel il paroît qu'au nombre des déclarations « faites et baillées en vertu de lettres-patentes du roi, par ceux qui tiennent en fief du roi, tant à cause de sa couronne de France et duché de Berri, qu'à cause de ses grosses tours de Bourges, Issoudun, etc., en l'an finissant 1539, est comprise celle de dame Louise de Bourbon, duchesse de Montpensier, pour le châtel et ville d'Argenton; » ensuite est la déclaration de Pierre d'Aumont pour la baronnie de Châteauroux; ce qui fait voir qu'Argenton et Châteauroux, étant mis au même rang, ont été l'un et l'autre toujours réputés pleins fiefs du roi.

Par cette même pièce, il paroît que les officiers de la dame d'Argenton ont prétendu que cette terre étoit tenue de la grosse tour de Bourges et non de celle d'Issoudun; mais cette différence ne change en rien les droits du roi, puisqu'il est également seigneur du duché de Berri et des grosses tours de Bourges et d'Issoudun, et, au contraire, persuade de plus en plus qu'Argenton a toujours été dans la pleine mouvance du roi.

Par un autre extrait et description d'un registre aussi intitulé, *Table et pancarte des fiefs du pays et duché de Berri, faisant mention des foi et hommage faits par les vassaux dudit duché, et des arrière-fiefs des fiefs tenus en fief et mouvans directement dudit duché*, le tout fait en vertu de lettres-patentes données par le duc d'Anjou en 1576, il se voit, au 103.e feuillet, dans la déclaration des arrière-fiefs d'Issoudun, qu'il y a quatorze fiefs qui sont dits tenus de la seigneurie d'Argenton; ce qui suppose qu'Argenton est un plein fief du duché de Berri.

Il faut enfin joindre encore à toutes ces pièces trois actes de foi et hommage rendus au roi, de ladite terre d'Argenton, tirés de la chambre des comptes, où ils ont été enregistrés.

Le premier, du 9 juin 1580, est l'hommage rendu au duc d'Alençon, duc de Berri, par le duc de Montpensier, des baronnies de Saint-Sever, seigneuries du Châtelet, Agurande, Cluys et Argenton, comme tenues et mouvantes du duché de Berri. Pour prévenir l'objection qu'on peut faire que cet hommage n'étant rendu pour Argenton, Agurande et autres, qu'en tant et pour tant qu'il y en a de tenu et mouvant du duché de Berri, cela ne pourroit au plus emporter qu'une portion de mouvance, on dira que, quand on prouveroit qu'il y eût quelques portions d'Argenton, Agurande, et autres terres comprises dans cet hommage, qui ne fussent point de Berri, cela ne prouveroit point qu'elles fussent de Châteauroux; et comme en matière de mouvance la présomption est toujours pour le roi, ce seroit à messire Henri-Jules de Bourbon, prince de Condé, à prouver quelle portion relève de lui, et ce qui est dans la mouvance du roi, lequel, jusqu'à ce, est incontestablement saisi du tout.

Mais il y a plus, c'est que cette difficulté est levée par les pièces mêmes de messire Henri-Jules de Bourbon, prince de Condé, puisque dans son aveu de 1466 il est dit « qu'il y a dans la châtellenie d'Agurande aucunes choses d'icelle châtellenie qui sont tenues du comté de la Marche; » et c'est assurément la raison pour quoi on a ajouté dans cet hommage de 1580, commun pour Agurande et les terres y spécifiées, ces mots *en tant et pour tant qu'il y en a de tenu et mouvant du duché de Berri*, afin d'éviter la confusion qu'auroit pu faire le défaut de cette exception, qui auroit donné la totalité de la mouvance d'Agurande au duché de Berri, au préjudice de ce qui en relève véritablement du comté de la Marche.

Les deux autres foi et hommage rendus au roi de ladite terre d'Argenton, sont des 27 décembre 1606 et 4 juillet 1666; le premier par messire Henri de Bourbon, duc de Montpensier, et l'autre par mademoiselle Anne-Marie-Louise d'Orléans, pareillement tirés de la chambre des comptes où ils sont enregistrés, et qui ont été ci-devant produits en l'instance.

Toutes ces pièces prouvent également la mouvance directe du roi sur Argenton, et que dans tous les temps le roi a été reconnu pour seigneur direct par les propriétaires et possesseurs de ladite terre.

Il ne reste plus qu'à contredire les pièces produites par messire Henri-Jules de Bourbon, prince de Condé.

La plus ancienne est le dénombrement du dernier juillet 1466; le contredit en la forme est que l'original n'est point rapporté; c'est simplement une pièce transcrite dans une autre.

Ce dénombrement même n'est reçu que par provision, il n'a jamais été envoyé à la chambre des comptes, quoiqu'il soit fait mention qu'il devoit y être envoyé; au surplus, ce qui a été dit ci-dessus sert suffisamment de contredit au fond.

Comme on a opposé à messire Henri-Jules de Bourbon, prince de Condé, que la sentence du 26 juin 1531, par lui produite, n'avoit point jugé la question de la mouvance d'Argenton, il a fait une production nouvelle de plusieurs pièces, qui sont entr'autres des jugemens rendus au bailliage d'Issoudun les 28 avril et 28 novembre 1530, 6 mai, premier juin et 17 juillet 1531. Les quatre premiers n'étant que d'instruction, il est inutile de s'y arrêter; ainsi, passant à la sentence du 17 juillet 1531, que l'on prétend être définitive, et avoir jugé la question de la mouvance d'Argenton en faveur de dame Françoise de Maillé, baronne de Châteauroux, il suffit pour la détruire de dire, en un mot, que les intérêts du roi ont été abandonnés non-seulement par ses officiers, mais encore par dame Louise de Bourbon, qui possédoit lors Argenton : cette vérité paroît par la seule lecture des pièces ; et il se trouve de plus que lors de cette sentence, le procureur de dame Louise de Bourbon a déclaré qu'il n'avoit point de charge, et même a protesté d'appeler, dont il lui a été octroyé acte au pied de ladite sentence ; ce qui marque qu'à vrai dire, ce n'est qu'une sentence par défaut, laquelle cependant juge une mouvance contre le roi.

Il est vrai que le 27 septembre de la même année, dame Louise de Bourbon a fait hommage de ladite terre d'Argenton au comte de Châteauroux, et que le 27 mars 1602, il y a eu une transaction passée entre messire Henri de Bourbon, duc de Montpensier, baron d'Argenton, appelant, et messire Antoine d'Aumont, comte de Châteauroux, par laquelle messire Henri de Bourbon a reconnu que la terre d'Argenton étoit mouvante en plein fief du comté de Châteauroux. Mais toutes ces pièces étant faites à l'insu des officiers du roi, il ne peut y avoir de doute que le procureur-général du roi ne soit en droit, trouvant qu'on oppose cette sentence comme un bon titre, quoique très-vicieux, d'en interjeter appel, lequel suffit pour anéantir cette sentence, et remettre la question dans son entier d'être jugée ; d'autant plus que les actes sont faits par un vassal au préjudice de son souverain seigneur, qui est le roi, auquel le même messire Henri de Bourbon avoit en l'année 1606 fait hommage d'Argenton.

Les deux actes de foi et hommage de 1539 et 1607, faits au comte de Châteauroux pour Argenton, sont suffisamment combattus par ce qui vient d'être dit, et par ceux précédemment et depuis rendus au roi, et par toutes les autres pièces qui seront ci-après produites.

A l'égard des lettres-patentes du mois de mai 1616, contenant l'érection en duché et pairie du marquisat et comté de Châteauroux ; l'arrêt de la cour qui ordonne l'enregistrement et publication desdites lettres-patentes, du 3 août audit an ; et les deux arrêts du parlement de Dijon des 27 juin 1626 et 4 février 1627,

Toutes ces pièces sont absolument indifférentes pour la question qui est à juger ; car il faut convenir qu'il ne s'y agissoit véritablement que du ressort, et de la récompense et indemnité des officiers de Bourges et Issoudun, pour la distraction de leurs juridictions et ressorts.

C'étoit-là uniquement ce qui avoit été renvoyé au parlement de Dijon, et non point la question de la mouvance de la plus grande partie des fiefs du Berri ; aussi est-il vrai que cette question n'y a point été agitée ; et si ces arrêts prononcent quelque chose à cet égard, ce n'a été que sur le fondement de quelques demandes qui ont été incidemment faites pour la mouvance, contre des particuliers qui n'étoient ni intéressés, ni parties capables pour y défendre, et qui, par cette raison, ont laissé prendre par défaut tel avantage qu'on a voulu sur des demandes qui ne les regardoient point, et qui, sans doute, ne se seroient point opposés à l'entérinement d'autres demandes tout indépendantes et étrangères qu'elles eussent pu être aux contestations sur lesquelles il s'agissoit de prononcer, s'il en eût été formé.

Le dispositif de l'arrêt du 4 février 1627, rendra cette proposition plus sensible.

Par cet arrêt, on adjuge au duc de Châteauroux la mouvance des terres du Châtelet, de la Chastre et autres ; cependant il a été montré ci-dessus que ces deux terres sont de l'ancien domaine de la couronne, et on n'auroit pas de peine à le faire voir à l'égard de plusieurs autres s'il s'en agissoit ; après quoi il est sans difficulté qu'on ne peut tirer aucun avantage de ces arrêts, pour en induire qu'Argenton relève de Châteauroux, tout ce qui regarde la mouvance ayant été fait sans contradicteur ; et on pourroit dire que les juges qui ont rendu ces arrêts, ont prononcé sur le chef de la mouvance sans avoir pouvoir d'y statuer.

Mais, en un mot, cette question de mouvance n'a point été discutée; on ne voit point qu'on ait rapporté de la part du roi aucune pièce pour justifier qu'Argenton relevât du duché de Berri ; et qui est-ce qui l'auroit fait, puisque véritablement il ne s'en agissoit point ? Peut-on, après cela, prétendre que ce soit une chose jugée ? Et si on ne le prétend point, les choses ne sont-elles pas entières pour approfondir la vérité, fondée sur des titres qui ne permettent pas de douter que le roi n'ait la mouvance directe sur Argenton ?

CE CONSIDÉRÉ, il plaise à la cour recevoir le procureur-général du roi, en tant que besoin est ou seroit, opposant à l'exécution desdits arrêts des 27 juin 1626 et 4 février 1627, et appelant de la sentence du bailliage d'Issoudun du 17 juillet 1531, même de celles qui l'ont précédée et de tout ce qui a suivi ; faisant droit sur lesdites oppositions et appellations, ensemble sur l'appel de messire Henri-Jules de Bourbon, prince de Condé, en tant que touche l'appel de ladite sentence du 17 juillet 1531, et autres rendues audit bailliage d'Issoudun, mettre lesdites appellations et ce dont est appel au néant ; émendant, faisant droit sur l'appel de messire Henri-Jules de Bourbon, prince de Condé, de la saisie féodale du 11 février 1696, mettre l'appellation au néant, ordonner que ce dont a été appelé sortira effet, avec amende et dépens.

Et pour justifier tout ce qui a été dit en la présente requête, recevoir par production nouvelle les pièces qui en suivent, aux inductions qui en ont été ci-dessus tirées.

La première, du mois de janvier 1193, est un traité fait à Paris entre Philippe-Auguste et Jean,

comte de Morton , frère de Richard , roi d'Angleterre.

La seconde , de l'an 1195, est un traité fait la
veille de Noël entre Philippe-Auguste et Richard,
roi d'Angleterre, leurs armées étant campées entre
Issoudun et Charots.

La troisième, du mois de mai 1200 , est un autre
traité de paix fait entre Philippe-Auguste et Jean,
roi d'Angleterre.

La quatrième, du 23 mai 1200 , est une charte
adressée par Jean , roi d'Angleterre , à André de
Chauvigni , par laquelle il lui mande de rendre l'hommage au roi de France pour les fiefs de Berri.

La cinquième , du premier mai 1209 , est une
ordonnance de Philippe-Auguste , pour empêcher les
changemens de mouvance et l'établissement des arrière-fiefs à l'occasion des partages.

La sixième , du mois de septembre 1209 , est un
acte par lequel Guillaume de Chauvigni promet au
roi Philippe-Auguste de le servir de tout son domaine, dont Argenton faisoit partie.

La septième , du 16 septembre 1514 , est un
arrêt concernant le testament et la succession d'André
de Chauvigni.

La huitième , du mois de septembre 1541 , est
un extrait et description d'un registre intitulé , *Table
et pancarte* des fiefs mouvans sans moyen du roi à
cause de son duché de Berri.

La neuvième, de 1576, est un autre extrait et
description d'un registre aussi intitulé , *Table et pancarte* des fiefs du pays et duché de Berri.

La dixième , du 9 juin 1580 , est un hommage
rendu au duc d'Alençon , duc de Berri , par le duc
de Montpensier , de la terre et seigneurie d'Argenton.

La onzième , du 27 décembre 1606 , est un autre
hommage rendu au roi, de ladite terre d'Argenton,
par messire Henri de Bourbon , duc de Montpensier.

La douzième et dernière, du 4 juillet 1666, est pareil hommage de ladite terre d'Argenton au roi, par mademoiselle Anne-Marie d'Orléans.

Et, au surplus, donner acte au procureur-général du roi, de ce que pour causes et moyens d'appel et d'opposition, écritures et productions, même pour contredits, il emploie lesdites pièces, ce qui a été dit, écrit et produit en l'instance, et le contenu ci-dessus. Et vous ferez bien.

DIXIÈME REQUÊTE.

SECONDE REQUÊTE

Sur la mouvance de la terre d'Argenton.

A MESSIEURS DU PARLEMENT.

Supplie le procureur-général du roi, disant que, comme toute la question qui a fait le sujet de l'instance pendante en la cour entre le procureur-général du roi et messire Henri-Jules de Bourbon, prince de Condé, duc de Châteauroux, sur l'appel de la saisie féodale de la terre et châtellenie d'Argenton, se réduit à savoir si cette terre est mouvante en plein fief du roi à cause de son duché de Berri, ou si elle relève de Châteauroux, il est nécessaire, avant toutes choses, d'examiner la qualité de cette châtellenie, de la considérer dans ses divers états, et de parcourir en peu de paroles l'histoire des différens seigneurs qui l'ont possédée depuis près de sept cents ans. Après avoir fait cet examen, qui suffiroit seul pour la défense des droits de la couronne, on entrera dans l'explication des actes qui établissent solidement la supériorité immédiate du roi, comme duc de Berri, sur le fief d'Argenton ; et enfin on répondra aux titres et aux moyens que M. le prince de Condé oppose à ceux du roi, afin de renfermer, dans cette seule requête, tout ce qui est nécessaire pour la décision de l'instance.

La châtellenie d'Argenton peut être considérée dans trois temps, qui forment comme trois époques principales dans ce que l'on a appelé l'histoire de cette seigneurie.

La première est le temps de l'acquisition, ou plutôt de la conquête du château d'Argenton faite par les anciens seigneurs de Déols, et ce premier temps remonte jusqu'en l'année 1018.

La seconde renferme tout le temps pendant lequel ce fief a été possédé, soit par la maison de Déols, soit par celle de Chauvigni, dans laquelle celle de Déols s'est confondue par le mariage de Denise, dernière héritière de cette ancienne maison, avec André de Chauvigni I.er du nom. Ce second temps comprend cinq cents ans de possession.

Et la troisième, enfin, commence au temps dans lequel la maison de Chauvigni s'étant éteinte dans la personne d'André de Chauvigni dernier du nom, les terres d'Argenton et de Châteauroux ont commencé à être possédées par différens seigneurs; celle d'Argenton ayant passé dans la maison de Bourbon-Montpensier, et celle de Châteauroux ayant passé dans la maison de Maillé, et de là dans celle d'Aumont, d'où elle n'est sortie que par l'acquisition qui en fut faite par messire Henri de Bourbon, bisaïeul de M. le prince de Condé d'aujourd'hui. Ce dernier état de la terre d'Argenton a commencé en 1514, et c'est celui qui forme la contestation sur laquelle il s'agit maintenant de prononcer.

Dans le premier temps, c'est-à-dire dans le temps de l'acquisition de la terre d'Argenton par les seigneurs de Déols, on ne trouve que des vestiges obscurs et des monumens presque effacés de cette ancienne seigneurie.

Tout ce que l'on en a pu découvrir jusqu'à présent, se réduit à ce qui est rapporté dans la chronique d'Aimar ou d'Ademar que le père Labbé a donnée au public dans le second volume de sa Bibliothèque manuscrite, page 176.

Cet auteur atteste que sous le règne du roi Robert, en l'an 1018, Eudes l'ancien, prince de Déols (de la famille des Raouls, qui ont donné le nom à la baronnie de Châteauroux), s'empara du château d'Argenton dont il chassa le vicomte Guy, auquel ce château appartenoit : *Per hos annos Odo princeps Dolensis vi et ingenio cepit castrum Argentonum, et ex eo vicecomitem Vidonem extrusit.*

Cette usurpation fut plus heureuse que juste ; les successeurs d'Eudes continuèrent de jouir de la conquête qu'ils avoient faite ; on ne voit point que depuis ce temps-là Argenton soit sorti de la maison des Raouls, seigneurs de Déols ; et en effet, depuis cette époque, ceux qui ont écrit l'histoire du Berri, ont toujours donné à Eudes et à ses descendans la qualité de seigneurs d'Argenton.

On peut faire deux observations importantes sur ce premier temps :

L'une, qu'on ne sauroit prouver par aucun titre, qu'alors la terre d'Argenton fût dans la mouvance de la baronnie de Châteauroux ;

L'autre, que si, au défaut des actes que le temps nous a dérobés, on a recours aux conjectures et aux présomptions, il faudra nécessairement supposer pour principe, qu'Argenton ne pouvoit relever alors que du roi, ou du baron de Châteauroux, ou d'un autre seigneur particulier.

De ces trois suppositions, on peut d'abord retrancher absolument la dernière, qui n'a pas même de vraisemblance ; car qui pourra se persuader que ce seigneur, tel qu'il pût être, dont on voudroit supposer qu'Argenton étoit alors tenu en fief, eût laissé perdre et anéantir jusqu'au souvenir de la mouvance d'un fief qui a sous lui plus de trente pleins fiefs, sans parler des arrière-fiefs qui en dépendent ?

Si une telle mouvance avoit existé, elle existeroit encore, ou du moins on sauroit combien elle a duré, et en quel temps on l'auroit vu s'éteindre ; mais d'ailleurs, de quoi serviroit-il à M. le prince de Condé de faire une semblable supposition, qui seroit aussi contraire à sa prétention, qu'aux intérêts du roi ; elle doit donc être rejetée de part et d'autre ; et par conséquent on ne peut prendre ici que deux partis : .

L'un, de convenir qu'Argenton dans le premier temps, étoit dans la pleine mouvance du roi ;

L'autre, que cette terre étoit tenue en fief de la baronnie de Châteauroux.

Si l'on prend le premier parti, le droit du roi est incontestable; on ne rapporte aucun titre par lequel on puisse justifier qu'il ait aliéné valablement cette mouvance; on ne peut pas non plus lui opposer aucune prescription; outre que dans le fait il n'y en a point, dans le droit il est certain que le roi peut acquérir, mais qu'il ne peut rien perdre par cette voie.

Que si l'on s'attache à soutenir que le fief d'Argenton relevoit alors de la baronnie de Châteauroux, en établissant le droit des seigneurs de Châteauroux, on établira en même temps celui du roi.

Car enfin, quand même on supposeroit, sans aucune preuve et contre les maximes générales des fiefs, suivant lesquelles tout fief est présumé être dans la mouvance du roi, jusqu'à ce qu'on prouve le contraire, que la baronnie de Châteauroux étoit alors le fief dominant de la terre d'Argenton, il faudroit toujours convenir que cette dépendance et cette subordination qui étoit entre ces deux fiefs, a cessé par l'acquisition, ou plutôt par l'usurpation que le seigneur de Châteauroux a faite du château d'Argenton.

Par là le seigneur du fief dominant est devenu le propriétaire du fief servant; les deux qualités de seigneur et de vassal ont concouru dans une même personne; et par la confusion de ces deux titres incompatibles, elles se sont détruites mutuellement; le fief servant a perdu la qualité et le nom d'arrière-fief pour devenir un plein fief, et être désormais dans la mouvance directe et immédiate du roi.

Qu'on ne dise point ici que l'acquisition de l'arrière-fief, faite par le seigneur de plein fief, n'avoit peut-être pas alors le même effet qu'elle a aujourd'hui; car, outre que les faits qui seront expliqués incontinent, détruiront pleinement cette difficulté, il est aisé de faire voir que les anciens usages des fiefs ne sont pas moins favorables aux droits du roi, que les principes de la nouvelle coutume de Paris.

Entre plusieurs preuves dont on pourroit se servir, on se contentera d'en rapporter une tirée du chapitre 28 de l'ancienne déclaration des fiefs suivant la coutume de France, que M.ᵉ de la Thaumassière a donnée au public dans son Recueil des anciennes coutumes de Bourges, page 249.

L'espèce de la question est proposée en ces termes : *Un gentilhomme, nommé Robert, tient un fief de son seigneur, et en ce fief il y a un fief qui en meut, qui est arrière-fief au seigneur de qui le premier fief est tenu ; or advient que Robert a acheté ce premier fief, qui est tenu en fief de lui nu à nu ; à savoir comment Robert tiendra de lui-même ?.... La décision de cette question est qu'il conviendra que ledit Robert mette le fief par lui acquis hors de ses mains ; par quoi il en ait homme comme devant...... Ou sinon, il conviendra que ledit Robert le tienne en plein fief de son seigneur, de qui le maître fief est tenu, et qu'il en fasse hommage aussi bien comme du maître fief, et que il baille en son adveu, comme propre fief ; et par ainsi le pourra tenir ledit Robert et non autrement.*

Ainsi, suivant les anciennes mœurs de la France, et même suivant l'usage particulier de la province de Berri, il faut que le seigneur qui acquiert un fief mouvant de lui, le mette hors de sa main ; ou, s'il veut en demeurer propriétaire, alors, comme il ne peut tenir de soi-même, il doit nécessairement le tenir de son seigneur dominant. Tel est l'effet de la confusion des deux qualités incompatibles de seigneur et de vassal : ou elle opère une réunion de l'arrière-fief au plein fief, ou du moins elle fait que l'arrière-fief est égalé au plein fief, s'il ne lui est pas absolument réuni ; ensorte que l'un et l'autre relèvent également du même seigneur, l'un et l'autre doivent le même hommage, l'un et l'autre doivent être compris dans le même aveu.

Que l'on feigne donc tant que l'on voudra, qu'Argenton étoit dans la mouvance des seigneurs de Châteauroux, lorsque ces seigneurs en ont acquis ou

usurpé la propriété ; quand on admettroit cette supposition sans aucunes preuves·, et contre les présomptions le plus légitimes, que pourroit-on en
conclure aujourd'hui ? si ce n'est que le seigneur de
Châteauroux ayant acquis la terre d'Argenton qui relevoit autrefois de lui, l'ancienne mouvance d'Argenton a été absolument éteinte, et que cette terre,
qui·, dans sa première origine, n'étoit, si l'on veut,
qu'un arrière-fief du roi, est devenue un plein fief,
dont l'hommage *a dû estre fait* (pour se servir des
termes du vieux coutumier) *au seigneur de qui le
maistre fief est tenu* (c'est-à-dire au roi); *car c'est
ainsi*, suivant la même décision, que le seigneur
de Châteauroux *a pu le tenir, et non autrement.*

Il faut maintenant passer au second temps, dans
lequel on fera voir que l'acquisition ou l'usurpation
faite par les seigneurs de Châteauroux de la terre
d'Argenton, a été suivie d'une possession de près de
cinq cents ans, pendant lesquels la châtellenie
d'Argenton, toujours possédée par les seigneurs de
Châteauroux, n'a pu être dans une autre mouvance
que celle du roi, suivant les principes que l'on vient
d'établir.

L'on pourroit d'abord attester ici la foi des historiens du Berri, et entr'autres de M.e de la Thaumassière, qui, comme on l'a déjà dit en passant, ont
tous donné le titre de seigneur d'Argenton aux barons
de Châteauroux, depuis Eudes l'ancien, qui fit la
conquête de cette seigneurie en 1018, jusqu'à André
de Chauvigni dernier du nom, qui mourut en 1503.

Mais on n'a pas besoin de recourir à la foi des
historiens, quand on peut alléguer celle des actes,
où l'on doit toujours chercher les preuves de la fidélité
de l'histoire.

On voit dans le registre de Philippe-Auguste, qui
est au trésor des chartes du roi, qu'en l'année 1209
Guillaume de Chauvigni, fils de Denise de Déols,
laquelle avoit porté les terres de Châteauroux et
d'Argenton dans la maison de Chauvigni, possédoit
le fief d'Argenton, puisqu'il promet au roi Philippe-

Auguste de lui livrer *à grande et petite force* les forteresses d'Argenton et du Châtelet, et la tour de la Chastre.

On trouve parmi les titres de la seigneurie d'Argenton, qui sont entre les mains de M. le duc d'Orléans, à présent seigneur de cette terre, un ancien aveu rendu par Jean Esmond en l'année 1374, à Guy de Chauvigni II.e du nom, sieur de Châteauroux, comme seigneur châtelain d'Argenton, pour plusieurs terres, rentes et autres droits qui relevoient de cette châtellenie.

On retrouve cinquante ans après cette même terre encore entre les mains de Guy de Chauvigni, baron de Châteauroux.

La preuve de ce fait ne doit pas être suspecte à M. le prince de Condé, puisqu'elle est écrite dans le vu d'un arrêt du parlement de Dijon, dont il tire une de ses principales défenses ; il est fait mention *au fol. 10 v.*° du vu de cet arrêt, d'un aveu rendu au roi en 1425 par Guy de Chauvigni IIIe du nom, de sa *baronnie de Châteauroux* et de ses autres terres et châteaux, savoir *le Châtelet, la Chastre, Argenton*, etc.

En 1446 le même Guy, qui avoit rendu au roi cet aveu et dénombrement, reçut l'aveu d'Andœnus Esmond pour plusieurs terres qui relevoient de lui à cause de sa châtellenie et seigneurie d'Argenton, *nomine et causâ castellaniæ et jurisdictionis de Argentonio.*

En 1454, ce seigneur voulut fonder un monastère de religieux de l'ordre de saint François auprès de la ville d'Argenton ; il s'adressa au pape Nicolas V, qui lui permit de faire cette fondation par une bulle dont l'adresse est conçue est ces termes : *Nicolaus, episcopus, servus servorum Dei, dilecto filio, nobili viro, Guidoni de Calviniaco, vicecomiti de Brossá, de castro Radulphini, et de Argentonio.* Il étoit donc également seigneur et d'Argenton et de Châteauroux.

La même adresse, les mêmes titres, et par conséquent les mêmes inductions se trouvent encore dans
les lettres du cardinal d'Avignon, alors légat en
France, qui renouvela en 1456 la permission que le
pape Nicolas V avoit accordée en 1454 à Guy de
Chauvigni.

Enfin, l'acte de fondation faite par le même seigneur
en 1459, porte qu'il a fondé plusieurs couvents *pour
les frères mineurs de saint François, vulgairement
appelés de l'observance, premièrement en sa ville
d'Argenton*, etc.

L'aveu de 1466, produit par M. le prince de Condé,
qu'on emploie ici, comme celui de 1425, sans l'approuver en ce qui pourroit faire quelque préjudice
aux droits du roi, comprend expressément la terre
d'Argenton au nombre de celles qui étoient possédées
avec Châteauroux par le même Guy de Chauvigni.

André de Chauvigni, fils de François et petit-fils
de Guy, a continué de posséder conjointement ces
deux seigneuries ; et si ce fait pouvoit être douteux,
il ne faudroit, pour en être convaincu, que lire
l'épitaphe de ce seigneur, dernier héritier de la maison
de Chauvigni, qui se voit encore aujourd'hui dans
l'église des cordeliers d'Argenton, et dans laquelle il
est qualifié non-seulement seigneur de Châteauroux,
mais encore seigneur d'Argenton.

Enfin, la contestation que son testament fit naître
entre ses héritiers, et l'arrêt qui fut rendu sur ce
différend, achèvent d'établir ce que l'on a avancé d'a-
bord, que la terre d'Argenton a été possédée conjointement avec celle de Châteauroux par les mêmes seigneurs, jusqu'en l'année 1502, c'est à-dire, jusqu'à la
mort d'André de Chauvigni dernier du nom.

Ce seigneur avoit épousé Louise de Bourbon, princesse de la Roche-sur-Yon ; il l'institua en mourant
son héritière universelle : les héritiers du sang se
plaignirent de cette institution ; la contestation, après
plusieurs incidens, fut portée au parlement ; et elle
fut décidée en 1514 par un arrêt qui maintint les
héritiers du sang dans la possession des baronnies de

Châteauroux, la Chastre, et autres terres de la succession, et qui adjugea à Louise de Bourbon, héritière testamentaire d'André de Chauvigni, son mari, les châtellenies, terres et seigneuries d'Argenton, de Cluys, Dessous, Saint-Chartier, Agurande, le Châtelet, Neufvi, Saint-Sépulchre, et autres terres et seigneuries situées et assises dans la prévôté et ressort d'Issoudun.

C'est par cet arrêt que les terres d'Argenton et Châteauroux ont cessé d'être possédées par les mêmes seigneurs, et c'est par conséquent en cet endroit que se termine le second temps de l'histoire d'Argenton.

On ne peut s'empêcher de demander ici comment on pourra soutenir, après tout ce qui vient d'être expliqué, que le seigneur de Châteauroux a conservé cet ancien droit de féodalité qu'on suppose, sans aucune preuve, qu'il avoit eu autrefois sur la seigneurie d'Argenton; où étoit, pendant cinq siècles, cette prétendue mouvance, qu'on a voulu faire revivre dans la suite, sans pouvoir néanmoins montrer qu'elle ait jamais existé?

Dira-t-on qu'alors le seigneur d'Argenton relevoit de lui-même, en qualité de seigneur de Châteauroux? Mais une telle proposition ne mériteroit aucune réponse.

On ne prétendra pas sans doute qu'Argenton ne relevoit alors de personne; il faudra donc se réduire à soutenir, que la mouvance immédiate de cette terre a été comme endormie pendant près de cinq cents ans, pendant lesquels l'union des deux qualités de seigneur et de vassal a tenu toutes choses en suspens; mais à qui pourra-t-on persuader qu'un sommeil de cinq cents ans, s'il est permis de s'exprimer ainsi, n'ait produit qu'une simple suspension, et non pas une entière extinction de l'ancienne féodalité?

Le dernier état d'Argenton, qui reste maintenant à expliquer, commence à l'arrêt de 1514, par lequel la propriété de la terre d'Argenton a passé entre les mains de Louise de Bourbon, veuve d'André de Chauvigni, pendant que la terre de Châteauroux est demeurée dans la maison de Maillé et dans celle d'Aumont, auxquelles cette baronnie fut adjugée.

C'est en ce moment qu'a commencé l'usurpation des seigneurs de Châteauroux; ils ont cherché à se consoler de la perte qu'ils avoient faite de la propriété du fief d'Argenton, en s'attribuant une mouvance qui ne leur avoit jamais appartenu; l'ignorance où l'on étoit alors des droits du roi, la qualité d'héritiers du sang qui les saisissoit et qui les rendoit maîtres de tous les titres de la maison de Chauvigni, et enfin le désir que Louise de Bourbon eut apparemment de s'assurer pour toujours de la propriété de plusieurs seigneuries qui avoient fait le sujet d'une longue contestation, furent, autant qu'on le peut conjecturer, les véritables causes du consentement qu'elle donna à l'entreprise des seigneurs de Châteauroux.

En effet, quoiqu'elle eût obtenu un arrêt qui sembloit être pour elle un titre perpétuel et irrévocable, M.c Thaumas de la Thaumassière nous apprend dans son Histoire du Berri, qu'il y eut des propositions d'erreurs qui furent admises contre cet arrêt; et qu'enfin ce grand procès fut terminé par une transaction, par laquelle les parties acquiescèrent aux principales dispositions de l'arrêt, mais en y ajoutant une condition qui n'étoit point dans ce jugement, et qui est le seul titre que M. le prince de Condé puisse alléguer en sa faveur. Cette condition fut que le seigneur de Châteauroux auroit tout droit de supériorité sur les terres cédées à Louise de Bourbon, et entr'autres sur celle d'Argenton, à cause de la baronnie de Châteauroux.

Ce n'est pas, sans doute, par ignorance ou par oubli que le conseil de M. le prince de Condé n'a pas jugé à propos de produire cette transaction, quoiqu'elle fût favorable en apparence à ses prétentions; mais il a bien senti le vice et la nullité d'un tel titre, dans lequel toutes les parties qui y ont eu part ont gagné leur cause : Louise de Bourbon y acquiert la propriété de plusieurs terres qu'on lui contestoit;

la maison de Maillé et celle d'Aumont s'y attribuent
une mouvance qui ne leur avoit jamais appartenu;
le roi seul, qui n'a eu aucune connoissance de cet
acte, y perd son droit, et c'est sur lui que se prend
l'accommodement qui contente toutes les autres
parties; on a jugé avec raison que ce défaut étoit
trop sensible pour espérer de pouvoir le dissimuler,
et on a cru qu'il valoit mieux cacher le principe du
droit de M. le prince de Condé, que de montrer
une origine si vicieuse; et peut-être s'est-on persuadé qu'en retranchant ce titre primordial et constitutif de la mouvance dont il s'agit, et en se renfermant dans les actes de possession, on couvriroit
en même temps et le vice et la nouveauté de cette
entreprise.

Mais les mêmes raisons qui obligent M. le prince
de Condé à ne pas se servir de ce titre, engagent ceux
qui sont chargés de la défense des droits du roi à
le publier, pour faire voir combien est nouvelle dans
son origine, et foible dans son principe, la prétendue
mouvance qu'on veut faire valoir aujourd'hui, puisqu'elle n'est appuyée que sur la convention de deux
vassaux qui n'ont pu faire aucun préjudice aux droits
de leur commun et de leur souverain seigneur.

Depuis cette transaction, qui fut passée en l'année
1519, si l'usurpation a été soutenue par quelques
actes dont on prétend tirer avantage, et auxquels
le procureur-général du roi répondra dans la suite,
le droit du seigneur légitime a été confirmé par un
plus grand nombre de titres authentiques qu'on expliquera dans la seconde partie de cette requête;
après avoir recueilli en peu de mots tout ce qui
résulte des observations que l'on a faites sur les trois
temps ou sur les trois états dans lesquels on peut
considérer la seigneurie d'Argenton.

Dans le premier, tout est pour le roi, *soit* que
l'on s'attache à la maxime générale qui met toujours
la présomption du côté du *seigneur dominantissime
et du souverain fieffeux*, comme l'appelle la coutume
de Meaux; *soit* qu'on veuille supposer qu'Argenton

éloit dans la mouvance de Châteauroux, lorsque les seigneurs de Déols ont commencé à posséder l'une et l'autre terre, puisqu'en ce cas, suivant les anciennes maximes du droit français, Argenton est devenu un plein fief, et que le seigneur de Châteauroux a été obligé de le mettre hors de sa main, ou d'en rendre les hommages au roi et de le comprendre dans ses aveux.

Dans le second temps, le droit du roi n'est pas moins évident; cinq cents ans de possession, pendant lesquels les seigneurs de Châteauroux ont joui de la terre d'Argenton sans intervalle, sans interruption, ont affermi et comme scellé irrévocablement les effets de la confusion qui s'est faite par le concours des qualités de seigneur et de vassal.

Enfin, dans le troisième, on découvre manifestement le principe et l'origine de l'usurpation; il est vrai qu'elle est suivie de quelques actes de possession, mais le roi en a en plus grand nombre; et quand il y auroit quelques nuages répandus sur ce troisième âge de la seigneurie d'Argenton, ce temps de doute et d'obscurité est tellement éclairci par ce qui l'a précédé, que les titres qui sont rapportés par M. le prince de Condé, ne peuvent servir qu'à prouver qu'il y a eu une usurpation.

Toutes ces réflexions ne sont néanmoins que des observations préliminaires, qui pourroient tenir lieu de preuves dans une autre affaire, mais dont on peut ne se servir dans celle dont il s'agit, que comme d'un préjugé aussi favorable que légitime, pour passer ensuite à l'établissement des preuves encore plus directes et plus convaincantes de la justice des droits du roi.

Pour expliquer ces preuves avec ordre, il est nécessaire de distinguer deux temps auxquels elles peuvent être rapportées :

Un premier temps dans lequel il n'y a aucun titre qui ne soit pour le roi, et ce temps a duré jusqu'en 1519;

Un second temps dans lequel il y a quelques actes

18*

qui paroissent contraires aux droits du roi, mais qui sont combattus par un plus grand nombre de titres entièrement favorables à la justice de sa cause.

Si l'on examine le premier temps, on y trouve d'abord des vestiges de l'ancienne mouvance d'Argenton dans les traités de paix qui furent faits en 1200 entre la France et l'Angleterre.

On apprend par celui qui fut signé à Gaillon au mois de mai de l'année 1200, que le roi d'Angleterre connu sous le nom de Jean sans Terre, donna à Louis VIII, alors présomptif héritier de la couronne, en faveur de son mariage avec Blanche de Castille, nièce du roi d'Angleterre, les mouvances qui lui appartenoient en Berri sur plusieurs fiefs, et entr'autres sur ceux qui étoient possédés par André de Chauvigny : *Dedimus autem in maritagio Ludovico, filio regis Franciæ, cum filiâ regis Castellæ, nepte nostrâ, feodum Exolduni, id est feodum Crascaii, et feoda Biturigii, sicut Andreas de Calviniaco ea tenebat de rege Angliæ.*

Ce traité fut suivi d'une charte du 23 mai de la même année, par laquelle le roi d'Angleterre enjoint à André de Chauvigni de rendre l'hommage et de prêter le serment de fidélité au roi de France pour les fiefs qu'il possédoit en Berri ; attendu que par le traité fait entre les deux rois, ils étoient convenus que les fiefs de Berri, ou plutôt la mouvance de ces fiefs appartiendroit au roi de France, pour être tenus de lui de la manière qu'ils étoient tenus auparavant du roi d'Angleterre : *Per pacem factam inter dominum nostrum Philippum, illustrem regem Franciæ, et nos, remanent domino regi Franciæ feoda Biturigii, sicut ea tenebat is de rege Angliæ.... undè vobis mandamus quatenùs prædicto regi Franciæ homagium et fidelitatem faciatis.*

L'induction de ce titre est évidente.

Personne ne révoque en doute que la seigneurie d'Argenton ne soit un fief de Berri ;

On peut encore moins douter, après les preuves

qui ont été rapportées, que cette terre ne fût alors possédée par André de Chauvigni ;

Or, par le traité que l'on vient d'expliquer, le roi Jean sans Terre cède à Philippe-Auguste les hommages de tous les fiefs de Berri possédés par André de Chauvigni : il est donc vrai de dire que la mouvance de la terre d'Argenton appartient au roi dès l'année 1200, par le plus auguste et le plus solennel de tous les titres, c'est-à-dire, par un traité de paix.

Ce n'est pas ici une simple conjecture, ni une interprétation douteuse et équivoque ; c'est une vérité que la suite des faits a rendue absolument certaine.

André de Chauvigni, auquel le roi Jean sans Terre avoit ordonné de rendre hommage à Philippe-Auguste des fiefs qu'il tenoit en Berri, étant mort vers l'an 1202, Guillaume de Chauvigni, son fils, s'acquittant des obligations imposées à son père, passa un acte à Loudun, au mois de septembre 1209, par lequel il promit au roi Philippe-Auguste de le servir de tout son domaine : *Promisi et creantavi domino meo, illustri Franciæ regi, Philippo, quòd ei bonâ fide serviam toto posse meo, de toto dominio meo.*

Cette promesse générale est suivie d'une promesse particulière qui regarde les seigneuries d'Argenton, du Châtelet et de la Chastre. Il s'engage à *livrer au roi, toutes les fois qu'il lui plaira, à grande et petite force,* les châteaux qu'il avoit dans ces mêmes terres, et qu'il nomme ses forteresses : *Promisi etiam et creantavi eidem, quòd, quotiescumque ipsi placuerit, ei vel ejus certo nuntio litteras suas patentes deferenti, tradam ad magnam vim, et ad parvam, fortalitias meas Argentonii, Castelleti, ac turrim de la Chastre, tenenda et custodienda quandiù ei placuerit.*

Et en cas qu'il refuse d'accomplir sa promesse, il consent que Philippe-Auguste s'empare de toute sa terre comme acquise à ce prince par sa forfaiture, *tanquam erga ipsum foris factam.*

Cet acte, qui se conserve encore au trésor des
chartes, est cité, quoique sous une fausse date, par
M.ᵉ Thaumas de la Thaumassière, dans son Histoire
de Berri.

Il faudroit ignorer absolument les usages des fiefs,
pour ne pas reconnoître dans ce titre des preuves
incontestables de la véritable mouvance d'Argenton.

On y voit que non-seulement cette terre est comprise dans la promesse générale faite par Guillaume
de Chauvigni, d'être fidèle au roi et *de le servir de*
tout son pouvoir pour tout son domaine; mais que
ce seigneur donne encore au roi une des plus grandes
preuves que Philippe-Auguste pouvoit désirer de la
mouvance directe d'Argenton, en lui promettant
de lui remettre la forteresse de cette seigneurie,
à grande et petite force, toutes les fois qu'il plaira
au roi de l'exiger.

Tous ceux qui ont cherché les origines du droit
français dans ses véritable sources, c'est-à-dire, dans
les anciens titres, savent que cette convention n'étoit
pas regardée autrefois comme une suite de la souveraineté, mais comme un droit singulier et extraordinaire des fiefs, attaché à la qualité de seigneur
feodal immédiat.

De là vient que l'on donnoit aux fiefs de la nature
de celui d'Argenton, la qualité de fiefs *jurables et*
rendables, pour les distinguer des autres fiefs, à
l'égard desquels les seigneurs n'avoient point le privilége de pouvoir y entrer et s'en rendre les maîtres,
lorsqu'ils le jugeoient à propos pour la défense de
leur personne ou de leur seigneurie.

L'usage des guerres privées, toléré dans le royaume,
avoit donné lieu à la naissance de ce droit; il n'étoit
établi dans certains lieux que sur des conventions
particulières; dans d'autres, il étoit regardé comme
un droit plus étendu, fondé sur la coutume générale
de la province.

On peut voir dans les savantes dissertations qui
ont été faites sur cette matière par M.ᵉ Salvaing de
Boissieu, dans son Traité des fiefs suivant les usages

de Dauphiné, et par le sieur Ducange à la fin de l'Histoire de saint Louis, un grand nombre de ces conventions particulières, faites non entre le roi et ses sujets, mais entre des seigneurs particuliers et leurs vassaux.

Et à l'égard des coutumes générales, il suffit de rapporter ces paroles de Philippe de Beaumanoir, chapitre 58, pour donner une juste idée de la qualité de ce droit, et de ceux auxquels il pouvoit appartenir :

Li quens, et tuit cil qui tiennent en baronnie, ont bien droit seur leurs hommes par reson de souverain que se ils ont mettier de forteresche à leurs hommes pour leur guerre, ou pour mettre leurs prisonniers, ou leurs garnisons, ou pour ans garder, ou pour le pourfit que mun don pays, il les pucent penre.

Nous avons encore un exemple d'une semblable coutume générale; c'est celle de Bar qui porte, en l'article premier, que *tous les fiefs du duc de Bar en son bailliage de Bar, sont fiefs de dangers, rendables à lui à grande et petite force, sur peine de commise.*

Ce n'est donc point, encore une fois, en qualité de roi et comme souverain, que Philippe-Auguste reçoit de Guillaume de Chauvigni la promesse de lui rendre les châteaux d'Argenton, du Châtelet et de la Chastre *à grande et petite force,* c'est comme seigneur féodal ; et il ne faut pas en chercher des preuves hors de l'acte même qui contient cette promesse.

1.° On y remarque d'abord qu'il s'agit dans ce titre d'un véritable hommage, et d'une convention qui appartient à la féodalité.

C'est pour cela que Guillaume de Chauvigni s'engage à servir le roi en des termes qui sont consacrés aux usages des fiefs.

Il déclare d'abord qu'il le servira *boná fide, toto posse meo;* mais il ajoute aussitôt après, *de toto dominio meo, et de Hugone de Fontenillis, et de fortalitiá de Cor.*

Il ne s'agit donc pas ici de la fidélité personnelle que Guillaume de Chauvigni devoit à Philippe-Auguste comme à son maître et à son roi, il s'agit de cette espèce de fidélité réelle, si l'on peut s'exprimer ainsi, qui est dûe au seigneur féodal par rapport à la possession du fief mouvant de lui; en un mot, il n'est point question dans cet acte des obligations du sujet, il n'y est fait mention que des devoirs du vassal.

2.° On observe dans le même acte, que la clause par laquelle Guillaume de Chauvigni promet de remettre ses forteresses entre les mains du roi quand il lui plaira, est conçue expressément dans les mêmes termes dans lesquels toutes les conventions semblables qui ont jamais été faites entre de simples seigneurs de fiefs et leurs vassaux, ont été exprimées; c'est ce qu'il seroit facile de prouver par une longue déduction ; mais sans entrer dans ce détail, on se contentera de renvoyer ceux qui en peuvent douter, aux mêmes dissertations qui ont déjà été citées, et où ils apprendront, par une foule d'exemples convaincans, qu'il n'y a rien dans ce titre qui ne soit une suite de la seule féodalité.

3.° La peine à laquelle Guillaume de Chauvigni se soumet, est une preuve parfaite de la même vérité.

S'il contrevient aux engagemens dans lesquels il entre, il consent que sa terre soit *commise* au profit du roi : *Si de his conventionibus defecero, dominus rex teneat totam terram meam pro voluntate suâ, tanquam foris factam.*

Telle est la seule peine à laquelle Guillaume de Chauvigni se condamne lui même ; peine qui ne seroit pas suffisante, s'il s'agissoit de châtier la désobéissance d'un sujet à l'égard de son roi, mais qui est la seule qu'un seigneur puisse imposer à son vassal; parce que la possession du fief étant le seul fondement de leurs engagemens réciproques, il ne peut y avoir entr'eux de plus grande peine que la privation de ce même fief.

Or, s'il s'agit ici non pas d'une peine ordinaire, mais d'une peine que l'on peut appeler féodale, il est évident que la convention, dont cette peine est comme le lien et la sûreté, appartient entièrement à la féodalité, et non à la souveraineté; et par conséquent elle prouve que le roi Philippe-Auguste étoit considéré comme le seigneur immédiat de la tour d'Argenton.

4.° Enfin, une dernière preuve de cette même vérité, et qui est absolument décisive, est tirée de ce que la promesse de rendre certains fiefs *au roi à grande et petite force*, ne tombe que sur les châteaux d'Argenton, du Châtelet et de la Chastre, et non sur la forteresse de Cor, quoiqu'elle soit comprise dans le même titre.

Si la souveraineté du roi et les obligations d'un sujet envers son maître, avoient été le véritable fondement de la promesse de Guillaume de Chauvigni, tous les châteaux que ce seigneur possédoit auroient été également compris dans cette promesse; mais, parce que cet engagement étoit fondé sur la qualité de vassal, plutôt que sur celle de sujet, il y a des châteaux qui y sont compris, et d'autres au contraire sur lesquels cet engagement ne tombe point; et la raison de la différence est fondée sur ce qui a déjà été observé, que de droit commun les fiefs n'étant pas *jurables et rendables*, il n'y a que la coutume des lieux, ou les conventions particulières faites entre le seigneur et le vassal, qui puissent leur donner cette qualité; or la coutume de Berri ne reconnoît point cette espèce de fiefs: il n'y avoit donc plus que la loi de l'investiture qui pût donner aux fiefs de Guillaume de Chauvigni un caractère que la coutume de la province ne leur avoit point imprimé; et comme il n'y avoit que les fiefs d'Argenton, du Châtelet, de la Chastre, qui, par la loi de l'investiture, fussent jurables et rendables, il n'y a aussi que ces fiefs qui soient compris dans la promesse faite par Guillaume de Chauvigni; et c'est ce qui achève de mettre l'acte de 1209 dans tout son jour, et de prouver d'une manière sensible, que Guillaume de Chauvigni ne s'engage dans cet acte que comme seigneur de fief.

On a cru devoir faire toutes ces réflexions sur ce titre, afin de prévenir toutes les objections que l'on pourroit faire contre un acte si important et si décisif.

Ceux qui le suivent sont d'autant plus forts et plus convaincans, que c'est M. le prince de Condé qui les a produits ; ce sont les aveux de 1425 et de 1466, aveux rendus au roi par les seigneurs de Châteauroux et d'Argenton, où ils ont également employé ces deux terres comme étant également dans la mouvance directe et immédiate du roi.

Pour établir cette proposition, on s'attachera principalement à découvrir et développer le véritable sens de l'aveu de 1466, que M. le prince de Condé produit en entier, au lieu que nous ne trouvons qu'un extrait fort imparfait de celui de 1425, dans le vu de l'arrêt rendu au parlement de Dijon en 1627 ; mais comme il y a lieu de présumer que l'aveu de 1425 et celui de 1466, étoient entièrement semblables, en expliquant l'un, on aura l'avantage d'avoir expliqué l'autre en même temps, et d'avoir fait connoître évidemment que la justice des droits du roi s'établit par les titres mêmes dont on se sert pour les combattre.

Guy de Chauvigni déclare d'abord, au commencement de l'aveu de 1466, qu'il tient en foi et hommage du roi, à cause de son duché de Berri, *le chastel et la baronnie de Châteauroux* ; et il ajoute ensuite ces termes importans, qui comprennent et la baronnie de Châteauroux et les autres seigneuries qui faisoient partie de la terre Déoloise:

Item avouons tenir dudit mon souverain seigneur ladite châtellenie de Châteauroux, justice haute, moyenne et basse, et tous les droits de baronnie, tant ses fondations et gardes de plusieurs abbayes et colléges fondés par nos prédécesseurs étant en ladite terre Déoloise, que ses autres droits, prééminences et prérogatives à nous dûs et appartenans, tant et à cause de notre baronnie et seigneurie, qui anciennement, comme dit est, se nommoit Déols, que ès autres de nos ville, châteaux, justice, châtellenies, terres et seigneuries ci-après déclarés (et ès ressorts d'icelles qui dépendent, meuvent, et sont tenus en foi et hommage de notredite baronnie et seigneurie de Châteauroux.) comme étant de ladite terre Déoloise; c'est à sçavoir le Châtelet, la Chastre en Berri, Argenton, la Mothe, Ordantes-Jen, Neufvi, Saint-Sepulchre, Fougerolles et Agurande, avec leurs appartenances et dépendances quelconques, excepté, quant à ladite châtellenie d'Agurande, aucunes choses d'icelle châtellenie que tenons de la comté de la Marche.

Toute la difficulté de l'interprétation de cette clause tombe sur ces termes qui sont enfermés dans une espèce de parenthèse, (et ès ressorts d'icelle qui dépendent, meuvent, et sont tenus en foi et hommage de notredite baronnie et seigneurie de Châteauroux).

M. le prince de Condé prétend que cette clause prouve que les seigneuries dont l'énumération est faite aussitôt après, étoient alors tenues et mouvantes en foi et hommage de la baronnie de Châteauroux.

Pour examiner si cette interprétation, qui résiste au droit commun du royaume et de la province de Berri, comme on l'a déjà fait voir, peut être proposée, et pour réduire la question au véritable point de la difficulté, on fera d'abord deux observations générales.

L'une, que si l'on retranche de l'aveu la parenthèse qui fait naître la question, il est de la dernière évidence que l'aveu est entièrement pour le roi, et qu'il prouve manifestement que le fief d'Argenton étoit dans la mouvance directe et immédiate du duché de Berri, comme la baronnie de Châteauroux.

Il suffit, pour en être persuadé, de répéter ici cette seconde partie de l'aveu sans y mettre cette parenthèse obscure, dont l'on montrera bientôt quel est le véritable sens.

Item avouons tenir de mondit souverain seigneur ladite châtellenie..... et tous les droits de baronnie, tant ses fondations et gardes de plusieurs abbayes.... que ses autres droits, prééminences et prérogatives à nous dûs et appartenans, tant et à cause de notredite baronnie et seigneurie de Châteauroux, qui anciennement, comme dit est, se nommoit Déols, que ès autres de nos ville, châteaux, justice, châtellenies, terres et seigneuries ci-après déclarés, comme étant de ladite terre Déoloise; c'est à scavoir le Châtelet, la Chastre en Berri, Argenton, etc.

Qui pourroit douter, en lisant cette clause, que les terres du Châtelet, de la Chastre, d'Argenton, etc. ne fussent tenues en fief du roi, lorsque le seigneur de Châteauroux déclare expressément qu'il tient du roi tous les droits qui lui appartiennent tant à Châteauroux, qu'aux terres ci-après déclarées, c'est à savoir le Châtelet, la Chastre, Argenton, etc., et que rendant raison de son aveu, il ajoute qu'il y comprend toutes ces terres comme étant de ladite terre Déoloise, c'est-à-dire comme faisant partie de Châteauroux, *qui anciennement* (comme le dit le même aveu) *se nommoit Déols.*

Certainement si l'aveu étoit rédigé de cette manière, il n'y a personne qui osât soutenir les prétentions du seigneur de Châteauroux. C'est la première observation générale que l'on doit faire pour bien entrer dans l'esprit de cet aveu.

La seconde est que si la parenthèse qui se trouve placée au milieu de l'aveu, n'a rien de contraire à l'induction générale qui résulte de cet acte lorsqu'on le lit en retranchant la parenthèse, alors on ne pourra s'empêcher de reconnoître que l'aveu de 1466 est un titre avantageux aux droits du roi.

Or, c'est ce qu'il est aisé de faire voir en pesant exactement tous les termes dans lesquels cette parenthèse est conçue; et pour cela il est nécessaire de les répéter encore une fois, en remontant même un peu plus haut, pour faire remarquer la liaison de cette clause avec ce qui la précède.

Le seigneur de Châteauroux avoue tenir en fief, non-seulement ce qu'il possède à Châteauroux, mais encore les droits qu'il a dans *les terres ci-après déclarées*; voilà ce qui précède immédiatement la clause qu'il s'agit d'expliquer.

Mais, parce que *ces terres ci-après déclarées* avoient de grands ressorts, qu'il étoit nécessaire d'exprimer en général, en attendant que le seigneur de Châteauroux pût donner un aveu plus détaillé, ce qu'il promet de faire dans la suite, il ajoute les termes importans qu'il renferme dans une parenthèse, afin de ne pas interrompre la suite et le sens de son aveu :

(*Et ès ressorts d'icelles*, qui *dépendent, meuvent, et sont tenus en foi et hommage* de notredite baronnie et seigneurie de Châteauroux).

Cela supposé, quel est donc le véritable sens de ces paroles, *qui dépendent, meuvent, et sont tenus*, etc.

Elles ne signifient autre chose, si ce n'est que les ressorts des terres que le baron de Châteauroux va déclarer, dépendent, meuvent et sont tenus en foi et hommage de Châteauroux.

L'équivoque dans laquelle le conseil de M. le prince de Condé paroît être tombé, roule uniquement sur le relatif *qui*, que l'on a voulu rapporter aux terres, au lieu qu'on ne doit le rapporter qu'aux ressorts de ces terres.

Or, il y a une grande différence entre l'une et l'autre; les terres étoient mouvantes du roi, mais les ressorts de ces terres étoient mouvans de Châteauroux, qui étoit le chef-lieu, et, pour ainsi dire, la capitale de la terre Déoloise, *dont ces terres faisoient partie*, comme le même aveu le porte expressément.

Ainsi, pour faire cesser cette équivoque, il n'y a qu'à substituer un relatif qui ne puisse se rapporter également aux deux genres, et écrire *lesquels*, au lieu de *qui*; ensorte que la clause soit conçue en ces termes: (et *ès ressorts d'icelles*, *lesquels* dépendent, meuvent et sont tenus en foi et hommage de notre dite baronnie et seigneurie de Châteauroux).

Alors l'équivoque tombera d'elle-même, l'obscurité se dissipera; mais en même temps le seul moyen que l'on pouvoit opposer avec quelque couleur aux droits du roi, se trouvera détruit; car la clause que l'on a insérée dans l'aveu de 1466 n'ayant plus rien de contraire à l'induction générale qui se tire de cet aveu, il est clair qu'il faudra l'entendre de la même manière que si cette clause ne s'y trouvoit pas.

Quelque naturelle que soit cette interprétation, elle paroîtra encore infiniment plus juste, si on la compare avec l'interprétation contraire, et si par un parallèle exact de ces deux interprétations, on découvre évidemment combien la dernière a d'avantages sur la première.

1.° Pour admettre la première, c'est-à-dire, pour rapporter le pronom relatif *qui* aux terres mêmes d'Argenton, de la Chastre, etc., au lieu que ce pronom doit être rapporté aux ressorts de ces terres, il faut attaquer les présomptions les plus certaines, et les règles de droit les plus inviolables.

On a déjà prouvé qu'il étoit impossible de supposer que la terre d'Argenton, possédée pendant cinq cents ans par le seigneur de Châteauroux, ne fût pas devenue un plein fief, quand même elle auroit été autrefois un arrière-fief de la couronne.

On a montré que les anciennes règles du droit français veulent que le vassal qui acquiert un fief mouvant de lui, soit tenu de le mettre hors de sa main, ou que, s'il ne le veut pas faire, il le porte comme un plein fief à son seigneur suzerain.

Bien loin que les seigneurs de Châteauroux aient mis Argenton hors de leurs mains, ils l'ont possédé pendant cinq cents et tant d'années; il faut donc nécessairement, ou qu'ils aient uni cette terre au fief dont on suppose sans aucun fondement qu'elle étoit autrefois mouvante, ou du moins qu'ils l'aient portée au roi comme un plein fief, suivant les anciens usages généraux de la France, et les coutumes particulières du Berri.

Cependant, si l'on admet la première interprétation, il faut effacer toutes ces présomptions, renverser tous ces principes, et supposer, contre les lois et contre les usages du royaume, que le fief et l'arrière-fief ont été pendant cinq cents ans dans les mêmes mains sans réunion, sans confusion, sans extinction de l'ancienne féodalité, et sans que le vassal qui les possédoit conjointement, ait été obligé pendant cinq cents ans de reconnoître aucun seigneur, puisqu'il ne pouvoit pas se reconnoître lui-même, et que, si l'on en croit le conseil de M. le prince de Condé, il ne reconnoissoit pas le roi.

La seconde interprétation a donc déjà cet avantage sur la première, qu'elle s'accorde parfaitement avec les règles du droit, et avec les présomptions tirées des circonstances du fait, quand même on le supposeroit tel que le conseil de M. prince de Condé l'a prétendu; mais cet avantage n'est pas le seul.

1.º La première interprétation ne s'accorde pas même avec l'acte qu'il s'agit d'interpréter.

Car enfin, de quelque manière que l'on veuille entendre la clause qui fait le sujet de la difficulté, on ne peut pas empêcher qu'il ne soit dit très-clairement dans cet acte, que le baron de Châteauroux avoue tenir du roi tous les droits qu'il a *ès terres et seigneuries ci-après déclarées;* on ne peut pas nier non plus que les terres ci-après déclarées ne soient celles *de la Chastre, du Châtelet, d'Argenton,* etc.

Comment peut-on donc supposer que, pendant que Guy de Chauvigni avoue tenir du roi tous les droits qu'il a dans la seigneurie d'Argenton, il ait voulu dire que cette même terre est mouvante de lui à cause de Châteauroux?

C'est lui faire avancer en même temps deux propositions contradictoires; c'est lui faire dire qu'il est vassal du roi pour Argenton, et qu'il ne l'est pas; que le roi est son seigneur direct pour Argenton, et que cependant c'est lui-même qui est le seigneur immédiat de cette terre.

L'autre interprétation n'admet aucune de ces contradictions; elle suppose que la terre d'Argenton étoit mouvante du roi, mais que le ressort de cette terre étoit mouvant du seigneur d'Argenton et de Châteauroux.

Il n'y a rien en cela que de très-commun et de très-ordinaire, quoiqu'on ne s'explique pas toujours dans les termes qui se trouvent dans l'aveu de Guy de Chauvigni; l'usage général du royaume est que tous les vassaux portent en fief à leur seigneur tous les arrière-fiefs qui dépendent d'eux ; c'est ce qui est très-clairement exprimé dans une clause du même aveu de 1466, laquelle peut répandre beaucoup de lumière sur celle dont il s'agit :

Item avec ce avouons tenir dudit mon souverain seigneur, à cause de notre baronnie et seigneuries dessus dites, tous les autres fiefs et arrière-fiefs et ressorts, qui de nous, à cause d'icelles nos baronnie et seigneuries dessus dites, et de chacune d'icelles dépendent.

L'on ne découvre pas seulement, dans cette dernière clause, quel est le véritable sens du terme de *ressort* dont on s'est servi dans celle qu'il s'agit d'expliquer; on y remarque encore une nouvelle preuve de la justesse de l'interprétation qu'on a donnée à la première clause.

On y voit que Guy de Chauvigni égale les terres de la Chastre, du Châtelet, d'Argenton, etc. à celle de Châteauroux, par rapport à la mouvance, puisque dans cette clause générale, il comprend tous les arrière-fiefs, soit de la baronnie de Châteauroux, *soit des autres seigneuries susdites, et de chacune d'icelles;* ces termes dont il se sert marquent évidemment qu'il regardait toutes ces terres, qu'il renferme sous le nom de *seigneuries susdites et de chacune d'icelles,* comme étant toutes tenues eu plein fief du roi, puisqu'il porte au roi les arrière-fiefs dépendans de ces seigneuries, de la même manière qu'il lui porte les arrière-fiefs dépendans de Châteauroux : il ne met donc aucune différence entre toutes ces terres en ce qui regarde la mouvance.

L'interprétation que le conseil de M. le prince de Condé donne à cet aveu, n'anéantit pas moins cette clause que les précédentes; et par conséquent, il est vrai de dire qu'elle ne résiste pas moins à l'acte qu'il s'agit d'interpréter, qu'aux maximes les plus inviolables du droit français.

3.º Cette interprétation ne peut pas être véritable à l'égard du fief d'Argenton, sans l'être en même temps par rapport aux autres terres qui sont comprises dans la même clause, et placées dans le même rang que la châtellenie d'Argenton; et réciproquement il est vrai de dire que si cette interprétation se trouve fausse à l'égard de ces autres terres, elle doit aussi être rejetée comme fausse à l'égard d'Argenton. Or, il est aisé de faire voir, par des preuves authentiques, que cette interprétation est fausse à l'égard de ces terres, parce qu'elles étoient certainement dans la mouvance immédiate de la couronne.

Sans entrer dans une longue discussion de ce qui regarde la mouvance de toutes les terres énoncées dans l'aveu de 1466, on se contentera de prouver à présent cette proposition par rapport à deux de ces terres, qui sont celles *du Châtelet et de la Chastre;* et par là on croira avoir pleinement satisfait à tout ce qu'exige la défense des droits du roi, parce que si l'interprétation dont il s'agit est fausse dans deux articles, et même dans un seul, il est évident qu'elle ne prouve plus rien par rapport à tous les autres.

Il n'y a point de mouvance dans le royaume qui appartienne au roi par des titres plus authentiques et plus solennels, que celle de la Chastre et du Châtelet.

On en trouve la preuve dans trois traités de paix passés entre la France et l'Angleterre.

Le premier ne regarde que la Chastre, les deux autres comprennent et la Chastre et le Châtelet.

Le premier est un traité fait à Paris au mois de janvier de l'année 1193, entre Philippe-Auguste et Jean, comte de Morton, frère de Richard, roi d'Angleterre, auquel il succéda peu de temps après.

Une des conditions de ce traité est que le comte Louis, neveu de Jean, comte de Morton, tiendra le château de la Chastre en foi et hommage du roi:

Comes autem Ludovicus, nepos meus, tenebit à rege Franciæ in feodum et homagium castella dé Troâ et de la Chastre, cum pertinentiis suis.

Le second est un traité de paix fait la veille de Noël de l'année 1195, entre Philippe-Auguste et Richard, roi d'Angleterre, les armées de ces deux princes étant campées entre Issoudun et Charots.

Par un des articles de ce traité, Philippe-Auguste cède au roi d'Angleterre Issoudun et Craçay avec tous les fiefs qui en dépendoient, et le *fief de la Chastre, de Saint-Chartier,* et *du Châtelet,* pour être tenus du roi d'Angleterre, *comme André de Chauvigni les tenoit du roi :*

Ut autem firma pax sit inter nos et dominum nostrum Philippum, regem Franciæ, dimittit, et quittat nobis; et hæredibus nostris in perpetuum idem rex Franciæ Exoldunum et Craciacum, et omnia feoda quæ pertinent ad Exoldunum et Craciacum, et feodum de la Chastre, et de Sancto-Chartrerio, et de Castelleto, sicut Andreas de Calviniaco tenebat ea de rege Franciæ.

Le troisième traité est celui du mois de mai 1200, qu'on a déjà cité dans cette requête.

Par ce traité, le roi d'Angleterre rend au roi les mouvances qui lui avoient été cédées par le traité précédent; et parce que le motif ou le prétexte de cette restitution étoit le mariage de Louis VIII, alors héritier présomptif de la couronne, avec Blanche de Castille, nièce de Jean, roi d'Angleterre, le traité porte que ces mouvances sont données à Louis en faveur de ce mariage :

Dedimus autem in maritagio Ludovico, filio regis Franciæ, cum filiâ regis Castellæ, nepte nostra, feodum Exolduni, id est feodum Crascaii, et feoda Biturisii, sicut Andreas de Calviniaco ea tenebat de rege Angliæ.

On ne peut douter que ces fiefs de Berri possédés par André de Chauvigni, dont le roi d'Angleterre donne la mouvance à Louis VIII, et qui par là sont retombés dans leur ancienne dépendance de la coufonhe, ne soient précisément ceux de la Chastre, du Châtelet, et les autres qui avoient été cédés au roi d'Angleterre par le traité de l'année 1195 ; il suffit de comparer ces deux traités pour en être convaincu ; on n'y trouve aucune autre différence, si ce n'est que dans le premier on exprime nommément quelques-uns des fiefs possédés par André de Chauvigni et cédés au roi d'Angleterre, au lieu que dans l'autre, on désigne tous ces fiefs par le nom général de *fiefs de Berri* qu'André de Chauvigni tenoit du roi d'Angleterre ; mais il résulte également de l'un et de l'autre traité, que ces fiefs étoient originairement dans la mouvance de la couronne, qu'ils ont ensuite été cédés au roi d'Angleterre, qui en est devenu le seigneur suzerain, comme représentant le roi de France, et qu'enfin ils sont revenus à leur source et ont repris leur ancienne nature de fiefs mouvans de la couronne, par le traité du mois de mai 1200 et par l'avénement de Louis VIII à la couronne.

On trouve la suite et l'exécution de ce traité dans une charte dont on a déjà eu occasion de parler, par laquelle le roi d'Angleterre enjoint à André de Chauvigni de rendre à l'avenir l'hommage de ces fiefs de Berri au roi de France, conformément au traité de paix passé entre ces princes.

Enfin, à des traités si augustes et si respectables par leur antiquité, on peut ajouter l'acte de 1209, qu'on a déjà expliqué par rapport à la mouvance d'Argenton ; ce titre comprend non-seulement la terre d'Argenton, mais celles de la Chastre et du Châtelet ; Guillaume de Chauvigni en rend également hommage au roi par cet acte ; et en promettant également de remettre ces trois seigneuries entre les mains du roi *à grande et petite force*, il établit en même temps et la mouvance et les droits singuliers du roi sur ces trois terres.

Il faudroit donc attaquer la foi des monumens les plus authentiques, pour ne pas reconnoître que les fiefs du Châtelet et de la Chastre ont été de tout temps dans la mouvance du roi ; mais , si cela est ; il est évident que l'interprétation donnée par le conseil de M. le prince de Condé à l'aveu de 1466, est entièrement fausse par rapport à ces deux terres ; cependant, comme on l'a déja dit, on ne peut diviser cette interprétation ; si elle est vraie à l'égard d'Argenton, elle doit l'être pareillement à l'égard du Châtelet et de la Chastre ; et si elle est fausse à l'égard du Châtelet et de la Chastre, elle ne peut pas être véritable à l'égard d'Argenton ; or on vient de prouver qu'elle est certainement fausse, lorsqu'on l'applique aux terres de la Chastre et du Châtelet ; que reste-t-il donc à conclure, si ce n'est qu'elle n'est pas moins fausse par rapport à Argenton, et par conséquent que l'aveu de 1466 ne prouve rien, ou que s'il prouve quelque chose, il ne sert qu'à confirmer la justice des droits du roi.

4.º Mais ce n'est pas assez d'avoir montré que l'interprétation donnée par le conseil de M. le prince de Condé à l'aveu de 1466, est contraire aux maximes les plus anciennes et les plus inviolables du droit français, qu'elle ne s'accorde pas avec l'acte même qu'il s'agit d'interpréter ; enfin qu'elle est évidemment fausse à l'égard des terres qui sont placées par cet aveu dans le même rang qu'Argenton ; il faut encore montrer, par une dernière observation, que cette interprétation est détruite par la lettre et le texte même de l'aveu ; ensorte que, sans recourir aux raisons tirées du fond de la jurisprudence, on n'auroit besoin que des seules règles de la grammaire pour rejeter l'interprétation proposée par le conseil de M. le prince de Condé, et pour embrasser celle que le procureur-général du roi vient d'établir.

En effet, toute la question se réduit à savoir, comme on l'a déjà dit, si le relatif *qui*, que l'on trouve dans la clause dont il s'agit, se rapporte aux terres, ou au ressort de ces terres : s'il se rapporte aux terres, ce relatif est pris dans le sens féminin, et les termes qu'il régit doivent aussi être employés de la même manière ; si, au contraire, il se rapporte aux

ressorts, c'est un masculin, et son régime doit l'être
pareillement; il n'y a plus, après cela, qu'à lire la
clause dans le titre même que M. le prince de Condé
a produit; elle est écrite de cette manière : *et ès
ressorts d'icelles, qui dépendent, meuvent, et sont
tenus de notre baronnie de Châteauroux;* on lit
dans cette clause *tenus* et non pas *tenues;* or le
terme de *tenus* est ici régi pour le relatif *qui* : donc
ce relatif est employé dans le sens masculin : donc il
se rapporte aux *ressorts* et non pas aux *terres :* donc
l'interprétation proposée par le procureur-général du
roi est démontrée par la lettre même et par le
simple texte de l'aveu de 1466.

Il ne reste plus, après cela, que de répondre au
reproche que l'on peut faire au procureur-général
du roi, de ne s'être pas contenté de cette observation, qui seule auroit pu être suffisante pour fixer le
véritable sens de cet aveu : il est vrai qu'elle est absolument décisive; mais outre que l'on doit se faire
une espèce de religion de ne rien omettre lorsqu'il
s'agit de soutenir les droits du roi, dont le procureur-
général est le défenseur et non pas le juge, le conseil de M. le prince de Condé auroit pu dire, si l'on
s'étoit renfermé dans cette seule observation, qu'elle
n'étoit fondée que sur une erreur du copiste et sur
un vice de clerc, et que c'étoit appuyer les droits
du roi sur un foible fondement que de n'employer
pour toute preuve que l'omission d'une lettre, qui
auroit pu échapper à celui qui avoit transcrit ce titre.

C'est par cette raison que l'on a commencé par
établir le vice de l'interprétation de M. le prince
de Condé, par des observations tirées du fond et
de la substance de la chose même, et qu'on a fini
cet examen par une réflexion tirée du texte et de
l'écriture de l'acte, afin de montrer que tout concourt ici en faveur des droits du roi : l'esprit s'accorde parfaitement avec la lettre; on a dû écrire
tenus, et on l'a écrit; on a suivi en même temps les
lois de la jurisprudence et les règles de la grammaire;
le conseil du seigneur de Châteauroux qui a dressé

l'aveu, et le greffier qui l'a écrit, ont également travaillé à établir et à démontrer la vérité de la mouvance
que l'on s'efforce aujourd'hui inutilement de contester au roi.

Jusqu'ici on ne trouve aucuns titres contraires aux
droits du roi, et l'on peut avancer avec confiance
que jusques en l'année 1519, on ne remarque
aucun commencement de preuve, non pas même de
présomption légitime, qui puisse former le moindre
doute raisonnable sur la qualité de la mouvance qui
fait le sujet de la contestation.

Il faut entrer à présent dans le temps de l'usurpation, où il sera aisé de faire voir que, malgré les
différentes entreprises des seigneurs de Châteauroux,
le roi s'est toujours maintenu dans la possession de
sa mouvance.

On a déjà marqué le principe et le vice de cette
usurpation, uniquement fondée sur la transaction de
l'an 1519, par laquelle Hardouin et Marie de Maillé
ont cédé la propriété de la terre d'Argenton à Louise
de Bourbon, veuve d'André de Chauvigni, à condition de la tenir en foi et hommage de la baronnie
de Châteauroux.

Cette transaction est énoncée dans le vu de l'arrêt
du parlement de Dijon, du 4 février 1627, fol. 54
v°. produit par M. le prince de Condé, et il seroit
aisé de la produire en entier, si on la pouvoit révoquer
en doute.

Mais, quoique ce titre ait été suivi de quelques
actes favorables à la prétention de M. le prince de
Condé, auxquels on répondra en finissant cette requête, on trouve néanmoins, dans le temps même
de ces actes, d'autres actes contraires qui prouvent
évidemment que le roi a toujours ignoré le changement que l'on avoit voulu faire dans la mouvance
d'Argenton, bien loin de l'avoir approuvé, et que
cette terre n'a jamais cessé de demeurer, à l'égard du
roi, dans la dépendance directe et immédiate dans
laquelle elle a toujours été de la couronne.

La preuve de ce fait est solidement établie par un

registre qui se conserve au dépôt du bureau des finances de la généralité de Berri, dont le titre est
conçu en ces termes :

*Table et pancarte des fiefs mouvans sans moyen
du roi et de la reine de Navarre, duchesse de Berri,
à cause de sondit duché de Berri, fait en septembre
1541, par M.° Jacques Thiboust, notaire et secré-
taire du roi, de la couronne et maison de France,
aussi de ladite dame.* Signé Thiboust.

Au feuillet, coté 27 de ce registre, on trouve ces
mots :

*Autre extrait du registre des déclarations faites
et baillées par-devant monseigneur le bailli de Berri
ou son lieutenant, commissaire du roi en cette partie,
suivant les lettres du roi ; contenant lesdites déclarations ceux qui tiennent fief du roi, tant à cause
de sa couronne de France et duché de Berri, qu'à
cause de ses grosses tours de Bourges, Issoudun,
Dun-le-Roi, chastel de Mehun, et seigneurie de
Vierson, en l'an finissant 1539, ainsi qu'il s'ensuit.*

Et sur le verso du même feuillet, sous le titre général de *fiefs mouvans du duché de Berri*, on trouve
ces mots :

*Le chastel et ville d'Argenton ; dame Louise de
Bourbon, duchesse de Montpensier.*

Quelques nombres plus bas, on lit dans le même
registre la déclaration de Pierre d'Aumont pour la
baronnie de Châteauroux, ensorte que, bien loin que
le fief d'Argenton soit employé dans ce registre comme
mouvant de Châteauroux, on voit au contraire qu'Argenton et Châteauroux y sont placés dans le même
rang comme tenus en plein fief du duché de Berri.

La terre d'Argenton se trouve encore dans le même
registre, folio 5 r°., comme étant dans la mouvance
d'Issoudun ; et il est marqué en cet endroit, que les
officiers de madame Louise de Bourbon, dame d'Argenton, prétendoient ledit Argenton être tenu de la
grosse tour de Bourges, et non de celle d'Issoudun.

La mouvance immédiate du roi étoit certaine; il n'y avoit d'incertitude que sur le chef-lieu de cette mouvance, et le roi n'avoit aucun intérêt dans cette question, puisque la grosse tour de Bourges et celle d'Issoudun lui appartiennent également.

On trouve une seconde preuve de la continuation de la possession du roi, depuis le temps de l'usurpation, dans ce qui se passa en l'année 1576 et dans les années suivantes, à l'égard des fiefs et des arrière-fiefs du duché de Berri.

François, fils de France, duc d'Alençon et de Berri, fit expédier des lettres-patentes, le 5 octobre 1576, par lesquelles il commit le sieur de Cambray pour faire appeler devant lui tous ses vassaux du duché de Berri, afin de recevoir leurs hommages.

Un grand nombre de vassaux ayant comparu, leurs déclarations furent insérées dans un registre qui se trouve pareillement au greffe du bureau des finances de Bourges.

Il est vrai qu'on ne voit pas que le sieur d'Argenton ait comparu, et on en expliquera bientôt la raison; mais au défaut de cette preuve, on en trouve une autre dans le même registre, qui n'est pas moins concluante en faveur des droits du roi.

Car, après que l'on y a fait l'énumération des déclarations données pour des fiefs qui ressortissent nûment au duché de Berri, on y ajoute au fol. 103 *la déclaration des arrière-fiefs*, et entr'autres ceux du ressort d'Issoudun.

Et parmi ces arrière-fiefs, on en trouve 14 aux fol. 105, 108, 117, 121, que l'on dit être mouvans de la châtellenie d'Argenton; on ne pouvoit pas marquer d'une manière plus sensible, qu'Argenton étoit un plein fief du duché de Berri.

Le troisième acte, encore plus considérable et plus décisif que les deux premiers, est un acte de foi et hommage rendu à M. le duc d'Alençon, en qualité de duc de Berri, pour la châtellenie d'Argenton; et c'est dans cet acte que l'on découvre la raison qui a empêché que le seigneur d'Argenton n'ait comparu devant le sieur de Cambrai pour lui rendre hommage de cette terre.

On apprend par cet acte, qui est du 19 janvier 1580, que la terre d'Argenton étoit alors possédée par M. le duc de Montpensier ; il ne convenoit pas à sa naissance de comparoître devant un simple gentil-homme, commis par M. le duc d'Alençon pour rece-voir les hommages du duché de Berri ; c'est sans doute par cette raison qu'il pria M. le duc d'Alençon de recevoir lui-même son hommage au Plessis-les-Tours où ce prince étoit alors ; et comme cet hom-mage fut rendu avant la fin de la commission du sieur de Cambrai, M. le duc de Montpensier se crut dis-pensé avec raison de faire ni de faire faire aucune déclaration par-devant ce commissaire.

On ne laissa pas néanmoins, par une plus grande précaution, de faire mention de son hommage dans le registre des déclarations faites pardevant le sieur de Cambrai; il est vrai que cette mention ne se trouve faite que par rapport à la terre d'Agurande ; mais comme l'acte, que l'on va expliquer, comprend également et Argenton et Agurande, on peut dire qu'en le rappelant par rapport à Agurande, on l'a rappelé en même-temps, au moins tacitement et implicite-ment, par rapport à Argenton.

Après avoir fait ces observations préliminaires, qui répandent beaucoup de lumière sur l'acte précédent, il est temps d'expliquer la substance de celui-ci.

M. le duc d'Alençon y déclare que M. le duc de Montpensier *lui a fait et prêté les foi et hommage qu'il lui doit pour raison des baronnie de Saint-Sever, seigneurie du Châtelet, Agurande, Cluys et Argenton.*

Il est vrai que ce prince ajoute ensuite ces mots, que le conseil de M. le prince de Condé ne manquera pas sans doute de relever, *en tant et pour tant qu'il y en a de tenu et mouvant de nous à cause de notre-dit duché de Berri ;* ce qui semble marquer que l'on doutoit alors si le tout étoit mouvant du duché de Berri.

Mais, 1.° il est évident que cette clause ne peut
pas emporter le retranchement d'une terre entière,
telle que celle d'Argenton ; tout ce que l'on pourroit
en conclure, est qu'on auroit du doute sur quelque
portion de ces terres ; mais de vouloir faire tomber
le doute sur une de ces seigneuries en entier, ce seroit
abuser manifestement des termes de cette clause, et
détruire l'hommage par l'acte même par lequel il est
rendu ; puisqu'il seroit absurde de supposer que
M. le duc de Montpensier eût rendu hommage pour
la terre d'Argenton, s'il avoit cru que dans l'événement il pourroit arriver qu'aucune portion de cette
terre ne releveroit du duché de Berri.

Les termes mêmes dans lesquels la clause est conçue,
prouvent sensiblement qu'elle ne tombe que sur des
portions de terres et non sur des terres entières ; car
c'est ainsi qu'on s'explique, *en tant et pour tant qu'il y
en a de tenu du duché de Berri* : comme si l'on disoit,
pour telle part et portion que lesdites terres sont mouvantes du duché de Berri ; ce qui suppose bien qu'il peut
y avoir quelque distinction à faire, mais non pas une
exclusion totale, par laquelle on retrancheroit une
terre entière du nombre de celles dont on rend l'hommage.

En second lieu, on ne sauroit prouver que cette
clause tombe plutôt sur Argenton que sur les quatre
autres seigneuries énoncées dans cet hommage, et ce
seroit à M. le prince de Condé à le justifier.

Enfin, ce seroit à lui à montrer quelle est cette part
et portion d'Argenton qui ne relève point du duché
de Berri, et qui relève de Châteauroux ; sans cela la
présomption sera toujours pour le roi, qui a le titre
universel, non-seulement par l'autorité du droit commun, mais encore par la disposition de l'acte dont il
s'agit, dans lequel le duc de Berri est reconnu pour
le seigneur suzerain d'Argenton, avec une réserve
qui ne peut être regardée que comme une exception,
laquelle doit nécessairement être prouvée par celui
qui la propose.

Mais il y a lieu de présumer que le conseil de M. le

prince de Condé ne fera pas même cette objection ; il
sentira sans doute que s'il entreprenoit de la faire ,
on trouveroit dans ses propres titres la plus solide réponse qu'on y puisse opposer.

En effet, on remarque dans l'aveu de 1466 , produit par le prince de Condé , qu'il est dit expressément que les droits qui lui appartiennent dans les
terres du Châtelet, de la Chastre , d'Argenton, d'A-
gurande , etc. , sont tenus du duché de Berri *avec
leurs appartenances et dépendances quelconques ,
excepté , quant à ladite châtellenie d'Agurande ,
aucunes choses d'icelle châtellenie que nous tenons
du comté de la Marche* ; et l'on voit dans un autre
titre produit aussi par M. le prince de Condé , qui
est le contrat de vente de la terre d'Agurande , fait
en 1470 (dont on peut se servir contre celui qui le
produit), que cette terre de la portion d'Agurande ,
qui relevoit du comté de la Marche , étoit une rue du
lieu d'Agurande , appelée *Agurandette*.

Il ne faut donc point chercher ici par de vaines conjectures, à quoi s'applique la réserve portée par l'hommage de 1580 ; les propres titres de M. le prince de
Condé nous découvrent le mystère de cette clause ; ils
nous apprennent que c'est à la terre d'Agurande qu'elle
se rapporte, parce qu'il y avoit une partie de cette
terre qui relevoit du comté de la Marche , et non pas
du duché de Berri.

Le quatrième acte qui continue la suite des preuves
de la possession du roi, même dans *le temps de l'u-
surpation*, est l'hommage que Henri de Bourbon, duc
de Montpensier , rendit au roi Henri IV, en 1606 ,
de la terre d'Argenton.

Enfin , le dernier est l'acte de foi et hommage qui
a été rendu au roi par mademoiselle Anne-Marie-
Louise d'Orléans , en 1666. Cet acte fut présenté au
bureau des trésoriers de France de Bourges, le 4 février 1678 ; ils en ordonnèrent l'enregistrement, et
en même-temps ils chargèrent mademoiselle d'Orléans de présenter son aveu à la chambre des comptes

dans six mois, pour être ensuite renvoyé aux trésoriers de France, et être vérifié par-devant eux.

Ce délai de six mois a encore été renouvelé par une
ordonnance du même bureau des finances de l'année
1686.

Ainsi, la possession du roi a toujours continué sans
aucune interruption jusqu'à la veille du procès; et il
est vrai de dire que le fait et le droit se réunissent
dans cette affaire en faveur du domaine de sa couronne.

On a vu, dans la première partie de cette requête,
que l'exposition simple de l'histoire de la châtellenie
d'Argenton fournissoit un argument invincible pour
la défense des droits du roi ; parce que, quand même
on pourroit supposer, contre toute apparence, que
cette terre a été autrefois dans la mouvance de Châteauroux, il faudroit au moins reconnoître que cette
mouvance auroit été absolument éteinte par une possession de plus de cinq cents ans, pendant lesquels
les seigneurs de Châteauroux ont été en même-temps
seigneurs d'Argenton.

On a prouvé, dans la seconde partie, que le fait
étoit parfaitement d'accord avec le droit ; puisque les
seigneurs de Châteauroux, et ceux qui leur ont succédé, ont toujours reconnu celui qu'ils doivent reconnoître pour le seigneur direct d'Argenton, c'est-
à-dire le roi, comme duc de Berri.

On a distingué la preuve de ces faits en deux
temps différens.

Un premier temps, qui a duré jusqu'en 1519, où
tout est pour le roi, et où les seigneurs de Châteauroux n'avoient pas encore eu la moindre pensée de
faire l'usurpation qu'ils ont tentée dans la suite ; c'est
ce que l'on a prouvé par des traités de paix passés
entre nos rois et les rois d'Angleterre, par l'hommage de 1209 et par les aveux de 1425 et de 1466.

Un second temps, qui commence en 1519, et
depuis lequel, malgré l'usurpation des seigneurs de
Châteauroux, le roi s'est toujours conservé dans la
possession de sa mouvance ; et c'est ce que l'on a

prouvé par cinq actes également décisifs, qui seront produits à la fin de cette requête.

Quoiqu'il paroisse assez inutile, après cela, de contredire exactement les titres de M. le prince de Condé, puisqu'il est évident qu'un droit aussi solidement établi que celui du roi l'est dans cette affaire, ne peut plus recevoir d'atteinte; cependant, pour ne rien négliger de tout ce qui regarde le ministère du procureur-général du roi, il répondra, en très-peu de paroles, dans la dernière partie de cette requête, aux titres dont M. le prince de Condé se sert pour combattre les droits du roi.

Le premier de ces titres est l'aveu de 1466, sur lequel on se renfermera dans ce seul raisonnement:

Ou l'on conviendra de bonne foi, que ce titre doit être entendu suivant l'interprétation que le procureur-général du roi lui a donnée dans la seconde partie de cette requête, et alors il doit être mis au nombre des preuves solides qui établissent le droit du roi;

Ou, au contraire, on voudra persister à soutenir la mauvaise interprétation que l'on a d'abord donnée à cet acte, et en ce cas, la forme de l'acte détruira tous les avantages que l'on pourroit tirer de l'explication vicieuse qu'on lui donne.

1.º Cet acte n'est point rapporté en original; on n'en produit qu'une ancienne copie collationnée, faite le 26 juin de l'année 1531; il est vrai que cette copie paroît avoir été transcrite dans les registres du bailliage d'Issoudun en présence du substitut du procureur-général; mais la vigilance et la fidélité de cet officier sont si suspectes dans cette affaire, comme on le fera voir incontinent, que l'on ne peut tirer aucun avantage, ni de sa présence, ni du silence qu'il jugea à propos de garder en cette occasion.

2.º Quand même on auroit quelqu'égard pour cet enregistrement, il ne pourroit jamais changer l'état de la pièce enregistrée, ni lui donner plus d'autorité qu'elle n'en a par elle-même. Or cette pièce, considérée en elle-même, n'en a aucune.

C'est un aveu *provisionnel*, le seigneur de Châteauroux le déclare expressément par ces mots : *Et pour ce que cette nommée est briefve, nous promettons de la bailler plus déclarement, et la valeur des terres et seigneuries dessusdites, et en la vérité, le plus brief que bonnement faire pourrons, toutes et quantes fois que mondit souverain seigneur ou ses gens nous feront sçavoir.*

C'est un aveu qui n'est reçu par le bailli de Berri que pour l'envoyer à la chambre des comptes, où l'on ne sauroit montrer qu'il ait jamais été porté; on prouve encore moins que la chambre l'ait ensuite envoyé sur les lieux pour y être vérifié, suivant l'usage inviolable du royaume.

Ainsi, c'est une pièce inutile à ceux qui la produisent, et dont on ne peut jamais se servir que contre eux-mêmes.

On ne s'arrêtera point à parler ici des actes de foi et hommage de 1466 et de 1501 qui accompagnent ce titre, parce qu'il n'y est fait mention que de Châteauroux et non d'Argenton.

Le second et le plus considérable de tous les titres de M. le prince de Condé, est une sentence qu'il a produite par production nouvelle, par laquelle il prétend que la question de la mouvance d'Argenton a été jugée contradictoirement et définitivement en sa faveur.

Ce jugement a été rendu au bailliage d'Issoudun le 17 juillet 1631, et il est précédé de quatre sentences préparatoires, qui ne méritent pas qu'on s'arrête à les expliquer, parce qu'elles ne sont que de simples instructions; et d'ailleurs ces sentences, aussi bien que les trois titres précédens, ont été suffisamment combattues par la requête du 5 janvier 1699, que le procureur-général a employée pour causes d'appel, réponses à productions et contredits.

Ainsi, pour parvenir tout d'un coup à la sentence qu'on prétend être définitive, et que M. le prince de Condé a produite depuis cette requête, il paroît, à la vérité, que Françoise de Maillé, baronne de Châteauroux, ayant fait saisir féodalement la châtellenie d'Argenton, le substitut du procureur-général du roi demanda d'abord main-levée de cette saisie, et requit que celle qu'il auroit fait faire fût confirmée; mais ensuite, ayant pris communication des titres de la dame de Châteauroux, et surtout de l'aveu de 1466, il déclare que, *pour le présent, il n'avoit que dire pour empêcher la main-levée dudit fief d'Argenton au profit de la dame de Maillé, baronne de Châteauroux, et du tout s'en rapportoit à raison.* Sur cette déclaration le bailli d'Issoudun confirma la saisie féodale, et par là il adjugea, au moins par provision, la mouvance d'Argenton à la dame de Châteauroux.

Tel est le titre le plus apparent que l'on oppose aux droits du roi.

Mais, 1.º ce titre n'est qu'une sentence dont le procureur-général est appelant, en tant que besoin seroit, et qui par conséquent ne peut subsister qu'autant qu'elle se trouvera conforme aux titres précédens; et l'on a fait voir qu'il n'y en a point qui ne soit favorable aux droits du roi.

2.º Ce n'est pas même une sentence qui puisse être regardée comme définitive, puisqu'elle n'est fondée que sur la déclaration faite par le substitut du procureur-général du roi, que *pour le présent il n'avoit que dire.*

3.º C'est une sentence dans laquelle il paroît manifestement que les droits du roi ont été abandonnés soit par l'ignorance, ou par la collusion de celui qui étoit chargé de les défendre. Après tout ce qui a été proposé dans cette requête, après tous les titres qu'on y a expliqués, on ne peut voir, sans étonnement, que dans un temps où l'usurpation étoit récente, et où le seigneur de Châteauroux n'avoit encore aucun acte de possession en sa faveur, le défenseur du domaine du roi ait pu déclarer, qu'il *n'avoit que dire* pour empêcher la main-levée du fief d'Argenton au profit de la dame de Châteauroux; mais heureusement l'ignorance grossière, ou la connivence criminelle de cet officier subalterne, n'a pu faire aucun préjudice à la justice des droits du roi ; et si ces droits ont souffert une légère éclipse dans le temps de cette sentence, ils ont bientôt recouvré leur premier éclat par les déclarations de 1541, et par tous les actes que l'on vient d'expliquer dans la seconde partie de cette requête.

Enfin, ce qui marque la précipitation avec laquelle cette sentence a été rendue, et ce qui augmente les soupçons de fraude et de collusion que l'on peut concevoir contre les officiers du roi, c'est que l'on n'a pas même attendu, pour rendre ce jugement, que Louise de Bourbon, alors dame d'Argenton, eût proposé ses moyens ; on voit dans cette sentence, que le procureur de cette princesse a déclaré qu'il n'avoit point de charge d'occuper, qu'il a même protesté d'appeler, et qu'on lui a donné acte de sa protestation au pied de la sentence.

C'est ainsi que les droits du roi et ceux de la dame d'Argenton ont été défendus dans cette sentence : le procureur du roi abandonne sa cause par ignorance ou par prévarication ; le procureur de la dame d'Argenton déclare qu'il n'a point encore de pouvoir d'occuper ; telles sont les circonstances dans lesquelles on rend ce jugement, que l'on oppose aujourd'hui avec tant de confiance aux droits du roi.

Il est vrai néanmoins que Louise de Bourbon, se voyant abandonnée par les officiers du roi, et ne pouvant plus se défendre par elle-même contre l'usurpation du seigneur de Châteauroux, et d'ailleurs engagée à le reconnoître par la facilité qu'elle avoit eue de souscrire à la transaction de 1519, a rendu hommage à Pierre d'Aumont, baron de Châteauroux, pour la terre d'Argenton.

Il est encore vrai que par une suite de la même erreur, on engagea M. le duc de Montpensier à passer une transaction en 1602, par laquelle il reconnoît le seigneur de Châteauroux, et ensuite à lui rendre hommage en l'année 1607.

Enfin, on voit qu'en 1614 M. le cardinal de Joyeuse,

REQUÊTE. 305

tuteur de mademoiselle Marie de Bourbon, duchesse de Montpensier et dame d'Argenton, peu instruit des droits et des véritables intérêts de sa pupille, s'adressa au seigneur de Châteauroux pour lui demander souffrance.

Mais ces actes inconnus au roi et à ses officiers, démentis par tout ce qui les précède, et corrigés par tout ce qui les suit, ne servent qu'à faire voir les efforts impuissans d'une usurpation dont il suffit de montrer l'origine pour la détruire.

Enfin, les derniers titres de M. le prince de Condé, beaucoup plus inutiles que les précédens, sont les lettres d'érection du comté de Châteauroux en duché et pairie, l'arrêt de la cour qui en ordonne l'enregistrement, et deux arrêts du parlement de Dijon des 27 juin 1626 et 4 février 1627.

Toutes ces pièces sont indifférentes pour la décision de la question sur laquelle la cour doit prononcer; il ne s'agissoit alors que du ressort, et non pas de la mouvance.

Les officiers du bailliage d'Issoudun soutenoient que les appellations des juges d'Argenton et de plusieurs autres terres énoncées dans ces arrêts devoient être portées devant eux, au lieu que par les lettres d'érection, on en attribuoit le ressort à la justice du duché de Châteauroux.

Telle étoit la seule question qui fût renvoyée au parlement de Dijon; si l'on y a fait entrer ensuite des questions de mouvance, ces questions ont été agitées sans que le roi, seul intéressé dans le jugement de la mouvance d'Argenton, y ait jamais été partie, sans qu'on y ait produit aucune pièce pour l'établissement de ses droits, et sans même que M. Gaston, duc d'Orléans, et madame Marie de Bourbon, sa femme, dame d'Argenton, aient comparu sur les assignations qui leur ont été données.

Aussi, jamais arrêt n'a été rempli de tant d'erreurs de fait, et il n'étoit pas possible aux juges qui l'ont rendu de les éviter, puisque personne n'instruisoit

leur religion des titres et des actes essentiels à la
défense des droits du roi.

Il suffit de lire le dispositif de cet arrêt pour être
convaincu de l'ignorance excusable, mais parfaite,
qui lui a servi de fondement.

Le parlement de Dijon y déclare d'abord les défauts bien et dûment obtenus, et pour le profit les
fiefs, terres et seigneuries de la Chastre, du Châtelet
et plusieurs autres, être de la mouvance du duché
et pairie de Châteauroux.

Cependant on a prouvé, d'une manière démons-
trative, que ces deux terres sont certainement dans la
mouvance immédiate de la couronne; on pourroit
prouver la même chose à l'égard de Saint-Chartier,
d'Agurande, et de beaucoup d'autres, que le parlement de Dijon déclare être tenues en fief du duché
de Châteauroux.

Mais quelle induction peut-on tirer d'un arrêt
rendu dans toutes ces circonstances? Plus on l'a voulu
rendre avantageux à M. le prince de Condé, et plus
on a donné de moyens au roi pour le détruire; s'il
prouvoit moins, il prouveroit d'avantage; mais les
choses ont été portées à un tel excès, que, pour
rejeter le préjugé de cet arrêt, il suffit presque de
le lire.

C'est par ces raisons que le procureur-général du
roi a cru devoir y former opposition, aussi bien qu'à
l'arrêt précédent du 27 juin 1626; et l'on ne peut
pas douter que son opposition ne soit recevable,
parce que, quoique l'instance ait été alors communiquée à celui qui exerce l'office public au parlement de Dijon, cependant le roi n'y a jamais été
partie.

Voilà donc à quoi se réduisent tous les titres
de M. le prince de Condé:

Un aveu inutile dans la forme, et qui dans le
fond est aussi contraire à ses prétentions, que favorable aux droits du roi;

Une sentence provisionnelle, dont il y a appel,
et qui n'est fondée que sur la négligence ou la

prévarication du substitut du procureur-général du roi ;

Deux actes de foi et hommage, le premier rendu par celle qui avoit concouru avec le seigneur de Châteauroux à jeter les premiers fondemens de l'usurpation, et le second rendu sur le fondement vicieux du premier ;

Enfin deux arrêts par défaut contre le seigneur d'Argenton, où le roi n'a point été partie, où ses intérêts n'ont été ni connus ni défendus ; arrêts, en un mot, qui ne subsistent que parce qu'ils n'ont point encore été attaqués.

Il est aisé, après cela, de décider si ces titres peuvent entrer en comparaison avec ceux qui ont été expliqués pour la défense des droits du roi, et qui justifient très-clairement les deux propositions qui sont répandues dans toutes les parties de cette requête :

L'une, que jamais il n'y a eu de droit plus ancien ni plus solidement prouvé, que celui qui appartient au roi sur la châtellenie d'Argenton ;

L'autre, qu'il n'y a jamais eu d'usurpation plus récente et plus certaine, que celle que les seigneurs de Châteauroux ont voulu faire de la mouvance de cette terre ; et qu'ainsi le vice de leurs titres concourt avec la justice de ceux du roi, pour faire décider la cause en sa faveur.

CE CONSIDÉRÉ, etc.

ONZIÈME REQUÊTE,

Qui établit la mouvance immédiate du roi sur le fief
de Murci, à cause du comté de Marle.

A MESSIEURS DU PARLEMENT.

Supplie le procureur-général du roi, disant qu'ayant
pris communication de l'instance pendante en la
cour entre le sieur comte de Guiscard, appelant
de plusieurs sentences rendues par défaut aux requêtes
de l'hôtel, et messire René de Marillac, conseiller
du roi en son conseil d'état et d'honneur en la
cour, intimé, il a reconnu que le devoir de son
ministère l'obligeoit nécessairement à se rendre partie principale dans cette instance, où il s'agit du
fonds du domaine du roi, auquel la mouvance du
fief de Murci est contestée.

Le sieur comte de Guiscard avoue le roi pour
seigneur direct de ce fief, à cause du comté de
Marle.

M. de Marillac soutient au contraire, que ce
fief est dans sa mouvance, à cause de la seigneurie
de la Ferté-Bliard dont il est en possession ; les
sentences des requêtes de l'hôtel l'ont maintenu
dans cette mouvance ; le sieur comte de Guiscard
en est appelant. Tel est l'état présent de la contestation, dans laquelle le sieur comte de Guiscard
s'est défendu par des titres et par des moyens considérables. Mais, comme le procureur-général du roi
a recouvré de nouveaux titres, et qu'il y a plusieurs
moyens qui ont beaucoup plus de force dans la
bouche du roi, seigneur dominant du fief de Murci,
que dans celle du sieur de Guiscard, son vassal, le
procureur-général a cru que la nécessité de la défense

des droits du roi l'engageoit à recueillir dans cette requête tout ce qui est essentiel à la décision de cette affaire, en y joignant et les pièces et les raisons nouvelles qu'il doit ajouter à celles du sieur comte de Guiscard.

Mais, avant que d'entrer dans l'explication exacte de ces titres et de ces raisons, il ne sera pas inutile de donner, en peu de mots, une notion générale des trois fiefs dont il est nécessaire de savoir l'histoire pour bien comprendre les preuves que l'on doit expliquer dans cette requête.

Le premier de ces fiefs est celui de Murci, dont la mouvance est contestée.

Les deux autres sont ceux de la Ferté-Bliard et de Marle, entre lesquels se forme le combat de fief.

Le fief de Murci a autrefois fait partie de la terre de la Ferté-Bliard; c'est un fait qui ne sauroit être contesté: on ignore en quel tems, et par quelle voie il en a été séparé; ce qu'il y a de certain est qu'en l'année 1486, ce fief n'étoit plus entre les mains du seigneur de la Ferté-Bliard, il étoit possédé par Jean du Puy.

Valleran de l'Héricourt l'a possédé ensuite à cause de Barbe du Puy, sa femme, et peut-être fille de Jean du Puy; Antoine de l'Héricourt le vendit en 1559 à Louis d'Ongnies, sieur de Chaulnes; de la maison d'Ongnies il a passé dans celle d'Ailli, par le mariage de Louise d'Ongnies avec Emmanuel d'Ailli, vidame d'Amiens et baron de Pecquigni; et enfin dans celle d'Albert, par le mariage de l'héritière de la maison d'Ailli avec messire d'Albert, duc de Chaulnes, dont l'héritier l'a vendu avec la seigneurie de Magni au sieur comte de Guiscard.

Le second fief, qui est celui de la Ferté-Bliard, paroît avoir été possédé par Jacques de Fagnerelles; il a été partagé ensuite, et la moitié de cette seigneurie a passé dans la maison de Barbançon, l'autre moitié en celle de Renty. En l'année 1519, dame Marie de Luxembourg, comtesse de Marle, veuve de

messire . . . . de Bourbon, comte de Vendôme acheta la moitié de cette terre qui avoit
appartenu au sieur de Barbançon; et, en l'année 1545,
la même princesse vendit, conjointement avec Antoine, duc de Vendôme, roi de Navarre, son fils,
le domaine de cette portion de la Ferté-Bliard qui
lui appartenoit, au sieur de Renty, propriétaire de
l'autre moitié, à condition que toutes les moúvances
de cette portion de la Ferté-Bliard lui demeureroient. Ces mouvances furent attachées au lieu de
la Mothe, qui fut aussi excepté de la vente, avec
les bois de Fagnelle et de Bocqueaux.

Henri IV, fils d'Antoine de Vendôme, possédoit
le comté de Marle et le fief de la Mothe; ce fait est
établi par le contrat de l'année 1545. Lorsqu'il parvint à la couronne, il continua de jouir de ce fief
jusqu'en l'année 1603; et ce fut en cette année,
c'est-à-dire, dans un temps où la question de la
réunion du domaine privé de ce prince au domaine
public de la couronne n'étoit pas encore solennellement décidée, puisqu'elle ne le fut qu'en l'année
1607, que les officiers du conseil de Navarre et de
son ancien domaine aliénèrent au profit de la duchesse
de Bar, sœur unique de ce roi, le fief de la Mothe
avec toutes ses mouvances. Ce fief fut cédé à cette
princesse en paiement de quelques frais dont elle
prétendoit que le roi devoit l'indemniser, et de la
somme de mille écus qui lui étoient dûs pour une
année d'arrérages d'une rente qu'Henri IV avoit cons-
tituée en sa faveur, pour la dédommager de la jouissance de la vicomté de Limoges que cette princesse
avoit possédée en vertu d'un partage provisionnel,
et que le roi avoit aliénée.

La duchesse de Bar ne conserva pas long-temps
la possession de ce fief: elle le donna l'année suivante au sieur Dony d'Attichi, qui possédoit déjà
le reste de la Ferté-Bliard; et comme c'est de lui
que le sieur de Marillac tire tout son droit, c'est
par lui que l'on doit finir l'histoire du fief de la
Ferté-Bliard.

A l'égard du troisième fief, qui est le comté de
Marle, il suffit d'observer que cette seigneurie a été
anciennement dans la maison de Coucy, d'où elle
a passé successivement dans celles de Bar, de Savoye,
de Luxembourg et de Bourbon-Vendôme, par laquelle elle a été réunie au domaine de la couronne
lorsque le roi Henri IV monta sur le trône.

Après avoir donné cette première notion des trois
fiefs dont il est nécessaire de savoir l'état pour entendre les différens titres qui ont été produits de
part et d'autre, le procureur-général du roi doit
reconnoître d'abord que le sieur de Marillac s'est
formé une très-juste idée de la question qui s'agite
entre le roi et lui, quand il a dit que le fief de Murci
pouvoit être considéré dans trois temps différens,
qui forment comme trois époques principales dans
cette affaire :

Un premier temps, qui comprend ce qui s'est
passé pendant que le comté de Marle et la seigneurie
de la Ferté-Bliard étoient possédés par différens
seigneurs ;

Un second temps, pendant lequel ces deux seigneuries ont été dans la même main ;

Enfin, un dernier temps, dans lequel ces deux
terres, séparées une seconde fois, ont été entre les
mains de différens possesseurs.

Le premier temps a duré jusqu'au 19 mars de
l'année 1515 ; époque jusques à présent ignorée dans
cette contestation, et qui y répandra une grande
lumière, comme on le verra bientôt ;

Le second a commencé en 1519, et a duré jusqu'en l'année 1603 ;

Enfin, le dernier dure depuis 1603 jusques à
présent.

Il seroit difficile de trouver une division et plus
naturelle et plus propre à démontrer la justice des
droits du roi, puisqu'en la suivant on va voir ses
droits solidement établis dans le premier temps, se
conserver dans le second, et résister dans le troisième
aux efforts que l'on a faits pour y donner atteinte,

à la faveur du même système que le sieur de Marillac soutient encore aujourd'hui.

On dit, en premier lieu, que ces droits sont solidement établis dans le premier temps ; et le procureur-général n'aura point recours, pour prouver cette vérité, à l'autorité du droit commun, à la présomption générale que la qualité de seigneur dominantissime met toujours du côté du roi dans les combats de fiefs, et enfin au défaut de titres de celui qui prétend aujourd'hui cette mouvance.

Tous ces moyens, qui suffiroient dans une autre cause, ne méritent pas même d'être employés dans celle-ci, où le roi joint à ses prérogatives générales, et communes à toutes sortes de causes, l'avantage d'avoir des titres particuliers qui n'ont souffert et ne peuvent souffrir aucun contredit légitime.

Le premier de ces titres ne peut pas être suspect au sieur de Marillac, puisque c'est lui-même qui l'a produit en original.

C'est un aveu du 7 mars de l'année 1384, rendu par Jacques de Fagnerelles, sieur de la Ferté-Bliard, à Enguerrand de Coucy, sieur de Marle ; le fief de Murci, qui fait le sujet de la contestation, est compris dans cet aveu comme étant tenu immédiatement du seigneur de Marle ; et cette mouvance est ainsi expliquée :

Item le fief de Murci, qui jadis fut à damoiselle Fagnerelles, bâtarde, lequel fief est revenu et reconsolidé à notre terre de la Ferté, et le tenons en pur domaine de notre redouté seigneur dessus dit, et contient les choses qui en suivent.

A la vue d'un titre si décisif, on auroit de la peine à se persuader que ce soit le sieur de Marillac, et non pas le procureur-général du roi qui l'ait rapporté. Cependant il faut examiner l'induction qu'il en tire et pour laquelle il l'a produit.

Toute la force de son argument roule sur les termes de *revenu* et de *reconsolidé*; il avoue que ces termes peuvent fort bien s'entendre de la réversion par laquelle les choses données retournent entre les mains du donateur par la mort du donataire, lorsque la donation est faite sous la condition du retour ; mais comme ces expressions peuvent aussi s'appliquer à la réunion des arrière-fiefs, lorsqu'ils se rejoignent au fief dominant dont ils avoient été séparés par une sous-inféodation, il en conclut qu'il y a lieu de présumer que le fief de Murci étoit autrefois un arrière-fief de Marle et un plein fief de la Ferté-Bliard : d'où il tire dans la suite cette conséquence, que, comme le seigneur de la Ferté-Bliard a aliéné ce fief depuis l'aveu de 1384, il y a apparence qu'il l'a aliéné à titre d'inféodation, en s'en réservant l'hommage, et en le faisant rentrer par là dans l'état où l'on suppose que ce fief avoit été autrefois avant l'aveu de 1384.

Une induction si éloignée et si peu convaincante, peut être détruite en deux manières également solides.

Premièrement, rien ne prouve dans cet aveu que le fief de Murci ait jamais été mouvant en plein fief de la Ferté-Bliard, et en arrière-fief seulement du comté de Marle.

Il est vrai que l'aveu porte que ce fief a été autrefois à Marie de Fagnerelles, bâtarde, et qu'il est *revenu* et *reconsolidé* à la terre de la Ferté. Mais s'ensuit-il de là que Marie de Fagnerelles l'ait reçu en fief du seigneur de la Ferté ? N'y a-t-il que les fiefs dont on puisse dire qu'ils se réunissent et se reconsolident ? N'est-ce pas le langage de tous les jurisconsultes, que l'usufruit se réunit et se reconsolide à la propriété ? Il est donc fort possible de présumer ici, et la qualité de Marie de Fagnerelles appuie fortement cette présomption, que le fief de Murci avoit été donné à cette bâtarde par forme d'aliment, pour en jouir pendant sa vie, et qu'après sa mort ce fief s'est *réuni* et *reconsolidé* au reste de la seigneurie de la Ferté-Bliard, dont le propriétaire l'avoit démembré en faveur de sa fille naturelle. Certainement ce titre n'a rien qui exclue cette interprétation ; et, dès le moment qu'il la peut recevoir, la partie qui produit ce titre ne peut en tirer une induction nécessaire et de rigueur, pour prouver que le lieu de Murci ait été autrefois tenu en fief de la terre de la Ferté-Bliard.

Mais, en second lieu, quand on voudroit bien supposer ici la vérité du fait, quelle conséquence pourroit-on en tirer pour établir la prétention du sieur de Marillac?

Que le lieu de Murci ait été autrefois tenu en fief de la seigneurie de la Ferté, ou qu'il ne l'ait pas été, cela est fort indifférent, puisqu'il est certain par le titre même qu'on produit, que ce fief a été *réuni* et *reconsolidé* à celui de la Ferté-Bliard, et que cette réunion a été si parfaite et si consommée, que par l'aveu même qu'on oppose aux droits du roi, le comte de Marle a été reconnu seigneur direct et immédiat du lieu de Murci, comme du reste de la Ferté-Bliard.

C'est ce que cet aveu marque clairement, lorsque celui qui le rend dit en termes si formels, non-seulement que le fief de Murci est *revenu et reconsolidé à sa terre de la Ferté, mais aussi qu'il le tient en pur domaine de son redouté seigneur le comte de Marle*. Que peut-on ajouter à l'évidence de ces expressions?

Un titre si précis, et produit par celui même qui attaque les droits du roi, seroit suffisant, quand il seroit unique pour faire voir l'ancienneté et la justice de ses droits; mais il a encore l'avantage de n'être pas le seul titre qui établisse la même vérité dans cette affaire.

Le sieur de Marillac en a produit un second de l'année 1415, tiré de la chambre des comptes de la Fère, conçu dans les mêmes termes qui paroissent avoir été transcrits mot pour mot sur celui de 1384, et qui prouvent invinciblement que le comte de Marle a reçu l'hommage direct et l'aveu du fief de Murci, de même que de la Ferté-Bliard, à laquelle ce fief étoit *réuni* et *reconsolidé*, suivant les termes de ces aveux.

Il est donc certain que, soit que le fief de Murci n'ait jamais été tenu en fief des seigneurs de la Ferté-Bliard, soit qu'après avoir été autrefois dans leur mouvance, il ait été enfin réuni et reconsolidé à leur domaine, le comte de Marle, aux droits duquel est le roi, a joui paisiblement de la mouvance de ce fief.

Ainsi, le premier état est certainement pour le roi. Or, comme le changement ne se suppose point, et que chaque chose est présumée demeurer dans son premier état jusqu'à ce que l'on prouve le contraire, c'est au sieur de Marillac, qui allègue que ce fief, qui étoit certainement tenu en plein fief du seigneur de Marle dès l'année 1384 et 1415, a commencé à n'en être tenu qu'en arrière-fief, de montrer comment ce changement est arrivé.

Tout ce qu'il peut avancer de plus spécieux est que le fief de Murci n'étant qu'une légère portion de la terre de la Ferté-Bliard, le seigneur de la Ferté a pu se jouer de son fief, suivant la permission que la plupart des coutumes en donnent aux seigneurs, et retenir la foi sur le fief dont il se seroit ainsi joué : c'est tout ce que l'on peut feindre en faveur de ce seigneur. Mais cette supposition reçoit une infinité de réponses, dont une seule suffit pour la détruire.

1.º Le jeu de fief et la sous-inféodation ne se présument ni se suppléent point ; la rigueur du droit, toujours opposé au démembrement et à la section des fiefs, y résiste ; si les coutumes le permettent, c'est par une exception de la règle générale, et par une espèce de tolérance. Or, tout ce qui résiste au droit commun par sa nature, tout ce qui n'est regardé que comme un relâchement de la rigueur du droit, doit être prouvé par une convention écrite et formelle ; sans cela, on présume toujours en faveur de la règle et du droit commun.

Or, on ne rapporte ici aucune convention de cette qualité ; on ne produit aucun acte qui la contienne,

on n'en indique pas même qui l'énonce au moins indirectement.

Au défaut de preuves véritables, on a recours aux
conjectures ; mais rien ne paroît plus foible que celle
qu'on propose. On dit que, comme il y a lieu de présumer par les termes des aveux de 1384 et de 1415
qu'anciennement le lieu de Murci a été tenu en fief
des seigneurs de la Ferté avant qu'ils l'eussent réuni
à leur domaine, on peut croire aussi que ce seigneur, ayant aliéné depuis ce même fief de Murci,
ne l'aura démembré qu'à condition que l'acquéreur
le tiendroit de lui à foi et hommage.

On ne répétera point ici que cette conjecture pèche
manifestement dans le principe, puisqu'il n'est nullement certain, comme on l'a déjà fait voir, que le
lieu de Murci ait jamais été tenu en fief des seigneurs de la Ferté.

Mais quand le fondement de cette conjecture seroit
aussi solide qu'il paroît léger, comment peut-on conclure de ce qu'une portion de terre a été autrefois
tenue en fief d'un seigneur, qui l'a depuis réunie à
son domaine, que toutes les fois que ce seigneur
voudra aliéner cette portion, il ne le fera qu'à la
charge que l'acquéreur lui en rendra la foi et l'hommage ? N'est-il pas évident que le seigneur qui aliène
ainsi une terre qui faisoit partie de son domaine, a
pu y ajouter ou n'y pas ajouter cette condition?
car on ne dira pas certainement qu'elle soit de droit.
Or, s'il a pu ne l'y pas mettre, pourquoi présu-
mera-t-on qu'il l'y a mise, plutôt que de présumer
le contraire ? Ne peut-il pas même être arrivé que
le fief de Murci ait été séparé du reste de la terre
de la Ferté-Bliard, par un partage, par une donation, par une constitution de dot, par un legs,
par un accommodement entre deux seigneurs voisins,
et par plusieurs autres manières différentes, qui ne
supposoient nullement une rétention de foi ou une
sous-inféodation.

2.° Mais il y a plus : le roi, qui n'auroit besoin
en cet endroit que d'un argument négatif, puisqu'il

a pour lui le premier état, peut même prouver par un argument positif, que cette convention prétendue, dont on ne fait pas voir le moindre vestige, n'a jamais eu de réalité.

Il est certain que si cette convention avoit été faite entre le seigneur de la Ferté-Bliard et l'acquéreur du fief de Murci, cet acquéreur et ses successeurs n'auroient pas rendu l'hommage de ce fief au comte de Marle, et qu'ils n'auroient reconnu que le seigneur de la Ferté-Bliard, dont ils auroient tenu ce fief immédiatement.

Cependant on ne prouve point qu'il aient jamais reconnu le seigneur de la Ferté-Bliard, et l'on prouve au contraire qu'ils ont reconnu le seigneur de Marle.

C'est ce qui paroît par deux aveux du fief de Murci, l'un du 7 août 1486, rendu à Jacques de Savoye, comte de Marle, par Jean du Puy, l'autre rendu à dame Marie de Luxembourg, duchesse de Vendôme, à cause du même comté de Marle, le 15 février 1518, par Valleran de l'Héricourt, du chef de Barbe du Puy, sa femme.

Qui pourra croire après cela que les acquéreurs du fief de Murci se soient engagés à rendre hommage au seigneur de la Ferté-Bliard, et non pas au comte de Marle, lorsque l'on voit au contraire qu'ils n'ont jamais reconnu le premier de ces seigneurs, et qu'ils ont toujours reconnu le second ?

3.º Ce n'est pas tout encore ; non-seulement le sieur de Marillac ne prouve point la réalité de cette prétendue sous-inféodation, non-seulement le roi prouve le contraire ; mais, quand même dans le fait elle seroit véritable, dans le droit elle ne pourroit faire aucun préjudice à la mouvance qui appartient au roi.

Deux vérités, l'une de fait et l'autre de droit, mettront cette proposition dans tout son jour.

Dans le fait, il est constant que le fief de Murci ayant été *réuni* et *reconsolidé*, comme le portent les aveux, à la seigneurie de la Ferté, il s'est éteint de plein droit, et s'est anéanti par l'effet de la confusion qui s'est faite entre le principal et l'accessoire; ainsi ce fief n'a plus été regardé que comme une portion de la terre de la Forté; c'est ce que signifie cette expression propre et énergique dont s'est servi le seigneur de cette terre dans ses aveux, lorsqu'il a dit qu'il tenoit le fief de Murci *en pur domaine de son redouté seigneur le comte de Marle*.

Or, dans le droit il n'est pas moins certain que lorsqu'un seigneur démembre une portion de sa terre, en se réservant la foi sur ce qu'il aliène, il peut bien établir par-là une espèce de fief entre lui et l'acquéreur, mais cette convention ne préjudicie pas aux droits de son seigneur direct; si ce n'est que ce seigneur eût approuvé cette sous-inféodation, ou expressément, ou tacitement, en recevant un aveu qui en feroit mention.

Ici non-seulement cette sous inféodation n'a jamais été approuvée, ni en l'une ni en l'autre de ces deux manières; mais au contraire le comte de Marle, seigneur direct de la Ferté-Bliard, a toujours reçu l'hommage plein et immédiat du fief de Murci, même depuis que ce fief a été séparé du reste de la terre de la Ferté-Bliard; il est donc impossible de feindre que le fief de Murci ait été un seul moment dans la mouvance du seigneur de la Ferté; il n'y étoit pas certainement dans le temps que ce seigneur le possédoit lui-même, et qu'il déclaroit expressément que ce fief étoit réuni et reconsolidé à sa terre, et qu'il le tenoit en pur domaine du comte de Marle; il n'est pas non plus tombé dans la mouvance du seigneur de la Ferté, lorsque ce seigneur l'a aliéné; car pour reprendre en un mot les trois raisons convaincantes par lesquelles on vient de combattre l'idée de cette sous-inféodation prétendue qu'on suppose pour défendre la cause du sieur de Marillac, premièrement, ce seroit à lui de la prouver par des titres exprès, et il ne la prouve pas même par des conjectures; secondement, le roi prouve le contraire par des aveux rendus au comte de Marle par les seigneurs du fief de Murci, depuis que ce fief a été séparé

du reste de la Ferté-Bliard ; et enfin cette sous-inféodation prétendue, quand elle seroit véritable, ne
pourroit nuire aux droits du roi, qui ne l'a ni connue
ni approuvée, et qui au contraire a toujours été servi
par les acquéreurs de ce fief.

Le premier temps est donc absolument pour le
roi ; et cependant c'est ce temps qui décide absolument la contestation, non-seulement parce qu'en
matière de mouvance, et sur-tout lorsqu'il s'agit de
celle du roi, on remonte toujours autant qu'il se
peut jusqu'à la première origine, mais encore parce
que ce premier temps, dans lequel les droits du roi
paroissent si solidement établis, détruit jusqu'au fondement du système que l'on a voulu établir dans le
second pour défendre la cause du sieur de Marillac.

Car, pour entrer dans ce second temps, qui comprend ce qui s'est passé depuis que le comté de
Marle et la seigneurie de la Ferté-Bliard ont été
possédés par le même propriétaire jusqu'à ce qu'elles
aient passé en des mains différentes ; il est certain
dans le fait, que ce second temps est encore pour le
roi sans aucun mélange de possession contraire ; c'est-
à-dire que le comté de Marle a été reconnu dans ce
second temps, comme dans le premier, par les propriétaires du fief de Murci.

Il ne faudroit point d'autre preuve de cette vérité,
que la reconnoissance qu'on en a faite pour le sieur
de Marillac, et le système même par lequel seul
on a cru pouvoir combattre les conséquences d'un
fait si certain.

En convenant d'un côté que le comte de Marle
avoit été dans ce second temps en possession de la
mouvance du fief de Murci, on a soutenu de l'autre
qu'on ne lui avoit rendu l'hommage de ce fief, que
parce qu'il possédoit aussi celui de la Ferté-Bliard,
et que la confusion de ces deux qualités avoit été
suivie de celle des mouvances : on ne pouvoit pas
accorder d'une manière plus précise la vérité de la
possession des comtes de Marle ; on convient de cette
possession, et on se réduit seulement à l'expliquer;

en effet, pouvoit-on en disconvenir, lorsque l'on voit
que ce fief de Murci est employé dans un registre
de l'année 1551, que le sieur de Marillac a lui-même
produit, et qui contient le dénombrement des vassaux
qui ont été appelés au château de Marle; et que, par
un contrat de vente du fief de Murci, passé le 29
juillet 1559, qui a été produit par le sieur comte de
Guiscard, il est expressément porté, que ce fief est
tenu du roi de Navarre, *à cause de sa comté de
Marle.*

Mais est-il vrai que ce soit par erreur qu'on ait
rendu l'hommage du fief de Murci au comte de
Marle? et cela parce qu'il possédoit aussi la terre
de la Ferté-Bliard; et cette unique couleur à laquelle la défense du sieur de Marillac est réduite,
a-t-elle la moindre vraisemblance?

Pour établir un fait de cette qualité, il faudroit
nécessairement que ceux qui l'avancent, fussent en
état de prouver deux choses :

L'une qu'avant que ces deux seigneuries fussent
dans les mêmes mains, le seigneur de la Ferté-
Bliard étoit seul en possession de recevoir l'hommage
du fief de Murci;

L'autre, qui seroit une suite de la première, que
ce n'est que depuis que ces deux terres ont appartenu au même propriétaire, que l'on a commencé à
rendre hommage de ce fief au comte de Marle; et
il semble même qu'il faudroit encore, pour rendre
la preuve parfaite, que ce seigneur eût été seulement
reconnu en général, sans marquer quelle étoit la seigneurie à cause de laquelle on le reconnoissoit pour
seigneur dominant du fief de Murci.

Or, 1.º le sieur de Marillac ne prouve ni l'un ni
l'autre de ces faits.

Et 2.º le roi prouve l'un et l'autre.

La cour jugera aisément après cela quelle peut
être la force du seul système par lequel on puisse
faire naître quelque doute dans cette affaire.

On dit en premier lieu que le sieur de Marillac ne
prouve ni l'un ni l'autre de ces deux faits.

Il ne rapporte aucun titre qui puisse non pas prouver, mais faire présumer, même par la plus légère conjecture, que le fief de Murci ait été relevé à la Ferté-Bliard, avant que cette terre eût été acquise par le comte de Marle ; on a déjà fait cette observation, il est inutile de s'y arrêter plus long-temps ; il ne sauroit montrer non plus que ce n'ait été qu'à l'occasion de la réunion fortuite des deux seigneuries entre les mains du même seigneur, que l'hommage de Murci ait été porté à Marle, et qu'on n'ait reconnu les princes de la maison de Vendôme qui possédoient ces deux terres, qu'en général, et sans faire une mention expresse du chef-lieu dont le fief de Murci étoit tenu.

Ainsi, de la part du sieur de Marillac, sur lequel seul tombe tout le poids de la preuve, puisqu'il attaque et le droit commun et le premier état de la mouvance dont il s'agit, on ne rapporte pas le moindre commencement de preuve pour les deux faits qui doivent servir de fondement à son système ; et le roi au contraire prouve ce qu'à la rigueur il ne seroit pas obligé de prouver, puisqu'il trouve également dans les titres des parties, et dans ceux qu'il y joint, la preuve de deux faits qui détruisent entièrement le système du sieur de Marillac :

L'un, que le comte de Marle a été servi pour le fief de Murci long-temps avant qu'il eût acquis la terre de la Ferté-Bliard ;

L'autre, que pendant que ces deux terres ont été entre les mains du même seigneur, on a marqué dans les titres, non pas seulement que le fief de Murci relevoit du comte de Marle, mais que ce fief en relevoit à cause du comté de Marle.

La seule date de l'acquisition que la maison de Vendôme a faite de la terre de la Ferté-Bliard, suffit pour démontrer le premier fait.

Le procureur-général produira à la fin de cette requête le contrat de l'acquisition tiré de la chambre des comptes, par lequel la cour connoîtra que ce n'est

que le 19 mars de l'année 1519, que Marie de Luxembourg, duchesse douairière de Vendôme et comtesse
de Marle, acheta la moitié de la seigneurie de la
Ferté-Bliard, dont l'autre moitié appartenoit au sieur
de Renty.

Cependant il y avoit déjà plus de cent trente ans
que les comtes de Marle étoient en possession de la
qualité de seigneurs dominans du fief de Murci, et cela
dans tous les états de ce fief, c'est-à-dire lorsqu'il étoit
encore uni à la terre de la Ferté-Bliard, et depuis qu'il
en a été séparé.

Dans le temps qu'il y étoit uni, les aveux de 1384 et
de 1415, prouvent que ce fief étoit tenu directement,
et, pour se servir des termes mêmes de ces actes, *en pur
domaine du comté de Marle.*

Depuis qu'il en a été séparé, les aveux de 1486 et
de 1518 prouvent encore la même chose, puisqu'il y
est dit précisément, et surtout dans le premier, que
le fief de Murci est tenu du roi de Navarre *à cause de
son comté de Marle.*

Une expression si décisive étoit plus que suffisante
pour donner lieu au sieur comte de Guiscard de dire
qu'il étoit impossible de supposer que ce fût à cause de
la Ferté-Bliard que le comte de Marle reçut l'hommage
du fief de Murci.

Mais ce qui étoit alors un argument presque invincible, devient à présent une démonstration parfaite,
depuis que le procureur-général du roi a recouvré le
titre de l'acquisition faite de la Ferté-Bliard par la
maison de Vendôme.

En effet, que peut-on répondre à ce raisonnement?

Tout le système de ceux qui combattent ici le droit
du roi, n'est fondé que sur ce qu'ils supposent que
les terres de Marle et de la Ferté étant dans les mêmes
mains, on a confondu le seigneur de la Ferté avec le
seigneur de Marle, et qu'on a porté à Marle l'hommage
qu'on auroit dû porter à la Ferté.

C'est donc cette confusion seule qui a produit, selon

les auteurs de ce système, le changement de mouvance qu'ils veulent réparer aujourd'hui.

Mais s'il est vrai, comme on n'en peut plus douter, que plus d'un siècle avant que cette confusion prétendue pût avoir lieu, c'est-à-dire, avant que le même seigneur possédât les deux terres, le comte de Marle ait été seul en possession de la mouvance de Murci, comment pourra-t-on soutenir après cela que c'est cette confusion qui a produit cet effet, cent trente années et plus avant qu'elle ait commencé?

Il est presqu'inutile d'ajouter que le roi peut encore prouver le second fait, c'est-à-dire que pendant que ces deux terres ont été dans les mêmes mains, les princes de la maison de Vendôme n'ont pas seulement été reconnus en général comme seigneurs directs du fief de Murci, mais que l'on a encore marqué expressément que c'étoit à cause du comté de Marle, comme si l'on avoit eu intention de prévenir dès lors l'équivoque qui pouvoit naître dans la suite sur le chef-lieu de cette mouvance.

C'est ce qui paroît et par le registre de l'année 1551, dont on a déjà parlé, et où l'on voit que le sieur de Murci a été appelé à Marle, et non pas à la Ferté, pour y rendre son hommage, et par le contrat de vente de l'année 1559, où il est dit expressément que le fief de Murci est tenu du roi *de Navarre à cause de son comté de Marle.*

Mais c'est trop s'arrêter à prouver une vérité que la seule découverte de la date de l'acquisition de la Ferté-Bliard rend si évidente, que tout ce qu'on y ajouteroit ne pourroit que l'obscurcir.

Il faut donc passer au troisième et dernier temps, c'est-à-dire à celui dans lequel le comté de Marle et la seigneurie de la Ferté-Bliard sont passés en des mains différentes, et c'est ce qui est arrivé en l'année 1603, par le délaissement que les commissaires du roi firent à dame Catherine de Bourbon, duchesse de Bar, sœur du roi Henri IV, du lieu de la Mothe-sur-Perron, auquel le roi de Navarre et dame Marie de

Luxembourg avoient attaché, en l'année 1545, toutes les mouvances de la Ferté-Bliard.

C'est alors que l'on commença à prétendre que pendant que le même seigneur possédoit les deux terres, on avoit porté par erreur à Marle plusieurs hommages qui avoient dû être portés à la Ferté ou à la Mothe-sur-Perron.

On n'examine point encore ici s'il est vrai que cette confusion ait été faite à l'égard de quelques-uns des fiefs qui dépendoient autrefois de la Ferté-Bliard ou du lieu de la Mothe; mais on vient de prouver très-clairement qu'on ne sauroit soutenir avec la moindre vraisemblance, qu'il y ait eu aucune confusion dans ce qui regarde la mouvance du fief de Murci.

Cependant à la faveur de cette erreur prétendue qu'on a voulu étendre jusqu'à ce fief, il n'y est arrivé aucune mutation depuis l'année 1604, dans laquelle les possesseurs du fief de la Mothe n'aient entrepris de se faire reconnoître par les propriétaires du fief de Murci.

C'est ainsi que, quoique dame Louise d'Ongnies, femme de messire Emmanuel d'Ailly, vidame d'Amiens, eût rendu hommage du fief de Murci aux officiers du roi, le 13 septembre 1605, cependant les officiers du sieur Dony d'Attichi eurent l'habileté de l'engager à lui rendre, en l'année 1611, un aveu de ce même fief, comme seigneur de la Ferté-Bliard et du fief de la Mothe.

Par une suite de la même équivoque, le fermier de la terre de Murci s'adressa au bailli de la Ferté pour faire nantir et réaliser son bail.

Messire Michel de Marillac, conseiller d'état, trouva les choses en cet état, lorsque les terres d'Attichi et de la Ferté-Bliard lui furent données en l'année 1665; et persuadé par ses officiers que le fief de Murci relevoit de lui, il fit plusieurs poursuites contre la dame de Pecquigni, qui l'engagèrent à lui rendre hommage de ce fief le 24 juillet 1676; le sieur duc

de Chaulnes, son fils, suivit son exemple en l'année 1683; et enfin, le sieur comte de Guiscard, en-
traîné par ces trois exemples, y en ajouta un quatrième le 30 décembre de l'année 1703; ainsi il est
certain que dans ce dernier temps le sieur de Marillac
a l'avantage d'avoir reçu quatre fois l'hommage du fief
de Murci.

Mais cette espèce de possession, qui lui suffiroit
pour justifier pleinement sa bonne foi, si elle n'étoit
pas trop connue pour avoir besoin d'un tel secours,
ne lui peut être à présent d'aucune utilité contre les
droits du roi, soit qu'on regarde le roi comme roi,
et avec tous les priviléges qui sont attachés à cette
qualité, soit qu'on l'envisage comme un seigneur
particulier, et soutenu seulement des règles les plus
ordinaires du droit commun.

Si on le regarde d'abord comme roi, un des priviléges les plus certains de son domaine, est qu'aucun
des droits qui en dépendent ne sauroit se perdre par
la prescription; ainsi, quand la possession que l'on
oppose ici au roi seroit plus longue, plus continue,
plus publique, dès le moment qu'elle est contraire
aux anciens titres, qui sont tous pour le roi pendant
plus de deux cents ans, la longueur de l'usurpation
ne la rendroit ni plus légitime ni plus heureuse; et il
n'en faudroit pas davantage pour retrancher par un
seul moyen général tous les actes de possession dont
on se sert contre le roi.

Mais il n'a pas même besoin dans cette affaire de
cette imprescriptibilité de son domaine; et quand on
ne le considéreroit que comme un seigneur particulier, la possession qu'on lui oppose ne lui pourroit
faire aucun préjudice, par deux raisons également
solides :

La première, que cette possession même, ayant toujours conservé le souvenir de l'ancienne mouvance, a
rendu un témoignage perpétuel à la justice des droits
du roi ;

L'autre, que cette possession a toujours été interrompue, ensorte que le roi n'a pas moins d'actes de

possession en sa faveur dans ce troisième temps que le sieur de Marillac.

Pour rendre la première raison absolument sensible, il ne faut que parcourir les aveux et les hommages mêmes qui sont produits contre les droits du roi.

Celui du 14 juillet 1611, qui est le premier, porte expressément que le *fief de Murci étoit tenu et mouvant ci-devant du comté de Marle*, *et qu'il est à présent du fief de la Mothe.*

La même clause se trouve encore dans l'acte de foi et hommage du 24 juillet 1676.

Ainsi, c'est toujours des titres mêmes du sieur de Marillac, que le roi tire les preuves les plus fortes de la justice de son droit ; il est constant, selon ces titres, que le fief de Murci *étoit ci-devant mouvant du comté de Marle ;* or, comment a-t-il cessé d'en être tenu ? En quel temps, par quelle raison ce changement est-il arrivé ? C'est ce que le sieur de Marillac ne sauroit expliquer ; car le système de la prétendue confusion qu'on suppose être arrivée entre les mouvances de Marle et celles de la Ferté-Bliard, pendant que ces deux terres appartenoient au même seigneur, a été tellement détruit, qu'il n'y a pas d'apparence que l'on veuille encore le soutenir. Ainsi, d'un côté, les actes de possession rapportés par le sieur de Marillac, prouvent que la mouvance du fief de Murci a appartenu au roi, comme comte de Marle ; et de l'autre, ces mêmes actes ne font point voir comment ce fief a été éclipsé de son ancienne mouvance ; or, tant qu'on ne rapportera point la preuve de ce fait, il sera toujours vrai de dire que ces actes sont plus contraires que favorables à la prétention du sieur de Marillac, puisqu'ils prouvent certainement que le droit du roi a existé, et qu'ils ne font point voir par quelle raison un droit si bien établi a cessé d'avoir lieu.

La seconde raison qui combat encore plus fortement ces prétendus actes de possession, est qu'ils n'ont pas empêché que le roi ne soit toujours demeuré de son côté en possession de sa mouvance; et par conséquent, quand il s'agiroit ici d'un combat de fief entre deux seigneurs particuliers, il seroit impossible de soutenir que la prescription pût le décider.

La possession du roi dans ce dernier temps est prouvée,

1.º Par un acte de foi et hommage rendu aux officiers du bailliage de Marle, par dame Louise d'Ongnies, femme d'Emmanuel d'Ailli, vidame d'Amiens, baron de Pecquigni, le 18 septembre 1605;

2.º Par un autre hommage rendu aux mêmes officiers le 11 août 1665, par dame............... de Pecquigni, veuve de messire Honoré d'Albert, duc de Chaulnes, pair et maréchal de France;

3.º Par l'hommage que le sieur comte de Guiscard a rendu au bureau des finances le 23 juin 1700.

Ainsi, le roi n'a jamais cessé d'être en possession de cette mouvance, et il n'y a tout au plus qu'une seule mutation arrivée par la mort de la dame de Pecquigni, dans laquelle on ne voie point que le roi ait reçu l'hommage du fief de Murci.

Dans toutes les autres, il l'a été, et l'a été même avant que l'on s'adressât au possesseur du fief de la Ferté-Bliard; et si, dans la suite les officiers de celui qui jouissoit de cette terre ont engagé les propriétaires du fief de Murci à en rendre aussi l'hommage à la Ferté, après l'avoir d'abord relevé à Marle, c'est une démarche dont les officiers du roi n'ont pas été avertis, et qui n'ayant été connue ni approuvée par ceux auxquels la défense de son domaine est confiée, ne peut jamais faire aucun préjudice à ses droits.

Au fond, quelle pourroit être la conséquence de ce concours et de cette duplicité d'hommages rendus à deux seigneurs différens, qui se contredisent et se détruisent mutuellement? Quand même la question s'agiteroit entre deux seigneurs particuliers, de semblables actes, qui sont directement contraires les uns aux autres, ne pourroient jamais former qu'un combat de fief; bien loin de pouvoir servir à le décider, ils marqueroient tout au plus qu'il y a eu pendant long-temps du doute et de l'incertitude touchant une mouvance également possédée, pour ainsi dire, par deux seigneurs différens; mais comment pourroit-on dissiper ce doute et fixer cette incertitude ? La posses-sion qui l'auroit fait naître ne pourroit pas servir à la terminer; il faudroit donc toujours avoir recours aux titres qui ont précédé le temps du combat de fief; c'est par cette voie unique que la contestation pour-roit être décidée.

Or, ici ces anciens titres ne sont pas douteux; le comte de Marle a seul été reconnu seigneur direct et immédiat pendant plus de deux cents ans; cette re-connoissance remonte jusqu'en l'année 1384; et le premier trouble que la possession du comte de Marle ait souffert, est arrivé en l'année 1611 : il y avoit plus de deux cents ans que le comte de Marle jouissoit de la mouvance du fief de Murci, lorsque le posses-seur de la Ferté-Bliard a entrepris de s'attribuer cette mouvance; et par conséquent la question ne seroit pas même susceptible de difficulté entre deux sei-gneurs particuliers, puisque, quand on supposeroit que la possession depuis l'année 1611 seroit un avan-tage commun aux deux parties, deux cents ans et plus ajoutés à la possession d'un des deux seigneurs, seroient plus que suffisans pour emporter la balance, et pour déterminer la justice en sa faveur.

Ce n'est donc pas sans raison, qu'après avoir suivi l'ordre des temps marqué par ceux qui ont défendu la cause du sieur de Marillac, on a dit que les droits du roi, solidement établis dans le premier temps, et justement conservés dans le second, avoient résisté dans le troisième aux efforts que l'on a voulu faire pour y donner atteinte.

Ainsi, pour ne laisser aucune ombre de difficulté dans cette affaire, il ne reste plus que de répondre à une dernière objection du sieur de Marillac.

Il a rapporté plusieurs pièces pour faire voir qu'il y a eu quelques fiefs mouvans originairement de la seigneurie de la Ferté-Bliard, qui néanmoins ont été compris par erreur dans la liste des fiefs mouvans du comté de Marle, pendant que ces deux terres appartenoient à la maison de Vendôme; d'où il conclut que puisque cette confusion est arrivée à l'égard de ces fiefs, il y a lieu de présumer qu'on est aussi tombé dans la même erreur à l'égard du fief de Murci.

Il produit même, pour appuyer cette conjecture, un arrêt qu'il a obtenu contre M. le duc de Saint-Simon le 7 septembre 1658, par lequel la cour lui a adjugé la mouvance du fief de Saint-Prix, dont les auteurs dudit sieur duc de Saint-Simon avoient rendu l'aveu par erreur aux officiers de Marle en l'année 1599.

Après tout ce qui a été établi dans cette requête, le procureur-général du roi peut répondre en plusieurs manières également décisives à cette objection.

1.° Il ne s'agit, quant à présent, que de la mouvance du fief de Murci, et non pas de celle des fiefs de Mesbricourt, de Landifay, de Chevrisis et autres, que le sieur de Marillac prétend être rentrés dans sa mouvance, après avoir été portés par erreur au comté de Marle; s'il s'agissoit de la mouvance de ces fiefs, le procureur-général du roi en rechercheroit l'origine et les titres, pour examiner ensuite s'il doit en disputer ou en accorder la mouvance au sieur de Marillac; mais, comme il n'y a point de demande formée à cet égard, il ne pourroit sans une grande imprudence s'expliquer sur ce sujet, soit pour reconnoître ou pour contester la justice de la mouvance prétendue par le sieur de Marillac, qui ne peut tirer aucune conséquence d'un fait que le procureur-général ne doit ni avouer ni dénier quant à présent.

2.° Tout ce que l'on pourroit conclure de ce fait, quand même il seroit bien établi, ce seroit qu'il n'est pas impossible qu'il n'y ait eu quelque confusion entre les mouvances de Marle et celles de la Ferté-Bliard; mais il ne s'ensuit pas de ce que la chose est possible, ou, si l'on veut même, de ce qu'elle est arrivée à l'égard de certains fiefs, qu'elle soit arrivée à l'égard de tous; autrement il n'y auroit plus aucune des

mouvances du comté de Marle, que le possesseur de
la Ferté-Bliard ne pût prétendre ; car il n'y en a
aucune en particulier à laquelle on ne pût appliquer
aussi facilement qu'au fief de Murci, l'exemple de la
confusion que le sieur de Marillac prétend être arrivée
à l'égard de quelques fiefs dépendans de la Ferté :
il faut donc, sans s'arrêter à un argument qui ne
prouve rien, parce qu'il prouve trop, entrer dans
l'examen de chaque fief particulier, et faire voir comment la confusion dont on veut ici se prévaloir, en a
changé la mouvance.

3.º Cet argument se pourroit rétorquer contre celui
qui le propose : car, si cette confusion prétendue a
pu transporter à Marle quelqu'une des mouvances de
la Ferté-Bliard, n'a-t'il pas pu arriver réciproquement
que par un effet différent de la même erreur, on ait
aussi relevé de la Ferté-Bliard quelqu'un des fiefs
qui étoient originairement dans la mouvance du
comté de Marle ?

Ainsi, le système de la confusion arrivée dans le
temps que ces deux seigneuries appartenoient au
même maître, ne serviroit qu'à armer le seigneur de
Marle et celui de la Ferté-Bliard l'un contre l'autre,
et à mettre entre leurs mains une présomption commune et réciproque qui ne serviroit ni à l'un ni à
l'autre, parce qu'elle leur serviroit également à tous
deux, et il en faudroit toujours revenir aux titres
particuliers de chaque mouvance, sans quoi les
combats qui se formeroient entre ces deux seigneurs
n'auroient jamais de fin.

4.º Si l'on prend ce parti, qui est la seule voie
possible de terminer cette affaire, alors on reconnoîtra d'abord qu'il y a une différence essentielle
entre le fief de Murci, et ceux dont le sieur de Marillac y veut appliquer l'exemple.

Les mêmes titres qui sont contre lui à l'égard du
fief de Murci, sont pour lui à l'égard de plusieurs
de ces fiefs qui se trouvent employés dans les aveux
de 1384 et de 1415, comme mouvans de la Ferté-
Bliard ; et d'ailleurs il ne paroît pas que le comte de

Marle en ait reçu l'hommage , avant qu'il eût
acquis la moitié de la Ferté ; au contraire le fief de
Murci est employé dans les mêmes aveux , non
comme mouvant de la Ferté-Bliard, mais comme
relevant nûment du comté de Marle , aussi bien
que le reste de la Ferté, et il paroît d'ailleurs que
l'hommage en a été rendu au comte de Marle long-
temps avant que ce seigneur eût acquis la moitié de
la Ferté-Bliard.

Quelle comparaison peut-on donc faire entre des
fiefs dont la condition est si différente ? Et quand
même il seroit vrai qu'il y a eu de l'erreur dans quelques hommages, rendus à Marle pour des fiefs qui,
avant ces hommages, avoient été relevés à la Ferté-
Bliard, comment pourroit-on conclure qu'il y a eu
aussi de la confusion à l'égard du fief de Murci, qui
a été regardé dans tous les temps, et plus d'un siècle
avant que cette confusion pût avoir lieu, comme un
fief mouvant immédiatement du comte de Marle, et
dont le seigneur de la Ferté-Bliard n'a jamais reçu
l'hommage avant cette confusion prétendue ?

Comparer des fiefs dont l'état est si différent, et
vouloir que l'exemple de l'un serve à décider de la
qualité de l'autre, c'est tomber dans la confusion
même que l'on veut éviter ; que diroient ceux qui se
servent d'un tel argument, si, après avoir prouvé,
comme on le vient de faire, qu'il n'y a pas eu de
confusion de mouvance à l'égard du fief de Murci,
le procureur-général du roi en vouloit conclure
contre le sieur de Marillac, qu'il n'y en a pas eu non
plus à l'égard des autres fiefs qu'il allégue pour
exemple, et qu'ainsi il faut que la mouvance en demeure au comté de Marle, comme celle du fief de
Murci ?

Un tel raisonnement seroit-il bien décisif, et ne
répondroit-on pas d'abord pour le sieur de Marillac,
que tous ces fiefs n'ayant rien de commun entr'eux,
on ne peut tirer aucune conséquence de l'un à
l'autre, ni pour prouver qu'ils ont tous été enveloppés dans une erreur commune, ni pour montrer

au contraire qu'ils ont tous été exempts de cette erreur; et par conséquent l'objection qu'on tire de l'exemple de quelques-uns des fiefs dépendans de la Ferté-Bliard, dont on prétend que l'hommage a été autrefois porté par erreur à Marle, est une foible ressource contre les titres sur lesquels le droit du roi est si solidairement établi, qu'on peut dire que jamais il n'a réclamé une mouvance avec autant d'avantage qu'il le fait en cette occasion.

Le procureur-général du roi croit donc pouvoir se dispenser d'employer ici d'autres moyens, non moins puissans ni moins décisifs que ceux qu'il vient de proposer, et il ose se promettre de la justice, des lumières et de l'expérience du sieur de Marillac, que lorsqu'il aura fait de sérieuses réflexions sur tout ce qui a été expliqué dans cette requête pour la défense du roi, il préviendra le jugement de la cour par le sien, et épargnera au procureur-général la peine de donner de nouvelles preuves de son zèle pour les devoirs de son ministère, en l'employant, malgré lui, contre un magistrat dont il honore, avec tout le public, la naissance, la dignité et la vertu.

CE CONSIDÉRÉ, il vous plaise recevoir le procureur-général du roi partie intervenante en l'instance, et appelant, en tant que besoin est ou seroit, des sentences rendues aux requêtes de l'hôtel dont il s'agit; faisant droit sur son intervention et sur ses appellations, mettre les sentences dont est appel au néant; émendant, maintenir et garder ledit seigneur roi dans la possession et propriété de la mouvance du fief de Murci, à cause du comté de Marle, appartenant audit seigneur, et lui donner acte de ce que, pour causes et moyens d'intervention et d'appel, même pour toutes écritures, productions et contre-dits, il emploie le contenu en la présente requête, ensemble ce qui a été écrit et produit par ledit sieur comte de Guiscard dans ladite instance; comme aussi de ce que, pour établir encore plus la justice des droits du roi, il produit les pièces jointes à la présente requête, qui sont le contrat d'acquisition fait le 19 mars 1519, par dame Marie de Luxembourg, duchesse douairière de Vendôme et comtesse de Marle, de la moitié de la seigneurie de la Ferté-Bliard, et les autres pièces concernant ladite acquisition, le tout tiré de la chambre des comptes. Et vous ferez justice.

DOUZIÈME REQUÊTE,

Qui établit le droit de pêche qui appartient au roi, sur la rivière de Boutonne, notamment à l'endroit dit l'Etang-le-Roi.

A MESSIEURS DU PARLEMENT.

Supplie le procureur-général du roi, disant que, dans le cours du procès qui est pendant en la cour, entre Henri de Laurencie, seigneur de la Thibaudière, appelant d'une sentence rendue au siége de la table de Marbre, le 3 juillet 1699, et Jacques Girardon, prieur de Saint-Pierre de Dampierre, et Elie-Jacques Girardon, lieutenant en la maréchaussée de Niort, intimés ; ledit Elie Girardon ayant déclaré, par une requête précise, qu'il n'étoit pas partie capable pour contester sur ledit appel , attendu qu'il s'agissoit du domaine du roi, le sieur de Laurencie a demandé qu'il lui fût donné acte de cette déclaration, et que ladite requête fût signifiée et le procès communiqué au procureur-général du roi, pour déclarer s'il entend contester à l'appelant le droit de pêche, pour lequel il prétend avoir titre et possession ;

Que, sur cette dénonciation, le procureur-général ayant pris communication du procès, il a reconnu qu'il se réduisoit à deux chefs différens.

Dans le premier, il s'agit de savoir si le droit de pêche dans la rivière de Boutonne, depuis les moulins de l'île jusqu'aux moulins de Chizé, appartient à l'appelant, comme seigneur du fief de la Thibaudière, ou au roi, comme seigneur de Chizé.

Le second consiste à examiner si le sieur Girardon, qui, dans le premier chef, soutient le droit du roi contre le sieur de Laurencie, est mieux fondé que lui à soutenir, et contre l'appelant, et contre le roi, qu'il a un droit de pêche depuis le moulin de Chizé jusqu'au moulin de l'abbaye.

A l'égard du premier chef, sans entrer dans une répétition inutile de tout ce que les parties ont expliqué des circonstances du fait et de la qualité de la procédure, le procureur-général du roi se contentera de représenter à la cour :

1.º Que l'appelant n'a point de titres, et que ceux-mêmes qu'il rapporte lui sont plus contraires que favorables ;

2.º Que le roi a pour lui dans cette affaire, non-seulement le droit commun, mais des titres particuliers encore plus forts que la présomption qui se tire du droit commun.

Les titres de l'appelant se réduisent à trois aveux, des années 1584, 1607 et 1624.

Il n'y est fait aucune mention, ni de la rivière de Boutonne en général, ni en particulier de la portion de cette rivière qui fait le sujet de la contestation, et qui porte, comme on l'observera ci-après, le nom de l'Etang-le-Roi. Ainsi ces titres ne sont point pour lui.

On peut aller plus loin ; et, pour montrer qu'ils sont contraires à sa prétention, il suffit de remarquer que ces titres expliquent nommément les lieux dans lesquels le droit de pêche peut être exercé. Ce droit, suivant ces titres, est renfermé dans les eaux vives et mortes qui sont dans les prés dépendans du fief de la Thibaudière ; ces termes, ou cette désignation, qui ne peuvent convenir à une rivière, s'appliquent naturellement aux fontaines, aux ruisseaux, aux canaux qui peuvent être dans les prés de l'appelant ; et cette observation est d'autant plus importante, que, par le plan qui a été dressé de l'état des lieux, il paroît qu'il y a dans les prés et aux environs de la maison de la Thibaudière, plusieurs petits canaux formés ou par les eaux des prés, ou par l'écoulement de celles de la rivière, dans lesquels il est beaucoup plus naturel de renfermer le droit de pêche de l'appelant, que de l'étendre sur une rivière qui n'est pas seulement dénommée dans ses aveux, et à laquelle il ne peut jamais appliquer la désignation qui s'y trouve, sans en altérer le sens par une application forcée.

Enfin, ce qui donne à cette induction un nouveau degré d'évidence, est que l'on lit en d'autres endroits des mêmes aveux le nom de la rivière de Boutonne, avec la dénomination de l'Etang-le-Roi, qu'elle porte auprès du lieu de la Thibaudière. Or, comment pourroit-on présumer que, quoique dans les mêmes aveux cette rivière soit désignée très-exactement, et par son nom général, et par le nom particulier qu'elle porte en cette partie de son cours, cependant, lorsqu'il s'agit du droit de pêche prétendu par l'appelant, elle ne soit désignée que par le terme vague et général d'eaux vives et mortes, dans lesquelles seules on permet au sieur de la Thibaudière de jouir du droit de pêche ?

La possession que l'appelant allègue pour soutenir ses titres, achève de les détruire.

On voit par l'enquête qu'il a fait faire, et on apprend de la bouche de ses propres témoins, que de tout temps les habitans du village de Chizé, qui appartient au roi, ont pêché librement et publiquement dans cette même portion de la rivière que le sieur de Laurencie prétend faire partie de son domaine.

Si les propriétaires du fief de la Thibaudière avoient eu seuls la faculté de pêcher en ce lieu, auroient-ils souffert patiemment que leurs voisins, que des paysans usurpassent à leur vue un droit qui leur appartenoit; et cette tolérance mutuelle que les habitans de Chizé et ledit sieur de la Thibaudière ont eue les uns pour les autres, ne prouve-t-elle pas sensiblement qu'ils ont regardé la rivière de Boutonne comme un bien sur lequel ils n'avoient, de part et d'autre, aucun droit valable, et qui, par la négligence de ceux qui devoient défendre les intérêts du roi, étoit devenu le bien du premier occupant ?

Cette négligence n'a pourtant pas été continuelle ; on reconnoît par les dépositions des témoins, que les gardes de la seigneurie de Chizé ont souvent saisi les filets et les autres instrumens dont les habitans se servoient pour pêcher dans les lieux qui font la matière du procès ; et, puisque l'on apprend encore ce fait dans l'enquête de l'appelant, ce n'est pas sans raison qu'on a soutenu dans le procès que les preuves de sa prétendue possession , aussi bien que ses titres, lui étoient plus contraires que favorables.

Quoiqu'il suffise , pour établir le droit du roi , d'avoir détruit celui des parties qui le contestent, on ne peut néanmoins se dispenser de remarquer ici que la cause du roi est aussi favorable par la justice de ses titres , que par la foiblesse de ceux qu'on lui oppose.

Il a pour lui la présomption naturelle qui se tire de la qualité de la rivière dont il s'agit; c'est une rivière qui devient navigable, quelques lieues au-dessous de l'endroit où l'appelant prétend avoir droit de pêche ; et puisque le droit romain et les livres des fiefs, dont une partie de nos usages sont tirés, ont confondu, par rapport aux droits du souverain, les rivières qui, par leur jonction , en rendent d'autres navigables, avec celles qui le sont, on peut à plus forte raison soutenir qu'une rivière qui devient navigable dans une partie de son cours, appartient dans toute son étendue, non-seulement à l'empire, mais au domaine du roi.

Cette dernière présomption est soutenue d'une réflexion qui seule pourroit être décisive. Le fief de la Thibaudière est constamment un fief mouvant du domaine de Chizé , dont le roi est propriétaire ; ainsi, avant l'inféodation , les deux côtés de la rivière, et la rivière même , étoient certainement dans l'étendue de son domaine ; il faut donc que le sieur de la Thibaudière fasse voir comment la rivière, qui, avant l'inféodation, étoit comprise dans le fief de Chizé, a cessé, par l'inféodation , d'en faire partie : or, c'est ce qu'il ne sauroit prouver que par ses aveux; mais ses aveux ne le prouvant point, ils ne lui donnent aucun droit sur la rivière, mais seulement sur les eaux vives et mortes qui sont dans ses prés. Que reste-t-il à conclure de cette observation, si ce n'est que la rivière de Boutonne est demeurée dans son ancien état, qu'elle n'est jamais sortie du domaine du fief supérieur, c'est-à-dire, de Chizé, et qu'ainsi elle appartient encore au roi, comme elle lui appartenoit, ou à ses auteurs, avant l'inféodation faite en faveur des auteurs du sieur de Laurencie?

Les titres particuliers confirment entièrement ces présomptions générales.

Le premier est la dénomination constante et certaine de cette portion de la rivière dans laquelle l'appelant veut exercer le droit de pêche; elle a toujours été appelée *l'Etang-le-Roi;* la preuve en est écrite non-seulement dans les enquêtes respectives des parties, mais dans les aveux mêmes du fief de la Thibaudière; ce nom que la rivière porte en cet endroit, est une marque et un argument incontestable de la propriété du roi, qui réclame perpétuellement contre l'usurpation des propriétaires voisins.

Le second titre est ce vieux calendrier dont les parties ont parlé tant de fois dans leurs écritures, et dont l'autorité est reconnue dans la province, comme il paroît par le contrat de vente du 30 décembre 1653, que le sieur Girardon a produit; ce calendrier énonce le droit de pêche comme appartenant au roi dans le lieu contesté, et quand on ne le considéreroit que comme une preuve de la possession du roi, cette preuve seroit d'autant plus forte, qu'elle est soutenue et confirmée par les enquêtes des parties, et même par celle du sieur de Laurencie, qui, comme on l'a déjà observé, prouvent suffisamment que les gardes de Chizé ont souvent saisi les filets et les autres instrumens dont quelques habitans de ce lieu se servoient pour pêcher dans l'endroit de la rivière qui fait le sujet de la contestation.

Ainsi, tout concourt à établir le droit du roi, et par

conséquent à faire confirmer la sentence dont le sieur de Laurencie est appelant.

Mais cette sentence contient une disposition favorable au sieur Girardon, de laquelle le sieur de Laurencie a interjeté appel, et c'est ce qui forme le second chef de contestation sur lequel il s'agit de prononcer.

Quoique le sieur de Laurencie paroisse avoir peu d'intérêt à soutenir cet appel, quoique la cause du sieur Girardon ne soit pas destituée de moyens apparens qui la rendent favorable, cependant le procureur-général ne croit pas qu'il lui soit permis d'abandonner le droit du roi, soit parce que le sieur Girardon ne rapporte, pour appuyer ses prétentions, qu'un seul dénombrement contre lequel même on a fait un grand nombre d'objections dans le cours de l'instance, soit parce que le procureur-général a eu avis que dans le dernier engagement du domaine de Chizé dont le sieur Amproux de la Massaye s'est rendu adjudicataire, on a compris le droit de pêche dans le lieu même où le sieur Girardon prétend l'exercer, ce qui peut faire présumer que le droit acquis par le sieur Girardon, en 1653, a été regardé comme un droit purement domanial dépendant de Chizé, et réuni à ce domaine après l'expiration du premier contrat d'engagement qui subsistoit encore dans le temps de l'acquisition faite par les auteurs du sieur Girardon; mais, quand on ne s'arrêteroit pas même à cette présomption, il paroît toujours d'une nécessité indispensable de mettre en cause l'adjudicataire de ce même droit, que la sentence des Eaux et Forêts attribue au sieur Girardon, afin de rendre en connoissance, et avec toutes les parties, un jugement irrévocable.

CE CONSIDÉRÉ, il vous plaise recevoir le procureur-général du roi partie intervenante au procès pendant en la cour entre lesdits de Laurencie et Girardon; faisant droit sur son intervention, en tant que touche l'appel interjeté par ledit de Laurencie de

22*

ladite sentence du 3 juillet 1693, mettre l'appellation au néant; ordonner que ce dont est appel sortira son plein et entier effet; et en conséquence faire défenses audit de Laurencie de pêcher ni faire pêcher dans la rivière de Boutonne, depuis le moulin de l'île jusqu'au moulin de Chizé, à peine de 500 livres d'amende; et, avant faire droit sur l'appel de ladite sentence interjeté par ledit de Laurencie, en ce qu'elle permet audit Girardon de pêcher dans les endroits portés par le contrat du 30 décembre 1653, ordonner que ledit Amproux de la Massaye, adjudicataire du domaine de Chizé, sera mis en cause pour prendre communication du procès et dire ce que bon lui semblera, pour, ce fait et communiqué au procureur-général du roi, être fait droit ainsi qu'il appartiendra, et donner acte au procureur-général de ce que pour moyens d'intervention, écritures et productions, il emploie le contenu en la présente requête et les pièces mentionnées produites au procès. Et vous ferez bien.

TREIZIÈME REQUÊTE,

Qui établit l'imprescriptibilité du domaine de Bour-
bonnois, et des cens et rentes emportant seigneurie
directe et lods et ventes, attachés à ce domaine
de la couronne.

A MESSIEURS DU PARLEMENT.

Supplie le procureur-général du roi, disant qu'il
a pris communication du procès pendant en la cour
entre Françoise Peyneton et consorts, et les abbé,
prieur et religieux de Bellaigne, appelans, d'une
part; Hélène Regnault, veuve de défunt Gilbert
Tersel, et Elisabeth Carpot, veuve de Claude Tardé,
fermier du domaine de Bourbonnois, dans la châtellenie d'Hérisson, intimées, de l'autre; et messire Louis,
duc de Bourbon, prince du sang;

Qu'il s'y agit principalement de savoir si les héritages acquis par Nicolas Peyneton et Jeanne Bouillé,
sa femme, le 14 février 1680, dont leurs auteurs
avoient passé déclaration et reconnoissance les 18
octobre 1570, 22 août 1609 et 17 décembre 1643,
au profit des religieux de Bellaigne, comme étant
dans leur censive, sont effectivement de la mouvance
de ladite abbaye, ou de celle de la châtellenie d'Hérisson, dépendant du domaine de Bourbonnois.

Par l'examen que le procureur-général du roi a
fait de tous les titres produits respectivement par
les parties, il a reconnu qu'originairement messieurs
les ducs de Bourbon ont donné pour la fondation
de l'abbaye de Bellaigne, un max ou ténement,
appelé le max de Chaume, contenant un grand
nombre d'arpens ou septerées de terre; qu'en faisant
cette donation, les ducs, fondateurs de cette abbaye,

se sont réservé des cens en froment, seigle et avoine,
comme la marque de leur directe seigneurie; que
les religieux ont cultivé par leurs mains ou affermé
une partie de ces héritages, et aliéné l'autre par des
baux à cens faits à plusieurs particuliers, desquels
ils ont, en différens temps, tiré quelques reconnoissances pour les nouvelles redevances qu'ils
avoient imposées sur ces héritages en les aliénant; et
quoique ces redevances ne puissent être regardées,
suivant le droit commun et la disposition particulière
de la coutume de Bourbonnois, que comme des surcens ou secondes rentes, qui ne pouvoient préjudicier
à la directe seigneurie que les ducs de Bourbon
s'étoient réservée, les religieux de Bellaigne ont affecté
de les faire qualifier de cens portant lods et ventes,
pour s'en appliquer la seigneurie directe et la soustraire à la châtellenie d'Hérisson; ce qu'ils ont fait
avec d'autant plus de facilité, que continuant par
eux-mêmes de payer à la châtellenie d'Hérisson les
cens entier, tels que les ducs de Bourbon se les
étoient réservés sur le total des héritages qu'ils leurs
avoient donnés, les fermiers de ce domaine n'ont
pas eu lieu de faire une attention particulière aux
aliénations faites par les religieux à titre de cens,
ni de s'opposer à leurs entreprises.

Il y a cependant dans le procès un titre que l'on
peut regarder comme un obstacle invincible, capable
dans tous les temps d'arrêter le cours de cette usurpation.

C'est le terrier de la châtellenie d'Hérisson; on
y trouve une déclaration donnée par les nommés
Philippe et Claude Paterin, le 15 décembre 1457,
par laquelle ils reconnoissent qu'ils tiennent à titre
d'accense de l'abbaye de Bellaigne, le lieu, la métairie de la Chaume et ses dépendances, à la charge
du cens de trois septiers de seigle et trois quarts
d'avoine, dûs à la recette d'Hérisson par chacun an;
que dans l'étendue du max de Chaume, dont les
confins sont spécifiés, il y a plusieurs terres qui sont
de la même censive; que l'abbé de Bellaigne en a

accensé plusieurs, entre lesquelles sont celles qui étoient possédées par Etienne du Tret et Georges du Tret, demeurant au village du Tret.

Ce sont ces mêmes maisons, vignes et terres possédées en 1457 par ces nommés du Tret, qui ont été vendues à Nicolas Peyneton et sa femme, par le contrat du 14 février 1680, et pour raisons desquelles les fermiers du domaine d'Hérisson, parties au procès, ont fait condamner les héritiers de Peyneton et sa femme, par la sentence dont est appel, à continuer le paiement de la redevance portée par la reconnoissance de 1457, et à payer les lods et ventes dûs pour leur acquisition.

Les religieux de Bellaigne, auxquels Peyneton en avoit payé les rentes, ont prétendu que la censive de ces héritages leur appartenoit, et que la preuve en étoit établie par les baux à cens qu'ils ont produits des 21 mai 1415, 7 avril et 26 août 1430, et 2 septembre 1456, titres antérieurs à la reconnoissance des Paterin de 1437; que d'ailleurs cette reconnoissance n'étant point passée par eux-mêmes, mais seulement par leurs fermiers, elle ne pourroit préjudicier à leur droit; que la déclaration de ces fermiers ne pourroit tout au plus avoir d'application qu'au cens qu'ils étoient chargés de payer par chacun an à la châtellenie d'Hérisson, pour le lieu et métairie de Chaume qui leur avoient été accensés par les religieux; mais que cette déclaration étoit un titre inutile par rapport aux héritages que les religieux avaient accensé à d'autres particuliers, dont ces anciens fermiers font le dénombrement sans pouvoir et sans fondement par la reconnoissance de 1457; et qu'enfin, les religieux ayant été depuis cette reconnoissance dans une possession continuelle de cette censive, justifiée par les déclarations et autres actes des années 1490, 1570, 1580, 1609 et 1643, par eux produits, ils pouvoient joindre à leurs titres le secours de la prescription, qui les mettoit à couvert de la prétention des fermiers du domaine de Bourbonnois; qu'on ne pouvoit même leur objecter le privilége du domaine contre cette prescrip-

tion, parce qu'elle étoit acquise avant la réunion du
Bourbonnois à la couronne, qui n'a été faite qu'en
1531 par le décès de Louise de Savoye, mère de François I.

Il est aisé de répondre à toutes ces objections.

1.º Les baux à cens ou emphytéotiques des années
1415, 1430 et 1456, n'emportent aucun droit de
seigneurie, mais seulement des surcens rachetables
suivant l'article 333 de la coutume de Bourbonnois;
ces titres ne servent qu'à faire connoître que les héritages situés au village du Tret, dont il s'agit dans
le procès, sont des dépendances du terroir et métairie
de Chaume, et par conséquent qu'ils sont dans la
censive du roi, ainsi qu'il est porté par la reconnoissance des Paterin de 1457.

2.º Cette déclaration des Paterin étant insérée dans
le terrier de 1457, qui contient les domaines du Bourbonnois, elle doit être considérée comme un titre
dont la foi ne peut être révoquée en doute; et quoiqu'elle ne soit donnée que par les fermiers des religieux, elle ne peut passer pour une pièce étrangère
à leur égard, puisque le témoignage que les fermiers
rendent s'accorde avec les baux à cens des religieux
dont on vient de parler, et que la vérité en a été reconnue par les religieux mêmes, tant parce qu'elle a
servi de fondement à la sentence du 10 septembre
1664, par laquelle ils sont condamnés à payer au
domaine du roi la censive de trois septiers de seigle et
six quarts d'avoine, sentence qu'ils ont exécutée et
qu'ils exécutent actuellement, que parce qu'ils ont
conclu, par leurs griefs du 17 mars 1699, à être
maintenus en la possession de la directe seigneurie sur
les héritages sis au village d'Autrier *compris en cette
reconnoissance des Paterin de* 1457 : ce sont les
termes de leurs conclusions qui portent de leur part
une approbation expresse de cette reconnoissance.

Pour ce qui est de la prescription alléguée par les
religieux de Bellaigne, il suffit, pour détruire cette
objection, de remarquer que les religieux de Bellaigne se trompent, lorsqu'ils veulent insinuer que la

prescription étoit acquise en leur faveur long-temps avant la réunion du domaine de Bourbonnois à celui de la couronne. Pour soutenir cette proposition, ils avancent que cette réunion n'a été faite qu'après la condamnation du connétable de Bourbon, en 1527, ou même après la mort de Louise de Savoye, mère du roi François I, en 1531.

Mais il ne faut qu'examiner le contrat de mariage de Jean de Bourbon et de Marie de Berri, pour être persuadé que dès l'année 1400, c'est-à-dire, cinquante-sept ans avant la reconnoissance des Paterin, à laquelle on oppose une prétendue prescription, le domaine de Bourbonnois avoit commencé à faire partie du domaine de la couronne; la cour sait que par ce contrat il se fit une espèce d'échange, dont l'effet fut d'imprimer au duché de Bourbonnois la qualité et le caractère d'un véritable apanage.

Le Berri étoit un ancien domaine de la couronne; il n'avoit été donné au fils du roi Jean, qu'à titre d'apanage; Marie, sa fille unique, étoit incapable de le recueillir : cependant le roi veut qu'elle le possède, et qu'elle le fasse passer dans une autre famille; il fallut pour cela déroger à la loi inviolable des apanages; mais en même-temps, pour dédommager le domaine de la couronne de la perte qu'il faisoit du duché de Berri, dont la réunion étoit incontestable, on convint que le duché de Bourbonnois, lequel jusque-là avoit été regardé par les ducs qui le possédoient comme un bien libre et héréditaire, appartiendroit à la couronne au défaut d'hoirs mâles issus du mariage de Jean de Bourbon et de Marie de Berri; ainsi, d'un côté la condition de l'apanage fut suspendue par rapport au duché de Berri, mais de l'autre aussi le domaine des ducs de Bourbonnois perdit sa première nature, et commença alors à être considéré comme un apanage; par conséquent toutes les prérogatives du domaine de la couronne lui furent communiquées, et les droits des ducs de Bourbonnois devenant les droits du roi, ils cessèrent en même-temps d'être sujets à la prescription.

En effet, la prescription est une espèce d'aliénation ; et c'est ce qui fait que, comme le domaine de
nos rois est inaliénable, il a été aussi avec raison déclaré imprescriptible. Or, on ne peut douter que l'a-
liénation du Bourbonnois n'ait été interdite depuis le
contrat de l'année 1400 ; il n'en faut point d'autre
preuve que les lettres de Louis, duc de Bourbonnois,
dans lesquelles, confirmant le don qu'il avoit fait à la
couronne de son duché au cas que lui ou ses descendans mourussent sans enfans mâles, et ne donnant
ce même duché à Jean son fils, que sous cette condition de réversion à la couronne, il ne se réserve la
faculté d'aliéner que jusqu'à la concurrence de douze
cents livres parisis de rente, pour l'exécution de ses
dernières volontés et de celles de ses enfans décé-
dans sans enfans mâles, avec la libre disposition de
deux années de ses revenus ; or, si cette réserve a été
nécessaire pour conserver au propriétaire de ce duché
et à ses descendans la liberté de disposer d'une très-petite
partie du fonds et de deux années de revenu, contre
l'effet de la clause de réversion qui le rendoit inaliénable, à plus forte raison cette même clause a-t-elle
opéré l'effet de le rendre imprescriptible contre la
négligence des possesseurs, ou l'usurpation des étrangers.

En un mot, depuis le moment auquel le droit de
réversion a été acquis au roi, ce droit a affecté l'intégrité du duché de Bourbonnois au domaine de la
couronne ; et cette affectation est d'autant plus favorable, que le droit de réversion a été acquis au roi à
titre onéreux, puisqu'au lieu de la réunion certaine
et présente du duché de Berri, il s'est contenté d'une
espérance éloignée, et qui paroissoit alors fort incertaine, de la réversion du duché de Bourbonnois.

Ce qui se passa en 1498, touchant l'enregistrement
des lettres-patentes obtenues par Pierre de Bourbon,
a pu tout au plus différer et suspendre, mais non pas
empêcher et anéantir la réversion du domaine de
Bourbonnois. Il est vrai que Pierre de Bourbon
n'ayant qu'une fille nommée Suzanne, et par là le cas

de la réversion étant sur le point d'arriver, le roi Louis XII accorda, en 1498, à Pierre de Bourbon, des lettres-patentes par lesquelles il dérogeoit à la clause de réversion apposée dans le contrat de mariage de Jean de Bourbon et de Marie de Berri, et ce en faveur de Suzanne de Bourbon et de ses hoirs mâles et femelles : les lettres-patentes ayant été portées en la cour, le procureur-général du roi consentit à la vérité qu'elles fussent enregistrées ; mais,

1.° Il ne donna ce consentement, et la cour n'ordonna la publication de ces lettres, qu'à la charge des conditions contenues dans le registre, auxquelles M. le Maistre, alors avocat du roi, déclara qu'il se rapportoit. On ignore quelles furent ces conditions, le registre qui les contenoit ne se trouvant plus au greffe de la cour : mais ce seroit faire injure à la sagesse de la cour, et au zèle de ceux qui défendoient alors les intérêts du roi, que de douter que l'on n'ait pris toutes les précautions nécessaires pour conserver autant qu'il étoit possible les droits qui étoient acquis à la couronne sur le domaine de Bourbonnois.

En second lieu, quand le crédit de Pierre de Bourbon auroit été assez grand pour obtenir du roi Louis XII une dérogation, pleine et entière à la clause de réversion, cette dérogation, suivant les lois fondamentales du royaume, n'auroit pu nuire aux rois ses successeurs.

Enfin, le plus grand effet que l'on puisse donner à cette dérogation, quand même on voudroit s'écarter des grands principes qui défendent l'aliénation du domaine, seroit de soutenir qu'elle a rendu Suzanne de Bourbon et ses descendans capables de posséder le duché de Bourbonnois, et dans cette supposition, les lettres de Louis XII n'auroient pu tout au plus être exécutées qu'à l'égard de Suzanne de Bourbon et de ses descendans, qui étoient le seul objet et le seul motif de la grâce du prince : mais comme Suzanne de Bourbon est morte sans enfans, le seul cas pour lequel le roi avoit dérogé à la clause de réversion n'est point arrivé, et cette clause est demeurée dans toute sa

force , comme si l'on n'y avoit jamais voulu donner
atteinte.

Ce fut en effet cette clause qui servit de principal
fondement à la transaction de 1527, passée après la
condamnation du connétable de Bourbon, par laquelle Louise de Savoye, mère du roi François I, lui
abandonna la propriété du domaine de Bourbonnois,
et aux lettres-patentes de 1531, qui consommèrent
la réunion de ce domaine après la mort de Louise de
Savoye.

On voit dans ces titres , que le domaine de Bourbonnois y est considéré de la même manière que le
comté de Clermont, ancien apanage du chef de la
maison de Bourbon ; on y remarque encore que le
roi ne s'engage à payer le prix des aliénations faites
par les ducs de Bourbon, que lorsqu'elles se trouveroient avoir été faites pour cause juste et légitime ; or,
comme une prescription qui tend à éteindre une mouvance ne peut jamais avoir de cause légitime, et
qu'au contraire elle n'a pour fondement que l'usurpation du vassal et la négligence des officiers du seigneur, il est évident que, par les lettres de 1531, toutes
les prescriptions du cens sont jugées inutiles et insuf-
fisantes , puisqu'elles ne peuvent jamais être considérées que comme des aliénations sans cause, que le roi
révoque expressément par ces lettres.

C'est ce qui a déjà été décidé par plusieurs arrêts
cités et rapportés par M. le duc d'Enghien ou ses
fermiers ; et l'on peut dire qu'il y en a un préjugé bien
formel dans le procès , par l'arrêt interlocutoire qui
est intervenu entre les parties , le 23 avril 1700 , par
lequel la cour a ordonné que les fermiers du domaine
feroient preuve que le ténement d'Autrier , dans
lequel les héritages en question sont situés, fait partie
du ténement de Chaume, et les religieux de Bellaigne
au contraire ; la cour, par cet arrêt, a réduit toute la
difficulté à savoir si le ténement d'Autrier pouvoit,
comme celui de Chaume , participer au privilège du
domaine, et être à couvert de la prescription opposée
par les religieux de Bellaigne.

Il semble donc qu'il ne reste qu'à examiner les enquêtes respectivement faites par les parties ; celle qui a été faite à la requête des religieux de Bellaigne, composée de sept témoins, établit à la vérité que les ténemens de Chaume et d'Autrier sont à présent distincts et séparés par un grand chemin, par leur situation en différentes paroisses, et par les différentes quotités de dîmes; mais, quoique ces mêmes différences aient été remarquées par les sept témoins entendus dans l'enquête des fermiers du domaine, ces mêmes témoins, après s'être transportés sur les lieux et les avoir vérifiés sur le terrier de la châtellenie d'Hérisson, qui leur fut communiqué, ont tous reconnu que le ténement d'Autrier se trouve compris dans les anciennes limites et confins de celui de Chaume; ainsi, leur témoignage confirmant la déclaration faite par les Paterin, en 1457, il n'y a plus lieu de douter que la censive prétendue par les religieux de Bellaigne, sur les héritages de ce ténement d'Autrier, ne soit une usurpation à laquelle le procureur-général du roi se trouve obligé de s'opposer ; et il croit y être d'autant mieux fondé, que pour prouver que le ténement dont il s'agit faisoit anciennement partie de celui de Chaume, il ne faut qu'employer les propres titres des religieux, par lesquels il paroît que les héritages qu'ils prétendent avoir donnés en censive, sont situés dans l'étendue du terroir de Chaume, lequel est constamment, de l'aveu même des religieux, dans la censive d'Hérisson; et qu'ainsi ce que l'on oppose aujourd'hui aux droits du roi est une différence de nom, plutôt que de lieu, incapable de nuire à aucun seigneur, et encore moins au roi, qui joint en cette occasion à la qualité de roi celle d'héritier des fondateurs de l'abbaye de Bellaigne, qualité qui doit faire présumer que les anciens domaines de cette abbaye ont fait autrefois partie du domaine des ducs qui l'ont fondée, ce qui rend la réunion dont il s'agit aussi favorable qu'elle est légitime.

CE CONSIDÉRÉ, il plaise à la cour recevoir le procureur-général du roi partie intervenante au procès pendant en la cour entre lesdites parties , au rapport de M.e Robert, conseiller ; faisant droit sur son intervention , ordonner que les héritages compris au contrat du 14 février 1680 seront déclarés être dans la censive de la châtellenie d'Hérisson , et faire défenses auxdits abbé et religieux de Bellaigne de troubler à l'avenir les ducs de Bourbon dans la possession de ladite censive. Et vous ferez bien (1).

(1) L'arrêt intervenu le 22 juillet 1701 a jugé que le cens étoit imprescriptible dans la coutume de Bourbonnois.

QUATORZIÈME REQUÊTE,

Qui établit l'obligation où sont les supérieurs et religieux des commanderies de Saint-Antoine, de fournir un homme vivant et mourant au roi, pour rendre la foi et hommage des fiefs qu'ils possèdent dans sa mouvance.

A MESSIEURS DU PARLEMENT.

Supplie le procureur-général du roi, disant que les supérieur et religieux de la commanderie de Saint-Antoine de la Foucaudière, près la ville de Châtelleraut en Poitou, ont interjeté appel d'une sentence rendue au bureau des finances de Poitiers, par laquelle il est dit que Me Joseph, juge supérieur de la commanderie, suivant la disposition de la coutume, nommera un homme vivant et mourant, pour faire, pour lesdits religieux et en leur nom, les foi et hommage dûs au roi pour raison des fiefs de la Foucaudière et de la Cour, payer les droits dûs au seigneurs engagistes de Châtelleraut, et, à faute de ce faire, ordonne que le substitut du procureur-général du roi audit bureau poursuivra l'effet de la saisie féodale faite à sa requête.

Sur cet appel il est intervenu un appointement au conseil, le 18 janvier dernier, en exécution duquel lesdits religieux ont écrit et produit : ils concluent à ce que ladite sentence soit infirmée, et qu'en conséquence des offres par eux faites, de faire rendre au roi et aux seigneurs engagistes du duché de Châtelleraut, par le supérieur de ladite commanderie, la foi et hommage desdits fiefs de la Foucaudière et

de la Cour, et de fournir les aveux et dénombremens d'iceux, main-levée leur soit faite de la saisie
féodale desdits fiefs.

Leurs moyens sont, qu'ils possèdent le fief de la
Foucaudière dès l'an 1347, et celui de la Cour dès
1545; que ces fiefs sont amortis; que, suivant la coutume de Poitou, articles 150 et 171, les fiefs ne
peuvent tomber en rachat tant qu'ils sont possédés
par des gens de main-morte; qu'ainsi il seroit très-
inutile de les assujettir à donner un homme vivant
et mourant, puisque les mutations qui arriveroient
par sa mort, ne seroient suivies d'aucun droit de
rachat : ils ajoutent que de temps immémorial, ils
ont possédé lesdits fiefs sans avoir été soumis à cette
charge; qu'ils font la foi et hommage par leurs supérieurs; qu'ils en rapportent huit actes rendus pendant plus d'un siècle, par lesquels lesdits supérieurs ont été perpétuellement reçus à faire par
eux-mêmes les foi et hommage desdits fiefs, sans que
jamais ils aient été assujettis à donner un homme
vivant et mourant; et qu'enfin l'aveu qu'ils ont
offert est plus que suffisant pour conserver la mouvance.

On se contentera d'opposer à tous ces moyens deux
réflexions générales.

La première est que les communautés religieuses,
et, en un mot, tout ce que l'on comprend sous le nom
de gens de main-morte, sont obligés de rendre la
foi et hommage à leur seigneur suzerain; que l'amortissement n'est pas une extinction du fief, mais au
contraire une dispense qui rend les gens de main-
morte capables de le posséder; que la condition du
roi ne doit pas être moins avantageuse que celle des
seigneurs particuliers; et que, puisque plusieurs coutumes du royaume obligent les religieux à rendre la
foi au seigneur dont ils relèvent, quoiqu'il ait été
payé de l'indemnité, le roi est en droit, à plus forte
raison, d'exiger que les gens de main-morte lui rendent l'hommage, quoiqu'il ait reçu les droits d'amor-

tissement; que c'est une prétention très-ancienne des ecclésiastiques, que celle que les religieux de la Foucaudière renouvellent aujourd'hui, lorsqu'ils veulent insinuer que l'amortissement fait cesser entièrement le devoir de la foi; mais que jamais le parlement n'a autorisé cette prétention, qu'il n'a point enregistré les déclarations que le clergé prétend avoir obtenues sur ce sujet, et que les efforts inutiles que l'on a faits en différens temps, pour obtenir une dispense si contraire à l'essence et à la nature du fief, n'ont servi qu'à affermir la maxime, et à la rendre absolument inviolable.

La seconde réflexion est que, si les gens de main-morte sont assujettis, comme les autres vassaux, au devoir de l'hommage, il faut qu'ils le remplissent suivant les lois des fiefs. Or, suivant ces lois, un religieux, outre l'incapacité générale du corps dont il fait partie, a encore une incapacité particulière et personnelle, fondée sur cette espèce de mort civile qui le retranche de la société; et c'est sur ce principe qu'est fondée la règle établie par plusieurs coutumes, qui ne souffrent pas qu'un religieux puisse être offert pour un homme vivant et mourant; cette règle est devenue le droit commun de la France, à la réserve de quelques coutumes qui ont une disposition contraire; mais, comme celle de Poitou n'est point de ce nombre, rien ne peut dispenser les religieux de la Foucaudière de rendre, par une personne capable, un devoir dont ils ne peuvent s'acquitter par eux-mêmes.

Les supérieurs, par lesquels ils offrent de porter la foi, n'en sont pas moins incapables que le reste des religieux qu'ils veulent représenter; et d'ailleurs ces supérieurs n'étant que triennaux, l'hommage qu'ils auroient rendu expireroit, pour ainsi dire, avec leur fonction; leur successeur seroit obligé de le renouveler, et rien ne seroit plus onéreux aux religieux que les offres qu'ils font, si on les exécutoit à la lettre comme il le faudroit faire, si le supérieur passoit pour homme vivant et mourant; ou bien il faudroit prendre d'autres tempéramens, tous également embarrassans, parce qu'ils s'écarteroient tous de la simplicité de la règle.

A l'égard des actes de foi et hommage rapportés par lesdits religieux, il ne seroit pas juste que la facilité qu'ont eue quelques engagistes, ou même des officiers du roi, de recevoir l'hommage des supérieurs de la commanderie, pût effacer en leur faveur les règles de la coutume, les principes de droit commun, et le privilége des droits du roi, qui se conservent toujours en leur entier, malgré la négligence de ceux qui sont chargés de les exercer ou de les défendre.

Enfin, les religieux de la Foucaudière ont d'autant moins de sujet de vouloir se soustraire à la règle générale, que les religieux de la commanderie de la Lande, qui est de leur ordre, ont donné au roi un homme vivant et mourant pour faire la foi et hommage de ladite seigneurie de la Lande, à cause de son château de Parthenay situé en la même coutume de Poitou.

Ce seroit inutilement après cela qu'on s'arrêteroit à répondre à l'induction qu'ils ont tirée de l'art. 51 de la coutume de Poitou; la réponse est dans l'article même, les droits du roi y sont réservés en leur entier, et cette réserve auroit été de droit, quand même la coutume ne l'auroit pas faite expressément; il ne s'agit pas non plus d'examiner à présent s'il sera dû rachat ou non, et si lesdits religieux sont dans le cas des articles 150 et 171 de ladite coutume. La sentence dont est appel ne les condamne qu'à payer les droits qui se trouveront dûs; c'est ce qui se discutera lorsque cette sentence aura été confirmée.

CE CONSIDÉRÉ, il plaise à la cour donner acte au procureur-général du roi, de ce qu'en exécution dudit arrêt du 18 janvier dernier, il emploie pour réponse aux causes et moyens d'appel desdits religieux de la Foucaudière, écritures et productions, même pour contredits contre les productions desdits religieux, le contenu en la présente requête; et en conséquence mettre l'appellation au néant; ordonner que ce dont a été appelé sortira effet, et condamner lesdits religieux en l'amende ordinaire de 12 livres. Et vous ferez bien.

QUINZIÈME REQUÊTE.

PREMIÈRE REQUÊTE,

Qui établit que le fief des Londes relève immédia-
tement du roi, à cause de la vicomté de Bayeux.

A MESSIEURS DU PARLEMENT.

Supplie le procureur-général du roi, disant qu'ayant pris communication de l'instance pendante en la cour entre le sieur *Pellot* et le sieur *Turgot*, dans laquelle il s'agit principalement de savoir si le fief des Londes est dans la mouvance du fief de Ruberey possédé par le sieur Pellot, ou s'il relève du roi à cause de la vicomté de Bayeux, il a trouvé les droits du roi si bien défendus par le sieur Turgot, qu'il ne lui reste qu'un petit nombre d'observations à faire pour remplir en cette occasion les devoirs de son ministère.

Il fera ces observations dans des vues différentes,

La première, de suppléer par quelques nouvelles réflexions ce qui peut manquer encore à la plénitude de la défense des intérêts du roi dans cette affaire;

La seconde, de la réduire à des points fixes et évidens en la dégageant de cette multiplicité de moyens, d'objections, de réponses et de répliques, dans laquelle les parties se sont engagées.

Deux questions principales renferment toutes les difficultés qu'on peut agiter dans cette affaire par rapport aux droits du roi.

Le fief des Londes étoit-il anciennement mouvant

de Ruberey ou du château de Bayeux? c'est la pre-mière question.

Quand même ce fief auroit été autrefois dans la mouvance de Ruberey, et non pas du château de Bayeux, la mouvance a-t-elle pu être transférée dans la personne du sieur Pellot? c'est la deuxième question.

Et il est inutile de vouloir trancher le nœud de ces difficultés, plutôt que de le délier, en disant que le roi n'y a aucun intérêt, parce que, comme il conserve toujours le droit de rentrer quand il lui plaira dans le domaine de Ruberey, il lui est indifférent que le fief des Londes relève de ce domaine, ou qu'il soit dans la mouvance de la vicomté de Bayeux.

Sans répéter ici que le sieur Turgot a répondu à cette objection généralement répandue dans les écritures du sieur Pellot, le procureur-général se contentera de remettre seulement devant les yeux de la cour les différentes espèces d'intérêts que le roi peut et doit prendre à la décision de cette affaire :

Intérêt de vérité, toujours blessé quand on attribue à un domaine ce qui paroît par les anciens titres avoir fait partie d'un autre domaine;

Intérêt d'ordre féodal, qui ne souffre point que l'on change la suite ou la subordination des mouvances, et que l'on fasse perdre au roi la foi et l'hommage d'un de ses vassaux, pour l'attribuer à un de ses sujets;

Intérêt d'ordre public, pour empêcher qu'on ne donne aux engagemens du domaine plus d'étendue qu'ils n'en doivent avoir, qu'on n'abolisse la distinction établie par l'ordonnance de 1566, entre les apanagistes et les simples engagistes, et qu'on ne force les vassaux du roi à fléchir le genou devant un seigneur particulier, au lieu que par la nature de leur fief et par les loix du royaume, ils ne doivent s'abaisser que devant la majesté royale, ou devant les princes sur lesquels il rejaillit une portion de son éclat;

Enfin, intérêt même de jouissance et d'utilité, puisque, selon les propres principes du sieur Pellot, il faut qu'il convienne que si le fief des Londes est mouvant du domaine de Ruberey, le roi perdra tous les profits de ce fief pendant la durée de l'engagement, au lieu que si ce fief relève de la vicomté de Bayeux, tous les droits seigneuriaux qui seront dûs pour les différentes mutations, et pour celle dont il s'agit en particulier, appartiendront au roi.

Tant d'intérêts réunis ensemble justifient par avance la nécessité de l'intervention du procureur-général, et il espère que les observations qu'il fera sur les deux questions qu'il vient de distinguer en établiront également la justice.

PREMIÈRE QUESTION.

Le fief des Londes étoit-il anciennement mouvant du domaine de Ruberey ou de la vicomté de Bayeux?

Sur ce premier point le procureur-général se contentera d'ajouter aux preuves du sieur Turgot, premièrement, l'explication de quelques termes importans employés dans les titres dont toutes les parties se servent; secondement, une analyse plus détaillée et plus suivie des clauses de ces titres qui regardent la mouvance; et enfin, les conséquences qui résultent de l'une et de l'autre. Ces trois genres d'observations différentes pourront mettre la justice des droits du roi dans un plus grand jour.

Explication de quelques termes importans employés dans les titres produits par les parties.

On trouve dans les aveux de 1413 et de 1453, titres qui peuvent seuls décider cette contestation, deux termes qu'il est absolument nécessaires de bien entendre, soit pour répondre aux objections du sieur Pellot, soit pour achever d'établir solidement la vérité de la mouvance soutenue par le sieur Turgot :

L'un est celui de *vavassorie* ou *vavassourie* ;

L'autre est celui de *fié-ferme* ou *fieu-ferme.*

Le sieur Pellot, pour faire trouver plus de proportion entre le fief des Londes et le domaine médiocre de Ruberey, qu'entre ce même fief et la vicomté de Bayeux, et insinuer par là qu'il est à présumer que le fief des Londes est un démembrement et une dépendance du domaine de Ruberey, prétend que ce fief n'étoit autrefois qu'une roture et une *vavassorie* qui a été affranchie en devenant fief, et que, pour marque de son ancienne sujétion, on a retenu *une rente et une corvée;* il cite pour cela le chapitre 20 de l'ancienne coutume de Normandie, dans lequel le terme de vavassorie est confondu avec les rotures, ou, pour parler comme cette ancienne coutume, avec *tout autre ténement vilain.*

Mais il n'a pas considéré qu'il y avoit en Normandie deux sortes de *vavassories,* les unes nobles, les autres roturières; la glose sur le chapitre 33 de l'ancienne coutume établit clairement cette distinction. *Il y a,* dit l'auteur de cette glose, *plusieurs vavassories noblement tenues à cour et usage, et qui échéent en garde, aussi bien comme un fief de haubert, qui ne sont point partables,* etc. Et, quoique suivant la même glose l'on appelle plus communément *vavassories, les aînesses des masures qui ne sont point noblement tenues,* cela n'empêche pas qu'il n'y ait beaucoup d'exemples de vavassories nobles que, suivant cette glose, l'on appelle *vavassories par dénomination spéciale,* ce qui est conforme à la signification du terme de *vavasseur* ou de *valvasseur* dans les titres des fiefs, dans lesquels ce terme s'entend des vassaux d'un ordre inférieur.

Il ne reste plus que de faire l'application de ces deux espèces de vavassories, qu'on trouve assez clairement marquées dans Terrien, chap. 1 du L. 5 de l'ancienne coutume de Normandie, au fief des Londes, dont il s'agit dans cette contestation; il n'y a qu'à parcourir les aveux de 1413 et de 1453, on y trouvera toutes les marques d'une *vavassorie* noble.

Elle y est qualifiée *vavassorie franche,* elle y est dite tenue *à l'hommage lige,* hommage de la plus noble espèce, et qu'il est impossible de concevoir qu'on ait appliqué à ce qui n'étoit qu'une roture dans son origine.

Enfin, ce qui en détermine le véritable caractère et qui exclut jusqu'au moindre vestige de roture, est que cette vavassorie avoit *cour* et *usage*, suivant l'aveu de 1463 ; que par conséquent, suivant la glose de l'ancienne coutume, elle étoit du nombre de celles qui *échéent en garde, aussi bien comme un fief de haubert ;* et en effet, on voit par les titres produits dans l'instance, que le fief des Londes tombe en garde.

Il ne lui manque donc aucune des prérogatives qui distinguent les vavassories nobles de celles qui sont roturières ; on ne voit aucune trace de ce changement par lequel le sieur Pellot prétend qu'on a transformé une vile roture en un fief noble, et par conséquent il faut retrancher absolument cette couleur, par laquelle on a voulu dégrader ce fief, comme pour le mettre plus à portée de relever du domaine de Ruberey.

L'explication du second terme employé dans les anciens titres, qui est celui de *fié-ferme,* est encore plus importante ; elle suffiroit presque seule pour faire présumer que jamais le fief des Londes n'a été dans la mouvance de Ruberey.

La *fié-ferme,* terme qui n'est guère usité que dans la province de Normandie, n'étoit autre chose qu'un héritage noble ou roturier affermé à longues années ; c'étoit une des manières de faire valoir le domaine du roi, dans les lieux où il n'étoit pas avantageux de l'affermer par des baux ordinaires qui n'excèdent pas le temps de neuf années.

La chambre des comptes adjugeoit ces sortes de fié-fermes ou de baux à longues années au plus offrant et dernier enchérisseur. On en trouve plusieurs preuves dans les registres de cette chambre ; on y voit entr'autres une fié-ferme de la seigneurie de Saint-Oüen, du 22 septembre 1467, dont la délivrance est conçue dans ces termes : « Avons délivré et fieffé, » baillons, délivrons et fieffons, pour et de par icelui

» seigneur, ladite terre et seigneurie, pour l'avoir et
» tenir et en jouir à fin *d'héritage,* ensemble des reve-
» nus et dépendances d'icelle.»

Ainsi, les termes de *fié-ferme* et de *bail* étoient
synonymes; ce titre ne transféroit que la jouissance
des revenus; il ne différoit du bail ordinaire que par
la longueur du temps: on ne voit point que les foi et
hommage des vassaux aient jamais été compris dans
ces baux, et la nature de l'acte est si contraire
à cette idée, qu'elle ne peut pas seulement venir dans
l'esprit.

Qu'étoit-ce donc, suivant la véritable signification du mot de fié-ferme, ce que qu'on appelle dans les
titres produits par les parties la fié-ferme de Ruberey? C'étoit une portion du domaine de Bayeux, qui
avoit été adjugée anciennement à titre de bail à
longues années, et qui après l'expiration du bail,
étant rentrée dans les mains du roi, et confondue
avec le reste du domaine de Bayeux, a retenu le
nom de fié-ferme, qui étoit commode pour désigner
une certaine quantité d'héritages et de droits qu'on
avoit accoutumé d'adjuger ensemble sous le titre de
fié-ferme de Ruberey : c'est encore aujourd'hui ce
qui a été adjugé au sieur Pellot et à ses prédécesseurs, à titre d'engagement; ensorte que ce qui étoit
autrefois fié-ferme, c'est-à-dire le bail d'un certain
territoire, est à présent devenu l'engagement du
même territoire.

Or, comme on n'a engagé aux premiers engagistes,
représentés aujourd'hui par le sieur Pellot, que ce
qui portoit autrefois le nom de fié-ferme, il faut voir
s'il est possible de prétendre que les anciens preneurs
de ce même bien, qui le tenoient à titre de fié-ferme,
aient eu la mouvance du fief des Londes, et qu'on ait
accordé cette mouvance à des adjudicataires d'une
simple jouissance de revenus pendant le cours d'un
certain nombre d'années ou de générations.

Il en est à peu près des fiés-fermes comme des baux
emphytéotiques; or, on n'a jamais prétendu que les
foi et hommage des vassaux fussent compris dans

une emphytéose, et pussent passer aux preneurs d'un bail emphytéotique; comment pourroit-on donc soutenir que, parce qu'on adjugeoit une légère portion du domaine de la vicomté de Bayeux à titre de fié-ferme, une partie des vassaux de cette vicomté soient tombés dans la mouvance de celui qui ne devenoit par cette adjudication qu'un fermier du roi à longues années?

Voilà cependant la supposition qu'il faut faire pour prétendre, comme le fait le sieur Pellot, que le fief des Londes a été mouvant de la fié-ferme de Ruberey; supposition inconcevable, s'il est vrai, comme on vient de le faire voir, qu'il est impossible de présumer que des mouvances aient été attachées à une fié-ferme.

ANALYSE DES CLAUSES DES TITRES PRODUITS PAR LES PARTIES QUI CONCERNENT LA MOUVANCE.

Terrier ou *Mémorial de* 1316.

Deux ou trois réflexions également simples et solides font voir que le sieur Pellot ne peut tirer aucune conséquence de ce titre, pour prouver que le fief des Londes étoit anciennement mouvant de la fié-ferme de Ruberey.

1.º Il n'y a rien dans ce terrier qui ait rapport avec les mouvances de la vicomté de Bayeux ou de Ruberey; il n'y est fait mention ni de tenure féodale, ni de foi et hommage, ni de droits honorifiques de fief; l'unique objet de ce prétendu terrier est de faire une énumération de tous les droits utiles qui dépendent du domaine de Bayeux; ce n'est pas même le nommer correctement que de lui donner le nom de terrier; on n'y trouve ni déclarations ni reconnoissances des censitaires, qui est ce qui doit composer un terrier; c'est un simple état, un mémorial des revenus du roi dans la baillie de Caen, un papier de recette, fondé sur des enquêtes et d'autres preuves de la

possession du roi. Il n'y a qu'à lire la rubrique de
ce titre pour connoître la nature de ce qui y est
contenu ; c'est ainsi qu'il est intitulé :

« Les parties *singulières* de toutes les choses *que*
» *le roi a en la baillie de Caen, tant en rentes, soit*
» *de deniers, de bleds, d'oiseaux,* ou de quelques
» autres choses *que ce soit, comme en fermes fieffées,*
» ou *remuables, en servies, en prières, en regards*
» *et en toutes autres choses,* ci comme il a été
» enquis par *information* apprise et enquêts, etc. »

On peut remarquer en passant dans ce titre la
preuve de ce qui vient d'être dit touchant la nature
des *fiés-fermes;* on voit qu'elles sont opposées ici aux
fermes remuables, c'est-à-dire aux fermes qui changent souvent; ensorte que la seule différence qu'il
y a entre les fiés-fermes et les autres fermes, c'est
que les unes sont faites à longues années, au lieu que
les autres ne sont que des baux ordinaires faits pour
un temps plus court.

2.° Dans le même titre la rubrique particulière
de ce qui regarde le domaine de Bayeux répond
parfaitement à la même idée que donne la rubrique
générale de toute la pièce ; ce chapitre est intitulé :
« Les parties des terres et des rentes des fermes de
» notre sire le roi, et des autres choses qu'il a en la
» vicomté de Bayeux. »

3.° Parce que le domaine de Bayeux étoit divisé
en plusieurs fermes, dont Ruberey étoit une, on
donne au chapitre de Ruberey un titre conforme à
tout le reste, qui ne contient que ces mots : *Les
parties de rentes et droits domaniaux de Ruberey.*

4.° Enfin, parce que les rentes dont le fief des
Londes étoit chargé étoient comprises dans la ferme
ou recette de Ruberey, on emploie dans les revenus
de cette ferme la rente de 5 sous, et les services dont
le fief des Londes étoit chargé, et on y marque la
continence de ce fief.

Voilà toute la suite et l'économie de ce titre, dans

lequel on ne trouve pas la moindre mention de mouvance ni de chef-lieu, qui puisse faire voir que le fief des Londes relève de Ruberey.

Il n'y a donc rien de plus foible que l'argument que l'on tire de ce titre contre le roi; il n'a point été fait pour marquer l'ordre des mouvances, il ne le marque point en effet; il prouve seulement que la redevance dont le fief des Londes étoit chargé faisoit partie de la ferme de Ruberey, mais s'ensuit-il de là que le fief des Londes fût mouvant de cette ferme? C'est une conséquence qu'il suffit de proposer pour la détruire.

Aveu de 1413.

Il faut distinguer deux parties dans cet aveu: la première regarde la foi et la mouvance; la seconde regarde la rente et les services dont le fief des Londes est chargé.

Dans la première partie, il est dit seulement que Guillaume de Méhévent, écuyer, avoue tenir en fief, à une foi et hommage lige du roi, une *franche vavassorie*, nommée le fief des Londes, dont le chef est assis en la paroisse de *Trevières*, au bailliage de Caen et vicomté de Bayeux.

Quoiqu'il ne soit point dit en termes formels dans cette première partie, que c'est à cause de la vicomté de Bayeux que ce fief est tenu du roi, il y a plusieurs choses qui suppléent au défaut de cette expression.

1.º C'est comme vicomte de Bayeux que le roi reçoit cet hommage; ainsi, tant qu'on ne le détermine point à aucun fief particulier dépendant du domaine de Bayeux, la présomption naturelle est que c'est à cause de la vicomté même de Bayeux que le roi le reçoit.

2.º Cela paroît encore plus expressément par le soin qu'on a de marquer la situation du chef-lieu de ce fief dans la vicomté de Bayeux; or, comme tout fief mouvant du roi situé dans cette vicomté est censé en être tenu, jusqu'à ce qu'on prouve le contraire, c'est au sieur Pellot à détruire cette présomption si forte, et c'est aussi ce qu'il croit faire par la seconde partie du même aveu.

Mais que porte cette seconde partie ? « Qu'à cause » d'icelle vavassorie ledit de Méhévent doit chacun » an au roi, à cause de la fié-ferme de Ruberey, » cinq sols tournois de rente, ... qui se payent » au fermier ou prévôt d'icelle ferme, et que ce » service, dû pour un jour ou trois seulement, servoit » à aider à faire les foins des prés de ladite fié- » ferme. »

Bien loin que cette clause détruise les présomptions qui résultent de la première, elle les confirme pleinement.

On y voit une distinction clairement marquée entre la foi et l'hommage du fief des Londes, et la rente dont ce fief est chargé.

Quand il s'agit de l'hommage, on ne nomme pas seulement le domaine de Ruberey, on ne parle que du roi et de la vicomté de Bayeux.

Mais, quand il s'agit de la rente dont le fief des Londes est chargé, comme la perception de ces sortes de rentes étoit divisée par fermes, on commence à parler de celle de Ruberey ; il est même très-important de remarquer qu'on n'en parle que sous l'idée et sous le nom de *ferme ;* on ne l'appelle ni fief ni seigneurie, on ne lui donne point d'autre nom que celui de fié-ferme ; et enfin, ce qui achève de démontrer que l'on ne fait mention de Ruberey que pour indiquer le lieu du paiement de la rente, c'est que l'on ajoute aussitôt, après que cette rente se paie *au fermier ou prévôt d'icelle fié-ferme ;* termes qui marquent l'ancien usage qu'on observoit autrefois de rendre les prévôts du roi fermiers ou receveurs des revenus que le roi avoit dans chaque prévôté.

Ainsi, il résulte de cette seconde partie de l'aveu de 1413, qu'il y avoit plusieurs prévôtés dans la vicomté de Bayeux, et une ferme dans chaque prévôté ; que la rente et les services dont le fief des

Londes étoit chargé, faisoient partie des revenus qui
se recevoient pour le roi dans la prévôté ou ferme
de Ruberey; et que c'est uniquement pour cette
raison qu'on a fait mention de Ruberey dans l'aveu
du fief des Londes, et non pas pour marquer que
ce fief dépendoit du domaine de Ruberey, quant à
l'hommage et à la mouvance; ce que l'on n'auroit
pas manqué de dire expressément en cet endroit,
s'il eût été vrai que le fief des Londes eût été mouvant du domaine de Ruberey en particulier, et non
pas de la vicomté de Bayeux en général.

Aveu de 1453.

Quand même on pourroit conserver encore quelque
doute sur l'aveu de 1413, ce doute seroit absolument
levé par celui de 1453, où la distinction de l'hommage et du lieu du paiement de la rente dûe par
le fief des Londes, distinction qui résulte de l'aveu
de 1413, bien entendu, est si clairement et si expressément marquée, qu'il est impossible de n'en être
pas convaincu.

Cet aveu a deux parties comme le précédent:
l'une regarde l'hommage, l'autre regarde le paiement
de la rente.

Dans la première, le propriétaire du fief des
Londes déclare en termes formels que c'est à cause
du châtel et de la châtellenie de Bayeux qu'il tient
cette vavassorie noble.

Dans la seconde, il dit « qu'il doit une rente par
» chacun an, à la prévôté de la fié - ferme de
» Ruberey; » c'est comme s'il disoit à la recette
de la fié-ferme de Ruberey, parce que les prévôts
étoient les receveurs ou les fermiers du roi.

Un titre si clair dissipe tous les nuages qu'on a
voulu répandre sur les titres précédens; il ne faut
plus abuser des expressions du terrier de 1316, et
de l'aveu de 1413, qui marquent la rente féodale
dûe par le sieur des Londes comme une dépendance

de Ruberey; c'est une équivoque que l'aveu de 1453 lève pleinement, puisqu'en même temps qu'il marque que la rente se paie au lieu de Ruberey, il porte que l'hommage est dû *à cause du châtel et châtellenie de Bayeux*. Il n'y a donc pas de conséquence à tirer du lieu où la rente est payable, au lieu où l'hommage doit être rendu; la seule couleur que le sieur Pellot pouvoit donner à sa prétention, disparoît et s'efface à la seule lecture d'un aveu que le sieur Pellot même a produit.

Qu'il ne dise point que ce titre est unique; s'il en avoit d'autres à y opposer, cette objection pourroit être de quelque poids; mais il n'y a rien qui puisse combattre ce titre, ni dans ceux qui le précèdent, ni dans ceux qui le suivent; ou, pour parler plus correctement, il n'y a rien qui ne le favorise et qui ne s'y accorde parfaitement.

Si l'on remonte au temps qui le précède, le terrier de 1316 prouve seulement que la redevance dont le fief des Londes est chargé, fait partie des revenus de la ferme de Ruberey, et l'aveu de 1413 fait entendre la distinction du lieu où la redevance est payable, et du lieu où l'hommage est dû; distinction que l'aveu de 1453 explique plus clairement.

Si l'on descend aux temps postérieurs, on trouve dans les lettres de garde royale, et dans les hommages produits par le sieur Turgot, sur lesquels il est inutile de s'étendre après tout ce qu'il en a dit, de quoi se convaincre pleinement que l'hommage du fief des Londes est devenu inséparablement attaché au château de Bayeux.

En vain le sieur Pellot prétend faire présumer que ce n'est que par une suite de l'ordonnance de 1566, que les hommages qui dépendoient autrefois du domaine de Ruberey ont été transférés au château de Bayeux dans les engagemens qui ont été faits du domaine de Ruberey.

Ce raisonnement prouveroit quelque chose, si le sieur Pellot faisoit voir d'ailleurs que la mouvance du fief des Londes étoit autrefois attachée au domaine de Ruberey : mais des trois titres qu'il apporte pour le prouver, l'un ne fait pas la moindre mention de cette mouvance, et n'est qu'un papier de recette; le deuxième fait entendre, à tous ceux qui le lisent attentivement, que l'hommage étoit dû à la vicomté de Bayeux, et la redevance payable à la recette de Ruberey; et le troisième le dit expressément : ainsi le prétexte plus ingénieux que solide, qu'on tire de l'ordonnance de 1566, pour expliquer d'une manière plus plausible pourquoi le sieur Turgot et ses auteurs ont porté, depuis plus d'un siècle, l'hommage du fief des Londes au château de Bayeux, tombe de lui-même, dès le moment qu'on fait voir que cette mouvance étoit déjà attachée au même château, long-temps avant les divers engagèmens du domaine de Ruberey et l'ordonnance de 1566.

Conséquences qui résultent des observations précédentes.

On se contentera de proposer ces conséquences en très-peu de paroles, comme autant de vérités qui résultent clairement de tout ce qui a été observé jusqu'à présent.

1.° Le sieur Pellot ne prouve point qu'en aucun temps l'hommage du fief des Londes ait été rendu au roi à cause du domaine de Ruberey; tout se réduit de sa part à l'induction mal fondée, et détruite par ses titres mêmes, qu'il tire du lieu où la rente étoit payable; ainsi, le sieur Pellot ne prouvant point ce qu'il avance, le roi pourroit se renfermer dans la seule négative, et il ne lui en faudroit pas davantage pour faire prononcer en sa faveur.

2.° Outre ce défaut de preuves de la part du sieur Pellot, la présomption est entièrement pour le roi; et l'on ne se persuadera jamais que l'hommage d'un fief situé dans la vicomté de Bayeux ne dépende pas de cette vicomté, et qu'on en ait attaché la mouvance

à une simple ferme qui n'a point de nom plus noble
ni plus distingué dans le procès.

3.º Une preuve pleine et parfaite se joint ici à la
présomption, en faveur des droits du roi, par l'aveu
de 1453, qui exprime clairement ce que l'aveu
de 1413 faisoit entendre, et qui prouve invinciblement que le fief des Londes est dans la mouvance
de la vicomté de Bayeux.

4.º Quand même on supposeroit pour un moment
que jusqu'à l'aveu de 1453 on ait pu prétendre que
ce fief relevoit du lieu de Ruberey, il faudroit toujours convenir que l'on auroit pu en régler ou en
changer la mouvance du consentement du seigneur
et du vassal, l'attacher au château de Bayeux, surtout si l'on considère que ce fief étoit au roi, qui
par conséquent n'avoit besoin ni d'un consentement
ni d'une autorité supérieure pour faire ce changement: le seigneur et le vassal l'ont donc pu faire ;
le seigneur et le vassal l'ont fait ; un aveu est un
véritable contrat par lequel ils renouvellent ou expliquent leurs premiers engagemens, et qui devient la
loi commune de l'un et de l'autre. Ainsi, indépendamment de toutes les autres preuves, on peut dire
que l'aveu de 1453 a trouvé le fief des Londes dans
la mouvance du château de Bayeux, ou qu'il l'y a
mis, *aut invenit, aut fecit ;* et un sujet du roi qui
n'a commencé que plus de deux cents ans après cet
aveu, à avoir quelque droit sur le domaine de
Ruberey, est-il recevable à soutenir que le roi n'a
pu, du consentement de son vassal, expliquer
l'incertitude ou l'obscurité des premiers titres, et
fixer pour toujours la mouvance du fief des Londes
au château de Bayeux ?

5.º Ce qui a suivi cet aveu achève de montrer
qu'on l'a regardé comme une loi irrévocable pour
la mouvance de ce fief.

Qui pourroit croire, s'il fût resté quelque doute
sur ce sujet, qu'aucun des engagistes du domaine de
Ruberey depuis l'année 1521, temps du premier

engagement, c'est-à-dire depuis près de deux cents ans, n'auroit formé la question que le sieur Pellot fait naître aujourd'hui ?

Dira-t-il que c'est parce que l'ordonnance de 1566 veut que la foi et l'hommage soient toujours exceptés des contrats d'engagemens ; mais la même ordonnance abandonne les profits des fiefs aux engagistes: ainsi, si ceux de Ruberey ne pouvoient pas agir pour se faire rendre la foi et hommage du fief des Londes, ils pouvoient en exiger les profits, s'il eût été vrai que ce fief eût été mouvant de Ruberey.

Ils l'ont tenté en effet en 1569, et il paroît même par les pièces produites au procès, qu'un acquéreur du fief des Londes avoit eu la facilité de payer un droit de treizième à l'engagiste de Ruberey.

Mais le duc de Ferrare, usufruitier de la vicomté de Bayeux, et le procureur-général du roi, s'élevèrent d'abord contre l'entreprise de cet engagiste ; on ne voit pas à la vérité quel fut l'événement de cette contestation, mais deux choses prouvent que les engagistes de Ruberey ont été obligés d'abandonner leurs prétentions.

La première, déjà suffisamment observée par le sieur Turgot, est que dans les lettres de garde royale accordées par le duc de Ferrare, et confirmées par Henri IV en 1609, il est dit expressément que le fief des Londes relève du château de Bayeux, ce qui suppose que les engagistes de Ruberey avoient été condamnés, ou qu'ils avoient renoncé à leur prétention.

L'autre, que depuis 1564 on ne voit pas que ces engagistes aient jamais été payés d'aucuns droits seigneuriaux pour le fief des Londes, ni qu'ils en aient jamais formé aucune demande.

Ainsi, le silence des engagistes et l'aveu tacite qu'ils ont fait par là de la justice des droits du roi, achèvent de montrer que l'aveu de 1453, est un titre qui n'a jamais reçu d'atteinte, et qui doit encore

aujourd'hui être observé comme une loi irrévocable
contre les prétentions du sieur Pellot.

SECONDE QUESTION.

*Si la mouvance du fief des Londes a pu passer en la
personne du sieur Pellot, à cause du domaine de
Ruberey, quand même on supposeroit que le fief des
Londes auroit relevé autrefois de ce domaine?*

Si le procureur-général traite cette question, c'est
pour ne rien négliger dans la défense des droits du
roi, qui est confiée à son ministère; car, après ce
qu'il croit avoir pleinement prouvé sur la première
question, la seconde devient absolument inutile,
puisqu'elle n'est fondée que sur une supposition absolument fausse, qui est que le fief des Londes ait été
autrefois mouvant de la fié-ferme de Ruberey.

Une seconde raison qui auroit pu dispenser encore
le procureur-général d'entrer dans l'examen de cette
question, est qu'elle a été encore mieux traitée que
la première par le sieur Turgot, qui a fort bien
défendu la cause du roi en défendant la sienne sur
ce point.

Aussi n'est-ce pas pour faire une répétition inutile
de ses raisons, que le procureur-général retouchera
ce qui regarde cette question; il ne le fait que pour
remettre devant les yeux de la cour, par une réca-
pitulation abrégée, les principes par lesquels elle
doit être décidée, et pour opposer aux prétentions du
sieur Pellot quelques propositions qui ne peuvent être
bien placées que dans la bouche du procureur-général
du roi.

PREMIÈRE PROPOSITION.

L'adjudication qui a été faite en 1678 au feu sieur
Pellot, premier président du parlement de Normandie,
par laquelle il a prétendu être devenu propriétaire
incommutable de la fié-ferme de Ruberèy ne peut être

24 *

regardée que comme une aliénation absolument nulle et vicieuse dans les saines maximes du domaine.

La déclaration de 1672, unique fondement de l'aliénation qui a été faite au sieur Pellot, ne permet que l'aliénation *des petits domaines;* et la fié-ferme de Ruberey ne peut jamais être regardée comme un petit domaine.

Ainsi, la déclaration de 1672 détruit entièrement l'adjudication même à laquelle elle a servi de prétexte.

De ces trois propositions, il n'y a que la deuxième qui ait besoin de preuves, et on n'en emploie point d'autres que la déclaration même de 1672.

Quest-ce qu'un petit domaine selon cette déclaration? Elle en donne la définition, lorsqu'elle marque que les petits domaines, dont elle permet la vente, sont ceux qui sont de petite valeur, mélangés avec les biens des particuliers, et dont les réparations annuelles consomment la meilleure partie du revenu.

On ne sauroit donc donner une notion plus exacte de ce que l'on appelle petits domaines, qu'en disant que ce sont des biens dont on ne peut jouir qu'en les aliénant, et pour se servir ici des expressions du droit civil, *quorum usus in abusu consistit.* Entre les mains du roi les charges en consomment le revenu, ainsi le roi perd en voulant les garder, et il profite au contraire en les aliénant, parce que les seigneurs voisins de ces sortes de domaines ayant des raisons de convenance, d'honneur et de commodités qui les portent à les acquérir, en donnent au roi souvent plus que leur véritable valeur, et une valeur exempte de toutes les charges qui en absorboient auparavant le revenu.

Le procureur-général ne fait que suivre encore ici la description que le roi en fait dans une autre loi domaniale; c'est dans l'édit du mois d'août 1669, où l'on trouve ces différens motifs réunis pour justifier l'aliénation de cette espèce de domaine.

Cette définition, qui fait connoître parfaitement la

nature des petits domaines, est expliquée d'une manière encore plus sensible, par les exemples que l'édit de 1669 et la déclaration de 1672 donnent des différentes espèces de biens que l'on doit vendre sous ce nom.

Ce sont ou de petits domaines séparés, ou des portions de domaine mélangées avec les biens des particuliers;

Des terres vaines et vagues, communes, landes, bruyères, mauvais étangs, boquetaux séparés des forêts du roi, droits de tiers et danger sur les bois de la province de Normandie, portions de domaine et droits tenus en parage avec des seigneurs particuliers, des fours, pressoirs, maisons, boutiques, échoppes, des bacs, des droits de passage, etc.

Il n'y a rien dans cette énumération de différentes espèces de biens et de droits, qui ne réponde à l'idée que l'on vient de donner des petits domaines, et qui ne la confirme parfaitement.

Mait il n'y a rien aussi dans cette idée, ni dans les exemples dont on vient de faire l'énumération, qui puisse convenir au domaine de Ruberey, que le sieur Pellot s'est fait adjuger en pleine propriété sous le nom de petit domaine.

On ne peut pas dire d'abord que ce soit un domaine *de peu de valeur*, qui est le premier caractère de ces sortes de domaines, suivant la déclaration de 1672 et l'édit de 1669; quelqu'étendue que l'on veuille donner à ces mots *peu de valeur*, cela ne peut guère excéder la somme de 2 ou 3000 livres; mais certainement on ne dira pas qu'un domaine qui dès l'année 1592 a été engagé pour la somme de 13200 livres, y compris les deux sous pour livre, doive être compris dans l'expression de domaine de peu de valeur.

On sait combien la valeur des fonds est augmentée depuis l'année 1592, et quand on ne voudroit suivre ici que la proportion de l'augmentation des rentes constituées, qui suit à peu près celle de la valeur des

fonds, on peut dire, sans rien exagérer, qu'un domaine qui a été vendu 13200 livres en 1592, doit
valoir à présent plus de 20000 livres.

En effet, le sieur Pellot, qui ne l'a pas apparemment
acheté plus qu'il ne vaut, l'acquit en 1678 à peu près
sur le pied de 18000 livres, et jamais il n'a été dit
qu'un domaine qu'on achète dans ces sortes d'adjudications sur le pied de 18000 livres, puisse être
regardé comme un petit domaine, ou, pour suivre les
termes de la déclaration de 1678, comme un domaine
de peu de valeur.

Les autres caractères de cette espèce de domaine
ne se rencontrent pas davantage dans le domaine de
Ruberey.

Ce n'est point un *domaine séparé*, dont l'exploi-
tation peut être difficile, c'est un domaine qui ne
faisoit autrefois qu'un tout avec le domaine de la vicomté de Bayeux, et qui étoit compris dans la même
régie.

Ce n'est point non plus une portion de domaine
mélangée avec des biens appartenant à des seigneurs
particuliers.

On ne voit point que les *réparations* annuelles de
ce domaine en consomment le revenu, et qu'en un
mot il soit tel que l'usage ne puisse consister que dans
l'abus, pour parler comme les jurisconsultes.

Le sieur Pellot n'allègue pas même un seul de ces
prétextes pour colorer son adjudication.

C'est donc un corps entier de seigneurie avec toutes
ses appartenances et dépendances, c'est une véritable
terre qu'on lui vend sous le nom de petit domaine;
ainsi, sous prétexte d'exécuter la déclaration de 1672,
on la détruit dans cette vente; mais, d'un autre côté,
cette déclaration, dont on a abusé pour couvrir une
adjudication vicieuse, suffit seule pour en montrer
le vice, et dans tous les temps elle s'élévera contre
la nullité de l'adjudication d'un domaine de cette
nature, aliéné sous le nom spécieux de petit domaine.

SECONDE PROPOSITION.

La plus grande grâce que l'on puisse faire au sieur Pellot, est de regarder son adjudication comme un engagement.

Cette proposition est évidente, parce que l'on vient de dire pour établir la première.

Le procureur-général pourroit à la vérité s'élever dès à présent contre une aliénation irrégulière, qui n'a pu être faite que par erreur; mais, comme le feu sieur Pellot a remboursé les anciens engagistes du domaine de Ruberey, et que par là il est entré dans leurs droits, qui ont recu encore une nouvelle force en sa personne par la nouvelle finance qu'il a payée au roi, l'équité veut que l'aliénation sur laquelle il se fonde, quoique nulle suivant ce titre, soit au moins tolérée comme un simple engagement, et qu'il possède ce domaine ainsi que les engagistes qu'il représente en ont joui depuis plus d'un siècle.

Il a bien senti lui-même quelle étoit sa véritable qualité, et il l'a fait assez connoître dans la plus grande partie de ses écritures, où il réduit presque partout l'effet de son adjudication à celui d'un simple engagement; il tire avantage de ce que le sieur Turgot lui oppose qu'il ne jouit de cette seigneurie que comme un créancier qui a un nantissement entre les mains, pour en conclure qu'il jouit *pour le roi*, et que par conséquent le roi n'a point d'intérêt dans cette contestation; il veut se prévaloir de l'usage prétendu de la province de Normandie, où il avance que les engagistes reçoivent la foi et l'hommage des fiefs qui dépendent de leurs engagemens; il s'attache à prouver qu'il n'y a point de différence à faire sur cela entre les engagemens et les échanges; enfin, il avoue formellement, au commencement de son premier factum, que la seigneurie de Ruberey est domaine engagé; et dans la page 5 de l'addition de son dernier factum, il appelle l'adjudication qui a été faite au sieur Pellot, son père, le quatrième *engagement* de Ruberey.

Ainsi, soit par la nature du domaine qui lui a été adjugé, soit par sa propre reconnoissance, il est également certain que le sieur Pellot ne peut avoir d'autres qualités ni d'autres droits que ceux d'un simple engagiste.

TROISIÈME PROPOSITION.

On ne peut juger de ce qui doit lui appartenir en cette qualité d'engagiste, que par deux propositions différentes, c'est-à-dire par le droit commun des engagemens du domaine, ou par les circonstances particulières de l'engagement du domaine de Ruberey ; c'est une proposition qui n'a besoin d'aucune preuve.

QUATRIÈME PROPOSITION.

Le droit commun rend le sieur Pellot absolument incapable d'exiger les hommages des vassaux dont les fiefs sont mouvans du domaine qui lui est engagé.

C'est une maxime écrite dans l'article 15 de l'édit du domaine de l'année 1566 ; c'est ce qui met une différence essentielle entre les engagemens et les apanages : toutes les couleurs par lesquelles le sieur Pellot a voulu obscurcir cette distinction et répandre des nuages sur une vérité si évidente, ont été pleinement dissipées par le sieur Turgot.

En vain le sieur Pellot a prétendu que le roi avoit dérogé à l'ordonnance de 1566, en faisant comprendre les mouvances du domaine de Ruberey dans l'adjucation de 1678 ; envain a-t-il voulu accuser le sieur Turgot de témérité, comme si le sieur Turgot avoit révoqué en doute le pouvoir qui appartient au roi de déroger aux ordonnances des rois ses prédécesseurs et aux siennes mêmes.

Deux réponses également courtes et décisives doivent fermer la bouche au sieur Pellot sur ce point.

1.° Ce n'est point par une vente ou une adjudication particulière, que le roi veut déroger à ses ordonnances, et notamment à des ordonnances aussi respectables que celles dont il s'agit : une loi ne s'abroge que par une loi contraire, et il n'a jamais été dit qu'un engagement particulier, qui n'a pas même été revêtu de lettres-patentes, ait la force de l'emporter sur les lois les plus sacrées que nous ayons dans le royaume.

Comment le roi auroit-il eu intention de déroger à ces lois par l'adjudication de 1678, puisque ce n'est pas le roi qui parle dans cette adjudication? Ce sont des commissaires à qui certainement le roi n'avoit pas attribué le pouvoir de déroger à l'ordonnance de 1566; leur fonction se réduisoit à faire des adjudications particulières conformes à la déclaration qui avoit ordonné la vente du domaine; et comme on ne sauroit montrer que celle de 1672 permette aux commissaires du roi de transférer les mouvances du roi à ceux qui acquerroient des portions de son domaine à titre d'engagement, il est évident que ceux qui ont fait l'adjudication du domaine de Ruberey, et qui y ont compris les mouvances de ce domaine ont excédé les bornes de leur commission; ils n'ont point engagé le roi, puisqu'ils n'avoient point de pouvoir pour le faire, et la prétendue garantie dont on a parlé dans les écritures du sieur Pellot, retombe sur les adjudicataires mêmes, qui ont demandé aux commissaires du roi plus qu'ils n'en pouvoient obtenir.

2.° Le sieur Pellot peut d'autant moins se prévaloir de son adjudication, que, comme on l'a déjà dit, c'est une adjudication absolument nulle. De quoi s'agissoit-il dans cette adjudication, et quel étoit en effet le pouvoir des commissaires du roi? De vendre seulement ce qu'on appelle *petit domaine*. Au lieu de s'arrêter à cet unique objet, et de se renfermer dans les bornes de la déclaration du roi, on achète

un domaine considérable sous le nom de petit domaine, et comme une erreur en produit souvent
une autre, on se fait adjuger les mouvances mêmes
de ce domaine, sous prétexte qu'on en doit devenir,
non pas seulement l'engagiste, mais le propriétaire
incommutable. Tel est l'unique fondement, ou plutôt
l'unique prétexte de la translation des mouvances;
sans cela on n'auroit jamais souffert qu'on les eût
comprises dans un acte que les commissaires du roi
n'auroient regardé que comme un simple engagement:
mais lorsque l'erreur est une fois reconnue, et qu'on
voit que, bien loin que le sieur Pellot soit devenu
véritablement propriétaire du domaine de Ruberey,
c'est lui faire grâce que de l'en regarder comme
engagiste, que lui reste-t-il qui le puisse distinguer
des autres engagistes ? Peut-il prétendre que la volonté du roi soit pour lui, dans un acte directement
contraire aux intentions du roi, clairement marquées
par la déclaration qui ordonne la vente des petits
domaines, et que, parce qu'on a fait passer par erreur
la fié-fermé de Ruberey pour un petit domaine, cette
erreur sera si heureuse pour lui, qu'il possédera cette
fié-ferme à des conditions bien plus avantageuses que
s'il se l'étoit fait adjuger telle qu'elle est en effet,
c'est-à-dire comme un domaine considérable.

Rien ne peut donc affranchir ici le sieur Pellot
de la loi commune des engagistes.

Il est vrai qu'à ne le considérer que dans cette vue,
c'est-à-dire par rapport au droit commun, il pourroit
jouir au moins des droits utiles des fiefs mouvans du
domaine de Ruberey ; mais la nature particulière de
son engagement lui refuse même cet avantage ; c'est
ce que l'on va voir dans la dernière réflexion par
laquelle on finira cette requête.

CINQUIÈME PROPOSITION.

Si le fief des Londes avoit autrefois été mouvant
du domaine de Ruberey, et si la mouvance de ce fief

eût été encore attachée à celui de Ruberey, lorsque l'engagement en a été fait, le sieur Pellot, exclu nécessairement par les lois du royaume de l'hommage du fief des Londes, auroit pu du moins être admis à en recevoir les droits utiles.

Mais il paroît au contraire par ses propres titres que la prétendue mouvance du fief des Londes n'étoit point attachée au domaine de Ruberey, dans le temps de l'engagement du sieur Pellot et des engagemens qui ont précédé le sien.

Quand on supposeroit que le premier de tous ces engagemens, qui est celui du 20 mai 1521, seroit équivoque, et que le sieur Pellot pourroit prétendre que les mouvances de Ruberey seroient comprises sous les noms vagues et généraux de droits, prérogatives et prééminences cédés aux engagistes par le premier contrat, le sieur Pellot doit reconnoître au moins que, bien loin que dans le temps du second engagement de 1592, les prétendues mouvances du domaine de Ruberey fissent partie de cet engagement, elles ont été au contraire distraites expressément pour demeurer au roi directement et sans moyen à l'avenir, à cause de sa vicomté de Bayeux.

Le sieur Pellot ne devoit pas dire que ce fut l'édit de 1556 qui donna lieu à cette réserve.

Il est vrai que suivant cet édit, la foi et hommage des fiefs dépendans d'un domaine engagé doit être toujours rendue au roi, et jamais à l'engagiste.

Mais il est vrai aussi que suivant le même édit, les profits de ces fiefs peuvent appartenir aux engagistes.

Il n'étoit donc point nécessaire pour observer l'édit de 1566, de détacher les mouvances de Ruberey pour les réunir à la vicomté de Bayeux; il suffisoit de dire que la foi et hommage des fiefs dépendans de Ruberey seroit réservée au roi, et que les droits utiles seulement passeroient aux engagistes.

Ainsi, c'est en vain que le sieur Pellot veut chercher la cause de cette réserve et de cette translation de mouvance dans l'édit de 1566; et en effet on ne trouvera point une semblable réserve dans la plupart des engagemens postérieurs à cet édit, quoiqu'il ait donné la forme à tous ceux qui l'ont suivi.

Quelle étoit donc la cause de la réserve qui a été faite dans l'engagement de Ruberey? C'est dans le fait et non pas dans le droit qu'il la faut chercher; on a cru sans doute alors, ou qu'il convenoit aux intérêts du roi de ne point comprendre les droits utiles des mouvances dans l'engagement de ce domaine, ou que la somme qui étoit le prix de cet engagement, n'étoit pas assez forte pour dédommager le roi de la perte qu'il auroit faite en engageant les mouvances avec le domaine.

Quoiqu'il en soit, le roi étoit le maître d'engager ou de ne pas engager les mouvances; il a pris le dernier parti, il ne faut pas chercher d'autres raisons d'un fait qui dépendoit absolument de sa volonté.

Le troisième engagement, qui est de l'année 1639, a été tracé entièrement sur le modèle du second, et il n'en diffère que parce que le prix de l'engagement y a été porté à 600 livres au-delà des 12000 livres pour lesquelles le second engagement avoit été fait.

Il ne reste donc plus que d'examiner si la condition de cet engagement a été changée en faveur du sieur Pellot par le quatrième engagement, qui est celui de 1678.

Il est vrai qu'il s'est fait céder par les commissaires du roi la fié-ferme de Ruberey, *avec la mouvance et teneure des fiefs et vavassories nobles qui en relèvent.*

Mais 1.° cette clause suppose qu'il y a des fiefs qui relèvent de Ruberey et ne le prouve pas; il reste toujours à faire voir qu'il y en a en effet qui en relèvent: le poids de la preuve tombe sur le sieur Pellot, et il est bien sûr qu'il ne la fera jamais.

2.° Si cette clause ne prouve pas qu'il y ait des fiefs qui relèvent effectivement de Ruberey, elle peut encore moins faire que ce qui n'en relevoit pas avant

l'engagement, ait commencé à en relever après l'engagement; c'est une simple clause de style employée
dans l'adjudication faite au sieur Pellot, pour marquer
qu'on lui cédoit tout ce qui pouvoit dépendre du
domaine de Ruberey, sans en rien excepter; mais
peut-on dire que cette clause ait l'effet d'anéantir la
distraction expresse et formelle qui avoit été faite dès
l'année 1592 des mouvances de Ruberey, de rompre
l'union que l'on fit alors de ces mêmes mouvances à la
vicomté de Bayeux, et de les rejoindre au domaine de
Ruberay. Tous ces changemens pouvoient-ils s'opérer
sans qu'on en fît une mention expresse dans l'engagement de 1678? Le sieur Pellot les a-t-il demandés, le roi les a-t-il voulu accorder? On ne voit rien
de tout cela dans cette adjudication, et c'est ce que
le sieur Pellot veut y suppléer par une simple clause
de style, mise sans attention, et pour exprimer simplement qu'on vouloit lui donner généralement tout
ce qui dépendoit alors de Ruberey; comme si de
pareils changemens dans le domaine du roi se pouvoient sous-entendre et se suppléer en faveur de
l'engagiste, sans que l'engagement en contienne aucune disposition précise.

3.º Cette interprétation trop avantageuse au sieur
Pellot est démentie par son adjudication même; les
termes qu'on y emploie sont tous termes du temps
présent; on ne lui cède point les fiefs qui ont relevé autrefois de Ruberey, on lui cède seulement
ceux qui en relèvent, on lui donne cette terre dans
l'état où elle est; et, comme certainement dans cet
état les anciennes mouvances qu'elle a peut-être eues
autrefois n'y étoient plus attachées, elles ne peuvent
être comprises dans la cession qui a été faite de cette
terre au sieur Pellot.

Si, malgré toutes ces raisons, le sieur Pellot veut
insister à soutenir que par son adjudication il a fait revivre les anciennes mouvances qui avoient été éclipsées
autrefois du domaine de Ruberey, il ne faudra, pour
achever de le convaincre de l'impossibilité de cette
supposition, que le prier de comparer le prix de son

acquisition, avec celui des précédens engagemens;
il n'a donné au roi que 650 livres de plus que les engagistes qui l'avoient précédé immédiatement; il s'en
faut beaucoup que cette différence qui se trouve entre
l'engagement de 1639, et l'adjudication de 1678,
n'équipolle à l'augmentation des fonds de terre arrivée
pendant l'espace de près de quarante ans qui se sont
écoulés entre l'un et l'autre. Si les engagistes de
1639 ont donné 600 livres de plus que ceux de
1592, sans avoir prétendu pour cela avoir acquis
les mouvances distraites de Ruberey dans le temps
du précédent engagement, le sieur Pellot peut bien
avoir donné 650 livres de plus que les engagistes
de 1639, sans avoir droit de conclure de cette légère augmentation de finance, qu'il ait acquis des
mouvances qu'on ne leur avoit point cédées; il ne
faut donc encore une fois que comparer exactement
les différens prix des différens engagemens de Ruberey, pour en tirer cette conséquence certaine que
le sieur Pellot n'a pas acquis ce domaine plus chè-
rement que les engagistes de 1592 et ceux de 1639.
Cependant il voudroit que sans avoir donné plus
qu'eux, eu égard à l'augmentation de la valeur des
fonds de terre, il ait acquis des mouvances qui leur
avoient été expressément refusées; il auroit donc
ces mouvances pour rien, et le roi auroit été si mal
servi dans cette affaire, qu'il n'auroit pas vendu plus
cher le domaine de Ruberey avec ses mouvances,
que les rois ses prédécesseurs n'avoient engagé ce
même domaine sans ces mouvances.

Ainsi, pour reprendre la suite des réflexions que
l'on vient de faire sur l'interprétation vicieuse que
le sieur Pellot veut donner aux termes de son engagement, la lettre n'est certainement pas pour
lui, puisque son adjudication ne porte en aucune
manière que le roi réunisse en sa faveur au domaine
de Ruberey les mouvances qui en avoient été autrefois
démembrées pour les joindre à la vicomté de Bayeux;
et si la lettre n'est pas pour lui, l'esprit et l'intention
du roi lui sont encore moins favorables, puisqu'on

ne peut jamais présumer que le roi ait voulu aliéner le domaine de Rubercy augmenté de toutes les mou-vances qui en avoient autrefois été séparées, sans en augmenter néanmoins le prix que d'une somme de 650 livres, qui, bien loin de pouvoir répondre à la valeur de ces mouvances telles que le sieur Pellot les prétend avoir, n'est pas même proportionnée à l'augmentation survenue dans le prix des fonds de terre depuis l'année 1639 jusqu'en l'année 1678.

Après cela le procureur-général du roi croit pouvoir se dispenser de répondre à l'induction forcée que le sieur Pellot tire d'une autre clause de son adju-dication, par laquelle le roi lui cède la faculté de rentrer, comme Sa Majesté pourroit faire, dans les terres, rentes et droits qui ont été vendus, aliénés, ou usurpés par les précédens engagistes et autres; on auroit de la peine à croire, si l'on ne le voyoit dans les écritures du sieur Pellot, qu'en vertu d'une telle clause, qui n'est encore que de style, il eût pu pré-tendre avoir acquis le droit de rentrer dans les mou-vances que le roi lui-même a séparées du domaine de Rubercy, pour les attacher à la vicomté de Bayeux; comme si l'on pouvoit concevoir que le roi ait voulu par là céder un droit contre lui-même, et se mettre au rang de ceux qui avoient usurpé ou aliéné mal à propos les droits dépendans du domaine de Ru-bercy, et contre lesquels il cédoit ses actions au sieur Pellot.

Une idée si extraordinaire a été tellement réfutée par le sieur Turgot, qu'elle ne mérite pas d'être examinée de nouveau avec plus d'étendue.

Le procureur-général se reprocheroit même tout le temps qu'il a employé à traiter la seconde ques-tion de cette affaire, s'il n'étoit de son devoir de ne négliger aucun des moyens qui peuvent servir à la défense des droits du roi; mais, après avoir appro-fondi cette question par une exactitude peut-être trop scrupuleuse, il ne peut s'empêcher de dire, en finis-sant cette requête, qu'il est en effet fort inutile d'exa-miner si la mouvance ou les droits utiles du fief des

Londes auroient pu passer dans la personne du sieur Pellot, quand même ce fief auroit été autrefois mouvant du domaine de Ruberey, puisqu'il est certain que ce fief n'en a jamais dépendu, et qu'il a toujours été mouvant de la vicomté de Bayeux, comme le procureur-général l'a fait voir dans la première partie de cette requête; c'est donc à cette première partie qu'il réduit principalement la défense des droits du roi, et s'il a traité une question subsidiaire dans la seconde partie de cette requête, c'est pour suivre le sieur Pellot jusque dans ses propres retranchemens, et faire voir que dans son hypothèse même la cause du roi ne seroit point susceptible de difficulté.

Il resteroit après cela d'examiner si le sieur Turgot, que le roi réclame ici pour son vassal, ne sera pas obligé de lui payer les droits seigneuriaux qui lui sont demandés par le sieur Pellot; mais c'est une question que le procureur-général du roi se réserve de traiter dans une autre requête, parce qu'elle n'intéresse plus que le sieur Turgot, et que le sieur Pellot, contre lequel le procureur-général est obligé d'intervenir dans cette affaire, n'y devra plus prétendre aucune part, s'il est vrai, comme le procureur-général croit l'avoir montré, que le fief des Londes n'a jamais été mouvant de la fié-ferme de Ruberey, et que, quand même il en auroit dépendu autrefois, la mouvance de ce fief n'a jamais été aliénée par le roi, ni en faveur des précédens engagistes, ni en faveur du sieur Pellot même.

CE CONSIDÉRÉ, il vous plaise recevoir le procureur-général du roi partie intervenante en l'instance pendante en la cour entre lesdits sieurs Pellot et Turgot; faisant droit sur ladite intervention, sans s'arrêter aux demandes dudit sieur Pellot, portées par son exploit du 28 novembre 1702, et par sa requête du 7 mars 1708; maintenir et garder ledit seigneur roi dans la propriété et possession de la mouvance du fief des Londes, à cause de la vicomté

de Bayeux; et donner acte audit procureur-général
du roi, de ce que pour moyens d'intervention, écritures, productions et contredits, il emploie le contenu
en la présente requête, ensemble ce qui a été écrit
et produit en ladite instance par ledit sieur Turgot,
même par ledit sieur Pellot, aux inductions tirées
par la présente requête; le tout sans préjudice au
procureur-général du roi de faire telles demandes
qu'il arrivera bon être contre le sieur Turgot, à cause
de la vente par lui faite des bois de haute futaie dépendant dudit fief des Londes. Et vous ferez justice.

SEIZIÈME REQUÊTE.

SECONDE REQUÊTE

Concernant la mouvance immédiate qui appartient au roi sur le fief des Londes, à cause de la vicomté de Bayeux.

A MESSIEURS DU PARLEMENT.

Supplie le procureur-général du roi, disant que, quoiqu'il eût pu suffire au devoir de son ministère de supplier la cour de relire sa requête du 29 novembre 1712, pour toute réponse à l'avertissement que le sieur Pellot lui a fait signifier, et que d'ailleurs le sieur Turgot, que le roi réclame pour vassal dans cette affaire, ait soutenu dignement les intérêts du roi en défendant les siens, par les écritures qu'il a faites contre cet avertissement, le procureur-général a cru néanmoins qu'il devoit porter son scrupule, jusqu'à ne pas laisser sans réponse de sa part des objections qu'il croit peu solides, mais qui peuvent avoir un dehors spécieux, ni des exemples qui tout au plus ne sont qu'équivoques, mais qui, par cette raison même ont besoin d'être éclaircis, pour faire sentir la différence qui les distingue de la contestation présente à laquelle le sieur Pellot veut les appliquer.

Le procureur-général avoit touché d'abord en deux mots les différentes espèces d'intérêts que le roi a dans cette affaire, pour écarter cette idée dangereuse qu'il avoit trouvée répandue dans les écritures précédentes du sieur Pellot, que la décision en étoit indifférente pour le roi , qui devoit, disoit-on, gagner d'un côté ce qu'il pouvoit perdre de l'autre.

Le sieur Pellot s'est attaché à combattre avec plus d'étendue que de succès ces différentes espèces d'intérêts, que le procureur-général ne répétera point dans cet endroit.

L'intérêt de vérité, a-t-il dit, ne devoit pas engager le procureur-général à intervenir dans cette affaire, comme s'il y avoit une autre voie de soutenir cet intérêt dans les affaires où il s'agit du domaine de la couronne, que l'intervention du procureur-général du roi, et comme si de simples conclusions pouvoient suffire en pareil cas.

L'intérêt de l'ordre féodal, que le sieur Pellot prétend ne souffrir aucune atteinte, quand on adjuge à un fief la mouvance qui dépend d'un autre fief, ne subsiste pas moins en son entier, malgré cette réponse ; quand la cause s'agiteroit entre deux fermiers ou entre deux engagistes du domaine , le procureur-général ne seroit pas moins obligé d'intervenir pour défendre l'ancien ordre et la distinction primitive des fiefs, et pour ne pas souffrir une confusion qui paroît indifférente dans un temps, mais qui devient souvent d'une grande conséquence dans un autre.

L'intérêt de l'ordre public, supérieur encore à l'ordre féodal , n'a pas été combattu heureusement par le sieur Pellot ; il a confondu, par une espèce de pétition de principe, la justice de l'intérêt du roi , avec cet intérêt même. Il ne s'agissoit point dans l'observation préliminaire que le procureur-général a faite par sa requête, de savoir si l'intérêt du roi étoit bien ou mal fondé ; c'est ce que l'on a traité dans la suite de cette requête : mais il étoit uniquement question de faire voir que le roi avoit un intérêt réel dans cette affaire, ce qui suppose toujours à l'égard du roi, comme à l'égard de toute autre partie , qu'on établira dans la suite la justice de son intérêt. Si le procureur-général vouloit avancer que le sieur Pellot n'a point d'intérêt dans cette contestation, et que pour le prouver il s'attachât à faire voir que son droit est

25 *

mal fondé, le sieur Pellot répondroit sans doute en ce cas que son intérêt est évident puisqu'il réclame une mouvance qu'il lui est avantageux de conserver, et que c'est à lui de prouver ensuite que son intérêt est juste et bien fondé; il doit donc s'appliquer la même réponse quand il fait une objection si peu solide au procureur-général, qui par cette raison ne répondra rien en cet endroit aux raisonnemens du sieur Pellot, parce qu'il les réfutera en traitant ce qui regarde la seconde question de cette affaire, où ces raisonnemens auroient été beaucoup mieux placés.

La première réponse que le sieur Pellot a faite à ce que le procureur-général avoit dit touchant la quatrième espèce d'intérêt que le roi a dans cette affaire, c'est-à-dire, *un intérêt d'utilité et de profits de fief*, paroîtra encore plus extraordinaire à la cour : « ces profits, dit-il, appartiennent aux fermiers du domaine ; » par conséquent, au contraire, le roi y a intérêt puisque le fermier ne peut perdre le droit utile et, pour ainsi dire, les fruits d'une mouvance contestée, sans que le propriétaire en perde le fonds; c'est une conséquence si juste et si nécessaire, qu'elle n'a pas besoin d'être expliquée ; autrement toutes les fois qu'un seigneur particulier qui auroit affermé les droits utiles de son fief, voudroit réclamer un des vassaux dépendans de ce fief, on lui fermeroit la bouche avec le raisonnement qu'on veut opposer au roi dans cette cause : mais le procureur-général pécheroit contre les principes, s'il s'arrêtoit plus long-temps à réfuter cette première réponse.

La seconde réponse, presqu'aussi singulière, que le sieur Pellot tire d'une prétention d'indemnité contre le roi, prétention peu liquide et qui apparemment ne le sera jamais, dont il veut néanmoins faire une compensation avec tous les intérêts que le roi peut avoir dans ce combat de fief, sera détruite par le procureur-général lorsqu'il retouchera ce qui regarde la deuxième question à laquelle seule cette prétention peut être rapportée; car, si le procureur-général prouve dans la première question;

que le fief des Londes n'a jamais relevé du domaine de Ruberey, le sieur Pellot conviendra sans doute lui même que le roi ne doit pas l'indemniser d'une mouvance qui ne dépend point du fief que le roi lui a vendu.

Après avoir ainsi rétabli dans toute sa force l'observation préliminaire, que le procureur-général a faite dans sa première requête, il reprendra le même ordre qu'il y a suivi, et il entrera dans l'examen des objections que le sieur Pellot a faites sur la première question que ce combat de fief a fait naître.

PREMIÈRE QUESTION.

Le fief des Londes est-il anciennement mouvant du domaine de Ruberey ou de la vicomté de Bayeux?

Le procureur-général a divisé en trois parties ce qu'il a dit sur cette première question : *l'explication* de quelques termes équivoques; *l'analyse* des trois principaux titres; *les conséquences* qui en résultent. Le sieur Pellot a combattu chacune de ces trois parties séparément ; il faut commencer par ce qui regarde la première.

Explication de quelques termes importans employés dans les titres produits par les parties.

Ces termes sont ceux de *vavassorie* ou *vavas-sourie*, et de *fié-ferme*.

Le sieur Pellot a fait sur le premier de ces termes une dissertation plus curieuse qu'utile, pour faire voir que, s'il étoit nécessaire, il pourroit montrer quelle étoit l'ancienne distinction des vavassories nobles et des vavassories roturières, des fiefs nobles et des fiefs roturiers, de l'hommage lige et de l'hommage simple ; d'où il concluroit, en faisant l'application de ces notions générales à la qualité singulière du fief des Londes, que ce fief n'étoit originairement qu'un domaine ignoble et une vavassorie roturière.

Le procureur-général croit aussi que si cette discussion étoit nécessaire pour la défense de la cause du roi, il pourroit aisément combattre et les principes de la dissertation du sieur Pellot, et l'application qu'il en fait ; mais, comme le sieur Pellot finit sa dissertation par une déclaration sincère qu'il est indifférent pour la décision de la cause, que l'on regarde le fief des Londes comme une vavassorie noble dans son origine, ou qu'on le considère comme une simple vavassorie roturière , le procureur-général ne croit pas devoir le suivre dans cette digression , et il se contentera d'observer que de tout ce qui a été dit de part et d'autre sur ce sujet, il résulte deux conséquences certaines , qui confirment pleinement l'explication que le procureur-général a donnée au terme de vavassorie par rapport au fief des Londes.

L'une, que dans le droit, de l'aveu même du sieur Pellot, on reconnoît en Normandie qu'il y a deux sortes de vavassories, l'une noble, l'autre roturière; et que par conséquent le terme seul de vavassorie ne peut servir à faire voir que le fief des Londes ait été dans son origine un domaine roturier, ou, pour se servir des expressions de l'ancienne coutume de Normandie , *un ténement vilain*.

L'autre, que dans le fait, tous les caractères qui peuvent distinguer une vavassorie noble d'une vavassorie roturière , se réunissent ici en faveur du fief des Londes.

On ne retracera point ici ces différens caractères, qui ont été suffisamment marqués dans la première requête du procureur-général; on y ajoutera seulement deux observations:

L'une, que le terme *de franche vavassorie*, qui est le premier de ces caractères , ne signifie point une roture affranchie, comme le sieur Pellot l'a prétendu, dans le temps que lui-même regarde la vavassorie

des Londes comme une terre si peu affranchie, qu'il
relève avec une attention infinie la rente et les services dont ce fief a été chargé ; ce terme s'entend
donc naturellement de la noblesse du fief, et il est
visible qu'on l'a employé dans les actes de foi et
hommage, pour empêcher qu'on ne confondît la vavassorie dont il s'agit avec les vavassories roturières,
que l'usage a aussi reçues dans la province de Normandie.

L'autre, que le sieur Pellot a cru avilir l'hommage
lige, qui est pour ainsi dire le second titre de noblesse du fief des Londes, en disant que c'étoit l'hommage de la condition *la plus dure et la plus servile;*
mais, pourvu qu'on écarte ces expressions peu convenables, c'est au contraire ce qui l'ennoblit : le sieur
Pellot n'a pas pris garde que ce qu'il appelle un plus
grand degré de servitude, n'est qu'un plus grand
degré de fidélité, qui, suivant les véritables notions
des fiefs, élève le vassal à mesure qu'elle resserre
les nœuds qui attachent sa personne à celle de son
seigneur.

Est-il aisé après cela d'éluder les caractères qui
distinguent le fief des Londes, en disant, comme le
sieur Pellot l'a fait, que l'usurpation a décoré ce fief
de ces prérogatives étrangères à son origine ?

Mais, si on lui demande quelles sont les preuves
de cette usurpation, il répond qu'il y en a deux
invincibles.

L'une est la disposition de l'ancienne coutume de
Normandie, qui n'admet aucun droit de garde dans
les vavassories. A-t-il donc oublié ce qu'il a reconnu
dans un autre endroit de sa requête, qu'il y avoit
des vavassories nobles, comme des vavassories roturières ; et n'a-t-il pas dû remarquer que ce que
l'ancienne coutume de Normandie dit dans l'endroit
qu'il cite, ne s'entend que des vavassories roturières,
comme les termes, *ou tout autre ténement vilain,*
qui suivent celui de *vavassorie* dans cet endroit de
l'ancienne coutume, le prouvent manifestement.

L'autre est le papier de recette de 1316, qu'il

appelle toujours papier terrier, et qui, selon lui,
prouve la roture du fief des Londes par les rentes
et les corvées dont il est chargé; comme si, sans
accumuler ici un grand nombre d'exemple de fiefs
très-nobles chargés de pareils devoirs, on ne trouvoit pas dans ce mémoire même, au folio 20, un
membre d'un fief de haubert, c'est-à-dire de la plus
noble espèce des fiefs en Normandie, chargé de huit
sous de rente; comme si le sieur Turgot ne lui avoit
pas fait voir, par l'autorité de tous les commentateurs
de la coutume de Normandie, et par les premiers
principes des fiefs, que ces sortes de charges n'étant
qu'accidentelles au fief, n'en constituent point la nature; comme si, enfin, les charges de cette espèce
auxquelles le fief des Londes a été assujetti, et qui
peuvent y avoir été ajoutées par des réunions de
rotures ou d'autres fiefs moins nobles, pouvoient
effacer les différens caractères que l'on vient de relever, et qui en attestent si clairement la noblesse.

A la vérité, si les actes de foi et hommage du fief
des Londes portoient seulement que ce fief se relève
*par certain nombre d'acres et par quelque somme de
deniers*, ce seroit alors que le sieur Pellot emploieroit avec plus de succès l'autorité de Bérault sur
l'art. 100 de la coutume de Normandie, pour en
conclure que ce fief n'est qu'un ténement roturier;
mais, quand on voit d'abord un fief appelé *vavassorie
franche*, un fief *tenu à hommage lige*, un fief *qui a
cour et usage*, un fief *qui tombe en garde*, oubliera-
t-on, ou effacera-t-on d'un seul trait de plume tous
ces titres de noblesse, parce qu'on trouvera ensuite
que ce fief est chargé de quelques services et d'une
rente seigneuriale?

L'explication du terme *de fié-ferme* que le procureur-général avoit cru devoir donner dans sa première
requête, n'a pas été moins combattue par le sieur
Pellot que celle du terme *de vavassorie*.

On ne le suivra point dans le progrès de la jurisprudence féodale, qu'il explique en cet endroit pour
en conclure que, parce que les fiefs, autrefois usagers,

sont ensuite devenus perpétuels, ce terme de *fié-ferme*
ne signifie qu'un fief durable, par la volonté ferme
et constante du seigneur, qui en accordoit l'investiture à perpétuité à l'exemple *des mains-fermes*,
terme dont on s'est servi dans un certain âge pour
en exprimer les conventions perpétuelles.

Ce n'est pas par des étymologies inventées avec
esprit, ni par une convenance, souvent fortuite, des
anciens mots avec nos idées présentes, que l'on doit
juger de leur véritable signification; c'est l'autorité
de l'usage, et non pas celle de notre esprit qui en
décide souverainement. Or, cette autorité ne se peut
trouver que dans les anciens titres dans lesquels on
voit non-seulement le nom, mais la chose même que
le nom désigne, ou dans les anciens praticiens qui,
pleinement instruits de l'usage de leur siècle, nous
ont conservé la véritable valeur des mots qu'un
âge postérieur a souvent très-mal connu.

Le procureur-général avoit cru que le premier
genre d'interprétation lui suffisoit pour, fixer le sens
du terme de *fié-ferme*; et il s'étoit servi de l'autorité d'un ancien titre, qui montre si clairement que ce
terme signifioit un bail ou une ferme à longues années, qu'il ne croyoit pas que l'on pût après cela
vouloir y donner une signification étrangère; et en
effet, le sieur Pellot qui s'est jeté sur ce point dans
des dissertations peu nécessaires, n'a pas répondu un
seul mot à l'autorité de ce titre.

Mais, puisqu'il ne se rend pas encore à une autorité qu'il n'ose pas même combattre, le procureur-
général y ajoutera, par surabondance et sans aucune
nécessité, le second genre d'interprétation du mot de
fié-ferme; c'est le témoignage des anciens praticiens.

Nous n'en avons guère de plus ancien que Britton, qui est mort en l'année 1275, et quoiqu'il fût
anglais, son autorité n'en doit être que plus grande,
à cause de la grande conformité des anciennes
mœurs de la Normandie avec les anciens usages de

l'Angleterre, où personne n'ignore que Guillaume
le conquérant ne porta pas moins ses lois que ses
armes.

Fiés-fermes, selon la définition de cet auteur, *sont
terres tenues en feé, à répondre pour eux par an le
verrey value, ou plus ou moyns ; de laquelle rente
si les feffés cessent à répondre par deux ans ensemble, par taunt acrest auiers as fessours ou à
leurs heirs, à demander leur ténement en domaine ;
des queux ténements ne poient étre demandés hommages, ne gardes, ne mariages, ne reliefs, sans
especialité de escrit* (1).

Cette définition n'est, à proprement parler, qu'une
espèce de paraphrase de la définition plus courte que
le procureur-général a donnée de la fié-ferme dans
sa première requête, lorsqu'il a dit que la fié-ferme
étoit un héritage noble ou roturier affermé à longues
années : car on ne doit pas conclure de ces mots,
tenues en feé, qu'il soit essentiel à *la fié-ferme* d'être
tenue en fief. Le sieur Pellot, qui a fait lui-même la
distinction du fief noble et du fief roturier, qui a cité
le passage de Littleton, où l'on voit que *feudum idem
est quod hæreditas*, et dont le défenseur n'ignore pas
que Cowel, autre jurisconsulte anglais, dit que le
terme de *fieffement, feoffamentum* ne signifioit souvent qu'une simple donation, *sæpè simplex donatio*(2),
ne tirera pas sans doute cette conséquence du terme
de feé, ou fié, qui se trouve dans la définition de
Britton ; mais s'il vouloit abuser de cette expression,
il suffiroit de le renvoyer à Britton même, qui est
sans doute le meilleur interprète de sa définition, et
qui marque en l'achevant que l'on ne peut demander
hommage ni gardes, ni reliefs de cette espèce de
ténement, qu'il nomme fié-ferme, à moins qu'il n'y
en ait une convention spéciale par écrit, *sans especialité de escrit.*

(1) Chap. 66 des gardes.

(2) Instit. lib. 2, tit. 7, §. 2.

Les praticiens normands sont parfaitement d'accord avec les anglais sur la véritable nature de la *fié-ferme*.

Terrien, le plus ancien commentateur de la coutume de Normandie, et dont le sieur Pellot a lui-même fait valoir l'autorité, dit qu'il *y a deux manières de fermes, dont l'une est dite ferme muable, qui est baillée à certaines années et se mue de temps en temps,* laquelle est *plus communément reçue en usage,* et l'autre est appelée *fié – ferme,* comme ferme fieffée et baillée à perpétuité; il compare ensuite la *fié-ferme* à l'emphytéose, et il ajoute enfin que ces sortes de fermes étoient nobles ou roturières, *selon la qualité de la terre qui étoit baillée à ferme* (1).

Ainsi, selon Terrien, dans le nom composé de *fié-ferme,* le terme de *ferme* est le genre, et celui de *fief* est la différence; au lieu que le sieur Pellot veut que ce soit au contraire le terme de *fief* qui soit le genre, et que le mot de *ferme* ne soit ajouté que pour faire sentir que cette espèce de concession est ferme et durable, et la distinguer par là des anciennes concessions de fief qui n'étoient qu'à vie; idée nouvelle et singulière, dont on ne voit pas que le sieur Pellot puisse trouver le moindre vestige dans tous les auteurs qui ont parlé des *fiés-fermes:* bien loin donc que ce soit le mot de *ferme* qui marque la stabilité de cette espèce de concession, c'est au contraire celui de *fief* qui en exprime la durée, par la signification que les Anglais, aussi bien que les Normands, avoient attachée au mot *de fieffer,* ou de *fieffement,* qui dans *leur usage,* veut dire une concession *à perpétuité,* ou à longues années, encore qu'elle ne soit pas faite en forme de véritable fief.

Mais c'est peut-être s'égarer trop long-temps dans les routes obscures de l'antiquité. Le procureur-général du roi emploieroit encore plus inutilement

(3) Liv. 7, chap. 9.

son temps, s'il vouloit s'attacher à réfuter en détail tout ce que le sieur Pellot a cru devoir dire dans sa réponse, pour faire voir que les mouvances des fiefs sont comprises dans les baux emphytéotiques, et que l'emphytéote est en droit d'exiger l'hommage des vassaux du fief dont il jouit, parce qu'il a le domaine utile, et qu'il est *loco domini.* C'est à quoi se réduisent toutes les autorités que l'on trouve en grand nombre dans cet endroit de l'avertissement du sieur Pellot. Aucun de tous les auteurs qu'il cite ne dit que le bail emphytéotique d'un fief renferme de droit les mouvances des arrière-fiefs, lorsqu'elles ne sont pas expressément comprises; et à l'égard de la prétendue maxime générale, *Valet argumentum à feudo ad emphyteosim*, il suffit de renvoyer le sieur Pellot à M.ᶜ Charles Dumoulin, sur l'art. 1 du tit. 1 de l'ancienne coutume de Paris, Gloss. 5, n. 78, 79, 80, où ce grand jurisconsulte démontre clairement la fausseté de cette règle.

Une règle bien plus certaine, est que de droit commun celui qui n'est point en foi et qui n'y peut être ne sauroit l'exiger; cette règle ne souffre d'exception qu'à l'égard du roi; mais dans tout autre cas, il faut être vassal pour être seigneur, et quiconque ne tient point sa terre en fief ne peut avoir des vassaux qui relèvent de lui. La rigueur de ce principe a été portée si loin par la coutume de Clermont-en-Beauvoisis (art. 79) et par plusieurs de nos jurisconsultes qui s'appuient même de l'autorité d'un arrêt de l'année 1561, qu'ils ont établi pour règle que le vassal qui n'étoit pas encore entré en foi ne pouvoit pas faire saisir féodalement les fiefs de ses vassaux. Mais, sans approfondir cette question étrangère, il est au moins certain que celui qui n'est point dans la suite de la gradation féodale, et qui est, pour ainsi dire, un étranger dans l'ordre des fiefs, ne peut ni exiger, ni recevoir la foi; or tel étoit de droit commun l'état des possesseurs des *fiés-fermes*, comme Britton le marque expressément, lorsqu'il dit qu'ils ne devoient ni *hommages*, ni *ma-*

riages, ni *reliefs;* tel est même celui des simples emphytéotes, suivant la décision de l'art. 171 de la coutume de Meaux, qui est peut-être la seule coutume du royaume où l'on ait prévu ce cas, et qui décide expressément que, s'il n'y a point de démission de foi, l'emphytéote ne peut être regardé comme vassal, d'où il est aisé de conclure qu'il ne peut aussi être considéré comme seigneur.

Le procureur-général pourra retoucher encore cette notion générale, quand il répondra aux objections qui regardent les conséquences qu'il a tirées du mot de fié-ferme; il suffit à présent d'avoir pleinement confirmé l'idée qu'il en a donnée, et il se reproche même le temps qu'il a employé à l'éclaircir, parce qu'elle n'est pas absolument nécessaire pour la défense de la cause du roi, comme on le verra dans l'examen des titres où l'on achévera de répondre à quelques objections que le sieur Pellot en a tirées par rapport à la nature des fiés-ferme.

ANALYSE DES TITRES PRODUITS PAR LES PARTIES, PAR RAPPORT A LA MOUVANCE DU FIEF DES LONDES.

Terrier ou *Mémorial de* 1316.

Toutes les nouvelles observations du sieur Pellot sur ce papier de recette, auquel il donne des éloges si magnifiques, mais qui ne peuvent en changer la nature, paroissent tellement détruites par avance dans la première requête du procureur-général, qu'il n'a presque rien à y ajouter; car s'arrêteroit-il à prouver que le sieur Pellot n'a pas raison de supposer que si la face de l'affaire étoit changée, et si le roi possédoit encore le domaine de Ruberey, le procureur-général changeroit aussi de langage et s'attacheroit à faire valoir l'autorité du mémorial de 1316? De pareilles suppositions coûtent aussi peu à réfuter qu'à avancer; et s'il étoit convenable au ministère du procureur-général de chercher à égayer son style à l'exemple du défenseur aussi ingénieux que savant,

dont le sieur Pellot a fait choix, il diroit avec beaucoup de raison que c'est là ce qu'on peut appeler un
tour d'éloquence.

Mais, après lui avoir fait l'honneur qu'il mérite, le
procureur-général se renfermera pour toute réponse
sur cet article, dans une réflexion générale, qui développera encore davantage la nature du mémorial
de 1316, et qui achevera de répondre aux inductions
que le sieur Pellot en a tirées.

Quelque faveur qu'il veuille concilier à cette pièce,
plus on l'examinera attentivement, plus on reconnoîtra
qu'elle a ces trois caractères :

Le premier est qu'elle n'est en effet qu'un papier
de recette, dont on voit même que chaque chapitre
a été calculé à la fin séparément, et qui, par conséquent, n'a été fait que pour servir d'instruction à
des fermiers ou à des receveurs du domaine de Bayeux;
ainsi l'objet principal, ou plutôt l'unique objet d'une
telle pièce, a été de chercher exactement toutes les
redevances qui pouvoient être dûes au roi dans ce
domaine, qu'on a distinguées par différentes *fermes,*
et non pas d'examiner scrupuleusement les mouvances
ni les chefs-lieux de ces mouvances dont il n'étoit
nullement question dans cette recherche.

Le deuxième est qu'on ne voit pas même qu'il y ait
aucune forme publique, qui assure la vérité et la
fidélité de ce mémoire; on n'y trouve, ni ordonnance
de justice qui l'ait précédé, ni signature d'aucun
officier qui l'ait attesté; c'est seulement ce que dans
certains lieux on appelle *un lieve,* dans d'autres un
papier censier, ou *cueilleret,* qui ne tire sa force
que du dépôt où il est, et qui, pour parler le langage
du sieur Pellot, n'est respectable que par ses rides;
mais qui ne le peut être que par rapport à son objet,
c'est-à-dire par rapport à l'énumération des cens et
redevances dont les fermiers du roi étoient en possession dans l'étendue du domaine de Bayeux.

Le troisième enfin, est qu'aucun vassal du roi n'a été
présent à cette énumération ; elle a été faite sans contradicteur légitime, même de la part du roi, et il

seroit fort extraordinaire de supposer que par un mémoire de cette nature, en l'absence des vassaux et sans
qu'on voie que les officiers du roi l'aient approuvé,
un fermier, ou un receveur, eût pu fixer irrévocablement le chef-lieu des mouvances, quoiqu'il n'en
fût pas question dans une pièce de cette qualité.

On laisse à juger après cela si un tel mémoire peut
entrer en parallèle avec des actes de foi et hommage
et des aveux, c'est-à-dire avec des titres faits exprès
pour assurer l'état des mouvances, avec des titres
authentiques, enfin avec des titres contradictoires
entre le roi et ses vassaux; ce sont donc ces titres véritablement décisifs qu'il faut examiner avec attention,
sans entrer dans la discussion aussi inutile qu'ennuyeuse du détail d'un papier de recette, par lequel
il est inouï qu'on ait voulu établir une mouvance, si
ce n'est au défaut de tous autres actes.

Aveu de 1413.

Après avoir bien lu et relu tout ce que le sieur
Pellot a dit sur ce sujet pour répondre à la requête
du procureur-général du roi, il croira remplir pleinement son ministère en disant que pour toute réponse, il supplie la cour de vouloir bien relire l'endroit
de sa requête, où il a traité de ce qui regarde cet aveu;
toutes les objections du sieur Pellot y ont été détruites
par avance; tout l'esprit et toute la capacité de son
défenseur ne peuvent faire voir à la cour, ni qu'il soit
dit dans cet aveu que le fief des Londes soit mouvant
de Ruberey, ni qu'il y ait aucune incompatibilité à
supposer que l'hommage de ce fief fût dû au château
de Bayeux, et que le paiement de la redevance dont
le fief étoit chargé se fît à Ruberey. Le partage des
prévôtés établies dans chaque bailliage a suivi l'ordre
des justices et non pas celui des fiefs (c'est une réflexion importante qui échappe en cet endroit, malgré
la résolution que le procureur-général avoit prise de
ne rien ajouter à sa première requête); or, comme

les prévôtés se donnoient autrefois à ferme, le partage des fermes d'une même seigneurie telle que la
vicomté de Bayeux, a eu pour modèle la distribution ou la division des justices; de là vient que le
paiement des rentes a été souvent assigné dans un
lieu différent de celui où se rendoit l'hommage, et
c'est ce que l'aveu de 1413 fait assez entendre, quand
il porte que la rente dont le fief des Londes étoit
chargé se payoit *au fermier ou au prévôt de la fie-*
ferme de Ruberey; ainsi, de la même manière que,
suivant la maxime ordinaire, fief et justice n'ont rien
de commun, il ne doit pas paroître plus surprenant
que le paiement d'une rente qui a suivi la justice,
parce qu'elle tomboit dans la ferme de la prévôté,
ait été transporté dans ce même lieu; voilà le dénoûment bien simple et bien naturel de toutes les difficultés que le sieur Pellot accumule en cet endroit,
sur la prétendue indivisibilité du lieu du paiement
de la rente, et du lieu de la prestation de l'hommage; enfin, quelque étendue qu'on donne aux objections du sieur Pellot sur ce point, il est évident
qu'elles ne peuvent former qu'un doute, et c'est ce
qui engage nécessairement à chercher une décision
dans les titres postérieurs.

Le procureur-général remarquera seulement, en finissant ce qui regarde cet aveu, qu'il n'y est nullement
dit que les treizièmes du fief des Londes fussent dûs
au roi à *cause de Ruberey*, comme le sieur Pellot l'a
voulu faire entendre; ces mots s'appliquent uniquement dans l'aveu à la prestation de la rente de 5 sous;
c'est une vérité de fait qui détruit toutes les conséquences qu'on a voulu tirer du fait contraire.

Aveu de 1453.

Comme ce titre répand une lumière infinie dans
cette affaire, qu'il autorise toutes les distinctions que
le procureur-général a faites, et qu'il élève ses conjectures jusqu'au degré d'une preuve parfaite, il ne

faut pas s'étonner de tous les efforts que le sieur Pellot a faits pour le combattre.

Ils se réduisent néanmoins au parallèle qu'il fait de l'aveu de 1413, avec celui de 1453 entre lesquels il trouve jusqu'à sept différences, qui sont selon lui comme autant de titres de préférence en faveur de l'aveu de 1413.

Une seule réponse générale pourroit suffire pour détruire entièrement cette induction : elle n'est fondée que sur une pure pétition de principe. Le sieur Pellot raisonne toujours comme s'il avoit prouvé que l'aveu de 1413 attache clairement au domaine de Rubercy la mouvance du fief des Londes; si ce principe étoit véritable, il auroit raison de dire que l'aveu de 1453 est contraire à celui de 1413, et que dans le combat de ces deux aveux, il est nécessaire de comparer l'un avec l'autre pour décider entr'eux de la préférence; mais comme l'aveu de 1413 ne porte point expressément que le fief des Londes soit tenu à foi et hommage de Rubercy, et que rien n'est plus foible que l'induction par laquelle le sieur Pellot veut trouver ou suppléer dans cet aveu ce qui n'y est pas, la comparaison exacte qu'il fait des deux aveux dont il s'agit, est inutile pour décider entr'eux de la préférence, puisqu'ils n'ont rien de contraire, que le dernier ne fait que développer le premier, et que l'un dit, si l'on peut parler ainsi, ce que l'autre faisoit penser.

Cependant, pour ne rien négliger dans la défense des droits du roi, le procureur-général suivra le sieur Pellot dans le détail du parallèle qu'il a fait de l'aveu de 1413 avec celui de 1453.

Première différence,

Qui en comprend deux, que le sieur Pellot paroît avoir jointes ensemble.

L'un est le premier, l'autre est le deuxième; l'un est solennel, parce qu'il est rendu en jugement;

l'autre, moins authentique, n'est qu'un acte passé par-devant deux notaires.

Réponse.

A l'égard de la priorité de l'aveu de 1413, ce seroit traiter un lieu commun assez inutile, que d'examiner ici en général laquelle des deux maximes contraires doit prévaloir, ou celle qui veut que dans le doute on ait recours aux plus anciens titres, comme le fondement et l'original des titres suivans, ou celle qui établit que les titres postérieurs dérogent aux titres précédens, auxquels on peut dire qu'ils servent d'interprètes.

Une attention médiocre suffit pour faire voir qu'en cette matière, comme dans presque toutes celles de jurisprudence, toute règle générale est dangereuse.

Lorsque le titre le plus ancien est aussi le plus clair, on ne doit pas douter que ce ne soit sur ce modèle qu'il faille réformer tous les autres titres, surtout en matière féodale, où les titres sont toujours d'autant plus respectables, qu'ils approchent plus près de la source, c'est-à-dire de la première investiture.

Mais lorsque le titre le plus ancien n'est pas clair, lorsque l'on y trouve des omissions considérables, lorsqu'il faut suppléer à ces omissions par des argumens qui ne forment que des conjectures, et qui, comme on l'a déjà dit, font naître un doute et ne le résolvent pas, pourroit-on soutenir qu'un titre postérieur dans lequel on trouve une clarté et une évidence entières, ne doit pas l'emporter sur le premier, dont il devient en ce cas le véritable et le seul fidèle interprète ?

En un mot, toutes choses égales, l'antiquité doit être respectée et préférée à la nouveauté ; mais entre la priorité qui est pour le premier titre, et la clarté qui est pour le second, ce seroit fermer les yeux à la lumière et vouloir demeurer toujours dans l'obscurité, que de rejeter un titre, quoique clair et décisif, parce qu'il est plus récent, pour s'attacher à un titre douteux et équivoque, parce qu'il est plus ancien.

Tel est cependant le caractère des deux titres que l'on se plaît à opposer l'un à l'autre, comme s'ils étoient contraires, au lieu qu'ils ne diffèrent que parce que l'un est obscur, et que l'autre est très-clair; en effet, tout ce que l'on peut accorder de plus au sieur Pellot, est que le premier titre est douteux et qu'il a besoin d'explication; mais cette explication se trouve dans le second avec des traits que rien ne peut obscurcir. La justice peut-elle hésiter après cela entre ces deux titres, ou plutôt ne les regardera-t-elle pas comme deux titres qui se réunissent, et dont le dernier est, pour ainsi dire, le commentaire et le supplément du premier par rapport au chef-lieu de la mouvance?

La différence que le sieur Pellot veut tirer dans la même observation de la solennité des deux actes, pour donner la préférence au premier, mérite encore moins d'attention.

Il est vrai que le premier est rendu en jugement par-devant le prévôt de Paris, et que le second est passé par-devant notaires; mais il n'y a aucune loi qui détermine la forme des aveux et dénombremens; on peut les rendre en jugement, on peut les passer par-devant notaires, on peut même les faire sous signature privée, ou sous le simple sceau du vassal, et c'est la forme la plus ancienne; la force de ces sortes d'actes consiste uniquement dans la présentation qui s'en fait au seigneur féodal, et dans l'approbation qu'il leur donne; il est vrai seulement que s'il se trouvoit un contradicteur légitime de la part du seigneur, lorsqu'on les présente en jugement, la forme en seroit plus parfaite que celle d'un acte passé par-devant notaires, parce que la présence et le silence de ce contradicteur pourroit passer au moins pour une réception tacite de l'aveu; mais le sieur Pellot n'a pas pris garde que l'aveu de 1413, quoique rendu en jugement, n'est point rendu en présence du substitut du procureur-général du roi; on n'y

26 *

trouve donc pas plus de contradicteur légitime que
dans celui de 1453, qui est passé par-devant notaires; car on ne dira pas sans doute que le juge
même, devant qui le premier aveu a été rendu, dût
en devenir le contradicteur, et faire la fonction de
partie publique en même temps que celle de juge.

Ainsi, à parler correctement, ni l'un ni l'autre de
ces aveux n'est contradictoire, au moins dans leur
principe; mais l'un et l'autre le sont également devenus dans la suite, par le dépôt qui en a été fait
sans contradiction dans les archives du seigneur suzerain, c'est-à-dire du roi : ainsi la forme de ces deux
aveux est égale, quoiqu'elle ne soit pas la même,
et l'un n'a rien de plus authentique que l'autre.

Que devient donc après cela cette réflexion du sieur
Pellot que le seigneur du fief des Londes n'avoit
point de contradicteur dans le deuxième aveu, et que
c'est par cette raison qu'il y a déclaré que son fief
étoit mouvant du château de Bayeux; il n'avoit pas
plus de contradicteur dans le premier que dans le
second, comme les actes mêmes le font voir; ainsi
cette conjecture n'a pas même un fondement vraisemblable. Ce qu'il ajoute de l'équivoque qu'il prétend qu'on a faite dans cet acte n'est pas moins singulier : en déclarant que le fief des Londes étoit tenu
du roi à foi et hommage à cause de son château de
Bayeux, on n'a voulu dire autre chose, selon le sieur
Pellot, sinon que ce fief étoit situé dans la vicomté de
Bayeux. Une pareille interprétation ne mérite aucune
réponse.

Le procureur-général ne s'arrêtera pas non plus à
combattre sérieusement ces idées d'ambition et d'usurpation, par lesquelles le sieur Pellot veut répandre
un soupçon sur l'aveu de 1453; à qui pourra-t-on
persuader que Ruberey et le château de Bayeux
étant également entre les mains du roi, le vassal ait
voulu se soustraire à la mouvance de l'un, pour se
mettre dans la dépendance de l'autre, comme s'il
ne trouvoit pas également le roi de l'un et de l'autre
côté, ou comme si le roi eût voulu usurper un vassal

sur lui-même? Ce n'est qu'avec peine que le procureur-général emploie un temps qu'il doit au public à réfuter des conjectures si peu vraisemblables ;
il se hâtera donc après cela de parcourir les autres
différences, qui ne sont pas plus essentielles.

Seconde différence.

Le premier est plus long et plus exact que le dernier; l'un contient les rentes dûes au fief des Londes,
l'autre ne parle que des domaines.

Réponse.

C'est un blâme qu'on auroit pu fournir avant que
de recevoir ce second aveu, mais qui n'en diminue
point l'autorité pour tout ce qui y est exprimé; on ne
l'a même point blâmé par cet endroit depuis qu'il a
été mis dans le dépôt de la chambre des comptes,
c'est-à-dire depuis plusieurs siècles; et il ne faut dans
le droit commun, que quarante jours de silence pour
faire regarder un aveu comme reçu ; enfin, on verra
par la suite des objections du sieur Pellot même,
que si ce dernier aveu est moins détaillé en quelques
articles que le premier, il y en a d'autres réciproquement où il est plus étendu.

Troisième différence.

L'aveu de 1413 marque seulement que le fief des
Londes étoit composé de manoir, cour et jardins; le
deuxième porte qu'il y avoit cour et usage; et sur
ce fondement on charge encore les idées d'entreprise
et d'usurpation que le sieur Pellot a déjà touchées.

Réponse.

Cette observation prouve ce que le procureur-général vient de dire, que le second aveu est plus dé-

taillé en certains points que le premier; il faudroit
n'avoir jamais vu d'aveux, pour ne pas savoir qu'il
arrive souvent que les uns sont plus étendus et plus
détaillés que les autres, selon le degré d'attention
et d'exactitude de ceux qui les rendent, ou de ceux
qui les rédigent par écrit : le terme de cour, employé
dans le premier aveu, étoit équivoque, on l'a expliqué
et déterminé par le second; qu'y a-t-il en cela d'extraordinaire? Le seigneur suzerain, c'est-à-dire le roi
ou ses officiers, pouvoient blâmer cette explication
s'ils l'avoient trouvée nouvelle et ambitieuse; ils ne
l'ont pas fait, *donc* ce second aveu est suspect : la
cour jugera de la justesse de la conséquence.

Quatrième différence.

Le premier aveu porte que les droits de treizième
sont dûs; le deuxième n'en fait pas mention.

Réponse.

C'est sans doute une omission dans le second, mais
une omission indifférente, parce que le droit commun
de la province de Normandie, qui assujettit tous les
fiefs au droit de treizième en cas de vente, supplée
à ce défaut d'expression : la loi est le contrat commun,
suivant l'expression des jurisconsultes, *lex est com-
munis sponsio;* et pour parler encore comme eux,
quæ sunt mortis et consuetudinis tacitè insunt; ainsi
toute la différence qui est entre ces deux aveux,
est que l'un a exprimé ce que l'autre a supposé comme
suffisamment établi par le droit commun.

Cinquième différence.

Dans le premier aveu il n'est point parlé de relief,
dans le deuxième il est dit qu'il est dû dix sous de
plein relief pour toutes choses; c'est encore, dit-on,

une usurpation indubitable ; ce sont les termes mêmes du sieur Pellot.

Réponse.

Il n'est pas vrai, comme on l'avance, que le premier aveu ne fasse aucune mention du relief ; il en parle comme le second, et il fait une mention expresse de l'abonnement ou de l'évaluation de ce droit à dix sous : *et si relève icelle vavassorie par dix sous tournois pour plein relief ;* ce sont les expressions de l'aveu de 1413.

La seule différence qu'il y ait sur ce point entre cet aveu et celui de 1453, est que le dernier, après avoir marqué qu'il est dû *dix sous de plein relief,* ajoute ces mots, *pour toutes choses ;* termes qui marquent seulement qu'il n'est dû que dix sous de relief pour ce qui tombe en rachat, et qui sont pleinement compris dans ces mots du premier aveu, *dix sous tournois pour plein relief,* qui font assez entendre que pour tout droit de relief il n'est dû que dix sous ; la différence ne consiste donc que dans les mots, et elle ne méritoit pas d'occuper l'attention de la cour.

Sixième différence.

Le premier aveu rendu en jugement est censé reçu ; on n'en peut pas dire autant du deuxième, qui est seulement passé par-devant notaires.

Réponse.

Cette sixième différence a été pleinement discutée et suffisamment combattue en répondant à la première.

Septième différence.

Le premier aveu s'accorde avec le papier terrier

de 1316 ; le deuxième y résiste : donc le premier est préférable.

Réponse.

Il faudroit pour répondre à cette objection, reprendre ici tout ce qui a été dit sur le papier de recette de 1316 et sur le premier aveu ; mais comme on espère que la cour ne l'aura pas oublié, on la supplie d'y faire attention, et elle jugera après cela de quel poids peut être cette septième et dernière différence, qui, comme toutes les autres, se tourne à l'avantage de la pièce qu'on attaque, puisqu'elles font voir qu'on ne peut rien opposer de solide à un titre si décisif.

Titres postérieurs à l'aveu de 1453.

Le sieur Pellot oppose pour ce dernier temps un seul paiement du droit de treizième exigé en 1564, par un engagiste de Ruberey ; paiement contre lequel le duc de Ferrare, engagiste de la vicomté de Bayeux, et le procureur-général du roi, s'élevèrent d'abord, et qui est couvert par tout ce qui l'a suivi : le sieur Pellot, réduit au seul acte de possession, a fait inutilement de nouveaux efforts pour combattre et la suite des hommages du fief des Londes produits par le sieur Turgot, qui déposent tous également en faveur de la vicomté de Bayeux, et les lettres de garde royale, données par le duc de Ferrare et confirmées par Henri IV, qui ne sont pas moins décisives.

En effet, ayant pris le parti qn'il a pris de combattre les droits du roi, il ne pouvoit trop s'attacher à rompre, s'il est possible, cette chaîne de preuves qui se soutiennent mutuellement, et qui font voir que depuis 260 ans, quand on ne compteroit que depuis l'aveu de 1453, la mouvance du fief des Londes a été constamment et perpétuellement attachée au château de Bayeux.

A-t-il réussi à combattre cette longue possession?
C'est ce que la cour pourroit décider, en comparant
seulement ses écritures avec la requête du procureur-
général; et d'ailleurs les réponses du sieur Turgot
aux nouveaux argumens du sieur Pellot, semblent
avoir mis cette question au-dessus de toute difficulté :
le procureur-général se contentera donc d'y ajouter
deux réflexions, l'une sur les hommages rendus par
le sieur Turgot et ses auteurs, l'autre sur les lettres
de garde royale.

Le seul argument par lequel le sieur Pellot veut
écarter tout d'un coup cette suite importune d'hommages qui s'accordent si parfaitement avec l'aveu de
1453, et qui unissent si étroitement le dernier temps
avec l'ancien, consiste à soutenir que ces actes, postérieurs à l'ordonnance de 1566, ne sont d'aucune
conséquence, parce que, suivant cette ordonnance,
l'hommage du fief des Londes ne pouvant être reçu
par l'engagiste du domaine de Ruberey, il a bien
fallu le porter au roi; mais cet argument qu'il croit
si décisif, ne paroît néanmoins fondé que sur une
pure équivoque.

L'engagiste du domaine de Ruberey ne pouvoit
recevoir l'hommage du fief des Londes; le roi seul
pouvoit le recevoir, suivant l'ordonnance de Moulins :
ces deux propositions sont véritables; mais en quelle
qualité le roi devoit-il recevoir cet hommage, si le fief
des Londes eût été mouvant de Ruberey? C'étoit
sans doute en qualité de seigneur de Ruberey; c'est
le seul effet que l'ordonnance de 1566 pouvoit produire, et c'est ainsi que l'on en use dans tous les
domaines engagés; jamais le chef-lieu des mouvances
n'est changé par l'engagement, et l'ordonnance
de 1566 n'a jamais eu ni cet esprit ni cet effet; voilà
donc ce qui se devoit faire si le fief des Londes eût
été mouvant du domaine de Ruberey. Voyons maintenant ce qui s'est fait; en quelle qualité le roi a-t-il
reçu l'hommage de ce fief? En qualité de vicomte de
Bayeux, et non de seigneur de Ruberey; ce n'est

donc point, et ce ne peut être, l'ordonnance de 1566
qui ait produit cet effet, puisque cette loi ordonne
bien que le roi recevra l'hommage des fiefs mouvans
des domaines engagés; mais elle ne dit point, et il
seroit même absurde de le dire, que le roi recevra
cet hommage à cause d'une autre seigneurie que celle
dont le fief étoit tenu avant l'engagement; c'est donc
sans aucun fondement et même sans aucune apparence, que le sieur Pellot a voulu attribuer ce prétendu changement du chef-lieu de la mouvance à un
engagement et à une ordonnance qui sont également
incapables de produire un tel effet. Or, s'il n'y a point
eu de changement dans le chef-lieu de la mouvance,
si le changement qu'on suppose gratuitement est directement contraire à l'ordonnance même dont on se
sert pour lui donner quelque couleur, on n'a donc
fait que suivre dans les hommages du sieur Turgot,
l'état ancien dans lequel on a trouvé le fief des
Londes; et par conséquent les hommages, dont on
avoit voulu mal à propos affoiblir l'autorité, confirment pleinement la possession dans laquelle étoient
les propriétaires du fief des Londes, long-temps avant
que le domaine de Ruberey eût été engagé, de relever
du château de Bayeux.

Pour ce qui est des lettres de garde royale, le sieur
Pellot semble être aussi tombé dans une autre équivoque; il s'attache à prouver ce qui n'est point contesté, c'est-à-dire que le droit de garde royale ne
passe pas aux engagistes, sans faire peut-être trop de
réflexion aux conséquences qu'on peut tirer contre
lui de ce principe dans la deuxième question. Mais,
comme le sieur Turgot lui a très-bien répondu, il ne
s'agit pas ici de la validité des lettres de garde accordées par le duc de Ferrare, engagiste du domaine
de Bayeux; il s'agit de l'énonciation de ces lettres, qui
marque que le fief des Londes est mouvant du château
de Bayeux. Que la prétention du duc de Ferrare
pour le droit de garde royale fut bien ou mal fondée,
il importe peu de l'examiner, parce que, quoique

mal fondée, elle suppose toujours une vérité de fait, qui est que le fief des Londes étoit mouvant du château de Bayeux.

Mais d'ailleurs faut-il redire encore ici que le roi Henri IV a confirmé les lettres du duc de Ferrare, avec la même énonciation de la mouvance de la vicomté de Bayeux, et qu'ainsi le fait et le droit concourenté galement à affermir la conséquence qui résulte de ces lettres?

Ecoutera-t-on après cela le sieur Pellot, lorsqu'il oppose à des titres si respectables son adjudication de 1678, et les actes qui l'ont suivie? c'est-à-dire qu'il veut décider la question par la question même: de quoi s'agit-il dans le procès? De juger de la validité et de l'effet de l'adjudication faite au sieur Pellot, et c'est cette adjudication même et ses suites qu'il veut donner pour des actes décisifs: exposer une telle prétention, c'est l'avoir réfutée.

Conséquences qui résultent des observations précédentes.

Ces conséquences sont des suites nécessaires des vérités de fait que l'on vient d'établir et qui leur servent de principes; ainsi en affermissant ces principes, comme le procureur-général croit l'avoir fait par cette seconde requête, il en a aussi affermi les conséquences; et le sieur Pellot n'ayant combattu ces conséquences que par les mêmes raisons par lesquelles il a tâché de donner atteinte aux principes, le procureur-général n'a qu'à employer pour y répondre tout ce qu'il a établi jusqu'à présent dans cette seconde requête, comme dans la première; il croit donc avoir pleinement prouvé,

1.º Que le sieur Pellot n'a aucun titre, puisque l'induction équivoque qu'il emprunte du papier de recette de 1316, et la fausse conséquence qu'il tire de l'aveu de 1413, ne peuvent passer pour des titres.

2.º Qu'outre la présomption générale, qui seroit

toujours pour le roi au défaut des titres particuliers,
la situation du fief des Londes dans la vicomté de
Bayeux, forme encore une présomption particulière
en faveur de cette vicomté; et si le sieur Pellot, qui
remarque que, selon l'aveu de 1413, le fief des Londes
est situé dans la paroisse de Trevières, bailliage de
Caen, vicomté de Bayeux, demande auquel de ces
trois lieux, c'est-à-dire de la paroisse de Trevières,
du bailliage de Caen, ou de la vicomté de Bayeux,
l'argument de la situation sera favorable, il est aisé
de lui répondre que ce ne sera ni au lieu de Trevières, parce qu'on n'en fait mention dans cet aveu que
par rapport à la distinction des paroisses, qui n'a rien
de commun avec l'ordre des fiefs, ni au bailliage
de Caen en général, parce que la suite de l'aveu
détermine cette expression à une portion du bailliage
de Caen, c'est-à-dire à la vicomté de Bayeux; mais
que ce sera uniquement et nécessairement à la vicomté
de Bayeux, par laquelle on achève de marquer ce qui
regarde la situation du fief des Londes, comme pour
montrer que c'est à ce lieu qu'il en faut rapporter
la mouvance : tout fief situé dans cette vicomté étant
présumé en relever, tant qu'on ne prouve pas le
contraire.

3.º Qu'outre la présomption générale qui est toujours pour le roi en matière de mouvance, outre la
présomption particulière qui se tire de la situation
du fief, le roi a pour lui des titres décisifs exempts
de toute équivoque, et qui depuis deux cent soixante
ans assurent à la vicomté de Bayeux la mouvance du
fief des Londes.

4.º Que, quand il y auroit eu du doute et de l'incertitude dans le temps précédent, ce doute auroit
été pleinement levé, et cette incertitude entièrement
fixée par l'aveu de 1453, qui, comme le procureur-
général l'a dit, a trouvé ou a mis le fief des Londes
dans la mouvance du château de Bayeux.

Le sieur Pellot a fait en cet endroit de grands raisonnemens, pour prouver qu'un changement de cette

nature n'auroit pu se faire par un acte tel que l'aveu
de 1453, et que d'ailleurs il auroit fallu le faire expressément.

Le procureur-général est obligé d'avouer ici qu'il
a peut-être donné lieu à ces objections inutiles, en
ne s'expliquant pas assez par sa première requête,
dans le désir qu'il avoit de l'abréger; il est donc
obligé de développer davantage son raisonnement par
trois réflexions.

La première est qu'il ne faut pas croire, comme
l'avance le sieur Pellot, que l'aveu de 1453 ne soit
pas contradictoire avec le roi et son vassal, parce qu'il
est rendu en l'absence des officiers du roi; il en est
des aveux comme d'un simple billet, qui n'étant pas
par lui-même obligatoire des deux côtés, le devient
par la tradition qui s'en fait au créancier. Celui-ci en
en devenant le porteur est censé l'avoir approuvé,
même dans les conditions qui lui peuvent être contraires, et avoir contracté avec le débiteur.

C'est ainsi qu'un seigneur qui ne blâme point un
aveu, et qui l'insère dans ses archives, est considéré
de la même manière que si l'aveu avoit été reçu contradictoirement. Or, qui doute que si l'aveu de 1453
avoit été rendu contradictoirement avec le roi ou ses
officiers, il n'eût eu la force d'attacher la mouvance
du fief des Londes à la vicomté de Bayeux? La réception et l'approbation tacite ne doivent pas avoir moins
d'effet, quand on ne trouve rien dans la suite qui
puisse y avoir dérogé. C'est la première réflexion.

La seconde est que si l'aveu de 1453 étoit un acte
unique qui n'eût jamais eu aucunes suites, les objections du sieur Pellot pourroient avoir quelque vraisemblance; mais une possession de deux cent soixante
ans a affermi le prétendu changement fait par cet
acte dans la mouvance du fief des Londes; jamais
depuis l'année 1453 la seigneurie de Ruberey n'a
été servie de ce fief; toujours depuis ce temps-là,
le roi, comme vicomte de Bayeux, en a reçu l'hommage et y a exercé les autres droits féodaux; ce n'est
donc plus à un seul acte que le sieur Pellot doit

répondre, c'est à une longue suite d'années de possession, qui a confirmé pleinement ce premier
acte, et qui a affermi d'une manière irrévocable le
changement de mouvance, s'il est vrai que cet acte
en fait un, ce que le procureur-général n'a garde
de reconnoître.

La troisième et la plus importante est qu'il ne faut
pas envisager cet argument dont le procureur-général
s'est servi, comme s'il y avoit des titres clairs, certains,
uniformes, en faveur de la seigneurie de Ruberey
avant l'aveu de 1453.

Quand la question seroit proposée en ces termes,
les réflexions précédentes suffiroient pour la décider;
mais, encore une fois, ce n'est point là l'état de la
question; rien de plus obscur, de plus douteux,
de moins décisif, que les titres qui précèdent l'aveu
de 1453; le sieur Pellot doit avoir la bonne foi d'en
convenir. Or, dans cet état, qui peut douter que l'aveu
de 1453 ne doive être regardé comme la loi par
laquelle seule on peut juger de la mouvance du fief
des Londes? Il a fait à peu près dans cette affaire,
ce qu'une transaction opère dans un procès douteux:
ou elle déclare, ou elle forme le droit des parties;
et c'est vraiment en ce sens qu'on peut dire, comme
le procureur-général l'a dit dans sa première requête,
que l'aveu de 1453 a trouvé le fief des Londes dans
la mouvance de Bayeux, ou qu'il l'y a mis: *aut
invenit, aut fecit.* Il l'y a mis, non en le transférant
expressément d'une seigneurie dans une autre, mais
en levant le doute, en fixant l'incertitude, en dé-
terminant l'équivoque des titres précédens, et en
faisant pencher du côté du château de Bayeux la
balance, qui jusqu'alors, si l'on veut, étoit comme
suspendue.

Il n'y a qu'à bien prendre ce principe, pour dissiper toutes les couleurs que le sieur Pellot a voulu
répandre sur cet endroit de la requête du procureur-
général.

5.º Le procureur-général a conclu dans sa première requête de toutes les vérités de fait qu'il y

avoit établies, que le silence des engagistes de Ruberey formoit un dernier árgument en faveur de la
cause du roi; et cette conséquence subsiste, malgré
tous les efforts que le sieur Pellot a faits pour excuser un tel silence, sur ce qu'il n'a aucuns titres
des précédens engagistes; il n'auroit pas manqué de
se les faire remettre s'ils en avoient eu : mais après
tout, cette discussion est fort indifférente, puisqu'on
ne peut juger cette contestation que dans la situation
où elle se trouve, c'est-à-dire sans aucun titre de
la part de l'engagiste de Ruberey, depuis l'an 1455,
pendant qu'au contraire on trouve depuis ce temps
une possession constante et suivie pour la vicomté
de Bayeux.

Ainsi, pour résumer en un mot tout ce qui regarde
ce premier point, deux temps font le partage de cette
affaire : un premier temps qui, dans la supposition
la plus favorable au sieur Pellot, est tout au plus un
temps de nuage et d'obscurité, dont le sieur Pellot
emprunte quelques équivoques pour décorer le fief
de Ruberey, et l'enrichir d'une mouvance étrangère;
un temps de clarté et d'évidence, dans lequel tout
est pour la vicomté de Bayeux, et par conséquent
pour le roi. Peut-on hésiter entre ces deux temps, et le
choix est-il difficile entre l'obscurité et l'évidence?

SECONDE QUESTION.

*Si la mouvance du fief des Londes a pu passer en
la personne du sieur Pellot, à cause du domaine
de Ruberey, quand même on supposeroit que le
fief des Londes auroit relevé autrefois de ce domaine ?*

Dans la première question, qui n'est qu'une question de fait, le sieur Pellot pouvoit au moins se
défendre à la faveur de l'obscurité du premier temps,
et de l'imperfection des anciens titres; mais dans la
deuxième question, qui est beaucoup plus de droit

que de fait, sa cause est si foible, que le procureur
général ne s'arrêteroit pas à répondre à ses objections,
s'il n'espéroit en tirer avantage pour la défense des
droits du roi.

Par la première requête du procureur-général, il
a renfermé dans cinq propositions tout ce qui lui a
paru essentiel au jugement de cette seconde question;
il faut donc examiner à présent les objections du sieur
Pellot par rapport à chaque proposition.

PREMIÈRE PROPOSITION.

L'adjudication qui a été faite au feu sieur Pellot
en 1678, ne peut être regardée que comme une aliénation absolument nulle et vicieuse, dans les saines
maximes du domaine.

C'est ce que le procureur-général a établi par la
déclaration de 1672, et par l'édit de 1669; il a tiré
de ces lois la définition de ce que l'on peut appeler
petits domaines, et il a fait voir ensuite que cette
définition ne pouvoit convenir au domaine du Ruberey.

Première objection.

Le domaine de Ruberey n'étoit pas entre les mains
du roi en l'année 1678; donc il est inutile d'agiter
la question de la distinction des grands et des petits
domaines.

Réponse.

On a de la peine à concevoir la force de ce raisonnement; mais pour connoître quelle en peut être
la justesse, il n'y a qu'à le mettre en forme; la proposition que le sieur Pellot veut prouver, ou du moins
qu'il doit prouver, s'il veut répondre à celle du procureur-général, est que le sieur Pellot, son père, a
pu se faire adjuger la seigneurie de Ruberey comme

petit domaine, en exécution de la déclaration de 1672; et voici comme il prouve cette proposition.

Le domaine de Ruberey étoit engagé dans le temps que le sieur Pellot se l'est fait adjuger :

Donc il a pu se le faire adjuger comme petit domaine.

Il est visible que cet argument ne peut être fondé que sur cette proposition générale, qui en doit être regardée comme la majeure :

Tout domaine engagé peut être adjugé comme petit domaine ;

Or, le domaine de Ruberey étoit engagé dans le temps de l'adjudication de 1678 :

Donc il a pu être engagé comme petit domaine.

Il faut donc que le sieur Pellot prouve avant toutes choses cet étrange paradoxe, que tout domaine engagé, et qui par conséquent n'étoit pas entre les mains du roi, a pu être adjugé en pleine propriété comme petit domaine ; jusque-là son objection ne mérite pas seulement d'être écoutée.

L'équivoque qu'il ajoute à cette objection, en disant que le roi n'a fait que rendre sa condition meilleure en retirant Ruberey des mains des précédens enga- gistes pour le revendre au sieur Pellot, est très-aisé à démêler ; personne ne doute que le roi n'ait pu revendre à titre d'engagement le domaine de Ru- berey déjà engagé à d'autres possesseurs, mais aussi ce n'est pas là la question du procès.

Il s'agit de savoir si le roi a pu le revendre à titre de propriété incommutable, comme petit domaine ; et pour décider cette question, il ne sert de rien d'examiner si le domaine de Ruberey a été aupa- ravant adjugé à titre d'engagement.

Il y a plus : bien loin que l'engagement précédent puisse servir à soutenir l'adjudication qui a été faite au sieur Pellot en pleine propriété, il ne peut servir au contraire qu'à la combattre, puisqu'il fait voir qu'il n'étoit nullement nécessaire pour l'intérêt du roi, de l'adjuger comme petit domaine; il y avoit

près de deux cents ans que la voie du simple engagement avoit paru suffisante, et cependant il n'y
a que cette seule nécessité qui puisse autoriser les
adjudications des domaines du roi à titre de propriété, sous le nom de petits domaines. Cette objection
se tourne donc en preuve pour la cause du roi.

Seconde objection.

En exécution de la déclaration de 1672, on a
adjugé des domaines plus considérables que celui de
Ruberey.

Réponse.

Le procureur-général n'a jamais prétendu que le
feu sieur Pellot fût le seul qui eût *abusé* de la déclaration de 1672, mais un abus n'en autorise pas
un autre ; le sieur Pellot n'a qu'à faire connoître au
procureur-général ces domaines plus grands que Ruberey, qu'on a vendus sous le nom de petits domaines, et le procureur-général ne s'élevera pas avec
moins de force contre ces adjudications, qu'il est
obligé de le faire contre celle qui a été faite au feu
sieur Pellot.

Troisième objection.

Ni la déclaration de 1672, ni l'édit de 1669, ne
fixent point la valeur de ce que ces lois appellent
petits domaines ; le discernement en est confié aux
commissaires chargés de l'exécution.

Réponse.

Si la valeur des petits domaines n'est pas expressément fixée par ces lois, elles en déterminent au
moins la qualité, et en fixent par là indirectement
la valeur.

On ne répétera point ici ce qui regarde la qualité de ces domaines ; on en a suffisamment marqué les caractères dans la première requête du procureur-général. Dire que c'est aux commissaires du roi d'en faire le discernement, c'est parler correctement, pourvu que l'on suppose qu'ils se conformeront aux caractères des petits domaines marqués par les édits et déclarations dont ils sont les exécuteurs ; mais prétendre qu'ils ont pu excéder les termes de ces lois, c'est donner plus de pouvoir aux délégués qu'à celui qui les délègue, et mettre les commissaires au-dessus du roi.

La quatrième objection n'est que la répétition de la deuxième.

Cinquième objection.

Le domaine de Ruberey est un domaine mélangé ; ainsi il a pu être censé compris dans l'édit de 1669, comme étant du nombre des choses *quarum usus in abusu consistebat.*

Réponse.

Le sieur Pellot dit bien que ce domaine est mélangé, mais il ne le prouve pas ; et le procureur-général prouve au contraire qu'il ne l'est point d'une manière qui pût empêcher que le roi n'en reçût toute l'utilité que ce domaine peut produire.

Il le prouve, dans le temps qui a précédé les engagemens, par le papier censier même que le sieur Pellot a produit, et qui fait voir que ce domaine, compris dans celui de la vicomté de Bayeux, étoit d'une jouissance libre et facile pour le roi ; si ce domaine est mélangé, il ne le peut être qu'avec le domaine du roi même ; or ce n'est que du mélange des domaines du roi avec les seigneurs particuliers qu'il a été question dans l'édit de 1669, et jamais on n'a dit qu'un seigneur se trouve embarrassé de

27*

faire valoir un de ses domaines, parce que ce do-.
maine est mêlé avec d'autres domaines du même
seigneur.

Le procureur-général prouve encore par les engagemens mêmes, qu'il n'étoit nullement difficile au
roi de tirer profit par cette voie du domaine de
Ruberey, qui par conséquent ne pouvoit être regardé comme un de ces domaines mélangés, dont
on ne peut user que par l'abus, c'est-à-dire par l'aliénation entière : le roi en usoit depuis près de deux
cents ans par la voie de l'engagement ; qu'a-t-il même
gagné à en abuser, s'il est permis de parler ainsi,
en le vendant au sieur Pellot à titre de propriété
incommutable ? Il n'en a reçu que 63o livres au-
delà de ce que les engagistes de 1592 en avoient
donné, et cet excédent, comme le procureur-général
l'a dit dans sa première requête, ne répond pas même
à l'augmentation survenue depuis 1592 dans la valeur
des fonds de terre. Ainsi, ce domaine, tout mélangé
qu'on le suppose, n'est pas devenu plus utile au roi
en l'aliénant, qu'il l'avoit été en l'engageant. Il n'est
donc pas vrai que l'on ne peut en user que par l'abus ;
l'aliénation qui en a été faite n'étoit donc ni nécessaire ni utile ; elle n'étoit donc pas comprise dans
le nombre de celles que la déclaration de 1672 or-
donnoit. C'est ainsi que les objections du sieur Pellot
se tournent toujours contre lui-même.

Sixième objection.

Le roi a ratifié le contrat de vente en recevant
un supplément de finance, et en imposant deux nouvelles taxes.

Réponse.

Le sieur Pellot pourra ajouter, s'il le veut, ces taxes
et ce supplément de finance au prix de son engagement, quand il sera question de le liquider ; mais
il ne persuadera à personne, et encore moins à la

cour, que des taxes de cette espèce changent les règles du domaine, et puissent purger le vice d'une aliénation que l'on ne peut soutenir qu'en la regardant comme un simple engagement.

SECONDE PROPOSITION.

C'est ce qui a fait que le procureur-général a dit, dans sa seconde proposition, que la plus grande grâce qu'on pouvoit faire au sieur Pellot, étoit de regarder son adjudication comme un engagement.

Il a ajouté à cette proposition que c'étoit ainsi que le sieur Pellot avoit jugé lui-même de son titre, et le procureur-général l'a prouvé par plusieurs endroits de ses écritures, où le sieur Pellot se réduit à la condition ordinaire des engagistes.

Après avoir dit, sans y faire peut-être assez de réflexion, que le procureur-général se plaint de l'irrégularité de l'adjudication faite au feu sieur Pellot, sans expliquer quel en est le vice, quoique le procureur-général l'ait pleinement montré dans l'établissement de sa première proposition; après avoir fait quelques légers efforts, pour montrer par des exemples équivoques et mal appliqués, que le sieur Pellot fait en quelque manière *grâce au roi*, s'il ne se déclare pas propriétaire incommutable de Ruberey, il finit néanmoins par lui faire cette grâce en reconnoissant que le roi est en état de rentrer quand il voudra dans ce domaine, qui par conséquent ne peut être regardé que comme un domaine engagé.

Ainsi, la seconde proposition du procureur-général du roi se trouve confirmée de nouveau par l'aveu même du sieur Pellot, et il ne reste plus que d'examiner comment, après avoir avoué le principe, il pourra nier les conséquences.

TROISIÈME PROPOSITION.

On ne peut juger de ce qui doit appartenir au sieur

Pellot que par deux principes différens, c'est-à-dire, ou par le droit commun des engagemens du domaine, ou par les circonstances particulières du domaine de Ruberey.

QUATRIÈME PROPOSITION.

Le droit commun rend le sieur Pellot absolument incapable d'exiger les hommages des vassaux dont les fiefs sont mouvans du domaine qui lui est engagé.

On peut réduire à trois points principaux tout ce que le sieur Pellot a dit avec beaucoup d'étendue, pour combattre principalement la dernière de ces deux propositions.

1.° Il s'élève contre ce que le procureur-général a appelé le droit commun, et ne pouvant combattre directement une règle écrite en termes formels dans la loi la plus sacrée que nous ayons sur le domaine, il veut au moins l'éluder en la rendant si arbitraire, et, pour ainsi dire, si versatile entre les mains du législateur, qu'il lui fait perdre le principal caractère des lois, qui est la stabilité et l'immutabilité.

2.° Il recherche quelques exemples rares et singuliers, dont il veut abuser pour prouver l'inconstance et l'incertitude dans laquelle il s'efforce de rejeter les maximes les plus inviolables du domaine.

3.° Enfin, il retouche encore les circonstances particulières de son adjudication, pour détruire, s'il le pouvoit, le droit par le fait, et la règle par l'abus ; ces trois espèces d'objections forment trois objets qui doivent être examinés séparément.

Droit commun des engagistes sur la réception des foi et hommage.

Quand le procureur-général se renfermeroit dans les termes précis d'une loi telle que l'ordonnance de 1566, loi nécessaire dans ses motifs, qui ont été de rétablir l'ordre et la règle dans l'administration des domaines du roi, qui sous les règnes précédens avoient été comme le jouet de la fortune et de la faveur ; loi respectable par les lumières et la vertu du grand chancelier de l'Hopital, qui en a été le principal auteur ; loi salutaire enfin par la sagesse de ses dispositions, qu'on a toujours regardées depuis comme le fondement et le modèle de toutes les réformes du domaine, dans lesquelles la justice des rois a donné des bornes à leur bonté, le procureur-général ne craindroit pas que la cour pût lui reprocher d'avoir négligé cette partie de son devoir, s'il se contentoit d'opposer pour toutes réponses aux objections du sieur Pellot la loi même qu'il attaque, et qui seule en effet suffit pour les détruire.

Mais, s'il faut outre cela défendre une loi qui se soutient assez et se justifie suffisamment elle-même, le procureur-général fera voir, en peu de paroles, que rien n'est ni moins nouveau, ni d'un droit moins arbitraire, que la disposition de cette ordonnance à l'égard des engagistes.

A peine les fiefs ont-ils été formés, que le premier principe qui y a été établi dans toutes les nations qui en ont reçu l'usage, a été l'inaliénabilité réciproque du seigneur et du vassal. Ni le propriétaire du fief servant ne pouvoit donner au maître du fief dominant un vassal malgré lui, ni le maître du fief dominant ne pouvoit donner au propriétaire du fief servant un seigneur malgré lui ; il n'y a qu'à ouvrir les livres des fiefs, il n'y a qu'à parcourir les commentaires et les traités des feudistes, pour y trouver presque à chaque page des preuves de cette vérité ; et s'il étoit nécessaire de la confirmer, il suffiroit de citer la célèbre loi de l'empereur Conrad le salique, qui est insérée dans la loi des Lombards, lib. 3, tom. 8, n. 4, et dans la compilation appelée la loi de France, lib. 8, où elle est conçue en ces termes : *Insuper omnibus modis prohibemus, ut nullus senior de beneficio suorum militum cambium aut precariam,*

aut libellum sine eorum consensu facere præsumat.
Les termes de *precariam* et de *libellum* qui désignent
des contrats approchant de l'engagement, marquent
que dès lors on ne croyoit pas que la mouvance des
vassaux pût être transférée par des actes de cette
nature.

Il est vrai que l'ancienne jurisprudence de l'inaliénabilité réciproque du fief servant et du fief dominant a été bientôt changée. La commodité commune
du seigneur et du vassal a affoibli la première nature
de leur engagement ; comme le vassal a pu aliéner
le fief servant, le seigneur a pu aliéner aussi le fief
dominant ; la patrimonialité a pris la place de la per-
sonnalité, et les fiefs, devenus plus réels que personnels, sont tombés dans le commerce comme le
reste des biens.

Ainsi, l'usage qui à présent fait passer les mouvances et les vassaux dans les mains d'un seigneur
étranger avec l'universalité du fief vendu, cet usage
que les feudistes n'avoient proposé d'abord que d'une
manière douteuse, et comme une exception favorable
d'une règle rigoureuse, est devenu enfin la règle
même.

Mais, malgré ce relâchement de la jurisprudence
féodale, on a toujours conservé ce respect pour l'ancienne règle et pour la première origine des fiefs,
que ce n'est que dans ce seul cas, c'est-à-dire lorsque
la propriété du corps entier, ou, pour parler toujours
comme les docteurs, *de l'universalité du fief*, passe
dans la personne d'un acquéreur étranger, que les
vassaux sont obligés de reconnoître un autre maître ;
de même que le seigneur n'est obligé de recevoir un
autre vassal, que lorsque la propriété entière de l'u-
niversalité du fief servant est transmise à un nouveau
possesseur.

Ainsi, la loi primitive de la réciprocité entre le seigneur et le vassal s'est toujours conservée, parce que
l'affoiblissement de la règle s'est fait de part et d'autre
dans la même proportion.

Il ne reste plus à présent que de développer ce principe, pour faire voir que la règle établie par l'édit de 1566, bien loin d'avoir rien de nouveau ni de contraire au droit ancien des fiefs, n'est au contraire qu'une suite naturelle et nécessaire de cet ancien droit.

Comparons toujours le fief dominant avec le fief servant, et le seigneur avec le vassal. Le sieur Pellot soutiendra-t-il que c'est un droit nouveau que la règle établie par la plupart de nos coutumes, qui ne souffrent pas que ceux qui n'ont que l'usufruit du fief servant, et qui, pour se servir de leurs expressions, *ne sont pas propriétaires de la chose hommagée*, puissent forcer le seigneur à recevoir leur hommage ? Et malgré l'intérêt de sa cause, ne sera-t-il pas obligé d'avouer que ces coutumes sont au contraire celles qui ont conservé plus fidèlement la pureté de l'ancienne jurisprudence ?

Les exceptions qui ont été établies par quelques-unes de nos coutumes sur ce point, confirment la règle dans tous les cas qui ne sont point exceptés : on trouveroit d'ailleurs dans la plupart de ces exceptions de quoi sauver la règle même, et, s'il étoit nécessaire d'approfondir cette question, on feroit voir aisément dans les exemples du mari, ou des gardiens ou baillistes, qui rendent la foi quoiqu'ils ne soient pas véritablement propriétaires, que ce n'est que parce qu'ils sont réputés l'être pendant le mariage ou pendant la garde, et parce que les droits du propriétaire sont suspendus et comme éclipsés pendant ce temps, au moins par rapport au service militaire et à l'ordre des fiefs.

Le seul exemple de la douairière, qui dans certaines coutumes peut s'acquitter du devoir de la foi, paroît s'éloigner davantage du principe ; mais aussi ce n'est pas le droit commun du royaume, et ces coutumes ne forment qu'un droit singulier, dont il seroit trop long d'expliquer les raisons : mais, en un mot, il suffit de considérer, comme on l'a déjà dit, que ce n'est qu'une exception, qui par conséquent confirme la règle dans les autres cas ; que l'on trouve bien des coutumes qui

déclarent les usufruitiers en général incapables de
l'hommage, mais qu'on n'en trouve aucune qui les en
rende tous capables, et qu'enfin on n'a jamais seulement pensé que de droit commun le simple engagiste
du fief servant, qui n'en jouit que par forme d'antichrèse, soit en droit d'en rendre l'hommage.

Telles sont les suites et les conséquences naturelles
de l'ancien droit des fiefs, que personne ne révoque
en doute à l'égard des vassaux.

Ces principes, si certains par rapport au vassal,
changeront-ils de face quand il s'agira du seigneur?
La jouissance du fief dominant donnera-t-elle plus de
droit au simple possesseur pour en exiger la foi, que
la jouissance du fief servant n'en donne au simple
possesseur pour la rendre? Et la règle qui exclut l'engagiste du fief dominant du droit de recevoir l'hommage, sera-t-elle regardée comme un droit nouveau,
pendant que la règle qui prive l'engagiste du fief servant du droit de le rendre, sera regardé comme une
suite nécessaire de l'ancien droit?

C'est sur quoi le sieur Pellot pourra s'expliquer, s'il
le juge à propos; mais cependant le procureur-général croit être en droit d'en conclure que l'ordonnance de 1566 n'a point introduit de droit nouveau
en cette matière; qu'elle n'a fait que conserver la
pureté de l'ancien, suivant l'esprit de nos coutumes,
à l'égard même des fiefs possédés par les sujets du roi,
et par conséquent que le sieur Pellot n'a pas eu raison
de vouloir juger de l'ancienneté d'une jurisprudence,
par une ordonnance qui explique cette jurisprudence
plutôt qu'elle ne l'établit.

Il faut tâcher de lui faire voir à présent que ce
droit, qui n'est pas nouveau, est encore moins arbitraire.

Un droit est appelé arbitraire, lorsqu'il n'est point
nécessairement lié avec les principes essentiels et fondamentaux de la matière dans laquelle on l'établit;
il est aisé de juger par cette idée du caractère opposé
d'un droit nécessaire et immuable.

Qu'il soit question, par exemple, de savoir si un

engagiste peut exercer le retrait féodal, on décidera avec raison qu'il le peut, si le roi juge à propos de faire passer ce droit aux engagistes ; parce que le retrait féodal étant *cessible*, même au profit de celui qui ne jouit point du fief dominant, il dépend de la volonté arbitraire et positive du législateur, de comprendre ou de ne pas comprendre ce droit dans les engagemens, n'y ayant rien en cela qui résiste à la nature du retrait féodal, ni à celle de l'engagement.

Mais s'agit-il de savoir si le droit de recevoir la foi peut être exercé par les engagistes, alors la question cesse d'être arbitraire, parce qu'elle dépend des premiers principes et de la nature même des engagemens du domaine, auxquels il faudroit donner atteinte pour accorder ce droit aux engagistes.

Ce qui regarde les principes des matières féodales a déjà été traité plus haut dans l'explication du terme de *fié-ferme*.

On y a remarqué que c'étoit une règle certaine, que celui qui n'est point vassal ne peut être seigneur ; qu'il faut pouvoir rendre la foi à un seigneur suzerain, pour pouvoir l'exiger d'un seigneur inférieur, et que quiconque n'est point dans l'ordre et dans la gradation naturelle des fiefs, ne peut pas en recevoir les devoirs personnels.

Le procureur-général ne sauroit croire que le sieur Pellot veuille attaquer un principe si certain, et il conçoit encore moins comment il pourroit l'attaquer.

Mais, si cela est, il faut, ou qu'il soutienne que de droit commun un engagiste peut porter la foi au seigneur dont le fief qu'il possède est mouvant, ou qu'il reconnoisse que de droit commun un engagiste ne peut la recevoir. Le premier n'est pas soutenable, et si cela est, le second ne peut être contesté : il n'y a donc rien de plus positif ni de moins arbitraire que la disposition de l'édit de 1566 par rapport aux engagistes, puisqu'elle est nécessairement liée avec les maximes les plus certaines du droit des fiefs.

La nature des contrats d'engagemens ne prouve pas

moins la nécessité et l'immutabilité du cette disposition, que le droit des fiefs.

Qu'est-ce qu'un contrat d'engagement, si ce n'est
une convention par laquelle le roi, ou tout autre
débiteur, abandonne la jouissance d'un de ses domaines, pour tenir lieu des intérêts de l'argent qu'on
lui prête, jusqu'à ce qu'il puisse le vendre à son créancier? C'est ce que l'on connoît, dans le droit romain,
sous le nom d'antichrèse : *Antichresis est species pignoris ità dati, ut donec pecunia solvatur, pignore
creditor utatur, fruatur, in vicem usurarum,* dit
Me Cujas, après les lois et les jurisconsultes (1).

Or, on n'a jamais prétendu que tant que cette espèce de contrat conserve sa véritable nature sans
fraude et sans simulation, il opère une mutation dans
le fief, et rende le créancier capable de recevoir ou
de rendre la foi, sous prétexte qu'il jouit des fruits
de son gage. On distingue en ce cas les droits réels et
utiles, des droits personnels et honorifiques : les premiers passent avec la jouissance, parce qu'ils dépendent de la chose beaucoup plus que de la personne ;
mais les derniers sont réservés au seul propriétaire,
parce qu'ils dépendent au contraire de la personne
beaucoup plus que de la chose ; et comme cette distinction est fondée sur les caractères naturels qui distinguent la simple jouissance du véritable domaine, et
le droit d'hypothèque du droit de propriété, la conséquence qui en résulte ne peut jamais être regardée
comme arbitraire, puisqu'elle est fondée sur un droit
immuable.

C'est sur ces principes que Me René Choppin,
traitant la question que le sieur Pellot a fait naître, ne
se détermine pas seulement contre les engagistes par
l'autorité de l'ordonnance de Moulins, mais, comme il
le dit lui-même, *ratione hâc optimâ, quòd impropriè
alienatus dicitur in illos regius canon, qui verè cre-
ditorum loco sunt, quibusque solummodò pro tempore facta est rei dominicæ ἀντίχρησις, quoad, debiti*

(1) Observat., lib. 3, cap. 35.

sorte solutâ, fiscus liberetur ; atqui pignoris causâ domanium non mutat, etc.

Il fait ensuite la comparaison que le procureur-général a déjà faite entre le vassal et le seigneur, pour en conclure que, comme le créancier ne peut pas rendre l'hommage au seigneur suzerain de son débiteur, de même le créancier du seigneur (*quo nomine*, dit Choppin, *momentaneum seu temporaneum domanii emptorem interpretor*) ne peut pas exiger l'hommage des vassaux de son débiteur, *quod uni recto domino est peculiare;* et il ajoute enfin, qu'il faut aussi appliquer cette règle aux usufruitiers, à ceux qui ne possèdent qu'en vertu d'un bail, et en général à tous ceux *qui à superiore feudorum domino minimè vassalli agnoscuntur.*

Si dans des cas de fraude où l'on a cru que les contractans avoient voulu cacher une véritable vente sous le nom apparent d'un contrat pignoratif, ou d'un bail à longues années, la cour a condamné un vendeur ou un acquéreur artificieux à payer des droits seigneuriaux au seigneur qu'il avoit voulu tromper ; si l'on a même jugé que lorsqu'un contrat à faculté de réméré excède le terme de neuf années, les droits en sont dûs aux seigneurs de qui les héritages relèvent, tout cela ne sert qu'à confirmer les principes que le procureur-général vient d'établir, parce qu'en ce cas, ce qui n'étoit dans l'expression des parties qu'une simple jouissance ou une vente conditionnelle, se réduit par la crainte de la fraude à une véritable translation de propriété, ou à une aliénation pure et simple; et le créancier ou l'acquéreur étant regardés dans cette espèce comme de véritables propriétaires, il n'est pas surprenant qu'on les assujettisse aux devoirs d'un véritable vassal.

Mais, comme il ne peut jamais y avoir de fraude dans les engagemens qui se font par le roi, parce qu'il n'aliène que ce qu'il possède comme seigneur suprême, et dont lui seul pourroit recevoir les droits, s'il en étoit dû, l'exception que la seule crainte de la fraude a fait imaginer, cesse absolument à l'égard des engagemens de cette nature; il est donc vrai de dire, sans aucune distinction, que les engagistes ne jouissent des domaines engagés que comme de simples créan-ciers à titre d'antichrèse, jusqu'à ce que le rachat en soit fait, et par conséquent, qu'ils ne peuvent jamais recevoir l'hommage sans blesser également et les pre-miers principes des fiefs, et les lois essentielles à tout engagement.

On pourroit encore fortifier tout ce que l'on vient de dire sur ces deux points, par l'autorité des réfor-mateurs de la coutume de Paris, qui, limitant le trop grand pouvoir que l'avis de M.ᵉ Charles Dumou-lin donnoit aux usufruitiers pour la saisie féodale, ont jugé que, quoique la saisie féodale regardât autant les devoirs réels et utiles que les devoirs personnels et honorables du fief, il falloit néanmoins que l'usu-fruitier fît faire une sommation au propriétaire de faire saisir le fief ouvert, avant que de pouvoir le faire saisir au nom du propriétaire même : tant il est vrai qu'il y a toujours une extrême différence dans l'ordre des fiefs, même par rapport à la saisie féodale, entre l'usufruitier et le propriétaire ; mais le procu-reur-général du roi s'est déjà tellement étendu sur ce sujet, que, sans multiplier les raisonnemens à l'infini sur une question où l'autorité seule auroit pu suffire, il conclura de tout ce qu'il vient de dire, que la raison et l'autorité se réunissent également contre les engagistes, et forment par conséquent un droit qui ne peut passer ni pour un droit nouveau, ni pour un droit arbitraire, plutôt de bienséance que de néces-sité, comme le sieur Pellot l'a avancé, en attaquant une maxime que le procureur-général croit pouvoir appeler plus que jamais une règle fondamentale en cette matière.

Exemples que le sieur Pellot veut opposer au droit
commun.

Il faut commencer par retrancher d'abord tout ce qui regarde les apanagistes et les acquéreurs par échange; ce seroit abuser de l'attention de la cour, que de s'arrêter à lui faire observer les différences qui les distinguent des simples engagistes.

L'apanagiste est considéré à plusieurs égards comme vraiment propriétaire, quoique le bien qu'il possède soit réversible à la couronne au défaut de descendans mâles : on ne peut mieux juger de son état qu'en le comparant à ceux qui sont chargés de substitution ; ils n'en sont pas moins propriétaires pour cela ; et le défenseur du sieur Pellot est trop instruit des principes du droit romain, pour confondre jamais un propriétaire chargé de substitution, avec un usufruitier ou un engagiste. Le procureur-général finira donc en un mot ce qui regarde cet exemple par la note judicieuse de Charondas sur l'art. 15 de l'ordonnance de 1566 : *Ceci est bien ordonné*, dit cet auteur, *afin que les vassaux ne prêtent le serment de fidélité à autres qu'au roi, ou à messeigneurs les enfans de France, qui sont comme des corps du roi, et non aux étrangers, auxquels seulement les terres sont engagées, et non les hommes*; paroles énergiques, qui renferment toute la substance des principes que le procureur-général a expliqués.

Les acquéreurs par échange, sont non-seulement de véritables propriétaires, mais ils le sont irrévocablement, dès le moment que l'échange est utile au roi, et revêtu des solennités nécessaires; le caractère de bien domanial est absolument effacé ; outre que, si le roi en ce cas perd d'anciens vassaux d'un côté, il en acquiert de nouveaux de l'autre : ainsi le sieur Pellot auroit dû écarter d'abord ces exemples étrangers, qui n'ont aucun rapport avec les engagistes, pour se réduire uniquement à ceux qui leur sont propres.

Il en allègue deux de cette qualité : le premier est tiré de l'engagement du comté de Clermont en Beauvoisis; le deuxième, de l'engagement des châtellenies d'Ouchy, Anville et Neuilly-Saint-Front.

Le procureur-général pourroit répondre d'abord à ces deux exemples que, si jamais il y a lieu de suivre la règle qui oblige les magistrats à juger par les loix plutôt que par les exemples, c'est principalement dans une matière où nos rois n'ont pas toujours été en garde contre leur bonté, qu'ils ont plus consultée quelquefois que la rigueur de la règle.

Le procureur-général fortifieroit encore cette première raison, en représentant à la cour que, quand ces deux exemples ne pourroient souffrir aucun contredit particulier, il ne seroit pas juste de mettre deux exemples, trouvés avec peine dans l'espace de près de cent quarante ans, en parallèle avec une loi, et de prétendre même dans ce parallèle que les deux exemples devroient l'emporter sur la loi, comme s'il ne falloit que deux abus pour détruire la règle.

Mais, quelque suffisantes que pussent être ces réponses générales, le procureur-général y ajoutera que si on discute exactement ces exemples, on trouvera qu'il faut d'abord retrancher le second, et qu'à l'égard du premier, il est accompagné de circonstances si singulières, qu'on ne peut jamais en tirer aucune conséquence.

On dit, en premier lieu, que le second de ces exemples, tiré de l'engagement des châtellenies d'Ouchy, Anville, et Neuilly-Saint-Front, doit être absolument retranché, parce que cet engagement ne porte nullement que l'engagiste pourra recevoir la foi et hommage des vassaux. Le roi ne lui accorde que le droit de saisir féodalement, qui, comme on l'a déja dit, n'a rien de commun avec la réception de la foi, et qui peut passer bien plus aisément dans la personne des engagistes, parce qu'on peut le regarder comme un instrument nécessaire pour les faire jouir des droits utiles qui leur appartiennent.

L'expression de ce droit, qui est donné nommément à l'engagiste dans ce contrat, emporte une exclusion tacite du droit de recevoir les hommages, dont la mention spéciale auroit été infiniment plus nécessaire que celle du pouvoir de saisir féodalement;

tous les raisonnemens que le sieur Pellot fait pour prouver par l'étendue et par la généralité des expressions, que la réception des hommages est comprise dans les droits que le roi cède au sieur de Schomberg dans cet engagement, péchent manifestement par le principe; ils supposent, sans fondement, qu'un droit de cette nature, droit insolite, droit contraire à une loi solennelle, aux intérêts des vassaux, à la justice du roi, aux premières notions des fiefs et des engagemens, peut être tacitement renfermé et comme enveloppé dans des clauses générales; au lieu qu'il est certain, premièrement, que ce droit ne peut être cédé; et secondement que, quand il le pourroit être, il seroit du nombre de ceux *qui indigent speciali notâ*, et qui ne peuvent jamais être transportés sans une mention expresse et individuelle.

Un seul acte de réception d'hommage fait par l'engagiste depuis cent seize ans, ne prouve qu'une entreprise plutôt qu'un droit, et ne suffiroit pas même pour un commencement de preuve de possession.

C'est encore plus inutilement qu'on produit une sentence des requêtes du palais, qui prouve seulement que l'on a adjugé à l'engagiste les droits utiles d'une mutation, avec les fruits du fief saisi féodalement.

Mais qui doute que ces droits ne lui appartiennent légitimement? Le même édit de 1566 qui défend aux engagistes de recevoir les hommages, leur accorde tous les droits utiles; il n'y a donc aucunes conséquences à tirer de l'un à l'autre.

Ainsi, il ne reste plus que le seul exemple de l'engagement du comté de Clermont; et c'est avec cette unique ressource, qu'on prétend se mettre au-dessus d'une loi aussi respectable que l'ordonnance de Moulins.

Mais, avant que de se servir d'un tel exemple, on auroit dû faire plus de réflexion, et sur la conjoncture du tems dans lequel il se trouve placé, et sur la qualité de celui qui a profité de cet engagement.

D'Aguesseau. Tome VII. 28

C'est dans le plus grand feu des guerres civiles, c'est dans un de ces temps malheureux où la loi de la nécessité est la seule qui puisse se faire entendre, que cet engagement a été passé; et, pour tout dire en un mot, c'est dans l'année même des batailles de Jarnac et de Moncontour.

Le roi Charles IX, épuisé d'argent, dont la source se tarit d'abord par la guerre civile même qui en fait naître le besoin, est obligé d'avoir recours à un prince étranger, et de lui laisser mettre tel prix qu'il veut au secours que ce prince lui accorde; voilà la première circonstance de l'exemple que le sieur Pellot prétend faire valoir en sa faveur.

La cour entend la seconde par avance; ce n'est point avec un de ses sujets, obligés de suivre les règles de son royaume, et soumis à la disposition de l'ordonnance de Moulins, que le roi Charles IX traite par ce contrat; c'est avec un prince étranger, et avec un prince de qui les malheurs de son royaume l'obligent à recevoir la loi, au lieu de la lui donner.

De grands magistrats, dit-on, dont les noms seront à jamais respectés, n'ont pas cru manquer à leur devoir en souscrivant à cet engagement : ils n'y ont pas manqué en effet, et ils y auroient manqué au contraire, s'ils avoient voulu forcer un prince étranger, dont le secours étoit absolument nécessaire à la France, de se conformer aux loix ordinaires du domaine. Le procureur-général lui-même, malgré tout le zèle dont il doit être rempli pour l'observation de ces loix, seroit obligé dans de telles conjonctures de ceder, comme M. Bourdin le fit, à la loi suprême du salut de l'état.

Mais vouloir qu'une condition que la nécessité a extorquée contre toutes les lois, dans un temps où il n'étoit pas possible de les suivre, devienne la règle de tous les engagemens, et qu'un acte qui est plutôt un traité entre deux souverains, qu'un engagement à l'ordinaire, serve de principe pour juger d'un engagement passé entre le roi et un de ses sujets, c'est une prétention qui ne méritoit pas seulement d'être proposée.

Circonstances particulières de l'adjudication de 1698, par lesquelles le sieur Pellot prétend combattre la règle générale.

Tous les avantages que le sieur Pellot veut tirer des termes de son adjudication, et tous les raisonnemens qu'il emploie pour les soutenir, ont été tellement combattus par avance dans la première requête du procureur-général, qu'il ne lui reste que d'appliquer les réflexions générales qu'il y a faites, aux objections nouvelles du sieur Pellot.

A qui pourra-t-il persuader qu'une adjudication particulière peut déroger à une loi générale; et que lui sert, pour établir cette espèce de paradoxe, de distinguer, avec les jurisconsultes romains, entre l'abrogation de la loi, et la dérogation à la loi? Qu'importe qu'il s'agisse ou d'abroger entièrement une ordonnance, ou de déroger seulement à une de ses dispositions? N'est-il pas toujours également certain que, suivant les premiers élémens de notre droit public, le roi n'abroge ses lois, et ne déroge à ses lois, que dans la même forme dans laquelle il les a faites, c'est-à-dire, ou par un édit, ou par une déclaration, ou du moins par des lettres-patentes registrées en la cour. Les dispenses les plus légères, les plus personnelles, les plus passagères, ne sont-elles pas toutes également revêtues de cette solennité, et faut-il que le ministère public soit ici occupé à prouver les premiers principes?

Mais, dit le sieur Pellot, il n'est pas d'usage de revêtir de lettres-patentes un engagement de domaine.

Le procureur-général en convient, et cet usage n'a rien d'irrégulier, quand l'engagement est fait suivant les lois; mais lorsqu'il y est directement contraire, lorsqu'il donne à un engagiste ce que les lois lui refusent expressément, qui osera soutenir qu'une

28*

telle dérogation aux ordonnances puisse se faire en
vertu d'une simple adjudication, et par des commissaires qui, de l'aveu du sieur Pellot, n'avoient certainement pas le pouvoir de déroger à l'ordonnance
de 1566 ?

Aussi le sieur Pellot, pressé de répondre à une
raison si décisive, veut trouver dans la déclaration
de 1672, une loi qui ait dérogé à cette ordonnance,
et qui ait donné un pouvoir suffisant aux commissaires du roi, pour comprendre les mouvances dans
les adjudications qu'ils ont faites en vertu de cette
déclaration; mais cette dernière ressource du sieur
Pellot ne paroît fondée sur une équivoque que le
procureur-général a prévenue, comme tout le reste,
par sa première requête.

Il y a fait voir que, bien loin qu'on ait exécuté la
déclaration de 1672 dans l'adjudication de 1698,
on n'y a fait au contraire qu'abuser de cette loi, en
l'étendant à une seigneurie qui ne pouvoit jamais être
mise au nombre des petits domaines, unique objet
de la déclaration de 1672 : c'est donc inutilement
que le sieur Pellot réclame le secours d'une loi qu'il
a lui-même violée; c'est en vain qu'il veut toujours
faire dépendre son sort de la question odieuse du pouvoir du roi à l'égard de son domaine : le procureur-
général lui fermera toujours la bouche en disant
que le roi n'a voulu aliéner que ses petits domaines,
à l'égard desquels il n'a pas même dérogé à l'ordonnance de 1566, pour ce qui regarde la réception des
hommages; et, comme il ne faut que lire et l'édit
de 1669 et la déclaration de 1672, pour reconnoître
que la seigneurie de Ruberey n'a point le caractère
d'un petit domaine, tel qu'il est marqué par ces
lois, le procureur-général sera toujours en droit de
remettre devant les yeux de la cour ces vérités incontestables, que tous les raisonnemens du sieur
Pellot ne sauroient obscurcir, et qui sont comme
autant de conséquences de toutes les réflexions que
le procureur-général a faites sur la deuxième question de cette instance :

La première, que les commissaires du roi n'avoient aucun pouvoir pour adjuger le domaine de Ruberey, qui n'étoit pas compris dans l'objet de la déclaration dont ils n'étoient que les simples exécuteurs ;

La deuxième, que par conséquent cette adjudication est absolument nulle par le plus grand de tous les défauts, qui est le défaut de pouvoir ;

La troisième, que c'est faire une véritable grâce au sieur Pellot, de regarder son adjudication comme un engagement, parce qu'à la rigueur, le procureur-général devroit requérir qu'elle fût déclarée nulle et subreptice ;

La quatrième, que, dès le moment qu'on le ré-duira par grâce à l'état d'un simple engagiste, comme il est forcé de s'y réduire lui-même dans plusieurs endroits de ses écritures, il n'est pas douteux que les commissaires du roi n'aient excédé leur pouvoir, puisque le roi ne leur avoit nullement permis de déroger à l'ordonnance de 1566, et que cependant il faut soutenir qu'ils l'ont fait, si l'on veut soutenir la prétention du sieur Pellot ;

Enfin, la cinquième conséquence, est que, quand même le sieur Pellot formeroit contre le roi la témé-raire demande d'une indemnité, ce qu'il n'a pas osé faire jusqu'à présent, il y seroit évidemment mal fondé, soit parce que des commissaires sans pou-voir n'auroient pu engager le roi, soit parce que ce seroit l'adjudicataire même qui les auroit induit en erreur, et sur qui, par conséquent, retomberoit toujours le vice de cette adjudication ; soit enfin, parce que le sieur Pellot ne peut prétendre avoir été lésé par une adjudication où il a traité avec le roi à peu près sur le même pied que les précédens enga-gistes, qui certainement n'avoient pas les mouvances de Ruberey.

Le sieur Pellot multiplie néanmoins ses objections contre cette dernière conséquence : il dit d'abord que les commissaires du roi avoient un pouvoir suffi-

sant; mais le procureur-général a fait voir clairement
le contraire.

Il ajoute que le roi a ratifié ce que les commissaires
avoient fait, en recevant la finance du père, et les
nouvelles taxes que le fils a payées. Mais le roi n'est
censé approuver que ce qui a été fait légitimement;
autrement il n'y a point de surprise en cette matière
qui ne dût être autorisée, et qui ne devînt irré-
parable. D'ailleurs, soit qu'on regarde l'adjudication
de 1698 comme une aliénation, soit qu'on la considère comme un engagement (à quoi le sieur Pellot
se réduit lui-même), la finance en étoit toujours due
au roi, et le roi n'est présumé l'avoir reçue que
suivant l'état auquel l'acte doit être réduit, en recti-
fiant cet acte par une fiction favorable au sieur
Pellot, *benigniori interpretatione, ut actus valeat,
potiùs quàm intercidat*, comme disent les lois.

Le sieur Pellot veut ensuite intéresser mal à propos
les commissaires du roi dans sa querelle, en disant
que ce seroit au moins sur eux que devroit retomber
sa garantie;

Comme si l'on rendoit les juges responsables de
l'obreption ou de la subreption des parties; et comme
si celui qui s'est trompé le premier en demandant
ce qu'il ne pouvoit pas obtenir, pouvoit faire tomber
la prétendue perte qu'il souffre par une erreur volontaire, sur ceux qui, par une suite de cette
erreur, lui ont accordé ce qu'il ne pouvoit pas demander.

Mais enfin, qu'est-ce que cette vaine prétention
d'indemnité a de commun avec la question présente?
Que le sieur Pellot s'efforce de la faire valoir auprès
du roi, toute chimérique qu'elle est, s'il le juge à
propos, cette mauvaise prétention empêchera-t-elle
que la cour ne juge toujours cette affaire, suivant
les maximes inviolables du domaine? Et l'indemnité
même sur laquelle le sieur Pellot insiste si fort,
ne suppose-t-elle pas qu'il ne peut en effet soutenir

un droit auquel les lois du royaume résistent formellement ?

CINQUIÈME PROPOSITION.

Quand la mouvance du fief des Londes auroit été
attachée autrefois à la seigneurie de Ruberey, elle
n'en faisoit plus partie dans le temps de l'engagement
du sieur Pellot, et par conséquent le sieur Pellot
ne pourroit pas même prétendre les droits utiles sur
ce fief.

Pour combattre cette cinquième proposition, qui
seule suffiroit pour décider la contestation présente,
le sieur Pellot n'a presque fait que redire ce qu'il
avoit déjà dit sur ce sujet, comme si le procureur-
général n'y avoit pas pleinement répondu; ainsi,
c'est encore ici un des endroits où le procureur-général pourroit se contenter de supplier la cour de
relire ce qu'il croit avoir établi solidement par sa première requête.

Trois vérités certaines sur ce dernier point : la
première, que, par le contrat d'engagement de l'année 1592, il a été dit expressément que « toutes et
chacunes les tenures nobles, si aucunes y a, dépendantes du fief de Ruberey, seroient distraites d'icelui,
et demeureroient au roi directement et sans moyen à
l'avenir, à cause de sa vicomté de Bayeux. »

Que le sieur Pellot raisonne tant qu'il voudra sur
les motifs de cette distraction; qu'il attaque ceux que
le procureur-général a proposés par une simple conjecture, et en marquant même qu'il étoit inutile de
les approfondir, c'est une discussion très-indifférente, parce qu'il faut toujours que le sieur Pellot
convienne que d'un côté toutes les mouvances du fief
des Londes ont été démembrées de Ruberey, et que
de l'autre elles ont été unies à la vicomté de Bayeux :
il est seulement important de remarquer ces termes,
si aucunes y a, qui font assez entendre combien il
étoit douteux alors si le fief de Ruberey avoit quelques mouvances.

La deuxième vérité est que cette distraction comprend non-seulement la foi et l'hommage, mais les mouvances entières ; vérité qu'il est étonnant que le sieur Pellot ait entrepris de combattre. Il n'y a qu'à lire ; il est inutile de raisonner : *les tenures nobles dépendantes du fief de Ruberey en seront distraites, et demeureront au roi directement et sans moyen, à cause de sa vicomté de Bayeux.*

Que le sieur Pellot marque lui-même de quels termes plus forts on auroit pu se servir pour dire que les mouvances entières, et non pas seulement la réception des hommages, sont démembrées de Ruberey, et attachées à la vicomté de Bayeux.

Dans quel engagement le sieur Pellot pourra-t-il trouver l'exemple d'une clause semblable pour une simple réserve des hommages ? De quelle utilité auroit-elle été même, si l'on n'avoit voulu lui donner qu'un tel effet ? L'édit de 1566 ne suffisoit-il pas pour exclure l'engagiste du droit de recevoir les hommages, et pour réserver ce droit au roi seul ?

La troisième vérité, que le procureur-général a déjà marquée ailleurs, mais que les répétitions du sieur Pellot l'obligent à retoucher encore ici, c'est qu'il n'est point vrai, comme il l'avance avec une confiance extraordinaire, que cette distraction ait été faite en exécution de l'ordonnance de 1566. Qu'il lise et qu'il relise tant qu'il voudra les termes de cet édit, il n'y trouvera jamais cette étrange paradoxe, que pour réserver au roi les hommages d'un fief engagé, il faille distraire ces hommages, et les appliquer à un autre fief : l'engagement n'apporte aucun changement dans l'ordre des mouvances ; les arrière-fiefs qui dépendoient du fief engagé avant l'engagement n'en dépendent pas moins après l'engagement. Le roi en reçoit les hommages, l'engagiste en reçoit les droits utiles ; il ne se fait pour cela aucun changement de mouvance ; et c'est peut-être la première fois que la proposition contraire ait été avancée. Comment même seroit-il possible que l'engagiste jouît des droits utiles des arrière-fiefs du fief engagé, si l'on démembroit ces arrière-fiefs pour les unir à une autre seigneurie ? Et, pour appliquer ce raisonnement à l'espèce présente, comment l'engagiste de Ruberey auroit-il pu demander contre le roi la jouissance de ces droits, pendant que son contrat d'engagement porte expressément que le roi avoit distrait toutes les mouvances de Ruberey pour les attacher à Bayeux : une telle prétention auroit-elle été soutenable, et auroit-on écouté un engagiste qui auroit voulu plaider contre son propre titre, et contre la lettre même de son engagement ?

Des trois vérités que l'on vient d'établir, il résulte clairement que depuis l'année 1592, il n'y avoit plus aucunes mouvances comprises dans les engagemens du domaine de Ruberey, et que s'il y avoit eu autrefois des fiefs dépendant de ce domaine, ce qui est plus que douteux, tous ces fiefs avoient été mis dans la mouvance de la vicomté de Bayeux; le roi, également seigneur de Ruberey et de Bayeux, le roi, seigneur dominantissime de tous les fiefs, et encore plus de ceux qu'il possède, avoit pu faire ce changement; le roi l'avoit fait; tel étoit l'état dans lequel le sieur Pellot a trouvé le domaine de Ruberey, lorsqu'il s'en est rendu adjudicataire.

Le roi a-t-il changé cet état par l'adjudication de 1678? A-t-il ôté à la vicomté de Bayeux, et rendu au domaine de Ruberey, les mouvances qu'il avoit autrefois séparées de Ruberey, et unies à la vicomté de Bayeux ? C'est ce que le sieur Pellot doit prouver, c'est ce qu'il entreprend aussi de prouver; mais, avant que d'examiner ses foibles argumens, il faut supposer ici deux principes :

Le premier, qu'un changement de cette nature ne peut être fait que par le roi, ou par des commissaires à qui il ait donné un pouvoir spécial pour le faire;

Le deuxième, qu'un tel changement ne peut se faire sans le dire, et sans le dire expressément; car il seroit absurde de prétendre que par raisonnement et par conjecture, on pût suppléer dans un acte un démembrement de cette importance.

Ces deux principes supposés, il est certain,

1.º Que le roi n'a point fait ce changement par lui-même ; c'est un fait qui n'est pas contesté ;

2.º Qu'il ne l'a pas fait non plus par des commissaires qui eussent un pouvoir spécial de le faire.

Que le sieur Pellot montre, s'il le peut, que le roi ait jamais donné aux commissaires qui ont fait son adjudication, le pouvoir de toucher aux mouvances de la vicomté de Bayeux, et de les transférer à Ruberey ? Il prouvera bien qu'ils ont été commis pour faire l'adjudication des petits domaines, en exécution de la déclaration de 1672 ; mais il ne fera jamais voir que le roi leur ait confié le droit de disposer de l'ordre des mouvances, d'en changer les chefs-lieux, d'aliéner les vassaux, et de donner à Ruberey les mouvances de la vicomté de Bayeux.

3.º Qu'en effet ces commissaires n'ont dit en aucun endroit de l'adjudication faite au sieur Pellot, qu'ils démembroient de la vicomté de Bayeux les mouvances que le roi y avoit mises en 1592, et qu'ils les réunissoient à la seigneurie de Ruberey ; voilà ce qu'il faudroit qu'ils eussent dit pour donner une couleur à la prétention du sieur Pellot ; encore ne seroit-ce qu'une couleur, parce que, comme on vient de le dire, les commissaires du roi n'avoient pas le pouvoir de faire de tels changemens.

Voyons maintenant par quels efforts d'esprit et d'imagination le sieur Pellot veut trouver dans son adjudication ce qui n'y est pas, et y suppléer une disposition aussi importante qu'une translation des mouvances du château de Bayeux au domaine de Ruberey.

Il faut d'abord remettre devant les yeux de la cour les termes qu'il entreprend d'expliquer à son avantage.

Les commissaires du roi « lui vendent la fié-ferme » de Ruberey, avec la mouvance et tenure des fiefs » et vavassories nobles qui en relèvent. »

Voilà le fond sur lequel seul il travaille, et qui lui fournit une si ample matière de conjectures.

Le procureur-général demandera d'abord ici s'il y a quelqu'un qui, sur la simple lecture de ces termes, puisse concevoir qu'une clause si vague signifie que le roi a eu intention de détruire tout ce qui avoit été fait en l'année 1592, d'ôter au château de Bayeux tout ce qu'il lui avoit donné, de rendre à Ruberey tout ce qu'il lui avoit ôté, et de faire tous ces changemens sans en dire un seul mot. On est persuadé que la simple proposition d'une interprétation si extraordinaire révoltera d'abord tout esprit raisonnable; et le procureur-général pourroit se contenter de cette seule réflexion sans rien hasarder dans la défense des droits du roi.

Mais il faut aller plus loin, et voir quelles sont les conjectures du sieur Pellot, pour trouver dans ces termes un démembrement et une translation de mouvance.

1.º Cette clause, dit-on, n'a pas été mise sans attention, et elle est l'ouvrage des commissaires du roi, dont le sieur Pellot répète les noms pour faire honneur à son contrat.

Donc elle prouve qu'ils ont voulu désunir une partie des mouvances de Bayeux et les réunir à Ruberey. La cour jugera de la justesse de cette conséquence, comme de beaucoup d'autres, sur lesquelles le procureur-général l'a déjà supplié de prononcer sans y rien opposer de sa part.

2.º Il n'y a rien, dit-on, à sous-entendre, ni à suppléer dans des termes si clairs.

En effet, ils disent très-clairement que le roi anéantit la disposition précise de l'engagement de 1592, et qu'il dépouille Bayeux pour enrichir Ruberey, comme il avoit autrefois dépouillé Ruberey pour enrichir Bayeux. Si toute l'habileté de l'engagiste consiste, comme il le dit, à suppléer la cour de ne pas perdre ces termes de vue, le procureur-général n'a pas non plus d'autre prière à lui faire; il connoît trop ses lumières et sa justice pour croire qu'elle ait besoin d'autre chose que de ces termes pour condamner la prétention du sieur Pellot.

3.° Les termes de la clause dont il s'agit, *des fiefs et vavassories nobles qui relèvent de Ruberey*, s'entendent, dit-on, du passé, comme du présent; et on doit les interpréter, comme si l'on avoit dit : *Les fiefs qui ont été mouvans de Ruberey.*

On appuie cette interprétation bizarre par une citation fort inutile de lois qui ne prouvent que ce qui est connu de tous ceux à qui l'on a donné les premiers élémens de la langue latine, c'est-à-dire que le verbe *est*, qui, quand il est seul, signifie le temps présent, marque le temps passé quand il est joint au participe passif; ensorte que cette citation se termine à faire voir qu'*amatus est* est un prétérit parfait, qui, par conséquent, signifie le passé; car c'est à quoi se réduisent tous les exemples rapportés dans les lois que le sieur Pellot cite, où le jurisconsulte marque que lorsqu'on dit : *Titius solutus est*, ou *obligatus est*, *Troja capta est*, cela s'entend du passé et non pas du présent.

C'est cependant à la faveur de cette heureuse découverte, que l'on se croit en droit de traiter d'observation subtile, ce que le procureur-général a dit dans sa première requête, que ces termes, *fiefs qui relèvent de Ruberey*, termes qui ne marquent que le temps présent, ne pouvoient se rapporter à des fiefs qui avoient autrefois relevé de Ruberey, et qui en étoient démembrés depuis plus de quatre-vingts ans.

C'est ainsi qu'on veut renverser tous les principes ordinaires en faveur du sieur Pellot; et comme si les aliénations du domaine étoient favorables, comme si l'on devoit les étendre contre le roi, par des interprétations éloignées, on entreprend de forcer le sens naturel des termes, et de les *improprier*, si l'on peut parler ainsi, pour produire, s'il étoit possible, par une confusion vraiment subtile du présent avec le passé, un démembrement et une translation de mouvance, par un tour d'esprit et un effort d'imagination.

Que trouve-t-on donc dans la clause dont il s'agit,

lorsqu'on écarte ces explications, qu'un commentaire ingénieux y ajoute, mais qui ne servent qu'à altérer la pureté du texte, qu'y trouve-t-on, encore une fois, si ce n'est l'intention d'adjuger au sieur Pellot le domaine de Ruberey tel qu'il est, avec tous ses droits ? Voilà tout ce qu'un raisonnement simple, mais solide, et d'autant plus solide qu'il est simple, y découvre ; et, s'il faut développer encore ce raisonnement, que diroit-on d'un contrat de vente où l'on auroit vendu un fief avec toutes les mouvances qui en dépendent ? L'acquéreur seroit-il bien fondé à prétendre que cette expression lui donne droit de réclamer des mouvances légitimement distraites de la terre qu'on lui a vendue, plus de quatre-vingts ans avant la vente ? Ecouteroit-on seulement une telle proposition ? Et ne lui diroit-on pas qu'on n'a jamais eu intention de faire revivre des droits éteints depuis plus d'un siècle ; qu'on a voulu lui vendre la chose avec tous les droits qui en pouvoient dépendre, mais non pas avec ceux qui ne subsistoient plus ; qu'on n'est pas même garant par une clause de cette nature, qu'il y ait aucuns arrière-fiefs mouvans du fief vendu, et qu'on est encore moins obligé par là de faire réunir à ce fief les mouvances qui en ont été autrefois légitimement désunies ? Voilà ce que l'on diroit à l'acquéreur qui formeroit une si mauvaise difficulté, et c'est aussi ce que le procureur-général est obligé de dire aujourd'hui au sieur Pellot, pour faire cesser toutes les distinctions subtiles qu'il veut faire sur l'usage des termes qui signifient le présent et le passé.

Mais, dit le sieur Pellot, cette clause n'auroit *ni sens ni application, si on ne l'entendoit pas des fiefs qui relevoient autrefois de Ruberey*, parce qu'en 1678 il n'y en avoit aucun qui en relevât ; ainsi on n'auroit cédé au sieur Pellot qu'un droit inutile et illusoire.

Le procureur-général a déjà prévenu cette objection : quand le roi, quand tout autre propriétaire cède un fief avec ses mouvances, il n'est pas garant pour cela qu'il y ait aucune mouvance existante ; ce n'est qu'une expression générale, pour marquer qu'on vend le fief, comme disent les lois, *jure optimo, maximo*, avec tout ce qui en dépend.

On ne sait point précisément, quand on fait ces sortes d'adjudications, en quoi peuvent consister tous les droits des terres que l'on vend ; c'est à l'adjudicataire de s'en informer ; on les lui vend dans l'état où elles sont avec leurs appartenances et dépendances : on y met pour cela les clauses les plus étendues, afin de marquer que le roi ne prétend rien retenir de ce qui en dépend ; mais y a-t-il réellement des fiefs qui en dépendent, n'y en a-t-il pas ? C'est de quoi le roi n'est jamais garant, non plus que tout autre vendeur ; s'il se trouve des fiefs mouvans en effet de la terre engagée, l'engagiste en profitera ; s'il ne s'en trouve point, il ne pourra se plaindre que de lui-même, parce que le roi ne lui a point déclaré qu'il y en eût, et n'a fait que lui donner la chose avec tous ses droits sans en rien réserver.

Quoique le sieur Pellot ajoute enfin que le prix de son adjudication est indifférent par rapport à la question présente, il trouvera bon que le procureur-général n'en juge pas de cette manière, et qu'il lui répète ce qu'il a déjà dit dans sa première requête, que, si l'adjudication dont il s'agit avoit besoin d'être interprétée, rien n'en découvriroit mieux le véritable esprit, que le prix pour lequel elle a été faite.

Il est constant, et l'on ne sauroit trop le répéter, que cette adjudication ne porte en aucune manière que les mouvances autrefois désunies de Ruberey et attribuées à Bayeux, seront démembrées de Bayeux et réunies à Ruberey. Le sieur Pellot veut néanmoins, par des interprétations forcées, donner cet effet à son adjudication ; or, qu'y a-t-il de plus propre à confondre de telles interprétations, que de lui dire, comme le procureur-général l'a déjà fait, que si l'intention du roi avoit été de rendre à Ruberey les mouvances qu'il avoit ôtées, en 1592, à cette terre,

pour enrichir le domaine de Bayeux, il n'est pas con-
cevable qu'on n'eût pas plus vendu Ruberey avec
toutes ses mouvances, qu'on ne l'avoit vendu sans
aucunes mouvances ?

Le sieur Pellot ne pourra jamais faire aucune réponse solide à une preuve si palpable et si démons-
trative : aussi a-t-il cru qu'il étoit plus court de dire
en termes généraux que le prix de son adjudication
devoit être regardé comme une circonstance indifférente, et de se plaindre même de l'excès de ce
prix, qui cependant, comme on l'a déjà dit, est
moindre, suivant une juste estimation, que celui des
précédens engagemens, si on considère l'augmentation survenue dans la valeur des terres depuis le
temps où ils ont été faits.

Tout concourt donc également à confirmer la vérité de la cinquième proposition que le procureur-
général a avancée dans sa première requête, c'est-à-
dire que, quand le fief de Londes auroit été autrefois
mouvant du domaine de Ruberey, le sieur Pellot
n'auroit aucun droit sur cette mouvance, qui avoit
été distraite de ce domaine dès l'année 1592, et qui
n'y a jamais été réunie depuis ce temps-là ; et quoique
cette proposition n'ait pas besoin de nouvelles raisons
pour en faire sentir la vérité, un dernier raisonnement,
par lequel le procureur-général finira cette requête,
achevera de la mettre dans un si grand jour, que le
sieur Pellot sera peut-être forcé lui-même d'y donner
son consentement.

Personne ne peut douter, après ce qui vient d'être
établi, que les mouvances de Ruberey, s'il est vrai
qu'il y en ait jamais eu, n'aient fait partie du domaine
de Bayeux depuis l'année 1592, et, par conséquent,
que les droits utiles de ces mouvances n'aient appartenu aux engagistes du domaine de Bayeux, dont les
engagemens sont postérieurs à l'année 1592.

Supposons donc que la question présente de la
mouvance du fief des Londes, s'agite entre le sieur
Pellot, comme possesseur du domaine de Ruberey,

et l'engagiste de la vicômté de Bayeux, la cause entre eux pourroit-elle être susceptible de la moindre difficulté ?

En vain le sieur Pellot allégueroit, de son côté, qu'on lui a adjugé le domaine de Ruberey avec les fiefs qui en relèvent; en vain prétendroit-il faire voir que le fief des Londes a été autrefois mouvant du domaine de Ruberey.

L'engagiste de la vicomté de Bayeux lui fermeroit bientôt la bouche, en lui disant qu'il n'est pas question d'examiner tout ce qui a précédé l'engagement de 1592 ; qu'il est au moins certain que depuis l'année 1592, la mouvance du fief des Londes, distraite du fief de Ruberey, a été attachée à la vicomté de Bayeux ; que c'est sur ce pied qu'il s'est rendu engagiste de ce domaine ; qu'il a compté sur la mouvance du fief des Londes, comme sur celle de tous les autres fiefs qui ont toujours dépendu de la vicomté de Bayeux, ou qui y ont été réunis ; que si le sieur Pellot s'est fait adjuger le domaine de Ruberey avec les fiefs qui en relèvent, une clause générale de cette nature, et qui ne lui donne que le fief dans l'état où il est, ne peut pas opérer un démembrement des mouvances autrefois unies à la vicomté de Bayeux, ni une translation de ces mouvances au domaine de Ruberey ; que si le roi avoit voulu faire un tel changement, il l'auroit exprimé ; que sa justice même ne lui auroit pas permis de le faire, sans entendre l'engagiste du domaine de Bayeux ; qu'il auroit fallu du moins charger l'adjudicataire du domaine de Ruberey de dédommager cet engagiste des mouvances qu'on lui enlevoit; que, puisque le roi ne l'a point fait appeler, puisque ce n'est point sur lui que la revente a été faite, au moins par rapport aux mouvances, puisqu'on n'a point pourvu à son indemnité, il est impossible de présumer que le roi ait jamais eu intention de lui ôter un droit qui lui étoit acquis par son engagement, et de le lui ôter sans l'appeler, sans l'entendre, sans le dédommager, sans dire même qu'il le lui ôtoit.

Qu'est-ce que le sieur Pellot pourroit opposer à

des raisons si solides? La cause, encore une fois, seroit-elle douteuse? La prétention du sieur Pellot trouveroit-elle même, en ce cas, un défenseur?

Cependant cette cause est précisément la même que celle que le procureur-général soutient; toutes les raisons que l'engagiste emploieroit pour sa défense, tous ces moyens, qui prouvent si évidemment qu'il est impossible de présumer que le roi ait voulu réunir à Ruberey les mouvances attachées depuis plus de quatre-vingts ans à la vicomté de Bayeux, et cela sans en faire une mention expresse, sont communes au roi et à l'engagiste de cette vicomté; car on ne dira pas sans doute que le propriétaire ait moins de droit que le simple possesseur, et qu'une cause qui ne seroit pas soutenable contre l'engagiste de la vicomté de Bayeux puisse être bonne contre la vicomté même de Bayeux, c'est-à-dire contre le roi.

Ainsi, de quelque côté qu'on envisage la prétention du sieur Pellot, on ne peut jamais y trouver de fondement solide.

Dans la première question, qui est toute de fait, il a contre lui les propres titres qu'il produit, et qui prouvent manifestement, quand on les développe avec exactitude, que le fief des Londes, toujours mouvant de la vicomté de Bayeux, n'a jamais pu être un moment dans la mouvance de Ruberey.

Dans la deuxième question, qui est mêlée de droit et de fait, il attaque également et le droit commun des engagistes et la loi particulière des engagemens de Ruberey; mais il les attaque de telle manière, que ses objections mêmes se tournent en preuve contre lui, et qu'il ne fait que fortifier la cause du roi, et sur le droit et sur le fait, en voulant l'affoiblir.

Le procureur-général auroit pu s'abstenir de répondre à une grande partie de ses objections, qui se détruisent assez d'elles-mêmes, ou qu'il avoit déjà suffisamment prévenues, et il avoit d'abord résolu de le faire; mais, comme il ne doit pas se rendre juge d'une cause dont il n'est que le défenseur, il a cru que son devoir l'engageoit à entrer dans un plus grand détail, pour ne rien prendre sur lui dans une cause qui a son importance, par rapport aux principes qu'on a voulu attaquer : il espère que le défenseur du sieur Pellot, qui est plus capable que personne de les sentir lui-même, et de les faire sentir aux autres, se rendra à leur solidité, et qu'après avoir prodigué au défenseur des droits du roi, des éloges qu'il ne mérite point, il ne refusera pas de rendre à la cause que le procureur-général soutient en cette qualité toute la justice qui lui est dûe.

CE CONSIDÉRÉ, il vous plaise donner acte au procureur-général du roi, de ce que, pour toutes écritures, contredits et productions contre l'avertissement du sieur Pellot, signifié le 18 février 1713, et pièces par lui produites, il emploie le contenu en la présente requête, ensemble ce qui a été écrit et produit aux mêmes fins par ledit sieur Turgot ; ce faisant, lui adjuger les fins et conclusions par lui prises en l'instance, par sa requête d'intervention, du 29 novembre 1712. Et vous ferez bien.

DIX-SEPTIÈME REQUÊTE.

PREMIÈRE REQUÊTE

Relative à la question de Parage sur la mouvance de la terre de Saint-Laurent de la Prée, au pays d'Aunis.

A MESSIEURS DU PARLEMENT.

Supplie le procureur-général du roi, disant qu'ayant pris communication de l'instance qui est pendante en la cour, entre le sieur Chesnel, sieur de Fouras, et Pierre Roussier, fermier du domaine du roi dans la généralité de la Rochelle, il a cru qu'il étoit de son devoir d'y intervenir, attendu qu'il s'y agit du fond d'une mouvance qu'on veut éclipser et démembrer du domaine du roi, sous prétexte d'un parage inconnu dans le pays d'Aunis, où la terre de Saint-Laurent de la Prée, qui fait le sujet de la contestation, est située.

Toutes les questions de fait et de droit qui doivent servir à la décision de cette contestation ont été traitées par les parties; mais comme elles y ont mêlé beaucoup de choses inutiles, et que d'ailleurs ce qu'elles ont dit sur les choses véritablement utiles est répandu dans plusieurs écritures différentes, le procureur-général du roi a cru devoir renfermer dans un petit nombre de réflexions tout ce que les parties ont écrit, et même ce qu'elles n'ont point écrit sur ce qui fait la véritable difficulté de cette affaire.

29*

PREMIÈRE RÉFLEXION.

Il est fort indifférent de savoir si les terres de
Fouras et de Saint-Laurent de la Prée étoient originairement deux terres distinctes et séparées, ou si
elles n'ont jamais composé qu'un corps de seigneurie ; car, quand même le sieur Chesnel auroit raison
de soutenir, contre le fermier du domaine, que le
fermier divisoit mal à propos ce qui ne devoit être
regardé que comme une seule terre, sa cause seroit
plus soutenable dans le fait, mais elle ne seroit pas
meilleure dans le droit, jusqu'à ce qu'il eût prouvé,
ce qu'il ne pourra jamais faire, que le parage soit
admis dans la coutume de la Rochelle.

SECONDE RÉFLEXION.

De quelque manière que l'on considère le parage,
on ne peut douter qu'il ne soit entièrement contraire
au droit commun.

Si on l'envisage par rapport aux premiers usages
des fiefs, il est certain qu'il y étoit inconnu. Les
livres des fiefs, qui sont un des plus anciens recueils
que nous ayons des usages qui y ont rapport, ne permettent aux enfans du vassal de rendre la foi à leur
seigneur par le ministère d'un seul d'entr'eux, que
jusqu'au temps du partage ; mais après le partage, la
foi est dûe autant de fois qu'il y a de portions dans
lesquelles le fief se trouve divisé : *cùm plures fratres
vassalli paternum habent beneficium, donec illud
indivisum possident, una fidelitas et unum servitium
domino fieri debet ; si verò partitum fuerit, quot
partes, tot erunt fidelitates.*

Si l'on consulte ensuite la disposition de nos ordonnances, celle de Philippe-Auguste, de l'an 1209,
que le fermier du domaine a citée, contient une
décision si précise sur ce point, que le sieur Chesnel
n'a entrepris de l'éluder qu'à la faveur de cette fausse

maxime, que l'autorité des coutumes doit l'emporter sur celle des ordonnances ; il auroit donc fait plus sagement de se soumettre à la disposition de cette loi, que de l'attaquer par des argumens qui ne servent qu'à prouver qu'elle ne peut être combattue ; mais d'ailleurs il n'y eut jamais moins de nécessité d'exciter ce combat inégal entre les coutumes et les ordonnances, puisque la coutume d'Aunis, dans laquelle la terre dont il s'agit est située, ne renferme aucune décision qui soit contraire à celle de Philippe-Auguste.

Aussi est-on obligé d'avoir recours à une coutume voisine, pour y chercher cette contrariété entre la loi et la coutume, sur laquelle on veut absolument se fonder pour donner ensuite la préférence à la coutume ; mais, en attendant que le procureur-général du roi réponde à cet argument, il se renfermera dans ces deux principes qui lui doivent servir de règle :

L'un, que les coutumes ne peuvent préjudicier aux droits du roi ;

L'autre, que cette maxime est encore plus certaine, quand on oppose au roi, non la coutume même des lieux où les fiefs sont situés, mais un argument, un exemple, une induction tirée d'une autre coutume, qui, n'étant pas décisive contre le roi dans son propre territoire, est, à plus forte raison, absolument impuissante contre lui dans un territoire étranger.

Si l'on veut néanmoins s'attacher à l'esprit général des coutumes, le procureur-général du roi y trouvera encore de nouvelles preuves, pour prouver combien le parage est éloigné de l'usage commun du royaume.

En effet, dans le grand nombre de nos coutumes, on en trouve à peine neuf à dix qui l'autorisent ; le reste l'ignore ou le condamne. Il ne faudroit employer que cet argument même auprès de ceux qui sont trop prévenus en faveur de l'autorité des coutumes, pour faire voir que le parage est un droit singulier qui ne peut être étendu d'une coutume à une autre.

Enfin, si l'on examine l'intérêt des seigneurs, qui est le véritable et solide fondement des lois et des coutumes en cette matière, on reconnoîtra encore plus combien le parage est odieux, en quelque temps qu'on le considère, c'est-à-dire, ou pendant qu'il dure, ou après qu'il est fini.

Pendant sa durée, les puînés n'étant pas obligés de reconnoître le seigneur dominant, le parage fait voir, contre les premiers élémens de la jurisprudence féodale, des vassaux sans foi et sans aucun signe de sujétion, tant à l'égard de l'aîné qu'à l'égard du seigneur dominant ; cette espèce d'indépendance dure pendant plusieurs générations, et elle ne finiroit jamais en Poitou, si les biens demeuroient toujours dans les mêmes familles, et si l'on étoit attentif à conserver les actes par lesquels la parenté peut se prouver à l'infini.

Mais l'intérêt des seigneurs est encore infiniment plus blessé lorsque le parage s'éteint, car alors il se fait un *démembrement*, et, pour parler avec nos anciens praticiens, un véritable *abrégement*, ou, comme ils disoient encore, un *allongement* de fief, par le moyen duquel l'aîné, ou celui qui le représente, acquiert la mouvance de la portion du puîné; et cette portion, qui étoit autrefois tenue en plein fief du seigneur suzerain, s'éloigne de lui, et n'en relève plus qu'en arrière-fief.

Et, comme le parage se renouvelle toujours dans les différens degrés de succession, il arrive enfin que ce qui reste dans la mouvance du seigneur suzerain s'éclipse et se diminue en tant de manières, qu'à peine, après quelques générations, peut-il retrouver quelques vestiges de son ancien fief, et que ces mouvances, morcelées en une infinité de sections et de parties différentes, se perdent et s'évanouissent presqu'entièrement, ou du moins qu'elles tombent dans une confusion et dans une obscurité dans laquelle on ne peut presque plus les suivre et les démêler.

De là vient sans doute que, quoique la France se soit laissée éblouir pendant un assez long temps par la faveur prétendue des parages, on en a tellement senti le vice et les inconvéniens, que l'usage s'en est enfin aboli dans la plus grande partie du royaume.

Ainsi, plus on examine cet usage, soit par rapport aux anciennes règles des fiefs, soit par rapport à l'esprit général des coutumes, soit enfin par rapport à l'intérêt juste et légitime des seigneurs, plus on est convaincu que le parage est un droit singulier, odieux, exorbitant, qu'il faudroit proscrire des provinces où il est reçu, plutôt que de l'étendre dans celles qui ne le connoissent pas, et qui se sont maintenues jusqu'à présent dans la possession du droit commun.

TROISIÈME RÉFLEXION.

Le jeu de fief permis par la coutume de Paris et par la grande partie des coutumes du royaume, n'a aucun rapport véritable avec le parage; et, pour détruire l'argument que le sieur Chesnel a voulu tirer de la comparaison qu'il a faite de deux choses si éloignées, il suffit de marquer en deux mots les trois différences essentielles qui distinguent le parage du jeu de fief.

1.º Dans le jeu de fief, suivant l'article 51 de la coutume de Paris, le vassal qui use de la liberté que la coutume lui laisse, doit retenir quelque devoir domanial ou seigneurial sur la portion du fief qu'il aliène; sans cela il ne se joue point de son fief, mais il le démembre, d'un seul il en fait deux, et la portion aliénée relève du seigneur suzerain, de même que celle que le vassal s'est réservée.

Dans le parage, au contraire, les portions des puînés ne sont chargés d'aucun devoir seigneurial ni domanial; ils tiennent ces portions aussi noblement que l'aîné tient le reste du fief; ils ne lui doivent pas même l'hommage, et par conséquent il n'y a nulle parité entre deux droits qui ont des règles et des principes si différens.

2.° Le jeu de fief ne fait aucun préjudice au seigneur dominant, et c'est par cette raison qu'il a été reçu si facilement dans presque toutes les coutumes du royaume; la totalité du fief demeure toujours dans la mouvance directe et immédiate du seigneur suzerain; il en reçoit l'hommage, on lui en rend le dénombrement; en un mot, tant qu'il ne veut pas reconnoître l'aliénation qui a été faite d'une partie du fief, les choses demeurent, à son égard, dans le même état qu'avant l'aliénation; la mouvance ne souffre ni éclipse, ni abrégement, ni allongement, et le seigneur suzerain ne peut jamais craindre que ce qui étoit tenu de lui en plein fief devienne malgré lui son arrière-fief.

L'effet du parage est tout différent, il se termine toujours en un véritable et parfait démembrement, par lequel la portion du puîné cessant d'être tenue en plein fief du seigneur suzerain, devient nécessairement, et sans qu'il le puisse empêcher, un arrière-fief; cet effet est suspendu, à la vérité, dans certaines coutumes, jusqu'à ce que les descendans de l'aîné et des puînés puissent s'allier par mariage; dans d'autres, jusqu'à ce qu'ils soient au sixième degré, et dans quelques-unes, tant que le lignage et la parenté se peuvent compter; mais, quoique ce terme soit plus ou moins reculé, il est certain qu'il arrivera toujours, et qu'il y aura un temps où l'abrégement et l'allongement du fief, pour se servir toujours des termes énergiques de l'ancien droit, sera entièrement consommé; sans attendre même un si long temps, il suffit, pour produire cet effet dans quelques-unes des coutumes qui admettent le parage, que l'aîné aliène le corps du fief, et dans toutes, que les puînés vendent leur portion; car, dès le moment qu'un étranger prend la place d'un de ceux entre lesquels la nature et la loi établissent l'égalité qui est le fondement du parage, la mouvance de la portion des puînés s'éloigne d'un degré, et l'aîné, ou celui qui le représente, se met en la place du seigneur suzerain, et lui fait souffrir par cette interposition une véritable éclipse qui diminue considérablement les honneurs et les profits du fief dominant.

On ne doit pas être surpris, après cela, si le jeu de fief a toujours été étendu favorablement d'une coutume à l'autre, parce que le jeu de fief est indifférent aux seigneurs suzerains, au lieu que le parage a toujours été restreint, parce que le parage est directement contraire à leurs intérêts.

3.° Le jeu de fief est avantageux au public, parce qu'il tend à faciliter le commerce des biens, et qu'il favorise la liberté, que les maximes rigoureuses des fiefs renfermoient dans des bornes très-étroites, et souvent contraires au bien des familles; c'est un tempérament innocent, par lequel une jurisprudence plus éclairée a trouvé le moyen de concilier l'intérêt des seigneurs de fief avec celui des vassaux que la nécessité de leurs affaires oblige à aliéner une partie de leur patrimoine.

Le vassal jouit de son bien; il en tire le secours dont il a besoin; mais après tout, ce qu'il fait n'est qu'un jeu par rapport au seigneur suzerain, parce que l'aliénation d'une partie du fief ne fait aucun préjudice à sa mouvance, qui se conserve dans toute son intégrité quelque changement qu'il arrive dans le domaine qui en est la matière et le sujet.

C'est donc par ces raisons que le jeu de fief est devenu le droit commun de la France, et l'introduction de ce droit est fondé sur cette règle si équitable, qui veut que ce qui est utile à certaines personnes, et qui ne fait tort à aucunes, soit toujours reçu favorablement.

Il n'en est pas de même du parage; ce droit n'est ni nécessaire ni utile, par rapport au commerce des fiefs; les familles n'en reçoivent aucun secours, et les seigneurs suzerains y souffrent un grand préjudice; ainsi la même règle qui a fait étendre le jeu de fief doit faire rejeter toutes les extensions que l'on veut donner au parage.

Après avoir recueilli, dans les trois premières réflexions, les observations générales que l'on peut faire

sur le parage considéré en lui-même , il faut passer
maintenant à ce qui regarde ce même droit, par rapport à la coutume particulière du pays d'Aunis ou
de la Rochelle ; et l'on renfermera ce qui regarde ce
second point dans les quatre réflexions suivantes.

QUATRIÈME RÉFLEXION.

La coutume de la Rochelle n'admet point expressément le parage : la vérité de cette proposition est
également reconnue et par le sieur Chesnel et par
le fermier du domaine, puisque c'est le silence même
de cette coutume sur le parage qui a fait naître entre
eux la contestation présente.

CINQUIÈME RÉFLEXION.

Le parage n'est point du nombre de ces dispositions de coutumes que l'on peut suppléer dans celles
qui , comme la coutume de la Rochelle , ne l'admettent pas expressément ; on a établi par avance la
vérité de cette proposition , quand on a fait voir que
le parage étoit un droit singulier , contraire à l'esprit
général du droit français et à l'intérêt de tous les
seigneurs.

Or , comme on n'étend que les choses favorables ,
et que l'on restreint au contraire celles qui sont
odieuses, il ne reste plus qu'à conclure , de toutes
les réflexions qui ont été faites sur le parage considéré en lui-même , qu'on ne peut l'étendre des
coutumes qui l'admettent à celles qui ne l'admettent pas.

On cherche donc inutilement à se prévaloir de
l'exemple de la coutume de Poitou , voisine de celle
de la Rochelle.

Il est vrai que M.ᵉ Charles Dumoulin a dit que
l'on avoit accoutumé de suppléer par la coutume de
Poitou à ce qui manque à celle de la Rochelle ; mais

premièrement, il paroît que ce docteur a eu principalement en vue dans l'apostille que l'on cite, d'exclure les applications que l'on pourroit faire de la
coutume de Saintonge à celle de la Rochelle; car c'est
ainsi qu'il s'explique : *Hæc consuetudo suppleri solet
per consuetudinem Pictaviensem, et non per Xanto-
nensem, quæ est alterius parlamenti.*

1.º Pour expliquer le véritable sens de cette apostille de M.ᶜ Charles Dumoulin, et pour concilier
cet auteur avec M.ᶜ René Choppin, qui dit au contraire que les habitans de la Rochelle se servent de
la coutume de Paris pour suppléer à ce qui manque
à celle de leur pays, il suffit de s'attacher à la distinction que M.ᵉ Jean Vigier a fait dans sa préface
sur la coutume de la Rochelle. C'est ainsi que cet
auteur s'explique :

« Quand il est traité dans cette coutume d'une
» matière avec obscurité et ambiguité, l'explication
» et le supplément de l'intelligence peuvent être em-
» pruntés de celle de Poitou, parlant du même sujet,
» pourvu que sa disposition ne soit point contraire
» au droit commun de la France et à la raison géné-
» rale. »

Ainsi, suivant la remarque judicieuse de cet auteur, deux conditions sont également nécessaires
pour pouvoir étendre la disposition de la coutume
de Poitou à celle de la Rochelle ; l'une, que la coutume de la Rochelle ait traité de la même matière
que celle de Poitou, quoique d'une manière moins
exacte et moins parfaite ; l'autre, que la décision de
la coutume de Poitou, que l'on veut appliquer à
celle de la Rochelle, n'ait rien de contraire au droit
commun.

Or, ces deux conditions manquent ici également :
Car, 1.º comme la coutume de la Rochelle ne
contient aucune disposition sur la matière du parage,
si l'on se donnoit la liberté d'y suppléer par celle de
Poitou, ce ne seroit plus éclaircir, interpréter, per-
fectionner une coutume par une autre, ce seroit y

introduire un droit tout nouveau, et y ajouter une matière entièrement inconnue à cette coutume, et dont il est à présumer qu'elle n'a point parlé, parce qu'elle a voulu se renfermer à cet égard dans le droit commun.

2.º Ce que l'on veut suppléer ici par l'exemple de la coutume de Poitou, est un usage singulier qui résiste au droit commun de la France et à la raison.

Ainsi, de quelque manière que l'on considère l'argument que l'on tire de la coutume de Poitou, il ne peut être ici d'aucune autorité.

Enfin, pour lever jusqu'aux moindres doutes que cette apostille de Dumoulin pourroit faire naître, il faut remarquer ici que si l'on pouvoit se servir de la coutume de Poitou, pour suppléer à celle de la Rochelle, ce seroit uniquement dans les matières où le fond de leurs dispositions seroit semblable, et où l'on pourroit croire qu'elles auroient été dictées l'une et l'autre par le même esprit; mais c'est ce qui ne se rencontre pas dans la matière qui donne lieu d'agiter cette question, c'est-à-dire dans celle des parages et du droit d'aînesse.

On remarque au contraire une grande différence entre ces coutumes dans cette matière. En Poitou, l'aîné noble a les deux tiers des biens nobles féodaux, outre son préciput.

Dans l'Aunis, au contraire, l'aîné n'a que le quint, outre son préciput, et il partage également avec ses frères et sœurs.

Dans le Poitou, le droit d'aînesse a lieu même en ligne collatérale.

Dans le pays d'Aunis, ce droit ne s'étend pas hors de la ligne directe.

On pourroit encore pousser plus loin cette comparaison; mais ces deux articles paroissent plus que suffisans pour montrer que ces deux coutumes n'ont point été faites dans le même esprit par rapport aux partages, et qu'ainsi on ne pourroit expliquer l'une par l'autre en cette matière, sans blesser cette règle inviolable de notre jurisprudence, que les omissions qui se trouvent dans certaines coutumes doivent être suppléées par celles qui ont été rédigées dans le même esprit.

La coutume de Paris a été encore moins heureusement citée par le sieur Chesnel, il na pu trouver dans cette coutume que le jeu de fief, dont il a pu se servir pour autoriser le parage ; mais on a fait voir avec tant d'étendue les différences qui distinguent le parage du jeu de fief, qu'il est inutile de répondre encore ici à cet argument.

On y ajoutera seulement que s'il étoit vrai que le parage ne fût qu'une espèce de jeu de fief, il y a long-temps que le parage seroit reçu dans la coutume de Paris, et dans toutes les coutumes semblables ; cependant le sieur Chesnel n'a pu alléguer, et il n'alléguera jamais aucun exemple du parage dans ces coutumes. Et en effet, il résiste entièrement à leur esprit, comme il seroit aisé de le prouver avec plus d'étendue, si cette preuve pouvoit être de quelque utilité pour la défense de la cause du roi.

SIXIÈME RÉFLEXION.

Il est inutile d'examiner si le parage peut être introduit dans la coutume de la Rochelle, à l'exemple des coutumes voisines ; c'est une question que l'usage certain du pays d'Aunis rend absolument superflue, puisqu'il est constant que le parage ne s'y pratique point, et qu'on y suit toujours exactement la disposition du droit commun.

Ce fait, qui seul pourroit être décisif, ne sauroit plus être révoqué en doute.

1.º Il est attesté par le commentateur de la coutume de la Rochelle, qui assure qu'une des différences qui distinguent la coutume d'Aunis de celle d'Angoumois, est que le parage est reçu dans la dernière, au lieu qu'il ne s'observe pas dans la première.

Il est vrai que cet auteur ajoute qu'il y a néanmoins deux terres dans le pays d'Aunis où le parage a lieu; mais c'est une exception fondée apparemment sur des titres particuliers, qui confirme la régle bien loin de la détruire.

2.° Cet usage du pays d'Aunis a été si solennellement autorisé par l'arrêt de 1687 qui a été produit par le fermier du domaine, qu'il ne peut plus rester aucune ombre de difficulté sur ce point.

Le sieur Chesnel a cherché inutilement à affoiblir l'autorité d'un si grand préjugé, en prétendant que le véritable motif de cet arrêt étoit que, dans l'espèce sur laquelle il est intervenu, le parage avoit été établi par une convention postérieure au partage.

Objection mal fondée dans le fait, comme le fermier l'a fait voir suffisamment, et encore plus dans le droit, puisque si le parage avoit lieu de plein droit dans l'Aunis, comme dans le Poitou, on n'auroit pas besoin d'en faire une mention expresse dans les partages; il seroit absurde de penser que les parties pussent perdre le droit qui leur seroit acquis en vertu de la coutume dès le moment même du partage, parce qu'elles auroient jugé à propos de confirmer et d'affermir ce même droit par une convention séparée.

SEPTIÈME RÉFLEXION.

Enfin, toutes ces raisons reçoivent un nouveau degré de force et d'autorité, quand on les emploie pour défendre la cause du roi; ses droits supérieurs aux coutumes mêmes pourroient-ils dépendre du hasard des inductions arbitraires par lesquelles on argumente d'une coutume à une autre? Et pourroit-on introduire contre le roi, sur la foi de l'apostille douteuse et mal appliquée d'un docteur particulier, un droit qui, pour renfermer en un mot tout ce qui est répandu dans les différentes propositions que l'on vient détablir, n'est fondé que sur un usage contraire au droit commun; usage très différent du jeu de fief, que la coutume de la Rochelle n'admet pas expressément, et qui ne peut y être suppléé, ni par l'autorité de la coutume de Paris, ni par la disposition de celle de Poitou ; enfin, usage condamné par la pratique constante et universelle du pays d'Aunis, si l'on en excepte deux fiefs, et par un arrêt, qui, en confirmant les droits des seigneurs particuliers de cette province , a mis à plus forte raison ceux du roi au-dessus de tous les efforts qu'on peut faire pour les attaquer.

CE CONSIDÉRÉ, il vous plaise recevoir le procureur-général du roi partie intervenante en ladite instance ; faisant droit sur son intervention, mettre l'appellation au néant ; ordonner que ce dont est appel sortira son plein et entier effet ; et lui donner acte de ce que pour cause et moyens d'intervention , et pour réponses aux écrits et productions dudit Chesnel, il emploie le contenu en la présente requête; ensemble tout ce qui a été écrit et produit par ledit Roussier, fermier des domaines en la généralité de la Rochelle. Et vous ferez bien.

DIX-HUITIÈME REQUÊTE.

SECONDE REQUÊTE

Relative à la question de Parage sur la mouvance de la terre de Saint-Laurent de la Prée.

A MESSIEURS DU PARLEMENT.

SUPPLIE le procureur-général du roi, disant que, quoique les principes qu'il a établis par la requête d'intervention qu'il a présentée le 14 juillet dernier, dans l'instance pendante en la cour entre le sieur Chesnel et le fermier du domaine de la Rochelle, soient plus que suffisans pour détruire toutes les objections que le sieur Chesnel a faites dans son avertissement signifié le 11 du présent mois ; cependant, pour ne rien négliger de tout ce qui peut regarder la défense des droits du roi, le procureur-général a cru y devoir répondre le plus sommairement qu'il sera possible, en suivant le même ordre qu'il s'est prescrit dans sa première requête. -

La première réflexion par laquelle le procureur-général a commencé cette requête, ne méritoit aucun contredit; aussi n'en a-t-il reçu aucun ; elle n'a été faite que pour marquer le véritable état de la contestation.

La deuxième, beaucoup plus importante, consistoit à faire voir que le parage est contraire au droit commun ; c'est ce que le procureur-général du roi a cru suffisamment démontré par quatre espèces de preuves également incontestables :

La première, par l'autorité des anciens usages des fiefs;

La deuxième, par la disposition de l'ordonnance de Philippe-Auguste;

La troisième, par l'esprit général des coutumes;

La quatrième, par l'intérêt commun des seigneurs de fief.

Le sieur Chesnel a répondu à la première de ces preuves, que suivant le droit des Lombards contenu dans les livres des fiefs, il étoit permis aux grands, et même aux plus petits vassaux, de sous-inféoder une portion des fiefs qu'ils possédoient; d'où il conclut que le parage devoit aussi y être permis, puisque l'effet du parage se termine à une véritable sous-inféodation; la portion du puîné commençant à être tenue en arrière-fief du seigneur suzerain et en plein fief de l'aîné, lorsque le parage finit.

Deux réponses satisferont pleinement à cette objection.

La première est que l'on change ici visiblement l'état de la question.

Il ne s'agit point dans cette affaire de savoir si tout vassal avoit autrefois la liberté, suivant les anciens usages des Lombards, de faire son fief de son domaine; il s'agit uniquement d'examiner si le parage reçu dans plusieurs de nos coutumes, si la garantie des puînés sous l'hommage de l'aîné, enfin, si la conversion d'une portion du fief en arrière-fief, qui est une suite nécessaire du parage, avoient lieu suivant les anciens usages renfermés dans les livres des fiefs.

On a prouvé clairement le contraire par ces termes décisifs du tit. 77 du liv. 4., *si verò feudum partitum fuerit, quot partes tot erunt fidelitates.*

On a donc eu raison de dire que le parage étoit entièrement inconnu dans l'ancien droit des fiefs, et on n'a fait cette réflexion qu'après un des plus savans jurisconsultes français; c'est M.e François Ragueau qui s'explique en cette manière dans son Indice sous

le mot parage : *Hæc autem beneficia quæ Galliæ mori-*
bus jure parili tenentur incognita fuerunt Longo-
bardis.

La deuxième réponse est, que pour établir la prétendue faveur du parage dans cette cause, le sieur
Chesnel ne doit tirer aucun avantage de l'ancienne
liberté dont les vassaux ont joui autrefois, suivant
le droit des Lombards, par rapport à la sous-inféodation.

Cette liberté n'étoit accordée favorablement aux
vassaux, que parce qu'ils n'avoient pas le pouvoir
d'aliéner leurs fiefs, sans la permission expresse du
seigneur suzerain; et c'est sans doute pour les dédommager de cette espèce d'interdiction qu'on leur
permettoit de pouvoir au moins les concéder en fief,
comme ils les avoient reçus de leurs seigneurs.

Mais, depuis que les vassaux se sont affranchis de
cette servitude, et que les fiefs sont tombés dans le
commerce, comme le reste des biens, on a commencé
à refuser aux propriétaires des fiefs la liberté de sous-
inféoder; ensorte qu'aujourd'hui il n'y a peut-être
plus que le sieur Chesnel qui ose révoquer en doute
la vérité de cette maxime, que la sous-inféodation est
absolument contraire au droit commun.

C'est donc inutilement se prévaloir des anciens
vestiges d'une liberté qui ne subsiste plus, et qui
n'étoit fondée, dans le temps qu'elle subsistoit, que
sur la prohibition d'aliéner les fiefs; prohibition qui a
été abrogée depuis plusieurs siècles.

Le sieur Chesnel a attaqué ensuite la seconde preuve
de la première réflexion par des argumens encore plus
singuliers; car voici ce qu'il oppose à la disposition
de l'ordonnance de Philippe-Auguste.

Il dit d'abord que cette ordonnance ne se trouve
point dans les compilations imprimées des ordonnances de nos rois, et que Guenois ne l'a point
marquée dans la chronologie de celles de Philippe-
Auguste; mais si cet auteur a manqué d'exactitude
en cet endroit, sa négligence a été suppléée par

Choppin *De domanio, lib.* 2*, tit.* 13*, n.°* 2*;* par le
sieur Ducange, dans sa troisième dissertation sur
l'histoire de saint Louis; par l'auteur du Spicilége,
tom. 6. pag. 465; par la Thaumassière, en ses anciennes coutumes de Berry, première partie chap. 36.
Si, après ces autorités, le sieur Chesnel veut absolument chercher cette loi dans un recueil imprimé des
ordonnances, il la trouvera dans l'appendice de
Fontanon, où elle est transcrite en entier dans la
page 838.

Enfin, s'il falloit encore quelque chose de plus
authentique pour prouver l'existence de cette ordonnance, le procureur-général du roi en rapporteroit
une expédition tirée du trésor des chartes, où elle
se conserve en original, et où elle se trouve encore
dans le registre du roi Philippe-Auguste son auteur;
mais il n'a pas cru jusqu'à présent qu'il fût nécessaire
de prendre une telle précaution pour assurer la foi
d'une ordonnance si célèbre.

Le sieur Chesnel ajoute ensuite pour combattre
cette même loi, qu'elle n'a pas été faite pour le
Poitou, ni pour la Rochelle et la Saintonge, qui
appartenoient à des ducs ou à des comtes souverains
dans leurs pays; ces provinces n'ayant été réunies à
la couronne qu'en 1259, à l'égard du Poitou, et sous
Louis XI, à l'égard des autres.

Le procureur-général du roi veut bien excuser ici
l'ignorance du sieur Chesnel, et présumer que c'est
par une extrême inadvertance qu'il a renfermé en si
peu de paroles un si grand nombre d'erreurs de fait
et de droit; il faudroit faire une longue dissertation
pour les combattre pleinement; mais comme l'état
présent de l'affaire ne permet pas de telles digressions,
on se contentera d'indiquer ces erreurs, et c'en sera
assez pour les réfuter.

Première erreur de fait, en ce que l'on suppose
que le Poitou ne fut réuni à la couronne qu'en 1259;
et que le pays d'Aunis et la Saintonge ne reçurent
ce même honneur que sous le règne de Louis XI.

30 *

Il est vrai que ces provinces passèrent dans la possession du roi d'Angleterre, après le divorce de Louis le jeune et de la reine Aliénor, par le mariage de cette princesse avec Henri, roi d'Angleterre ; mais personne n'ignore, que par le jugement célèbre que Philippe-Auguste rendit en 1202 contre le roi Jean sans Terre, l'Aquitaine, le Poitou, le pays d'Aunis, la Saintonge, et toutes les autres provinces et seigneuries que ce roi possédoit en France, furent confisquées et réunies de droit au domaine de la couronne.

Tout le monde sait encore que Philippe-Auguste, voulant joindre la force des armes à l'autorité de sa justice, se rendit maître de presque toute la province de Poitou, dont les barons, suivant le témoignage de Rigord, auteur contemporain, lui rendirent l'hommage immédiat qu'ils rendoient auparavant au roi d'Angleterre ; c'est ce que l'on peut voir encore dans le livre de la Philippide de Guillaume le Breton, et généralement dans tous les historiens de ce temps-là.

La Rochelle, à la vérité, manquoit à la conquête de Philippe-Auguste, comme le marque le même Rigord ; mais Louis VIII acheva ce que son père avoit commencé, et il s'en rendit maître en l'année 1224, suivant le témoignage de l'auteur du livre intitulé, *gesta Ludovici VIII*, qui après avoir dit que la Rochelle se rendit à ce prince, ajoute ces mots : *Sic Anglici qui in illâ caudâ Aquitaniæ regionis diù latitaverunt à toto regno Franciæ penitùs sunt exclusi.*

Louis VIII se voyant possesseur paisible du comté de Poitou et des provinces voisines, les donna en apanage à Alphonse, son quatrième fils, par son testament, qui est rapporté par Duchesne, au cinquième tome de son recueil des historiens français ; et personne n'a jamais douté que ce prince n'ait possédé le comté de Poitou long-temps avant le traité de 1259, par lequel le roi d'Angleterre renonça à tout le droit qu'il y pouvoit prétendre.

Depuis l'arrêt de 1202, et les conquêtes de Philippe-Auguste et de Louis VIII, son fils, le Poitou, la Saintonge et l'Aunis ont toujours fait partie du domaine de la couronne, jusqu'au malheureux traité de Bretigny, fait en l'année 1360, qui ne subsista pas long-temps à l'égard du Poitou, que Charles V reprit en l'année 1369, et qu'il donna en accroissement d'apanage à son frère Jean, duc de Berry, sans que depuis ce temps-là, il ait jamais été séparé du domaine de la couronne.

La Rochelle reconquise sur les Anglais en 1372, a eu le même sort, et il est difficile de concevoir comment on a pu avancer après des faits si certains et si connus, que le Poitou n'avoit été réuni à la couronne qu'en 1259, et que la Rochelle n'avoit commencé à en faire partie que sous Charles VII ou sous Louis XI.

Deuxième erreur de fait encore plus grande que la première, en ce que l'on ose avancer que les comtes de Poitou et les ducs de Guyenne étoient souverains dans ces deux provinces; comme s'il n'étoit pas certain que l'une et l'autre ont toujours fait partie du royaume; comme si l'on pouvoit ignorer que la Guyenne étoit une des six anciennes pairies; comme si les hommages qui ont été rendus au roi par les ducs et les comtes de ces deux provinces étoient des titres obscurs ou équivoques; comme si l'autorité du roi dans les terres de ses vassaux pouvoit être révoquée en doute, et comme si elle n'avoit pas éclaté avec justice sur celui qui étoit en même temps duc d'Aquitaine et comte de Poitou, par ce fameux jugement, qui le dépouilla de ces deux grandes provinces, et de plusieurs autres seigneuries qu'il avoit dans le royaume.

Le sieur Chesnel ne paroît pas plus heureux dans le droit que dans le fait.

Première erreur du droit, qui consiste en ce qu'il suppose que les ordonnances que nos rois faisoient autrefois, n'étoient pas regardées comme de véritables lois dans les terres de leurs vassaux. S'il s'étoit con-

tenté de dire, que dans des temps de désordre et de
licence, il est souvent arrivé que les grands seigneurs
du royaume, usurpant un pouvoir qui ne leur appartenoit pas, prétendoient être exempts d'obéir à des
ordonnances qui blessoient leurs intérêts particuliers;
et qu'ainsi il y a plusieurs lois justes et salutaires
qui sont demeurées pendant long-temps sans exécution dans plusieurs provinces du royaume; le sieur
Chesnel n'auroit rien avancé qui ne fût connu de
tous ceux qui ont la plus légère teinture de l'histoire
de France.

Mais de prétendre que, parce que dans des temps
de révoltes et de désobéissance, les ordonnances des
rois n'ont pas été pleinement exécutées, on doit conclure de là que ces ordonnances n'avoient aucune
force dans les terres des vassaux de la couronne, c'est
vouloir que la violence prenne la place de la justice,
que la contravention à la loi soit regardée comme la
loi même, et que l'abus devienne le droit commun.

Ce n'étoit pas ainsi que pensoit un des premiers
oracles de la jurisprudence française qui vivoit dans
le même siècle dans lequel l'ordonnance de Philippe-
Auguste a été faite, et dont le sieur Chesnel auroit
pu apprendre quelle étoit alors l'autorité des ordonnances de nos rois, malgré l'usurpation que les grands
vassaux de la couronne avoient faite d'une partie des
droits régaliens.

C'est de Philippe de Beaumanoir, que le procureur-
général du roi entend parler en cet endroit, et c'est
ainsi que cet auteur s'explique dans ses coutumes de
Beauvoisis, chap. 48, pag. 264 et 265.

Quand le roi fait aucun établissement espéciau-
ment en son domaine, si barons ne laissent pas pour
che à user en leurs terres selon les anchiennes cou-
tumes; mais quand li établissement est généraux,
il doit courre par tout le royaume, et nous devons
croire que tels établissemens sont faits par très-grand
conseil et pour quemun pourfit.

Telle étoit donc la distinction que l'on faisoit alors
sur la question que le sieur Chesnel a tranchée en

un mot contre l'autorité royale ; si les ordonnances
du roi regardoient spécialement son domaine, elles
n'empêchoient pas que les barons ne suivissent leurs
anciens usages dans l'étendue de leurs seigneuries ;
mais lorsqu'il s'agissoit d'une ordonnance générale,
on ne doutoit point qu'elle ne dût s'observer par
toute la France, et l'on supposoit toujours qu'elle
étoit faite pour le bien commun du royaume.

On ne voit pas d'ailleurs de quelle utilité il étoit
au sieur Chesnel d'avancer une proposition si contraire aux saines maximes de notre jurisprudence
ancienne et nouvelle, puisque, quand même elle seroit
véritable, elle ne pourroit avoir aucune application
à la question présente ; car de quoi s'agit-il ici ? De
savoir si l'ordonnance de 1209 a été faite pour le pays
d'Aunis, et si elle a dû y être pleinement observée.
Or, l'on a fait voir que ce pays étoit alors réuni de
droit au domaine de la couronne, auquel il fut réuni
de fait quelques années après ; ainsi, quand on auroit la
témérité de vouloir renfermer l'autorité des anciennes
ordonnances de nos rois dans les bornes de leur domaine, il faudroit reconnoître que le pays d'Aunis
faisant partie de ce domaine lorsque l'ordonnance
de Philippe-Auguste a été faite, il n'y a point de
province dans le royaume qui ait dû être plus soumise
à l'obéissance de cette loi.

Après cela, il est facile de répondre à tout ce que le
sieur Chesnel a ajouté à sa première objection, lorsqu'il
a prétendu qu'en autorisant la rédaction des coutumes, le roi avoit dérogé à la disposition de ses
ordonnances ; que d'ailleurs ce n'est point par les
ordonnances, suivant la remarque de M.ᶜ Charles
Dumoulin, que les coutumes doivent être suppléées,
mais qu'elles le doivent être par les coutumes, qui,
selon le même auteur, forment le droit commun du
royaume.

Toutes ces propositions qui peuvent être vraies
en un sens, et fausses en un autre, sont ici sans
application, par deux raisons également décisives :

La première, qu'il s'agit d'une mouvance qui appartient au roi, et qui faisant partie de son domaine, se règle, par des principes supérieurs, et surtout par la disposition de ses ordonnances, auxquelles on n'a jamais pensé jusqu'à présent, que le roi ait voulu déroger contre lui-même; soit en ordonnant, soit en confirmant la rédaction, ou la réformation des coutumes.

Ainsi, il est vrai, comme le sieur Chesnel le remarque, qu'ordinairement les coutumes forment ce que l'on appelle le droit commun dans les matières qui sont dans leur ressort, toutes les fois qu'il s'en trouve; mais on ne doit pas douter que dans les causes qui regardent le domaine du roi, ses ordonnances ne doivent l'emporter sur l'autorité des coutumes.

La deuxième raison est que, comme le procureur-général du roi l'a déjà observé dans sa première requête, on ne peut opposer au roi dans cette cause, l'argument commun que l'on tire ordinairement de l'approbation qu'il a donnée à la rédaction et à la réformation des coutumes, parce que dans le pays d'Aunis, il n'y a aucune disposition coutumière qui résiste à l'ordonnance de Philippe-Auguste.

Il n'y a donc point ici, et on ne peut trop le répéter, il n'y a point de combat entre l'ordonnance et la coutume; et c'est peut-être la première fois qu'on a eu la pensée d'opposer à une ordonnance précise l'argument qui se tire, non de la coutume des lieux, mais d'une coutume voisine.

Le procureur-général du roi avoit dit, en troisième lieu, qu'il ne falloit que consulter l'esprit général des coutumes, pour être convaincu que le parage étoit contraire au droit commun, puisqu'il n'y en a qu'un petit nombre qui l'aient reçu ou conservé, et que le reste l'ignore ou le condamne.

Pour répondre à un argument si convaincant, le sieur Chesnel a fait deux objections :

La première, que les fiefs sont patrimoniaux, que chacun doit être le maître de disposer de son bien, que c'est en cela que consiste le véritable droit commun; et que c'est sur le fondement de ce principe que M.ᵉ Charles Loyseau a dit que les vassaux en France peuvent sous-inféoder et accensiver partie de leur domaine, ce qu'il entend à l'égard du roi même; d'où le sieur Chesnel conclut que le parage ne pouvant être odieux qu'en ce qu'il se termine à une véritable sous-inféodation, on ne doit point le regarder comme contraire au droit commun.

Le procureur-général du roi se contentera de répondre en un mot à cette objection, que ce n'est point par de telles généralités que l'on doit décider une question de fief; il est vrai que la liberté naturelle est favorable; mais les lois qui ne sont presque faites que pour la limiter et pour la restreindre en une infinité de manières différentes, sont encore plus favorables.

Ainsi, sans traiter ici des questions vagues et indéfinies, il faut voir dans cette matière, qui est toute de droit positif, ce qui a été établi par le plus grand nombre des coutumes et des usages reçus dans le royaume; c'est là ce qui forme et ce qui fixe véritablement le droit commun.

A l'égard de l'opinion de M.ᵉ Charles Loyseau, le sieur Chesnel n'auroit pas dû citer un auteur qui le condamne formellement; il est vrai que cet auteur dit d'abord, que les ducs, les marquis et les comtes devroient jouir de la prérogative de pouvoir sous-inféoder suivant l'ancien usage des fiefs; mais il convient en même temps, *que cette prérogative est mal maintenue dans notre usage*, ce sont ses termes; et par là il avoue que l'usage est contraire à son opinion; il ajoute ensuite que ce privilége ne passe point au degré inférieur, et qu'il est hors de doute que les autres moindres seigneurs qui relèvent du roi, ou autres, ne peuvent sous-inféoder.

Or, la terre que possède le sieur Chesnel n'est assurément point décorée du titre de duché, de comté, ou de marquisat; ainsi, le seul auteur qu'il ait cité pour appuyer la prétendue liberté de sous-inféoder, est absolument contre lui.

La deuxième objection du sieur Chesnel paroît beaucoup plus spécieuse : il prétend que le plus grand nombre des coutumes est pour le parage.

Le procureur-général du roi pourroit, à la vérité, se dispenser de répondre à un tel argument ; car dès que le roi a pour lui l'ancien usage des fiefs et la disposition d'une ordonnance faite uniquement pour décider la question présente, ce seroit toujours fort inutilement qu'on lui opposeroit l'autorité des coutumes, quand même le sieur Chesnel pourroit se flatter d'avoir pour lui le plus grand nombre.

Mais, pour dissiper jusqu'au moindre doute dans une affaire si importante, où il s'agit de faire une espèce de décision générale pour toutes les mouvances du roi dans le pays d'Aunis, le procureur-général du roi croit devoir s'arrêter à cet endroit pour faire voir combien le sieur Chesnel s'est trompé dans les principes de ce dénombrement, parce qu'il a prétendu faire passer pour le droit le plus commun, ce qui n'est en effet qu'un usage singulier.

Il suppose d'abord qu'il n'y a que soixante-treize coutumes générales dans le royaume.

Il suppose, en second lieu, que de ces soixante-treize coutumes, il en faut retrancher douze qui ne parlent point des matières féodales.

Il ajoute, en troisième lieu, qu'entre les coutumes qui ont traité expressément de ces matières, il n'y en a que huit qui excluent le parage.

Il prétend au contraire, en quatrième lieu, qu'il y en a dix qui l'admettent expressément.

Il soutient, en cinquième lieu, qu'à ces dix coutumes qui établissent formellement ce droit, il en faut ajouter quinze qui l'admettent indirectement, puisqu'elles donnent le choix aux puînés de rendre l'hommage au seigneur suzerain ou à leur aîné.

Enfin, il suppose, en dernier lieu, qu'il reste vingt-huit coutumes qui sont demeurées dans le silence sur la question du parage, et il met la coutume de Paris à la tête de la liste de ces vingt-huit coutumes.

Sur toutes ces suppositions, il établit ensuite le

système par lequel il a entrepris de prouver que le parage est conforme au droit commun du royaume.

Il faut, dit-il, retrancher d'un côté les douze coutumes qui ne traitent point des matières féodales, et de l'autre les vingt-huit qui ne se sont pas expliquées sur la matière des parages; et alors il en restera huit qui le rejettent, et vingt-cinq qui l'admettent ou expressément ou tacitement; d'où le sieur Chesnel conclut qu'il a pour lui la pluralité des coutumes.

Pour détruire absolument un dénombrement si peu exact, il suffit d'examiner les différentes suppositions qui lui servent de fondement.

La première, qui paroît la plus innocente de toutes, n'est pas néanmoins exempte de défaut; car le sieur Chesnel y suppose gratuitement, que, pour connoître quel est le droit commun du royaume dans la question présente, il ne faut s'arrêter qu'aux usages du pays coutumier, comme si les fiefs étoient inconnus dans les pays qui suivent le droit écrit : or, dans tous ces pays, qui composent près de la moitié du royaume, on ignore absolument le parage; et par conséquent le sieur Chesnel a déjà contre lui dans cette affaire les usages de la moitié du royaume.

La deuxième supposition est encore plus injuste que la première; l'on y retranche tout d'un coup douze coutumes du nombre de celles par lesquelles on peut juger si le parage est contraire ou conforme au droit commun; et cela, parce que ces coutumes n'ont point de disposition particulière sur les matières féodales; mais s'ensuit-il de là qu'il n'y ait point de fief dans le ressort de ces coutumes? Et s'il s'y trouve un grand nombre de fiefs, pourquoi l'usage qu'on y observe, et qui certainement n'est pas favorable au parage, puisque le sieur Chesnel n'oseroit l'avancer, ne servira-t-il pas à juger du droit commun de la France? Cet usage, quoique non écrit, ne marque-t-il pas toujours l'esprit général du droit coutumier? ne peut-on pas dire même qu'il le montre mieux que s'il étoit écrit; puisque l'on connoît par là que la maxime qui rejette le parage a paru si certaine, qu'on n'a pas cru qu'il fût nécessaire de la mettre par écrit? *Imò*, dit un jurisconsulte dans une occasion semblable, *magnæ autoritatis hoc jus habendum est, quod non necesse fuerit scripto comprehendere*.

. La troisième supposition sur laquelle roule le dénombrement du sieur Chesnel, est qu'il n'y a que huit coutumes qui condamnent expressément le parage ; c'est une observation très-indifférente, comme on l'a déjà vu par les réflexions précédentes, et comme on le connoîtra encore mieux par celles qui suivent.

. A l'égard de la quatrième supposition, où l'on fait l'énumération des coutumes qui admettent le parage, il en faut d'abord retrancher celles de Bretagne, qui a introduit un droit tout-à-fait singulier en cette matière ; puisque, suivant la disposition de cette coutume dans les articles 330 et 344, et dans plusieurs autres, les puînés sont obligés de servir à deux maîtres, et de rendre un double hommage de leur portion ; l'un au seigneur suzerain, et l'autre à l'aîné. Ainsi, cette coutume conservant les droits du seigneur en leur entier, elle ne peut être mise au nombre de celles qui admettent l'effet odieux du parage, c'est-à-dire, la constitution d'un arrière-fief sans le consentement du seigneur suzerain.

La coutume de Blois, que le sieur Chesnel met aussi au nombre des coutumes qui admettent le parage, en doit encore être retranchée, par rapport à la question présente ; cette coutume n'admet la garantie en parage, et ne permet à l'aîné de porter la foi pour tous les puînés, que jusqu'au partage ; et elle décide expressément dans les art. 69, 71, 72, et 73, qu'après le partage chaque puîné est obligé de rendre hommage au seigneur suzerain ; ainsi l'effet du parage dans cette coutume, n'est jamais de faire d'un fief un arrière-fief ; et par conséquent elle est absolument étrangère à la question présente, et inutile, ou plutôt contraire au sieur Chesnel.

. Il ne lui reste donc plus que huit coutumes qui autorisent le parage tel qu'il prétend l'établir dans le pays d'Aunis contre le roi.

La cinquième supposition fournit encore plus de preuves du peu d'exactitude avec laquelle on a travaillé à ce dénombrement général des coutumes.

Le sieur Chesnel y avance qu'il y a quinze coutumes qui admettent tacitement le parage dans ce qu'il y a de plus contraire aux droits du seigneur, puisqu'elles donnent le choix aux puînés de reconnoître leur aîné pour leur seigneur immédiat, ou de rendre hommage au seigneur suzerain.

Mais il faut d'abord retrancher les coutumes de Meaux, d'Orléans, de Dourdan, de Lorris, d'Auvergne, qui ne disent rien de semblable à ce que le sieur Chesnel prétend y avoir trouvé; la preuve en est aisée à faire, en vérifiant les articles mêmes qu'il a cités.

On en doit retrancher encore les coutumes de Senlis et de Châlons, qui n'établissent cette règle que pour la première fois seulement, après laquelle les choses retournent dans le droit commun; ensorte que le seigneur ne souffre aucun préjudice réel dans ces coutumes, puisqu'il a reçu la foi pour tout le fief par les mains de l'aîné, et que, lorsqu'il arrive ensuite quelques mutations de la part des puînés, ou de leurs descendans, ils sont obligés de lui rendre l'hommage.

Ainsi, de quinze coutumes dans lesquelles on avoit avancé que l'effet le plus odieux du parage étoit admis, en voilà déjà sept qu'il faut ôter absolument de cette liste dont on a fait ici une ostentation inutile.

A l'égard des huit qui paroissent d'abord plus favorables à l'induction que le sieur Chesnel en a tirée, on se contentera de faire les trois réflexions suivantes.

La première, que si l'on examinoit attentivement une partie de ces coutumes, on trouveroit qu'elles doivent être expliquées par la sage disposition des coutumes de Senlis et de Châlons, qui limitent à la première foi et au premier hommage la liberté du choix qu'elles donnent aux puînés de relever de l'aîné ou du seigneur féodal; en effet, comme suivant le texte de la plus pure de ces coutumes, c'est pour la première fois que l'aîné garantit les puînés et les acquitte du devoir de la foi, il seroit absurde qu'ils puissent lui devoir perpétuellement l'hommage, parce qu'il les a dispensés une seule fois de l'obligation de le rendre, en le rendant pour eux ; il est bien plus naturel de penser que, comme l'aîné ne les acquitte qu'une seule fois du devoir de la foi, il ne doit aussi exiger d'eux ce même devoir qu'une fois ; mais, quelque vraisemblable que soit cette interprétation, dans une partie de ces coutumes, le procureur-général n'a pas même besoin de s'attacher à la prouver dans cette cause.

La deuxième réflexion est que ces coutumes donnent au moins l'alternative aux puînés de relever de l'aîné ou de relever du seigneur suzerain ; et qu'ainsi elles sont beaucoup moins odieuses que celles qui, refusant absolument aux puînés et à leurs successeurs la liberté de conserver l'ancienne mouvance, les assujettissent nécessairement à la domination de leur aîné lorsque le parage s'éteint ; il y a au contraire dans ces huit coutumes un cas qui est favorable au seigneur, et l'option peut se faire pour lui, comme contre lui.

Enfin, la troisième réflexion est que ce cas est le plus ordinaire ; car il est rare que les puînés oublient assez leur véritable intérêt pour vouloir reculer d'un degré la mouvance de leur terre ; le vœu commun des vassaux est au contraire de se rapprocher du principe et de la source de toutes les mouvances ; et il n'y a pas d'apparence qu'il se trouve beaucoup de puînés qui veulent dégrader leur terre, en y ajoutant un nouveau degré de dépendance, et, si l'on peut parler ainsi, d'infériorité ; ainsi l'option que donnent ces coutumes, est presque toujours sans effet à l'égard du seigneur suzerain, dont l'intérêt étant joint en cette occasion à celui de ses vassaux, ne souffre pour l'ordinaire aucun préjudice de la liberté que la coutume leur donne.

Si cette réflexion est véritable à l'égard des fiefs

qui dépendent des seigneurs particuliers, elle l'est encore infiniment plus par rapport à ceux qui relèvent du roi, comme le fief dont il s'agit dans cette affaire; car, quel seroit le puîné assez mal conseillé pour vouloir relever perpétuellement de son frère aîné et de ses descendans, plutôt que de se conserver dans l'honorable et souvent utile prérogative de n'avoir point d'autre seigneur que le roi?

La dernière supposition du sieur Chesnel est, qu'après avoir fait les différentes classes des coutumes qu'il a jugé à propos de distinguer, il en reste vingt-huit qui, ne s'étant point expliquées sur la question du parage, ne peuvent être comptées ni pour ni contre, et doivent garder, selon lui, une espèce de neutralité.

Mais, bien loin que ces coutumes doivent être retranchées par cette raison du nombre de celles par lesquelles on peut connoître quel est le droit commun en cette matière, c'est au contraire par cette raison même, que leur autorité est encore plus décisive; car il est certain d'un côté que le parage n'y est point reçu : et le sieur Chesnel, qui met la coutume de Paris à la tête de ces vingt-huit coutumes neutres, n'oseroit en disconvenir; il est constant de l'autre, et c'est encore le sieur Chesnel qui le met en fait, que ces vingt-huit coutumes n'excluent point expressément le parage.

Pourquoi y est-il inconnu, si ce n'est parce qu'il est contraire au droit commun, et qu'ainsi il n'est pas nécessaire de l'exclure expressément?

Le caractère qui distingue le plus essentiellement ce que l'on appelle le droit commun, de ce qui n'est qu'un droit singulier, est que l'un n'ayant pas besoin d'être admis expressément, il suffit de ne le pas exclure pour le recevoir, au lieu que l'autre doit être expressément établi; et par conséquent ne le pas admettre nommément, c'est l'exclure.

Or, suivant le sieur Chesnel même, le parage n'est point admis dans ces vingt-huit coutumes, quoiqu'elles ne l'excluent pas précisément; donc le parage , selon lui-même , ne peut être qu'un droit singulier , que le droit commun condamne sans le secours des dispositions particulières de chaque coutume.

Après avoir détruit les différentes suppositions sur lesquelles roule tout le système du sieur Chesnel, il est temps de tirer de son dénombrement des coutumes ainsi réformées, une conséquence directement opposée à celle qu'il oppose aux principes que le procureur-général a établis.

Car, s'il ne faut retrancher de ce dénombrement ni les vingt-deux coutumes qui ne parlent point des matières féodales , ni les vingt-huit qui excluent tacitement le parage en ne l'admettant pas expressément ; s'il faut au contraire ajouter ces quarante coutumes aux huit qui, selon le sieur Chesnel, condamnent formellement le parage ; enfin , s'il y faut joindre les coutumes de Bretagne , de Blois, de Meaux, d'Orléans, de Dourdan, de Lorris, d'Auvergne, de Senlis et de Châlons, que le sieur Chesnel avoit comprises mal à propos dans le nombre des coutumes favorables au parage , on trouvera d'abord soixante-sept coutumes de soixante-treize , dans lesquelles , comme le procureur-général du roi l'avoit dit en deux mots dans sa dernière requête, le parage est ou condamné ou inconnu.

Ce n'est pas tout encore , des seize coutumes qui restent au sieur Chesnel , il en faut retrancher les huit qui n'admettent point le vrai parage, tel que le sieur Chesnel prétend l'établir dans cette cause, et qui donnent seulement aux puînés l'option de relever du seigneur suzerain ou de l'aîné ; option qui ne fait aucun préjudice sensible au seigneur, si elle n'a lieu que pour la première fois , et qui par l'événement ne lui est presque jamais nuisible , quand même on en voudroit porter l'effet plus loin.

Il ne reste donc véritablement que huit coutumes au sieur Chesnel , contre soixante-cinq qui sont pour le roi, et auxquelles il faut joindre les usages de tout le pays qui se régit par le droit écrit.

On laisse à juger après cela, si le sieur Chesnel a raison de prétendre que le parage est conforme au droit commun, et s'il n'auroit pas fait plus sagement de ne point faire un dénombrement de coutumes, qui n'a servi qu'à démontrer encore plus la vérité de ce principe, que le parage est un droit singulier qui résiste à l'esprit général des coutumes.

Le procureur-général avoit ajouté, comme une quatrième preuve, que si l'on considéroit l'intérêt des seigneurs, le parage étoit odieux.

Le sieur Chesnel s'est contenté de répondre à cet argument, que l'intérêt des seigneurs est odieux, parce qu'il tend à la servitude des vassaux, et qu'au contraire celui des vassaux est favorable, parce qu'il tend à la liberté.

Si cette réponse pouvoit être écoutée, il faudroit abolir la plus grande partie des dispositions des coutumes dans les matières féodales, puisqu'il n'y en a presque aucune qui ne diminue et qui ne restreigne la liberté des vassaux.

Mais d'ailleurs, on ne voit pas quel est l'intérêt des vassaux en général à établir le parage; ce droit favorable aux aînés seuls, est également contraire à l'intérêt de tous les puînés et de tous les seigneurs; et bien loin d'augmenter la liberté, il multiplie au contraire et il étend la servitude, en multipliant le nombre des seigneurs.

Enfin, ce n'est plus le sujet d'une question douteuse que le peu de faveur du parage; on peut dire que cette question est décidée très-clairement par le grand nombre des coutumes qui le rejettent, et surtout par celles qui, ne le condamnant que par leur silence, montrent assez par là, comme on le vient de dire, que c'est un droit odieux qu'il suffit de ne pas approuver, pour le condamner.

Les objections que le sieur Chesnel a faites contre les cinq autres réflexions contenues dans la première requête du procureur-général du roi, sont si peu considérables, qu'elles ne méritent presque aucune attention.

On a fait voir, dans la troisième, combien le jeu de fief étoit différent du parage ; et le sieur Chesnel n'ayant rien répondu de solide à tout ce qui a été dit à ce sujet, et s'étant contenté d'avancer sans aucune preuve une maxime très-fausse, qui est que de droit ancien le jeu de fief se peut faire sans rétention de foi, le procureur-général se contentera d'employer pour toute réponse à cette partie de l'avertissement du sieur Chesnel, ce qui a été dit sur ce sujet dans sa première requête.

La quatrième réflexion n'ayant été faite que pour marquer un fait également constant entre les parties, n'a dû recevoir, et n'a reçu aussi aucune réponse.

On a fait voir, dans la cinquième réflexion, que le silence de la coutume de la Rochelle ne pouvoit être suppléé par la disposition de la coutume de Poitou ; et tout ce que l'on a dit sur ce sujet, se peut réduire à ces deux maximes :

L'une, que la coutume de la Rochelle peut être suppléée par celle de Poitou dans les matières favorables, et non pas dans celles qui sont contraires au droit commun, comme le parage ;

L'autre, qu'on ne pouvoit expliquer la première de ces coutumes par la deuxième, que dans les cas où elles paroissoient avoir eu le même esprit ; ce qui ne se trouve point dans la matière des partages, où la coutume de Poitou avoit eu en vue d'étendre les droits d'aînesse, principal fondement du parage, au lieu que celle de la Rochelle paroissoit au contraire les avoir voulu réduire dans des bornes assez étroites.

Le sieur Chesnel a fait plusieurs objections contre cette réflexion, qui sont répandues en plusieurs endroits de son avertissement, et qu'il est nécessaire de réunir ici pour y répondre dans leur véritable place.

Première objection. La Rochelle et le pays d'Aunis, compris autrefois avec la Saintonge sous le nom général de *Santones*, ont eu pendant plusieurs siècles les mêmes seigneurs que le Poitou ; et par conséquent, on doit présumer qu'ils ont eu aussi les mêmes lois et les mêmes usages.

On pourroit d'abord répondre à cette objection, qu'il n'est pas exactement vrai, comme le sieur Chesnel l'avance, que la Rochelle ait eu pendant six cents ans les mêmes seigneurs que le comté de Poitou ; qu'il paroît, au contraire, que cette ville a appartenu pendant long-temps à des seigneurs particuliers, autres que les comtes de Poitou, et en dernier lieu à ceux de la maison de Mauléon, sur lesquels elle fut usurpée par Guillaume IX, comte de Poitou ; que les seigneurs de Mauléon et Geoffroy de Rochefort, prirent les armes pour recouvrer par la force, ce qu'ils avoient perdu par la même voie ; qu'après différens traités, qu'il est inutile d'expliquer ici, cette querelle fut enfin terminée par le don que la reine Aliénor fit, sur la fin de ses jours, à Savary de Mauléon, du château et de la seigneurie de *Benon*, en échange de la Rochelle ; que depuis ce temps la Rochelle demeura entre les mains des Anglais, jusqu'en l'année 1224 qu'elle fut réunie au domaine de la couronne, d'où elle n'a été séparée, comme on l'a déjà dit, que pendant dix ou douze années, en exécution du traité de Bretigny.

Mais, quand il seroit vrai que le pays de la Rochelle auroit toujours appartenu aux mêmes seigneurs que le comté de Poitou, la conséquence que le sieur Chesnel tire de ce fait, qu'il suppose véritable, ne seroit pas plus concluante, puisqu'il y a une infinité d'exemples de coutumes très-différentes établies dans des pays qui étoient soumis à l'autorité d'un même seigneur ; et le sieur Chesnel n'est pas plus en droit de conclure sur ce fondement, que les peuples de la Rochelle devoient suivre les mêmes usages que ceux de Poitou, qu'il le seroit de prétendre que la coutume de Meaux devoit être conforme à celle de Troyes, parce que les villes de Meaux et de Troyes étoient également soumises aux comtes de Champagne; ou que les usages du Vexin doivent être semblables à ceux de Normandie, parce que les ducs de Normandie ont été long-temps les maîtres de l'un et de l'autre.

Enfin, pour ne point sortir de l'exemple des comtes de Poitou et des ducs d'Aquitaine, il s'ensuivroit du même principe, que le Loudunois, qui faisoit partie du Poitou, beaucoup plus certainement que le pays d'Aunis, devroit se régler dans les questions douteuses par la coutume de Poitou, quoique la coutume de ce pays soit presque semblable à celle de Touraine, et qu'elle ait beaucoup moins de rapport avec la coutume de Poitou.

Il faudroit dire encore que la coutume de Bordeaux, et toutes les autres coutumes de la Guyenne, doivent être interprétées par celle de Poitou, parce que le Poitou et l'Aquitaine étoient assujettis à la même puissance. Que si le sieur Chesnel n'oseroit avouer toutes ces conséquences absurdes, qui sont néanmoins des suites nécessaires de son principe, il faut donc qu'il abandonne le principe même, et qu'il reconnoisse que, quoiqu'il soit arrivé quelquefois que les pays dépendans d'un même seigneur ont suivi des usages uniformes, il y a néanmoins une infinité d'exemples du contraire, et qu'ainsi cette première observation douteuse dans le fait, est absolument inutile dans le droit.

Deuxième objection. La disposition de la coutume de Poitou touchant les parages, doit être facilement suppléée dans la coutume d'Aunis, parce que toutes les coutumes qui l'environnent sont des coutumes de parage.

Mais, premièrement, quelque spécieuse que soit cette objection, elle se tourne néanmoins en preuve contre ceux qui la font; car si le parage est un droit ordinaire et connu de tout le monde dans toutes les provinces qui touchent le pays d'Aunis, et qui l'environnent de toutes parts, on ne peut pas dire qu'un droit si usité ait été ignoré par les rédacteurs de la coutume de la Rochelle. Pourquoi donc n'en ont-ils fait aucune mention ? si ce n'est parce qu'ils savoient que ce droit n'étoit point reçu dans l'usage général du pays d'Aunis, et qu'il n'y avoit lieu que dans deux seigneuries, en vertu de conditions particulières des investitures ; ainsi, bien loin que l'argument que l'on tire de l'autorité de toutes ces coutumes voisines de celle de la Rochelle soit décisif, il sert au contraire à faire présumer que, si on n'a fait aucune mention du parage dans cette coutume, ce n'est point parce que ce droit n'y étoit pas assez connu, c'est au contraire parce qu'il y a été condamné ; ensorte que le silence de la coutume d'Aunis sur ce sujet doit être regardé, non commè un silence d'oubli ou d'ignorance, mais comme un silence d'improbation.

Deuxièmement, si l'on veut encore aller plus loin et chercher la raison de ce silence, on trouvera qu'il est fondé, comme on l'a déjà dit, sur le peu de faveur que le droit d'aînesse a trouvé auprès des peuples de la Rochelle, puisque, contre la disposition de la plupart des coutumes limitrophes, le droit d'aînesse ne consiste en ce pays que dans le quint des fiefs, et que ce droit n'a lieu qu'en ligne directe, pendant que les coutumes de Poitou et d'Angoumois le reçoivent même en ligne collatérale ; on ne doit pas être surpris après cela, si le parage que ces deux dernières coutumes autorisent, et qui est fondé principalement sur la faveur et la prérogative du droit d'aînesse, n'a jamais pu devenir le droit commun du pays d'Aunis.

Troisième objection. Suivant l'opinion même de Vigier, que le procureur-général a cité dans sa première requête, la coutume de la Rochelle doit être interprétée par celle de Poitou dans toutes les choses favorables, telles qu'est le parage.

On a déjà démontré en tant de manières différentes, que le parage ne devoit point être mis au nombre des choses favorables, qu'il est inutile de s'arrêter ici à réfuter une telle objection ; on remar-

quera seulement que le sieur Chesnel se trompe,
quand il écrit qu'on ne doit appeler odieux que ce
qui blesse l'équité naturelle et la souveraine raison;
ce nom se donne tous les jours dans notre jurisprudence à ce qui est contraire aux principes communément reçus, et à la règle générale, et surtout à ce
qui fait un préjudice sensible aux seigneurs, sans être
d'aucune nécessité pour le véritable intérêt des vassaux; et c'est ce qui se montre dans le parage, comme
il est aisé de s'en convaincre par la plus légère réflexion sur la nature de ce droit.

Quatrième objection. Rien n'empêche que l'on
interprète une coutume par une autre, quoiqu'elles
diffèrent dans quelques-unes de leurs dispositions;
c'est ce que le sieur Chesnel a voulu expliquer par
l'exemple de la coutume générale d'Amiens et de la
coutume locale de Montreuil; mais il est inutile
d'entrer dans la discussion de cet exemple; il suffit
de dire, en un mot, que la maxime avancée par le
sieur Chesnel peut être véritable, lorsque ce n'est
pas dans la matière même où deux coutumes voisines
ont des dispositions différentes, que l'on entreprend
d'interpréter ou de suppléer l'une par l'autre. Mais,
lorsque c'est dans cette matière même que l'on veut
argumenter de l'une à l'autre, il est évident qu'on ne
prouve rien du tout; or, c'est précisément ce que le
sieur Chesnel veut faire dans la contestation présente, puisqu'il applique la coutume de Poitou à
celle de la Rochelle dans le point même où son
esprit est très-différent, c'est-à-dire, dans une
matière qui dépend du droit d'aînesse, dont la faveur est excessive dans la coutume de Poitou, et fort
bornée dans celle de la Rochelle.

Enfin, comme on l'a déjà dit dans la première
requête, il ne s'agit point ici d'interpréter, il s'agit
de suppléer un titre entier dans la coutume de la
Rochelle, et d'y introduire le parage qui n'y fut
jamais connu, au moins comme un droit commun et
universel.

C'est ce qu'on a prouvé dans la sixième réflexion de la première requête, où l'on a montré qu'il étoit inutile d'examiner si le parage devoit être reçu dans le pays d'Aunis, puisqu'il étoit certain dans le fait que ce droit n'y étoit pas reçu, comme on l'a prouvé et par le témoignage de Vigier, et par l'autorité d'un arrêt de la cour.

Le sieur Chesnel a répondu si foiblement à cette réflexion, que sa réponse ne mérite aucune réplique ; et le procureur - général du roi s'est déjà trop étendu dans cette requête, pour s'attacher à relever ici la maxime très-fausse, par laquelle le sieur Chesnel a fini son avertissement, lorsqu'il a dit que le parage devoit être stipulé expressément dans la coutume de Poitou.

C'est une erreur qui se réfute par le texte même de l'article 126 de la coutume de Poitou, que l'on a cité pour la soutenir, et qui porte expressément que, *si le chemier baille à son parager puîné par partage, aucune portion de son fief dont le chemier demeure en l'hommage, ledit puîné, et ses successeurs (si autre convenance n'y a) tiendront en parage.*

Il est donc évident que, bien loin qu'il faille une convention expresse pour établir le parage, il en faudroit une au contraire pour l'exclure, puisque le parage a lieu en vertu du partage même (si autre convenance n'y a), comme le dit expressément la coutume de Poitou.

Si cette coutume étoit donc reçue à la Rochelle, le parage que l'arrêt de 1687 a condamné, auroit eu lieu de plein droit ; et la convention, qu'on suppose postérieure au partage, l'auroit affermi bien loin de le détruire.

Ainsi, le préjugé de l'arrêt de 1687 subsiste en son entier, et la cause du sieur Chesnel est également insoutenable dans quelque longueur qu'il en jette la discussion, en y mêlant toutes sortes d'objections inutiles.

Car, en un mot, pour finir cette requête par une réflexion absolument décisive, il n'y a que deux espèces de parage , le légal et le conventionnel : le parage légal ne peut avoir lieu dans cette cause; puisqu'il n'y a point de loi qui l'établisse dans le pays d'Aunis, et qu'il y a , au contraire , une ordonnance générale qui le condamne ; le parage conventionnel y peut encore moins être autorisé, puisqu'il est certain qu'une simple convention ne peut renverser les maximes fondamentales du domaine , ni obliger le roi à souffrir que son fief devienne malgré lui son arrière-fief.

CE CONSIDÉRÉ , il vous plaise donner acte au procureur-général du roi de ce que pour toutes écritures et productions contre l'avertissement du sieur Chesnel, il emploie le contenu en la présente requête, ensemble ce qui a été écrit et produit au procès par le fermier du domaine et le procureur-général ; et en conséquence , lui adjuger les fins et conclusions par lui ci-devant prises. Et vous ferez bien.

DIX-NEUVIÈME REQUÊTE.

TROISIÈME REQUÊTE

*Relative à la question de Parage sur la mouvance
de la terre de Saint-Laurent de la Prée.*

A MESSIEURS DU PARLEMENT.

Supplie le procureur-général du roi, disant qu'ayant
pris communication des derniers contredits de production que le sieur Chesnel de Coyeux a fait signifier le 7 de ce mois au procureur-général du roi,
il n'y a rien trouvé de nouveau qu'un passage tiré de
l'Enchiridion de M. Jean Imbert, qui est plus contraire que favorable audit sieur Chesnel, puisque
ce passage prouve clairement, lorsqu'on le lit tout
entier dans le livre dont il a été tiré, que dans deux
articles très-importans, c'est-à-dire, dans ce qui
regarde le relief ou partage des fiefs après la mort
du vassal, et dans les droits qui sont dûs en cas de
mutation de la part du seigneur, l'on suit à la Rochelle un usage très-différent de la coutume du
Poitou ; d'où il est naturel de conclure qu'il n'est
pas surprenant que l'usage de la Rochelle, s'éloignant
de celui de Poitou en deux points si essentiels, soit
aussi différent dans ce qui regarde le partage : mais
le sieur Chesnel n'ayant pas réfléchi sur cette conséquence qui se tire naturellement du passage qu'il
allègue en sa faveur, a cru qu'il seroit avantageux à
sa cause de faire voir qu'un auteur ancien dans le
palais, a cru que la coutume de la Rochelle devoit
être suppléée par celle de Poitou ; il auroit pu s'épargner la peine d'employer cette nouvelle autorité,

s'il avoit lu attentivement la distinction judicieuse que M.ᵉ Jean Vigier, commentateur de la coutume de la Rochelle, a faite sur ce sujet, et que le procureur-général du roi a employée dans sa première requête du 14 juillet dernier, à laquelle il se contentera de renvoyer le sieur Chesnel pour toute réponse à cette objection.

Mais d'ailleurs, il est fort inutile de s'arrêter ici à examiner dans la question générale, si l'on doit suivre la coutume de Poitou dans le pays d'Aunis, par rapport aux matières féodales : cette question ne peut être agitée, que lorsque l'usage de ce pays est douteux ; mais lorsqu'il est certain, comme il l'est dans cette affaire, et comme on le voit par un témoignage non suspect au sieur Chesnel, c'est-à-dire, par celui de Vigier qu'il cite par-tout avec éloge, que le parage n'est pas reçu dans l'usage général du pays d'Aunis, et qu'il n'y a qu'un très-petit nombre de fiefs pour lesquels il ait lieu, du nombre desquels il ne met assurément pas celui du sieur Chesnel, ce seroit abuser du temps et de la patience des juges, que de s'étendre encore une fois sur une question que le procureur-général n'a traitée dans ses requêtes précédentes, que pour ne rien omettre de ce qui regarde la défense des droits du roi, et qui n'est nullement nécessaire pour la décision du procès.

Le reste des contredits du sieur Chesnel ne contient que des raisonnémens subtils sur l'article 126 de la coutume de Poitou, auxquels il ne faut opposer pour toutes réponses que l'article même ; c'est une répétition assez foible des mêmes erreurs de droit et de fait, que le procureur-général a déjà pleinement détruites en sa requête du 27 septembre dernier, auxquelles il semble qu'on a encore voulu ajouter de nouvelles raisons qu'il seroit très-facile mais très-inutile de détruire, dans l'état où est la contestation présente.

Ainsi, pour ne pas retarder l'expédition de cette instance, dans laquelle le procureur-général du roi n'a plus rien à se reprocher, que d'avoir eu trop d'exactitude à traiter des questions superflues, il se contentera d'employer contre les contredits du sieur Chesnel, tout ce qui a été jusqu'à présent écrit et produit dans le cours de l'instance pour la défense des droits du roi.

CE CONSIDÉRÉ, il vous plaise donner au procureur-général acte de ce que pour toutes écritures, salvations et productions contre les contredits du sieur Chesnel, signifiés le 7 de ce mois, il emploie le contenu en la présente requête ; ensemble tout ce qui a été ci-devant écrit et produit au procès, tant pour le procureur-général, que de la part du fermier du domaine ; ce faisant, lui adjuger les conclusions par lui ci-devant prises. Et vous ferez bien (1).

(1) Jugé conformément à la requête, par arrêt du 1.er juin 1707.

VINGTIÈME REQUÊTE.

Sur la succession des Bâtards en Bretagne.

A MESSIEURS DU PARLEMENT.

Supplie le procureur-général du roi, disant que, quoiqu'à la rigueur il pût se contenter d'avoir donné ses conclusions sur le procès qui est pendant en la cour, entre le sieur de Visdelou, sieur de Ville-teard, appelant d'une sentence rendue en la chambre du domaine; le sieur de Cancer, sieur de Pignan, donataire du roi, intimé sur l'appel de cette sentence, et le syndic des trois états de Bretagne intervenant; parce qu'il ne s'agit que d'un droit purement casuel, et qui tient lieu de fruits, c'est-à-dire, de la succession d'un bâtard, dont le roi a disposé en faveur du sieur de Pignan, exempt de ses gardes-du-corps; cependant, comme à l'occasion de ce don, on s'efforce d'introduire une exception générale en faveur de la province de Bretagne, pour la soustraire à la jurisprudence qui s'observe dans tout le reste du pays-coutumier sur les successions des bâtards, le procureur-général a cru que cette prétention pouvant intéresser le fond des droits du roi, elle méritoit, non-seulement ses conclusions, mais son intervention, dans une affaire où, sous prétexte des priviléges particuliers de la province de Bretagne, on veut faire perdre pour toujours au roi le droit de profiter ou de disposer dans cette province des successions des bâtards, lors même que les trois cas dont le concours est nécessaire partout ailleurs pour soutenir le droit des seigneurs particuliers, ne se réunissent pas en leur faveur, c'est-à-dire, lorsqu'il ne s'agit pas d'un bâtard né, domicilié, et décédé dans leur territoire.

Mais quoique l'importance de cette question oblige le procureur-général du roi à intervenir; il pourroit, sans manquer à la défense des droits du roi, se dispenser d'y rien ajouter de nouveau, et se contenter d'employer ce qui a été écrit de la part du donataire du roi, qui a soutenu si solidement la cause de son bienfaiteur, qu'il n'a laissé presque rien à désirer à la délicatesse du ministère public.

Ce ne sera donc que par une précaution surabondante, et par bienséance, plutôt que par nécessité, que le procureur-général tâchera de répandre quelques lumières nouvelles sur une affaire qui est déjà suffisamment éclaircie; et sans presque rien répéter de tout ce que les parties qui ont traité la question ont écrit sur le fait ou sur le droit, il s'attachera à remettre devant les yeux de la cour un petit nombre de réflexions importantes sur le droit des seigneurs particuliers, comparé avec celui du roi dans cette matière; il y ajoutera quelques remarques sur la distinction que l'on tente de faire introduire entre la province de Bretagne et le reste du royaume, et il finira cette requête par une observation particulière sur les circonstances de cette affaire qui a échappée à ceux qui ont d'ailleurs pleinement rempli ce qu'ils devoient à la défense du donataire du roi.

PREMIÈRE PARTIE.

RÉFLEXIONS GÉNÉRALES sur le droit des seigneurs, par rapport aux successions des bâtards, comparé avec celui du roi.

PREMIÈRE RÉFLEXION,

Ou premier principe en cette matière.

Le droit commun est certainement pour le roi, et le droit ou plutôt la possession des seigneurs, ne peut être regardée que comme une usurpation, ou tout au plus, comme une tolérance fondée sur un usage vicieux dans son origine, et justifiée seulement par la longue durée de l'usurpation.

Le donataire du roi a proposé ce principe; il l'a prouvé par l'autorité de plusieurs ordonnances, par le témoignage de nos meilleurs et plus anciens praticiens, par l'avis des plus célèbres auteurs qui aient traité cette partie de notre droit public.

Mais, pour en mieux sentir toutes les conséquences, il ne sera pas inutile de pénétrer encore plus avant dans les raisons fondamentales de ce premier principe.

Tout ce qui n'appartient point aux particuliers, appartient au public; c'est une vérité évidente par elle-même : et, comme c'est le prince qui représente le public dans les monarchies, c'est à lui seul aussi que doivent être déférés tous les biens vacans; biens à qui les jurisconsultes romains ont donné un nom fort propre à en exprimer la nature, en les appellant *des biens qui n'ont point de maîtres*, c'est-à-dire, qui, n'ayant point de maître particulier, ne peuvent avoir pour maître que le maître commun, qui dans les états monarchiques est le souverain.

Tels sont les biens des bâtards après leur mort; comme ils ne sont dans le domaine privé de personne, ils se réunissent de plein droit, comme a fort bien dit un de nos auteurs, à la seigneurie publique, faute de propriétaire particulier qui puisse les recueillir.

Ce n'est donc point par voie de succession, que ces biens sont acquis au fisc; c'est uniquement par voie de réunion et de réversion, pour ainsi dire, à la puissance publique : réunion et réversion fondées sur la mort de celui qui n'en avoit qu'une possession attachée à sa personne, et non pas une propriété transmissible à des héritiers; et c'est ce que les docteurs ont très-bien exprimé par un terme barbare, mais énergique, lorsqu'ils ont dit que le fisc occupoit les biens du bâtard *per annihilationem personæ*, c'est-à-dire, par l'anéantissement d'un possesseur qui ne laisse aucun droit après lui, ensorte qu'il ne reste pas même la moindre trace de sa propriété particulière.

Aussi, tant qu'on a suivi des principes si simples et si naturels, on n'a jamais douté que les biens vacans n'appartinssent au fisc du prince ou de la république. Les lois romaines sont pleines de décisions sur cette matière, qui sont si communes, qu'il est inutile de les rapporter, et qui suffisent pour décider la question tant de fois agitée par nos docteurs, pour savoir si le droit de bâtardise doit être regardé comme un droit royal; question, qui, à proprement parler, se réduit à savoir si le roi n'est pas le seul qui possède la puissance publique, et qui soit véritablement en droit d'en recueillir les fruits.

Le droit, ou plutôt l'abus des fiefs, a obscurci la clarté de ces premières notions d'une saine jurisprudence.

Dans l'affoiblissement de l'autorité royale, dans le désordre et la confusion des guerres publiques et particulières qui agitèrent ce royaume vers la fin de la deuxième race et le commencement de la troisième, les seigneurs particuliers usurpèrent une portion de la puissance publique; on chercha à couvrir l'usurpation par les principes de la jurisprudence féodale; l'on crut que, pourvu que tout ce que les seigneurs avoient usurpé sur l'autorité royale, lui fût porté en fief, l'attentat étoit suffisamment réparé; et que la puissance publique pouvoit appartenir à des particuliers en propriété, dès le moment qu'ils en faisoient hommage au souverain.

Ainsi, les droits de la couronne commencèrent à devenir le patrimoine de ses vassaux; et comme ils participèrent à la seigneurie et à la puissance publique, il n'est pas surprenant qu'ils aient entrepris d'en recueillir les fruits, comme le droit de bâtardise, et beaucoup d'autres, dont il seroit inutile de faire ici une longue énumération.

Telle a été en partie l'origine du droit des seigneurs, ou plutôt de leur possession, possession vicieuse dans son principe; le temps seul l'a fait

respecter, mais le droit commun et la vérité des
maximes, ont perpétuellement réclamé contre cette
possession, jusqu'à ce qu'après une longue incertitude,
le tempérament de n'admettre les seigneurs particuliers à la possession des biens des bâtards que dans
le concours des trois cas qu'on a remarqué d'abord,
a fixé enfin la jurisprudence, et est devenu le droit
commun de la France coutumière, droit qui, bien
loin d'être regardé comme un droit de rigueur fondé
sur l'autorité du roi, et comme une espèce de servitude imposée aux seigneurs particuliers, doit être
considéré au contraire comme une grâce qu'on leur
a faite, comme une faveur véritable, et comme un
relâchement de la règle qui, sans aucune distinction,
attribueroit le droit de bâtardise au roi seul, lors
même que les trois cas concourent en faveur d'un
seigneur particulier.

C'est le jugement qu'en ont porté les auteurs qui
ont traité le plus solidement cette matière; et l'on
ne peut mieux finir ce qui regarde ce premier principe, qu'en disant, avec le sieur Salvaing (1), que
si le seigneur haut-justicier, succède au bâtard *lorsque
les trois cas se rencontrent, c'est par une ancienne
observance plutôt que par un droit;* et avec le sieur
le Bret (2), *que la jurisprudence des trois cas s'est
introduite par la négligence des officiers du roi, qui
se sont peu souciés de défendre les intérêts de leur
maître:* ensorte que ce seroit le roi qui seroit en droit
d'empêcher l'extension de cette jurisprudence, et
non pas les seigneurs qui pourroient s'y opposer,
puisqu'en un mot ce sont les seigneurs qui y gagnent,
et c'est le roi seul qui y perd.

SECONDE RÉFLEXION,

Ou second principe en cette matière.

Quoique l'usurpation des droits qui dépendent de

(1) Salvaing, De l'usage des fiefs en Dauphiné, chap. 66.
(2) Traité de la souveraineté du roi.

la puissance et de la seigneurie publique, ait paru autoriser les seigneurs à s'attribuer le droit de bâtardise, si l'on veut néanmoins approfondir plus exactement l'origine de leur prétention, on trouvera qu'elle a eu une autre source, et qu'elle a pris naissance dans les anciens usages des mainmortes et des servitudes.

Personne n'ignore que les bâtards, et même les aubains roturiers, étoient autrefois regardés comme de véritables serfs, à l'exemple de presque tous les roturiers, que les seigneurs pendant un certain temps avoient réduits en servitude; et que les bâtards et les aubains étoient, comme les mainmortables, sujets aux droits de chevage et de formariage, incapables comme eux d'avoir des héritiers, incapables même de disposer par testament au-delà de cinq sous; ils vivoient, et ils mouroient comme esclaves; et parce que les successions des serfs appartenoient sans difficulté au seigneur de leur territoire, les seigneurs s'emparèrent aussi des biens des bâtards et des aubains, moins par une suite de l'usurpation qu'ils avoient faite d'une partie de la puissance publique, que par une conséquence du droit de servitude.

Bacquet a rapporté plusieurs preuves de l'ancien esclavage des bâtards et des aubains.

Beaumanoir (1), que Bacquet n'a pas connu, atteste cet ancien usage, lorsqu'il dit *qu'il y a telles terres, où quand un franc homme qui n'est pas gentilhomme de lignage, y va manoir* (c'est-à-dire demeurer) *et et y est résident un an et un jour, il devient homme serf au seigneur dessous qui il veut être résident.*

L'art. 58 de l'ancienne coutume de Champagne en contient une autre preuve; et l'on en trouve encore des vestiges dans les articles 184 de la coutume de Bourbonnois, et 477 de la coutume de Bretagne, où l'on voit que les bâtards ne pouvoient tester que de cinq sous.

Si l'on vouloit même en chercher de plus anciennes

_____
(1) Page 254.

preuves, on en découvriroit dans le registre de Philippe-Auguste, dont l'original est au trésor des chartes,
et où l'on voit une enquête faite pour prouver que
le seigneur de Chauny avoit le droit de s'approprier
les étrangers qui venoient dans sa terre.

Enfin, on pourroit faire remonter encore plus haut
l'origine de ce droit, dont on trouve des vestiges
éclatans dans le dixième canon du neuvième concile
de Tolède, tenu en l'année 655, qui porte que les
bâtards qui seront le fruit de la débauche d'un prêtre,
seront esclaves de l'église à laquelle cet indigne mi-
nistre étoit attaché : *Proles alienâ pollutione nata,
non solùm hereditatem nunquàm accipiet, sed etiam
in servitute ipsius ecclesiæ de cujus sacerdotis vel
ministri ignominiâ nati sunt, jure perenni permanebunt.*

C'est donc l'établissement de la servitude, un des
premiers et des principaux fruits de l'autorité excessive des seigneurs particuliers, qui leur a donné
lieu de s'approprier les biens des bâtards comme ceux
des aubains ; car il n'y avoit point autrefois de différence entre les uns et les autres ; et l'on voit des
restes de cet ancien droit dans quelques-unes de nos
coutumes, comme celles de Bourbonnois art. 188,
de la Marche art. 328, et dans quelques autres,
suivant lesquelles le seigneur devroit succéder aux
aubains comme aux bâtards.

On peut voir ailleurs par quels degrés les liens
de cette ancienne servitude se sont relâchés jusqu'à
ce qu'ils aient été entièrement rompus, et comment,
par un retour favorable du droit commun, la franchise originaire de ce royaume a été enfin rétablie.

Mais par rapport à la question présente, il suffit
d'avoir montré que le droit de bâtardise, tel que
les seigneurs le prétendent, est né dans le sein de
l'oppression et de la violence, et qu'ils ne l'ont usurpé
que par une suite de la servitude à laquelle ils avoient
assujetti tous leurs sujets roturiers ; ensorte qu'alors,
et jusqu'à ce que nos rois eussent introduit l'usage
des affranchissemens, de l'établissement des communes

et des bourgeoisies, il n'y avoit presque plus en France que deux sortes de personnes, c'est-à-dire, les nobles et les serfs; et faut-il s'étonner de l'empire que les seigneurs exerçoient sur les bâtards dans un temps où ils faisoient porter le même joug aux légitimes, lorsqu'une naissance noble ne les exemptoit pas de leur domination?

Ainsi, faire valoir à présent les droits des seigneurs sur les biens des bâtards, c'est conserver le reste d'une servitude qui est heureusement abolie; c'est soutenir les conséquences en abandonnant le principe, et faire durer l'effet plus long-temps que la cause.

Combien est-il plus naturel au contraire de ramener tout aux anciennes règles; de regarder le droit des seigneurs comme un droit odieux, qui n'ayant eu pour principe que la servitude à laquelle ils avoient réduit les bâtards, comme les autres roturiers, a dû cesser en même temps que la servitude qui avoit fait naître ce droit?

Quelles raisons peut-on alléguer en leur faveur pour le droit de bâtardise, qu'on ne pût faire valoir autrefois pour le droit d'aubaine? La même usurpation, le même établissement des servitudes personnelles ont fait naître l'un et l'autre droit; leur origine est commune, pourquoi leur fin ne le seroit-elle pas? et les seigneurs ne doivent-ils pas s'estimer heureux de ce qu'on leur conserve encore le droit de succéder aux bâtards dans le concours des trois cas? au lieu qu'il y a très-long-temps qu'ils sont entièrement déchus du droit d'aubaine, dans les coutumes mêmes qui le leur donnent expressément.

Dira-t-on, comme un de nos plus habiles auteurs (1), mais qui n'avoit pas assez approfondi les antiquités de notre droit, que le roi succède aux étrangers *jure regni*, au lieu que ce n'est que par une espèce de déshérence que les seigneurs particuliers succèdent aux bâtards?

(1) Loyseau.

32*

Mais cet auteur, d'ailleurs si judicieux et si esti-
mable, n'auroit jamais allégué cette raison de différence, s'il avoit connu la véritable origine du droit
que les seigneurs ont usurpé sur les biens des bâtards, comme sur ceux des aubains ; et d'ailleurs,
n'est-ce pas véritablement par le droit de sa couronne
que le roi succède aux bâtards, aussi-bien qu'aux
aubains, puisque, suivant les principes de Loyseau
même, cette succession se fait par voie de réunion
à la puissance publique, comme on l'a dit en établissant le premier principe ? Et y a-t-il rien dans les
saines maximes du droit public, qui appartienne plus
essentiellement à la couronne et à la royauté que
la puissance publique ?

On le répète donc encore, l'abolition des servitudes personnelles devoit entraîner la perte du droit
de bâtardise dans la personne des seigneurs, comme
elle a été suivie pour eux de la perte du droit d'aubaine ; et ce n'est que par grâce, et par une espèce
de respect pour une ancienne usurpation, qu'on leur
a conservé les biens des bâtards dans le concours des
trois cas.

TROISIÈME RÉFLEXION,

Ou troisième principe sur cette matière.

Dans le temps même du plus grand relâchement
de la jurisprudence, et de la confusion la plus marquée
de l'autorité royale avec l'usurpation des seigneurs
particuliers, on ne peut pas dire que leur droit ait
jamais été véritablement reconnu comme un droit
légitime ; on a eu égard à leur possession, on a jugé
le fait ; mais le droit est toujours demeuré en suspens :
c'est ce qu'il est important de prouver par quelques
exemples célèbres.

Au commencement du quatorzième siècle, les gens
du roi ayant voulu troubler le prieur et les religieux
de Saint-Martin-des-Champs dans l'usage où ils étoient

de prendre les aubaines dans leurs terres, et les successions des bâtards, les religieux furent admis par
un arrêt du parlement à faire preuve de leur possession; ils la prouvèrent en effet, et par un arrêt
de l'année 1306, la cour les maintint dans cette
possession; mais, parce que son intention étoit de ne
juger que le possessoire, et qu'alors on respectoit
toute possession, quelque vicieuse qu'elle pût être dans
son origine, on leva d'un côté la main du roi et
l'empêchement que ses officiers avoient apporté à la
jouissance des religieux, mais de l'autre on réserva
en entier la question de la propriété en faveur du roi:

*Pronunciatum fuit per curiæ nostræ judicium,
priorem et conventum in dictâ saisinâ remanere
debere, impedimento per gentes nostras opposito
totaliter amovendo; salvâ nobis super hoc conquæstione proprietatis.*

On trouve un pareil arrêt rendu l'année suivante
en faveur des religieux de Sainte-Geneviève, mais
qui, en donnant la provision à ces religieux sur le
seul fondement de la possession, réserve au roi le
droit de faire juger la question au fond, *salvâ de
prædictis quæstione domino regi.*

On voit donc par ces deux arrêts, 1.° qu'à la vérité, dans un temps où l'on avoit peut-être trop d'é-
gard au droit du premier occupant, et où presque
toutes les usurpations des seigneurs se soutenoient par
l'usurpation même, c'est-à-dire par la possession,
on a rendu des jugemens en leur faveur, mais des
jugemens possessoires seulement, et de simples *saisines*,
pour parler le langage de ce siècle;

2°. Que, malgré l'autorité que les seigneurs avoient
usurpée, et la nécessité de les ménager à cause de la
foiblesse du gouvernement, on croyoit cette possession si peu décisive pour le fond du droit, qu'en
même-temps qu'on supposoit la possession pleinement prouvée en faveur des seigneurs (*inventum est
sufficienter probatum, prædictum priorem et conventum fuisse et esse in possessione albanorum et*

batardorum.), ce sont les termes de ces arrêts, on réservoit au roi la question de la propriété, *salvâ nobis
super hoc conquæstione proprietatis.*

Tant il est vrai que la cour, qui n'a jamais changé
de principes, et qui dans tous les temps a été la fidèle
conservatrice du domaine de la couronne, étoit per-
suadée que le droit étoit du côté du roi, et que ce
droit ne se pouvoit perdre par une possession contraire : ainsi elle accordoit au temps ce qu'elle ne pouvoit lui refuser ; elle donnoit au seigneur particulier
une possession passagère, une provision forcée en
quelque manière, que l'état du royaume et le pouvoir
des seigneurs lui arrachoient, pour ainsi dire, malgré
elle ; mais par une réserve judicieuse des droits du
roi, dans la question du fond ou de la propriété, elle
le mettoit en état de faire valoir un jour ses droits,
et de rétablir la pureté des anciennes maximes dans
des temps plus tranquilles et dans des conjonctures
plus favorables à l'autorité royale.

3.° On peut enfin remarquer dans ces arrêts ce qui
a déjà été dit dans la deuxième réflexion qu'on a faite
sur le droit du roi, comparé avec celui des seigneurs,
c'est-à-dire qu'on ne distinguoit point alors les aubains des bâtards, que l'usurpation des seigneurs
s'étendoit également aux uns et aux autres, parce que
le droit d'aubaine et le droit de bâtardise avoient la
même origine par rapport aux seigneurs ; l'un et
l'autre étoient des fruits de la même servitude, la
possession les faisoit tolérer également par provision,
on réservoit également au roi la question de la propriété sur l'un et sur l'autre ; et puisqu'on les a confondus et traités de la même manière dans le temps
de l'abus, quelle raison peut-il y avoir de les distinguer dans le temps de la règle? Et n'est-il pas visible
que ce reste d'une ancienne usurpation, qu'on a laissé
aux seigneurs en leur accordant la succession des bâtards dans le concours des trois cas, ne peut être regardé que comme la conséquence irrégulière d'un
principe qui ne subsiste plus, et dont il auroit fallu
dans une saine jurisprudence abolir toutes les suites

par rapport au droit de bâtardise, comme on les a abolies entièrement par rapport au droit d'aubaine.

Non-seulement dans le temps du plus grand relâchement de la jurisprudence sur ce point, on a réservé au roi la question de la propriété, mais il y a lieu de présumer que la possession même dans beaucoup d'endroits s'est trouvée de son côté; c'est ce qu'il est important de développer en peu de mots, pour bien expliquer tout le progrès de la jurisprudence sur cette matière.

Peu de temps avant les arrêts que l'on vient de rapporter, on s'étoit plaint de tous côtés des vexations que les collecteurs royaux des droits de mainmorte, d'aubaine et de bâtardise, exerçoient dans le royaume; ce n'étoient pas seulement les sujets du roi qui en souffroient, le préjudice s'en faisoit sentir au roi même : *In grave subditorum nostrorum damnum et dispendium, ac etiam in diminutionem eorum quæ ad nos debent pertinere*; c'est ainsi que le roi Philippe le bel en parle dans un ancien arrêt de la cour de l'an 13o1.

Comme on étoit encore forcé de déférer à des usages que le roi n'étoit pas en état de réformer, il fut ordonné par cet arrêt qu'il seroit fait des enquêtes sur le fait de la possession, et que cependant les biens des bâtards et des aubains décédés dans le territoire des seigneurs qui avoient toute justice seroient mis dans la main du roi, comme main souveraine, jusqu'à ce que le parlement eût prononcé sur les enquêtes qui seroient faites; et ce fut apparemment sur des enquêtes de cette qualité que les religieux de Saint-Martin-des-Champs, et ceux de Sainte-Geneviève, obtinrent la provision par les arrêts qu'on a rapportés, sans préjudice au roi de la question de la propriété.

Dans les lieux où les enquêtes furent favorables aux seigneurs, ils se maintinrent pendant long-temps dans leur possession ; et c'est ce qui a donné lieu à plusieurs dispositions de coutumes, où l'on voit que l'on a voulu faire un droit en faveur des seigneurs, de ce qui n'étoit qu'un fait et qu'une simple possession, toujours dépendante du jugement que le parlement s'étoit réservé la liberté de rendre sur la propriété.

Dans les lieux où les enquêtes furent favorables au roi sur le fait de la possession, ou aux ducs et comtes auxquels le roi a succédé, on trouve des dispositions contraires de coutumes, comme dans la coutume de la Marche, art. 233 ; dans celle du duché de Bourgogne, chap. 8, art. 1 ; dans celle de Sédan, art. 197 ; dans celle de Bar, tit. 6, art. 73 ; dans celle d'Artois, tit. 3, art. 30.

Dans d'autres lieux on trouva le droit des seigneurs plus limité par la possession que dans les premiers ; et il parut qu'ils n'avoient accoutumé de l'exercer au préjudice du roi, que lorsque les bâtards étoient nés dans leurs terres, et que leurs biens y étoient assis, ou lorsque les bâtards étoient nés ou décédés dans leur territoire ; ou enfin, lorsqu'ils y étoient nés, domiciliés et décédés, qui est ce que l'on appelle le concours des trois cas ; et c'est ce qui a produit encore trois sortes de coutumes :

Les unes, comme celle de Laon, art. 6, où il falloit que le bâtard fût né dans la terre du seigneur, et qu'il y eût ses biens pour autoriser la prétention du seigneur ;

Les autres, comme celles de Meaux, art. 30, et d'Amiens, art. 250, où le seigneur n'étoit en possession du droit de bâtardise qu'à l'égard des bâtards nés et décédés dans son territoire ;

Les dernières, comme celles de Mantes, art. 177, et de Châlons, tit. 4, art. 12, où le concours des trois cas étoit absolument nécessaire.

C'est ainsi que la possession même se trouva en plusieurs endroits ou favorable au droit du souverain, ou tellement limitée par rapport aux seigneurs particuliers, qu'il étoit rare qu'ils pussent en profiter au préjudice de leur maître.

Il est temps maintenant de tirer trois conséquences de tous les faits que l'on vient d'expliquer dans cette troisième réflexion sur le droit des seigneurs comparé avec celui du roi.

Il en résulte, 1.º que dans le temps même où l'on déféroit davantage à la possession ou à l'usurpation des seigneurs, on n'a point jugé définitivement la question contre le roi, et qu'en lui faisant perdre sa cause au possessoire, on l'a toujours réservée en entier pour le pétitoire ;

2.º Que jamais il n'y a eu de possession entière et uniforme contre le roi; que son autorité s'est conservé non-seulement le droit, mais le fait même, dans plusieurs provinces du royaume, par un usage régulier et légitime, qui a toujours protesté pour la règle, jusqu'à ce qu'elle ait pris enfin le dessus avec le tempérament de l'exception des trois cas ;

3.º Que la diversité même, et, si l'on ose le dire, le mélange bizarre d'une jurisprudence qui n'avoit point d'autre règle que les différentes possessions, et suivant laquelle le seigneur qui avoit tout dans certains endroits perdoit tout dans d'autres, suivant laquelle on n'acquéroit la succession des bâtards que dans certains cas, qui étoient encore variés par les différens usages; que cette diversité de jurisprudence suffiroit seule pour prouver combien il a été nécessaire de ramener tout à l'uniformité dans une matière de droit public, où il étoit également absurde et indécent qu'il y eût presque autant de règles différentes qu'il y avoit de coutumes, non-seulement générales, mais même locales ; car dans le même pays, et sous la même coutume générale, il y avoit des usages locaux contraires les uns aux autres, comme on le voyoit dans le Berri et ailleurs.

Ainsi, la conséquence genérale que l'on doit tirer de cette troisième réflexion sur le droit des seigneurs comparé à celui du roi, est que les titres mêmes des seigneurs particuliers montrent la foiblesse de leur cause, que la jurisprudence la plus favorable à leur usurpation en renferme en même-temps le contredit, et en fait sentir le vice ; qu'enfin la bizarre différence

des usages que la violence et l'usurpation avoient établis, a elle-même tracé le retour au droit commun et
uniforme qui s'observe à présent dans toute la France
coutumière.

QUATRIÈME RÉFLEXION,

*Ou quatrième principe sur le droit des seigneurs en
cette matière, comparé avec celui du roi.*

On n'est parvenu à l'établissement de la règle du
concours des trois cas, que par un tempérament d'é-
quité plutôt que de justice; et par une véritable compensation dans laquelle le roi a presque autant perdu
d'un côté, par rapport aux avantages qu'il avoit dans
le temps même de l'ancienne jurisprudence, qu'il a
gagné de l'autre par l'établissement de la nouvelle;
ainsi, rien n'est plus favorable que l'observation d'une
règle par laquelle, comme par une espèce d'arbitrage,
les deux parties ont presque autant perdu; c'est ce
qu'il reste au procureur-général de développer, pour
achever tout ce qui regarde le droit du roi en général,
avant que d'en faire l'application à la coutume de Bretagne en particulier.

Comme c'étoit uniquement à titre de servitude que
les seigneurs s'étoient mis en possession de succéder
aux bâtards et aux aubains, ce droit eut le sort de
toutes les nouveautés odieuses; on chercha bientôt à
l'éluder, et il étoit à peine introduit, qu'on trouva
le moyen d'en adoucir la rigueur en permettant au
bâtard d'avouer ou de reconnoître un seigneur, moyen-
nant quoi il acquéroit la franchise pour prix de sa reconnoissance, à peu près de la même manière que
les roturiers qui s'avouoient bourgeois du roi, ces-
soient d'être sous la domination des seigneurs particuliers.

Il est vrai que le seigneur immédiat pouvoit empêcher cet affranchissement, s'il avoit reçu du bâtard
ou de l'aubain l'aveu de servitude; mais il falloit pour

cela qu'il eût *le droit de nouveaux aveux ;* droit que tous les seigneurs n'avoient pas, soit que cet usage fût établi par les lois de l'inféodation, soit qu'il fût fondé sur la distinction des différens ordres de seigneuries.

Comme tous les seigneurs n'avoient pas droit de *nouvel aveu* par rapport à la *servitude,* tous les seigneurs ne l'avoient pas non plus par rapport à la *franchise* et à la *bourgeoisie ;* et c'étoit ordinairement les seigneurs supérieurs qui exerçoient cette autorité.

Mais le roi étant le seigneur des seigneurs, et le *souverain fieffeux,* comme l'appellent quelques-unes de nos coutumes, et le dernier terme de la dévolution féodale, il s'ensuit de ce principe que, faute d'aveu, de degré en degré, les bâtards ou les aubains pouvoient retomber dans les mains du roi.

On alla même plus loin, et il y eut des pays où le droit de recevoir l'aveu des bâtards fut regardé comme un droit royal, tant il est difficile d'effacer les premiers principes, qui tôt ou tard se font jour au travers de l'erreur qui les avoit obscurcis ; et l'on jugea que le bâtard *ne pouvoit faire autre seigneur que le roi.*

Quoique ces usages soient connus de tous ceux qui ont étudié les antiquités de notre droit français, il ne sera pas inutile d'en rapporter un petit nombre de preuves choisies au milieu de plusieurs autres.

Entre les anciennes coutumes locales de la province de Berri, qui ont été curieusement recueillies par M.⁰ Thaumas de la Thaumassière, on trouve celle de Thevé, pag. 208 de son recueil, qui porte, dans l'article 10, que *tous étrangers* (à la condition desquels on a déjà vu que celle des bâtards étoit semblable), *venant demeurer en ladite terre et justice par demeure d'an et jour par eux faite, sont acquis gens francs au seigneur, sinon que dans ledit temps d'an et jour, ils aient fait un aveu de servitude de seigneurs ayant droit de nouvel aveu.*

L'art. 2 de la coutume locale du Châtelet, dans la page 147 du même recueil, marque que *tous les*

nobles de ladite terre tenans chef de fief de madite
dame du Chastelet, ont ladite terre en foi et hom-
mage, droit de recevoir de nouveaux aveux, et
peuvent recevoir à leur profit tous aubins et aubines
venans d'autrui terre en icelle du Chastelet, en
faisant aveu de servitude et non autrement.

La coutume locale de Rezay, article 2, page 205
du même livre, s'explique d'une manière encore plus
précise, quand elle dit que *par ladite coutume ladite*
terre seigneurie est serve et de serve condition; en
telle manière que tous les manans et habitans en
icelle, et qui y viennent demeurer par an et jour,
sont acquis à mondit seigneur serfs et de serve con-
dition; sinon qu'ils aient fait aveu de bourgeoisie
à mondit seigneur, ou autres ayant droit de nou-
veaux aveux.

Enfin, le chapitre 30 du livre 2 des Établissemens
de Saint-Louis (1), qui est un des plus anciens
et des plus respectables monumens de notre droit
français, atteste que *les bâtards ou aubains ne*
peuvent faire autre seigneur que le roi, ne autre
seignorie, ne en son ressort qui vaille, ne qui soit
stable, selon l'usage d'Orléanois et de Scaloigne,
c'est-à-dire, de Sologne.

En réunissant ces différentes coutumes, on y trouve
la preuve des règles que l'on vient de remarquer, et
qui s'observoient alors à l'égard des bâtards et des
étrangers.

On y voit, premièrement, l'usage des *aveux*, soit
de *servitude* et de main morte, soit de *franchise*
et de bourgeoisie.

On y voit, en second lieu, que tous les seigneurs
n'avoient pas droit de recevoir de *nouveaux aveux*,
soit de servitude, soit de franchise, puisque la coutume de Thevé marque expressément que, pour
empêcher que les aubains ne deviennent hommes
francs du seigneur de cette terre, il faut qu'ils aient

---

(1) Ducange, Histoire de saint Louis, à la fin des preuves
et actes.

fait aveu de servitude *au seigneur ayant droit de nouvel aveu*, et que celle du Châtelet marque que les vassaux de cette seigneurie *ont droit de nouvel aveu ;* d'un autre côté, la coutume de Rezay porte, que ceux qui y viennent demeurer deviennent serfs du seigneur, à moins qu'ils ne lui *ayent fait aveu de bourgeoisie*, ou à autre *ayant droit de nouveaux aveux*. Ainsi le droit de nouvel aveu, soit pour la servitude, soit pour la liberté, étoit un droit singulier que tous les seigneurs n'avoient pas.

On y voit, en troisième lieu, qu'il falloit que le seigneur immédiat reçût l'aveu de servitude dans l'an et jour, sans quoi l'étranger devenoit l'homme franc du seigneur supérieur, comme la coutume locale de Thevé le marque expressément.

On y voit enfin, en quatrième lieu, que dans certains pays le roi seul pouvoit recevoir l'aveu de franchise ou de bourgeoisie, et que les seigneurs inférieurs ne pouvoient recevoir que l'aveu de servitude.

Telle étoit alors la singularité de nos mœurs en cette matière ; mais de cette singularité même, il résulte deux conséquences importantes.

La première, que la servitude étant abolie, et l'aveu de franchise ou de bourgeoisie étant toujours présumé fait entre les mains du roi, puisque c'est par sa protection que le royaume est redevenu aussi franc qu'il l'étoit dans son origine, on doit en conclure, suivant les principes de la jurisprudence même qui s'observoit dans les temps de la servitude, que tous les bâtards sont à présent les hommes francs du roi, et que par conséquent lui seul a droit de leur succéder.

La deuxième, que dans les usages les plus contraires au droit du souverain, il y avoit tant de cas, contre les seigneurs, dans lesquels les bâtards pouvoient leur échapper, que le tempérament de la dernière jurisprudence qui a établi la règle uniforme des trois cas, leur est plus favorable que contraire.

Pour développer entièrement cette pensée, il faut

remarquer que si l'on veut bien juger de l'équité de cette règle, il faut l'envisager, non par rapport à l'intérêt de quelques seigneurs qui avoient des titres et des droits particuliers ; mais par rapport à tous les seigneurs en général, dont les prétentions forment ici un intérêt opposé à celui du roi : car, s'il se trouve que la règle des trois cas est avantageuse aux seigneurs en général, quoiqu'il y ait des seigneurs particuliers qui en souffrent par rapport aux avantages singuliers dont ils jouissoient autrefois, il faudra reconnoître que cette règle peut être regardée comme plus avantageuse aux sujets du roi en général, que les singularités des usages qui s'observoient dans le temps de la servitude.

Or, c'est ce qu'il est aisé de faire voir en comparant la règle des trois cas avec ces usages, et en faisant toujours cette comparaison par rapport à l'intérêt de tous les seigneurs en général, et non de quelques seigneurs en particulier.

Suivant les usages du temps de la servitude, il est vrai que les seigneurs avoient un droit, ou plutôt une possession plus étendue et moins limitée contre le roi ; mais aussi, d'un autre côté, ils pouvoient n'avoir aucun droit, ou le perdre en plusieurs manières qui le faisoient passer à un autre seigneur.

Tous ceux, par exemple, qui n'avoient pas le droit *de nouvel aveu de servitude*, étoient privés du droit de succéder aux bâtards, qui ne devenoient point leurs serfs, et qui étoient acquis à un autre seigneur ayant droit de nouvel aveu.

De même tous ceux qui avoient à la vérité le droit de *recevoir l'aveu de servitude*, mais qui ne l'avoient pas reçu dans l'an et jour, voyoient les bâtards tomber entre les mains de leurs seigneurs suzerains, et perdoient par là tout le droit qu'ils avoient pu avoir sur eux.

Il en étoit du droit de franchise comme de celui de servitude.

Les seigneurs qui n'avoient point le *droit de nouvel aveu* ne pouvoient acquérir les bâtards comme hommes

francs, ou comme bourgeois; ainsi leur droit s'éva-
nouissoit entièrement toutes les fois que le bâtard
avoit obtenu la franchise en se faisant recevoir par
un seigneur qui avoit droit de nouvel aveu; il y avoit
même des coutumes, comme celle de Rezay, où tout
seigneur ayant droit de recevoir l'aveu de franchise,
pouvoit prévenir l'aveu de servitude que le seigneur
du territoire auroit pu sans cela se faire rendre, et
affranchir par là le bâtard de tous les droits que
son seigneur immédiat auroit pu prétendre contre lui.

Que dira-t-on enfin des pays qui, comme la Sologne et l'Orléanois, ne déféroient l'aveu de franchise
qu'au roi seul, et qui par là mettoient le roi en droit de
soustraire tous les bâtards, quand il lui plaisoit, au
domaine des seigneurs particuliers?

A la place de tous ces usages si bizarres, et qui faisoient si souvent perdre aux seigneurs toute sorte de
droits sur les bâtards, on a substitué, comme par
une convention tacite, la règle simple et uniforme du
concours des trois cas, par laquelle les seigneurs particuliers peuvent perdre quelquefois ce qu'ils auroient
eu dans le temps de la servitude; mais aussi ils ne
sont plus exposés aux pertes que les différens aveux
pouvoient leur faire faire; pertes qu'ils feroient même
toujours à présent, depuis que l'aveu tacite du roi,
qui affranchit pleinement le bâtard, est devenu le
droit commun du royaume.

Ainsi, il y a non-seulement une compensation favorable entre les usages du temps de la servitude, et la
jurisprudence présente, par laquelle les seigneurs gagnent autant qu'ils peuvent perdre; mais on peut dire
que le tempérament de la règle des trois cas est entièrement à leur avantage, puisque, si l'on avoit suivi
exactement les principes qui servoient de règle dans
le temps même de la servitude, les bâtards, affranchis
par l'ordre public du royaume, et ne devant cette
franchise qu'à l'autorité royale, ne pourroient être
réclamés que par le roi, et que par conséquent les
seigneurs particuliers seroient toujours privés de leurs
successions, si la majesté royale n'avoit bien voulu

partager en quelque manière son droit avec ses sujets,
en leur laissant les successions des bâtards dans le
concours des trois cas.

Après ces quatre réflexions que l'on a faites sur le
droit du roi comparé avec celui des seigneurs, il est
aisé de porter un juste jugement sur la qualité, la
faveur, et les conséquences de ce droit :

Droit royal en lui-même, puisque suivant les premiers principes de l'ordre public, tout ce qui n'appartient à personne en particulier, se réunit naturellement à la puissance publique, dont le prince est
seul en droit de recueillir les fruits; droit, par conséquent, que les seigneurs particuliers n'ont jamais
pu posséder que par usurpation sur la puissance
publique; c'est ce que l'on a fait voir dans la première réflexion.

Droit qui n'a souffert quelque éclipse, que par
l'introduction odieuse de la servitude, aussi contraire
à la nature, qu'au génie des anciens Français; servitude cependant qui a été le seul fondement de l'u-
surpation des seigneurs, d'où l'on a conclu que la
servitude étant heureusement abolie dans nos mœurs,
le droit du roi avoit dû naturellement reprendre
toute sa force, et ne pas même souffrir le tempérament de la règle des trois cas; c'est ce qui a fait la
matière de la seconde réflexion.

Droit que le roi n'a pu perdre, et qu'il n'a jamais
perdu en effet quant à la propriété, dans les temps
où le mauvais principe de la possession, ressource
ordinaire de l'usurpation, avoit fait établir la jurisprudence la plus contraire au domaine du roi, puisque, dans cette jurisprudence même, le parlement
n'a jamais jugé que le fait de la possession, et se
contentant de rendre des jugemens *provisoires*, a
toujours réservé au roi la question de *la propriété*,
que le prince a conservée par les arrêts mêmes qui
dans certains lieux lui ont fait perdre la possession;
c'est ce qui a été établi dans la troisième réflexion.

Enfin, droit le plus favorable qui fut jamais pour
les seigneurs dans l'état où la dernière jurisprudence

l'amis, puisque, s'il fait quelque préjudice à un petit
nombre de seigneurs particuliers, qui avoient autrefois
des prérogatives distinguées en cette matière, tous
les autres seigneurs y trouvent au contraire leur avantage, par le retranchement de toutes les voies par
lesquelles leur droit pouvoit autrefois s'évanouir ; et
qu'enfin ils gagnent réellement par la règle des trois
cas, ce que le roi pouvoit leur faire perdre à la rigueur, en suivant même les principes des *aveux de
franchise* qui avoient lieu dans le temps de la servitude; ainsi la régle présente est une espèce de compensation d'un droit usurpé par les seigneurs, avec
un droit légitime dans la personne du roi ; ensorte
que dans cette compensation, il est vrai de dire que
le roi met tout de son côté, pendant que les seigneurs
n'y mettent rien du leur, et que le roi agit comme
un créancier qui compense une bonne créance avec
une mauvaise dette.

Deux points également importans seront donc le
fruit, et comme la conclusion de cette dissertation,
que la nécessité d'expliquer des usages à présent peu
connus, a rendue plus longue que le procureur géné-
néral ne l'auroit désiré.

Le premier est que, de quelque côté que l'on envisage la chose, soit par rapport aux principes, qui sont
tous pour le roi, soit par rapport au défaut de droit
de la part des seigneurs, et à la cessation des prétextes mêmes qu'ils pouvoient avoir autrefois, on
ne peut pas douter que la règle ne soit entièrement
du côté du roi.

Le deuxième, que la facilité qu'on a eue de donner aux seigneurs particuliers les biens des bâtards
dans le concours des trois cas, est une véritable *grâce*
qui doit faire regarder le droit du roi, renfermé dans
ces bornes, comme réunissant le double caractère
d'un droit royal en lui-même, et d'un droit si équitable dans son exécution, que jamais peut-être il n'y
a eu de loi qui doive être plus générale et plus
universelle dans l'étendue du royaume.

Il faut néanmoins examiner par quelles raisons la

Bretagne prétend s'exempter de l'observation d'une jurisprudence si solidement et si favorablement établie; c'est ce qui doit faire le sujet de la seconde partie de cette requête.

SECONDE PARTIE,

Où l'on examine s'il y a lieu de distinguer la Bretagne du reste de la France coutumière, par rapport à la jurisprudence qui n'accorde aux seigneurs particuliers la succession des bâtards que dans le concours des trois cas.

Comme il seroit inutile de répéter ici tout ce qui a été solidement établi sur cette seconde question par le donataire du roi, le procureur-général passera légèrement sur les points qu'il a traités, et il se contentera d'appuyer sur ce qui lui est échappé, ou sur ce qu'il n'a pas mis dans un assez grand jour.

On ne peut opposer ici les usages de la province de Bretagne au droit commun, que par deux raisons différentes; l'une tirée de la coutume, l'autre des priviléges de cette province.

La première, qui se tire de quelques dispositions de la coutume de Bretagne, qui paroissent incompatibles avec la règle du concours des trois cas, ne méritoit pas d'être proposée; le donataire du roi l'a pleinement détruite, lorsqu'il a fait voir que c'est une règle certaine et inviolable de notre droit public, que les coutumes ne règnent que sur les peuples qui s'y sont assujettis, et qu'elles n'exercent pas leur empire sur le prince même, qui, en les approuvant, ne fait que leur imprimer le caractère de loi, par rapport aux peuples qu'elles regardent, sans soumettre la majesté royale à l'autorité d'un statut purement municipal; vérité qui a toujours été enseignée comme un premier principe par nos plus célèbres docteurs, tels que Dumoulin, Choppin, Loyseau, Bacquet, et généralement par tous ceux qui ont traité de l'autorité des coutumes de ce royaume, comme le donataire du roi l'a montré par les passages de ces auteurs qu'il a rapportés dans ses écritures, et qu'il seroit superflu de répéter ici.

La jurisprudence de la cour a toujours confirmé cette maxime; et c'est ce que le donataire du roi auroit pu ajouter aux preuves qu'il en a recueillies.

La coutume du Bourbonnois est une de celles qui admettent la prescription du fonds même du cens; cependant, par un arrêt rendu le. . . . . au rapport de M. Robert, la cour a jugé que le cens y avoit été imprescriptible contre le roi, avant que la réunion du Bourbonnois au domaine de la couronne eût été consommée, et dans le temps qu'il n'y avoit encore qu'un droit de retour acquis au roi sur ce domaine.

La coutume du pays d'Aunis autorise le parage, dont l'effet est de produire un démembrement de fief, par lequel une des portions du fief s'éloignant du chef de la mouvance, devient un plein fief de l'aîné et un arrière-fief du seigneur dont elle relevoit directement avant le partage; cependant, par un arrêt rendu le . . . . au rapport de M. Thomas Dreux, la cour a jugé que le parage et le démembrement de fief ne pouvoient avoir lieu dans l'Aunis contre le roi, dont le domaine se règle par des loix supérieures à celles qui disposent du domaine des particuliers.

Il est donc indifférent dans la question qu'on agite aujourd'hui sur le droit de bâtardise, que les coutumes où cette question naît, aient des dispositions favorables aux droits du roi, ou qu'elles en aient de contraires : c'est encore ce que le donataire du roi a fort bien prouvé, lorsqu'il a fait voir que la jurisprudence qui exige le concours des trois cas, avoit lieu dans les coutumes mêmes qui défèrent aux seigneurs particuliers les successions des bâtards, indépendamment de ce concours; que les commentateurs de ces coutumes, comme le président Boyer et Ragueau sur celle de Berri, comme Champy sur

33 *

celle de Meaux, avoient soutenu, malgré la prévention naturelle à tout commentateur pour l'ouvrage qu'il commente, que, sans le concours des trois cas, le seigneur n'avoit rien dans la succession d'un bâtard, et que le roi avoit tout; que Loyseau même, quoique trop favorable aux seigneurs particuliers dans la matière dont il s'agit, avoit néanmoins été forcé de reconnoître que l'on tenoit à présent pour résolu que, nonobstant tout titre, prescription, même coutume contraire, le roi seul succède aux bâtards, fors qu'en trois cas concurrens, savoir, qu'ils soient nés, demeurans, et décédés en la terre des hauts justiciers; et qu'enfin Loysel, dans ses Instituts coutumiers, en avoit fait une règle générale du droit français.

Si donc on n'opposoit au roi que les dispositions de la coutume de Bretagne, qui ne s'accordent pas avec une jurisprudence si générale et si autorisée, la question ne seroit pas susceptible de difficulté; la coutume de Bretagne ne seroit pas plus respectée que les autres coutumes l'ont été, et les mêmes raisons qui ont fait préférer ailleurs l'autorité de la règle à celle de l'usage, seroient aussi supérieures en Bretagne à la loi municipale, qu'elles le sont dans le reste du pays coutumier.

Les priviléges de la province de Bretagne méritent-ils une plus grande attention que la coutume? C'est là seconde raison de distinction qu'il faut examiner.

Le procureur-général du roi n'auroit garde de vouloir donner atteinte à ces priviléges s'ils avoient ou s'ils pouvoient avoir lieu dans la matière présente; il les respecteroit au contraire, comme les monumens de la générosité de nos rois, qui ne doivent pas être moins durables que ceux de leur autorité.

Mais ces priviléges qu'on veut faire valoir en cette occasion, où les trouve-t-on, par rapport à l'autorité qu'on veut attribuer au droit de la province de Bretagne, au-dessus des droits mêmes du roi? Est-ce dans la coutume même de Bretagne? Est-ce dans les ordonnances de nos rois? Il est au moins certain qu'on ne peut les chercher que dans l'une ou dans l'autre de ces sources.

Ils ne sont point certainement dans la coutume : elle n'a rien en ce point qui la distingue de toutes les autres ; rédigée ou réformée par l'autorité du roi, comme le reste des coutumes du royaume, elle n'a pour elle que les règles qui leur sont communes.

Les lettres-patentes qui établissent le pouvoir des commissaires chargés de présider à cette réformation, les ordonnances qui furent publiées pour la convocation des trois états, le procès-verbal qui fut dressé pour consommer cet ouvrage, en un mot tous les actes de cette réformation sont dans le même style, et dans les mêmes termes que ceux qu'on a employés dans la réformation des autres coutumes ; on n'y trouve pas même de quoi concevoir le plus léger soupçon que le roi ait eu intention d'y accorder à la Bretagne un privilége contre lui-même, qu'il refuse au reste de son royaume ; et puisqu'il y parle de la même manière que dans la confirmation des autres coutumes, on ne peut pas présumer qu'il ait voulu faire plus pour celle de Bretagne que pour les autres.

Les ordonnances de nos rois sont-elles plus favorables à ce prétendu privilége ? C'est ce qu'on n'a pas encore fait voir dans le cours de ce procès.

On a bien dit en général que les lettres-patentes de nos rois, depuis qu'ils sont devenus nouveaux propriétaires et non pas nouveaux souverains du duché de Bretagne, ont conservé les habitans de cette province dans leurs droits, dans leurs libertés, dans leurs priviléges ; c'est ainsi que Charles VIII, que Louis XII, que François I, que Henri III, ont parlé dans toutes les lettres-patentes que l'on a citées de la part du sieur de Visdelou, et du syndic des états de Bretagne ; mais quelle induction peut-on tirer d'une expression si générale ?

Dira-t-on qu'un privilége de cette nature, qui éleveroit la disposition d'une coutume particulière au-dessus des droits de la couronne, privilége qui n'a point eu d'exemple jusqu'à présent dans le royaume, est censé compris dans ces termes vagues et généraux de *droits*, de *liberté*, de *priviléges?* Mais, sans s'arrêter à remarquer ici que cette proposition ne pourroit passer que pour un paradoxe de jurisprudence, puisque le roi n'est jamais censé déroger à ses droits, à moins qu'il ne le fasse expressément, et par une *note spéciale*, comme parlent les docteurs, il n'y a qu'à ouvrir ces lettres-patentes mêmes qu'on veut opposer ici aux droits du roi, pour faire voir qu'elles n'ont aucune application à la question présente.

Il y en a plusieurs qui expliquent en détail les priviléges qu'elles confirment ; et c'est dans ces lettres qu'il faut chercher ce privilége, et non pas dans de simples lettres de confirmation, qui, par leur généralité même, ne peuvent être d'aucune utilité pour décider la question.

En quoi consistent donc les droits, les libertés, les prérogatives que nos rois ont confirmés par celles de ces lettres-patentes qui entrent dans le *détail des priviléges* de la Bretagne?

La police, la discipline, la paye des gens de guerre;

La manière de lever les fouages, les aides, les autres impositions;

L'ordre des juridictions, et la défense de traduire les habitans de la Bretagne devant d'autres juges que ceux de leur province;

Les précautions établies contre la violence des seigneurs, et pour empêcher les enlèvemens, alors fort fréquens, des héritières de Bretagne;

La distribution des charges et les gages des officiers;

Les provisions et les droits des bénéfices ;

L'établissement de l'université de Nantes;

Les hommages des gentilshommes et des ecclésiastiques;

L'entrée et la sortie de certaines marchandises ;

La tenue des états et la séance du parlement.

Tels sont les points sur lesquels roulent les priviléges et les libertés du duché de Bretagne, que nos rois ont confirmés; objets bien plus dignes sans doute

de l'attention et des vœux d'une grande province
que les successions des bâtards, qui n'intéressent
que les seigneurs particuliers, et qu'il seroit absurde
de comprendre sous le nom de libertés et de priviléges ; nom qui ne peut jamais convenir qu'à ce
qui intéresse toute la province en général, et qui est
comme le bien commun de ce grand corps.

Mais on ne trouve en aucun endroit de ces lettres,
ni une réserve des droits des seigneurs sur les bâtards
en particulier, ni une disposition générale par laquelle on puisse même deviner que la Bretagne ait
jamais demandé, ni que nos rois lui aient jamais
accordé que les dispositions de la coutume seroient
exécutées contre le roi même, et qu'il renonceroit
à l'exercice des droits de sa couronne en faveur de
l'usage local d'une province de son royaume.

C'est ici que le procureur-général ne peut se dispenser de représenter à la cour qu'il semble qu'on
veuille traiter cette affaire comme si, dans la réunion
de la Bretagne à la couronne, il eût été question
pour le roi d'acquérir une nouvelle province, et
d'accroître ses états par de nouveaux sujets qui jusque-là n'auroient pas été soumis à sa domination.

Quand même on pourroit admettre pour un moment une si fausse supposition, la cause des seigneurs
de Bretagne n'en seroit pas plus favorable contre
celle du roi, puisqu'ils ne pourroient jamais faire voir
que la condition de faire céder les droits de la couronne à la disposition de la coutume de Bretagne eût
fait partie de celles qui auroient été en ce cas le prix
de leur soumission.

Mais ce seroit faire trop d'honneur à une pareille
chimère que de l'admettre même pour un moment ;
ouvrage de l'imagination dè d'Argentré et de ses semblables, qui croyoient pouvoir tout hasarder dans
des temps de troubles et de division pour favoriser
les prétentions de l'infante d'Espagne sur une des
plus grandes provinces du royaume. Cette chimère
a été tellement détruite, qu'on a trop bonne opinion
des seigneurs de la province de Bretagne, pour

croire qu'ils veuillent encore la renouveler ; le soupçon seul en seroit aussi injurieux à leurs lumières
qu'à leur fidélité : ils savent sans doute que lorsque
d'Argentré voulut mettre au jour cette supposition,
que les temps rendoient alors aussi dangereuse que
criminelle, un des prédécesseurs du procureur-général fit saisir tous les exemplaires de son livre,
comme d'un ouvrage que l'ignorance et la témérité
avoient produit ; que ce livre ne servit qu'à exciter
des auteurs célèbres à prendre en main la défense
de l'ancienne souveraineté du roi sur la Bretagne ;
que ces auteurs ont eu depuis ce temps-là des successeurs illustres qui, marchant sur leurs traces, et
ajoutant de nouvelles lumières à celles de leurs prédécesseurs, ont pleinement démontré que depuis le
règne du grand Clovis, la Bretagne a toujours été
sous la domination de nos rois ; que par l'érection
qui fut faite, en l'année 1297, du duché de Bretagne en pairie, ses ducs reçurent un nouvel honneur,
mais non pas un nouvel engagement de fidélité ; que
lorsque l'héritière du duché de Bretagne monta sur
le trône, en épousant d'abord Charles VIII et ensuite
Louis XII, la couronne joignit un nouveau titre sur
la propriété du domaine des ducs de Bretagne à ceux
qu'elle pouvoit avoir d'ailleurs, mais qu'elle n'acquit
aucun droit nouveau sur la souveraineté de cette
province qui lui avoit toujours appartenu, et que,
comme le procureur-général l'a déjà dit en un seul
mot, nos rois devinrent par là nouveaux propriétaires du duché, et non pas nouveaux souverains
de la Bretagne.

C'est donc avec une province de leur ancienne
domination, c'est avec leurs anciens sujets, que nos
rois ont bien voulu traiter, dans le temps des
mariages de la reine Anne ; et dès le moment qu'on
envisage la question présente dans ce point de vue,
peut-on expliquer ces conventions, toutes volontaires de la part d'un roi qui traite avec ses sujets,
contre les intérêts et les droits du roi même ? Peut-
on y ajouter, y suppléer ce qui n'y est pas seulement

sous-entendu , et feindre dans des lettres-patentes
qui sont de pure grâce, et l'ouvrage de la seule libéralité du souverain, un privilége qui n'a jamais été
accordé ni même demandé?

. Non-seulement toute la force de l'argument négatif est ici du côté du roi, puisque l'on ne sauroit
jamais prouver l'existence de ce prétendu privilége,
bien loin de pouvoir en établir la validité ; mais la
cause du roi est si forte dans la question présente,
qu'elle trouve des argumens positifs en sa faveur,
soit dans les lettres mêmes où l'on cherche inutilement ce privilége, soit dans la coutume de Bretagne, qu'on veut élever au-dessus des droits
du roi.

Si l'on s'attache d'abord aux lettres-patentes, on
y voit une réserve expresse des droits de la couronne :
elle est écrite en termes formels dans les premières et
les plus étendues de ces lettres ; ce sont celles de
Charles VIII, en l'année 1493, et qui contiennent
cette clause essentielle et décisive, *les droits royaux
et de souveraineté réservés.*

. Elle est écrite encore dans les lettres-patentes qui
furent expédiées sur le contrat de mariage de la
reine Anne avec Louis XII, où l'on voit qu'après
que ce prince eut promis *de s'intituler duc de Bretagne,* il ajouta en même temps que sa promesse
devoit s'entendre *de manière que les droits de la
couronne de France fussent gardés de part et
d'autre.*

Il n'y a donc point eu de confusion entre les
droits du duc et ceux du roi ? L'union qui en a été
faite a ennobli et élevé ceux du duc, mais elle n'a
pas affoibli et dégradé ceux du roi : le duc y conserve tout ce qu'il avoit en cette qualité, mais le
roi y a joint ce que le duc n'avoit pas. Il ne s'agit
donc point de savoir de quelle manière le duc en
usoit à l'égard des successions des bâtards : cette
recherche seroit inutile et téméraire, parce que c'est
en qualité de roi, et par le droit de sa couronne,
que le roi prétend recueillir ces successions, et non

pas en qualité de duc, et par le droit que cette qualité dont il n'avoit pas besoin a pu lui donner.

Ce sont ces interprétations vicieuses et dangereuses que l'on a voulu prévenir en mettant une
réserve expresse des droits de la couronne dans l'article même où le roi s'engageant à prendre la qualité de duc de Bretagne auroit pu craindre qu'on
ne voulût le réduire, par ce titre limitatif, à n'exercer que les droits dont ce duc avoit été en possession, s'il n'avoit fait une réserve précise de ceux qui
lui appartenoient en qualité de roi.

Ainsi, quand même on trouveroit dans ces lettres-
patentes une confirmation formelle de la coutume de
Bretagne, quelles conséquences pourroit-on tirer
contre le roi d'une confirmation conditionnelle et
toujours limitée par la réserve générale des droits de
la couronne, qui marquoit assez que si le roi
approuvoit et autorisoit la coutume de Bretagne, ce
n'étoit qu'en tant qu'elle ne contenoit rien de contraire aux priviléges de la majesté royale?

Les confirmations que le roi a faites de toutes les
autres coutumes ne contiennent pas même cette réserve expresse, et cependant la cour a toujours jugé
qu'elles ne pouvoient nuire aux droits du roi. Ainsi,
bien loin que la Bretagne soit en plus forts termes à cet
égard que les autres provinces du royaume, on peut
dire en un sens que sa condition est moins avantageuse par rapport à la question présente, puisque ce
qui n'est que présumé dans la confirmation des autres
coutumes, a été disertement expliqué dans la confirmation des priviléges de la Bretagne, et que la condition qui n'est que tacite pour les autres provinces
soumises à la règle ordinaire, est expresse pour celle
que l'on veut en affranchir.

Et il n'est pas surprenant qu'on ait pris à l'égard
de cette province une précaution qu'on a négligée à
l'égard des autres, parce que le roi commandoit en
maître aux autres provinces, au lieu que la nécessité de conclure un mariage avantageux à la France
l'obligeoit de traiter en quelque manière avec la

Bretagne, quoiqu'il n'en fût pas moins le souverain que des autres parties de son royaume.

Si après avoir envisagé les lettres-patentes qui confirment les priviléges de la Bretagne, on examine la coutume de cette province, pour mettre le droit du roi dans un plus grand jour, on y trouvera non-seulement, comme on l'a déjà dit, qu'il en résulte un argument négatif qui suffiroit seul pour établir pleinement ce droit, mais qu'on en peut tirer plusieurs argumens positifs qui feront voir, 1.º qu'il a été tacitement réservé dans cette coutume comme dans les autres; 2.º que toutes les fois qu'il s'est formé une espèce de combat entre ses dispositions et les principes du domaine royal, ou ceux de l'ordre public et général du royaume, la coutume de Bretagne a cédé comme les autres à un droit supérieur.

Il ne faut, pour être convaincu de la première de ces deux vérités, que lire l'article 684 de cette coutume.

Cet article porte « que plusieurs prélats, évêques, » comtes, barons, seigneurs, chapitres et commu- » nautés d'église et de ville, et autres de ce duché, » ont certains priviléges et droits particuliers qui ne » sont écrits, compris ni retenus en ce livre coutumier, » desquels ils jouiront, et seront gardés et observés » ainsi qu'ils ont été par le passé, nonobstant la ré- » formation, lecture et publication desdites cou- » tumes, qui ne leur pourront préjudicier, sinon en » ce qu'il y sera expressément dérogé. »

Ainsi, en rédigeant cette coutume, on a pris la précaution de faire une réserve expresse de tous les droits singuliers des évêques, des seigneurs, des villes et des particuliers de la province de Bretagne, à moins que la coutume n'en contint une dérogation *expresse*; et pendant que l'on a cette attention pour les particuliers, on voudra que les droits sacrés de la couronne, les prérogatives inviolables du souverain aient été abrogés, quoique l'on n'en fasse aucune mention, et qu'il soit impossible de faire voir qu'on y ait dérogé expressément en aucun endroit de la coutume.

Ainsi, suivant une supposition si incroyable, la condition du prince seroit moins avantageuse en Bretagne que celle de ses sujets. Une dérogation tacite et présumée auroit suffi pour éteindre les droits publics de son domaine, pendant qu'il en auroit fallu une expresse et formelle pour donner atteinte aux droits souvent inconnus des particuliers. Par conséquent, s'il y avoit un comte, un baron ou un prélat en Bretagne qui, par des titres particuliers, eût le droit de profiter seul de la succession des bâtards, même dans les terres de ses vassaux, son droit sera réservé par la disposition générale de l'art. 684, mais celui du roi sera éteint, et la réserve qu'on a faite par cet article des droits des particuliers qui ne sont pas exprimés dans le texte de la coutume, ne s'étendra pas jusqu'aux droits du souverain. C'est ainsi que l'on est forcé d'admettre les conséquences les plus absurdes toutes les fois que l'on commence à s'écarter du principe auquel la coutume même de Bretagne nous ramène, puisqu'il n'y a personne qui puisse douter que les droits singuliers du souverain ne soient censés compris dans la réserve générale de tous les droits extraordinaires que les particuliers pouvoient avoir en Bretagne.

La deuxième vérité, qui est que le droit public de la couronne et du royaume l'a toujours emporté sur la coutume de Bretagne, comme sur les autres coutumes, n'est pas plus difficile à établir.

À l'égard des droits de la couronne, il suffira d'en marquer quatre exemples.

La coutume de Bretagne admet la prescription de tout ce qui tombe dans le commerce, à la réserve de la seigneurie directe, comme on le peut voir dans les articles 272, 281, 282, 284, 285, 286, 287, 288 de cette coutume; ensorte que si ses dispositions pouvoient régler le domaine de la couronne aussi bien que celui des particuliers, il faudroit conclure de ce prétendu privilége de la Bretagne, que le domaine du roi y seroit sujet à la prescription.

Cependant a-t-on jamais prétendu que ce domaine fût moins imprescriptible dans la Bretagne que partout ailleurs? Pourroit-on rapporter quelques remontrances faites ou par les états de cette province, ou par le parlement des Rennes, sur l'édit de 1667, et sur tant d'autres édits qui ont déclaré le domaine du roi imprescriptible? Quelle différence cependant peut-on trouver entre la disposition de la coutume qui autorise la prescription de toute propriété à la réserve de la seigneurie directe, et la disposition de la même coutume qui défère aux seigneurs particuliers la succession des bâtards?

L'une et l'autre ne sont-elles pas également incompatibles, à la rigueur, avec les maximes du domaine? Et s'il étoit vrai que les droits du roi ne peuvent jamais l'emporter sur les dispositions de la coutume de Bretagne, pourquoi en exceptera-t-on plutôt le cas de la prescription que celui de la succession des bâtards? La prescriptibilité du domaine renferme même une espèce d'intérêt commun de toute la province, puisqu'il n'y a personne qui ne puisse se trouver dans le cas d'avoir besoin de cette maxime contre les droits du roi, au lieu que les successions des bâtards ne peuvent intéresser que ceux qui ont des fiefs ou une moyenne justice. Cependant, qui a jamais pensé qu'il y eût quelque distinction à faire sur l'imprescriptibilité du domaine dè la couronne entre la Bretagne et les autres provinces du royaume? A-t-on imaginé en cette matière la restriction nouvelle que l'on propose aujourd'hui des droits du roi à ceux des anciens ducs de Bretagne, et s'est-on avisé jusqu'à présent de prétendre que la prescription doive avoir lieu en Bretagne contre le roi, parce qu'elle y avoit lieu autrefois contre le duc?

Ainsi, ou il faut prendre le parti de soutenir que le prétendu privilége de la coutume de Bretagne sera réduit au seul cas de la succession des bâtards, ce qui est absurde, ou il faut convenir de bonne foi que ce prétendu privilége est une illusion, ce qui est en effet le seul parti raisonnable que l'on puisse prendre dans cette matière.

Par une autre disposition de la coutume de Bretagne, qui est souvent répétée dans le titre des *bannies* et des *appropriances*, les héritages qui ont été vendus avec les formalités que la coutume prescrit, sont absolument purgés de toutes hypothèques.

Conclura-t-on cependant de cette disposition que le roi n'a pu établir des formalités particulières pour purger les biens des comptables qui sont situés en Bretagne, ou que l'édit de 1669 ne doit pas y être observé comme dans le reste du royaume? Or, si le roi a pu déroger à la coutume de Bretagne par une loi postérieure, dira-t-on qu'il n'a pu conserver ce qui lui étoit acquis avant la coutume de Bretagne par un droit attaché à sa couronne?

Le vassal confisque son fief par le désaveu qu'il fait de son seigneur, suivant l'article 362 de cette coutume. Dira-t-on que, parce que le droit du roi n'y a pas été expressément réservé, un vassal qui désavoue son seigneur pour avouer le roi soit sujet à cette peine, contre la maxime qui s'observe dans le reste du royaume?

L'article 542 de la même coutume permet à tout juge *d'absoudre des cas advenus par fortune ou ignorance*. Soutiendra-t-on que par cette raison il n'est pas nécessaire de recourir à la grâce du prince dans le cas d'un meurtre commis en Bretagne par un malheur fortuit et involontaire?

Enfin, si l'on passe aux dispositions de la coutume qui sont contraires à l'ordre public du royaume, combien trouvera-t-on de cas dans lesquels elle est tacitement ou expressément abrogée, sans que jamais on ait prétendu faire valoir ce droit inviolable et perpétuel que l'on veut faire regarder comme un caractère propre et particulier à cette coutume.

La liberté de s'obliger par corps est établie par le titre 5 de cette coutume. Prétendra-t-on qu'il faut observer cette loi en Bretagne au préjudice de l'ordonnance de 1667, qui y a dérogé pour tout le royaume ?

Les coupables domiciliés doivent être jugés, suivant l'article 11, dans la juridiction du lieu de leur domicile. Les reproches des témoins pour cause de parenté ne s'étendent pas au-delà des cousins germains, suivant l'art. 153. Le crime se prescrit par cinq ans lorsqu'il n'y a point eu d'informations, et par dix quand il y a eu une, suivant l'art. 289. Les enfans de famille qui se marient sans le consentement de leurs pères, ne sont sujets à la peine de l'exhérédation que jusqu'à l'âge de vingt-cinq ans, suivant l'art. 495, au lieu que par les ordonnances de nos rois, les fils de famille sont sujets à la même peine jusqu'à trente ans.

Osera-t-on soutenir que dans tous ces cas, et dans plusieurs autres qu'on y pourroit joindre, l'autorité de la coutume de Bretagne doit prévaloir sur celle des ordonnances ou du droit public qui s'observe dans le reste de la France ? Qui ne voit par tous ces exemples que la coutume de Bretagne est entièrement de la même condition que les autres coutumes, que les mêmes réserves des droits du roi et des règles de l'ordre public, qui ont lieu dans les autres provinces, se suppléent en Bretagne comme ailleurs, et que le roi y déroge aux statuts municipaux de la même manière qu'il le fait dans toutes les parties de son royaume en qualité de seigneur suprême et de souverain législateur ?

Est-il nécessaire après cela de répondre à quelques objections qui ont été faites par le sieur de Visdelou, ou par le syndic des états de Bretagne ? Et ne sont-elles pas tellement prévenues par toutes les réflexions que l'on vient de faire, qu'elles ne méritent aucune réponse particulière ?

Se servira-t-on des aveux rendus au roi par le sieur de Visdelou, où il a compris le droit de bâtardise dans l'énumération des droits de sa seigneurie, comme si ces expressions générales ne se limitoient pas toujours par le droit commun, et comme s'il ne suffisoit pas pour les justifier, sans intéresser les droits du roi, qu'il y ait un cas dans lequel le seigneur qui rend un tel aveu puisse recueillir les biens du bâtard, qui est celui du concours des trois circonstances décisives en cette matière?

Alléguera-t-on la disposition des lettres-patentes de l'année 1579, qui permettent aux états de Bretagne de se pourvoir par-devers le roi, en cas que l'on présente au parlement de cette province quelques lettres ou édits qui préjudicient aux priviléges et aux libertés du pays? Mais on a fait voir que le droit du roi ne leur fait aucun préjudice, puisque la Bretagne n'a aucun privilége particulier en cette matière.

Enfin, proposera-t-on l'exemple de la déclaration de 1556, par laquelle le roi Henri II a ordonné qu'il en seroit usé à l'égard des confiscations ainsi que par le passé, suivant la coutume de la province? Mais quelle conséquence peut-on tirer du droit de confiscation à celui de bâtardise? Il ne s'agissoit point alors de savoir si le roi profiteroit seul des confiscations, ou si elles pourroient appartenir au seigneur de territoire. Le roi n'a jamais prétendu que toutes les confiscations dussent lui être dévolues. Il s'agissoit d'exclure en général les confiscations, même au profit des seigneurs, suivant l'usage de la Bretagne et de plusieurs autres provinces du royaume, où le droit de confiscation cesse quoique le droit de bâtardise y ait lieu. Il n'étoit donc point question d'un droit royal auquel la coutume ne peut déroger? Ainsi cet exemple est absolument étranger à la question présente.

Mais, d'ailleurs, ceux qui s'en servent n'ont pas pris garde que cet exemple même leur est plus contraire que favorable. Car, s'il a fallu une loi pour les confiscations en Bretagne, quoique son usage en ce point pût être regardé comme un privilége qui intéressoit toute la province, comment peut-on prétendre que sans aucune loi le droit public qui donne au roi la succession des bâtards, excepté dans le concours des trois cas, ait pu être aboli en Bretagne sans aucune loi qui y déroge, quoique ce droit soit royal, quoiqu'il n'intéresse point toute la province en général, et qu'il ne regarde que l'utilité particulière des seigneurs qui ont un fief ou une moyenne justice?

C'est ainsi, comme on l'a dit d'abord, que les doutes mêmes qu'on a voulu répandre sur le droit du roi ne servent qu'à l'éclaircir et à l'affermir d'une manière plus solide; ensorte que de quelque manière que l'on envisage cette affaire, soit dans le droit commun du royaume, soit par rapport au droit particulier de la province de Bretagne, le procureur-général ne croira point se laisser éblouir par son zèle pour la défense du domaine du roi, quand il osera dire que la justice de ses droits ne paroît plus souffrir aucune difficulté.

Il importe néanmoins de faire voir que, même dans le fait particulier de cette affaire, indépendamment de la question générale, le sieur de Visdelou ne seroit pas en état de disputer au roi la succession dont il s'agit, quand on pourroit suivre en pareil cas la disposition de la coutume de Bretagne.

TROISIÈME PARTIE,

Où l'on fait voir que le fait particulier de cette affaire est encore pour le roi.

Le sieur de Visdelou ne prétend recueillir la succession de la nommée Charlotte Marivault que sur le fondement de l'article 274 de la coutume de Bretagne, qui donne la succession mobiliaire du bâtard au seigneur du lieu où le bâtard faisoit sa demeure ordinaire; et les meubles composent ici toute la succession de la bâtarde, parce qu'on ne voit pas qu'elle possédât aucuns immeubles en Bretagne.

Il faut donc que le sieur de Visdelou prouve que Charlotte Marivault étoit domiciliée dans sa seigneurie. Il a fait des efforts inutiles pour y parvenir. Mais, sans discuter de nouveau cette question de fait,

qui a été suffisamment traitée par le donataire du roi,
il n'y a qu'à comparer les dates dont toutes les parties
conviennent avec la disposition de la coutume de
Bretagne, pour montrer que, suivant la loi même du
pays, le sieur de Visdelou n'a aucun droit sur la succession dont il s'agit.

Charlotte Marivault, née et mariée à Paris, y avoit
encore son domicile en l'année 1678, comme le donataire du roi l'a prouvé par la sentence de séparation
rendue au Châtelet de Paris, en l'année 1678, entre
Charlotte Marivault et son mari.

Elle est morte au mois de mars de l'année 1685 :
toutes les parties en conviennent. Ainsi, quand elle
auroit commencé à établir son domicile en Bretagne
dans la fin de l'année 1678, ce qui n'est nullement
prouvé, elle n'y auroit demeuré que six années. Or,
suivant l'art. 475 de la coutume de Bretagne, le lieu
du domicile du bâtard, par rapport à sa succession,
ou, pour se servir des termes mêmes de la coutume,
le lieu de sa résidence propre est réputé celui où l'on
est nourri et où l'on réside avec sa femme, ou celui
où l'on a demeuré par l'espace de dix ans continuel-
lement, prochains avant le décès.

Ainsi, la coutume de Bretagne distingue dans cet
article deux sortes de domiciles, le domicile de la
naissance et de l'éducation, auquel elle joint, comme
une circonstance importante, le lieu où le mari demeure avec sa femme, comme pour faire entendre qu'à
moins que le mariage n'apporte quelque changement au
domicile de la naissance et de l'éducation, ce domicile
est censé durer toujours.

Le second est le domicile d'habitation. Mais pour
faire prévaloir cette seconde espèce de domicile au
premier, c'est-à-dire à celui de la naissance et du mariage, que l'on peut appeler le domicile naturel, la
coutume exige une demeure de dix ans avant le décès,
et une demeure continuelle.

De ces deux espèces de domiciles, le premier n'est
pas certainement en faveur du sieur de Visdelou,
puisqu'il convient que Charlotte Marivault est née à

Paris, puisqu'il est aussi forcé d'avouer qu'elle a été aussi mariée à Paris, et qu'elle y a établi, avec son mari, le siége de sa fortune.

Il est vrai qu'il prétend qu'ils l'ont ensuite transféré en Bretagne. Mais, quand il pourroit parvenir à prouver ce fait, quand il feroit voir même que l'un et l'autre fussent venus en Bretagne dans l'intention d'y établir un véritable domicile, et qu'ils auroient perdu l'esprit de retour à Paris, *animum revertendi in patriam*, comme parle d'Argentré sur l'art. 349 de l'ancienne coutume, tout ce que le sieur de Visdelou en pourroit conclure est qu'il seroit dans le cas du domicile d'habitation.

Mais la condition essentielle de ce domicile d'habitation, pour mettre le seigneur en état de profiter de la succession du bâtard, est que ce domicile soit confirmé par une demeure continuée pendant dix ans entiers avant le décès.

Or, suivant le sieur de Visdelou lui-même, Charlotte Marivault n'a commencé à demeurer en Bretagne qu'en l'année 1678 au plutôt, et elle est morte en l'année 1685. Elle n'y a donc pas demeuré pendant les dix dernières années? Elle n'y avoit donc pas acquis le domicile d'habitation qui est nécessaire pour donner un droit au seigneur sur les successions des bâtards? Ainsi, suivant la disposition de la coutume même de Bretagne, qu'il faut que le sieur de Visdelou suive entièrement ou qu'il rejette entièrement, il n'a aucun droit de disputer au roi la succession de la bâtarde dont il s'agit, et c'est gratuitement qu'il a recherché l'intervention du syndic des états de Bretagne dans un cas qui n'intéresse en aucune manière les usages de cette province.

Mais ce dernier moyen est en quelque manière surabondant, puisqu'en se renfermant même dans la question de droit, le procureur-général croit avoir pleinement fait voir qu'il n'y a aucune distinction à faire en cette matière entre la Bretagne et les autres provinces du royaume.

Ainsi, il ne lui reste plus que d'adhérer aux

34*

conclusions du donataire du roi, en suppliant la cour de se rappeler ici tous les caractères que le procureur-général a rassemblés à la fin de la deuxième partie de cette requête, pour faire voir que jamais il n'y a eu de jurisprudence plus équitable, plus favorable aux seigneurs mêmes, et plus digne d'être regardée comme le droit commun du royaume, que celle dont il s'agit.

Elle reçoit encore un nouveau degré de faveur par la manière dont le roi use des successions des bâtards. Il n'en profite que pour les faire servir de récompense à ceux qui l'ont bien servi; et l'on peut dire que le droit dont il jouit en cette matière est non-seulement un droit royal, mais un droit qu'il exerce toujours royalement.

CE CONSIDÉRÉ, il vous plaise recevoir le procureur-général partie intervenante au procès pendant en la cour entre lesdites parties; lui donner acte de ce qu'il prend le fait et cause du sieur de Pignan, donataire du roi; et en conséquence adjuger audit donataire les conclusions par lui prises, et donner acte pareillement audit procureur-général de ce qu'il emploie, pour avertissement, écritures, productions et contredits, le contenu en la présente requête, ensemble ce qui a été écrit et produit par ledit sieur de Pignan. Et vous ferez justice.

DISSERTATION

Dans laquelle on discute les principes du droit romain et du droit français par rapport aux Bâtards.

Bâtard est un terme générique qui comprend toutes les différentes espèces d'enfans nés hors le mariage.

On pourroit ici traiter la question de savoir s'il y a eu des bâtards avant qu'il y ait eu des lois ; mais comme cette question est plus curieuse qu'utile, on se contentera de l'indiquer et d'observer en peu de mots la manière dont les bâtards ont été considérés chez les peuples les plus policés, c'est-à-dire chez les Hébreux, chez les Grecs et chez les Romains, les usages des autres peuples ne méritant pas de grossir un traité (1).

Les Hébreux ne faisoient presque point de différence entre les bâtards et les légitimes ; on en pourroit rapporter ici plusieurs exemples tirés de l'écriture sainte et de l'histoire de Joseph ; mais on se contentera de citer M.ᵉ d'Expilly, dans son dix-septième plaidoyer, n.° 20, où il en fait une compilation assez ample.

Pour connoître la manière dont les bâtards ont été considérés chez les Grecs, il faut distinguer trois temps différens.

Dans le premier, on regardoit les bâtards comme les légitimes ; Hercule, Thésée, Achille, Pyrrhus, et tant d'autres grands personnages en fournissent des preuves authentiques.

(1) Voyez la novelle 80 de Justin., c. 1, et c. 9, et la novelle 74, c. 1.

Palert., *De nothis*, etc., c. 1 et 2.

Dans le second temps, ils furent regardés comme des personnages infâmes et incapables de toutes successions.

Dans le troisième temps, on regardoit comme bâtards tous ceux qui n'étoient pas nés d'un mariage légitime, c'est-à-dire approuvé par les lois; il y en a une disposition précise dans le *Recueil des lois d'Athènes, titre 4, de liberis legitimis, nothis, adoptivis, et patriâ potestate* (1).

Il n'étoit pas permis à un bourgeois d'Athènes d'épouser une étrangère, s'il vouloit que ses enfans fussent légitimes:

Μονους Αθηναιους ειναι ᶜᵒᵘς εχ δυοιν αθηναιοιϝ γεγονοᶜᵃς.

Utroque parente cive atheniensi nati soli cives sunto.

Νοθον ειναι ᶜᵒν μη εξ ασᶜης γεγονοᶜα.

Qui matre cive natus non erit, nothus esto.

Les mêmes lois n'admettoient les bâtards à aucune fonction de la république, soit sacrée, soit profane, et ne leur donnoient aucun droit de parenté:

Μηδε νοθω μηδε νοθη αγχισᶜειαν ειναι μηθ᾽ ιερων μεᶜ᾽ οσιαν απ᾽ Ευκλειδου αρχονᶜος.

Notho nothœve cognationis jus nullum esto, nequidem in iis quæ sive sacra, sive publica spectant; secundùm hanc legem judicia redduntor, ab Euclidis prœturâ.

Ces mêmes lois ne trouvoient pas qu'il y eût une liaison assez étroite entre un père et son fils bâtard, pour obliger ce dernier à le nourrir s'il étoit en nécessité:

Μηδε τοις εξ εᶜαιρας γενομενους επαναγκες ειναι τους παᶜερας τρεφειν.

Nothi patres alere ne cogunter.

Samuel Petit, dans son commentaire sur ces lois d'Athènes, remarque que les bâtards étoient regardés comme étrangers, non-seulement à l'égard de leurs pères et de leurs parens, mais même à l'égard de

(1) M. d'Expilly, plaidoyer 17, n.º 16 et suiv.

la république: *Nihil igitur sacri, nihil publici commune habuerunt nothi cum patre qui eos tollebat, aut cum ejus agnatis cognatisve, ut qui inter cives non censerentur, ac ne quidem ejus nomine qui genuerat, nisi illis subveniretur adoptione.*

Mais ces recherches meneroient trop loin et ne seroient pas d'un grand usage ; c'est pourquoi on se contentera de rapporter ici ce qu'il y a de plus considérable touchant les bâtards dans le droit romain, dans le droit canonique, et dans le droit français.

Pour le faire avec quelque ordre, on examinera ce que chacun de ces droits a décidé touchant les bâtards considérés par rapport à leur naissance,

Par rapport à l'état,

Par rapport à la famille dont ils sont sortis,

Et par rapport à leur succession.

DROIT ROMAIN.

BATARDS PAR RAPPORT A LEUR NAISSANCE.

Les bâtards sont nés ou d'un commerce défendu, ou d'un commerce toléré par la loi.

Ceux qui sont nés *ex soluto et solutâ*, sont nés d'un commerce toléré par la loi.

En effet, l'usage des concubines étoit permis chez les Romains ; il faut néanmoins, à cet égard, distinguer les temps et l'état des personnes.

Dans les premiers temps, il étoit permis à toutes sortes de personnes d'avoir une concubine, *quæ uxoris loco, sine nuptiis, in domo esset* (1) ; et le concubinage entre deux personnes libres, est nommé *licita consuetudo*, dans la loi 5, c. ad. 5, C. Orphit., quoiqu'elle soit de l'empereur Justinien, qui avoit retenu la disposition de l'ancien droit à l'égard des

(1) Liv. 144, *de* V. Sign. l. 1, §. 4, l. 3, §. 1, ff. *de concubinis.*

concubines, dans ce cas seulement (1) ; car pour lors la loi de Constantin qui défendoit aux gens mariés d'avoir des concubines, étoit en vigueur (2) ; et c'est sous cet empereur, c'est-à-dire, sous Constantin, qu'on doit marquer l'époque du second temps du droit romain par rapport au concubinage.

Il est vrai que la loi dernière, *c. communia de manumissionibus*, qui est de l'empereur Justinien, assure que dans l'ancien ni dans le nouveau droit, il n'a été permis aux hommes mariés d'avoir des concubines : *hominibus etenim uxores habentibus concubinas habere nec antiqua nec nostra jura concedunt.* Mais par l'ancien droit, Justinien entend la loi de Constantin ; car, quoiqu'on trouve quelques lois dans le digeste qui désapprouvent le concubinage à l'égard des hommes mariés (3), cependant la loi de Constantin est la première qui l'ait défendu expressément.

Il faut aussi observer que la pluralité des concubines étoit regardée comme une chose odieuse.

Enfin, Léon le philosophe défendit entièrement le concubinage à toutes sortes de personnes (4).

Quoique le concubinage fût permis dans le droit romain avant la constitution de l'empereur Léon, cependant il y avoit différentes personnes qui ne pouvoient être concubines, soit par rapport à leur conduite, *ut meretrices*, soit par rapport à leur condition, *ut ingenuæ et illustres*, soit par rapport à leur état, comme les femmes mariées et engagées par des vœux solennels, soit par rapport à certaines personnes, comme celles qui sont parentes dans un

---

(1) La loi 3, c. *de natur. liber.* appelle le concubinage *inæquale conjugium.*

(2) L. unic. c. *de concubinis.*

(3) L. *ult. in fine*, ff. *de divortiis.*
L. 121, §. 1, ff. *de v. obl.*

(4) Novel. *Leonis*, 91.

degré prohibé de celui avec lequel elles sont en commerce.

C'est cette différence de personnes qui produit les diverses espèces de bâtards par rapport à leur naissance.

En effet, ceux qui sont nés d'une concubine sont appelés *naturales*,

Qui ex meretrice, spurii,

Qui ex simplici vel duplici adulterio, adulterini,

Qui ex consanguineis in lineâ transversali, incestuosi simpliciter,

In lineâ rectâ, nefarii,

Qui ex monacho vel moniali suscepti sunt, sacrilegi vocantur.

On met dans ce dernier rang les bâtards nés des prêtres, quoiqu'ils soient moins odieux.

Mais dans ce traité, quand on parlera des bâtards, on entendra les naturels nés *ex concubinâ,* et l'on marquera seulement les différences qui se rencontreront à l'égard des autres espèces de bâtards.

BATARDS PAR RAPPORT A L'ÉTAT.

Si après avoir regardé les bâtards par rapport à leur naissance, on les considère par rapport à l'état, on trouvera que non-seulement ils étoient regardés comme citoyens romains, mais même qu'ils n'étoient point notés d'infamie, et que leur naissance ne leur imprimoit aucune tache honteuse, quoiqu'ils fussent nés d'un commerce défendu : *Alienorum vitio laborantes non indigni sunt misericordiâ* (1).

Ils étoient capables d'aspirer aux dignités et aux magistratures : *Spurii decuriones fiunt, et ideò fieri poterit ex incesto quoque natus: non enim impedienda est dignitas ejus qui nihil admisit* (2).

(1) L. 7, c. *de natur. liber.*

(2) L. 50, §. 2, ff. *de decur.*

V. Palert., *De nothis*, ch. 35 et 36.

L. 6, ff. *eod.*

La loi 14, §. 3, ff. *de muneribus et honoribus*, qui porte que pour donner des charges et des di-gnités, *inspicienda est origo natalium*, n'est pas contraire à cette décision. En effet, quelques inter-prètes croient qu'elle doit s'entendre, non pas des bâtards, mais des étrangers ; d'autres conviennent que la disposition de cette loi doit être appliquée aux bâtards, mais qu'elle ne les exclut pas des di-gnités, qu'elle veut seulement qu'entre plusieurs compétiteurs on préfère le légitime au bâtard ; et ils fondent leur interprétation sur la loi 3, §. 2, ff. *de decurionibus: Spurios posse in ordinem allegi nulla dubitatio est ; sed si habeat competitorem legitimè quæsitum, præferri eum oportere.* Et cette dernière interprétation paroît tout-à-fait conforme à l'esprit de la loi qu'on objecte.

En effet, ce n'est point une loi prohibitive, mais elle marque seulement ceux qui doivent être préférés lorsqu'on élit des magistrats :

De honoribus, sive muneribus gerendis, cum quæ-ritur, imprimis consideranda persona est ejus cui defertur honor, sive muneris administratio : item origo natalium, facultates quoque an sufficere in-juncto muneri possint : item lex secundùm quam muneribus quisque fungi debeat (1).

BATARDS PAR RAPPORT A LEUR FAMILLE.

Mais, si dans l'état on ne faisoit aucune différence entre les bâtards et les légitimes, il n'en étoit pas de même dans les familles dont ils étoient sortis.

Pour expliquer avec ordre quelle étoit à Rome la condition des bâtards par rapport à leurs familles, il faut les considérer, ou dans leur état naturel, avant qu'ils eussent été légitimés, ou après leur légiti-mation.

On peut ici examiner, 1.° si les bâtards non-lé-gitimés étoient en droit de prétendre quelque chose

_____

(1) L. 14, §. 3, ff. *de muneribus et honoribus.*

dans la succession de leurs pères ou mères, ou bien s'ils étoient obligés d'attendre l'effet de la libéralité de leurs parens;

2.º Si les lois avoient donné quelques bornes aux libéralités que les pères ou mères pourroient faire à leurs enfans bâtards.

Mais avant que d'entrer dans cet examen, il ne sera pas inutile d'observer que plusieurs se sont donné beaucoup de peine pour accorder ce que dit Justinien dans le commencement de sa novelle 89, *ante Constantinum naturalium nomen romanæ legislationi in studio non fuisse*, avec différentes lois du digeste qui parlent des enfans bâtards, et qui prouvent par conséquent qu'avant Constantin les lois avoient eu soin de ces sortes de personnes.

M. d'Expilly est un de ceux qui tâchent de concilier cette contrariété apparente (1); mais il se trompe dans son explication, en ce qu'il prend la loi 1, C. *de naturalibus liberis* pour la constitution que Constantin a faite au sujet des bâtards, et qui ne se trouve plus.

Jacques Godefroy, sur la loi 1, C. Théod. *de naturalibus liberis*, dit que Justinien, dans sa novelle 89, n'a voulu dire autre chose, si ce n'est qu'avant Constantin la jurisprudence romaine ne s'étoit point attachée à favoriser les bâtards: *Nullo studio aut affectu romana jurisprudentia eos prosecuta fuerit;* cependant il est ensuite forcé de convenir que Justinien s'est mal expliqué dans cet endroit: *Et hæc quidem perspicua sunt ut mirari subeat Justinianum ipsum id minùs distinctè proposuisse.*

Pour revenir aux deux questions qui ont été ci-dessus proposées, il faut distinguer d'abord les pères d'avec les mères des enfans bâtards.

En effet, comme les bâtards n'étoient unis à leurs pères que par des liens naturels, ils ne pouvoient jamais rien prétendre à leurs successions, que la loi

_____

(1) Plaidoyer 17, n: 21.

des douze tables ne déféroit qu'aux héritiers *siens* (1);
c'est-à-dire aux enfans ou descendans qui étoient en
leur puissance, ou aux parens du côté paternel, *agnatis;*
c'est pourquoi tout leur droit se réduisoit à demander des alimens à leurs pères ou sur les biens de leurs
successions (2).

On ne trouve dans le digeste aucune décision qui
ôte aux pères la liberté de donner tout ce qu'ils ju-
geroient à propos à leurs enfans bâtards de même
qu'aux enfans légitimes, ce qui a fait croire à la plupart de ceux qui ont traité ces matières, que les
pères avoient un pouvoir égal de disposer de leurs
biens en faveur de leurs enfans bâtards, de même
qu'en faveur des légitimes (3).

Mais les empereurs restreignirent cette liberté qui
leur parut trop grande ; Constantin est néanmoins le
premier qui porta sa prévoyance jusque-là ; cependant, comme nous n'avons point la constitution qu'il
fit à ce sujet, il est difficile de dire précisément ce
qu'il ordonna à cet égard.

Le savant Jacques Godefroy, dans son commentaire sur la loi première, C. Théod. *de naturalibus
liberis,* croit que Constantin avoit ôté aux bâtards tout
le droit qu'ils auroient pu prétendre sur les biens de
leurs pères qui avoient laissé des enfans légitimes :
Quatenùs autem, dit ce grand jurisconsulte, *accisum
fuerit à Constantino jus istud, tum ex hâc lege,
tum ex L. 1. C. de naturalibus lib., ex parte colli-
gere licet. Nempè cùm hâc humaniore Valentiniani
lege naturalibus liberis capiendi jus cum filiis et
parentibus aliquod tribuatur, exd. L. 1. apertè colli-
gatur, capiendi jus illis Constantinum nullum tri-
buisse.* « *Quicquid, inquit, talibus liberis pater dona-*

_____

(1) *Vulgò quæsitos nullos habere agnatos manifestum est.* §. 4,
Justin. *de success. cognator.*

(2) V. Perez, *ad tit. c. de natur. liber.*

(3) Caranza, *De partu naturali et legitimo, cap.* 3, §. 4.
M. d'Expilly, plaidoyer 17, n. 24.

verit, seu illos legitimos , seu naturales dixerit ,
totum retractum légitimæ soboli reddatur, aut fratri,
aut sorori, aut patri, aut matri.

D'où Godefroy conclut que du temps de Constantin les bâtards ne pouvoient rien avoir du bien de leurs pères qui avoient laissé ou des enfans légitimes, ou des pères, ou des mères, ou des frères, ou des sœurs.

Mais, comme les dispositions des lois de Constantin touchant ies bâtards, sout extrêmement incertaines (*obscurâ premuntur caligine*, dit le même Godefroy), il faut chercher quelque chose de plus positif dans la loi première au C. Théod. *de naturalibus liberis*, qui est de Valentinien et de l'année 371.

Valentinien confirmant, mais en même temps adoucissant les lois que Constantin avoit faites au sujet des bâtards, permit aux bâtards de celui qui avoit des enfans légitimes, ou père et mère, de recevoir, soit par donation, soit par testament, la douzième partie du bien de leur père, tant pour eux que pour leur mère; et en cas que le père de ces bâtards n'eût ni enfans légitimes ni père ou mère qui lui survécussent, il lui étoit permis de donner le quart de son bien à ses bâtards.

Les empereurs Arcadius et Honorius, en confirmant cette constitution de l'empereur Valentinien, y ajoutèrent seulement que si l'enfant bâtard étoit mort, ou pourroit donner à la concubine, mère de ce bâtard, la vingt-quatrième partie de son bien.

Valentinien III abrogea ensuite cette loi, et rétablit le droit que Constantin avoit introduit; mais sa constitution ne se trouve plus; c'est pourquoi Jacques Godefroy n'en parle que par conjecture sur la loi 2 du C. Théod. *de naturalibus liberis.* Cette dernière loi est de Théodose le jeune, qui rétablit le droit introduit par Valentinien I.er, dans la loi dont on vient de parler. Enfin, Justinien fit différentes constitutions concernant les bâtards.

La première est la loi *humanitatis*, 8.e C. *de natu-ralibus liberis*, par laquelle cet empereur, expliquant que les bâtards n'ont pas droit de rien prendre dans la succession de leurs pères et mères *ab intestat*, permet à ces mêmes pères qui n'ont ni enfans ou descendans légitimes, ni mère, de donner ou léguer la moitié de leurs biens à leurs bâtards, tant pour eux que pour leur mère.

La seconde est la loi dernière du même titre, par laquelle il permit aux aïeux qui avoient des petits-fils bâtards, nés de leurs fils légitimes, ou des petits-fils légitimes nés de leurs bâtards, de laisser tout leur bien à ces petits-fils : *Liceat eis quantùm volue-rint suæ substantiæ in eos conferre; scilicet nullâ legitimâ sobole subsistente;* il rapporte ensuite la raison de sa décision en ces termes : *Filiis enim naturalibus relinqui constitutiones quantùm volue-rint ideò prohibuerunt, quia vitium paternum refre-nandum esse existimaverunt; in nepotibus autem non eadem observatio in præfatis speciebus custo-dienda est, ubi legitima soboles minimè facit impedi-mentum. Eâ enim subsistente, veterum constitutionum tenorem in naturalibus filiis statutum et in nepotes extendimus.*

La troisième constitution de Justinien touchant la portion que les enfans bâtards peuvent avoir dans le bien de leur père est la novelle 18 c. 5, par laquelle il explique qu'il a permis à ceux qui au-roient en même temps des bâtards et des enfans légitimes, de donner la douzième partie de leur bien à ces bâtards, tant pour eux que pour leur mère, et de donner la moitié de leurs biens aux mêmes bâtards, tant pour eux que pour leur mère, tant qu'il n'y a point d'enfans légitimes.

L'empereur porte ensuite sa prévoyance plus loin, et ordonne que si un père de famille meurt *ab intes-tat* sans laisser ni femme ni enfans légitimes, et qu'il ait dans sa maison une concubine et des enfans na-turels, ces enfans et leur mère puissent demander la sixième partie de son bien, quoiqu'il n'ait fait

aucune disposition en leur faveur ; mais cette constitution n'a lieu qu'en cas qu'il n'y ait qu'une seule
concubine, et qu'on puisse la regarder en quelque
façon comme une personne à laquelle il ne manque
que la solennité du mariage pour être femme légitime ; car Justinien déclare précisément qu'il ne
prétend point favoriser la débauche : *Et nos non
præbemus luxuriantibus, sed castè viventibus legem ;*
c'est pourquoi il décide que s'il y avoit plusieurs
concubines dans la maison du défunt, ni elles ni leurs
enfans ne pourroient point jouir du privilége de
cette loi : *Et hæc dicimus si uni concubinæ cohabi-
taverit et filios ex eâ habuerit, aut precedente concubinæ morte aut divisione filii domi sint; tunc enim
damus eis ab intestato duarum unciarum successionem : si autem confusa concupiscentia ità fiat ut
alias superinducat priori concubinas, et multitudinem
habeat concubinarum fornicantium (sic enim dicere
melius est), et ex eis filios faciens moriatur, multas
simul relinquens concubinas, odibilis quidem nobis
est iste qui talis est ; procul autem omnibus modis
ab hâc lege expellatur.*

On pourroit faire différentes observations sur la
disposition de cette novelle ; mais comme elle me-
neroit trop loin, il suffira de remarquer qu'elle ne
doit s'entendre que des enfans naturels, et qu'elle
ne peut être étendue aux bâtards qui étoient nommés en droit *spurios adulterinos vel incestuosos.*

La quatrième constitution de Justinien, sur le
sujet dont il s'agit, est la novelle 89, chap. 12, par
laquelle il confirme d'abord ce qu'il avoit ordonné à
l'égard de ceux qui avoient des enfans légitimes et
des bâtards en même temps : *Ut si quidem quis-
piam habuerit filios legitimos, non possit filiis,
eorumque matri ultra unam relinquere unciam aut
donare naturalibus aut concubinæ......... Sed et si
quid amplius dare tentaverit quolibet modo, hoc fieri
filiorum legitimorum.*

Il ordonne ensuite que s'ils n'avoient que leur père
ou leur mère, *quibus necessitas est legis relinquere*

partem propriæ substantiæ competentem, ils puissent laisser tous leurs biens à leurs enfans naturels, à la réserve de la légitime dûe aux pères ou mères.

Mais, s'ils ne laissoient aucun de ceux à qui la légitime est dûe, l'empereur leur permet de donner tout leur bien à leurs enfans naturels.

Il répète ensuite mot pour mot ce qu'il avoit ordonné dans la novelle 18, à l'égard de ce que les enfans naturels pourroient prétendre dans la succession *ab intestat* de leur père ; et enfin, poussant la prévoyance plus loin, il assure des alimens aux bâtards, quoique leurs pères eussent aussi laissé des enfans légitimes : *Si quis autem habens filios legitimos relinquat et naturales, ab intestáto quidem, nihil eis existere omninò volumus ; pasci verò naturales à legitimis sancimus, ut decet eos, secundùm substantiæ mensuram à bono viro arbitratam* (1).

Mais le même empereur défend qu'on accorde des alimens aux bâtards nés *ex nefario coitu ;* ce qui paroît néanmoins contraire à l'humanité, et qui n'a été suivi ni dans le droit canonique (2) ni dans notre jurisprudence :

Omnis qui ex complexibus aut nefariis, aut incestis, aut damnatis processerit, iste neque naturalis nominatur, neque alendus est à parentibus, neque habebit quoddam ad presentem legem participium.

Après avoir expliqué quelle étoit la disposition des lois romaines au sujet des enfans naturels, par rapport à ce qu'ils pouvoient prétendre dans les biens de leurs pères, il faut examiner sommairement ce que ces mêmes enfans pouvoient espérer du bien de leurs mères, et distinguer sur cela les différens temps de la république.

La loi des douze tables avoit renfermé le droit des

(1) *Nov.* 89, *cap.* 12, §. 6.

(2) *V. cap.* 4. *extr. de eo qui duxit in uxor. quam polluit per adult.*

successions dans des bornes fort étroites, et comme elle n'y appelloit que les agnats, c'est-à-dire les parens du côté paternel, ceux qui n'étoient joints que par les liens de la cognation ne pouvoient être admis; ainsi la mère et les fils légitimes n'ayant aucun droit sur la succession l'un de l'autre, il n'est pas surprenant que le bâtard ne pût aussi rien prétendre des biens de sa mère (1).

Mais le préteur ayant voulu apporter remède à la rigueur de ce droit, dont l'injustice étoit manifeste, appela réciproquement les enfans et les mères à la possession des biens, ou comme enfans, ou comme parens, c'est-à-dire sous le titre *undè liberi et undè cognati;* de sorte que, quoique les enfans ne fussent pas véritablement héritiers de leur mère, ni la mère de ses enfans, cependant ils profitoient réciproquement de leurs biens sous le titre de *possessores bonorum;* et comme les bâtards étoient liés à leurs mères par les liens naturels, aussi bien que les légitimes, ils lui succédoient, soit qu'ils fussent seuls, soit qu'ils concourussent avec des enfans légitimes, dans la demande qu'ils faisoient pour être mis en possession des biens de leur mère : *Hâc parte proconsul* (ce sont les termes de la loi 2. ff. *undè cognati*) *naturali æquitate motus omnibus cognatis promittit bonorum possessionem quos sanguinis ratio vocat ad hereditatem, licet jure civili deficiant; itaque vulgò quæsiti matris, et mater talium liberorum, et ipsi fratres inter se, ex parte bonorum possessionem petere possunt, quia sunt invicèm sibi cognati.*

La loi 8 du même a une semblable disposition pour la succession de l'aïeul : *Modestinus respondit non ideò minùs ad aviæ maternæ bona ab intestato nepotes admitti, quòd vulgò quæsiti proponuntur.* Le droit qu'avoient pour lors les enfans bâtards sur les biens de leur mère, étoit si certain et si semblable à celui des enfans légitimes, que la mère ne pouvoit pas impunément les passer sous silence dans son

(1) Justin. *de S. C. Tertyll.*

testament, puiqu'ils pouvoient, de même que les légitimes, intenter la querelle d'inofficiosité : *De inofficioso testamento matris spurii quoque filii dicere possunt* (1).

Mais comme l'édit du préteur ne pouvoit pas faire des héritiers légitimes, les sénatus-consultes Tertyllien et Orphitien (2) appelèrent les mères et les enfans à leurs successions respectives ; ensorte que depuis ces senatus-consultes, ils furent regardés comme des héritiers légitimes ; mais les bâtards ne perdirent rien à ce changement de droit, car ils furent appelés à la succession de leur mère aussi bien que les légitimes, et même en concurrence avec eux ; ce qui est précisément décidé dans la loi 15, C. *ad Sen. Cons. Orphitianum : Eos etiam cum legitimis liberis ad materna venire bona quæ jure legitimo in suo patrimonio possidet nulla dubitatio est.* Mais l'empereur Justinien, dans cette même loi, fit une exception à la règle générale, à l'égard des femmes illustres qui ont des enfans légitimes ; car en ce cas, non-seulement il ne veut pas que les bâtards puissent rien prétendre dans leur succession, mais il défend même à ces femmes de qualité de rien donner ni entre-vifs ni par testament à leurs bâtards : *Si quæ illustris mulier filium ex justis nuptiis procreaverit, et alterum spurium habuerit cui pater incertus sit; quemadmodum res maternæ ad eos perveniant, sive tantummodo ad liberos justos, sive etiam ad spurios, dubitabatur.*

Sancimus itaque ut neque ex testamento, neque ab intestato, neque ex liberalitate inter vivos habitâ, justis liberis existentibus, aliquid penitùs ab illustribus matribus ad spurios perveniat; cùm in mulieribus illustribus et ingenuis (quibus castitatis observatio præcipuum debitum est) nominari spurios satis injuriosum satisque acerbum, et nostris temporibus

(1) Liv. 29, §. 1, ff. *de inoff. test.*

(2) Liv. 1, §. 2, ff. *ad S. C. Tertyll.*
§. 3, Justin. *de S. C. Orphitiano.*

*indignum esse judicemus, et hanc legem ipsi pudi-
citiæ, quam semper colendam censemus, ipsi dedi-
camus.*

Depuis le sénatus-consulte Orphitien, les empereurs firent différentes lois pour régler les successions;
mais comme ces lois ne parlent point des bâtards, on
ne sauroit douter que le droit ancien ne se soit conservé à leur égard, et qu'ils n'aient toujours hérité
de leurs mères et de leurs parens maternels, qui, par
la même raison, héritoient aussi des bâtards; c'est
pourquoi plusieurs lois décident que les bâtards nés
d'une même mère héritent les uns des autres, *tanquam
cognati* (1).

Telle étoit la manière dont les bâtards étoient regardés en droit romain par rapport à leurs familles,
lorsqu'ils demeuroient dans leur état naturel, c'est-à-
dire qu'ils n'étoient point légitimés.

Mais la prévoyance des législateurs s'étant étendue
jusqu'à chercher les moyens d'effacer dans les bâtards
le vice de leur naissance, le remède fut celui de la
légitimation.

On trouva même plusieurs voies pour parvenir à
cette légitimation; il faut les expliquer par ordre et
en détail, avant que de passer aux effets que chaque
espèce de légitimation peut produire.

Première espèce de légitimation, par mariage subséquent.

La légitimation la plus parfaite est celle qui se fait
par le mariage des père et mère du bâtard contracté
postérieurement à sa naissance, et qui est appelée
légitimation par mariage subséquent.

L'empereur Constantin fut le premier qui, pour

(1) V. Titt. c. *de suis et legit. lib. de legit. hered. commun. de
success.* et novell. 118, *cap.* 1.

Liv. 2 et 4, ff. *undè cognati.*

Justin. *de success. cognator.*

35*

inviter ses sujets à préférer l'honneur du mariage à la honte du concubinage, leur permit, en se mariant, de rendre légitimes les enfans nés pendant leur concubinage. Nous n'avons pas cette loi de Constantin; mais comme elle a été confirmée par l'empereur Zenon, on ne peut douter qu'elle n'ait existé, ni même de ce qu'elle contenoit.

Divi Constantini, qui veneranda christianorum fide romanum munivit imperium, super ingenuis concubinis ducendis uxoribus, filiis quinetiam ex iisdem, vel ante matrimonium, vel posteà progenitis, suis ac legitimis habendis, sacratissimam constitutionem renovantes, jubemus eos qui ante hanc legem ingenuarum mulierum nuptiis minimè intercedentibus electo contubernio cujuslibet sexûs filios procreaverint, quibus nulla videlicet uxor est, nulla ex justo matrimonio legitima proles suscepta, si voluerint eas uxores ducere, quæ anteà fuerant concubinæ, tàm conjugium legitimum cum hujusmodi mulieribus ingenuis ut dictum est posse contrahere, quàm filios utriusque sexûs ex earumdem mulierum priore contubernio procreatos, mox postquàm nuptiæ cum matribus eorum fuerint procreatæ, suos patri, et in potestate fieri, et cum his qui posteà ex eodem matrimonio suscepti fuerint, vel solos (si nullus alius deindè nascatur), tàm ex testamento volentibus patribus etiam ex integro succedere, quàm ab intèstato petere hereditatem paternam (1).

Mais comme le bénéfice de cette loi étoit restreint, et ne pouvoit servir qu'à ceux qui avoient des enfans naturels lorsqu'elle fut publiée, et qu'elle ne donnoit pas le même avantage à ceux qui pourroient en avoir dans la suite (*Hi verò qui tempore hujus sacratissimæ jussionis, necdum prolem aliquam ex ingenuarum concubinarum consortio meruerint, minimè hujus legis beneficio perfruantur*), l'empereur Justinien crut devoir y apporter remède, et ordonna que

_____

(1) Liv. 5, c. de natur. liber.

la légitimation par mariage subséquent auroit toujours lieu à l'avenir, et sans aucune distinction ; mais cela ne se fit que par degrés. En effet, la loi première C. *de naturalibus liberis* ordonne seulement, que si un père qui a des enfans naturels épouse sa concubine, et qu'il ait ensuite d'autres enfans avec elle, les derniers, qui sont constamment légitimes, ne pourront point empêcher ceux qui sont nés avant le mariage de partager avec eux la succession de leurs père et mère : *Cùm gratias agere suis posteriores debeant quorum beneficio ipsi sunt justi filii et nomen et ordinem consecuti.*

Cependant, comme après cette loi on ne laissoit pas de contester tous les jours l'état des enfans légitimés par mariage subséquent, lorsqu'il ne leur étoit point né de frères ou de sœurs depuis le mariage de leurs père et mère, ou même que leur en étant nés, ils étoient depuis décédés, Justinien voulut lever toutes ces difficultés dans la loi onzième du même titre *de naturalibus liberis*, et ordonna que, soit qu'il en naquît depuis le mariage ou qu'il n'en naquît pas, les légitimés par ce mariage auroient tous les droits des enfans légitimes : *Sufficiat enim*, dit cet empereur, *talem affectionem habuisse ut post liberorum editionem et dotalia efficiant instrumenta, et spem tollendæ sobolis habeant ; licèt enim hoc quod speratum est ad effectum non pervenerit, nihil anterioribus liberis fortuitus casus derogare concedatur.*

Il décide la même chose, à plus forte raison, à l'égard de l'enfant conçu avant, mais né depuis la célébration du mariage.

La novelle douzième, chap. 4, a étendu cette disposition dans le cas même qu'un père ayant des enfans légitimes d'un mariage précédent, après la dissolution duquel il en auroit eu d'autres d'une concubine, se seroit ensuite marié avec cette concubine.

Les novelles 18, chap. 11, et 78, chap. 3 et 4, marquent même la manière dont un père de famille, qui, avant que d'être marié, a eu des enfans de son

esclave, peut dans la suite les légitimer par mariage
subséquent (1).

Enfin, la novelle 89, chap. 8, a mis la dernière
main à cette légitimation subséquente et a permis de
légitimer de cette manière tous les enfans nés *ex soluto
et solutâ*, pourvu qu'ils ne soient pas *ex damnato
coitu*.

Seconde espèce de légitimation, per oblationem curiæ.

Les empereurs Théodose et Valentinien introdui-
sirent une seconde espèce de légitimation, moins parfaite à la vérité que la première, mais qui ne laissoit
pas d'avoir différens effets. Elle se faisoit par la consécration de l'enfant naturel au service d'une ville,
per curiæ oblationem; et pour lors le père, après
cette légitimation, pouvoit laisser tout son bien à ses
enfans naturels, qu'il avoit donnés au service de sa
ville : *In solidum hæredes scribendi liberam ei concedimus facultatem* (L. 3, C. *de naturalibus liberis*).
Les empereurs Léon et Anthémius, dans la loi 4
du même titre, et Justinien dans la loi 9, confirment
cette légitimation. Ce dernier empereur, dans la novelle 89, marque de quelle manière cette oblation se
devoit faire par le père ou par quelque autre ascen-
dant; savoir, pendant leur vie, *teste populo vel actis
intervenientibus*, ou par son testament, et en ce dernier cas le bâtard devient légitime aussitôt qu'il a
donné son consentement à l'exécution du testament
de son père (2).

Le fils naturel pouvoit aussi se procurer cette espèce
de légitimation, lorsque son père n'avoit point d'enfans légitimes, en s'offrant lui-même au service de la

(1) V. *auth. novæ et auth. sed nova, c. de natur. liber.*

(2) V. *Gotofred. ad l. 3, c. de natur. liber.*

ville (1), et la fille pouvoit être légitimée de la même manière en épousant un homme destiné au service de la ville : *Curiali in uxorem data* (2).

Troisième espèce de légitimation, par l'adoption.

L'empereur Anastase avoit introduit une troisième espèce de légitimation, en permettant aux pères d'adopter leurs enfans naturels, et de les rendre par ce moyen capables de leur succéder, soit *ab intestat*, soit en les instituant héritiers; mais l'empereur Justin abolit cette manière de légitimer, afin d'obliger ses sujets à se marier s'ils avoient envie d'avoir des enfans et de perpétuer leur nom: *In posterum verò sciant omnes legitimis matrimoniis legitimam sibi posteritatem quærendam ; injusta namque libidinum desideria nulla de cætero ratio deffendet* (3); ce qui fut confimé par Justinien, dans sa novelle 74, chap. 3.

Cependant Justinien introduisit trois autres espèces de légitimation qui ne paroissent pas beaucoup plus favorables que celle qui se faisoit par adoption.

Quatrième espèce de légitimation, par testament.

La première fut par la volonté du père marquée par son testament, par lequel il pouvoit déclarer que son dessein étoit de légitimer ses enfans naturels, et de les instituer ses héritiers; les enfans après la mort de leur père présentoient son testament à l'empereur, et lui en demandoient la confirmation, qu'il leur accordoit avec la qualité de légitimes; en sorte que cette légitimation étoit, comme dit Justinien, *donum patris et principis, id est naturæ simul et legis* (4).

(1) Novelle 89, chap. 2.

(2) L. 3, §. *ult. c. de natur. liber.*

(3) Liv. 6, c. *de natur. liber.*
Liv. 7, c. *eod.*

(4) Novelle 74, c. 2, §. 1.

Mais cette légitimation ne pouvoit avoir lieu que lorsque le père n'avoit point d'enfans légitimes, et qu'il avoit eu de bonnes raisons pour ne point épouser la mère de ses enfans naturels.

Cinquième espèce de légitimation, par rescrit du prince.

La seconde espèce de légitimation introduite par Justinien, est celle qui se fait par des lettres du prince, *per rescriptum principis*, sur la requête présentée par le père qui n'a point d'enfans légitimes, et dont la concubine est morte, ou qu'il a de justes raisons de ne point épouser (1).

Sixième espèce de légitimation, par la reconnoissance du père.

Enfin Justinien, en favorisant les légitimations, voulut que la seule reconnoissance du père suffît pour légitimer ses enfans naturels, en faisant présumer qu'il avoit contracté avec leur mère; c'est pourquoi si un père avoit plusieurs enfans naturels nés d'une personne avec qui il eût pu contracter mariage, et et que dans un acte public il eût qualifié l'un d'eux son *fils*, sans ajouter *naturel*, non-seulement celui qu'il auroit honoré de ce nom, mais encore tous ses frères nés de la même mère seroient censés légitimes, parce qu'on présumeroit qu'il y auroit eu un mariage entre leur père et leur mère : *Cùm ex solo affectu possit consistere matrimonium, si quis filium aut filiam habens de liberâ muliere cum quâ nuptiæ consistere possunt, dicat in instrumento sive publicâ sive propriâ manu conscripto, et habente suscriptione trium testium fide dignorum, sive in testamento, sive in gestis monumentorum, hunc aut hanc filium suum esse aut filiam, et non adjecerit naturalem,*

(1) Novelle 74, c. 2, *in principio*, et 89, c. 9.

hujusmodi filios esse legitimos et nullam aliam pro-
bationem ab his quæri.... Ex hoc enim cum eorum
matre monstratur legitimum habuisse matrimonium,
ut neque ab eâ pro nuptiarum fide alia probatio
requiratur; si autem pater ex ipsâ muliere multos
filios habens uni ex eis testimonium quodlibet ex
prædictis præbuerit modis, sufficere ex eâdem
muliere natis ad legitima jura patris testimonium
uni datum.

On voit par ce qui vient d'être expliqué, qu'aucunes
de ces différentes espèces de légitimation ne con-
venoient aux bâtards nés d'un commerce criminel,
puisqu'elles supposent toutes que le bâtard étoit né
d'une concubine avec laquelle on pouvoit contracter
mariage, ou même, comme dit la loi 3. C. *de na-*
turalibus liberis, ex inæquali matrimonio (1).

Effets de la légitimation.

Pour connoître les changemens que la légitimation
apportoit dans la condition des bâtards, il faut distinguer les différentes manières dont ils avoient été
légitimés.

Celle qui se faisoit par adoption ayant été entièrement abolie, il est inutile de s'arrêter à en examiner les effets.

La légitimation *per oblationem curiæ* étoit la
moins parfaite de toutes; ceux qui avoient été légitimés de cette manière, n'étoient censés légitimes
qu'à l'égard de leur père; ils ne pouvoient rien prétendre dans la succession des parens de leur père,
et même dans la succession de leur père ils n'étoient
pas en droit de prétendre les biens situés hors le
territoire de la ville au service de laquelle ils étoient
destinés (2).

(1) V. l. 7, c. *de natur. liber.* et novel. 74, c. 6.

(2) L. 9, c. *de natur. liber.* Nov. 89, c. 4.
Gotofred. *ad lib.* 9, c. *de natur. liber.*

Les quatre autres espèces de légitimation étoient
parfaites, si l'on ose s'exprimer ainsi; ainsi elles rendoient les bâtards légitimes pour tous effets, ensorte
qu'il ne leur restoit aucune tache de leur naissance:
ils héritoient de leurs parens tant en ligne directe
que collatérale; ils annuloient le testament de leur
père s'ils y avoient été oubliés; ils pouvoient intenter
la querelle d'inofficiosité et la demande en supplément de légitime (1).

BATARDS PAR RAPPORT A LEUR SUCCESSION.

Il ne reste donc, pour suivre l'ordre qu'on s'est
prescrit, qu'à regarder les bâtards par rapport à leur
propre succession. Il faut encore dans cette dernière
partie distinguer leur état naturel de celui dans lequel
ils étoient après leur légitimation.

Dans l'un et dans l'autre cas, si le bâtard laissoit
des enfans légitimes, ils étoient ses héritiers sans
qu'il y eût à cet égard aucune différence entre les
enfans d'un bâtard et les enfans d'un légitime (2).

Mais si le bâtard qui n'avoit point été légitimé
mouroit sans enfans, on suivoit, pour régler sa succession, les mêmes règles qui ont été expliquées ci-
dessus pour montrer la manière dont les bâtards non
légitimés pouvoient succéder à leurs pères et à leurs
mères, etc. (3). En effet, une des maximes les plus
constantes en matière de successions est qu'elles sont
réciproques; il y en a même une disposition précise dans le chapitre 13 de la novelle 89:

In quibus autem casibus naturales filios vocavimus
ad successionem, in iis quoque et ipsi decentem
naturalibus patribus devotionem servent, eâdemque
mensurâ sicut parentes prospiciunt naturalibus filiis

(1) V. Gotofred. *ad novel.* 89, *cap. ult.*

(2) Novel. 89, c. 5.

(3) Palert. *De nothis*, c. 39.

secundùm nostram legem, et ipsi parentibus com-
pensent, sive in successionibus, sive in alimentis,
sicut superiùs sancivimus.

Mais non-seulement les pères et mères venoient
à la succession des enfans bâtards, suivant les règles
qui ont été expliquées ci-dessus, les parens maternels y étoient aussi appelés au défaut des pères et
mères (1).

Lorsque les bâtards étoient légitimés, il n'y avoit
aucune différence pour leur succession entr'eux et
ceux qui étoient nés légitimes, si ce n'est qu'ils eussent
été légitimés *per oblationem curiæ,* auquel cas leur
succession se régloit par des maximes particulières
qu'il seroit inutile d'expliquer ici, puisqu'elles sont
communes à tous ceux qui étoient dévoués au service
des villes, *omnibus curialibus.*

DROIT CANONIQUE.

Comment les bâtards sont regardés en droit canonique.

Pour examiner la condition des bâtards par rapport
au droit canonique, il faut reprendre la même division qu'on a observée ci-dessus, et les considérer
par rapport à leur naissance, par rapport à l'église,
et par rapport à leur famille ; car comme on ne trouve
dans le droit canonique aucune disposition qui règle
leurs successions, ce dernier membre de la division
devient inutile.

Par rapport à leur naissance.

On ne répétera point ici les différentes espèces de
bâtards par rapport à leur naissance, parce qu'elles
sont entièrement les mêmes en droit civil et en droit
canonique.

(1) §. 4, Just. *de success. cognat*, l. 9, §. 2, c. *de natur.*
liber.

Par rapport à l'église.

Mais si l'on considère les bâtards par rapport à l'état ecclésiastique, on trouvera une extrême différence entre le droit canonique et le droit civil.

Par le droit civil les bâtards sont citoyens capables des honneurs et des dignités, comme on l'a observé ci-dessus.

Par le droit canonique, au contraire, les bâtards ne sont point capables d'aspirer aux honneurs et dignités ecclésiastiques sans dispense du pape. Il y a différentes constitutions sur ce sujet dans les décrétales (1).

Le chapitre premier du titre *de filiis presbyterorum ordinandis vel non*, qui est tiré d'un concile de Poitiers, défend de promouvoir les bâtards aux ordres sacrés, à moins qu'ils ne soient moines ou chanoines réguliers : *Ut filii presbyterorum et cæteri ex fornicatione nati ad sacros ordines non promoveantur, nisi aut monachi fiant, aut in congregatione canonicâ regulariter viventes;* mais il ne pouvoient même en ce cas posséder aucune dignité dans l'église : *Præsentationem verò nullatenùs habeant.* Le pape Alexandre III.ᵉ, dans une décrétale adressée à l'archevêque de Tours, décide la même chose en termes bien précis : *Consultationi tuæ taliter respondemus, quòd neque spurios neque servos ordinare debes* (2). Les papes même se sont réservé le droit de donner des dispenses en ce cas, comme il est marqué expressément dans le chapitre dernier du titre des décrétales *de filiis presbyterorum ordi-*

(1) V. Decrét. tit. *de filiis presbyt. ord. vel non*, et la dist. 56.

Nota. On prétend que Gratien a inséré dans le décret plusieurs décisions favorables aux bâtards, parce qu'il l'étoit lui-même. V. Boniface, arrêt de Provence, l. 3, t. 5, ch. 3.

(2) *Cap.* 5, *de filiis presb.*

nandis vel non. Cette décrétale est du pape Grégoire IX, et elle est adressée à l'archevêque de Tours :

Nimis in tuâ provinciâ ecclesiæ deformatur honestas, ex eo quòd filii sacerdotum et alii non legitimè nati ad dignitates et personatus, et alia beneficia curam animarum habentia sine dispensatione sedis apostolicæ promoventur, quocirca mandamus quatenùs, prædictis personis à personatibus et dignitatibus et hujusmodi beneficiis prorsùs amotis, ea personis idoneis conferri facias per illos ad quos collationem ipsorum de jure noveris pertinere, et ne id de cætero præsumatur distinctiùs inhibemus.

Bâtards en droit canonique par rapport à leur famille.

Après avoir considéré le bâtard par rapport à l'église, si l'on veut savoir quelle est sa destinée dans sa famille, suivant le droit canonique, il faut le regarder devant et après sa légitimation.

Devant sa légitimation, le chapitre 10, *qui filii sint legitimi*, l'exclut de la succession de son père; il semble que l'esprit du droit canonique est aussi de l'exclure du bien de sa mère, cependant je ne pense pas qu'il y ait de texte précis pour cela.

Les canons n'ont accordé au bâtard que le droit de demander des alimens, ce qu'ils permettent à tous les bâtards sans distinction, même à ceux qui sont nés d'un commerce criminel (1), en quoi ils ont corrigé les rigueurs du droit civil, et nous avons adopté dans notre usage cette décision, comme beaucoup plus équitable que celle du droit civil.

Mais après la légitimation, le droit canonique, conforme en cela au droit civil, regarde les bâtards comme s'ils étoient nés légitimes, puisqu'il leur permet

(1) *Cap. 5, de eo qui duxit in matrim. quam poll. per adult.*

de succéder à leur père (1) ; c'est cependant tout ce que le droit canonique nous apprend à cet égard, ses autres décisions ne concernent que deux questions particulières touchant la légitimation :

La première, de savoir que les bâtards sont susceptibles de légitimation, et il en exclut, aussi bien que le droit civil, tous ceux qui ne sont pas nés de deux personnes libres, *ex soluto et solutâ* (2).

La seconde consiste à examiner quelle est la différence de la légitimation qui vient de la puissance temporelle, et de celle qui vient de la puissance spirituelle.

La première espèce de légitimation a son effet pour les choses temporelles, et la seconde pour les choses spirituelles ; d'où il s'ensuit que dans les terres qui sont sous l'obéissance du pape, il peut légitimer *ad utrumque effectum* (*cap. per venerabilem qui filii sunt legitimi*).

Ce titre des décrétales explique quels enfans peuvent prendre la qualité de légitimes, et devant quels juges on doit porter les contestations dans lesquelles il s'agit de la légitimité.

1.º Pour la qualité de légitime, il la donne même à celui qui est né après la séparation canonique de ses père et mère, pourvu qu'il ait été conçu pendant leur union ; à ceux qui sont nés du mariage de deux infidèles avant leur conversion, quoiqu'ils fussent parens dans un degré prohibé ; et enfin, à ceux qui sont nés d'une union illicite ou même criminelle, pourvu que le père ou la mère ignorât cet empêchement, la bonne foi de l'un des conjoints qui ignore l'empêchement étant suffisante pour assurer l'état des enfans (3).

Mais si deux personnes qui ne pouvoient se marier

(1) *Cap.* 1, *qui filii sint legitimi.*

(2) *Cap.* 6, *qui filii sint legitimi.*

(3) *Cap.* 2, *qui filii sint legitimi.*

Cap. 10, 11 *et* 14, *eodem tit.*

ensemble, vivoient cependant en mauvais commerce, et qu'il fût suivi de la naissance d'un ou de plusieurs enfans, la difficulté seroit grande, s'ils venaient ensuite à se marier, l'un deux ignorant l'empêchement ; on pourroit soutenir que la bonne foi d'un des conjoints donneroit lieu à la légitimation par mariage subséquent ; on décide néanmoins en ce cas contre la légitimation : *Etenim*, dit Panorme, *qui in aliquo deliquit, contra voluntatem ejus eventus imputatur* (1).

2.° Les questions de légitimité doivent, suivant le droit canonique, se porter devant les juges d'église, quoiqu'elles soient incidentes à des questions de succession (2). mais cette disposition n'a point d'authenticité parmi nous, où les questions de légitimité sont regardées comme purement civiles.

DROIT FRANÇAIS.

Comment les bâtards sont regardés dans notre droit français.

Pour connoître ce qui peut concerner les bâtards suivant notre droit, il faut remonter jusqu'aux sources, et chercher d'abord dans les ordonnances et dans les coutumes les principes de cette matière, pour tirer ensuite de la jurisprudence des arrêts, et des opinions des docteurs, les éclaircissemens sur les questions que les ordonnances et les coutumes n'ont point décidées.

Bâtards suivant l'esprit des ordonnances et des coutumes.

Comme nous avons très-peu de dispositions dans les ordonnances qui concernent les bâtards, il est nécessaire de les joindre avec les coutumes, pour tâcher

(1) *Argumento*, l. 38, §. 1, ff. *ad leg. Jul. de adult.*

(2) *Cap.* 5 et 7, *qui filii sint legitimi.*

de suivre le progrès des lois sur une matière très-obscure et difficile à débrouiller.

On distinguera donc trois temps différens depuis le commencement de la monarchie jusqu'à présent :

Le premier temps comprend les deux premières races de nos rois ;

Le second est celui qui a commencé au règne de Hugues Capet, jusqu'au milieu du seizième siècle ;

Et le troisième enfin, qui s'est écoulé depuis la fin de ce second temps jusqu'à présent.

PREMIER TEMPS.

Dans le premier temps, non-seulement le nom de bâtard n'étoit point odieux en France, mais il ne paroît pas même que nos rois de la première et de la seconde races fissent aucune différence entre leurs enfans légitimes et ceux qui ne l'étoient pas ; en effet, Thierry, bâtard de Clovis premier, partagea le royaume avec Clodomir, Childebert et Clotaire ses frères légitimes ; Clovis, second fils légitime de Dagobert premier, partagea aussi le royaume avec Sigebert son frère bâtard ; enfin, Louis et Carloman, bâtards de Louis le bègue, furent tous deux couronnés rois, à l'exclusion de Charles le simple, leur frère légitime (1).

Cet usage n'étoit pas cependant général pour tous les bâtards, mais seulement pour ceux des princes et des grands seigneurs qui avouoient leurs bâtards, et dont la reconnoissance servoit à leur égard de légitimation ; mais tous les autres bâtards étoient serfs.

La querelle qu'eut autrefois Hermanfroy, roi de Thuringe, avec Thierry, qui est rapportée par Witikind, dans le premier livre de son Histoire, peut servir de preuve à ce qui vient d'être avancé.

Clovis, roi de France, eut deux enfans, Almeberge, légitime, qui fut mariée à Hermanfroy, et Thierry,

(1) Voyez les Mémoires de du Tillet, liv. 2, ch. 1, et liv. 5, ch. 41.

bâtard, que les Français reconnurent pour leur souverain; Thierry, dans le dessein d'affermir sa couronne, envoya un ambassadeur à Hermanfroy, pour le prier d'approuver le choix des Français; mais Hermanfroy refusa de le reconnoître pour roi, et sans avoir égard au privilége des bâtards avoués par les princes, il répondit, suivant le droit commun, que Thierry, comme bâtard, étoit serf, et qu'il devoit songer à obtenir sa liberté avant que d'aspirer au trône :

Secundum hœc verba Hermanfridus respondit legato amicitiam quidem et propinquitatem Theodorico non negari, mirari tamen non satis posse, quomodo usurpare vellet priùs imperium, quàm libertatem, servus natus.

Le neuvième concile de Tolède, canon dixième, peut encore servir de preuve à cette vérité, puisqu'il déclare que les bâtards des prêtres doivent être serfs des églises que ces prêtres desservoient : *Proles autem alienâ pollutione nata non solùm hœreditaten nunquàm accipiet, sed etiam in servitutem ipsius ecclesiæ de cujus sacerdotis vel ministri ignominiâ nati sunt jure perenni permanebunt.*

SECOND TEMPS.

Dans le second temps, c'est-à-dire sous Hugues Capet, la condition des bâtards des rois, des princes et des grands du royaume, fut beaucoup moins avantageuse qu'elle n'étoit auparavant; en effet, Bacquet, dans son traité du droit de bâtardise, chap. 2, et Brodeau sur M.e Louet, lettre D, som. 1, n. 1, disent que ce premier roi de la troisième race fit une ordonnance par laquelle il exclut pour jamais les bâtards de la succession du royaume; il défendit qu'on les reconnût dans la famille royale, et voulut même qu'ils ne pussent porter les armes de France qu'avec une barre.

Il y a bien de l'apparence que la condition des bâtards des princes et des grands du royaume changea dans le même temps, et qu'ils furent pour lors, comme ceux des rois, exclus de la succession de leurs pères; mais les bâtards des personnes du commun continuèrent sous la troisième race à être serfs et de même condition que les autres *mainmortables*, comme ils l'étoient sous les deux premières races; en effet, ils payoient le droit de *chevage*, comme les autres serfs de mainmorte; ils encouroient comme eux le droit de formariage, lorsqu'ils épousoient des personnes qui n'étoient pas de leur condition. C'est ce qu'on peut voir dans les anciens mémoires de la chambre des comptes, qui sont rapportés par Bacquet dans son traité du droit d'aubaine, chap. 3; et il paroît encore des vestiges de cet ancien droit dans le procès-verbal de la coutume de Laon.

En effet, il y a deux anciens articles dans ce procès-verbal qui marquent qu'autrefois les bâtards, de même que les mainmortables, ne pouvoient tester que de cinq sous, ni se marier sans la permission du roi à des femmes qui ne fussent pas de leur condition, sans encourir la peine du formariage, c'est-à-dire, la confiscation du tiers de tous leurs biens :

Et ne peut une espave ne le bastard tester ne faire testament, et par icelui disposer de ses biens fors que de cinq sous.

Et ne se peut le bastard marier sans la permission du roi, si ce n'est avec une personne de sa condition, sur et à peine d'encourir le droit de formariage, qui est la confiscation du tiers de tous ses biens.

D'où l'on peut conclure que dans ce second temps la succession des bâtards appartenoit aux seigneurs dont ils étoient serfs de corps par droit de mainmorte, et non point par déshérence, puisque la déshérence n'a lieu que quand celui qui ne laisse point d'héritiers légitimes est mort sans faire de testament.

Cependant dans les provinces où le droit de servitude n'étoit point en usage, ou du moins dans lesquelles la rigueur de ces servitudes étoit beaucoup moins grande, et où par conséquent les bâtards

naissoient libres, leurs successions ne devoient régu-
lièrement appartenir aux seigneurs que comme des
épaves, ou par droit de déshérence, lorsque ces
bâtards étoient morts *ab intestat.*

Les seigneurs, dans les treizième et quatorzième
siècles, voulurent étendre à ces dernières provinces l'u-
sage observé dans celles qui avoient conservé la rigueur
de l'ancien droit touchant les mainmortables; ils
empêchèrent l'exécution des testamens des bâtards,
et s'emparèrent de leurs biens sans avoir égard à leurs
dernières volontés.

Mais lorsque les contestations furent portées au
parlement, les arrêts condamnèrent l'avidité des seigneurs et confirmèrent le testament des bâtards; il
y en a un ancien de l'année 1270, rapporté par la
Thaumassière dans son recueil d'anciens arrêts concernant le Berri, chap. 51, pag. 43 ; et dans la 7°.
partie du style du parlement, il y en a un autre de
l'année 1327, qui juge la même chose. Cependant,
nonobstant ces arrêts, il y a des provinces qui ont
conservé l'usage de ne pas permettre aux bâtards de
disposer de leurs biens, quoiqu'ils n'aient plus dans
ces provinces mêmes aucune marque de servitude.

Telles sont les provinces de Bourbonnais et de
Bretagne, comme on l'expliquera plus particulièrement dans la suite, lorsqu'on entrera dans le détail
des dispositions des coutumes touchant la succession
des bâtards; il suffira d'observer ici, comme une conséquence de ce qui vient d'être remarqué, que ce
que nous appelons le droit de bâtardise, c'est-à-
dire le droit de succéder aux bâtards n'étoit dans
son origine qu'une suite des servitudes personnelles (1).

Ce droit n'étoit donc point dans son origine un
droit royal, mais seigneurial; cependant, comme il y
a des gens qui semblent vouloir douter de cette

___

(1) *Vide* chap. 95 du premier livre des Établissemens de
saint Louis ; Bouteiller, Somme rurale, liv. 1, chap. 103, et le
chap. 85 de la coutume de Hainaut.

vérité, il ne sera pas inutile d'indiquer les sources d'où l'on peut tirer des argumens pour les convaincre; il n'y a pour cela qu'à consulter Philippe de Beaumanoir, dans les coutumes de Beauvoisis, chap. 45, pag. 258, ligne 18; les Établissemens de saint Louis; les articles 41 de la Coutume d'Anjou, 48 du Maine, 147 de Normandie, et 27 de Saint-Paul.

La même vérité se prouve par un arrêt solennel rendu au parlement le jour de la pentecôte de l'année 1267, au profit du comte de Blois, qui, s'étant plaint de ce que le bailli d'Orléans l'empêchoit de jouir du droit de bâtardise dans l'étendue de son comté, quoique les bâtards lui appartinssent de droit commun, et le bailli d'Orléans ayant soutenu de son côté que le roi étoit en possession immémoriale d'avoir les droits de bâtardise dans toute l'étendue de son bailliage, on ordonna qu'il seroit informé de cette possession, laquelle s'étant trouvée favorable pour le comte de Blois, la cour lui adjugea tous les bâtards de son comté, d'autant plus, ajoute cet arrêt, qu'il avoit le droit commun pour lui.

Voici les termes de ce jugement qu'on a trouvés assez importans pour les transcrire ici.

Conquœrebatur come Blesensis de baillivo Aurelianensi, quòd, licèt bastardi ad ipsum pertineant, de jure communi, in castellaniâ suâ Blesensi, et super hoc usus fuerit, dictus baillivus impediebat eumdem quominùs gaudere posset de bastardis eisdem; propter quod petebat impedimentum baillivi super hoc amoveri : ex diverso respondebat baillivus quòd ad regem pertinebant dicti bastardi, cùm à tempore à quo non est memoria usus sit eosdem habere dominus rex in dictâ castellaniâ et in suâ baillviâ et alibi.

Tandem, cùm dominus rex prœcipisset baillivo, quòd de usu ipsius comitis ac de suo ediceret, et eum sibi referret, auditâ post modum relatione baillivi, qui invenerat comitem usum fuisse habere bastardos in dictâ castellaniâ, nullum usum super hoc invenerat pro rege, deliberati fuerunt bastardi dicto comiti in castellaniâ suâ Blesensi, maximè cum pro se jus commune habeat.

Après un témoignage aussi authentique, il est impossible de douter que dans le 13e. siècle le droit de bâtardise ne fût encore un droit seigneurial et non royal : cependant il faut avouer que ce droit a été dans la suite presque entièrement réuni au domaine de la couronne, ce qui arriva de cette manière.

1.º Les bâtards, qui furent enfin affranchis et rendus libres dans toutes les provinces du royaume, firent la plupart aveu au roi, pour se mettre à couvert des violences et des usurpations des seigneurs, et devinrent par ce moyen *hommes du roi*, ce qui passa tellement en coutume, que du temps de saint Louis, ils ne pouvoient, *par aveu*, se choisir d'autre seigneur que le roi, quoiqu'ils pussent cependant dépendre d'autres seigneurs que de lui ; c'est ce qui est précisement marqué dans le second livre des Établissemens de saint Louis, chap. 3o :

Se aucun aubain ou bastard muert sans hoir ou sans lignage, li roy est hoir, ou li sire soubs qui il est, se il muert il everse le chastel maire bastard, ou aubain ne peut faire autre seigneur que le roy en son obeyssance, ne en autre seigneurie, ne en son ressort qui soit establi selon l'usage d'Orleanois et la Soloigne.

2.º Le roi Philippe le bel, sur les plaintes qui lui furent faites par les seigneurs contre les entreprises des collecteurs des mortemains, voulut bien ordonner, au mois de mars 1301, qu'à l'avenir on feroit des enquêtes pour savoir à qui de lui ou des seigneurs particuliers les biens des bâtards et des aubains décédés dans leurs seigneuries appartiendroient ; la plupart des enquêtes furent favorables au roi : c'est ce qui donna lieu à la jurisprudence observée à présent presque dans tout le royaume, et suivant laquelle les seigneurs hauts justiciers ne succèdent aux bâtards, que quand ces bâtards sont nés dans l'étendue de leur justice, que leurs biens y sont situés et qu'ils y sont décédés ; car, lorsqu'une de ces trois conditions manque, le roi leur succède au préjudice des seigneurs (1).

L'ordonnance qui vient d'être citée ne se trouvant pas partout, on a cru la devoir transcrire ici, aussi bien qu'un arrêt de 1307, rendu contre le roi au profit de l'abbaye de Sainte-Geneviève. ·

L'ordonnance est intitulée de cette manière : *Ordinatio manuum mortuarum aubenarum et batardorum universis.*

Philippus, universis presentes litteras inspecturis salutem. Graves clamores et multiplices tàm ad nos quàm ad gentes nostras perveniunt contra collectores per nos deputatos in negotiis manuum mortuarum aubenarum et bastardorum, super inordinatis et abusivis processibus et usurpationibus pluribus quæ per eos fiunt, ut dicitur, in grave subditorum nostrorum damnum et dispendium, ac etiam in diminutionem eorum quæ ad nos debent pertinere in bonis eorumdem, cùm ipsorum bonorum gravitates magnas fuisse et esse dicatur, et dicti collectores de modicis quantitatibus duntaxat reddiderunt et reddunt nostris gentibus rationem; tandem, deliberatione habitâ diligenti per curiam nostram, extitit ordinatum, quòd bastardorum et aubenarum in terris baronum et aliorum subditorum nostrorum in quibus ipsos constiterit omnimodam habere justitiam decedentium bona collectores non explectent, nisi priùs per aliquem idoneum virum quem ad hoc specialiter deputavimus, vocatis partibus et dictis collectoribus et domino loci, constiterit, quòd nos sumus in bonâ possessione et saisinâ percipiendi et habendi bonâ talium bastardorum et aubenarum decedentium in terris prædictis; quâ inquestâ pendente statim de bonis

---

(1) *Vide* Boer sur la coutume de Berry, tit. *de testam.* art. dernier; l'auteur du grand Coutumier, liv. 1, chap. 3, *in fine*; Bacquet, des droits de la bâtardise, part. 1, chap. 8, et des droits de justice, chap. 23; la Thaumassière, sur la coutume de Berri, tit. 19, art. 29; Boguet, sur Bourgogne, comté, tit. 3, des successions, pag. 140; Perrard, dans son recueil de pièces, pag. 350.

*hujusmodi, vocatis prædictis, certum fiet inventa-
rium, quo facto bona prædicta in manu nostrâ,
tanquam superiori, ponentur ; et interim salva cus-
todientur ibidem penès aliquem probum virum non
suspectum, et inquestæ expedientur ?*

*Item ordinatum fuit quòd dicti collectores novas
associationes de cætero pro nobis non recipient absque
nostro speciali mandato.*

*Item ordinatum fuit quòd, si inter aliquos subditos
nostros sit quæstio de bonis habendis alicujus qui
in statu decesserit servitutis, utrâque parte dicente
defunctum hujusmodi hominem suum de corpore
fuisse, et ex parte alicujus non proponatur bona
hujus ad nos pertinere, vel ratione juris nostri,
vel ratione associationis antiquæ, dicti collectores
cognitionem quæstionis hujus non assumant, sed
super hoc domino loci cognitionem dimittant.*

*Item ordinatum est quòd, si collectores prædicti
bona alicujus defuncti ratione manûs mortuæ pe-
tunt pro nobis, dicentes hujusmodi hominem nostrum de corpore fuisse, et è contra ipsius defuncti
hæredes dicant ipsum fuisse liberum et in saisinâ
libertatis decessisse, statim, bonis hujus ad manum
nostram tanquam superiorem positis, fiat, vocatis
partibus ac domino loci, certum inventarium de bonis
prædictis, cujus copiam utraque pars habebit : interim et ibidem dicta bona per aliquem probum
virum non suspectum in manu nostrâ servabuntur;
et de causis hujusmodi baillivus noster illius loci
cognoscet, nisi virum aliquem alium forsitan duxe-
rimus specialiter commitendum; et dicti collectores
coràm dicto baillivo nostro vel deputato à nobis,
jus nostrum in ejusmodi persecutione defendent, etc.
in cujus, etc. die martis post festum sancti Georgii,
anno 1301.*

A l'égard de l'arrêt rendu au parlement, de la
Toussaint 1307, il est conçu en ces termes : *Cùm orta
esset controversia inter abbatem et conventum sanctæ
Genovefæ ex unâ parte, et collectores nostros manuum mortuarum pro nobis in alterâ, super saisinâ*

explectationis et cognitionis aubenarum et bastar-
dorum , et bonorum ipsorum inventorum in terrâ
Parisiis sanctæ Genovefæ , de hoc habendi curiam
et emolumenta petebant prædicti religiosi, impedi-
mentumque per gentes nostras indicta super hoc de
mandato nostro facta amoveri; vocato etiam et super
hoc audito magistro Thomâ de Sauvago , collectore
nostro manuum mortuarum , qui dictum impedimen-
tum apposuerat in prædicto , quia inventum est suf-
ficienter probatum , dictos religiosos esse et fuisse
in saisinâ prædictâ; per curiæ nostræ judicium dic-
tum fuit et pronuntiatum prædictum impedimentum
debere amoveri , dictosque religiosos debere in sai-
sinâ prædictorum remanere ; dictumque impedimen-
tum curia nostra amovit ; salus de prædictis quæs-
tione domino regi, in festo beati Andreæ.

En lisant ce que l'auteur du grand Coutumier, qui
a écrit du temps de Charles VI, dit des bâtards, il
semble que la jurisprudence dont on vient de parler,
et qui donne au roi la succession des bâtards, à
moins qu'ils ne soient nés, qu'ils n'aient leur domicile, et qu'ils ne soient morts, dans l'étendue de la
seigneurie d'un haut justicier, fût pour lors établie
de manière qu'il n'est point permis d'en douter.

Au roi, dit cet auteur, livre 1, chap. 3, page 23,
appartient la succession de tous bâtards , soit clercs
ou laïcs , toutes sous aucuns hauts justiciers en ont
joui ; mais avant qu'ils doivent avoir la succession
desdits bâtards , il convient qu'il y ait trois choses
concurrentes ensemble :

1.° *Que les bâtards ou bâtardes soient nés en leurs*
terres ;

2.° *Qu'ils y soient demeurans ;*

3.° *Qu'ils y trépassent : aliàs non audiuntur.*

Cependant, comme dans la Somme rûrale, qui est
à peu près du même temps, le droit des seigneurs
paroît encore conservé dans son entier, il semble
que l'auteur du grand Coutumier ait plutôt dit son
opinion , qu'il n'a rapporté une maxime générale, ou
même qu'il n'ait parlé que de l'usage qui s'observoit

à Paris, où il écrivoit, et non dans les autres provinces du royaume qui conservoient le droit de bâtardise à tous les hauts justiciers.

Cette conjecture paroît d'autant plus vraisemblable, que le roi Charles VI, sous le règne duquel cet auteur a écrit, avoit, par une ordonnance de l'année 1386, décidé que les biens des bâtards appartiendroient à lui seul, et avoit excepté deux cas de cette règle générale (1) :

Le premier, lorsque les bâtards avoient des enfans légitimes;

Le second, quand les bâtards étoient nés d'une femme d'une condition serve, auquel cas le seigneur de cette femme succédoit au bâtard, qui suivoit la condition de sa mère.

D'ailleurs il y a beaucoup de coutumes différentes qui ont été rédigées depuis le règne de Charles VI, lesquelles ont des dispositions contraires à cette jurisprudence attestée par l'auteur du grand Coutumier.

Par exemple, l'ancienne coutume de Bourbonnais, qui a été rédigée par écrit vers la fin du quinzième siècle, et qui a été publiée en la sénéchaussée de Bourbonnais, le 19 septembre 1500, a un titre exprès *des droits que le seigneur prend sur les bâtards*, dont le premier article est conçu en ces termes : *L'on tient par la coutume du pays de Bourbonnais que quand la droite ligne du bâtard meurt, le seigneur haut justicier est héritier des biens étant en sa justice, et prend chacun seigneur justicier les biens qui sont riesre lui et en sa justice, si ledit bâtard a des biens en plusieurs justices, car ledit bâtard n'a point de souche par ladite coutume.*

Et, ce qu'il y a de singulier à observer à l'égard de cette coutume, c'est que Messieurs Baillet et Besançon, commissaires nommés par le roi pour la faire publier, firent mettre dans l'acte de publication cette clause importante : *Sans préjudice des droits*

_____

(1) Fontanon, tom. 2, liv. 2, tit. 12. Conf. liv. 10, tit. 5.

du roi, notre sire, tels qu'ils lui pourront appartenir es aubenages et confiscations des biens des criminels de lèse-majesté, etc. Et cependant ils ne parlèrent en aucune façon du droit de bâtardise, ce qui prouve qu'en 1500 on ne regardoit point ce droit comme purement royal, et qu'il étoit encore regardé de droit commun comme seigneurial.

C'est dans ce même esprit que les articles 41 de la coutume d'Anjou, et 48 de celle du Maine, en parlant des droits de moyenne justice, s'expliquent en ces termes :

Et par icelle coutume les biens meubles des bâtards ou aubains appartiennent aux seigneurs, à chacun pour tant qui en trouve en sa seigneurie, qui ont droit d'espave mobiliaire en leur terre, et les héritages acquis par tels bâtards appartiennent aux bas justiciers en la jurisdiction desquels ils sont assis, quand tels bâtards ou aubains trépassent sans hoirs de leurs corps issus en loyal mariage, et s'en peuvent iceux seigneurs de fief dire et porter, saisir comme pourroient faire autres héritiers.

Ces deux articles de coutume étant entièrement conformes, il suffit d'en avoir ici transcrit un; et comme ce qui a été observé touchant ces deux articles dans les procès-verbaux de ces coutumes, qui furent réformées en 1508, est presque entièrement semblable, quoique ce ne soit pas les mêmes termes, on se contentera de rapporter ici ce qui est observé dans le procès-verbal de la coutume d'Anjou :

Et quant au quarante-unième article, etc., *contenant ce qui s'ensuit, les biens, meubles,* etc., *après la lecture d'icelui; R. P. en Dieu, monseigneur l'évêque d'Angers, tant pour lui que pour son clergé, fit dire et remontrer que le contenu audit article étoit contraire aux droits et libertés de l'église, disant et maintenant que les évêques doivent succéder aux biens meubles des gens d'église, soit bâtards ou autres, s'opposant et protestant, autant que besoin étoit, que le contenu audit article ne peut nuire ni préjudicier aux droits et libertés de l'église ; requérant avoir acte de son opposition et protestation ; le procureur du roi soutenant le contraire, disoit que la succession des aubains appartient au roi et non à d'autres, et, quant aux bâtards, les biens immeubles appartiennent aux justiciers en la jurisdiction desquels ils sont assis, et les meubles à ceux qui ont moyenne ou haute justice.*

Il étoit donc certain, de l'aveu même du procureur du roi, qu'en 1508 on ne contestoit point en Anjou la succession des bâtards aux seigneurs justiciers, et ce n'est que depuis ce temps que la maxime avancée par l'auteur du grand Coutumier a prévalu, ce qui est aussi attesté par Dumoulin, dans ses apostilles sur ces deux articles d'Anjou et du Maine, où il se plaint de ce changement, qu'il dit avoir été fait de son temps par des juges trop fiscaux. Voyez les propres termes de son apostille sur l'article 41 d'Anjou :

Alibinatus non est mera incapacitas, nec mera indignitas, sed potiùs impedimentum et occupatio quæ fit per regem, deficientibus hæredibus in regno suo ; quod est intelligendum ubi rex habet solus jurisdictionem, vel ubi inferiores dominium negligunt ; quia secundùm antiquum usum Francorum, ut vidi in antiquis chartis, et processus verbalis hujus consuetudinis satis testatur, domini locorum habentes merum imperium quod altam justitiam vocant, etiam aliqui simplices castellani, habent jus occupandi bona vacantia, sive eorum qui non possunt habere hæredes, ut spurii carentes filiis legitimis, vel legitimi qui moriuntur sine agnatis et cognatis, vel si habeant, tamen sunt exteri, nec habiles ad succedendum in hoc regno, ut cognati eorum qui vocantur albini id est peregrini ; sed nuper memoriâ nostrâ quæstuarii fiscales jura dominorum contra veterem consuetudinem restringere cœperunt, in successionibus peregrinorum, quos albinos id est alibinatos vocant, et habuerunt multos emptitios judices propitios; deindè, ut vidi, cœperunt sensim restringere jura dominorum succedendi spuriis, nisi tribus concurrentibus; quamvis, etiam nostrâ memoriâ, et ab omni Francorum œvo, haberent in suo territorio jus succedendi omnibus bonis quoquomodo vacantibus, et ea manu injectâ occupandi, tanquam per obitum saisiti, ad onus tamen testamenti validi per defunctum facti; traditione petendâ à domino, ut ab hœrede : secùs, de bonis de facto in alium translatis per defunctum, quorum dominus non est saisitus, nec potest prehensione ùti contra tertium, qui posset justè appellare, sed habet omnes actiones rescindentes et rescissorias quas verus hœres habet.

La note que ce même auteur a faite sur l'article 48 de la coutume du Maine est française, et contient à peu près les mêmes principes.

Ce sont, dit-il, *les droits anciens des nobles, d'avoir généralement tous droits de confiscation en leurs terres, où ils ont haute justice; comme il appert par le procès-verbal de cette coutume,* « et de celle d'Anjou sur l'article 41, et par les » anciens registres et chartulaires des coutumes, » combien que depuis aucuns fiscaux royaux ques- » tuaires cherchant toutes nouvelles inventions pour » augmenter le fisc du roi, et diminuer les droits » des inférieurs, et mêmement de l'état de noblesse, » qui est le principal fondement et défense de la » couronne, et d'entrée se sont efforcés leur ôter les » aubains, et depuis limiter la succession des bâtards » à certains cas; il vaudroit beaucoup mieux réin- » tégrer et maintenir les droits des anciens états de » France, sans lesquels la couronne ne peut fleurir ni » durer.»

Ces notes de Dumoulin font connoître que ce *changement* de jurisprudence n'est arrivé que sous le règne de François I; et c'est vers la fin de son règne qu'on peut fixer l'époque de la fin du second temps. En effet, l'ordonnance par laquelle ce roi permit en 1534, aux hommes-d'armes et archers (quoique bâtards ou étrangers, et quoiqu'ils n'eussent point obtenu de lettres de légitimation ou de naturalité) de disposer de leurs biens par testament, et même à leurs parens de leur succéder, fait assez connoître qu'on regardoit encore en ce temps les bâtards comme étant dans une espèce de servitude, puisqu'il leur falloit une permission du prince pour avoir la liberté de disposer de tous leurs biens par testament.

TROISIÈME TEMPS.

Cependant il paroît par les notes de Dumoulin qui viennent d'être rapportées, et par une infinité d'autres autorités, qu'on regardoit dès lors, dans la plupart des coutumes, les bâtards comme entièrement libres, et comme n'ayant aucune tache de servitude; c'est pourquoi, nonobstant cette ordonnance et la disposition de quelques coutumes, par exemple, celle de Clermont, art. 143, qui refuse aux bâtards la faculté de tester, on a regardé cette liberté comme étant de droit commun dans le royaume, ensorte qu'il y auroit à présent grande difficulté de savoir si l'on suivroit cette coutume rigoureuse même dans l'étendue de son territoire, puisqu'il n'est presque plus resté dans ce troisième temps aucune différence entre les bâtards et les légitimes, si ce n'est à l'égard des successions actives et passives, comme on le va justifier en examinant ce que les différentes coutumes du royaume ont disposé par rapport aux bâtards.

Pour suivre le même ordre qu'on s'est proposé dès le commencement de ce traité, il n'est pas nécessaire de répéter ici les différentes espèces de bâtards dont on a déjà parlé.

La différence de leur naissance en forme les différentes espèces; mais les coutumes n'ont presque point parlé de ces différences, et ont confondu les bâtards en les regardant d'un même œil, *ex quocumque coitu nati sint*.

BATARDS PAR RAPPORT A LEUR NAISSANCE.

On n'a trouvé que les coutumes de Valenciennes et de Bretagne, qui aient distingué les différentes espèces de bâtards.

Celle de Valenciennes distingue, dans l'art. 122, les bâtards naturels, c'est-à-dire ceux qui sont nés, *ex soluto et solutâ*, de ceux étant d'autre nature, *si comme de gens d'église, adultères, et autre semblable condition,*

Et exclut nommément ces derniers de toutes successions, quoiqu'elle admette les premiers à la succession de leur mère, comme on l'expliquera dans la suite.

La coutume de Bretagne, qui dans l'art. 477, permet aux bâtards de tester jusqu'à concurrence d'une certaine portion de ses biens, ôte cette faculté à l'*avoutre* (1), c'est-à-dire, au bâtard adultérin, et autres illégitimes, sous laquelle dénomination sont compris tous les autres bâtards qui ne sont point nés *ex soluto et solutâ*, et qui cependant ne sont point adultérins.

On n'a fait ici ces observations qu'en passant, et pour montrer que la distinction faite en droit romain entre les bâtards naturels et les autres, n'est pas tout à fait inconnue dans notre droit coutumier.

Cependant, avant que de finir ce chapitre des bâtards par rapport à leur naissance, il ne sera pas inutile d'observer que, quelle que soit la noblesse des pères, elle ne passe point à leurs bâtards (2);

_____

(1) Avoutre ne signifie autre chose qu'un bâtard adultérin : ce terme même dérive du mot *adulterium*. Voyez Pasquier dans ses recherches, liv. 8, ch. 50, *in fine;* Ph. de Beaumanoir, ch. 18, pag. 102, lig. 30, le définit de cette manière (les avoutres son chil qui sont engendrés en femmes mariées d'autrui, que de leurs seigneurs et hommes mariés).

(2) Chassanée, sur Bourgogne, tit. des successions des bâtards, §. 3, ch. *de domanio, lib.* 1, *cap.* 10, *n.* 2.

c'est par ce principe que les coutumes *de Tours* , *art.* 820 *, d'Anjou, art.* 344 *, et du Maine , art.* 356 , décident que les successions des bâtards se partagent roturièrement ; et quoiqu'on ne trouve point d'autres coutumes qui aient de semblables dispositions , cependant il est à présumer que c'est le droit commun du royaume, puisque la noblesse ne se peut communiquer que par des liens civils, et par une union légitime.

Cette disposition des trois coutumes qui viennent d'être citées, a été confirmée par l'ordonnance du roi Henri IV de l'année 1600, par l'art. 26 de laquelle il défend aux enfans des bâtards de prendre la qualité de nobles, et par celle de 1629, qui contient une semblable disposition.

M. Lebret et d'Argentré décident même que la légitimation du bâtard né d'un père noble, ne lui donne pas le privilége de la noblesse, qui ne peut être acquis que par la transmission d'une longue suite d'aïeux, ou par des lettres du prince, expresses à cet effet (1); mais cette décision ne doit point s'étendre à la légitimation par mariage subséquent qui rend le bâtard légitime pour tous effets, et qui efface entièrement la tache de sa naissance.

La règle qui vient d'être établie que les bâtards des nobles ne sont point nobles, reçoit deux exceptions, l'une générale pour tout le royaume, l'autre particulière à une coutume qui en a une disposition précise.

La première exception est en faveur des bâtards des personnes illustres. En effet, M. Lebret et M. René Choppin décident que les bâtards des rois sont princes, que ceux des princes sont seigneurs; que ceux des seigneurs sont gentilshommes, au lieu que ceux des simples gentilshommes sont roturiers (2).

(1) M. Lebret, art. 35; d'Argentré, dans son traité de la légitimation , c. 1, n. 3.

(2) M. Lebret, de la souver., liv. 2 , ch. 12 ; Choppin , *De doman.* liv. 1, tit. 10, n. 1.

Ce privilége des bâtards des princes et grands du royaume, vient apparemment de ce que dans les premiers temps ces bâtards n'étoient point serfs comme les autres, aussi-tôt qu'ils avoient été reconnus par les pères, comme on l'a observé ci-dessus.

Il y auroit peut-être de la difficulté à l'égard des bâtards des seigneurs, c'est-à-dire, des personnes titrées; il faudroit donc examiner s'il y a quelque usage sur ce point.

La seconde exception est particulière à la coutume d'Artois, dont l'art. 201 s'est expliqué en ces termes: *Bâtards issus de nobles de génération de par père et leurs enfans sont réputés nobles, et jouissans du privilége de noblesse en toutes choses* (1).

Mais il y a des personnes fort habiles qui croyent que cette disposition de la coutume d'Artois ne doit avoir d'autre effet, que de faire partager noblement les biens du bâtard et de le rendre capable de posséder des fiefs, et que les bâtards des nobles d'Artois ne sont pas véritablement nobles par rapport au roi et à l'état; ils se fondent sur l'autorité de Galand dans son traité du franc aleu, chapitre 8, page 110, où, parlant de la noblesse qui est communiquée en Champagne par les mères, il dit que cette noblesse produit *capacité des fiefs, partages nobles, garde des enfans, mais qu'elle n'exempte pas de la prestation des tailles, et autres charges des roturiers.*

Cependant on auroit peine à se rendre à cet avis, parce qu'il est directement contraire aux termes de cette coutume, qui porte que les bâtards de nobles sont réputés nobles et jouissans du privilége de noblesse en toutes choses, ce qui ne reçoit aucune exception; on ne sauroit même opposer à la disposition

_____

(1) La coutume de la rue d'Indre (c'est une locale de Blois), art. 32, semble distinguer deux sortes de bâtards nobles et roturiers; cependant, comme elle n'est pas à beaucoup près si précise que celle d'Artois, on ne la cite qu'afin de ne rien omettre de ce qu'on a trouvé dans les coutumes par rapport aux bâtards.

de cette coutume l'ordonnance de 1600, parce que pour lors l'Artois n'étoit point encore réuni dans l'obéissance du roi, et que par la capitulation qui a été accordée aux habitans de cette province, on leur a conservé tous leurs droits et tous leurs priviléges ; auxquels le roi a promis de ne donner aucune atteinte.

BATARDS PAR RAPPORT A L'ÉTAT.

Par rapport à l'état, il ne paroit pas que les coutumes fassent grande différence entre les bâtards et les légitimes ; elles ne décident point, à la vérité, s'ils sont capables de posséder des dignités et des offices de robe et d'épée ; c'est pourquoi la question est fort controversée. Plusieurs personnes habiles croient que puisqu'il n'y a ni loi, ni ordonnance, ni coutume qui déclare les bâtards incapables de posséder des offices avant leur légitimation, on ne doit pas leur envier ce droit, d'autant plus même que Bacquet dans son traité du droit de bâtardise, livre 2, n.º 5, et Legrand, sur l'art. 117 de la coutume de Troyes, livre 5., n.º 18, conviennent que l'usage est sur ce point favorable aux bâtards.

Cependant M. Lebret, dans son traité de la souveraineté, livre 2, chapitre 12, et Choppin, dans celui du domaine, livre 1, titre 1, n.º 12, les regardent comme incapables de posséder des offices avant leur légitimation, puisqu'ils décident l'un et l'autre que cette légitimation donne aux bâtards la capacité de posséder des offices, et que même Bacquet et Legrand, aux lieux cités, attribuent le même effet à la légitimation, quoiqu'ils demeurent d'accord que l'usage est favorable aux bâtards, bien qu'ils ne soient pas légitimés.

Cette question ayant été agitée dans une conférence célèbre, un grand magistrat, dans la personne duquel réside la défense de l'intérêt public, fut d'avis que les bâtards étoient avant leur légitimation incapables de posséder des offices aussi bien que des bénéfices, et qu'on devoit même les obliger de s'en défaire, s'ils en avoient été pourvus avant que leur état fût connu.

Mais, quand même on suivroit l'opinion la plus rigoureuse, et qu'on décideroit que les bâtards, avant leur légitimation, sont incapables de posséder aucuns offices, on ne pourroit pas néanmoins s'empêcher de convenir que les coutumes les ont regardés comme citoyens, puisqu'elles leur ont accordé différens priviléges qui n'appartiennent qu'à ceux qui sont revêtus de cette qualité.

C'est ainsi que les regardant comme personnes franches, les coutumes leur accordent la faculté de tester, de la même manière qu'à ceux qui sont nés en loyal mariage : c'est la disposition des coutumes *de Meaux*, art. 29; *de Melun*, art. 299; *de Sens*, art. 28; *d'Auxerre*, art. 31; *d'Etampes*, art. 128; *de Mantes*, art. 175; *de Laon*, art. 5; *de Châlons*, art. 11; *de Reims*, art. 336; *d'Arras*, art. 31; *de Tournay*, tit. 23, art. 1; *de Bar*, art. 73; *d'Amiens*, art. 249; *de Montreuil*, art. 21; *de Saint-Pol*, tit. 2, art. 27; *de Ponthieu*, tit. 1, art. 17; *d'Artois*, tit. 1, art. 9; *de Valenciennes*, art. 122; *de Cambrai*, tit. 12, art. 12; *de Tours*, art 321; *de Berri*, tit. 19, art. 29; *de Bordeaux*, chap. 5, art. 73 (1).

Il y a deux exceptions à la règle qui vient d'être établie, savoir que le bâtard peut tester.

La première de ces exceptions limite la règle sans la détruire.

La seconde la détruit entièrement. Entre les coutumes qui limitent la règle sans la détruire, il y en a qui la limitent par rapport à certaines espèces de bâtards; telle est la coutume *de Bretagne*, qui, dans l'art. 480, exclut tout *avoutre* ou autre illégitime qui n'est pas né *ex soluto et solutâ*, de la faculté de tester qu'elle accorde aux bâtards naturels.

(1) Voyez Dumoulin, sur Paris, §. 30, q. 50, n. 123.

Il y en a d'autres qui limitent la règle par rapport à une certaine quantité de biens; telles sont les coutumes *d'Anjou, art.* 345, *et du Maine, art.* 355, qui ne permettent aux bâtards que de disposer de leurs meubles et de la tierce partie de leur héritage, et qui ne leur permettent même de disposer que de la moitié de leurs biens-meubles, en cas qu'ils ne possèdent aucuns immeubles.

La coutume de Poitou pourroit aussi être mise dans cette classe; l'art. 299 porte que le bâtard peut disposer de ses biens par testament ou autrement, *jouxte et selon la coutume, ainsi que pourroit faire un autre qui auroit héritiers légitimes qui lui pourroient succéder.* Or, suivant cette même coutume, on ne peut donner, soit entre-vifs, soit par testament, que le tiers de ses propres si on en a, et si on n'en a point on ne sauroit donner que le tiers de ses acquêts, qui sont pour lors censés propres; d'où quelques-uns concluent que le bâtard, qui n'a jamais de propres, ne peut disposer que du tiers de ses acquêts, et que le fisc a droit de demander la réduction de son testament ou de la donation qu'il auroit faite d'une plus grande partie de ses biens (1): c'est le sentiment de Constant, sur l'art. 299, qui paroît très-conforme au texte et à l'esprit de la coutume. Cependant Lelet, sur le même article, est d'avis contraire, et prétend que le fisc en ce cas n'a pas le même droit que les héritiers légitimes: mais si cela étoit, pourquoi cet article 299 porte-t-il en termes exprès, *ainsi que pourroit faire un autre qui auroit héritiers légitimes qui lui pourroient succéder?* La coutume de Poitou ne met donc aucune différence, en ce cas, entre le fisc et les héritiers légitimes.

D'autres coutumes, enfin, limitent la règle par rapport à l'intention du testateur, qui ne peut disposer par testament en haine de la seigneurie à qui sa succession est réservée; c'est la disposition précise de

_____

(1) Voyez le tit. des donations de la coutume de Poitou, et particulièrement les articles 203, 223 et 224.

l'art. 479 de la coutume de Bretagne, qui s'explique en ces termes :

Bâtard ne peut faire donation de son héritage retenant l'usufruit à sa vie, s'il ne le faisoit de l'acquisition de l'héritage par le même contract, ou s'il ne le faisoit par forme de donation qui fût mutuelle ou égale, qui se pourra étendre sur la tierce partie de son héritage, pourvu que la donation ne soit faite en fraude du seigneur.

La seconde exception qui détruit entièrement la règle, est écrite dans l'art. 153 de la coutume de Clermont, qui défend absolument au bâtard de tester; c'est un vestige qui est resté dans cette coutume de l'ancien droit du royaume ; mais sa disposition ne doit pas être étendue hors du territoire, puisqu'elle est contraire au droit que l'on suit à présent sans difficulté.

En effet, non-seulement les bâtards peuvent disposer de leurs biens, mais même on est en droit de les avantager, soit entre-vifs, soit par testament; la coutume de Ponthieu, tit. 1, art. 18, en contient une disposition précise, et c'est le droit général de la France, qu'au moins ceux qui sont étrangers à leur égard ont cette faculté; on expliquera dans la suite le pouvoir qu'ont les personnes de leur famille de les avantager; il y a même des coutumes qui ont poussé plus loin leur prévoyance.

Les unes ont déclaré les bâtards capables de posséder des meubles, des immeubles, des fiefs, des rotures (1); telles sont les coutumes de *Sens, art.* 28; *d'Auxerre, art.* 31; et de *Châlons, art.* 11.

D'autres les ont déclarés exempts des peines de formariage, comme *Laon, art.* 7; *Reims, art.* 338.

Ainsi cette image de la servitude des bâtards, dont il étoit resté différens vestiges, s'est peu à peu dissipée; on a aboli le droit de chevage et celui de formariage, on leur a accordé une entière faculté de tester.

(1) Voyez Rebuffe, sur l'ordonnance de Louis XII, de l'année 1512, art 33, liv. 7, n. 10.

Il faut présentement examiner les bâtards par rapport à leurs familles, et par rapport à leurs successions.

BATARDS PAR RAPPORT A LEUR FAMILLE AVANT LEUR LÉGITIMATION.

L'ancien droit qui excluoit les bâtards des successions de leurs parens, et qui les faisoit regarder comme étrangers dans leur famille, s'est conservé jusqu'à présent, et a été autorisé par la disposition de presque toutes les coutumes du royaume, ensorte qu'on regarde comme une maxime certaine la règle qui exclut les bâtards de la succession de leurs parens.

Le bâtard ne succède point à ses parens.

Il faut en cet endroit citer la plus grande partie des coutumes du royaume qui établissent cette règle; telles sont celles de *Paris*, art. 158; *de Melun*, art. 297 et 301; *d'Auxerre*, art. 34; *de Sens*, art. 31; *d'Etampes*, art. 128; *de Dourdan*, art. 123; *de Montfort*, art. 106; *de Mantes*, art. 175; *de Senlis*, art. 172; *de Clermont*, art. 153; *de Valois*, art. 91; *de Calais*, art. 135; *de la Salle de Lille*, tit. 2, art. 60; *d'Artois*, art. 150; *de Nivernois*, ch. 34, art. 22; *de Bourgogne*, ch. 8, art. 3; *de Cambray*, tit. 12, art. 11; *de Ponthieu*, tit. 1, art. 17; *de Bar*, art. 73; *de Sédan*, art. 197; *de Tournay*, tit. 23, art. 3; *d'Arras*, art. 31; *de Montargis*, ch. 15, art. 5; *de Lille*, tit. 1, art. 13; *de Normandie*, art. 147 et 175; *de Blois*, art. 146; *de Valensay*, ch. 3, art. 15; *de Bourbonnois*, art. 185; *d'Auvergne*, ch. 12, art. 10; *la Marche*, ch. 19, art. 221; *Poitou*, art. 297; *Angoumois*, art. 96; *Bretagne*, art. 476.

De cette incapacité de succéder dans le bâtard, on tire deux conséquences :

La première, qu'il ne peut exercer le retrait lignager : *Paris*, art. 158; *Calais*, art. 169; *Étampes*, *art.* 182, et toutes les autres qui, sans donner l'exemple du bâtard, décident que celui qui n'est pas habile à succéder ne peut point retraire;

La seconde, que par sa naissance il ne donne point atteinte aux donations faites auparavant par son père, ce qui doit s'entendre néanmoins en cas qu'il ne soit point légitimé par mariage subséquent (1).

Exceptions à la règle générale que le bâtard ne succède point.

On trouve trois exceptions à cette règle, dont les coutumes en fournissent deux, et la troisième a été suppléée par l'opinion des docteurs et la jurisprudence des arrêts.

La première exception regarde la succession de la mère et des parens maternels du bâtard; la seconde, celle de ses enfans nés en légitime mariage; et la troisième, la femme et le mari, qui se succèdent réciproquement, suivant la disposition du droit, en vertu du titre *undè vir et uxor.*

Il faut expliquer ces trois exceptions séparément, et cependant observer que la première est la seule qui limite la règle, puisque le bâtard y succède à ses parens nonobstant sa qualité de bâtard, et que les deux autres exceptions ne limitent point la règle, puisque le bâtard n'est plus pour lors considéré comme bâtard, et qu'on peut dire même qu'il ne l'est pas véritablement par rapport à ses enfans et à sa femme, dont il recueille la succession, ou du moins que s'il conserve encore cette qualité, elle ne lui peut nuire en ce cas.

Première exception en faveur du bâtard qui succède aux biens de sa mère et de ses parens maternels.

Il y a plusieurs coutumes qui contiennent cette exception.

(1) Voyez Gotofred. *ad lib.* 8, *cap. de revocand. donat.*

On les peut rapporter à trois classes différentes :

La première, de celles qui admettent le bâtard à la succession de sa mère conjointement avec les enfans légitimes ;

La seconde, de celles qui ne l'admettent qu'au défaut des légitimes, et qui l'excluent lorsqu'il se trouve en concurrence avec eux ;

La troisième, de celles qui admettent purement et simplement le bâtard à la succession de sa mère, sans décider s'il peut y venir en concurrence avec les légitimes, ou s'il en est exclus en ce cas.

On peut mettre dans la première classe les coutumes de l'*Aleu*, tit. I, art. 8 ; de *Valenciennes*, art. 121.

Ces coutumes disent qu'il n'y a point de bâtard de par mère, ensorte qu'elles ne font aucune différence à cet égard entre les bâtards et les légitimes; et quoiqu'elles ne s'expliquent point pour ce qui concerne la succession des parens maternels, cependant il est aisé de voir que leur esprit a été de les y appeler, aussi bien qu'à la succession de leur mère. La coutume de Valenciennes ne permet pas d'en douter, puisque dans l'art. 122 elle admet les parens maternels à la succession du bâtard. Or, les successions étant réciproques, il s'ensuit nécessairement que les bâtards sont aussi appelés à la succession des parens maternels.

Dans la seconde classe des coutumes qui appellent à la vérité le bâtard à la succession de sa mère, mais dans le cas seulement qu'il ne se trouve point d'enfans légitimes en concurrence avec lui, on trouve la coutume d'*Aire*, tit. I, art. 9.

Il faudroit examiner si l'exclusion que cette coutume donne aux bâtards dans la succession de leur mère, lorsqu'elle laisse des enfans légitimes, exclut ces mêmes bâtards en toutes sortes de cas de la succession de leurs parens collatéraux du côté maternel, ou s'ils ne sont exclus de cette succession collatérale, que lorsqu'ils concourent avec des héritiers qui sont en pareil degré qu'eux.

La troisième classe contient les coutumes qui admettent les bâtards à la succession de leur mère, sans décider s'ils peuvent lui succéder quand ils viennent en concurrence avec des enfans légitimes, ou s'ils sont exclus en ce cas. Telles sont les coutumes *de Saint-Omer en Artois, tit.* 1, *art.* 21; *et de Théroanne, tit.* 1, *art.* 4.

Mais, quoiqu'elles ne s'expliquent pas précisément, on voit néanmoins que leur esprit est conforme à celui du droit civil, et qu'elles ont eu intention d'appeler le bâtard à la succession de sa mère, lors même qu'il concourt avec des légitimes.

La coutume de Théroanne dit que *nul n'est bâtard de par sa mère.* Les deux autres admettent le bâtard même aux successions des parens maternels, ce qui peut faire présumer que leur esprit a été de confondre à cet égard les bâtards avec les légitimes; il est vrai que la coutume de Théroanne exclut le bâtard des successions de ses parens maternels, et ne l'appelle qu'aux biens dont sa mère jouissoit lors de son décès; mais c'est une limitation qu'elle apporte à la règle qu'elle établit, que *nul n'est bâtard de par sa mère;* disposition qui semble fermer la bouche aux héritiers, et même aux enfans légitimes qui pourroient prétendre exclure ceux qui ne seroient pas nés en légitime mariage.

Il est vrai aussi que la coutume de Saint-Omer, et celle de Saint-Omer en Artois, ne donnent pas formellement aux bâtards la succession de leurs parens maternels; mais celle de Saint-Omer en Artois fait assez connoître quel est son esprit, puisqu'elle décide que les parens maternels des bâtards leur succèdent; or, la succession étant réciproque, les bâtards doivent aussi leur succéder.

Pour ce qui est de la coutume de Saint-Omer, comme en appelant le bâtard à la succession de sa mère, elle l'appelle aussi aux héritages venus du côté maternel, il semble qu'il ne soit pas nécessaire d'entrer dans une plus grande discussion pour connoître son esprit.

Ce qui pourroit faire douter de la vérité de ces réflexions, est que Bouteiller, dans sa Somme rurale, liv. 1, ch. 95, *in fine*, pag. 543, en rapportant les coutumes de Flandre, Cassel et Tournay, dit, à la vérité, que dans ces pays, nul n'est bâtard de par sa mère ; mais il ajoute que les bâtards ne succèdent point cependant à leurs mères lorsqu'ils concourent avec des enfans légitimes.

Voici les propres termes de cet auteur, qui sont d'un grand poids pour l'interprétation des coutumes, lorsqu'elles ne s'expliquent pas bien précisément.

Si sçaches qu'à la coutume de Flandre, de Cassel et de Thernois, nul n'est bâtard de par sa mère, et incertaine chose est du père, et emportent de par leur mère succession, voire quand la mère n'a nuls enfans vivans de loyal lit au jour de son trépas.

Cette autorité doit au moins donner lieu à un examen plus sérieux d'une question qui avoit d'abord paru facile à décider à cause de ces termes dont se servent les coutumes, *nul n'est bâtard de par sa mère.*

Observations sur cette première exception.

Quoique les coutumes qui viennent d'être citées, accordent bien précisément aux bâtards le droit de succéder à leurs mères, cependant il y a plusieurs personnes qui ne croient pas qu'on doive suivre à cet égard l'autorité de ces coutumes, même dans l'étendue de leur territoire. Rebuffe, sur l'art. 39 de l'ordonnance du roi Louis XII, de l'année 1512, p. 383, prétend que l'incapacité de succéder dans la personne du bâtard est telle, qu'elle ne peut être levée par une coutume contraire.

Choppin, dans son traité du domaine, liv. 1, ch. 10, n.° 40, est du même sentiment, aussi bien que M. Maynard, liv. 9, ch. 34 ; Henrys, liv. 6, ch. 3, quest. 9, rapporte un arrêt qui semble confirmer ce sentiment. Enfin, feu M. de Riparfont, dont l'autorité étoit grande au palais, croyoit que la disposition des coutumes qui donnoit au bâtard la

faculté de succéder à leurs mères et à leurs parens maternels, ne devoit pas être suivie.

Au contraire, M.ᵉ Charles Dumoulin, dans sa note
sur l'article premier de la coutume de Saint-Omer,
décide qu'on doit suivre la disposition de cette coutume dans l'étendue de son territoire, et n'en excepte
pas les bâtards adultérins, mais seulement les incestueux; il croit même qu'ils peuvent être admis au
retrait lignager, parce que le retrait lignager suit les
successions; et afin qu'on puisse mieux juger quel est
son sentiment, on rapportera ici les termes de la
coutume de Saint-Omer pour y appliquer ensuite la
note de ce grand homme. Par la coutume dudit bailliage, l'enfant bâtard succède à sa mère, et succède
esdites successions et héritages venus du côté maternel; et si le bâtard va de vie à trépas *sans hoirs
légitimes de sa chair, les prochains parens et amis
du côté maternel dont les héritages sont venus, succèdent audit bâtard.*

Dumoulin a fait deux notes sur cet article.

La première sur ces mots, *l'enfant bâtard : Seu
simplex adulterinus nec incestuosus propter specia-
lem legis prohibitionem, C. de natural. liberis auth.
licet, et C. de incest. et inutil. nup. auth. ex com-
plex. Hæc consuetudo quæ etiam ab aliis exorbitat,
non habet locum in illis in quibus beneficium S. C.
Orphitiani à §. novissimè instit. de S. C. Orphitiano
non habet locum ut per glos. ind. §. novissimè in
verbo admitti Joan. Faber. et Ang. Archin.*

La seconde note est sur les derniers mots de l'article, *succèdent au bâtard : id est proximiores ma-
terni* ès-meubles et acquêts, car ils n'ont ne costé ne
ligne pour la première succession, *V. Montreuil* §. 10,
*et pari ratione dictus illegitimus etiam numquàm le-
gitimatus et sui descendentes legitimi succedant cognatis sive etiam agnatis maternis in authentica, quibus modis naturales efficiantur sui et idem de retractu
proximitatis sub hâc consuetudine dixi in Cons.
Paris, §. 8, gl. 1, 9, 8, et §.* 186.

M. d'Expilly, plaid. 17 et 23, prétend qu'en pays

de droit écrit, les bâtards succèdent à leurs mères, *et vice versâ*, ce qui a une application bien naturelle à la question dont il s'agit.

M. Salvaing, dans son traité des fiefs, ch. 56 et 66, est de même sentiment. Cependant, après avoir décidé de cette manière, il dit qu'il prévoit qu'un jour le droit commun de la France sera reçu en Dauphiné; et il fonde sa conjecture sur la différence qu'il y a entre les bâtards du droit romain qui toléroit le concubinage, et le bâtard dans notre droit, dans lequel le christianisme a fait entièrement réprouver le concubinage.

Enfin, l'auteur des Lois civiles dans leur ordre naturel, titre des héritiers en général, sect. 2, n. 8, se détermine dans sa note pour l'observation des coutumes qui ont des dispositions particulières à cet égard.

Dans cette diversité d'opinions, il semble que ce soit l'usage seul qui doive déterminer; il faut donc s'informer de cet usage.

Seconde exception à la règle que le bâtard ne succède point à ses parens.

Cette seconde exception n'est point particulière à quelque coutume, c'est un droit général du royaume; elle regarde la succession qui est ouverte au bâtard, suivant la disposition précise de plusieurs coutumes, sans qu'il y en ait aucune qui décide le contraire : *Melun, art.* 300; *Sens, art.* 29; *Dourdan, art.* 123; *Mantes, art.* 176; *Troyes, art.* 117; *Calais, art.* 134; *Artois, art.* 150; *Cambray, tit.* 12, *art.* 11; *Nivernais, chap.* 34, *art.* 22; *Bourbonnais, art.* 187.

Ces coutumes appellent le bâtard à la succession de ses enfans indistinctement et sans aucune application.

Il y en a d'autres qui l'appellent seulement aux meubles et acquêts, comme *Senlis, art.* 172; mais Dumoulin supplée la disposition de cette coutume dans là note qu'il a faite sur cet article, qui est conçue en ces termes :

Item, un bâtard ne succède point aussi, sinon aux meubles et acquéts de ses enfans légitimes.

Sur ces mots, *meubles et acquéts*, Dumoulin dit : *idem, de ce qui leur a été donné pour leur être propre, sinon qu'il eût été dit pour être propre du côté de la mère.*

Et la coutume d'Auxerre, art. 32, lui donne aussi les propres, lorsqu'il n'y a point de collatéraux à qui ils doivent appartenir.

Et si lesdits bâtards, dit cette coutume, ont des enfans en loyal mariage, lesdits enfans leur succèdent, et pareillement ils succèdent à leursdits enfans ès meubles et conquêts, immeubles seulement; et si lesdits enfans n'ont descendans ou collatéraux, lesdits pères bâtards leur succèdent aux propres à l'exclusion du fisc.

Troisième exception à la règle que le bâtard ne succède point.

Cette troisième exception n'est pas moins générale que le seconde; elle est en faveur du mari qui survit à sa femme bâtarde *et vice versâ*. Le sentiment des docteurs et la jurisprudence des arrêts, après quelques incertitudes, leur a donné la succession réciproque l'un de l'autre, à l'exclusion du fisc, lorsqu'ils ne laissent point d'héritiers (1).

Cette espèce de succession du mari et de la femme tire son origine du droit romain : *undè vir et uxor;* elle a été adoptée dans la thèse générale par notre jurisprudence; mais on a douté pendant quelques temps si le mari ou la femme *et vice versâ*, devoient jouir de ce privilége.

L'exemple des étrangers, qui en sont exclus, formoit la principale raison de douter; mais la différence entre eux et les bâtards, qui sont nés sujets du roi, et qui sont regardés comme citoyens dans tous les cas,

---

(1) Voyez Lothe, sur Lorris, c. 1, art. 5.

a fait suivre, par rapport à eux, la même règle qui avoit été établie à l'égard des autres citoyens, d'autant plus qu'un mari n'est point censé bâtard à l'égard de sa femme, *nec vice versâ* (1).

Bâtards incapables de recueillir les dispositions universelles que leurs pères auroient faites à leur profit.

Après avoir expliqué quelles sont les exceptions de la règle générale qui exclut les bâtards de la succession de leurs parens, il faut examiner les précautions qu'on a prises pour empêcher l'inexécution de cette loi, qui deviendroit inutile, si les pères et mères pouvoient l'éluder, en faisant des dispositions universelles en faveur de leurs enfans bâtards; c'est pour assurer l'exécution de cette règle, que plusieurs coutumes ont pris la précaution d'empêcher que le père ne pût faire passer à son bâtard, comme un effet de sa libéralité, des biens dont la loi les avoit exclus.

Mais ces coutumes peuvent être distinguées et mises en différentes classes.

Les unes se sont contentées d'interdire au père toute disposition testamentaire en faveur de son bâtard, et lui ont permis de l'avantager par donation; telles sont les coutumes *d'Anjou*, art. 345 ; *du Maine*, art. 357.

D'autres ont laissé la liberté au père d'avantager ses bâtards, soit entre-vifs, soit par testament, ainsi que personnes étrangères, *pourvu que le don ne soit immodéré et immense : Melun*, art. 297.

D'autres ne s'étant point expliquées à l'égard de la donation entre-vifs ou testamentaire, se sont contentées de limiter le pouvoir qu'elles donnent au père d'avantager son bâtard, et ces coutumes peuvent être distinguées en deux classes.

(1) Voyez Henrys, liv. 1, chap. 1, quest. 17 et 18 ; Brodeau, sur Louet, lettre V, c. *vult.* Journal des Audiences, tome 1, liv. 2, chap. 63.

La première, de celles qui ont restreint le pouvoir du père, sans marquer précisément quelle portion de son bien il peut donner à son bâtard; telle est la coutume *de Poitou*, article 297, qui veut que les pères ne puissent faire donation à leurs bâtards, *que pour les alimenter, nourrir et entretenir selon leur état.*

La seconde, de celles qui ont limité le pouvoir des parens du bâtard à une certaine quantité de ses biens, qu'on peut encore diviser en celles qui leur ont permis de donner quelque chose en propriété à leurs bâtards; comme celle de la Marche qui, dans l'article 221, permet à la mère de donner le tiers de son bien à son bâtard, et que plusieurs personnes croient pouvoir être appliqué au père, quoique la coutume n'en parle point; cependant cette question mériteroit un plus long examen, et comme les termes de la coutume peuvent beaucoup servir à la décider, on les rapportera ici. *Bâtard ne succède point à père n'à mère; néanmoins si la mère, pour le nourrir et alimenter, lui fait donation dans les termes de la coutume (qui est de la tierce partie de tous ses biens par testament) telle donation est bonne et valable.*

On peut tirer de ces termes deux argumens, dont l'un peut servir pour décider que la permission donnée dans cette article à la mère d'avantager son bâtard, ne doit point être étendue au père; en effet, dans le commencement de cet article, il est dit que le bâtard ne succède ni à son père ni à sa mère; et ensuite la coutume fait une exception en faveur de la mère seulement, sans parler du père, ce qui semble lui ôter entièrement cette liberté. D'un autre côté, ce même article ne permettant à la mère de donner à son bâtard que pour le nourrir et alimenter, on pourroit dire que le père étant aussi obligé de donner des alimens à ses bâtards, est tacitement, et à plus forte raison, compris dans cette disposition;

A moins qu'on ne voulût dire que la mère d'un bâtard étant toujours certaine, et le père très-incertain, la coutume a permis à la mère de lui donner jusqu'au tiers de son bien par forme d'alimens, au lieu que le père ne peut jamais lui donner que des alimens simples, ce qui doit toujours être très-médiocre, et même se réduire à une pension viagère : il semble que cette interprétation de la coutume de la Marche est la plus naturelle et la plus conforme aux termes de l'article qu'on vient de transcrire.

Le second membre de la subdivision qui vient d'être faite, est des coutumes qui ne permettent au père que de donner à son bâtard en usufruit les alimens qui lui sont dûs ; telle est la coutume de *Bretagne, art.* 476.

On peut mettre dans cette dernière classe les coutumes qui défendent au père de donner à son bâtard partie de son héritage directement ni indirectement, cette prohibition excluant toute donation qui n'est pas d'une somme mobiliaire, et par conséquent réduisant les avantages que les pères peuvent faire à leurs bâtards. *Voyez* Normandie, art. 447.

Les coutumes qui ont restreint le pouvoir du père, et dont on a fait deux classes différentes, ont parlé, les unes de la disposition entre-vifs, comme la coutume de Poitou, les autres de la disposition à cause de mort, comme celles de la Marche et de la Bretagne ; mais il est aisé de reconnoître qu'elles n'ont toutes que le même esprit, qui est d'empêcher l'excès de la libéralité des pères envers leurs enfans bâtards, et la fraude qu'ils pourroient faire à la loi ; c'est pourquoi dans toutes ces coutumes, si un père avoit fait un avantage suffisant à son bâtard pour sa nourriture et entretien, par une donation entre-vifs, il ne pourroit faire dans la suite une donation testamentaire en sa faveur ; il semble donc que la donation entre-vifs et le testament du père se trouvant en concurrence, l'un de ces deux actes doit être anéanti, suivant l'esprit de ces coutumes.

Ce qui vient d'être observé touchant les donations que les pères et mères peuvent faire à leurs bâtards, doit s'entendre des bâtards purement naturels, c'est-à-dire nés *ex soluto et solutâ ;* ceux qui sont nés d'un commerce encore plus criminel, ont été regardés plus défavorablement (1).

Il faut néanmoins remarquer, que suivant l'opinion commune, les bâtards ne sont incapables de recevoir des legs universels, ou même des dispositions très-considérables, que lorsqu'elles leur sont faites par leurs pères ou mères, dans la personne desquels la faute de la naissance des bâtards doit être punie particulièrement par la prohibition qu'on leur fait d'avantager et d'enrichir les fruits de leur débauche; mais les autres personnes, quand même elles seroient de la famille, peuvent leur faire tels avantages qu'ils jugeront à propos (2), parce que, comme elles n'ont point de part au crime, elles semblent ne devoir pas être comprises dans la prohibition de la loi. *Voyez* Normandie, art. 448.

Cependant la note que Dumoulin a faite sur l'article 184 de la coutume de Bourbonnois pourroit faire douter de cette décision.

Cet article porte, *qu'un bâtard peut disposer de ses biens en tous contrats d'entre-vifs comme un légitime;* Dumoulin, sur ces mots, *peut disposer,* dit : *habet etiam factionem testamenti activam et passivam nisi respectu passivæ, quandò legitimi hæredes etiam collaterales et remoti frustrarentur, ut § seq. sed institutus excluderet fiscum.*

Il semble par cette note, que Dumoulin n'ait pas cru qu'on pût préférer un bâtard à des parens quelque éloignés qu'ils fussent; mais on pourroit peut-être restreindre cette note aux pères et mères des bâtards, qui seroient en droit, suivant l'opinion de Dumoulin, de laisser tous leurs biens à leurs enfans bâtards, lorsqu'ils n'ont point d'héritiers, et qu'il ne s'agit que d'exclure le fisc.

Il est vrai que la coutume de Melun, art. 298,

(1) Voyez Brodeau, sur Louet, lettre D, §. 1, n. 17.

(2) Choppin, sur Anjou, ch. 41, n. 9. Journal des Audiences, tom. 4, pag. 467. Journal du Palais, tom. 5, pag. 234.

décide que le bâtard ne peut recevoir *don immodéré de ses père et mère et autres parens;* mais c'est une coutume singulière à cet égard qui doit être renfermée dans son territoire.

Il y a eu cependant des auteurs qui ont prétendu que l'aïeul du bâtard devoit être compris dans cette prohibition aussi bien que le père (1); mais suivant l'opinion la plus universellement reçue, cette incapacité a été restreinte au père et à la mère.

Alimens dûs aux bâtards.

Avant que d'entrer dans l'examen de la légitimation des bâtards, et de l'effet qu'elle produit, il est nécessaire de remarquer ici une dernière exception, que l'équité naturelle a introduite à la règle qui exclut les bâtards de la succession de leurs pères et mères, et dont très-peu de coutumes ont parlé.

Celle de Bretagne en a une disposition précise dans l'article 478 :

Si aucun avoit enfans bâtards jeunes et non puissans d'eux pour user de leur corps, ils doivent être pourvus sur les biens de leurs pères ou de leurs mères.

Cette conséquence supplée à la négligence des pères ou mères qui n'auroient pas laissé des alimens à leurs bâtards, quoiqu'ils ne fussent point en état de gagner leur vie, et sa disposition doit être étendue à toutes les autres coutumes qui n'en parlent point (2).

Mais on doit faire une observation importante sur les termes de cette coutume, *leur père ou mère*, qui

---

(1) Chassanée, sur Bourgogne, tit. des bâtards, §. 3; d'Argentré, sur Bretagne, art. 206; Henrys, liv. 6, chap. 3 et 4, quest. 10; Pallu, sur Tours, art. 242; Ricard, des donations, part. 1, chap. 3, sect. 8, n. 413 et 418; Bellicart, sur Châlons, art. 11; Lebrun, des successions.

(2) Voyez Brodeau, sur Louet, lettre A, sect. 4; Legrand, sur Troyes, art. 117, glos. 1; Gotofred. *ad 8, cap. de revocand. donat.*

font connoître qu'elle a d'abord eu intention de charger le père de fournir des alimens, et de n'obliger
la mère à nourrir ses bâtards que lorsque le père
n'est pas en état de satisfaire à ce devoir naturel.

La plus grande partie des auteurs qui ont écrit
sur cette matière, ont aussi reconnu que, quoique
le père et la mère fussent l'un et l'autre obligés de
nourrir leurs bâtards, cependant cette obligation regardoit principalement le père, et que celle de la
mère n'étoit que subsidiaire; c'est le sentiment du
cardinal Paléota, dans son traité *De nothis*, etc. c. 48.
Caranza *De partu legitimo*, c. 3, §. 4, n. 43, est
de même avis, et regarde tellement l'obligation de
la mère comme un dernier remède, qu'il donne un
recours à la mère qui a nourri son fils bâtard sur
les biens du père, qu'il dit être le principal obligé.

Il est vrai que le même auteur suspend l'obligation
du père jusqu'à ce que le bâtard ait atteint l'âge de
trois ans; parce que, dit-il, la mère est la première
obligée et doit allaiter son enfant, *obligatio lactandi
matrem respicit*; mais il apporte tant d'exceptions
à cette règle, qu'on peut dire qu'elle est presque
toujours sans effet; car il ne l'oblige à allaiter son
enfant qu'en cas qu'elle n'ait pas de raisons qui l'en
dispensent; comme, par exemple, si elle n'a point
de lait, ou que son lait ne soit pas bon; si elle
est obligée de gagner sa vie; si elle est de condition
à ne pouvoir nourrir son enfant *sine dedecore*; et si
elle ne le peut nourrir sans donner atteinte à sa répu-
tation : ces exceptions sont si étendues, qu'on peut
dire que la règle est réduite à un cas très-métaphysique,
et qui ne peut presque jamais arriver.

Surdus, *De alimentis*, q. 1, §. 14 et 15, et Loysel,
dans ses Institutions coutumières, l. 1, t. 1, art. 41,
décident aussi que le père est le principal obligé
en ce cas, et que la mère ne l'est que subsidiairement.

Il est aussi très-certain que l'usage de la Tournelle
étoit d'obliger le père de nourrir ses bâtards, et de
décharger la mère de cette obligation, lorsque le

père étoit en état de fournir cette nourriture ; mais
depuis quelques années la jurisprudence a changé,
et j'ai vu juger, par deux arrêts rendus sur les conclusions de feu M. Joly de Fleury, avocat-général,
que lorsque la mère étoit majeure, aussi bien que
le père, l'obligation de nourrir le bâtard étoit égale,
et qu'ils devoient l'un et l'autre y être condamnés
conjointement, et la cour a suivi en cela le sentiment de Pothier, sur l'art. 187 de la coutume de
Bourbonnois.

Cas où l'obligation du père de nourrir son fils naturel cesse.

L'obligation dans laquelle se trouve le père de
nourrir son fils naturel cesse néanmoins en certain cas,

Par exemple, s'il est pauvre, ou qu'il ait reçu
quelque injure considérable de son bâtard, ou même
que ce bâtard soit en état de subsister, soit de son
bien, soit par son industrie ; de sorte que si le père
a fait apprendre un métier à son bâtard, il est dé-
chargé de l'obligation de le nourrir (1).

Il faut ici observer, en finissant cette partie du traité
des bâtards, qu'il y a un cas particulier dans lequel
ils sont regardés comme faisant partie de la famille ;
c'est lorsqu'il s'agit de poursuivre la vengeance de la
mort de leurs pères ou mères, ainsi jugé par arrêt
du lundi quinziéme décembre mil six cent huit,
M. Pothier, président, sur les conclusions de M. l'avocat-général Servin, plaidant messieurs Maréchal et
H. Piètre ; cet arrêt, en infirmant une sentence du
présidial de Laon, déclara une fille naturelle recevable à poursuivre la réparation du meurtre commis
en la personne de sa mère (2).

(1) Loysel, Instit. cout. Legrand, sur Troyes, art. 117.

(2) Voyez Brodeau, sur Louet, lettre P, tom. 1.

38*

BATARDS PAR RAPPORT A LEUR FAMILLE APRÈS LEUR LÉGITIMATION.

Il ne faut point considérer la légitimation du bâtard comme une exception à toutes les règles qui viennent d'être établies.

En effet, le bâtard par la légitimation change presque entièrement d'état; ensorte que le vice de sa naissance étant couvert en quelque façon, on doit cesser de le regarder comme bâtard, ce qui reçoit néanmoins différentes limitations; mais avant de les expliquer, il est nécessaire d'examiner quelles es- pèces de légitimations nous avons admises dans notre usage.

De toutes les différentes manières de légitimer, introduites par le droit romain, nous n'en avons admis que deux :

La première est celle qui se fait par mariage sub- séquent;

La seconde, par lettres du prince qui seul a droit de légitimer.

PREMIÈRE ESPÈCE.

Légitimation par mariage subséquent.

On ne sauroit douter que cette légitimation ne soit la plus parfaite et la plus efficace ; elle ôte toute la différence qui pouvoit se rencontrer entre le bâtard et le légitime, et produit divers effets qu'il seroit trop long de rapporter ici, d'autant plus que M. Denis Lebrun, dans son traité des successions, en a fait un chapitre exprès, auquel on se contente de ren- voyer (1) ; on observera seulement que dans ce cha- pitre il a avancé une maxime singulière, en décidant

(1) Lebrun, des successions, liv. 1, ch. 2, sect. 1, dist. 1.

qu'un bâtard légitimé par mariage subséquent, a le droit d'aînesse au préjudice d'un fils légitime né d'un mariage précédent à sa légitimation, mais postérieur à sa naissance.

Il est vrai que cette question a paru autrefois très-difficile, et que Bouteiller, dans sa Somme rurale, page 538, dit qu'elle s'est présentée dans la châtellenie de Lille, et que tout vu, *les sages coutumiers de Lisle n'en osèrent déterminer à certain, et fut la cause envoyée au conseil à Paris, duquel conseil fut rapporté que considéré le cas, l'un frère eut autant de part au fief que l'autre, et fut ledit fief divisé en deux parties égales, et à chacun autant à l'un comme à l'autre;* mais comme ce n'étoit point là décider la question, mais plutôt l'éluder, tous les auteurs qui ont écrit depuis se sont déterminés contre le fils légitimé; tels sont Dumoulin sur l'art. 8. de l'ancienne coutume de Paris, gloss. 1, n.º 34; Tiraqueau, question 34, et *ad. l. si unquam C. revocand. donat.;* Gotofred. *ad novel.* 89. e. *ult.;* Charond. liv. de ses resp. chap. 31; Sirier, dans son traité du droit d'aînesse, l. 1, c. 14; Brodeau sur Louet, L. R. Som. 9. C'est pourquoi la maxime contraire à celle de M. Lebrun passe pour certaine, et on n'en doute plus au palais.

SECONDE ESPÈCE.

Légitimation par lettres du prince.

Cette seconde espèce de légitimation n'est pas si parfaite, et ne produit pas de si grands effets que la légitimation par mariage subséquent.

Elle efface à la vérité la tache que la naissance du bâtard lui avoit imprimée; elle lève l'incapacité qu'elle trouvoit en sa personne de recevoir des dispositions universelles de ses pères et mères, elle le rend capable de posséder des offices; mais pour la capacité de succéder *ab intestat* à ses parens, elle ne la lui donne que lorsque ceux auxquels il peut succéder ont consenti à sa légitimation.

Comme M. Lebrun, dans son traité des successions, a fait un chapitre de la légitimation par lettres du prince, on se contentera d'y renvoyer, et de marquer ici ce que nos coutumes ont observé touchant la légitimation.

Mais avant que d'entrer dans ce détail, il ne sera pas inutile d'indiquer ici une question assez épineuse, qui peut souvent se présenter dans les provinces qui suivent le droit écrit, et même dans les coutumes qui admettent la puissance paternelle.

On a demandé si la légitimation par lettres du prince soumettoit le bâtard à la puissance paternelle; ceux qui soutiennent l'affirmative citent en faveur de leur sentiment les lois romaines, qui en ont des dispositions précises; ils appellent à leur secours l'intérêt public, qui veut que les enfans soient soumis à la puissance de leur père, et qui n'admet point de demi-bâtards; ils soutiennent que la famille n'a aucun intérêt d'empêcher cette sujétion du bâtard à l'autorité de son père, et qu'enfin leur sentiment est fondé sur l'honnêteté publique : ceux qui soutiennent la négative, disent au contraire que le bâtard ne devenant point par cette légitimation l'héritier *sien* de son père, ne tombe point non plus sous la puissance paternelle; que les lettres du prince effacent à la vérité la tache de la naissance, mais qu'elles ne font point, comme en droit romain, que le bâtard entre dans la famille de son père; que cette légitimation est de droit étroit; que les coutumes qui ont parlé de la puissance paternelle n'ont point eu en vue ces sortes d'enfans.

Cette question a été proposée dans une conférence dont j'avois l'honneur d'être; mais les avis furent partagés : cependant le plus grand nombre se détermina pour la négative.

Après cette digression, qui n'est cependant pas tout-à-fait étrangère à la matière dont il s'agit, il sera bon d'observer que nos coutumes n'ont pas bien

précisément distingué les deux espèces de légitimation dont on vient de parler, ni marqué leurs
différens effets ; cependant, si on veut les examiner
avec soin, on trouvera que les principes qu'on a posé
ci-dessus sont établis clairement par ces mêmes coutumes, qu'on peut diviser en quatre classes :

La première, des coutumes qui ont parlé de la
légitimation en général, sans distinguer les différentes
manières de légitimer;

La seconde, de celles qui n'ont parlé que de la
légitimation par mariage subséquent;

La troisième, de celles qui n'ont parlé que de la
légitimation par lettres du prince;

Et la quatrième, de celles qui ont parlé de l'une
et de l'autre.

PREMIÈRE ESPÈCE.

Des coutumes qui n'ont parlé de la légitimation
qu'en général.

La première espèce se peut diviser en deux classes.

PREMIÈRE CLASSE.

En celles qui n'ayant parlé de la légitimation qu'en
général, ont cependant établi des principes qui ne
peuvent convenir qu'à la légitimation par mariage
subséquent.

Telle est la coutume de Melun, art. 297, qui après
avoir décidé que le bâtard est incapable de succéder
à ses père et mère et autres parens, apporte une exception à cette règle en ces termes : *Sinon qu'il ait*
été légitimé; ce qui fait connoître que son esprit
étant d'admettre le bâtard à la succession de ses père
et mère et autres parens après sa légitimation, on ne
peut entendre cette coutume que de la légitimation
par mariage subséquent, puisque celle qui se fait par
lettres du prince ne produit pas cet effet.

La coutume de Bayonne peut être rangée dans la

même classe; elle ne considère le bâtard qu'après sa légitimation, elle ne distingue point les différentes manières de légitimer, elle n'explique pas même trop clairement les droits du bâtard légitimé, et ne dit rien du droit que peuvent avoir les bâtards légitimés sur la succession de leurs pères, mères et autres ascendans; elle se contente de les appeler à la succession de leurs frères bâtards et légitimés aussi bien qu'eux, et s'il n'y en a point, elle admet les plus prochains lignagers tant de père que de mère.

C'est ainsi que s'expliquent les articles 38 et 39 de cette coutume :

Entre bâtards légitimés frères de père et de mère, si l'un d'eux décède sans faire de testament et sans enfans, l'autre ou autres survivans lui succèdent.

Et si tous les bâtards légitimés décèdent sans faire testament et sans enfans, les plus prochains lignagers de loyal mariage, tant de père que de la mère, s'il y en a, de tous côtés, succèdent au dernier décédé.

Il semble que ces principes, qui remettent la succession des bâtards dans l'ordre naturel, ne sauroient convenir qu'à la légitimation par mariage subséquent.

Cependant il ne laisse pas d'y avoir quelque difficulté dans l'interprétation de ces deux articles. En effet, par les termes de la coutume, il semble que les enfans légitimés seroient préférés entr'eux, nonseulement à leurs père et mère, dont il n'est point fait mention, mais encore à leurs frères nés en mariage légitime, soit du même père ou de la même mère, soit de l'un ou de l'autre seulement, et qui poroissent n'être appelés que sous ces termes génériques, les plus prochains lignagers de loyal mariage; c'est ce qui peut mériter un examen plus grand que celui qu'on en vient de faire.

SECONDE CLASSE.

En celles qui, n'ayant parlé de la légitimation qu'en général, ont cependant établi des principes qui ne peuvent convenir qu'à la légitimation par lettres du prince.

Telle est la coutume de Lille, art. 13, qui exclut les bâtards de toutes successions, quoiqu'ils soient légitimés:

Un bâtard ne peut succéder, posé qu'il soit légitimé;

Ce qui peut n'être entendu que de la légitimation par lettres, puisque celui qui est légitimé par mariage subséquent, ne diffère en rien des légitimes.

Telle est aussi la coutume de Calais, art. 135, qui n'admet le bâtard légitimé à aucunes successions, qu'en cas que ceux de la succession desquels il s'agit aient consenti à sa légitimation par lettres du prince, puisque le consentement des parens n'est pas requis pour légitimer par mariage subséquent.

SECONDE ESPÈCE.

La seconde espèce de coutumes contient celles qui n'ont parlé que de la légitimation par mariage subséquent; telle est la coutume de Bar, art. 33, qui, après avoir marqué l'incapacité de succéder qui se rencontre dans la personne du bâtard, y apporte ensuite cette exception, *s'il n'est légitimé par mariage subséquent*; exception générale, dont on a montré ci-dessus l'étendue, qui est aussi bien précisément marquée dans l'article 108 de la coutume de Troyes, qui porte que les enfans nés hors mariage *de soluto cum solutâ*, après que le père et la mère sont mariés, succèdent l'un l'autre, et viennent à partage avec les autres enfans, si aucuns y en a (1).

TROISIÈME ESPÈCE.

La troisième espèce de coutumes contient celles qui n'ont parlé en particulier que de la légitimation par lettres du prince.

_____

(1) Voyez Pithou, sur cet art. 108.

Telle est la coutume de Normandie , qui dit dans l'art. 279 (1), que « le bâtard ne peut succéder à père, mère ou aucun, s'il n'est légitimé par lettres du prince, appelés ceux qui, pour ce faire, seront à appeler (2). »

Cette coutume ne parle donc que de la légitimation par lettres, mais elle en marque bien précisément les formalités. La première est l'entérinement des lettres du prince ; la seconde, que cet entérinement ne se fasse qu'après que *ceux qui, pour ce faire, seront à appeler* auront été appelés, c'est-à-dire les parens dont le bâtard auroit été héritier s'il fût né légitime ; car pour les rendre réciproquement capables d'hériter les uns des autres par cette espèce de légitimation, il faut que les parens aient consenti à l'entérinement des lettres ; mais pour lors , et le bâtard et les parens qui ont consenti à sa légitimation deviennent capables de se succéder mutuellement, non pas par la force des lettres, mais en vertu du contrat et de la convention passée entre le bâtard et ses parens, laquelle est présumée par le consentement qu'ils ont donné à l'entérinement de ses lettres de légitimation.

QUATRIÈME ESPÈCE.

La quatrième espèce de coutumes contient celles qui ont confondu les deux légitimations.

Telles sont les coutumes de Sens, art. 31, et d'Auxerre, art. 33, qui semblent donner le même effet aux deux légitimations.

(1) Voyez aussi l'art. 147.

(2) *Nota.* Que Didier Herault, *Rerum et quest.* liv. 1, ch. 5, n. 12, a soutenu qu'un bâtard ne peut être légitimé par lettres du prince, quand il y a des enfans légitimes ; ce seroit une question à examiner ; mais on peut toujours décider qu'il ne pourroit, en ce cas, succéder à son père et à sa mère, à moins que ses frères et sœurs légitimes n'eussent consenti en pleine majorité à sa légitimation. Ne pourroit-on pas même dire, en ce cas, que les enfans légitimes n'y ont consenti que par une trop grande déférence pour l'autorité paternelle.

L'article 3i de Sens est conçu en ces termes : *Un bâtard ne peut succéder à père n'a mère, s'il n'est légitimé par le roi ou par mariage subséquent selon le droit.*

L'article 34 de la coutume d'Auxerre est entièrement semblable à l'article 3i de celle de Sens; mais l'art. 33 semble donner de l'avantage à la légitimation par mariage subséquent sur celle qui ne se fait que par lettres du prince, quoique par l'article suivant elle les joigne ensemble et qu'elle leur donne le même effet, savoir de rendre le bâtard capable de succéder.

L'article 33 porte, *qu'enfans nés hors le mariage sont réputés légitimes par le subséquent mariage de leurs père et mère, et leur succèdent tout ainsi que s'ils étoient nés en mariage.*

Mais, quoique disent ces deux coutumes, il est certain que, même dans l'étendue de leur territoire il faut s'attacher à la distinction qui a été ci-dessus faite entre les deux espèces de légitimation, et s'en tenir à l'observation d'un droit généralement établi sur des maximes aussi pures et aussi solides que celles qui en sont le fondement.

Tel est le droit général du royaume sur ce qui regarde l'état du bâtard après sa légitimation; mais il est nécessaire d'observer qu'il se rencontre deux coutumes qui refusent au bâtard la capacité de succéder, quoiqu'ils soient légitimés ; savoir, celle de *Lille, art.* i3 *et de la Salle de Lille, art.* 6o.

Cependant comme ces deux coutumes doivent nécessairement être mises au nombre de celles qui ne peuvent être entendues que de la légitimation par lettres, elles ne sauroient donner aucune atteinte à l'effet que produit la légitimation par mariage subséquent, qui met le bâtard au nombre des légitimes dans toute l'étendue du royaume sans aucune exception.

La coutume de la Salle de Lille fournit même plusieurs réflexions particulières, lesquelles se tirent de la singularité de sa disposition, qui pourroit donner lieu à de grandes dissertations.

Quoique dans l'article 60 elle exclue le bâtard du droit de succéder en général, nonobstant sa légitimation (*bâtards et bâtardes ne peuvent succéder, posé qu'ils soient légitimés*), elle appelle néanmoins deux différentes personnes à la succession du bâtard :

1.º Les enfans légitimes de ce bâtard : *Enfans légitimes,* dit l'article 61, *de bâtards ou bâtardes succèdent à leurs père et mère* ;

2.º Les parens collatéraux du bâtard légitimé. Ce n'est pas à la vérité par une disposition précise qu'ils sont appelés, mais par une suite nécessaire des termes de l'article 62 :

Les parens collatéraux ne peuvent succéder ès fiefs et héritages venant d'un bâtard non légitimé qu'après la tierce génération.

D'où l'on peut conclure naturellement que s'il est légitimé, l'intention de la coutume est d'appeler ses parens à sa succession.

Cette disposition fournit une exception à la règle de la réciprocité des successions, puisqu'aux termes de cette coutume les parens du bâtard légitimé lui succèdent, quoiqu'ils ne puissent pas réciproquement leur succéder.

Il faut ajouter ici une dernière observation qui concerne les bâtards adultérins et incestueux, qui ne peuvent être légitimés (1), de sorte même que le mariage subséquent ne sauroit produire cet effet à leur égard ; ce qui a été jugé par arrêt du 11 décembre 1644 (2), contre les enfans d'un oncle qui avoit épousé sa nièce, dont il avoit eu des enfans avant le mariage.

Mais, quelque juste que soit cette règle, l'usage a prévalu, et tous les jours on obtient des lettres du

(1) M. Lebret, dans son traité de la souveraineté, liv. 2, chap. 12.

(2) Cet arrêt est dans la bibliothèque de M. Joly de Fleury, avec le plaidoyer in-quarto.

prince pour légitimer des bâtards adultérins; on a même commencé par le chevalier de Longueville à légitimer des bâtards sans nommer la mère; ou pourroit examiner si cette sorte de légitimation peut rendre les bâtards capables de succéder à leurs parens qui ont consenti à leur légitimation (1).

Mais si on les admettoit à succéder, il faudroit que ce fût, ou par la force de la convention faite entr'eux et leurs parens, ou en vertu d'une clause expresse de lettres enregistrées au parlement : *Vocatis omnibus quorum interest.*

En effet, les coutumes qui admettent les bâtards à quelque sorte de succession, en exceptent les bâtards adultérins, et ceux qui sont nés des gens d'église.

C'est ainsi que la coutume de Valenciennes, art. 122 et 123, qui appelle les parens maternels à la succession des bâtards, s'ils laissent des biens venus de leur mère, les en exclut expressément, si ces bâtards ne sont pas nés *ex soluto et solutâ*, pour appeler en ce cas le seigneur.

BATARDS PAR RAPPORT A LEUR SUCCESSION AVANT LEUR LÉGITIMATION.

Les principes qui viennent d'être établis pour régler la condition du bâtard par rapport à sa famille, servent à faire connoître à qui doit appartenir sa succession.

Il faut reprendre la distinction qui a été faite ci-dessus, et considérer d'abord le bâtard avant sa légitimation, après quoi on examinera qui doit lui succéder quand il meurt après avoir été légitimé.

(1) Voyez l'Hoste, sur la coutume de Lorris, chapitre 15, art. 5.

Voyez tome 5 du Journal du Palais, pag. 213.

PREMIÈRE RÈGLE.

Les parens du bâtard non légitimé ne lui succèdent point.

Si le bâtard avant sa légitimation ne fait pas, suivant le droit commun du royaume, partie de la famille de celui qui lui a donné naissance; si l'on peut le considérer comme étant né sans père et sans parens ; s'il est par cette raison incapable de leur succéder, on en peut conclure par une conséquence nécessaire que ses père et mère et par conséquent, à plus forte raison, ses parens collatéraux, renferment en eux la même incapacité à son égard, puisque la réciprocité en matière de succession est une règle presque toujours certaine.

Plusieurs coutumes déclarent les parens du bâtard incapables de lui succéder. Telles sont celles *d'Arras,* art. 31 ; *de Tournay,* tit. 23, art. 3; *de Sedan,* art. 198 ; *de Nivernois,* tit. 34, art. 22 ; *de Bourbonnois,* art. 186; *de Bordeaux,* art. 73; *de Bretagne,* art. 476.

Le père du bâtard ne peut pas même prétendre devoir rentrer dans les biens qu'il lui a donnés, quand le fils mourroit avant le père (1) ; car le droit de réversion ne regarde uniquement que le père légitime ; ce qu'il donne à son fils est censé donné en avancement d'hoirie, ensorte que le fils reçoit la libéralité de son père à titre d'héritier présomptif; ainsi cette qualité étant effacée par son prédécès, la chose retourne à son principe.

Il n'en est pas de même à l'égard du bâtard, auquel

_____

(1) Cardus, liv. 7 de ses réponses, chap. 9, décide que le roi succède au bâtard dans les biens que son père lui a légués, à la charge de n'en pouvoir disposer avant que d'avoir atteint l'âge de vingt-cinq ans, quoique le bâtard meure avant cet âge.

son père n'est jamais rien censé donner en avancement d'hoirie (1).

Quelle sera donc la destinée de la succession du
bâtard, si l'on ose s'exprimer ainsi?

Il semble d'abord qu'elle doive suivre la règle
commune établie pour les biens vacans qui tombent
en déshérence ; cependant on a établi des règles particulières pour la succession des bâtards, comme on
l'a observé ci-dessus ; et pour mettre ces règles dans
tout leur jour, il faut commencer par celle qu'on
peut regarder comme générale, et passer ensuite à
l'examen de celles qu'on ne doit considérer que
comme des exceptions.

SECONDE RÈGLE.

Le roi succède aux bâtards.

La première règle qu'on peut établir en cette
matière après celle qui exclut les parens de la succession des bâtards, est qu'à présent, suivant le droit
commun du royaume et la jurisprudence des arrêts,
le roi succède aux bâtards.

Plusieurs coutumes en contiennent même des
dispositions expresses. Telles sont *Meaux, art.* 30 ;
Laon, art. 4 ; *Châlons, art.* 11 ; *Reims, art.* 358 ;
Arras, art. 31 ; *Sedan, art.* 198 ; *Bar, art.* 126 ;
Chauny, tit. 8, *art.* 43 ; et cette dernière coutume
exclut toute autre personne de cette succession, en
disant que les successions des bâtards appartiennent
au roi à cause de sa souveraineté et non à autre ; il
faut cependant observer que cette coutume joint les
successions des aubains et des épaves à celles des
bâtards.

Il est vrai que cette règle, qui donne au roi la
succession des bâtards, reçoit plusieurs exceptions.

(1) Voyez Bacquet, du droit de bâtardise, chap. 3 ; Cam-
bolas, liv. 1, chap. 5 ; Bechet, des reversions, chapitre 13 ;
Lebrun, des successions, liv. 1, chap. 5, sect. 2, n. 7.

Première exception, en faveur des enfans du bâtard.

La première exception est en faveur de leurs enfans légitimes, qui leur succèdent sans difficulté; l'ordonnance de Charles VI, de l'année 1383, y est précise, et plusieurs coutumes en ont des dispositions formelles : savoir, *Meaux, art.* 30; *Melun, art.* 300; *Laon, art.* 5; *Châlons, art.* 12; *Reims, art.* 337; *Arras, art.* 31; *Tournay, tit.* 23, *art.* 2; *Sedan, art.* 197; *Bar, art.* 126; *Auxerre, art.* 321; *Etampes, art.* 127; *Dourdan, art.* 123; *Montfort, art.* 107; *Clermont, art.* 153; *Troyes, art.* 177; *Saint-Quentin, art.* 45; *Calais, art.* 134; *Sens, art.* 29; *Montreuil, art.* 21; *Amiens, art.* 250; *Boulenois, tit.* 6, *art.* 22; *Péronne, art.* 4; *Artois, art.* 9; *Saint-Omer en Artois, art.* 21; *Valenciennes, art.* 122; *Cambray, tit.* 12, *art.* 9; *Bourgogne, tit.* 8, *art.* 1; *Lille, art.* 14; *Normandie, art.* 147; *Tours, art.* 320; *Loudunois, tit.* 30, *art.* 1; *Anjou, art.* 41; *Maine, art.* 48; *Grand-Perche, art.* 17; *Blois, tit.* 3, *art.* 20; *Saint-Agnan, chap.* 5, *art.* 20; *Selles-en-Berri, tit.* 3, *art.* 6; *Valensay, tit.* 3, *art.* 5; *Chabri, tit.* 3, *art.* 26; *Berri, tit.* 19, *art.* 29; *Bourbonnois, art.* 186; *la Marche, art.* 233; *Bordeaux, tit.* 5, *art.* 73; *Bretagne, art.* 481 (1).

La coutume de Saint-Pol, tit. 2, art. 27, exclut expressément les enfans des bâtards de leurs successions; mais cette coutume est si contraire à tous les principes, qu'on peut douter avec raison si elle doit être observée dans son propre territoire, et cette question mérite d'être examinée.

Seconde exception, tirée de quelques coutumes en faveur de la mère et des parens maternels du bâtard.

La seconde exception se tire des coutumes qui

_____

(1) Voyez Fontanon, tom. 2, liv. 2, tit. 12.

admettent le bâtard à la succession de sa mère et de ses parens maternels ; car on ne sauroit douter que suivant l'esprit de ces coutumes, et par la réciprocité qui se rencontre presque toujours en matière de succession, la succession du bâtard ne soit déférée à ceux auxquels il peut réciproquement succéder. Mais comme ce cas est le moins ordinaire, peu de coutumes en ont parlé.

On peut néanmoins mettre dans cette classe la coutume de Thérouanne, art. 4 et 5.

Celle de Saint-Omer en contient une disposition précise : elle appelle à la succession du bâtard non-seulement sa mère et ses parens maternels, mais encore les amis du côté maternel. Cette disposition ne peut constamment avoir d'exécution par rapport aux amis ; mais à l'égard des parens, on pourroit sans inconvénient les admettre, quoiqu'il y ait des avis contraires. Cette question mérite aussi d'être examinée.

Troisième exception, tirée du titre Undè vir et uxor.

La troisième exception se tire du titre du droit *undè vir et uxor ;* car de même qu'on a prouvé ci-dessus que le bâtard succède à sa femme qui meurt sans enfans et sans héritiers, de même la femme du bâtard lui succède au préjudice du fisc.

Quatrième exception, en faveur des seigneurs.

La quatrième exception à la règle que la succession des bâtards appartient au roi est en faveur des seigneurs dans l'étendue de la justice desquels les bâtards sont domiciliés. On a expliqué ci-dessus le progrès du droit sur cette matière, et le changement qui est survenu dans la dernière jurisprudence. On se contentera donc ici d'observer que Loyseau, dans son traité des seigneuries (1), se plaint de la maxime trop fiscale qui a fait déférer au roi la succession des bâtards, comme celle des étrangers lui avoit déja été déférée.

Cependant il est ensuite obligé de convenir (2) que cette maxime est à peine certaine, et que la succession des bâtards appartient au roi, quelque titre, possession ou coutume contraire qu'on lui puisse opposer, à moins qu'il ne se trouve trois cas concurrens en faveur des seigneurs (3) : le premier, que le bâtard soit né; le second, qu'il soit domicilié; et le troisième qu'il soit mort dans l'étendue de la justice du seigneur : il ajoute même un quatrième cas, savoir que les biens du bâtard s'y trouvent situés.

Mais il n'y a ici que les trois premières circonstances qui soient nécessaires pour exclure le roi de la succession du bâtard; la quatrième ne sert qu'à

(1) Chap. 12, n. 10.

(2) N. 112.

(3) Il ne sera pas inutile de citer ici les principaux auteurs qui sont favorables à la prétention des seigneurs; savoir : Dumoulin, dans ses notes sur l'art. 41 d'Anjou, et 48 du Maine; Choppin, sur le même art. 41 d'Anjou; Dupineau et de l'Hommeau, *ibid.*; l'Hoste, sur Lorris, chap. 15, art. 5; P. Vezins, int. c. *de bonis vacant.*; Constant., sur l'art. 99 de Poitou; Coquille, Nivernois, n. 34, d'Orléans, l. 23, req. 252; Duplessis, Paris, fiefs, liv. 8, c. 1; Maillard, Clermontois, pag. 243, n. 10; la Thaumassière, sur Berri, in-fol., pag. 619, n. 29. Pour le roi, au contraire, on peut citer Bacquet, des droits de justice, chap. 23, et de bâtardise, chap. 8, n. 9; Charondas, dans ses Pandectes, liv. 1, chap. 16; M. Lebret, dans son traité de la souveraineté, liv. 2, chapitre 12; feu M. Hierosme Bignon, qui a soutenu que ce droit étoit royal, et ne passoit point à l'engagiste (et l'arrêt du 16 janvier 1630 suivit ses conclusions; il est rapporté dans le premier volume du Journal des Audiences, liv. 2, chap. 50, et dans Bardet, tom. 1, pag. 430); Salvaing, des fiefs, part. 2, ch. 56, pag. 344; Brodeau, sur l'article 48 du Maine; Buridan, sur Reims, art. 335, et sur Vermandois, art. 4; M. de Laurière, dans son Glossaire sur le mot *bâtardise* (voyez sur ce mot, *droits seigneuriaux*).

régler entre les différens seigneurs la portion des biens du bâtard qui doit appartenir à chacun d'eux. En effet, lorsque le roi est exclu de la succession d'un bâtard, les seigneurs particuliers partagent entre eux ses biens, et prennent chacun les immeubles qui se trouvent situés dans l'étendue de leur seigneurie.

Ainsi, dans ce cas particulier, un seigneur ne peut recueillir partie de la succession du bâtard, sans que ce bâtard fût né, domicilié, et mort dans l'étendue de la justice d'un autre seigneur ; et le roi se trouvant exclu, il est juste que chaque seigneur dans la seigneurie duquel ce bâtard possédoit des immeubles, lui succède par droit de deshérence ; mais lorsque les trois cas ci-dessus marqués ne concourent point en faveur d'un même seigneur, en vain, quelque seigneur qu'il puisse être, trouvera-t-il des biens dans sa seigneurie, ils appartiendront tous au roi qui a la totalité de cette succession *jure coronœ.*

Il faut néanmoins observer que le lieu du domicile et de la mort du bâtard, est censé le même que celui de sa naissance, et que le bâtard est censé né dans le lieu où il est mort après une longue demeure, à moins que le donataire du roi ou le fermier du domaine, ne prouvât clairement le contraire (1).

Quelques coutumes ont par leurs dispositions autorisé la distinction qu'on vient de faire entre le droit du roi et celui des seigneurs, pour la succession des bâtards ; mais comme on a entrepris de donner une idée générale de ce qu'elles contiennent, il faut prendre un plan plus étendu, et pour expliquer toutes leurs dispositions, les ranger sous différentes classes qui puissent les renfermer entièrement.

DISPOSITION DES COUTUMES PAR RAPPORT A LA SUCCESSION DES BATARDS.

Les coutumes qui ont parlé de la succession des bâtards, peuvent être divisées en trois classes :

(1) Bacquet, du droit de bâtardise, chap. 8, n. 19.

La première, de celles qui pour régler cette succession, ont envisagé l'état dans lequel le bâtard
avoit été pendant sa vie ;

La seconde, de celles qui se sont attachées à la
situation de ses biens ;

La troisième, de celles qui ont seulement regardé
la qualité du seigneur qui pouvoit prétendre à cette
succession, ou qui ont eu toutes ces différentes vues
en même temps.

PREMIÈRE CLASSE.

Entre les coutumes qui ont réglé la succession du
bâtard par rapport à sa personne et à l'état dans lequel il a été pendant sa vie, quelques-unes ont suivi
la disposition de l'ordonnance de Charles VI, et ont
donné au seigneur la succession du bâtard né dans
sa justice d'une de ses femmes *de corps et de serve
condition*, pourvu qu'il décède dans l'étendue de la
même seigneurie : *Meaux, art.* 31.

D'autres, sans exiger les deux conditions portées
par l'ordonnance, se sont contentées, pour donner
cette succession au seigneur, que le bâtard fût né de
quelques-unes de ses femmes de corps, quoiqu'il ne
fût pas mort dans l'étendue de sa justice : *Vitri, art.* 1.

D'autres coutumes n'ont point demandé que le
bâtard fût né d'une femme de corps ou de serve condition, pour adjuger sa succession au seigneur, mais
se sont contentées pour cela, qu'il fût né, domicilié
et mort dans sa justice, et que ses biens y soient situés :
Laon, art. 4; *Châlons, art.* 13; *Reims, art.* 335;
Amiens, art. 251; *Bar, art.* 126.

D'autres n'ont demandé que la naissance, la mort
du bâtard et la situation de ses biens dans la justice
du seigneur, pour lui en adjuger la succession :
Mantes, art. 177; *Grand-Perche, tit.* 1, *art.* 17.

D'autres n'ont requis pour cela que le domicile,
la mort et la situation des biens des bâtards dans
l'étendue d'une seigneurie : *Péronne, art.* 4.

D'autres enfin, ont accordé au seigneur la succession du bâtard, pourvu qu'il fût mort dans l'étendue de sa justice : *Montreuil, art.* 21 ; *Saint-Pol, tit.* 2, *art.* 17.

SECONDE CLASSE.

La seconde classe des coutumes, est composée de celles qui ont réglé la destinée de la succession du bâtard, ou par rapport à la qualité, ou par rapport à la situation de ses biens ; et entre ces coutumes, les unes ne se sont attachées qu'à la seule situation des biens, les autres ont regardé la qualité et la situation en même temps.

Celles qui ne se sont attachées qu'à la situation des biens, les ont donnés indistinctement au seigneur dans la justice duquel ils se sont trouvés au jour de la mort du bâtard, sans faire différence entre les meubles et les immeubles : *Ponthieu, art.* 27 ; *la Salle de Lille, art.* 25.

On pourroit mettre dans la même classe la coutume de Melun, art. 3o1, qui porte que le roi ou le seigneur dans la haute justice duquel les meubles et les immeubles du bâtard se trouveront situés, lui succédera ; et il y a bien de l'apparence que son esprit a été de lui déférer une portion de la succession du bâtard, lorsqu'on ne trouve que des meubles ou des immeubles dans l'étendue de la haute justice. C'est aussi l'esprit de la coutume de Saint-Pol, tit. 2, art. 27, qui a été citée dans la première classe.

Les coutumes qui ont regardé la qualité des biens en même-temps qu'elles ont considéré leur situation, ont distingué les meubles des immeubles ; et en donnant au seigneur du domicile des bâtards, de sa naissance, ou de sa mort ou de tous les deux en même temps (suivant leurs différentes dispositions), tous les meubles du bâtard, en quelques lieux qu'ils soient, et les immeubles situés dans leur justice, elles ont réservé aux autres seigneurs les immeubles qui seroient situés dans leur territoire.

Péronne, art. 4 ; *Bretagne,* 473 ; *Amiens,* 251 ;

Montreuil, 22; *Saint-Pol*, *tit.* 2, *art.* 27; *Bou-*
lenois, *art.* 22, *Cambrai*, *tit. des success. art.* 12;
les coutumes du Maine, *art.* 48; *et d'Anjou*, 41,
peuvent être rangées sur cette même classe, puisque
par rapport aux meubles et aux immeubles, elles n'ont
considéré que le lieu où ils se trouvent, et que, contre
la règle ordinaire, qui veut que les meubles suivent
le domicile, elles les donnent aux seigneurs qui ont
droit d'épaves mobiliaires (*attamen mobilia situm*
non habent) en leurs terres, d'autant qu'il s'en trouve
en leur seigneurie, et les immeubles au bas justicier,
c'est-à-dire, au seigneur de fief, *feudali domino*,
comme dit Choppin sur cet article, parce que dans
ces deux coutumes, fief et justice sont toujours joints,
et qu'il n'y a point de fief sans basse justice (1).

Ne pourroit-on point encore mettre dans cette
classe *les coutumes de Bourgogne et de Normandie*,
dont la première, tit. 8, art. 5, donne les meubles
du prêtre bâtard à son prélat, et ne réserve au duc,
c'est-à-dire au roi, que les immeubles. Celle de Normandie, article 147, ne donne que les immeubles
au seigneur; d'où l'on peut conclure que les meubles
des bâtards, suivant l'esprit de cette coutume, appartiennent au roi.

TROISIÈME CLASSE.

La troisième classe de coutumes comprend celles
qui, pour régler la succession du bâtard, ont eu en
vue non-seulement l'état du bâtard pendant sa vie,
la situation ou la qualité de ses biens, mais encore
la qualité du seigneur, et quoiqu'il y en ait quelques-
unes qui lui défèrent cette succession sans distinguer
la qualité de la seigneurie, comme celle de *Blois*,
tit. 3, *art.* 20; *de Normandie*, *art.* 147; *de Clermont*,
art. 153, il est certain néanmoins, que le plus grand
nombre marque à quel seigneur cette succession doit

(1) Voyez les art. 393 d'Anjou, et 335 du Maine.

appartenir. En effet, le même territoire pouvant avoir plusieurs seigneurs par rapport au fief et à la justice, il est nécessaire de savoir lequel de ces seigneurs doit exclure les autres.

PREMIÈRE RÈGLE.

La succession du bâtard déférée au seigneur.

La première règle qu'on peut établir sur cette matière, et qui doit être regardée comme générale dans presque toutes les coutumes, est que la succession du bâtard doit toujours appartenir au seigneur justicier, à l'exclusion du seigneur du fief, parce que cette espèce de succession, de même que les autres biens vacans, sont des fruits de la justice; et si quelques coutumes ont décidé que les successions des bâtards appartiennent au seigneur en la seigneurie duquel elles sont ouvertes, cette disposition doit être entendue de la seigneurie publique, telle qu'est celle qui appartient aux seigneurs justiciers, et non pas de la seigneurie privée qui appartient aux seigneurs de fief, d'autant plus que ce n'est qu'improprement qu'on donne le titre de seigneurie aux fiefs qui n'ont point de justices annexées.

SECONDE RÈGLE.

La seconde règle qu'on peut établir dans cette matière, est que la succession du bâtard ne peut appartenir à ceux qui n'ont que ce qu'on nomme justice *foncière* ou *censive* (1); c'est une espèce de justice qu'on ne reconnoît point dans la coutume de Paris, et dans la plûpart des autres, mais qui est établie dans quelques coutumes comme un quatrième degré de justice au-dessous de la basse, suivant la remarque

(1) Bacquet, des droits de justice, chap. 3.

de Loyseau (1) ; car pour les coutumes qui admettent ce genre de justice foncière, mais qui le confondent avec la basse justice, on n'en doit pas faire une classe séparée des autres.

Mais si l'on peut établir des règles générales qui conviennent à presque toutes les coutumes, et qui fassent connoître quels sont ceux à qui la succession des bâtards ne peut jamais appartenir, il est presque impossible d'en établir qui aient la même étendue, pour faire connoître à quel seigneur, eu égard à la qualité, la succession des bâtards doit appartenir.

Quelques coutumes se sont contentées de dire que cette succession appartient au seigneur, sans s'expliquer davantage : *Clermont*, *art.* 153 ; *Normandie*, *art.* 147.

D'autres, approfondissant davantage sa nature, défèrent cette succession au seigneur justicier, sans marquer néanmoins si c'est au haut justicier, au moyen, ou au bas : *Tours*, *art.* 321.

TROISIÈME RÈGLE.

On peut regarder comme une maxime générale dans les coutumes qui n'ont point de disposition particulière en faveur des moyens et des bas justiciers, qu'ils sont exclus de la succession des bâtards par celui qui jouit de la haute justice (1).

D'autres coutumes ont établi précisément cette maxime en faveur du haut justicier : *Reims*, *art.* 33 ; *Laon*, *art.* 4 ; *Châlons*, 13 ; *Vitry*, *art.* 1 ; *Bar*, 126 ; *Amiens*, 250 ; *Boulenois*, tit. 6, art. 22 ; *Péronne*, *art.* 4 ; *Cambrai*, tit. 12, art. 12 ; *Nivernois*, tit. 34, art. 23 ; *Grand-Perche*, tit. 1, art. 17 ; *Blois*, tit. 3, art. 20 ; *Berri*, tit. 19, art. 22.

Entre ces coutumes, quelques-unes exigent du haut justicier qu'il ait titre, privilége ou possession immé-

(1) Loyseau, des seigneurs, chap. 10, n. 51.

(2) Voyez *ch. de jurisd. Audiganâ*, cap. 48, n. 3.

moriale équipollente à titre. Telles sont les coutumes de *Laon*, *de Chálons et de Reims*.

D'autres demandent que les seigneurs, pour succéder aux bâtards, soient hauts justiciers et viscomtiers, c'est-à-dire, moyens justiciers; car viscomtier signifie moyen justicier: *La Salle de Lille*, *art.* 25, *Saint-Pol*, *tit.* 2, *art.* 23.

D'autres appellent à cette succession le moyen justicier: *Bretagne*, *art.* 373.

Il faut mettre dans le même rang, celles qui donnent cette succession au seigneur viscomtier, puisque viscomtier et moyen justicier sont termes synonymes (1). Telles sont celles de *Montreuil*, *art.* 21; *de Ponthieu*, *art.* 17; *de Beauquesne*, *art.* 1. Cette dernière ajoute, *quoique non haut justicier*.

D'autres enfin se déclarent en faveur du bas justicier: *Anjou*, *art.* 41; *Maine*, *art.* 48, qui donnent au bas justicier les héritages des bâtards trouvés dans sa justice, et qui répètent la même chose dans les art. 343 d'Anjou, et 355 du Maine, en faveur des seigneurs de fief, parce que, comme on l'a observé ci-dessus, il n'y a point dans ces coutumes de fief sans justice. La coutume de Poitou, art. 299 se déclare aussi en faveur des bas justiciers.

Telles sont les règles les plus certaines de notre droit, par rapport aux successions des bâtards: elles ne sont jamais déférées aux parens, elles appartiennent au roi.

Ce sont les deux premières règles qui ont été établies; les exceptions ont aussi été marquées, elles se réduisent à quatre, qui sont 1.° en faveur des enfans légitimes;

2.° En faveur du mari ou de la femme survivans;

3.° En faveur de la mère et des parens maternels en quelques coutumes;

(1) Voyez l'Indice de Ragueau.

4.º En faveur des seigneurs particuliers.

Il est nécessaire d'ajouter à ces exceptions quelques dispositions singulières que les coutumes fournissent.

Telle est celle de Bourgogne, titre 6, article 5, qui donne les biens meubles du prêtre bâtard à son prélat, et ne réserve que les immeubles au duc, c'est-à-dire présentement au roi.

Les ecclésiastiques ont eu long-temps cette prétention ; les évêques d'Angers et du Mans la soutinrent lors de la réformation de leurs coutumes, comme il paroît par les procès-verbaux dont on a ci-dessus rapporté les termes ; mais elle fut pour lors renvoyée en la cour, et elle n'a jamais été jugée.

La coutume de Bordeaux, chapitre 5, article 73, donne tous les biens des bâtards au roi, à moins qu'ils ne possèdent des fiefs relevant de seigneur particulier, auquel cas ces fiefs appartiennent au seigneur suzerain, à l'exclusion du roi.

Quelques-uns ont cru que la coutume de Sedan, article 198, contenoit une disposition non-seulement singulière, mais même inintelligible. Cet article est conçu en ces termes : *Les successions et biens dudit bâtard appartiennent au seigneur suzerain, s'ils n'ont de lui lettres ou priviléges au contraire.*

Il est vrai que d'abord cette disposition de coutume paroît fort difficile à entendre ; mais, après y avoir fait quelques réflexions, on trouve qu'elle est conforme à celle de Normandie, qui s'explique, à la vérité, plus clairement dans l'article 147, mais qui a le même esprit lorsqu'elle décide que la succession des bâtards appartient au seigneur, s'il n'a été légitimé par octroi du prince : on doit entendre ces termes de la coutume de Sedan, *s'ils n'ont de lui lettres ou priviléges au contraire,* de la légitimation par lettres, qui empêche le roi ou le seigneur souverain, de succéder aux bâtards qu'ils ont légitimés.

La coutume de Tournay, titre 23, article 2, a aussi

une disposition singulière, en donnant les biens du bâtard à la ville (1).

La coutume de Valenciennes, article 122, donne au fisc tous les biens acquis des *bâtards naturels*, et tous les biens, sans aucune réserve, des autres espèces de bâtards.

Mais plusieurs personnes croient que ces différentes dispositions de coutumes contraires au droit commun, n'ont aucune force pour donner atteinte au droit qu'ils regardent comme royal, et qu'ils soutiennent ne pouvoir être limité que par l'autorité souveraine : cette question mérite bien d'être examinée.

Mais avant que de finir cette partie du traité des bâtards, qui regarde leur succession, il ne sera pas inutile de faire deux observations : une générale, et qui peut être appliquée à toutes les coutumes; l'autre particulière, qui ne concerne que deux coutumes. L'observation générale est que celui auquel viennent les biens d'un bâtard, quoique ce soit par une espèce de succession anomale, est toujours chargé de payer les dettes du défunt : *Péronne*, art. 4 ; *Tournay*, tit. 23, art. 2 ; *Cambray*, tit. 12, art. 12 ; *Bourgogne*, tit. 8, art. 1 ; *Normandie*, art. 147 ; *Bretagne*, art. 474.

Et c'est dans ce même esprit que la coutume d'Orléans, article 312, dit que les veuves des bâtards ne perdent pas leurs conventions matrimoniales.

Cependant on peut dire que cette disposition est tout à fait inutile, parce que, ou les bâtards laissent des enfans qui sont leurs héritiers, et par conséquent tenus d'acquitter toutes leurs dettes ; ou ils ont fait testament, et alors le légataire universel est tenu sans difficulté de payer les dettes ; ou enfin, ils meurent sans enfans et sans testament, et alors la femme succède à son mari, à l'exclusion du fisc, en vertu de l'édit, *undè vir et uxor*.

La seconde observation regarde les coutumes

(1) Peut-être qu'à Tournay la justice appartient à la ville, auquel cas ce ne seroit point une disposition singulière.

d'Anjou, article 41, et du Maine, article 48, qui saisissent le seigneur de la succession des bâtards, de la même manière que toute autre espèce d'héritier ; mais la disposition de ces coutumes ne doit point paroître extraordinaire, puisque dans la succession même des personnes légitimes, elles appellent le seigneur dans le cas d'une ligne défaillante, et concurremment avec les héritiers de l'autre ligne.

DE LA SUCCESSION DES ENFANS DES BATARDS.

Après avoir examiné les dispositions des coutumes touchant la succession des bâtards, il ne sera pas difficile de voir ce qu'elles ont décidé à l'égard de la succession des enfans des bâtards.

Si l'on traitoit cette matière, indépendamment des dispositions des coutumes, elle ne seroit pas susceptible de grande difficulté.

En effet, si cette succession se régloit suivant les maximes qui s'observent en matière d'aubaine, la succession des enfans du bâtard appartiendroit aux mêmes personnes que celles du bâtard ; de même que la succession du fils de l'aubain est déférée au roi, comme celle de l'aubain, suivant la maxime établie par Bacquet (1).

Mais le même auteur, dans son traité du droit de bâtardise (2), établit des principes tous différens par rapport à la succession des enfans des bâtards.

« S'il ne se trouve, dit-il, personne qui soit capable de lui succéder, ses biens tombent en deshérence, et appartiennent au seigneur qui a droit de prendre les biens vacans. »

Ce principe, avancé par Bacquet, est véritable ; mais il ne règle que le cas dans lequel il ne peut jamais y avoir de difficulté, c'est-à-dire lorsqu'il ne se rencontre aucuns héritiers, comme

(1) Du droit d'aubaine, chap. 32.

(2) Chap. 1.

quand le père ou la mère de la succession duquel il s'agit, étoit bâtard, ou quand il ne se trouve point de parens du chef de celui des deux qui étoit légitime.

Mais lorsque le père ou la mère a eu l'avantage d'une naissance légitime, celui de la succession duquel il s'agit ayant des parens d'un côté, leur laissera-t-il toute sa succession, et les propres mêmes qui viennent de la succession de celui de ses père ou mère qui étoit bâtard ? C'est la véritable difficulté que Bacquet n'a point touchée.

Pour la décider, on peut distinguer le cas dans lequel celui des père ou mère qui est bâtard décède le premier laissant un fils qui trouve des immeubles dans sa succession, et qui meurt ensuite laissant pour héritier son père ou sa mère, qui a l'avantage de la légitimité, du cas auquel le père bâtard survit à sa femme et à son fils, qui sont l'un et l'autre légitimes. Le fils ayant hérité de sa mère dans le premier cas, comme la mère prédécédée ne peut avoir de parens, le père succède à tous les biens de son fils, même aux propres maternels. Brodeau, sur M.e Louet, lettre P, chapitre 47, en rapporte un arrêt rendu *consultis classibus*, le 11 mai 1641.

On doit dire la même chose si le père bâtard survit, et qu'il n'y ait point d'héritiers maternels, comme il a été jugé par un autre arrêt du mois d'août 1611 (1).

Dans le second cas, c'est-à-dire lorsque le père bâtard survit à son fils qui laisse des propres et des héritiers maternels, ce père ne sauroit jamais prétendre que les meubles et les acquêts de son fils, et les parens héritent des propres maternels suivant les règles les plus certaines en matière de succession. Mais ces deux cas ne renferment pas tous ceux qui peuvent se présenter, et l'on trouve encore plusieurs difficultés sur cette matière.

On demande, par exemple : Le père et la mère dont

(1) Brodeau, *ibid.*

l'un étoit légitime et l'autre bâtard, étant morts avant
leur fils, qui décède ensuite sans enfans laissant des
propres paternels et maternels, tous ces propres, sans
distinction, appartiendront-ils aux parens du défunt
du chef de celui des père ou mère qui étoit légitime ?

Il semble d'abord que, pour décider cette question, il suffise de distinguer les différentes coutumes,
dont les unes ont appelé une ligne au défaut de
l'autre, et les autres n'ont pas permis aux parens
d'une ligne de succéder aux héritages provenant
d'une autre ligne, mais ont appelé les seigneurs justiciers à l'exclusion de ces parens ; dans les premières coutumes, on admet l'héritier légitime du fils
du bâtard à la succession de tous ses biens sans distinction, et dans les dernières, au contraire, on n'admet cet héritier qu'à la succession des propres de sa
ligne, et à la moitié des meubles ou acquêts, ou même
à la totalité des meubles et des acquêts, suivant les
différentes dispositions des coutumes.

Mais les coutumes n'ont pas suivi cette voie, qui
paroissoit si naturelle, et toutes celles qui admettent
les héritiers d'une ligne à la succession des biens provenant de la ligne défaillante n'ont pas permis que
les héritiers du fils d'un bâtard profitassent entièrement de sa succession.

Quelques-unes en ont excepté les biens venant du
chef du bâtard ; et elles ont décidé qu'ils appartiendroient au seigneur : *Bourgogne, tit.* 8 *, art.* 2 ;
Clermont, art. 153.

D'autres, portant plus loin la rigueur de leurs dispositions, ont décidé que la succession du fils du
bâtard seroit partagée en deux ; que le seigneur justicier auroit la moitié des meubles et acquêts, et tous
les propres paternels ; et les héritiers maternels,
l'autre moitié des meubles et acquêts et les propres
maternels : *Bourbonnois, art.* 187.

On ne doit pas mettre dans la même classe les
coutumes d'Anjou, art. 268 ; du Maine, art. 287 ;
et de Bretagne, art. 482, quoiqu'elles contiennent

des dispositions toutes semblables à celle du Bourbonnois; parce que, comme ce sont des coutumes
de ligne défaillante, elles ne décident rien en particulier pour les bâtards, puisque les légitimes sont
traités de la même manière, et que lorsqu'ils ne laissent que des héritiers d'une ligne, le seigneur justicier
succède à la place des héritiers de la ligne défaillante.

DE LA SUCCESSION DES BÂTARDS LÉGITIMÉS.

Après avoir expliqué ce qui se trouve dans les coutumes touchant la succession des bâtards qui n'ont
point été légitimés, il est nécessaire d'examiner à
qui doit appartenir la succession des bâtards légitimés.

On ne regarde point ici les principes de la légitimation, et ses différentes espèces qui ont été suffisamment expliquées ci-dessus; il ne reste qu'une
seule question à examiner: elle consiste à savoir quel
est l'effet de la légitimation du bâtard par rapport à
sa succession.

La légitimation par mariage subséquent ne laissant aucune différence entre celui qui est légitime par
cette voie et celui qui est né légitime, la question
dont il s'agit ne peut être agitée que par rapport au
bâtard légitimé par lettre du prince, pour savoir si
elle rend le bâtard capable de transmettre sa succession à ses parens.

PREMIÈRE RÈGLE.

*Les parens du bâtard légitimé par lettres ne lui
succèdent point.*

Quoique les principes soient certains sur cette matière, tant d'auteurs avoient pris un parti opposé,
et tant d'autres avoient confirmé leurs opinions, qu'il
ne seroit presque plus permis d'agiter cette question et d'appeler de cette décision aux principes,

d'autant plus que quelques coutumes, comme *Melun*, *art.* 297; *Sens*, *tit.* 6, *art.* 33; *Auxerre*, *art.* 34; *et Bayonne*, *tit.* 12, *art.* 28 *et* 39, sembloient les favoriser, si d'autres auteurs, et quelques jugemens intervenus dans les derniers temps n'avoient rendu, pour ainsi dire, la liberté de se déclarer pour la plus saine opinion.

M. Lebret, traité de la souveraineté, livre 2, chap. 12; Bacquet, du droit de bâtardise, chap. 4; Choppin, sur Anjou, liv. 51, chap. 41; et du domaine, liv. 1, chap. 10, n. 11; Charondas, liv. 3, rép. 85; Loyseau, des seigneuries, chap. 12, n. 114, sont des auteurs dont le poids sembloit d'abord assurer pour toujours la maxime qui accordoit la succession du bâtard légitimé par lettres du prince à ses parens, tant paternels que maternels. Le plus grand nombre des arrêts confirme même cette opinion; mais lorsqu'on s'est dépouillé du préjugé qui naissoit de ces autorités, et qu'on a examiné attentivement les principes, on a été obligé de prendre un avis tout différent.

On a considéré qu'il n'y a point de règle plus certaine en matière de succession, que celle qui en exclut tous ceux qui ne sont pas appelés par la loi, et qui ne sont pas véritablement parens. Cette règle, tirée du droit civil, s'observoit également en matière de tutelle et de successions; c'est la raison de l'uniformité marquée par la loi 73, *ff. de reg. juris* entre les tutelles et les successions, *quò tutela redit et hœreditas pervenit.*

Ce principe présupposé, on a réduit la difficulté à examiner si le bâtard légitimé par lettres du prince, commence par le moyen de cette légitimation à faire partie de la famille de ses père et mère; et, comme il est certain que cette espèce de légitimation en effaçant la tache de la naissance du bâtard, en le rendant capable des honneurs et des dignités (dont nos maximes, plus pures que celle du droit romain, l'avoient éloigné), le laisse néanmoins dans le même état dans lequel il étoit par rapport à la famille de ses père et mère, et ne lui imprime point le caractère de parent, on a conclu que cette légitimation ne pouvoit pas donner aux parens de ses père et mère le droit de lui succéder.

Pour établir cette proposition, il n'a fallu que considérer que la parenté civile ne peut être formée que par les solennités d'un mariage légitime qui forme les liens civils ; les lettres du prince ne peuvent donc faire entrer dans une famille celui que tant de raisons de politique et d'honnêteté publique en ont éloigné.

La manière dont le bâtard est considéré dans la famille de ses père et mère, après la légitimation par lettres, est encore d'un très-grand poids pour montrer qu'il n'est pas considéré comme parent.

En effet, il est certain que par rapport à cette famille, il demeure dans le même état qu'il étoit avant sa légitimation ; il ne donne point atteinte aux donations faites par ses père et mère avant sa légitimation. Il y a même des auteurs qui prétendent qu'il n'est pas plus capable de donations universelles qu'il l'étoit avant la légitimation (1) ; il est constamment exclu de tous les honneurs et priviléges réservés à ceux de la famille, comme des titres, des présentations aux bénéficiers, des retraits lignagers, etc. ; il ne participe point à la noblesse de sa famille, il n'en peut porter le nom et les armes qu'avec une marque qui indique son origine. Il ne peut jamais prétendre le droit d'aînesse, dans le cas même qu'il est admis dans la succession de ses père et mère : *Buridan, art.* 147 ; *Dumoulin, sur Paris,* §. 13 , *tit.* 1, *n.* 47 ; *Vigris, sur Angoumois, art.* 87.

---

(1) La Peyrère, lettre D, n. 90 ; Ricard, des donations, part. 1, chap. 3, sect. 8, et part. 3, chap. 5, sect. 4 ; Loysel, traité contre la légitimation ; Charondas, liv. des Pandectes, tit. 4, est d'avis contraire ; Buridan, sur Vermandois, art. 253 ; d'Argentré, sur Bretagne, traité de la légitimation, chap. 1 , n. 3 ; M. Lebret, plaidoyer 35 ; la lettre sur Poitou, art. 298 ; Palert, *de nothis,* art. 60.

Il est vrai que par rapport aux successions, les auteurs ont été partagés.

Exception à la règle.

Quoiqu'ils soient tous convenus en général de l'incapacité qu'avoit le bâtard légitimé par lettres, de succéder à ses parens, ils lui ont néanmoins ouvert une voie pour aspirer aux successions : c'est le consentement de ceux qui pourront y avoir intérêt; mais ces auteurs ont eu sur cela des vues différentes.

Quelques-uns qui ont suivi l'esprit des lois romaines, qui donnoient une entière liberté de disposer de tous ses biens, sans avoir égard aux héritiers présomptifs, ont, dans cette vue, distingué la succession du père de celle des collatéraux, et décidé que lorsque le père a obtenu lui-même des lettres de légitimation pour son bâtard, ce bâtard doit être appelé à la succession de son père, qui a non-seulement consenti à sa légitimation, mais qui la lui a lui-même procurée. Ces mêmes auteurs conviennent que ce bâtard, quoique légitimé du consentement de son père, ne peut succéder à ses parens collatéraux, qui n'ont point consenti à sa légitimation (1). Il semble que la coutume de Calais ait une disposition toute semblable au sentiment de ces auteurs. En effet, l'article 135 est conçu en ces termes : *Bâtard n'est habile à succéder s'il n'a été légitimé du consentement de ceux de la succession desquels il est question.*

D'autres auteurs, au contraire, ont également exclu

(1) Alexandre, volume 1, conseil 67; Boërius, décision 122; Bacquet, du doit de bâtardise, chap. 12, n. 6; M. Lebret, de la souveraineté, chap. 12; d'Argentré, sur Bretagne, traité de la légitimation, chap. 5; Pothier, sur Bourbonnois, article 185; Consall, sur Auvergne, art. 26; Loysel, tit. contre la légitimation, et instit. coutumières, liv. 1, tit. 1, art. 45; Bellicart, sur Châlons, art 3; Legrand, sur Troyes, art. 117, gloss. 2; Papon, de la légitimation; l'Hoste, sur Lorris, chap. 15, art. 5; Ricard, des donations, part. 3, chap. 5, sect. 4.

le bâtard légitimé par lettres du prince de la succession de ses pères et de ses collatéraux, lorsque le
consentement de toutes les parties intéressées n'est
pas intervenu lors de l'entérinement de ses lettres de
légitimation, et ont en ce point suivi la décision des
articles 147 et 165 de la sage coutume de Normandie,
qui demande ce consentement exprès.

On pourroit joindre à la coutume de Normandie
celle de Lille, article 13, et de la Salle de Lille,
article 60, qui disent que les bâtards ne peuvent succéder, quoiqu'ils soient légitimés ; et celle de Bar,
article 73, qui porte que *le bâtard ne peut succéder
s'il n'est légitimé par mariage subséquent.*

En effet, ces coutumes se contentent d'établir le
principe sans parler de l'exception portée par la coutume de Normandie, et qui doit être suppléée sans
difficulté.

L'autorité des derniers auteurs qui viennent d'être
cités, et qui est conforme à la disposition des coutumes de Normandie, de Lille, de la Salle de Lille
et de Bar, a prévalu sur le sentiment des premiers, et l'on regarde comme une maxime certaine
celle qui exclut le bâtard légitimé par lettres du
prince de la succession de son père et de celle de ses
autres parens, à moins que non-seulement le père,
mais encore toutes les parties intéressées, c'est-à-
dire tous ceux que la loi regardoit comme ses héritiers présomptifs, n'aient donné leur consentement
à sa légitimation ; et cette succession ne lui est pas
même déférée en ce cas en vertu du titre de parent
qu'il n'a pas, mais à cause du consentement des parens, qui est soutenu par lettres du prince, ensorte
que c'est une succession extraordinaire, déférée en
vertu d'une espèce de contrat, par lequel le bâtard
légitimé et ses parens se sont appelés réciproquement
à leurs successions.

D'ailleurs, quand les raisons qui excluent le bâtard
légitimé par lettres de la succession de ceux qui n'ont
point consenti à sa légitimation ne militeroit pas pour
les exclure eux-mêmes de la succession de ce bâtard,

40 *

la règle de la réciprocité suffiroit pour produire cette exclusion.

En effet, c'est un principe certain que les successions doivent être réciproques, et il n'y a pas de preuve plus sensible pour connoître si nous pouvons être admis à la succession de quelqu'un, que lorsqu'il est constant que la nôtre peut lui être déférée.

Les lois romaines et notre jurisprudence ont établi cette réciprocité.

Le droit civil admettoit une espèce de légitimation qui n'étoit pas si parfaite, et qui avoit beaucoup moins d'effet que les autres ; c'étoit la légitimation qui se faisoit *per oblationem curiæ*, et qui ne rendoit le bâtard capable que de recueillir la succession de son père et non point celle de ses parens, lesquels étoient aussi exclus par une conséquence nécessaire de la succession de ce bâtard : *Filium verò*, dit la novelle 89, ch. 4, *per hujusmodi causam factum legitimum ipsi soli genitori legitimum facimus ; non etiam extraneæ cognationis patris....... facimus eum velut ex quâdam machinatione cognatum. Sancimus enim oblatum curiæ naturalem filium solummodò patri legitimum fieri successorem, nullum tamen habere participium ad ascendentes aut descendentes, aut ex latere agnatos vel cognatos patris ; aut illos habere aliquod participium ad illorum successiones : æquum etiam ei dantes privilegium, ut sicut nec cognatis patris sit iste successor, sicut nec illi ad ejus vocentur successionem. . . . . (1).*

Tous les auteurs qui ont écrit sur cette matière ont établi la règle de la réciprocité dans les successions (2) ; il est vrai néanmoins que la jurisprudence sembloit autrefois être contraire à ce qui vient d'être établi, et qu'on a cru dans ces premiers temps que la légitimation par lettres du prince levoit entièrement l'obstacle qui excluoit le bâtard des successions, tant directes que collatérales, et que, par une

(1) V. *etiam*, liv. pénult. §. 1, *in fine cod. de adoptionibus.*

(2) Palert, *de nothis, cap.* 39, *n.* 3.

conséquence nécessaire, on admettoit aussi à la succession du bâtard les parens de ses père et mère;
cette double erreur s'est peu à peu dissipée : on a
trouvé d'abord de l'impossibilité d'admettre le bâtard
à la succession de ceux dans la famille desquels il
n'est pas véritablement entré, parce que ce seroit
blesser l'ordre public; mais la seconde erreur a été
soutenue plus long-temps, et il y a même eu des
arrêts qui ont admis des parens à la succession du
bâtard légitimé par lettres.

Cependant on établissoit dès lors des maximes
bien propres à exclure les parens de la succession
des bâtards légitimés par lettres; telle est celle que
M. Lebret établit dans sa trente-cinquième action;
savoir, que le bâtard légitimé par lettres n'a point
de race; celle avancée par Bacquet, dans son traité
du droit de bâtardise, chap. 11, n. 1, que les lettres
de legitimation ne produisent en France aucun
autre effet que de rendre le bâtard capable des honneurs et des dignités, à moins que tous ses parens
n'aient consenti à sa légitimation, auquel cas ils se
succèdent réciproquement; enfin, M. le premier président de Thou dit publiquement (1), après avoir
prononcé un arrêt sur une cause semblable, que la
légitimation par lettres ne produisoit aucun effet par
rapport aux successions, à moins qu'elles n'eussent
été entérinées du consentement de tous les parens.

Ces auteurs établissoient donc des maximes bien
contraires à leur décision; c'est pourquoi il n'est pas
surprenant qu'on en ait douté, même de leur temps,
que quelques arrêts aient dès lors appointé cette
question, et que d'autres l'aient jugée contre les
parens; tel est celui du 16 septembre 1596, que
Loysel rapporte dans son traité contre la légitimation; mais, depuis ce temps, la saine jurisprudence
a été entièrement établie; Brodeau, sur M.e Louet,
lettre P, som. 7, dit que les derniers arrêts ont
jugé que les enfans bâtards légitimés par lettres sont

(1) Choppin.

incapables de successions actives et passives , quand
même il y auroit dans les lettres une clause contraire, parce qu'elle devroit être rejetée, comme opposée aux bonnes mœurs; il cite, pour prouver cette
vérité , plusieurs arrêts des années 1628, 1630, 1640
et 1646.

L'arrêt du conseil, qui a été rendu dans ces derniers temps au sujet de la succession du chevalier
de Longueville achève de prouver cette vérité.
- Et , quoique les sentences de la chambre du domaine (1) n'aient pas la même autorité que des arrêts , cependant elles assurent l'usage, parce que c'est
la juridiction où ces sortes d'affaires sont portées en
première instance; or, la jurisprudence de ce tribunal
est présentement certaine en ce point, et la question
dont il s'agit y a été précisément jugée le 28 février
1698, contre les parens de Jean de Bernay.

Les clauses mêmes des lettres de légitimation ne
peuvent donner atteinte à cette maxime , parce que
le prince n'est jamais censé n'avoir rien voulu accorder qui ne soit conforme aux principes de droit. En
effet, comme dit Didier Hérault (*Rerum et quest.
judicat. lib.* 1 , *ch. 5 , n.* 2), *princeps legitimat intrà
terminos juris; si quid contra jus est impetratum ,
censetur id dolo et fraude subreptum, nec ejus ha-
betur ratio.* C'est ce qui a été jugé par les derniers
arrêts rendus sur cette matière, qui sont intervenus
sur les difficultés que faisoient naître les clauses de
succéder insérées dans les lettres de légitimation, dont
les bâtards légitimés ou leurs parens vouloient tirer
avantage.

Lorsque la clause de succéder se trouve donc dans
des lettres de légitimation, elle doit être entendue ,
pourvu que les parens aient consenti à leur entérinement , et qu'eux et le bâtard, par une espèce de
convention, se soient rendus capables de se succéder
réciproquement.

(1) *De clausulis legit. diversis.* Voy. Tushc, tit. 9, pag. 498,
conclus. 456.

Hors ce cas unique, les parens sont exclus de la succession du bâtard légitimé par lettres du prince, et cette première règle ne reçoit que cette seule exception.

SECONDE RÈGLE.

La succession du bâtard légitimé n'appartient pas plus au seigneur, que s'il étoit mort avant sa légitimation.

La seconde règle qu'on peut établir sur cette matière, est que les lettres du prince ne l'excluent pas de la succession du bâtard qu'il a légitimé, pour la donner aux seigneurs à son préjudice, ces lettres n'opérant rien en faveur des seigneurs justiciers qu'elles n'ont point eu en vue.

On peut donc dire que si l'on excepte le cas auquel les parens des père et mère du bâtard ont consenti à sa légitimation, la succession du bâtard légitimé par lettres doit être réglée de la même manière qu'elle l'auroit été s'il n'avoit pas été légitimé.

On pourroit seulement opposer à cette décision la disposition de l'article 198 de la coutume de Sedan, qui donne au prince souverain la succession des bâtards, *s'ils n'ont de lui lettres ou priviléges au contraire*, ce qui semble exclure absolument le roi de la succession du bâtard lorsqu'il l'a légitimé ; en effet, ne pourroit-on point dire que le bâtard ayant été légitimé par le roi, n'est plus considéré comme bâtard à son égard, et qu'ainsi étant de la même condition que les autres citoyens, sa succession doit être déférée par les mêmes règles, soit à ses parens, s'ils ont consenti à sa légitimation, soit au seigneur, par droit de déshérence, s'il ne laisse point d'héritiers légitimes, et qu'il meure *ab intestat?* Cette question mérite bien d'être examinée.

FIN DU TOME SEPTIÈME.

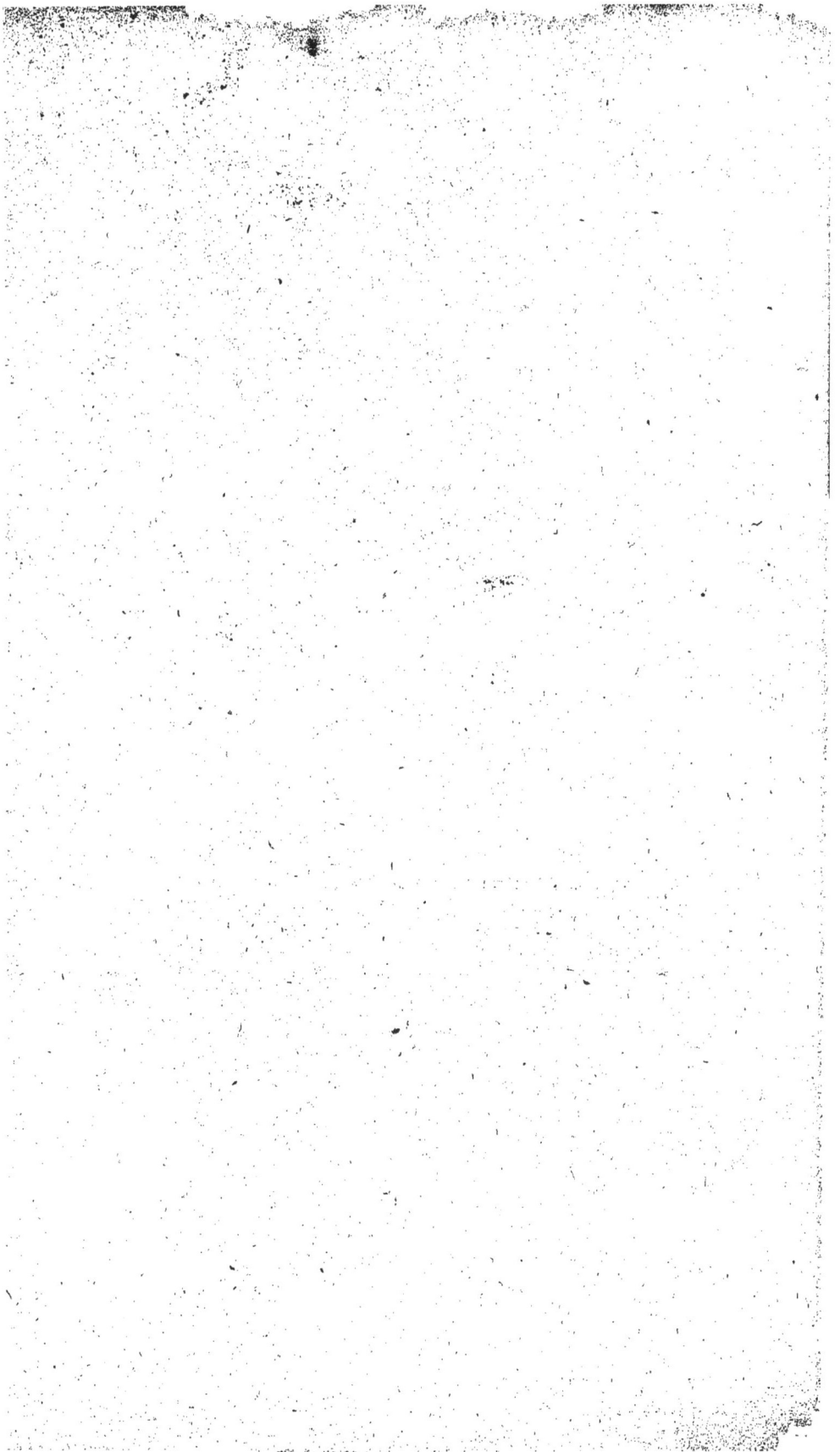

www.ingramcontent.com/pod-product-compliance
Lightning Source LLC
Chambersburg PA
CBHW060823220326
41599CB00017B/2260